L'Encyclopédie

Ushuaïa

du monde vivant

HACHETTE

A Dorling Kindersley Book, www.dk.com

Traduction de l'anglais : partie I : Ariane Bataille ; partie II : Pascal Aubin ; partie III : Sabine Rolland ; partie IV : Hélène Nicolas ; partie V : Vanessa Kidd ; partie VI : Claude Lauriot Prévost ; partie VII : Stéphane Chesaux et Roger Magini.

Réalisation et coordination éditoriale : Belle Page, Boulogne

Graphisme de la couverture : Hachette

ISBN : 2-01-16-9138-9

L'Encyclopédie Ushuaïa du monde vivant

Richard WALKER

Ben MORGAN

Dr Frances DIPPER

Trevor DAY

Michael ALLABY

Peter BOND

HACHETTE

Sommaire

Partie I
L'homme

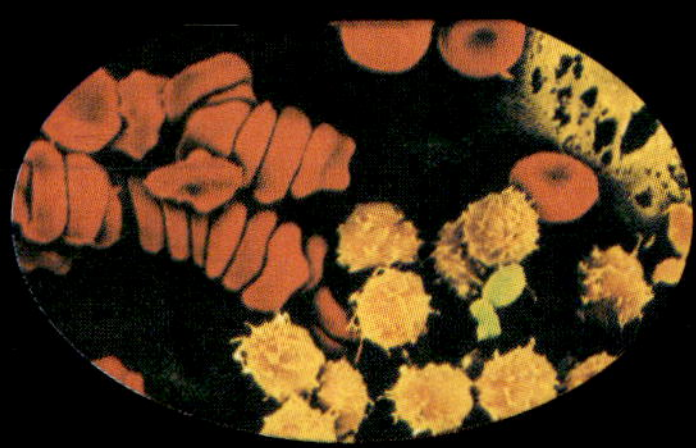

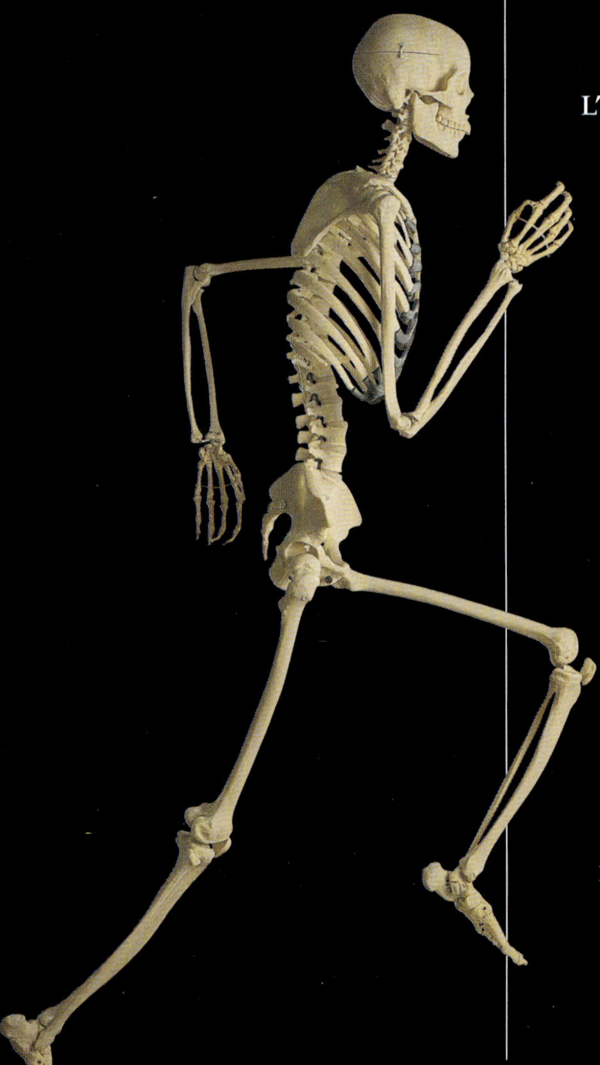

Partie II
Les mammifères

Partie III
Le monde des oiseaux

Partie IV
Le monde marin

Partie V

Une planète vivante et capricieuse

Partie VI

La machine du temps

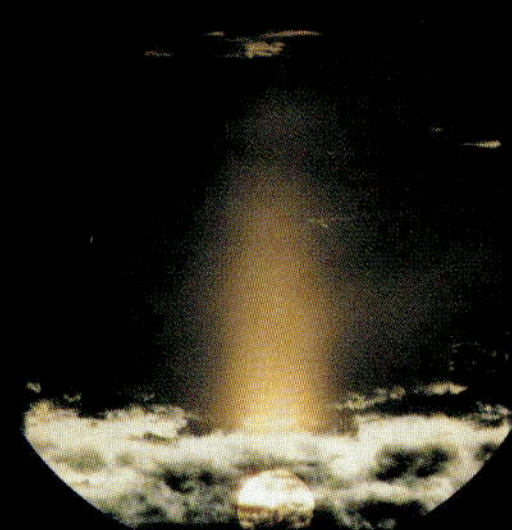

Partie VII

À la conquête de l'espace

PARTIE I

L'HOMME

Richard Walker

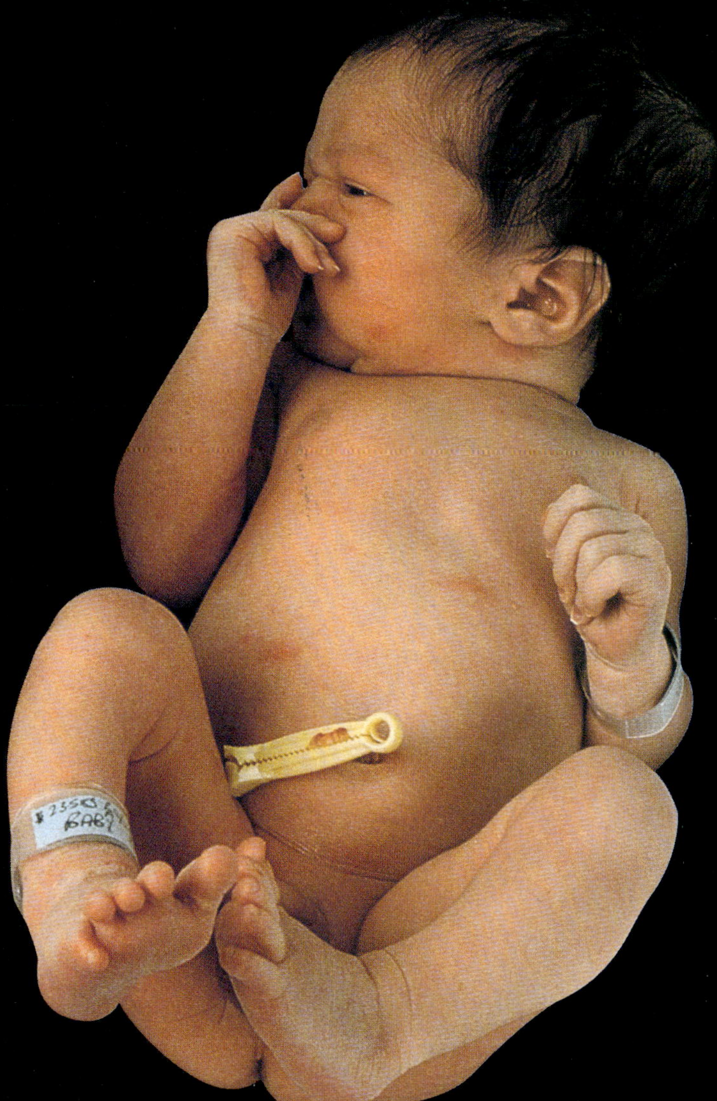

Le corps humain

Bien qu'ils soient tous différents, les êtres humains sont composés des mêmes éléments. Le corps humain est un assemblage de milliards de cellules. Celles qui accomplissent des tâches identiques s'unissent en tissu pour faire leur travail. Il existe 4 types de tissus principaux. Le tissu épithélial forme la peau et les structures creuses comme la bouche. Le tissu conjonctif soutient le corps, comme les os et les graisses. Le tissu nerveux transmet les signaux électriques. Le tissu musculaire fait bouger le corps. Les tissus s'allient pour former les organes, regroupés en systèmes ou appareils – pileux, osseux, musculaire, nerveux, hormonal, circulatoire, immunitaire, respiratoire, digestif, urinaire et reproducteur. À eux tous, ils forment le corps humain.

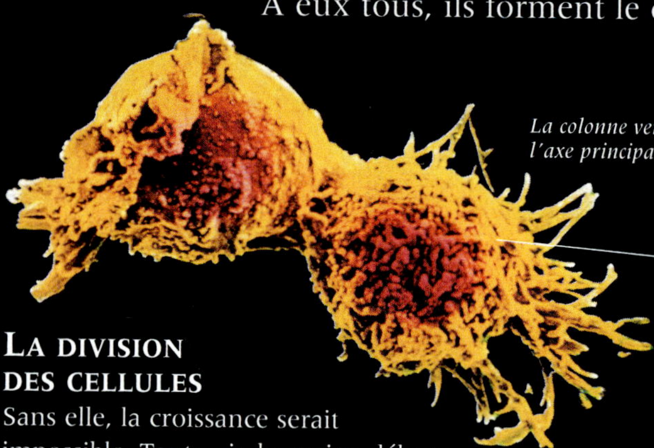

La division des cellules

Sans elle, la croissance serait impossible. Toute vie humaine débute par une cellule unique qui se divise en 2 cellules identiques dont la division en chaîne permet la création des milliards de cellules du corps. Ce processus, appelé mitose, se poursuit au-delà de la période de croissance pour remplacer les vieilles cellules usées.

Le sang

Chaque tissu du corps est constitué d'un groupe de cellules similaires travaillant ensemble. Ces cellules produisent une matière intercellulaire qui les unit. Élastique dans le cartilage, dure dans les os, celle-ci prend dans le sang une forme fluide : le plasma. Ce liquide, où flottent des milliards de cellules, transporte des matières et combat les infections.

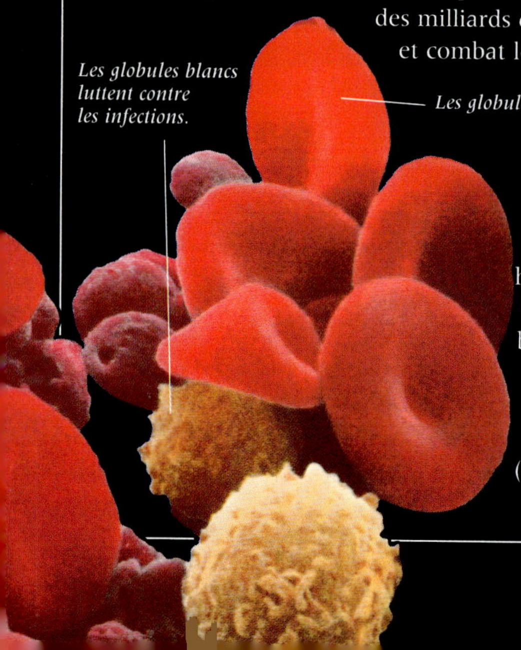

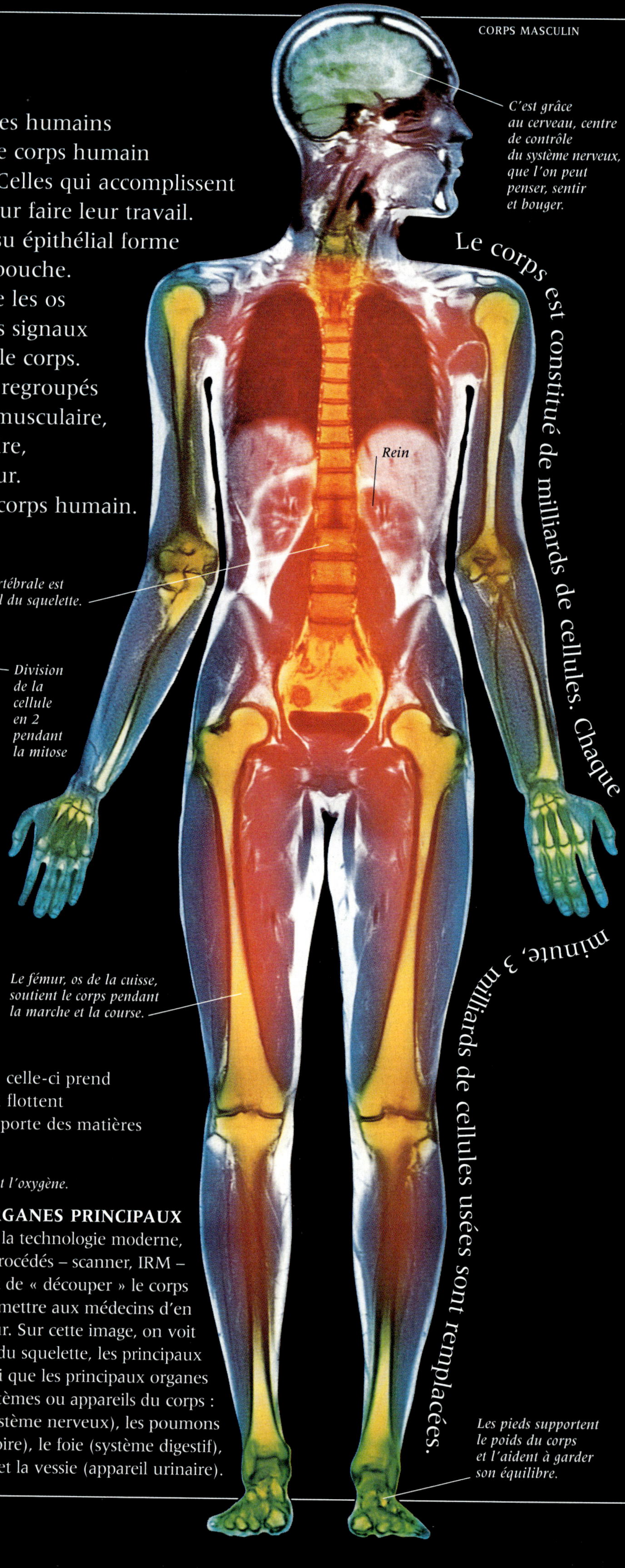

Le corps est constitué de milliards de cellules. Chaque minute, 3 milliards de cellules usées sont remplacées.

Les organes principaux

Grâce à la technologie moderne, d'étonnants procédés – scanner, IRM – permettent de « découper » le corps humain pour permettre aux médecins d'en « voir » l'intérieur. Sur cette image, on voit bien les os longs du squelette, les principaux muscles, ainsi que les principaux organes de plusieurs systèmes ou appareils du corps : le cerveau (système nerveux), les poumons (appareil respiratoire), le foie (système digestif), les reins et la vessie (appareil urinaire).

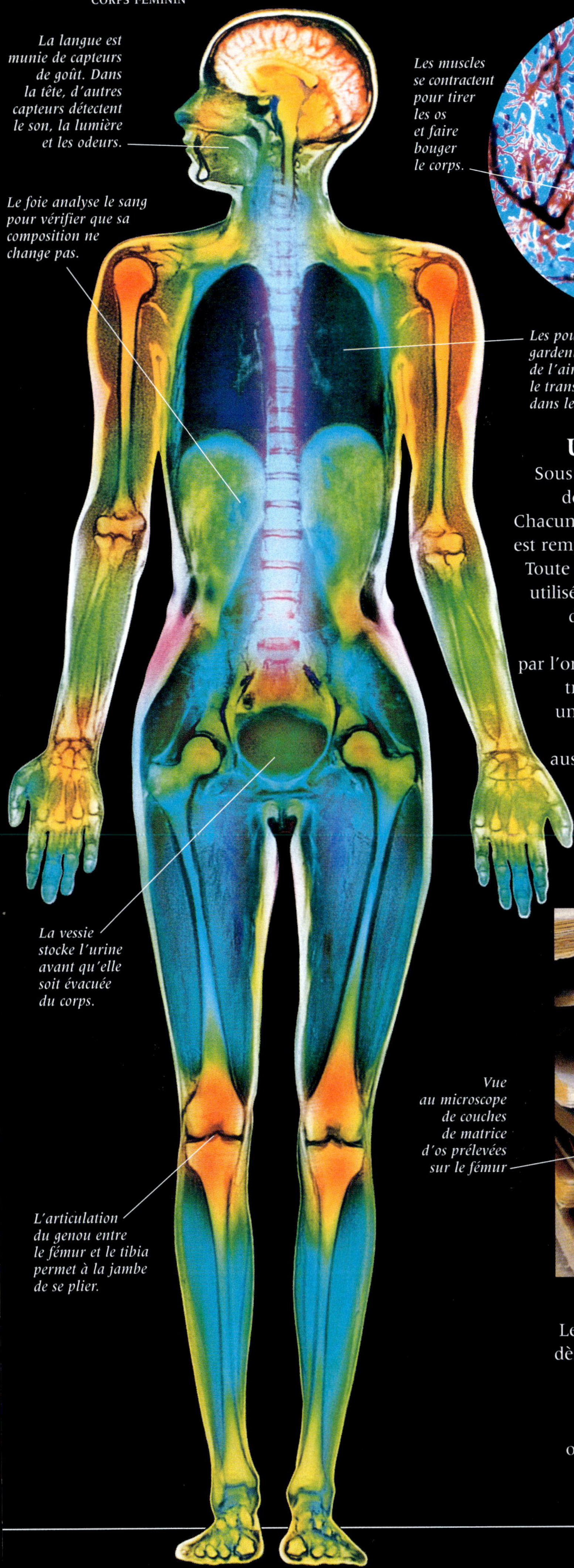

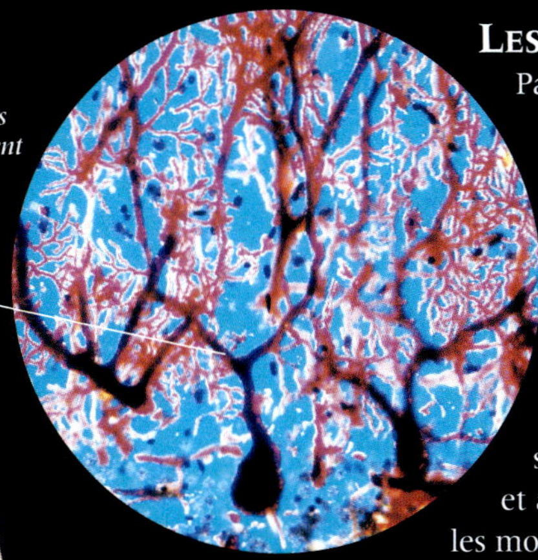

Les liens de transmission

Parmi les milliards de cellules nerveuses (les neurones) du cerveau, certaines sont chargées de transporter à toute vitesse des signaux électriques d'un bout à l'autre du système nerveux, un vaste réseau de communication. Le cerveau reçoit des informations en provenance des capteurs, et renvoie aussitôt ses instructions aux muscles et aux glandes. Il contrôle ainsi les mouvements et le fonctionnement du corps.

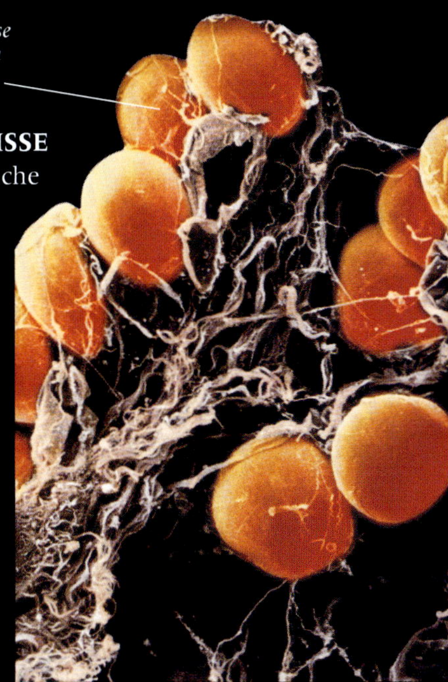

Cellule graisseuse soutenue par un réseau de fibres

Une réserve de graisse

Sous la peau se trouve une couche de graisse : le tissu adipeux. Chacune de ses cellules (orange) est remplie d'une goutte d'huile. Toute graisse mangée mais non utilisée par le corps est stockée dans ce tissu, tout comme les graisses fabriquées par l'organisme. La graisse étant très riche, cette couche est une réserve d'énergie vitale pour le corps. Elle l'aide aussi à conserver sa chaleur, et protège certains organes contre les coups et les chocs.

Vue au microscope de couches de matrice d'os prélevées sur le fémur

La charpente du corps

Le squelette soutient le corps. Il lui permet de faire des mouvements dès que les muscles tirent sur les os et il protège les organes internes. Les os du squelette doivent leur solidité à une matière que l'on appelle la matrice et qui est composée de sels minéraux et de collagène dur. Parmi les autres éléments du système osseux, on trouve les ligaments, qui relient les os entre eux, et les cartilages élastiques, qui recouvrent les extrémités des os, et forment aussi la charpente du nez et des oreilles.

Peau, poils et ongles

Le corps possède son propre manteau vivant, la peau, une barrière imperméable barrant la route aux bactéries. Si elle est exposée aux rayons ultraviolets du soleil, un pigment brun, la mélanine, la colore et la protège ainsi des rayons nocifs. Des millions de capteurs détectent les sensations les plus diverses : contact d'une fourrure, pression d'un poids, douleur d'une piqûre, chaleur d'une flamme, froid d'un glaçon, etc. Les poils et les ongles sont des prolongements de la peau. Des millions de poils recouvrent presque tout le corps. Les plus épais, les cheveux, poussent sur la tête qu'ils protègent du soleil et du froid. Les autres, plus fins, ne jouent pas ce rôle de protection : les vêtements sont plus efficaces. La peau, les poils et les ongles doivent leur solidité à une protéine, la kératine.

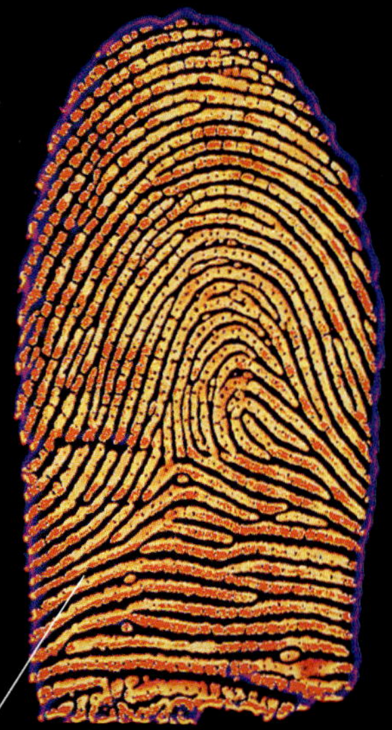

Dessin des stries laissé par la sueur

Les empreintes

Chaque fois que l'on touche un objet, surtout un objet dur en verre ou en métal, on laisse des empreintes digitales. Celles-ci sont les traces huileuses des stries très fines de la peau du bout des doigts. Ces stries, et la sueur qui s'en dégage, aident le doigt à saisir les choses. Avec ses volutes et ses boucles, chaque empreinte digitale est unique.

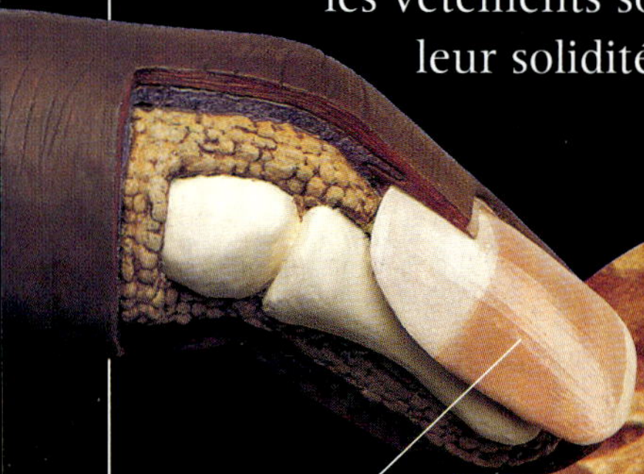

L'ongle paraît rose à cause du sang qui circule dessous.

VUE AU MICROSCOPE DES CELLULES MORTES DE LA SURFACE DE L'ONGLE

Des ongles durs

Ces plaques dures recouvrent et protègent l'extrémité des doigts et des orteils. Les cellules vivantes de leur racine se divisent sans arrêt, repoussant ainsi l'ongle en avant. Au fur et à mesure que les cellules avancent vers le bout du doigt, elles se remplissent de kératine et meurent. Les ongles poussent environ de 5 mm par mois, et plus vite en été qu'en hiver. Les ongles permettent aussi de prendre des petits objets plus facilement.

La peau perd environ 50 000 minuscules écailles par minute.

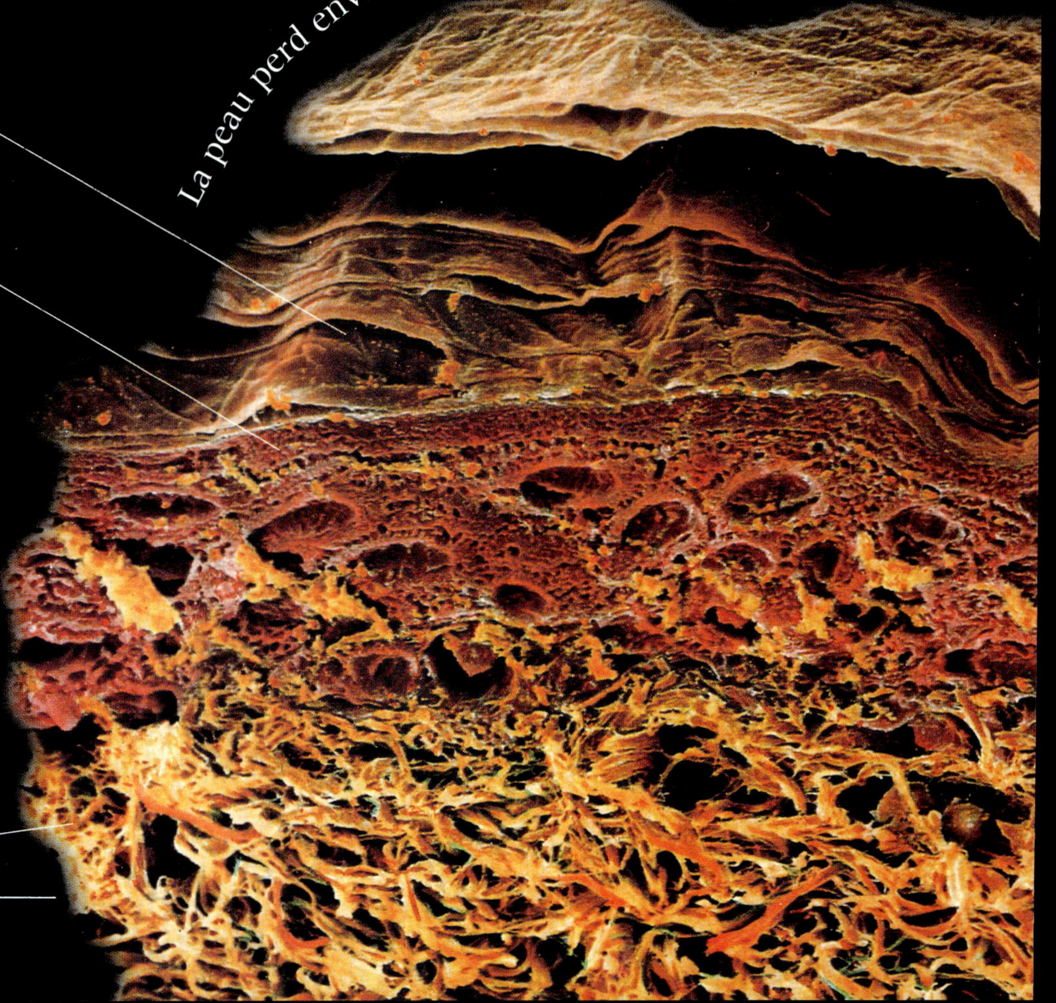

Les cellules plates de l'épiderme protègent le derme qui est dessous.

Les cellules de cette couche se divisent constamment et remplacent celles de la surface, qui sont usées.

Couches protectrices

Sur moins de 2 mm d'épaisseur, la peau se compose de 2 couches que l'on voit bien sur cette coupe. La couche externe (rose et rouge) est l'épiderme. Il est constitué de cellules mortes, plates, enchevêtrées, résistantes et imperméables, constamment détruites puis remplacées par des cellules vivantes (rouge). En dessous, le derme renferme les capteurs, les nerfs, les vaisseaux sanguins, les glandes qui sécrètent la sueur et les racines des poils.

Le derme contient les capteurs de contact, de douleur, de froid, de chaud, de pression.

Les gouttes de sueur font briller la peau du coureur.

Un rasage de près

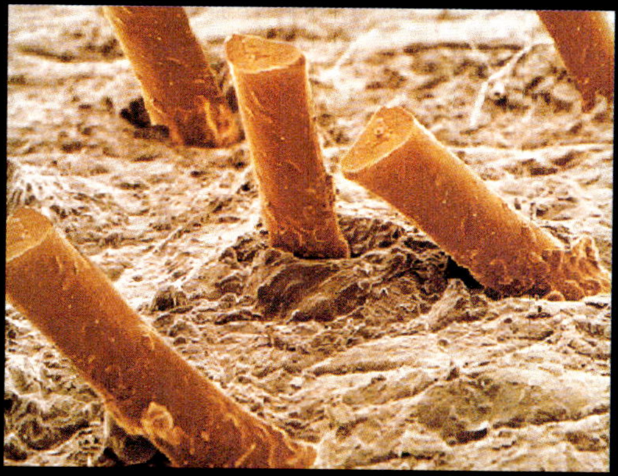

Non, ce ne sont pas des souches d'arbres mais des poils de barbe sur la joue d'un homme. Ils ont repoussé après avoir été rasés et piquent comme du chaume. La barbe, de même que les cheveux, peut atteindre 90 cm de long si on ne la coupe pas. Les poils tombent naturellement. On perd chaque jour environ 80 cheveux remplacés aussitôt par d'autres.

La pousse d'un poil

Les poils sont des tubes de kératine poussant dans de petites cavités de la peau, les follicules. Ce gros cheveu (ci-dessous, à gauche) vient de surgir de l'un des 100 000 follicules de la tête. Il est droit car le follicule a une ouverture ronde. Si cette ouverture était ovale, il serait frisé. À droite, les deux cheveux fins sont plus vieux et couverts de cellules plates qui se chevauchent comme les tuiles d'un toit. Cela empêche les cheveux de s'emmêler.

Les différents types de mélanine produisent des poils de couleurs différentes.

Couper les cheveux est indolore car ils sont faits de cellules mortes.

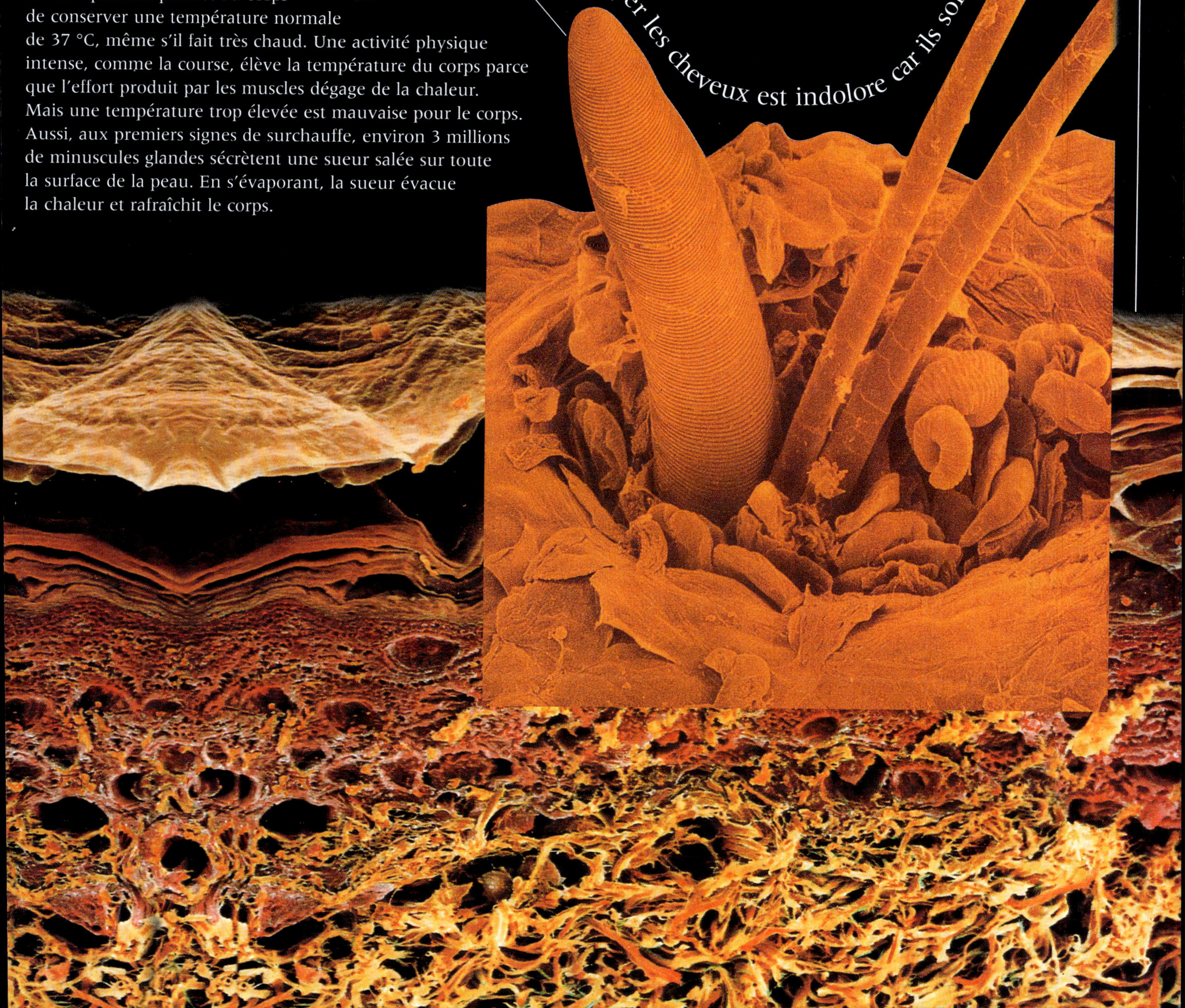

Un thermostat naturel

La transpiration permet au corps de conserver une température normale de 37 °C, même s'il fait très chaud. Une activité physique intense, comme la course, élève la température du corps parce que l'effort produit par les muscles dégage de la chaleur. Mais une température trop élevée est mauvaise pour le corps. Aussi, aux premiers signes de surchauffe, environ 3 millions de minuscules glandes sécrètent une sueur salée sur toute la surface de la peau. En s'évaporant, la sueur évacue la chaleur et rafraîchit le corps.

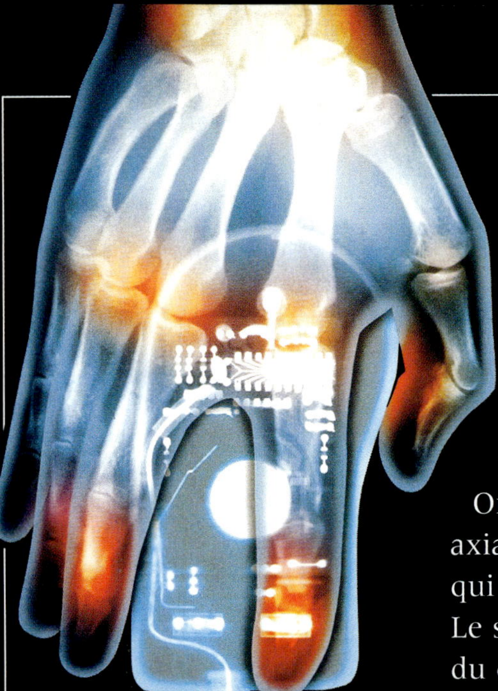

Le squelette

Sans le squelette, le corps tomberait comme une masse. Le squelette est résistant mais étonnamment léger puisqu'il ne représente que le sixième du poids chez l'adulte. Il a plusieurs fonctions. Sa structure d'os durs, de cartilages élastiques et de ligaments solides supporte le corps, lui donne sa forme et protège ses organes internes ; il sert également de point d'attache aux muscles qui nous font bouger. On le divise souvent en 2 parties jouant chacune leur rôle. Le squelette axial – crâne, colonne vertébrale, côtes, sternum – est l'armature principale qui supporte le corps et protège le cerveau, les yeux, le cœur, les poumons. Le squelette appendiculaire comprend les bras et les jambes – moteurs du corps – rattachés au squelette axial par les épaules et les hanches.

La main saisit et manipule la souris de l'ordinateur.

Des mains agiles

Jouer avec la souris d'un ordinateur est une tâche facile pour la main, partie la plus souple et la plus habile du corps. Cette souplesse est assurée par les 27 os du poignet, de la paume et des doigts que l'on voit ci-dessus sur la radiographie aux rayons X. Ils permettent à la main d'accomplir toutes sortes de mouvements, avec l'aide des quelque 30 muscles situés, pour la plupart, dans l'avant-bras.

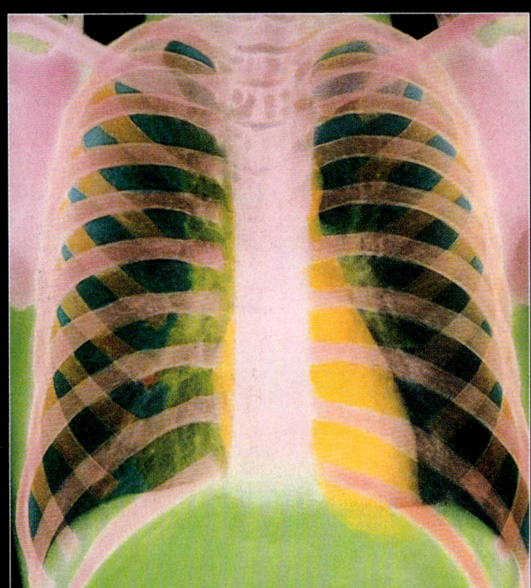

Radiographie du torse d'un enfant de 11 ans

Une cage protectrice

Douze paires de côtes partent en courbe depuis la colonne vertébrale : 10 d'entre elles sont reliées au sternum par des cartilages élastiques et souples, les 2 dernières paires sont libres. Colonne vertébrale, côtes et sternum forment ensemble une cage osseuse protégeant les délicats organes de la poitrine et de la partie supérieure de l'abdomen. Sur la radiographie (à gauche), on voit nettement les poumons (bleu foncé), le cœur (jaune) et la cage thoracique (bandes roses).

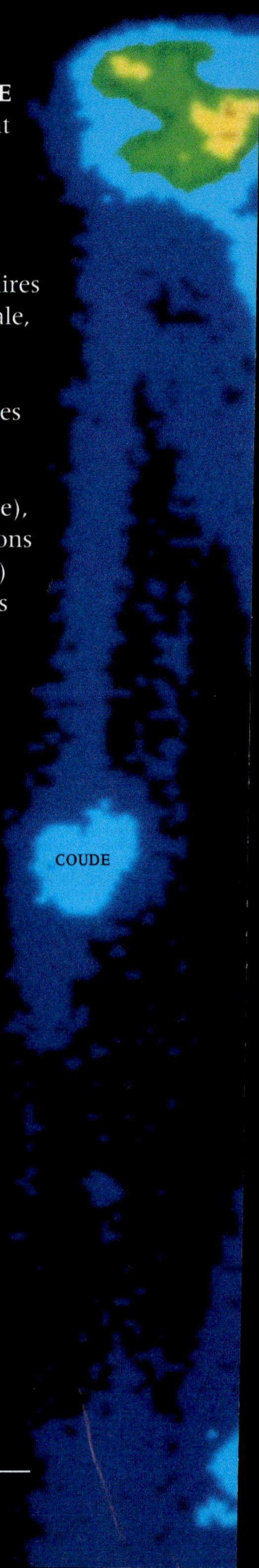

Une charpente élastique

Si les os étaient soudés les uns aux autres, le corps serait parfaitement soutenu mais incapable de bouger. Heureusement, la plupart d'entre eux sont reliés les uns aux autres par des articulations mobiles rendant le squelette flexible. Un mouvement (à droite) peut faire intervenir à la fois plusieurs os ainsi que les articulations des pieds, des jambes, du dos, des bras, des mains et du cou.

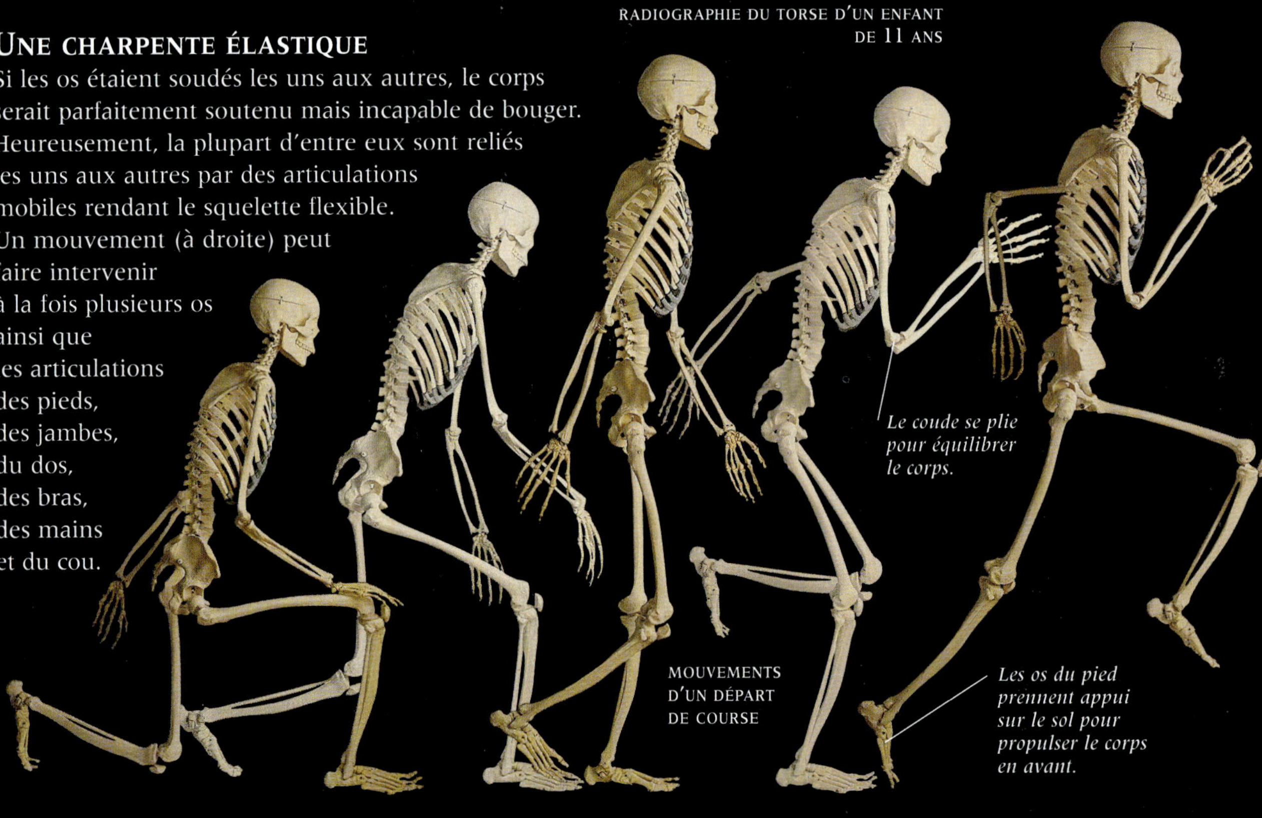

Le coude se plie pour équilibrer le corps.

Mouvements d'un départ de course

Les os du pied prennent appui sur le sol pour propulser le corps en avant.

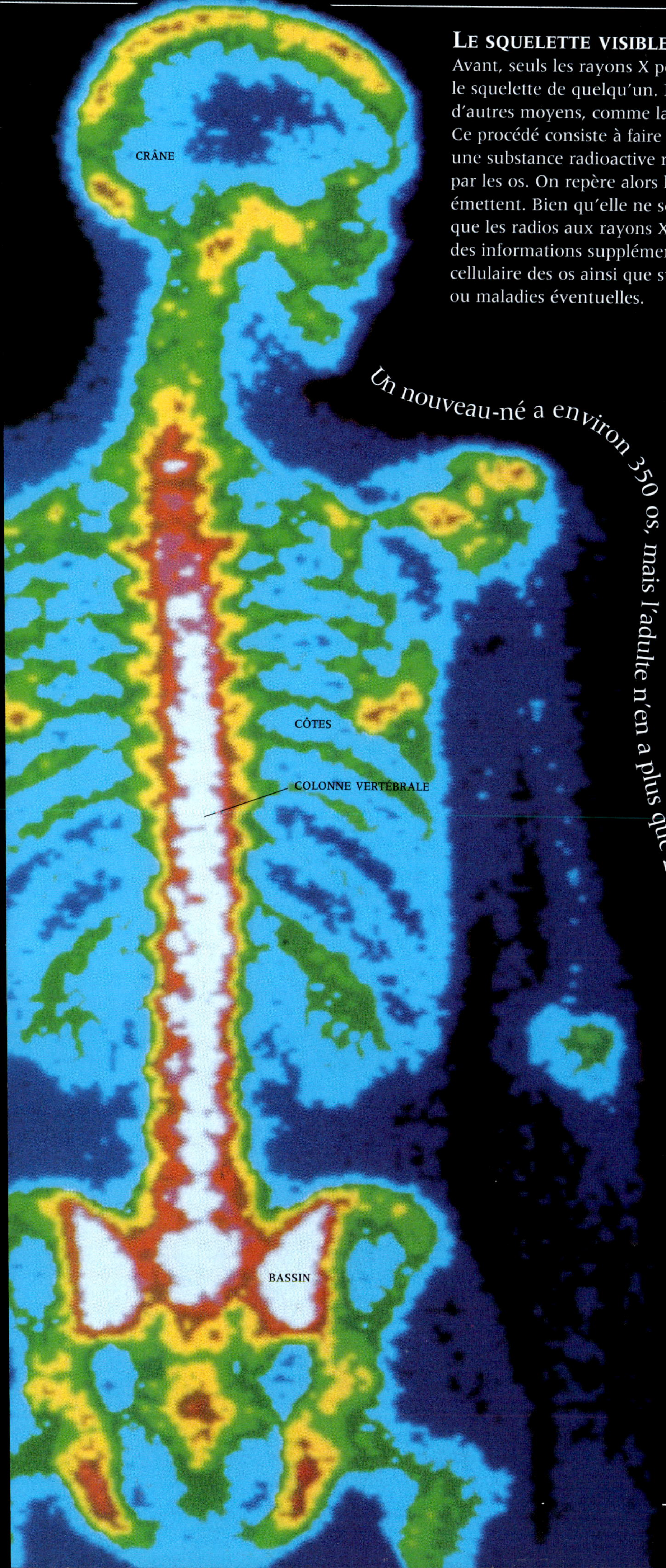

Le squelette visible

Avant, seuls les rayons X permettaient de voir le squelette de quelqu'un. Depuis peu, on a trouvé d'autres moyens, comme la scintigraphie (à gauche). Ce procédé consiste à faire absorber au patient une substance radioactive rapidement assimilée par les os. On repère alors la radiation qu'ils émettent. Bien qu'elle ne soit pas aussi claire que les radios aux rayons X, l'image fournit des informations supplémentaires sur l'activité cellulaire des os ainsi que sur leurs blessures ou maladies éventuelles.

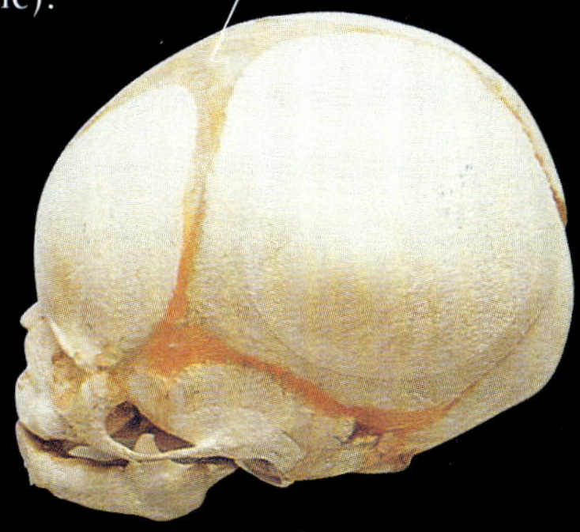

Crâne de bébé

Le crâne est constitué de plusieurs os soudés ensemble pour former une structure d'une seule pièce. Mais chez les nouveau-nés, ces os sont séparés par des espaces membraneux qu'on appelle les fontanelles. Les fontanelles donnent de l'élasticité au crâne et permettent ainsi à la tête du bébé de se comprimer légèrement au moment de la naissance. Elles s'ossifient ensuite progressivement jusqu'à l'âge de 18 mois.

Un nouveau-né a environ 350 os, mais l'adulte n'en a plus que 206 car certains se sont soudés au cours de la croissance.

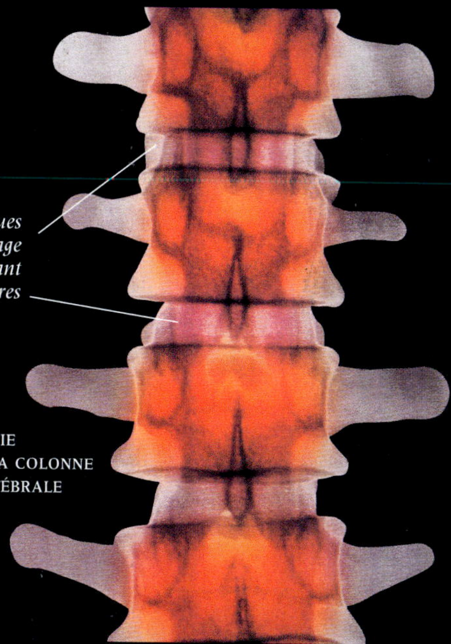

Le cartilage

Les disques séparant les vertèbres ne sont qu'un exemple de cartilage du squelette. Il existe 3 types de ce tissu élastique et résistant. Le cartilage fibreux des disques rend la colonne vertébrale flexible et absorbe les chocs pendant la course. Le cartilage lisse et transparent recouvre les extrémités des os aux articulations et forme la partie courbe du nez. Le cartilage élastique constitue la structure légère du pavillon de l'oreille.

Les os

Secs et sans vie, à l'image des restes d'un individu mort depuis longtemps, voilà l'idée que l'on se fait le plus souvent des os. Mais chez les êtres vivants, les os sont humides, alimentés par des vaisseaux sanguins, des nerfs, et contiennent des cellules vivantes. Ils se reforment et se reconstruisent constamment, et peuvent se réparer tout seuls s'ils sont abîmés. Le tissu osseux, appelé matrice, est principalement composé de sels minéraux et de collagène. Les sels minéraux, en particulier le phosphate de calcium, lui assurent sa dureté. Le collagène, qui est une protéine, lui donne son élasticité, sa solidité et la capacité de résister à la torsion et à l'extension. Des cellules éparpillées dans le tissu osseux le nourrissent. Le tissu osseux est compact, dense et lourd dans la couche extérieure de l'os. Dans la couche intérieure, il est alvéolé, spongieux et léger. Ces 2 aspects réunis donnent des os solides et pas trop lourds. Le tissu spongieux de l'os contient une substance molle et grasse : la moelle osseuse. Celle qui est jaune stocke la graisse tandis que celle qui est rouge (ou sanguine) fabrique les globules.

FÉMUR (OS DE LA CUISSE) PARTIELLEMENT OUVERT

La structure alvéolée des os les rend très solides.

L'intérieur de l'os

Un os se compose de 2 couches différentes : dense et compacte à l'extérieur, alvéolée et spongieuse à l'intérieur. Dans un os long, comme ce fémur, la couche compacte est plus épaisse sur la partie allongée tandis que les têtes ont beaucoup plus de matière spongieuse. Dans un fémur vivant, la partie creuse est remplie de moelle.

À poids égal, un os est cinq fois plus résistant que l'acier.

L'os spongieux

La vue au microscope ci-dessus montre que l'os spongieux a une structure alvéolée composée de cavités qu'enjambent des lamelles. Ces sortes de ponts lui donnent de la légèreté, tandis que leur disposition lui permet d'opposer une résistance maximale à la pression et à la tension. L'os spongieux combine ainsi légèreté et solidité.

Main gantée de chirurgien tenant des fragments de nacre d'une huître géante

SOS réparation

Normalement, les os se réparent tout seuls. Mais s'ils sont brisés en éclats dans un accident ou très abîmés par une maladie, ils peuvent avoir besoin d'aide. La nacre, cette substance irisée de l'intérieur des coquilles d'huîtres, stimule la réparation de l'os. Mélangée à du sang ou à de l'os, puis moulée, elle est ensuite implantée dans le corps. Très vite, les cellules osseuses déposent de la matrice dans cet implant, et l'os se reconstruit, aussi solide qu'avant.

Les cellules osseuses

Les ostéocytes sont les cellules osseuses qui conservent l'os en bonne santé. Cette coupe de tissu osseux (bleu) vue au microscope montre un ostéocyte (vert). Ces cellules sont reliées entre elles par de minuscules filaments (rose). Il existe en outre 2 autres types de cellules contribuant à renouveler sans cesse la structure osseuse : les ostéoclastes, qui détruisent le tissu osseux, et les ostéoblastes, qui le reconstruisent.

L'os compact

Plus dense que l'os spongieux, l'os compact est un ensemble de tubes microscopiques, appelés les ostéons, composés eux-mêmes de tubes disposés en couches. Au centre de ces couches rangées les unes à l'intérieur des autres, un canal conduit les vaisseaux sanguins qui alimentent les cellules osseuses. Cet arrangement de tubes donne à l'os compact sa grande résistance.

Raccommodage des os

Malgré leur solidité, les os peuvent se briser s'ils sont soumis à une pression extrême. Cette radiographie montre une fracture des os de la jambe – tibia et péroné (plus mince). Les os cassés se réparent seuls si les cellules osseuses des 2 parties se touchent. Une intervention chirurgicale peut être parfois nécessaire. Ici, des broches de métal ont été enfoncées de part et d'autre de la fracture.

L'os compact est la matière la plus dure du corps… après l'émail des dents.

Vaisseaux sanguins au centre d'un ostéon

Dans le tissu osseux, les ostéocytes sont enfermés dans des espaces que l'on appelle des lacunes (jaune).

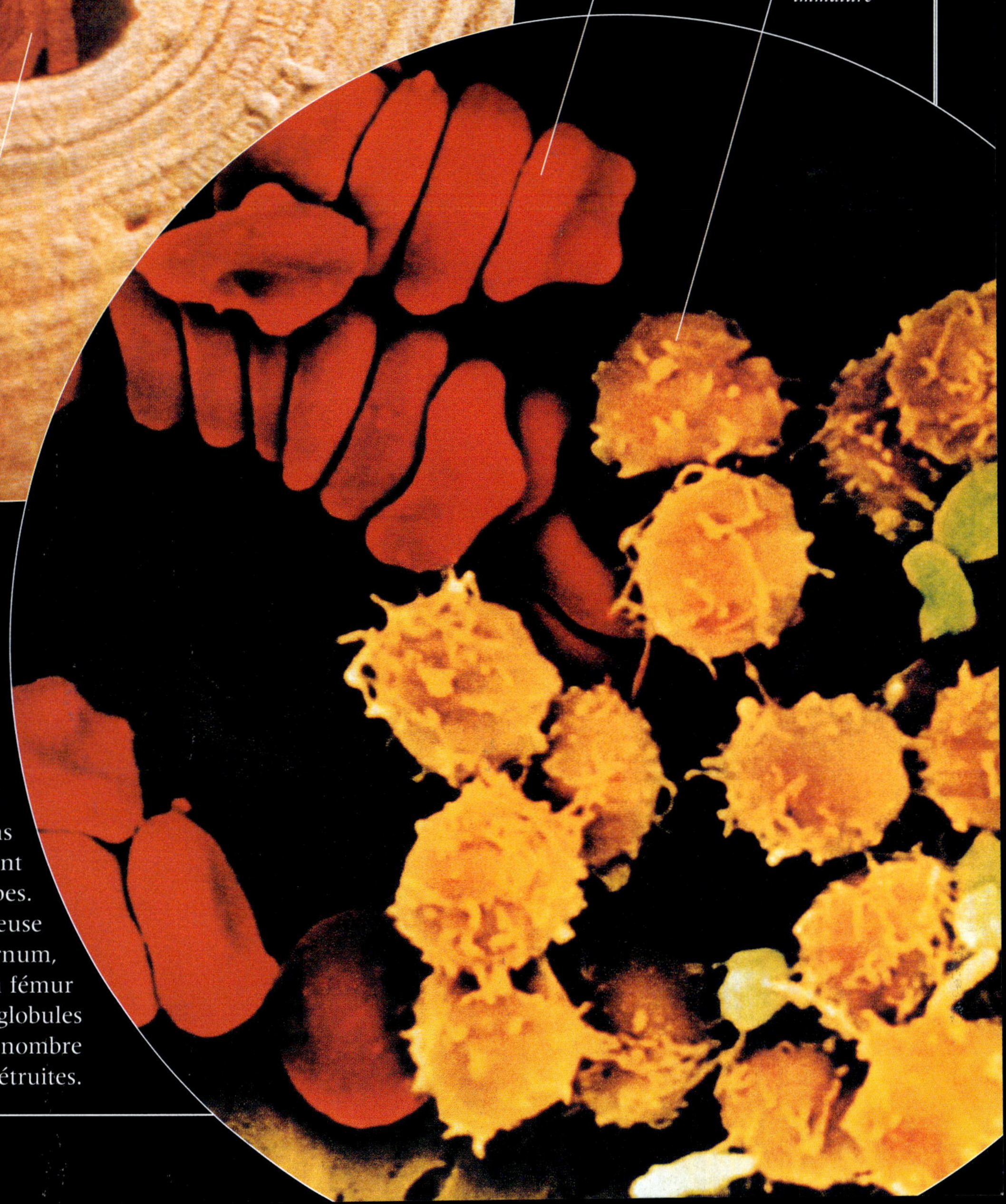

Globule rouge nouvellement créé

Globule blanc immature

La moelle des os

Les os fabriquent les globules dans la moelle rouge (à droite) : les rouges transportent l'oxygène, et les blancs détruisent les microbes. La moelle rouge est une matière gélatineuse qui se trouve dans la colonne vertébrale, le sternum, les clavicules, le crâne, les têtes du fémur et de l'humérus. Elle fabrique des millions de globules par seconde, correspondant exactement au nombre de cellules usées détruites.

Les articulations

Alors que les os forment la charpente du squelette et que les muscles lui apportent la puissance nécessaire pour bouger, les articulations lui donnent sa souplesse et permettent le mouvement. Elles se situent partout où 2, voire plusieurs, os se rencontrent. Il suffit d'essayer de manger sans plier le coude ou de courir sans plier les genoux pour se rendre compte de leur utilité. On distingue 3 grands types d'articulations : mobile, semi-mobile et immobile. Chacune permet de faire une série de mouvements déterminés par la forme de la tête des os et la façon dont les os se rejoignent dans l'articulation. Les articulations mobiles, comme celle du fémur, permettent de nombreux mouvements. Les articulations semi-mobiles, comme celles de la colonne vertébrale, n'en autorisent que de petits. Les articulations immobiles, comme celles du crâne, n'en autorisent aucun.

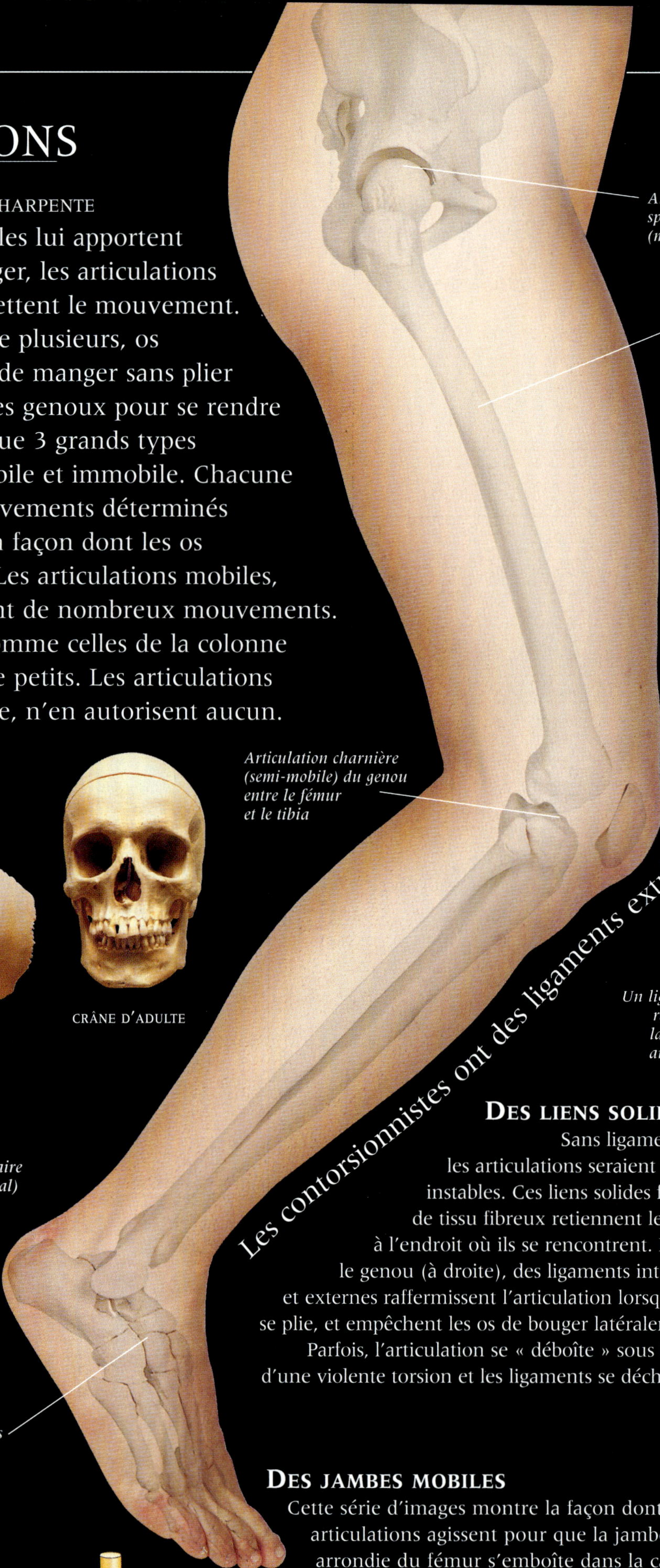

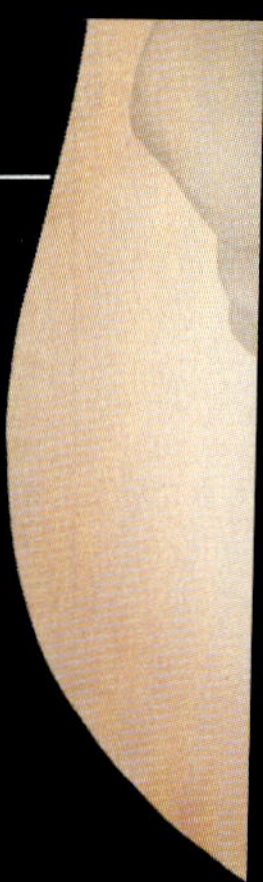

Les contorsionnistes ont des ligaments extrêmement lâches.

CRÂNE D'ADULTE

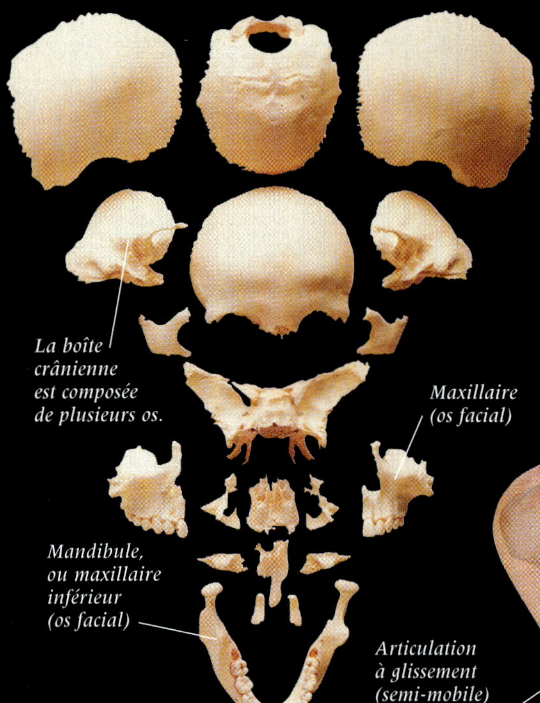

LES OS DU CRÂNE

Des liens solides

Sans ligaments, les articulations seraient très instables. Ces liens solides faits de tissu fibreux retiennent les os à l'endroit où ils se rencontrent. Dans le genou (à droite), des ligaments internes et externes raffermissent l'articulation lorsqu'elle se plie, et empêchent les os de bouger latéralement. Parfois, l'articulation se « déboîte » sous l'effet d'une violente torsion et les ligaments se déchirent.

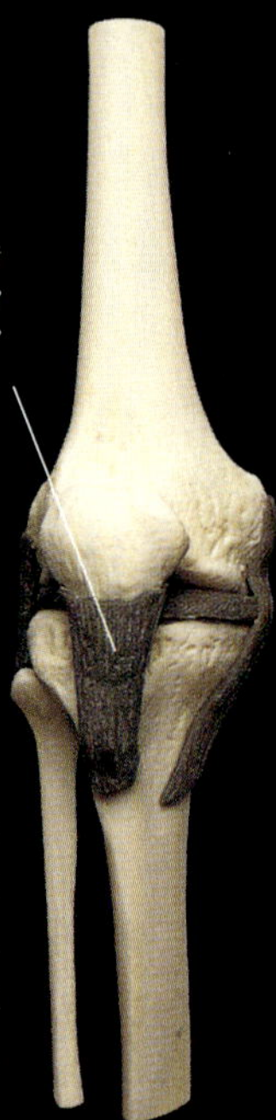

ARTICULATION DU GENOU

Un crâne dur

Le crâne est très résistant. Il protège et maintient le cerveau, abrite les yeux et les autres organes sensitifs, et forme la charpente du visage. Des articulations immobiles, appelées sutures, lui assurent sa solidité en liant 21 des 22 os du crâne comme des pièces de puzzle. Seule la mâchoire inférieure bouge librement pour permettre la parole, la mastication et la respiration.

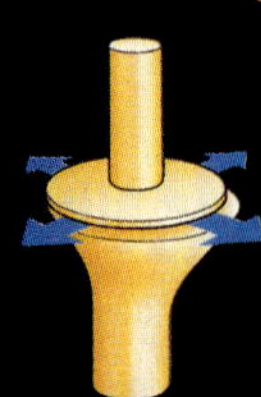

ARTICULATION À GLISSEMENT (PIED)

Des jambes mobiles

Cette série d'images montre la façon dont les différentes articulations agissent pour que la jambe se lève. La tête arrondie du fémur s'emboîte dans la cavité concave du bassin (le cotyle) et forme une articulation sphérique mobile permettant un mouvement vers le haut et vers l'extérieur. L'articulation semi-mobile du genou ne permet qu'un mouvement d'avant en arrière : c'est une articulation charnière. On retrouve ce type d'articulation à la cheville, où le pied peut être relevé ou abaissé. L'articulation des os de la cheville permet des mouvements courts et rend le pied à la fois souple et solide.

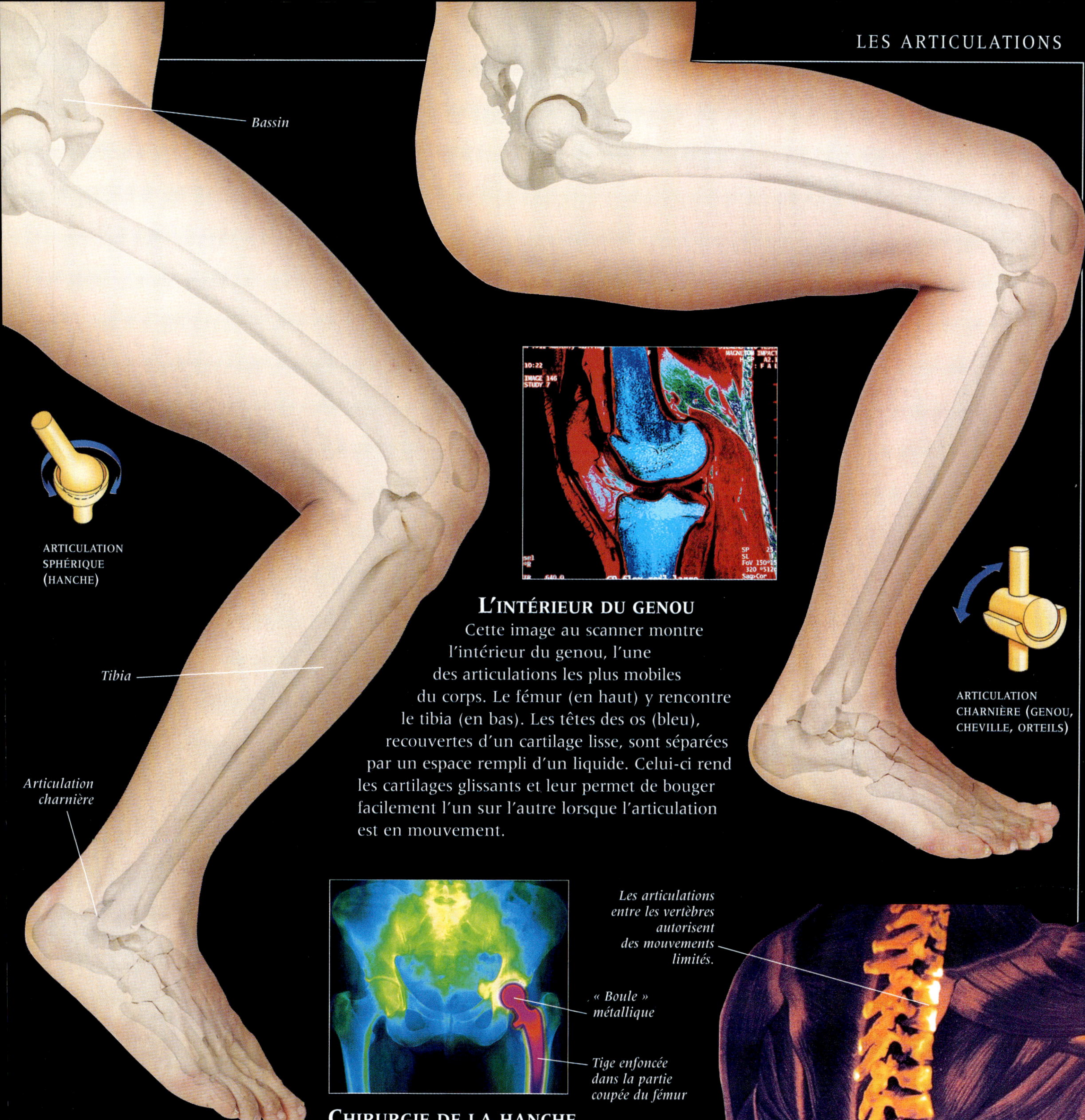

ARTICULATION SPHÉRIQUE (HANCHE)

ARTICULATION CHARNIÈRE (GENOU, CHEVILLE, ORTEILS)

L'intérieur du genou

Cette image au scanner montre l'intérieur du genou, l'une des articulations les plus mobiles du corps. Le fémur (en haut) y rencontre le tibia (en bas). Les têtes des os (bleu), recouvertes d'un cartilage lisse, sont séparées par un espace rempli d'un liquide. Celui-ci rend les cartilages glissants et leur permet de bouger facilement l'un sur l'autre lorsque l'articulation est en mouvement.

Chirurgie de la hanche

Si l'articulation de la hanche est endommagée, la marche devient difficile et douloureuse. Heureusement, les chirurgiens peuvent remplacer la partie abîmée du fémur par une « boule » de métal et une longue tige (visibles sur la radio ci-dessus), et doubler de plastique le cotyle. Cette opération doit permettre au patient de remarcher normalement.

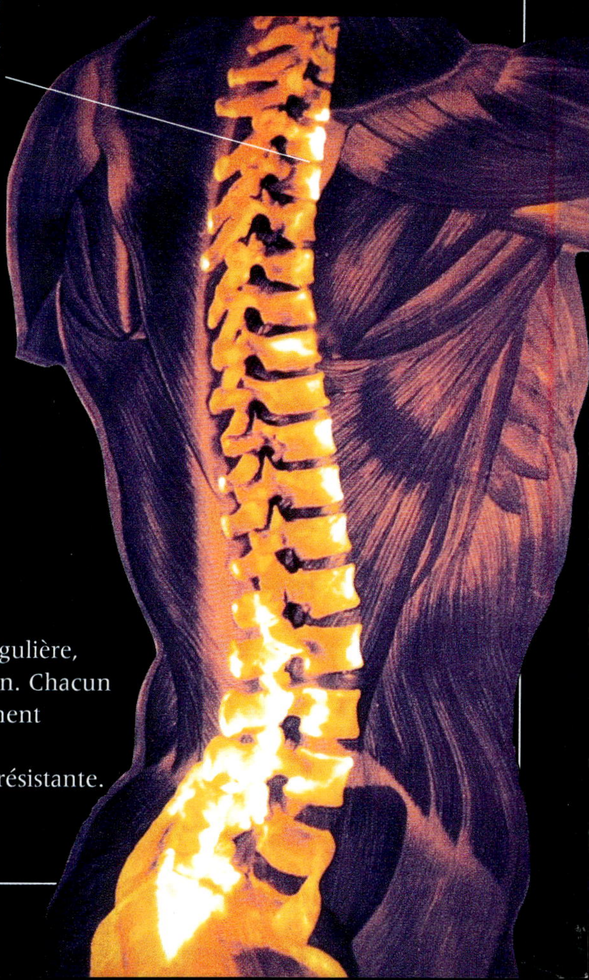

Une colonne flexible

La colonne vertébrale se compose d'une série de 24 os de forme irrégulière, les vertèbres, entre lesquelles un disque de cartilage sert d'articulation. Chacun ne permet qu'un mouvement limité, mais ensemble ces disques donnent à la colonne vertébrale une certaine flexibilité : elle peut se courber sur le côté, d'avant en arrière, et se tordre. Elle est également très résistante. C'est grâce aux muscles et aux ligaments qui la renforcent et la stabilisent qu'elle se tient droite.

Les muscles

Tous les mouvements du corps, qu'il s'agisse de courir après un bus ou de comprimer sa vessie pour uriner, dépendent des muscles. Les muscles sont faits de cellules qui n'ont qu'un pouvoir, celui de se contracter. Cette contraction est déclenchée par l'arrivée d'impulsions nerveuses en provenance du cerveau ou de la moelle épinière. On distingue 3 types de muscles dans le corps : les muscles striés, volontaires, rattachés aux os par les tendons ; les muscles lisses, viscéraux, que l'on trouve sur la paroi d'organes internes comme l'intestin grêle, la vessie, les vaisseaux sanguins ; et le muscle cardiaque, ou myocarde, que l'on ne trouve que sur la paroi du cœur, où il se contracte inlassablement tout au long de la vie pour pomper le sang et l'envoyer à travers le corps. Il se contracte automatiquement, mais des impulsions nerveuses venant du cerveau peuvent l'accélérer ou le ralentir suivant les besoins du corps.

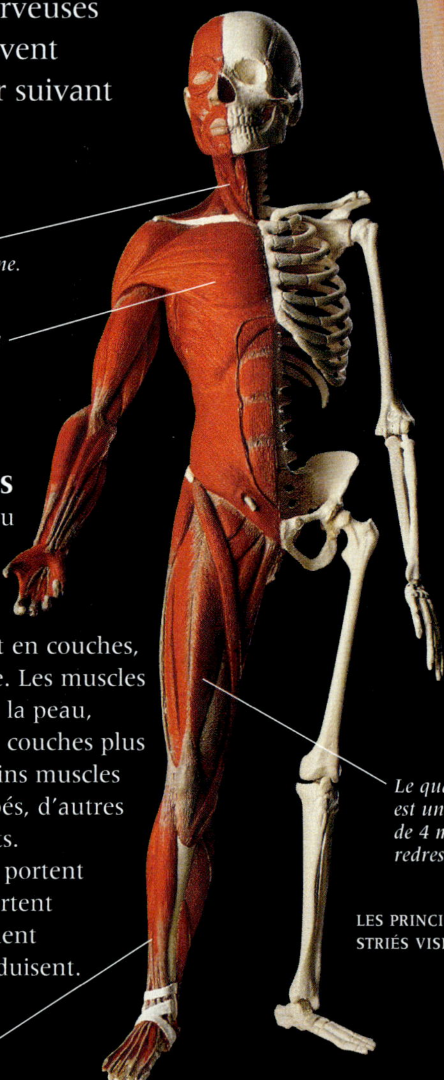

LES PRINCIPAUX MUSCLES STRIÉS VISIBLES DE FACE

Les moteurs du corps

Les muscles constituent à peu près 40 % de la masse du corps, et lui donnent sa forme en recouvrant le squelette. Ils se présentent en couches, surtout sur le tronc, ou torse. Les muscles superficiels, situés juste sous la peau, recouvrent une ou plusieurs couches plus profondes de muscles. Certains muscles sont allongés, d'autres bombés, d'autres encore très larges et très plats. De nombreux muscles striés portent des noms latins qui se rapportent à leur forme, leur emplacement ou le mouvement qu'ils produisent.

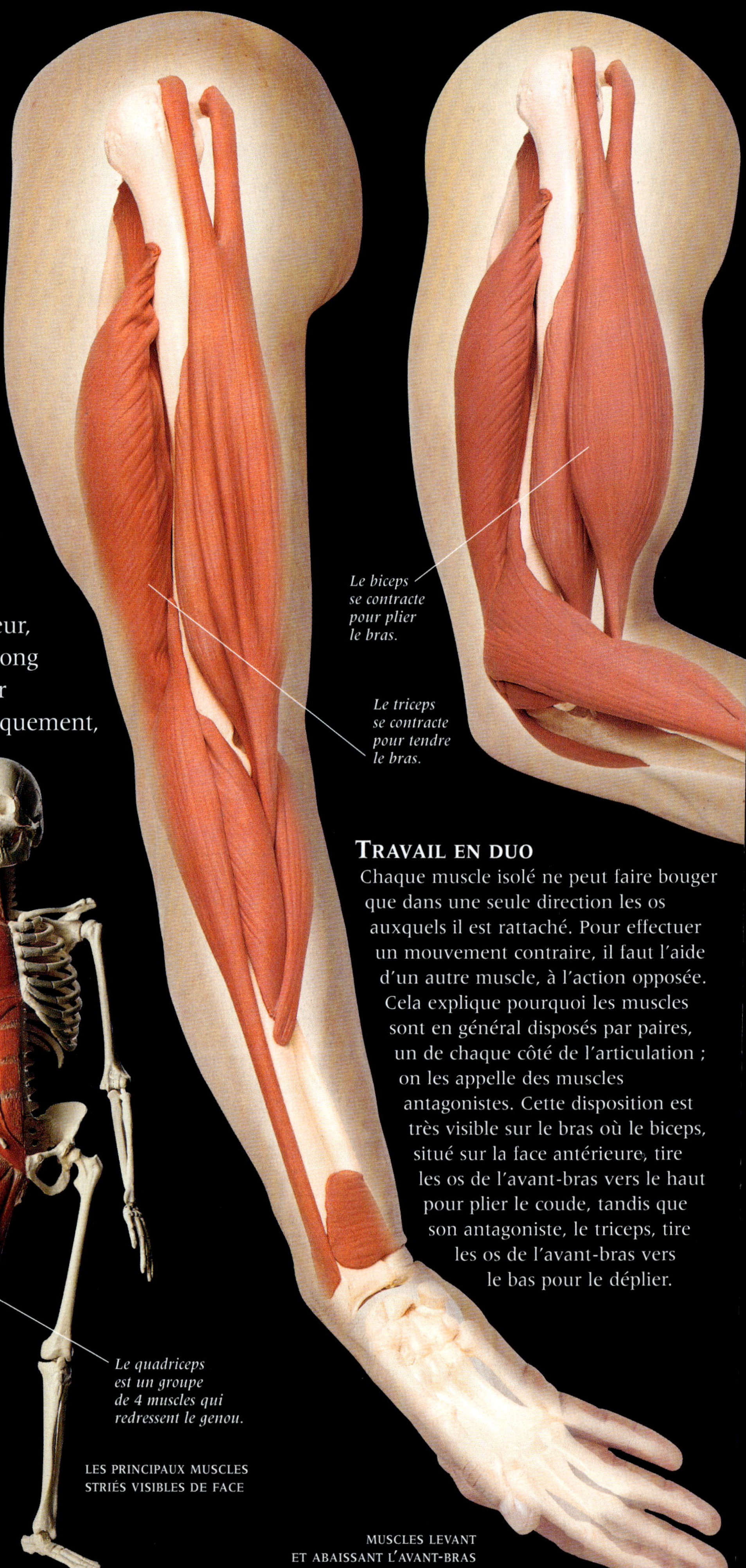

MUSCLES LEVANT ET ABAISSANT L'AVANT-BRAS

Travail en duo

Chaque muscle isolé ne peut faire bouger que dans une seule direction les os auxquels il est rattaché. Pour effectuer un mouvement contraire, il faut l'aide d'un autre muscle, à l'action opposée. Cela explique pourquoi les muscles sont en général disposés par paires, un de chaque côté de l'articulation ; on les appelle des muscles antagonistes. Cette disposition est très visible sur le bras où le biceps, situé sur la face antérieure, tire les os de l'avant-bras vers le haut pour plier le coude, tandis que son antagoniste, le triceps, tire les os de l'avant-bras vers le bas pour le déplier.

Plus de 640 muscles striés font bouger le corps humain et assurent son maintien.

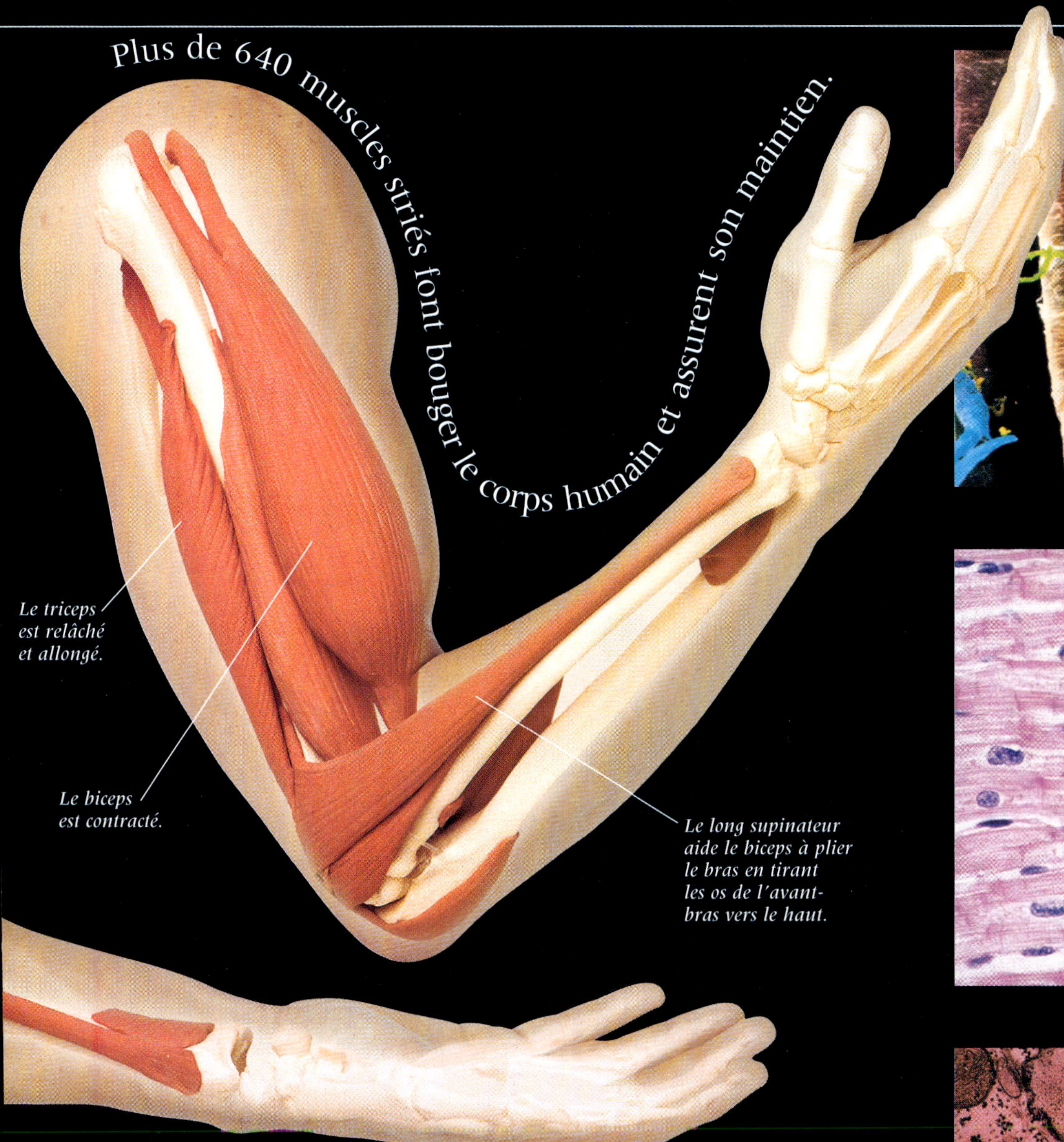

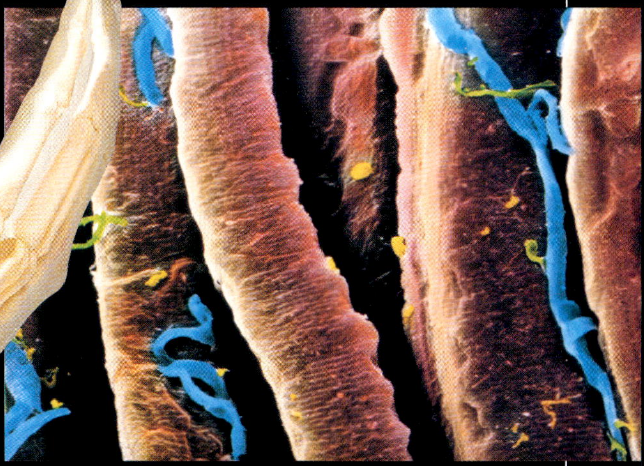
FIBRES D'UN MUSCLE STRIÉ

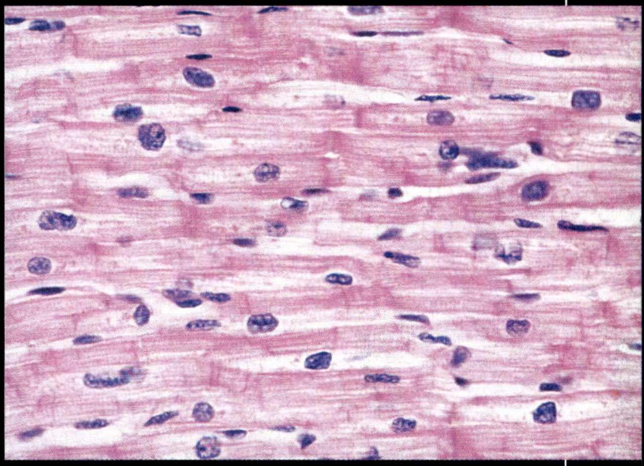
FIBRES D'UN MUSCLE LISSE

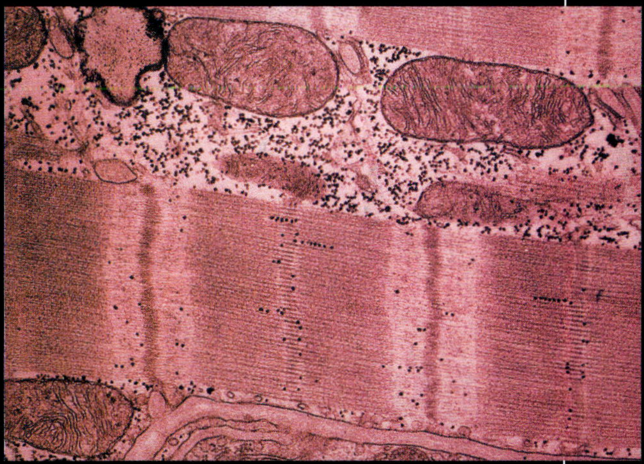
FIBRES DU MUSCLE CARDIAQUE

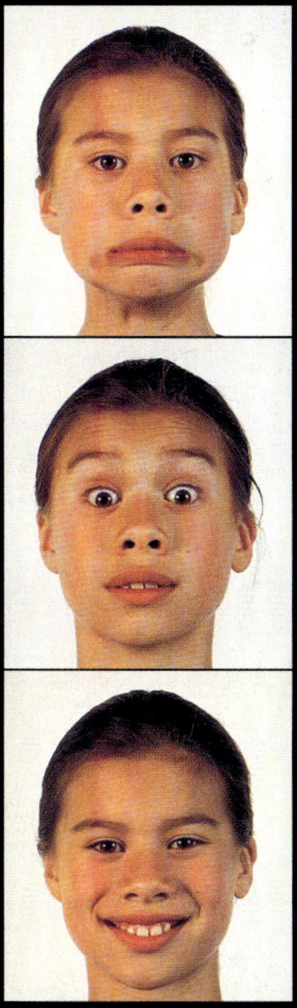

Grimaces

Si le langage varie d'un pays à l'autre, les expressions du visage, elles, ont souvent la même signification. Dégoût, surprise, bonheur font partie des émotions communiquées par la forme des yeux, du nez, des lèvres et autres parties du visage. Les expressions faciales sont produites par la trentaine de muscles du visage et du cou. À la différence de la plupart des muscles striés, ceux-ci agissent sur la peau au lieu d'agir sur les os.

Source de chaleur

Sur cette thermographie, les couleurs claires indiquent les endroits du corps par où s'évacue la plus grande quantité de chaleur pendant un exercice physique. Les muscles utilisent un glucose riche en énergie pour se contracter, et dégagent une chaleur que le sang répartit dans le corps pour le maintenir à 37 °C. Plus ils travaillent, plus ils dégagent de chaleur. Si cette chaleur est excessive, elle est évacuée vers la peau par la sueur.

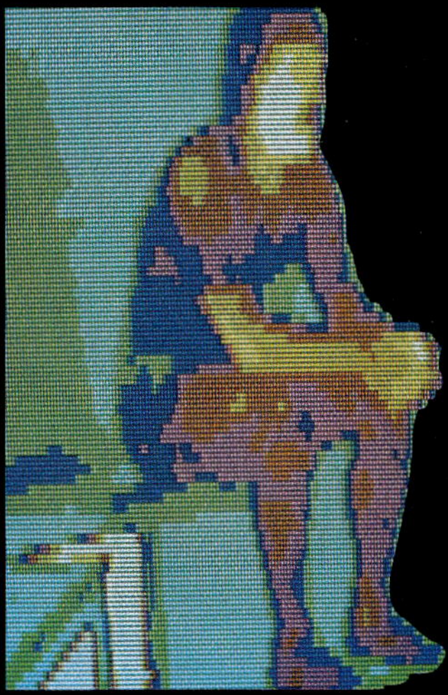

Les fibres musculaires

Les muscles sont composés de cellules qu'on appelle des fibres. Leur forme et leur taille varient suivant les types de muscles. Les fibres cylindriques des muscles striés (en haut) peuvent atteindre 30 cm de long. Les fibres courtes effilées des muscles lisses (au centre) se contractent lentement pour, par exemple, pousser les aliments le long de l'appareil digestif. Les fibres ramifiées du muscle cardiaque (en bas), propres au cœur, se contractent environ 100 000 fois par jour, sans fatigue et automatiquement.

Le cerveau

Se souvenir d'un visage, sentir la douleur, résoudre une énigme ou se mettre en colère, tout cela est possible grâce à l'encéphale, le centre de contrôle du système nerveux et du corps. Aussi mou qu'un œuf mollet, rose et fripé, l'encéphale est abrité par le crâne. S'il ne représente que 2 % du poids du corps, il consomme 20 % de son énergie, ce qui donne une idée de son importance. Sa partie principale, le cerveau, est le siège de la conscience, de la pensée et de la personnalité. Les zones sensorielles du cortex, couche externe du cerveau, reçoivent les données en provenance de capteurs, comme l'œil ; ses zones moteurs envoient des instructions aux muscles et aux organes ; ses zones d'association analysent et stockent les messages qui rendent possibles la pensée, la compréhension et le souvenir. Les 2 autres régions majeures de l'encéphale sont le cervelet, qui contrôle l'équilibre et coordonne le mouvement, et le tronc cérébral, qui régule les fonctions vitales.

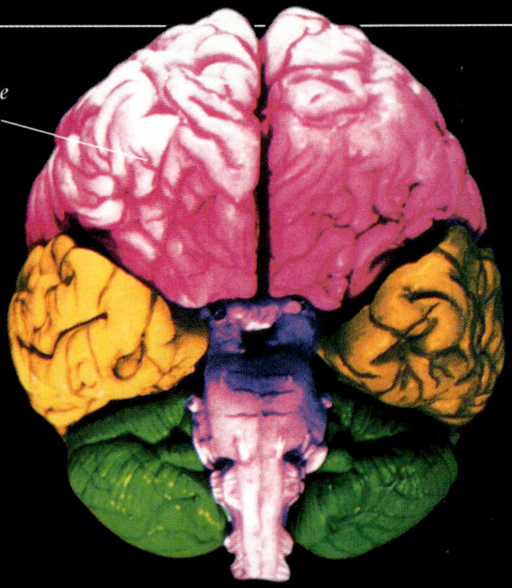

L'encéphale
Cette vue de face de l'encéphale met en évidence ses 3 parties principales : la plus grande, le cerveau, comprend les 2 hémisphères droit et gauche (rose foncé et jaune) ; le cervelet (vert), situé à l'arrière du cerveau, comprend lui aussi 2 zones, appelées lobes ; le tronc cérébral (rose pâle), quant à lui, relie le cerveau à la moelle épinière.

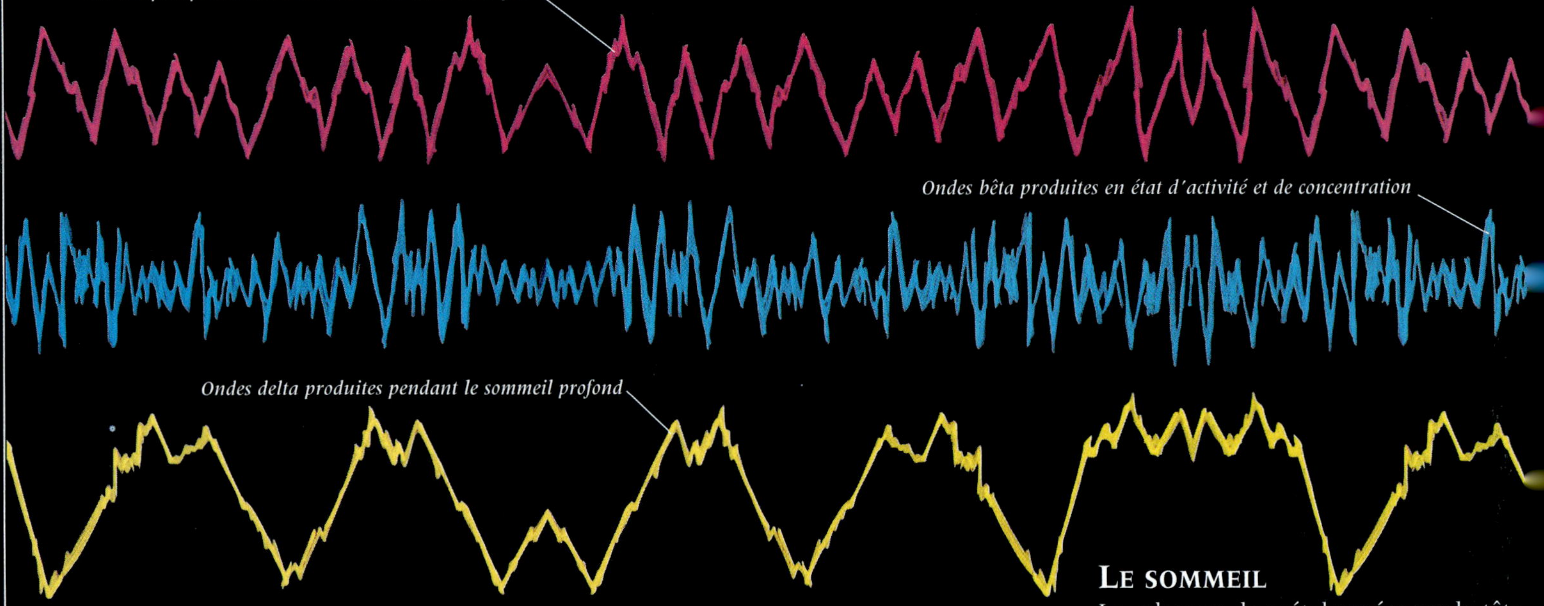

Les ondes cérébrales
Chaque seconde, des millions d'impulsions nerveuses fusent le long des neurones du cerveau. Ces petits courants électriques produits par le flot incessant des messages peuvent être enregistrés par un appareil qui trace le diagramme des ondes cérébrales. Celles-ci évoluent en fonction de notre activité : les ondes alpha se manifestent lorsqu'on est éveillé mais au repos ; les ondes bêta, lorsqu'on est actif ; les ondes delta, pendant le sommeil. Ce diagramme (l'encéphalogramme) permet aux médecins de vérifier le bon état du cerveau.

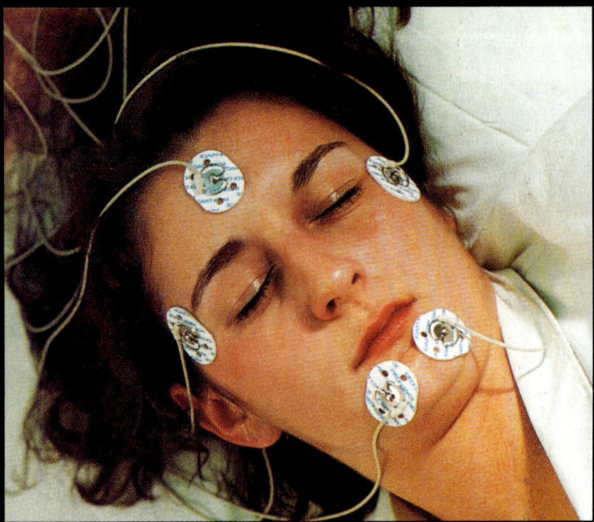

Le sommeil
Les plaques de métal posées sur la tête de cette femme endormie sont des électrodes. Elles transmettent des signaux électriques à un appareil qui enregistre l'évolution de l'activité cérébrale. Au cours de la première phase du sommeil, ou sommeil profond, l'activité cérébrale se ralentit. Elle augmente ensuite au cours de la phase du sommeil léger : les yeux bougent très vite, le dormeur rêve. Ce cycle – sommeil profond/sommeil léger – se répète plusieurs fois pendant la nuit. Le cerveau a ainsi le temps de se reposer, de se recharger, et d'évacuer tous les événements de la journée.

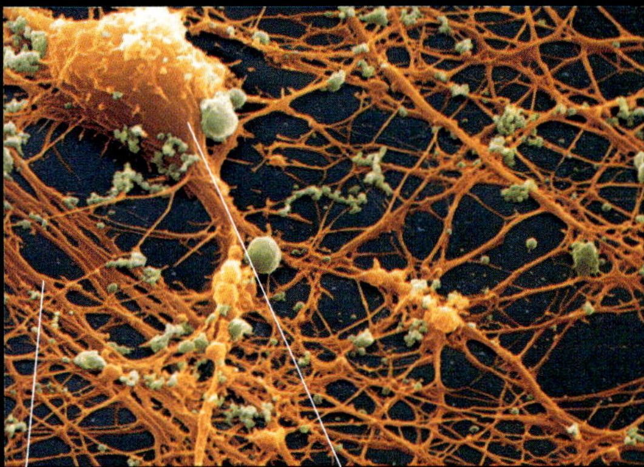

Neurone

Les dendrites reçoivent des messages d'autres neurones. Plus il y a de connexions entre les neurones, plus l'intelligence est développée.

UN RÉSEAU EXTRAORDINAIRE

Il y a dans le cerveau des milliards de neurones comme celui-ci (à gauche), chacun relié à des dizaines, des centaines, voire des milliers d'autres. Une fibre nerveuse, l'axone, prolonge le neurone et transmet des impulsions aux autres neurones. Des ramifications plus fines, les dendrites, reçoivent les impulsions des neurones voisins. Ce gigantesque réseau forme un système de communication ultrarapide d'une complexité incroyable.

AUDITION

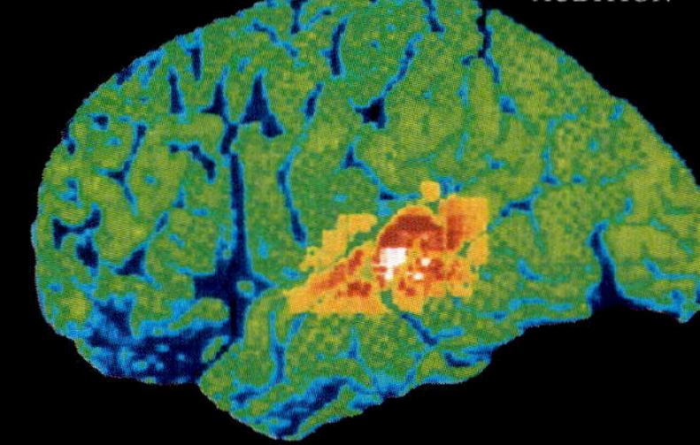

PAROLE

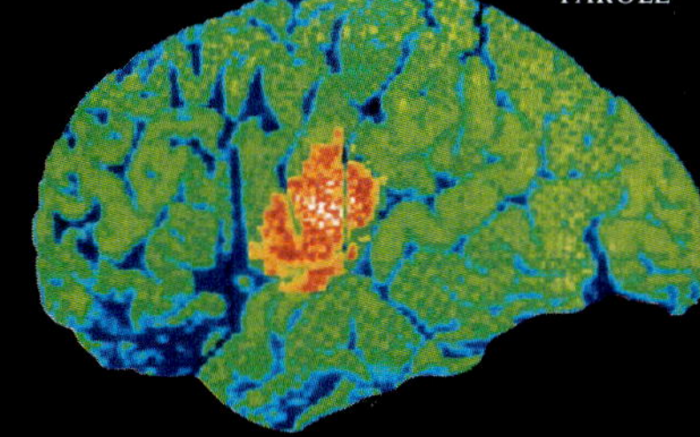

PENSÉE ET PAROLE

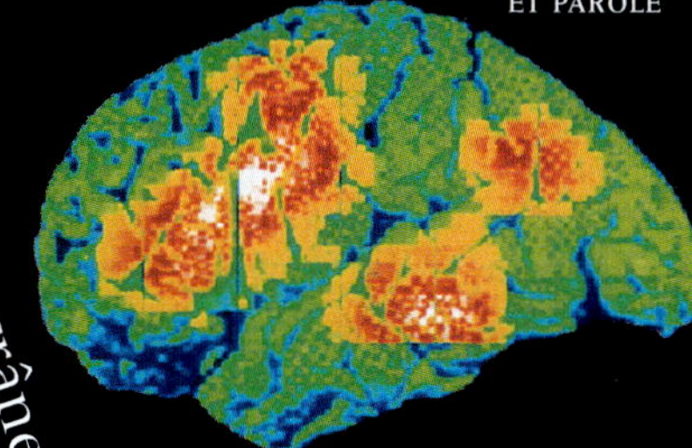

Plis et sillons permettent à une plus grande quantité de tissu cérébral de se loger dans le crâne.

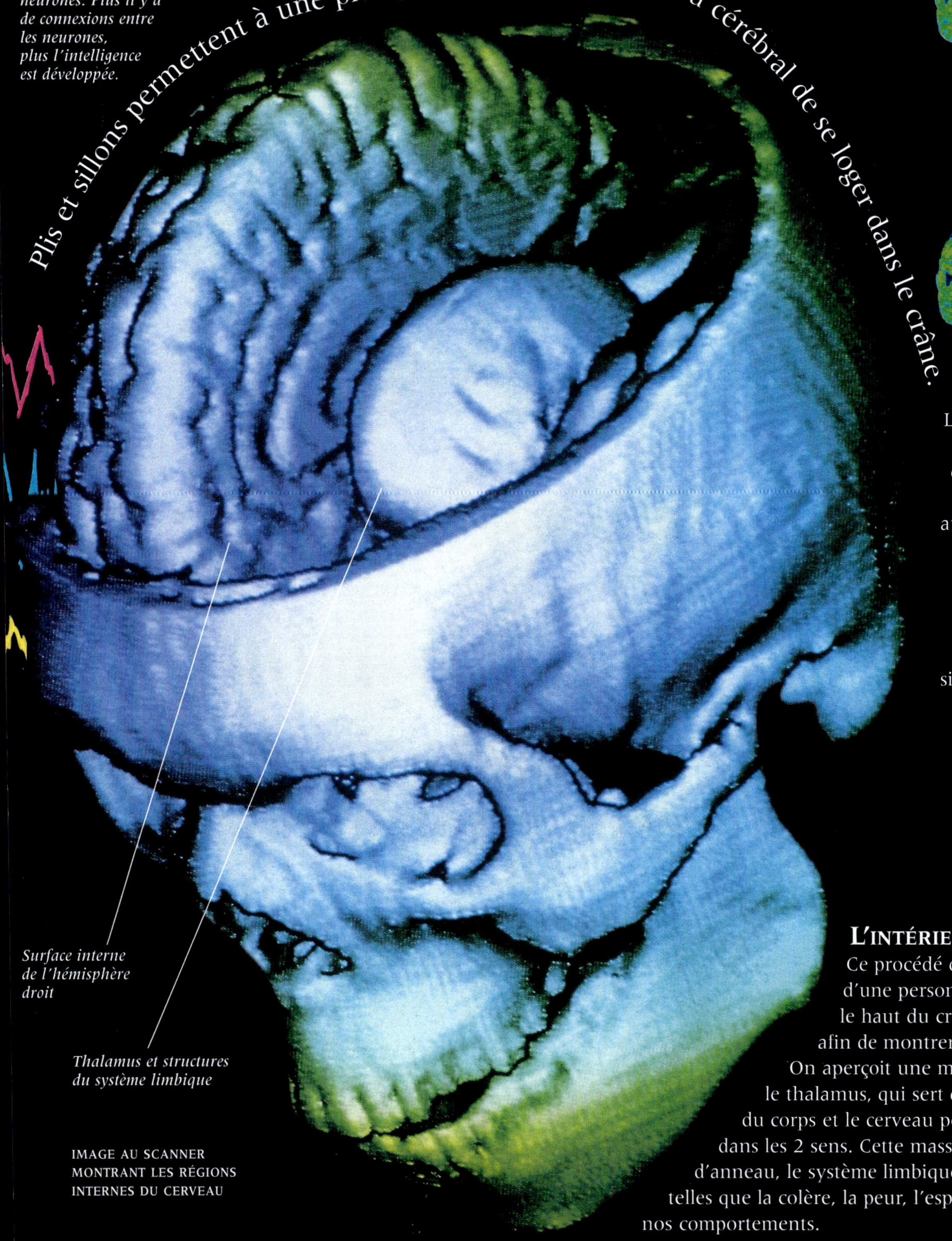

Surface interne de l'hémisphère droit

Thalamus et structures du système limbique

IMAGE AU SCANNER MONTRANT LES RÉGIONS INTERNES DU CERVEAU

ZONES ACTIVES

Les différentes parties du cortex cérébral ont des tâches différentes. On le voit très bien ci-dessus, sur ces images au scanner. L'audition (en haut) active une zone qui reçoit et interprète les impulsions nerveuses en provenance des oreilles. La parole (au milieu) implique une zone située plus en avant qui renvoie des impulsions provoquant la production des sons. La pensée et la parole (en bas) activent à la fois les zones impliquées dans l'audition, la parole, la pensée et la compréhension.

L'INTÉRIEUR DU CRÂNE

Ce procédé de radiographie de la tête d'une personne vivante a « supprimé » le haut du crâne et l'hémisphère gauche afin de montrer les profondeurs du cerveau. On aperçoit une masse de substance grise, le thalamus, qui sert de relais entre les capteurs du corps et le cerveau pour faire passer les messages dans les 2 sens. Cette masse est entourée d'une sorte d'anneau, le système limbique, responsable d'émotions telles que la colère, la peur, l'espoir, et chargé de contrôler nos comportements.

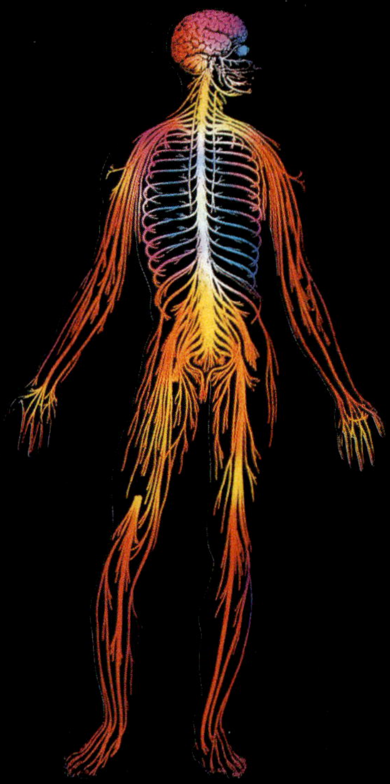

LE SYSTÈME NERVEUX

Nerfs et neurones

La pensée, les gestes et les mouvements internes du corps sont contrôlés par le système nerveux. Il se divise en 2 : le système nerveux central et le système nerveux périphérique. Le premier englobe l'encéphale et la moelle épinière. Grâce à ses milliards de cellules nerveuses reliées entre elles, les neurones, il analyse les informations transmises par le corps, les stocke, et envoie ses instructions au moyen d'un réseau s'étendant à toutes les parties du corps. Ce réseau, le système nerveux périphérique, est constitué de fibres nerveuses regroupées en longs câbles, les nerfs. Ceux-ci transportent à toute vitesse des signaux électriques, les impulsions nerveuses. On distingue 3 types de nerfs : sensitifs (ils apportent les messages des capteurs), moteurs (ils ordonnent aux muscles de se contracter) et végétatifs (ils transmettent les ordres aux glandes et aux organes).

Un réseau de fibres

Les neurones se distinguent des autres cellules du corps. D'une part, ils sont adaptés au transport des signaux électriques, et d'autre part, ils sont souvent très longs. Alors que le corps des neurones se trouve dans le système nerveux central, ses prolongements, ou axones, peuvent s'étendre très loin de lui – jusqu'à 1 m dans certains cas. Le tissu fibreux qui réunit les axones en nerf les fait ressembler à un câble blanc et brillant. La plupart des nerfs sont mixtes, c'est-à-dire à la fois porteurs de neurones sensitifs et de neurones moteurs.

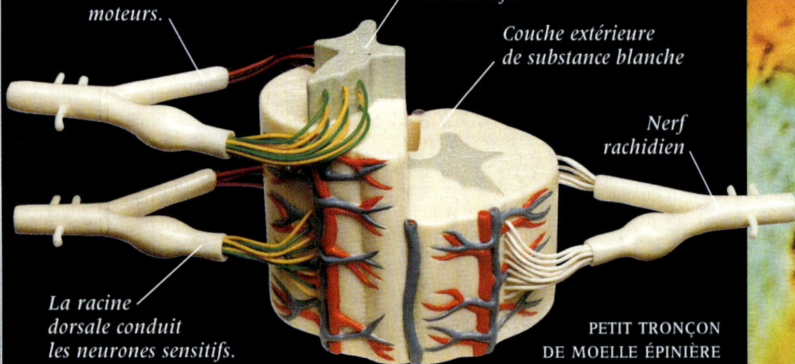

PETIT TRONÇON DE MOELLE ÉPINIÈRE

Une liaison spéciale

La moelle épinière est un câble de communication qui, à l'aide de 31 paires de nerfs rachidiens, relie les informations entre l'encéphale et le reste du corps. La racine dorsale de ces nerfs achemine les signaux du corps vers la substance grise de la moelle, tandis que leur racine ventrale transmet aux muscles les impulsions qui proviennent de celle-ci. La moelle épinière est entourée d'une substance blanche parcourue de neurones porteurs de messages pour le cerveau ou d'ordres émis par ce dernier.

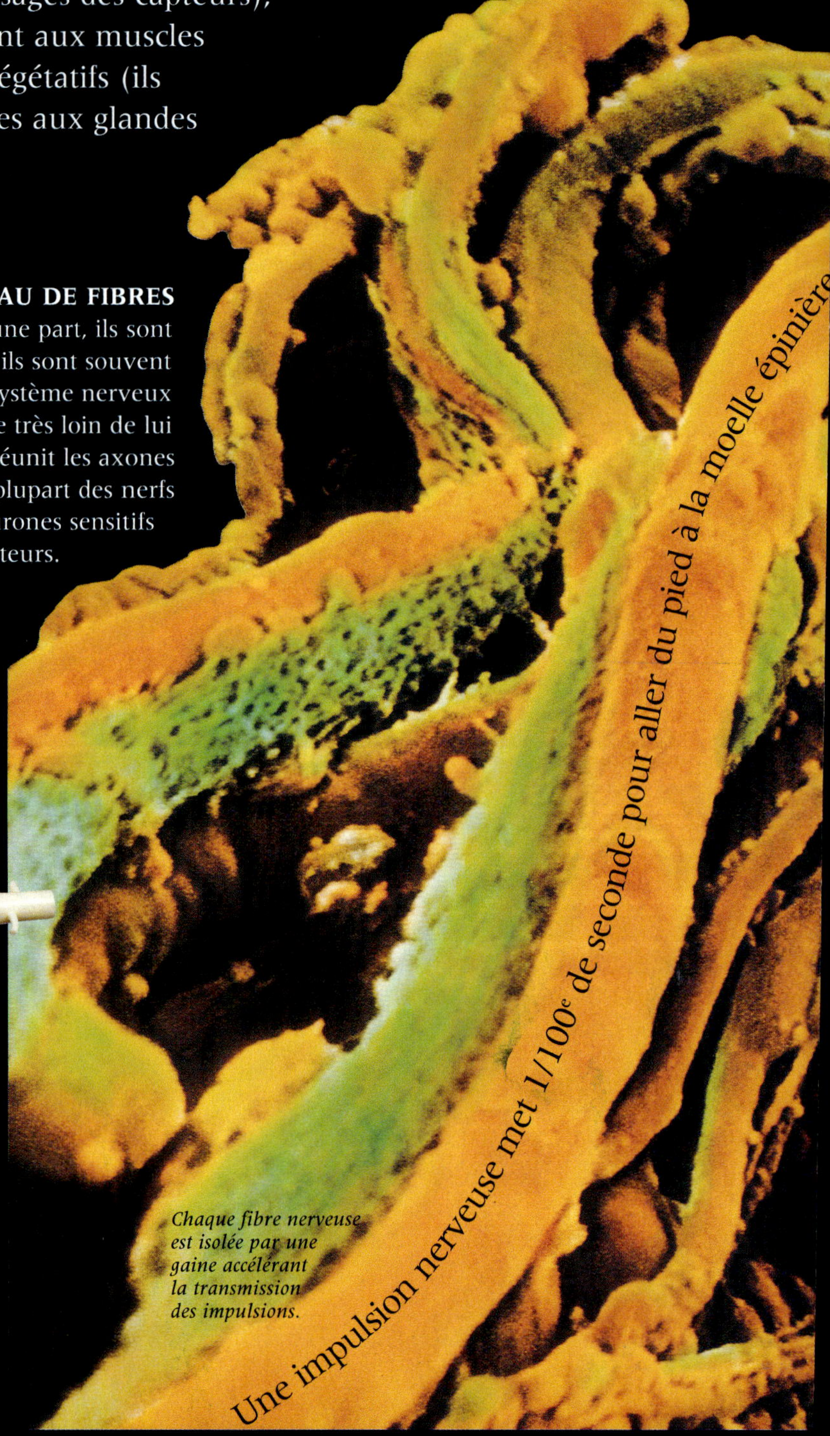

Chaque fibre nerveuse est isolée par une gaine accélérant la transmission des impulsions.

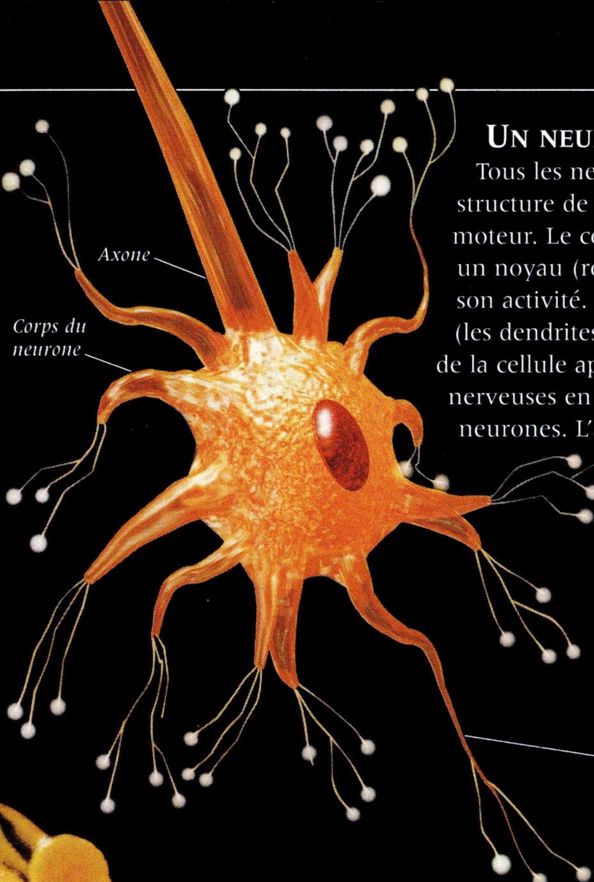

Les dendrites acheminent les impulsions nerveuses vers le corps du neurone.

Un neurone moteur

Tous les neurones ont la même structure de base que ce neurone moteur. Le corps de la cellule contient un noyau (rouge) qui contrôle son activité. Les filaments ramifiés (les dendrites) répartis autour du corps de la cellule apportent des impulsions nerveuses en provenance des autres neurones. L'axone, ou fibre nerveuse, est le filament le plus gros : il transporte des impulsions vers les autres neurones.

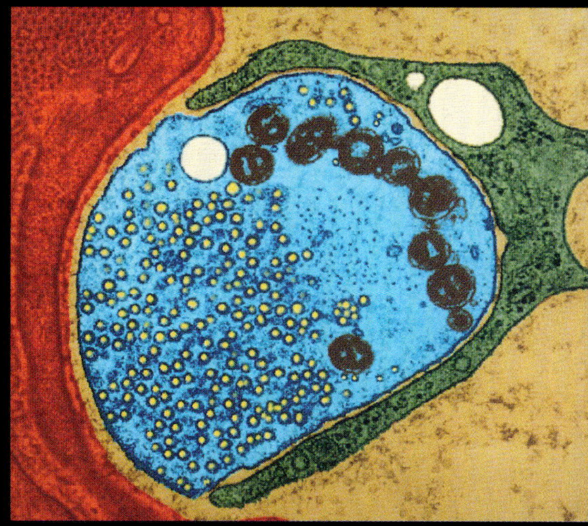

Livraison du message

Les neurones ne se touchent pas mais sont séparés par un espace, la synapse. Il y a aussi une synapse au point de contact entre le neurone et la fibre musculaire (ci-dessus). Quand une impulsion nerveuse arrive au bout du neurone (bleu), cela provoque à l'intérieur de ce neurone une sécrétion de molécules appelées neurotransmetteurs qui traversent la synapse pour agir sur la fibre musculaire (rouge) ou sur un autre neurone.

Les fibres nerveuses sont parallèles.

Les réflexes

Dès que ce bébé entre dans l'eau, une réponse réflexe (ici, le réflexe de plongée) ferme ses poumons pour l'empêcher d'avaler de l'eau. Les réflexes sont des actions automatiques que l'on ne maîtrise pas. Alors que le réflexe de plongée disparaît au bout de quelques mois, certains persistent tout au long de la vie, comme le réflexe de retirer sa main d'une source de chaleur. Les réflexes de retrait sont très rapides car les impulsions nerveuses sont directement envoyées vers la moelle épinière sans passer par le cerveau.

Les yeux

Bien qu'il joue un rôle essentiel dans la vision, l'œil ne peut rien faire sans le cerveau à qui il fournit constamment des informations nouvelles sur le monde extérieur. Plus de 70 % des capteurs du corps se trouvent dans les yeux. Chaque fois que ces capteurs sont touchés par la lumière, ils réagissent immédiatement en envoyant des impulsions nerveuses au cerveau par l'intermédiaire des nerfs optiques. Dès qu'un message atteint le cerveau, celui-ci le transforme en une image en 3D, détaillée et colorée : c'est ce que nous « voyons ». Sa sensibilité est telle que l'œil humain peut distinguer 10 000 couleurs différentes et repérer la lueur d'une bougie à 1,6 km de distance.

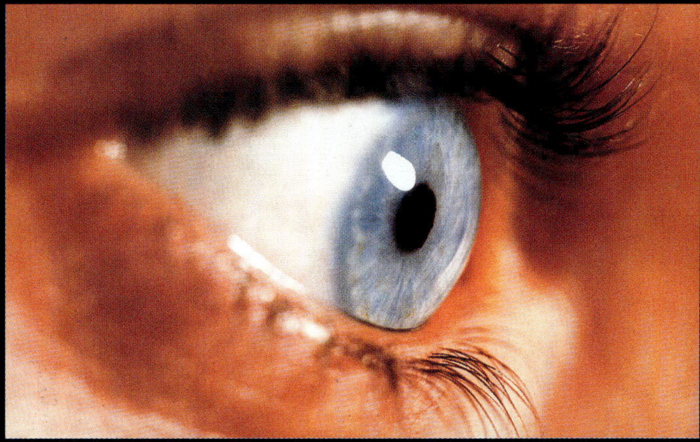

Sous haute protection

Le globe oculaire est caché à 80 % à l'intérieur d'une cavité osseuse du crâne, l'orbite. Mais sa partie exposée – la cornée, sorte de couche « vitrée » – a besoin d'être protégée. Les sourcils empêchent la sueur de couler dessus et la protègent du soleil, et les cils prennent au piège les poussières irritantes. Les larmes l'humidifient et la nettoient. Les paupières, travaillant comme des essuie-glaces, clignent toutes les 2 à 10 secondes, pour étaler les larmes et évacuer les impuretés. Elles se ferment automatiquement dès qu'un objet s'approche de l'œil.

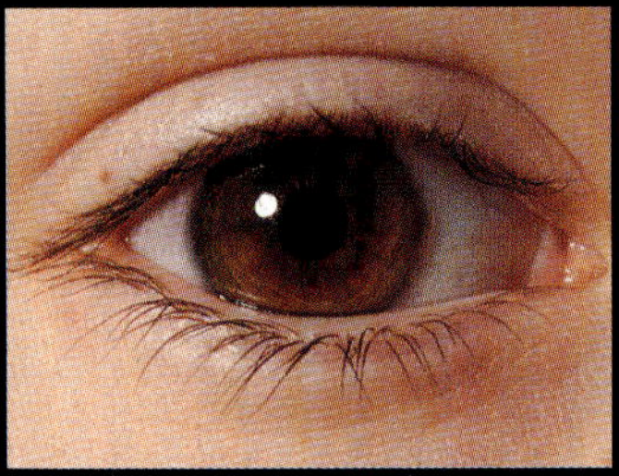

En pleine lumière, l'iris rétrécit la pupille en la contractant pour limiter le passage de la lumière.

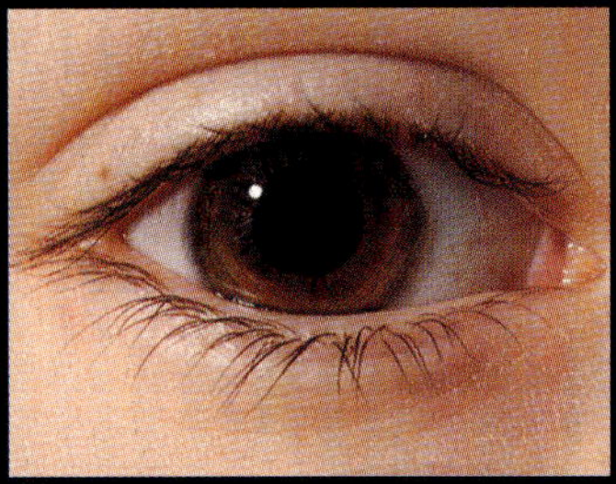

Dans l'obscurité, l'iris élargit la pupille en la dilatant pour favoriser le passage de la lumière.

Une pupille variable

La pupille est un trou situé au centre de l'iris coloré. C'est par lui que la lumière pénètre dans la partie obscure de l'œil. De forme ronde légèrement aplatie, l'iris est équipé de 2 sortes de fibres musculaires : les premières font le tour de l'iris pour rétrécir (contracter) la pupille ; les secondes traversent l'iris pour l'élargir (la dilater). Ces muscles modifient par une action réflexe la taille de la pupille en fonction de l'intensité de la lumière.

Chez l'être humain, la curiosité élargit ....

L'œil arc-en-ciel

L'iris, nommé ainsi d'après la déesse grecque de l'arc-en-ciel, peut avoir des couleurs très variées, du vert le plus pâle au brun le plus foncé. Ces couleurs sont toutes produites par la mélanine, un pigment (colorant) qui se trouve aussi dans la peau. Les iris chargés de beaucoup de pigment paraissent bruns. Ceux qui en ont peu paraissent gris, verts ou bleus.

La pupille est l'ouverture du centre de l'iris qui laisse passer la lumière.

La lumière diffusée par le pigment dans l'iris lui donne sa couleur particulière.

DE L'ŒIL AU CERVEAU

Cette image en coupe de la tête d'une personne vivante a été réalisée par un scanner. Les globes oculaires (rose) et le nez sont à gauche et l'arrière de la tête à droite. La majeure partie de l'espace est occupée par le cerveau. Le nerf optique (jaune), connecté au fond de chaque globe, contient plus d'un million de fibres acheminant à grande vitesse les impulsions nerveuses vers le cerveau. Les 2 nerfs optiques se croisent en chemin avant de continuer vers l'arrière du cerveau.

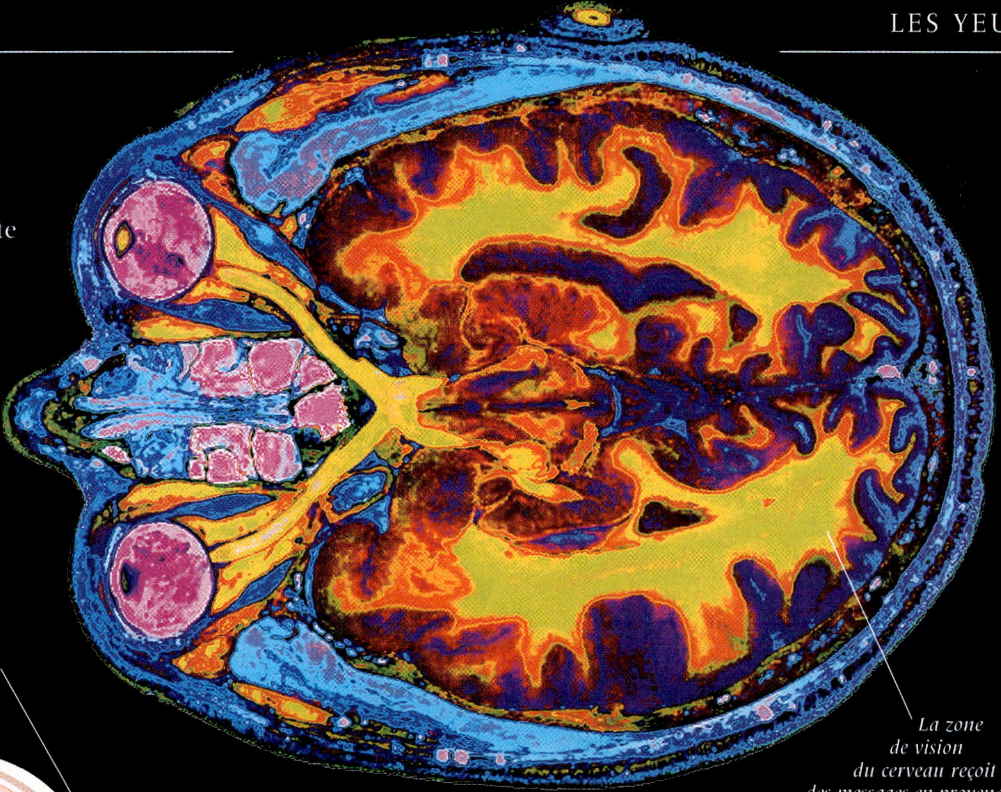

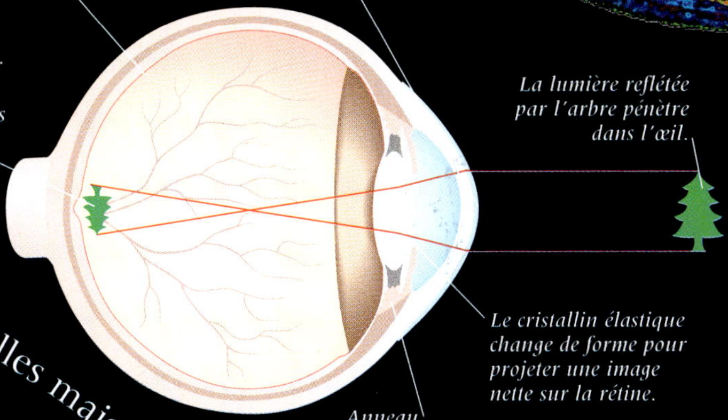

LE MONDE À L'ENVERS

La cornée et le cristallin concentrent la lumière sur les capteurs du fond de l'œil. Les muscles qui entourent le cristallin peuvent l'épaissir – pour faire le point sur les objets proches – ou l'aplatir – pour faire le point sur les objets lointains. L'image produite sur la rétine est renversée. Dès que le cerveau reçoit le message de la rétine, il rétablit l'image à l'endroit.

..... les pupilles mais l'ennui les rétrécit.

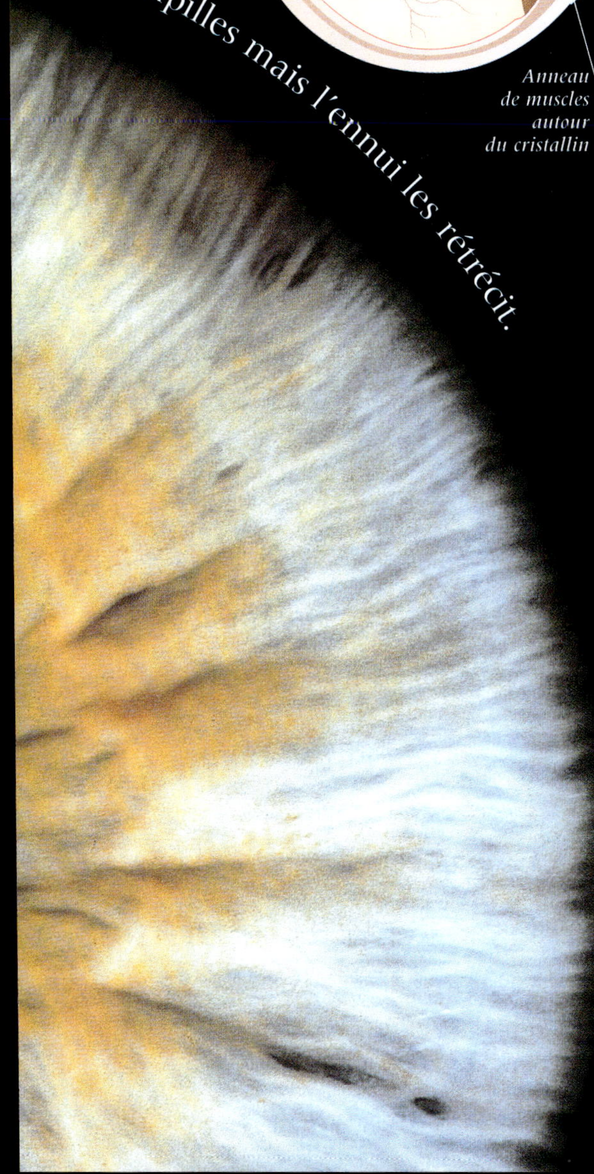

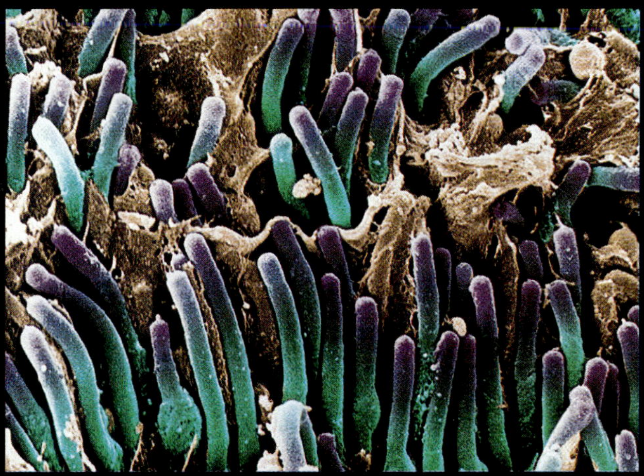

CAPTEURS

La rétine contient des millions de capteurs sensibles à la lumière. Les bâtonnets (sur l'image de gauche), les plus nombreux, fonctionnent mieux avec une lumière faible et donnent des images en noir et blanc. Les cônes fonctionnent en pleine lumière et nous permettent de voir les couleurs.

LENTILLE SOUPLE

L'intérieur du cristallin vu au microscope révèle de longues fibres disposées en couches, comme des peaux d'oignon. Ces fibres contiennent des protéines particulières qui les rendent transparentes et élastiques. C'est pourquoi le cristallin, transparent et élastique, peut changer de forme.

Les oreilles

L'audition nous permet de communiquer par la parole, d'écouter de la musique et d'autres sons, d'être avertis de l'approche d'un danger. Les sources des sons vibrent et émettent des ondes sonores qui exercent une pression sur l'air en se déplaçant. Ces ondes sont canalisées jusqu'à l'intérieur de l'oreille où elles sont détectées par une zone remplie de cellules munies de « cils », la cochlée. Lorsque ces cils sont poussés, tirés ou pressés par les vibrations du liquide qui les entoure, les cellules ciliées envoient au cerveau des signaux électriques qu'il transforme en sons. L'oreille humaine perçoit la hauteur et la force des sons, et leur orientation – une oreille captant les sons avant l'autre. L'oreille joue également un rôle essentiel dans l'équilibre. Les autres cellules ciliées de l'oreille surveillent constamment la position et les mouvements du corps.

Hors de vue

Quand on parle d'oreille, on pense surtout à l'extérieur, appelé le pavillon. Or l'oreille continue à l'intérieur du crâne et se compose de 3 parties. L'oreille externe abrite le conduit auditif, protégé des saletés et des corps étrangers par le cérumen. L'oreille moyenne est reliée à la gorge par la trompe d'Eustache qui équilibre la pression interne et externe. L'oreille interne est remplie de liquide, et renferme des capteurs.

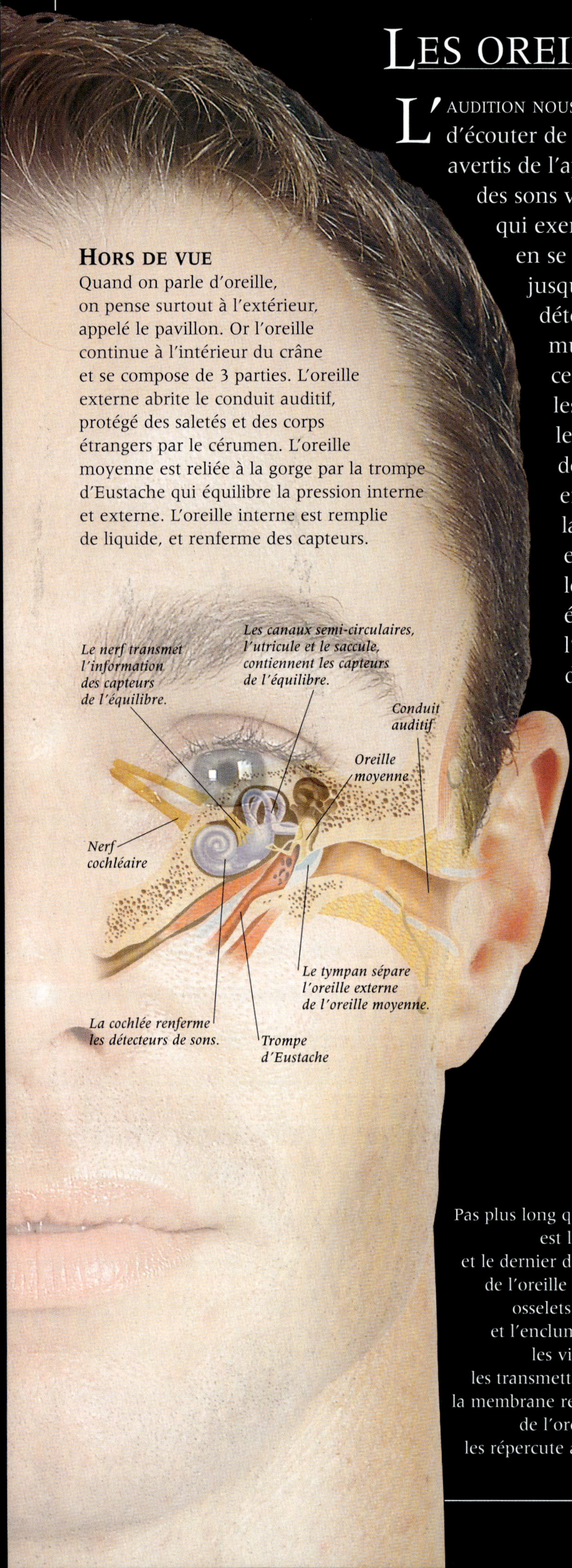

Le tympan

Les médecins se servent d'un otoscope pour regarder l'intérieur de l'oreille. Nous voyons ci-contre un tympan. Il s'agit d'une membrane fine, presque transparente, bouchant l'extrémité du conduit auditif qu'il sépare de l'oreille moyenne. Il vibre au passage des ondes sonores pénétrant dans le conduit auditif.

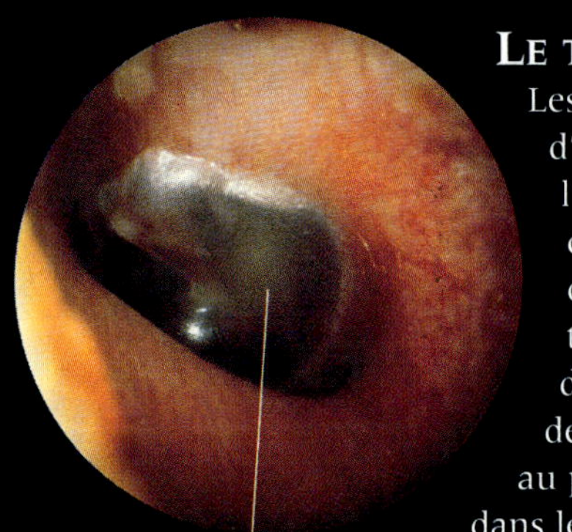

Le contour des os de l'oreille moyenne est visible à travers le tympan.

Trait d'union

Pas plus long qu'un grain de riz, l'étrier est le plus petit os du corps, et le dernier de la série des 3 osselets de l'oreille moyenne. Les 2 autres osselets s'appellent le marteau et l'enclume. Les osselets captent les vibrations du tympan et les transmettent à la fenêtre ovale, la membrane recouvrant l'ouverture de l'oreille interne. Celle-ci les répercute alors dans le liquide de la cochlée.

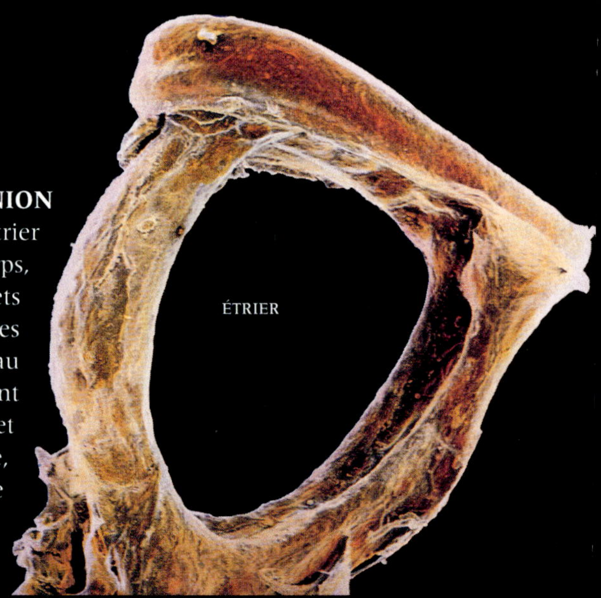

Des cils sensoriels en forme de V dépassent des cellules ciliées.

Un détecteur de sons

L'oreille détecte les sons dans l'organe de Corti (à gauche), situé au centre de la cochlée pleine de liquide. En forme d'escargot, celui-ci se compose de plus de 15 000 cellules ciliées qui se dressent sur 4 rangs, chacune ayant jusqu'à 100 cils à son extrémité. En arrivant de l'oreille moyenne, le son fait bouger le liquide, ce qui fait courber les cils, déclenchant ainsi les impulsions nerveuses que les cellules envoient le long du nerf cochléaire jusqu'à la zone du cerveau qui « entend » les sons.

La cellule ciliée envoie des signaux au cerveau.

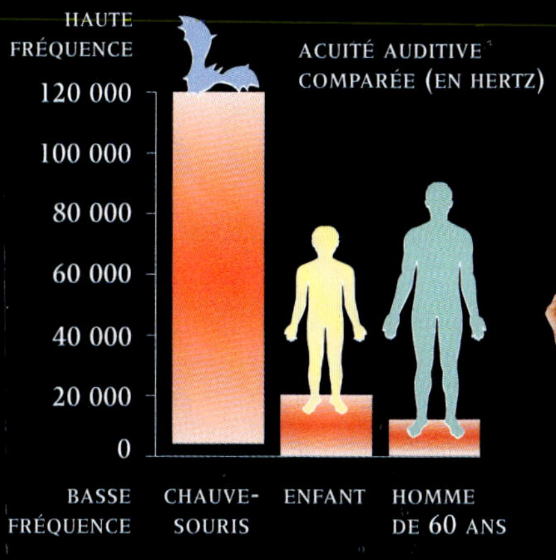

Cils sensoriels à l'intérieur du saccule de l'oreille interne

Des cristaux de carbonate de calcium poussent ou tirent les cils selon la position de la tête.

L'acuité auditive

Des grondements sourds aux cris suraigus, l'oreille humaine détecte toute une gamme de sons. Leur hauteur dépend de leur fréquence, c'est-à-dire du nombre d'ondes sonores reçues par seconde, mesurée en hertz (Hz). Les enfants entendent les sons compris entre 20 Hz (grave) et 20 000 Hz (aigu). Le seuil supérieur baisse avec l'âge. Certains animaux, notamment les chauves-souris, entendent des sons ultra-aigus, les ultrasons.

Cette gymnaste tient en équilibre grâce aux capteurs de ses oreilles et de ses pieds.

L'équilibre

Grâce à l'équilibre, nous tenons debout et nous marchons sans tomber. Les capteurs d'équilibre de l'oreille interne et ceux des yeux, des muscles, des articulations et de la peau des pieds transmettent des informations au cerveau qui « connaît » ainsi la position du corps et peut envoyer des messages aux muscles pour le contrôler. Dans l'oreille interne, les cellules ciliées de l'utricule et du saccule (ci-dessus) surveillent la position de la tête pendant que celles des 3 canaux semi-circulaires détectent ses mouvements.

LE NEZ ET LA LANGUE

LES CAPTEURS DE L'ODORAT SONT SITUÉS DANS LE NEZ, ceux du goût sur la langue. Les premiers envoient leurs messages à une zone du cerveau responsable des émotions et de la mémoire, ce qui explique que certaines odeurs s'associent à des sentiments ou à des souvenirs. Les seconds envoient leurs messages aux zones de goût du cerveau, mais aussi à celles qui commandent l'appétit et la sécrétion de la salive. Ensemble, le goût et l'odorat nous permettent d'apprécier les parfums et de faire la différence entre des centaines de types d'aliments. L'odorat est le plus sensible. Si la langue ne peut détecter que 4 saveurs, le nez, lui, reconnaît plus de 10 000 odeurs. Quand on a un gros rhume qui bloque l'odorat, les aliments n'ont plus aucune saveur. L'odorat et le goût jouent également un rôle protecteur : l'odeur de la fumée nous avertit du danger, et l'amertume d'un aliment signale souvent que celui-ci est toxique et qu'il vaut mieux le recracher.

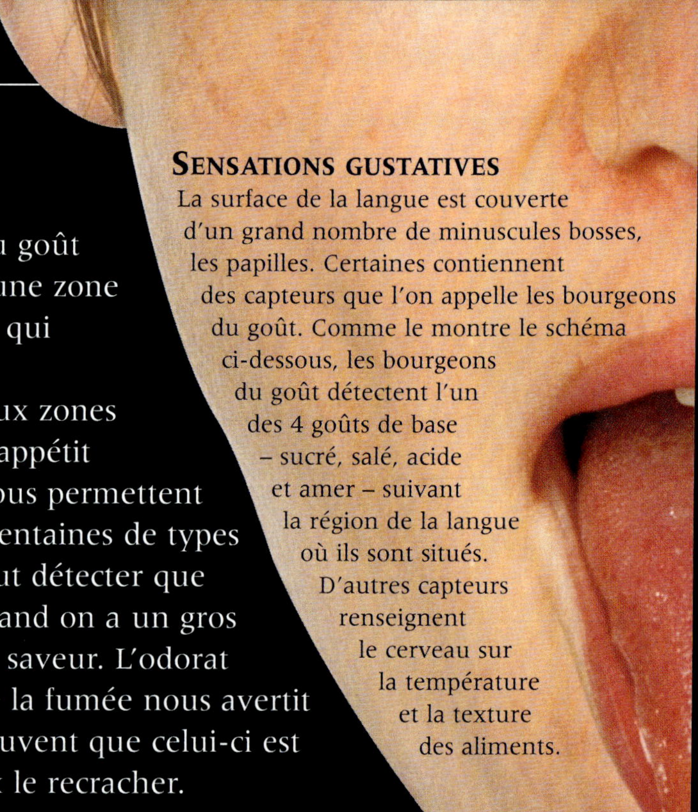

SENSATIONS GUSTATIVES

La surface de la langue est couverte d'un grand nombre de minuscules bosses, les papilles. Certaines contiennent des capteurs que l'on appelle les bourgeons du goût. Comme le montre le schéma ci-dessous, les bourgeons du goût détectent l'un des 4 goûts de base – sucré, salé, acide et amer – suivant la région de la langue où ils sont situés. D'autres capteurs renseignent le cerveau sur la température et la texture des aliments.

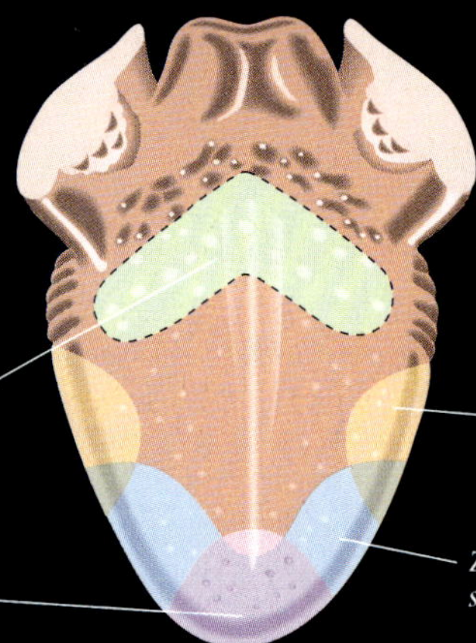

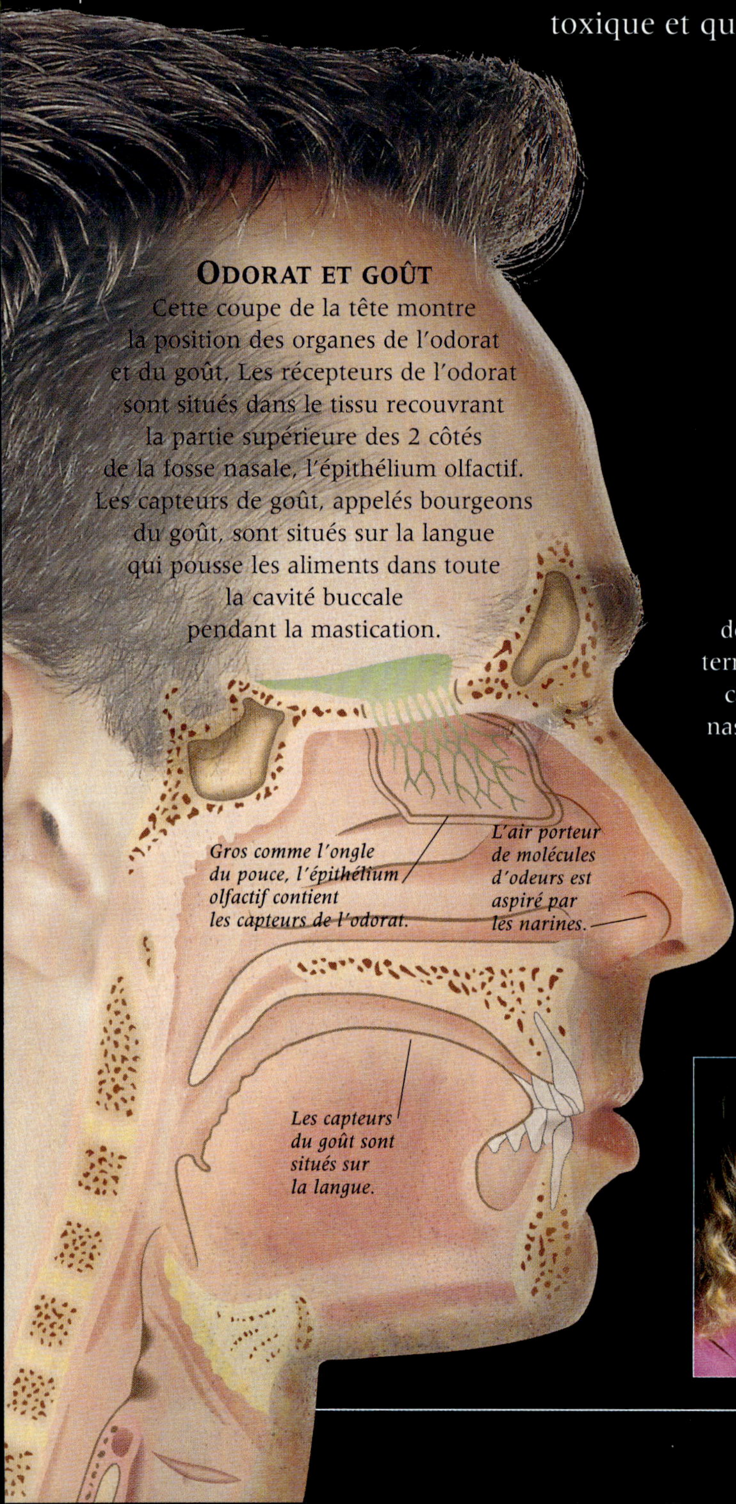

ODORAT ET GOÛT

Cette coupe de la tête montre la position des organes de l'odorat et du goût. Les récepteurs de l'odorat sont situés dans le tissu recouvrant la partie supérieure des 2 côtés de la fosse nasale, l'épithélium olfactif. Les capteurs de goût, appelés bourgeons du goût, sont situés sur la langue qui pousse les aliments dans toute la cavité buccale pendant la mastication.

LES RÉCEPTEURS D'ODEURS

Tout en haut de la fosse nasale, plus de 25 millions de récepteurs (à droite) terminés par des cils entourés de mucus captent les odeurs : c'est la muqueuse nasale. Quand on respire, les molécules d'odeurs se dissolvent dans le mucus et se collent aux cils, déclenchant l'envoi d'impulsions nerveuses au cerveau. Renifler améliore la détection des odeurs car la quantité d'air absorbée par le nez augmente alors.

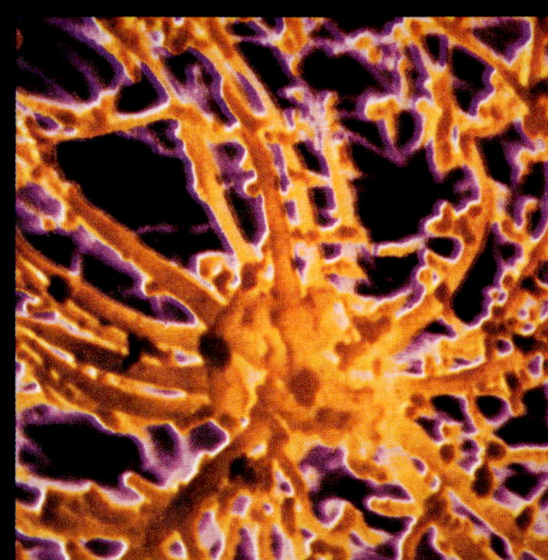

NEZ DÉGAGÉ

Un éternuement propulse un jet de gouttelettes de mucus à travers les narines à la vitesse de 160 km/h. Cette action réflexe est généralement provoquée par des infections, comme le rhume, ou par des particules irritantes. Ce brusque souffle d'air nettoie très vite le nez.

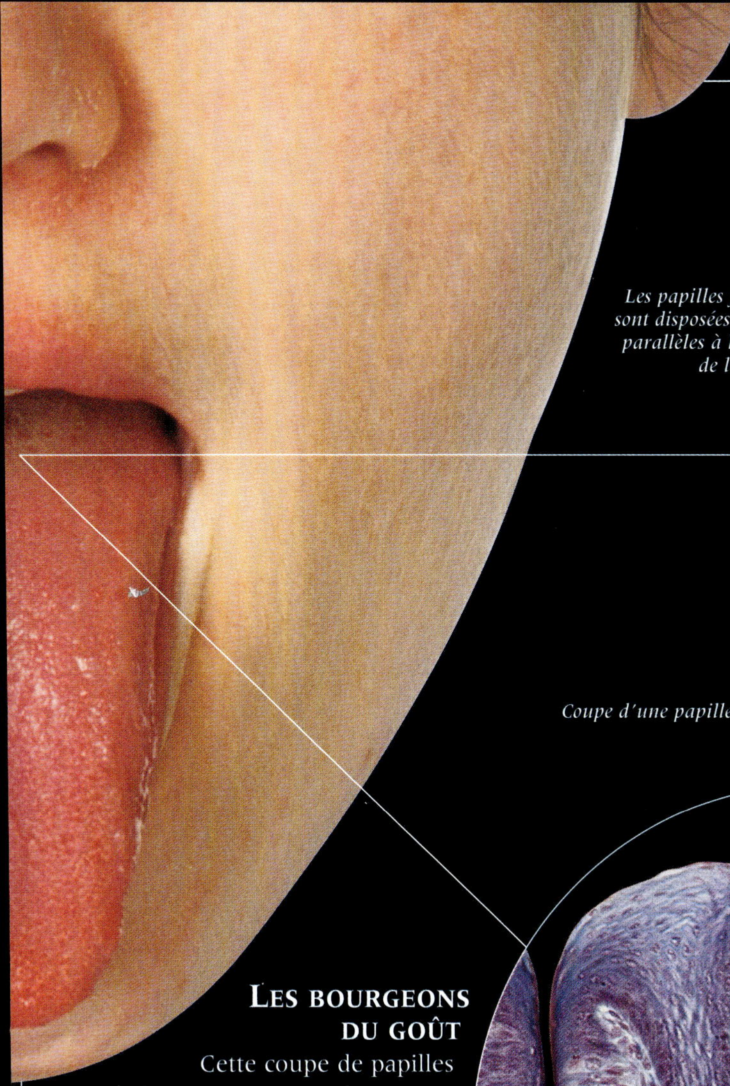

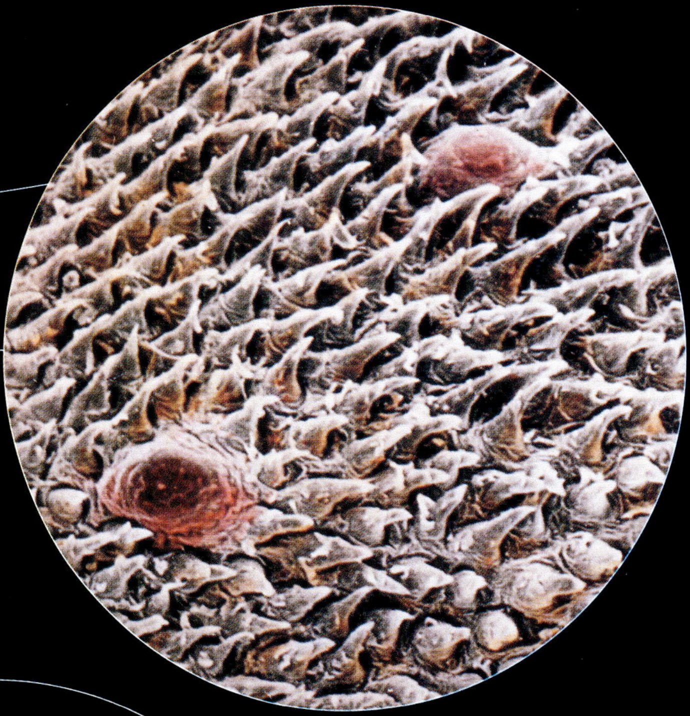

Les papilles filiformes sont disposées en rangs parallèles à la surface de la langue.

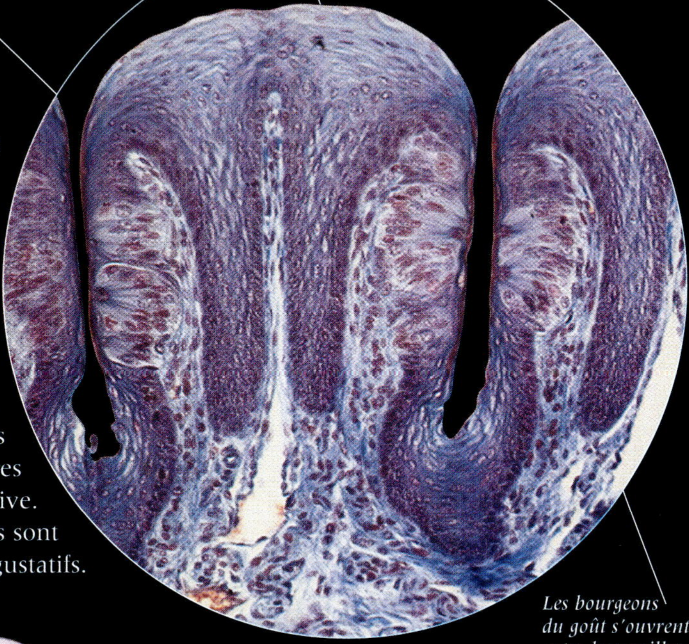

Coupe d'une papille

Les bourgeons du goût s'ouvrent entre les papilles, par un pore.

Les bourgeons du goût

Cette coupe de papilles (à droite) montre quelques-uns des 10 000 bourgeons du goût de la langue. Situé sur le côté des papilles, chaque bourgeon contient de 25 à 40 cellules sensorielles disposées en quartiers d'orange. Des cils gustatifs prolongent ces cellules vers les pores gustatifs où ils baignent dans la salive. Dissous dans celle-ci, les aliments sont détectés par les cils gustatifs.

Les papilles pointues

La plupart des papilles sont filiformes, c'est-à-dire fines comme des fils. Peu d'entre elles contiennent des bourgeons du goût. En revanche, ce sont elles qui, grâce à leurs capteurs, nous permettent de « sentir » la consistance des aliments. Ce sont elles également qui rendent la langue rugueuse et qui l'aident à retenir les aliments dans la bouche ; sans elles, on ne pourrait pas manger de crème glacée ! Le bout de ces papilles est renforcé de kératine, la matière dure que l'on trouve dans les ongles.

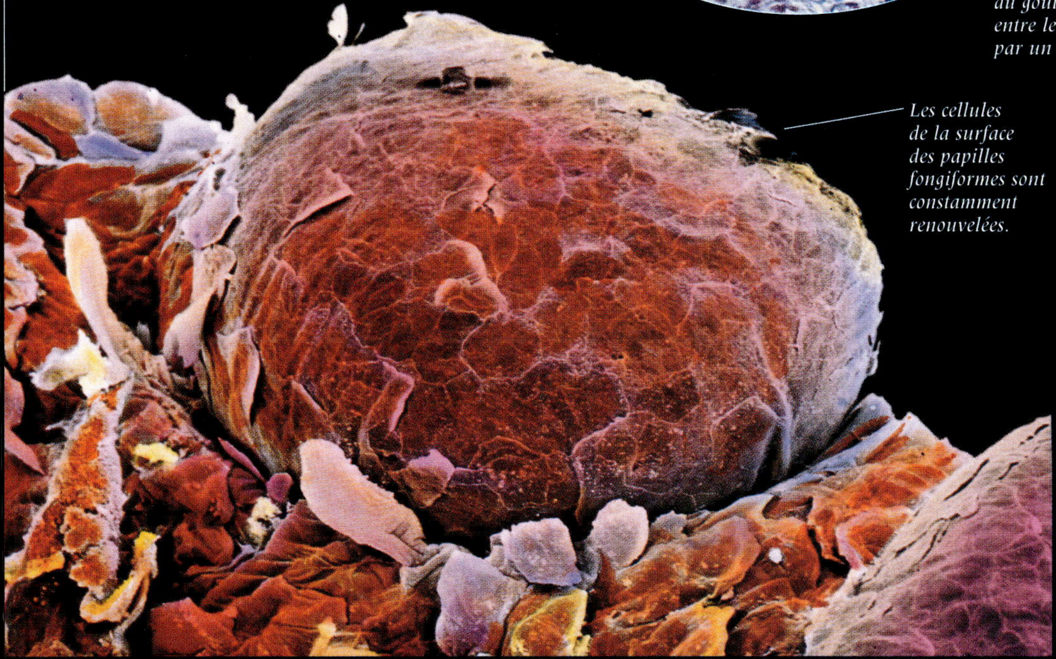

Les cellules de la surface des papilles fongiformes sont constamment renouvelées.

Les papilles rondes

Éparpillées sur la langue, d'autres papilles, arrondies et un peu aplaties (à gauche), ressemblent à des champignons. C'est pour cette raison qu'on les appelle des papilles fongiformes. Les bourgeons du goût sont situés sur les côtés et autour de la base des papilles fongiformes, mais aussi sur 10 à 12 papilles plus grosses disposées en V à l'arrière de la langue. Les papilles fongiformes ont généralement une couleur rougeâtre due aux nombreux vaisseaux sanguins du tissu les soutenant.

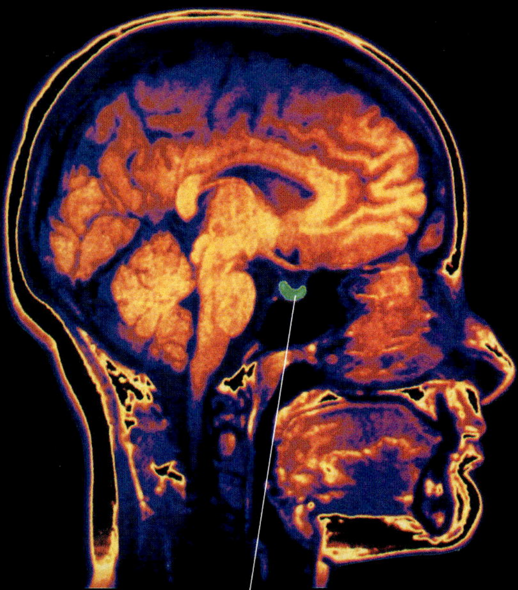

Hypophyse

Les hormones

Deux systèmes contrôlent et coordonnent les activités du corps. L'un, le système nerveux, est très rapide. L'autre, le système hormonal (ou endocrinien), est plus lent, mais ses effets sont plus durables. Ce dernier joue un rôle clé dans la croissance, la reproduction et le contrôle des fonctions du corps. Le système hormonal est composé de glandes porteuses de messagers chimiques : les hormones. Véhiculées par le sang jusqu'aux tissus, les hormones se fixent sur les cellules afin de modifier les réactions chimiques ayant lieu à l'intérieur. Les principales glandes hormonales sont l'hypophyse, la thyroïde et les surrénales. Certains organes possèdent leur propre « usine » à hormones, comme le pancréas qui fabrique de l'insuline.

Premier rôle

Placée sous le cerveau, pas plus grosse qu'un petit pois, l'hypophyse est la partie la plus importante du système endocrinien car elle contrôle la plupart des glandes hormonales. Elle libère au moins 9 hormones, dont certaines, telle l'hormone de croissance, ont un effet direct sur le corps. Les autres agissent sur les glandes hormonales qui, comme la thyroïde, ont besoin d'être stimulées pour libérer à leur tour leurs propres hormones.

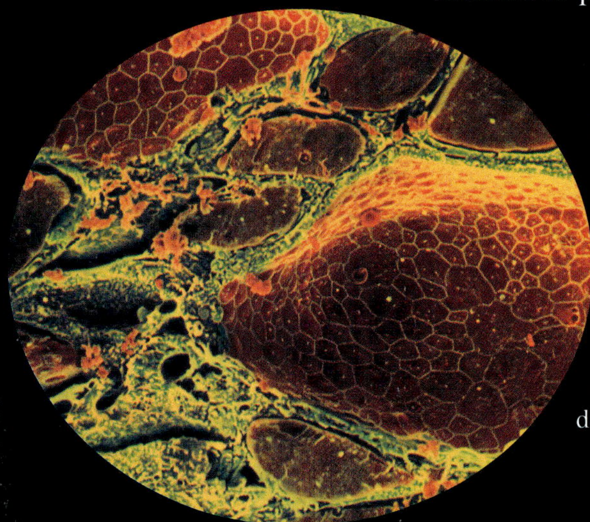

La thyroxine

On voit, à gauche, l'intérieur de la glande thyroïde, située à l'avant du cou, sous le larynx. Les follicules (rouge) y produisent la thyroxine. Cette hormone augmente le métabolisme, c'est-à-dire qu'elle accélère les transformations chimiques à l'intérieur des cellules. La production de thyroxine est stimulée par une hormone de l'hypophyse, la thyréostimuline, ou TSH.

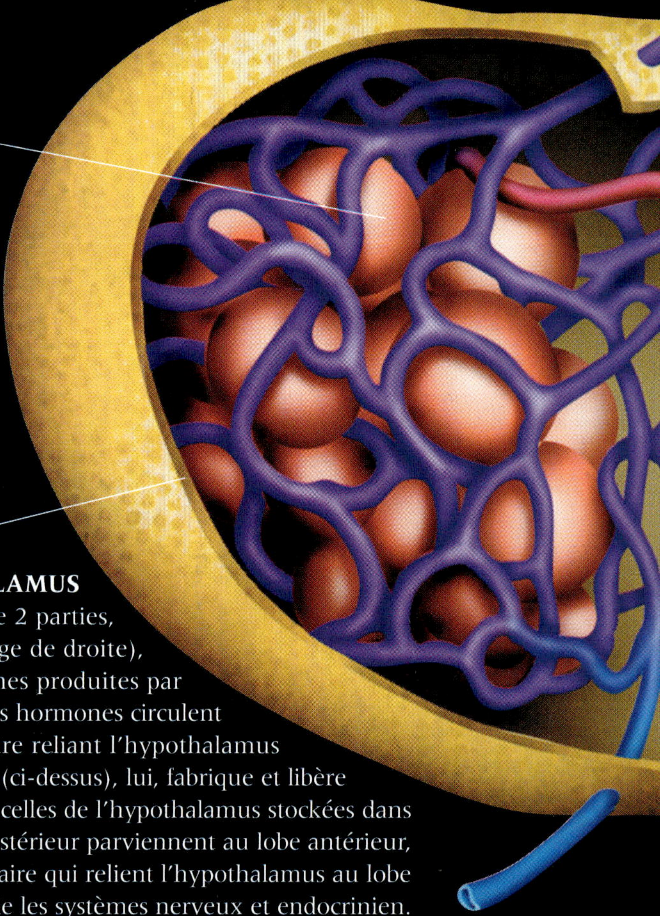

Le lobe antérieur de l'hypophyse fabrique 6 hormones essentielles.

Coupe de l'hypophyse montrant sa structure interne

L'hormone de croissance

Les enfants et les adolescents ont besoin de l'hormone de croissance pour grandir et se développer normalement. Libérée par le lobe antérieur de l'hypophyse, cette hormone agit sur toutes les cellules du corps, mais cible plus particulièrement les os et les muscles striés. Elle stimule la division des cellules qui entraîne la croissance des os et des muscles. Si un enfant manque d'hormone de croissance, il deviendra un adulte de petite taille. S'il en a trop, il deviendra beaucoup plus grand que les autres.

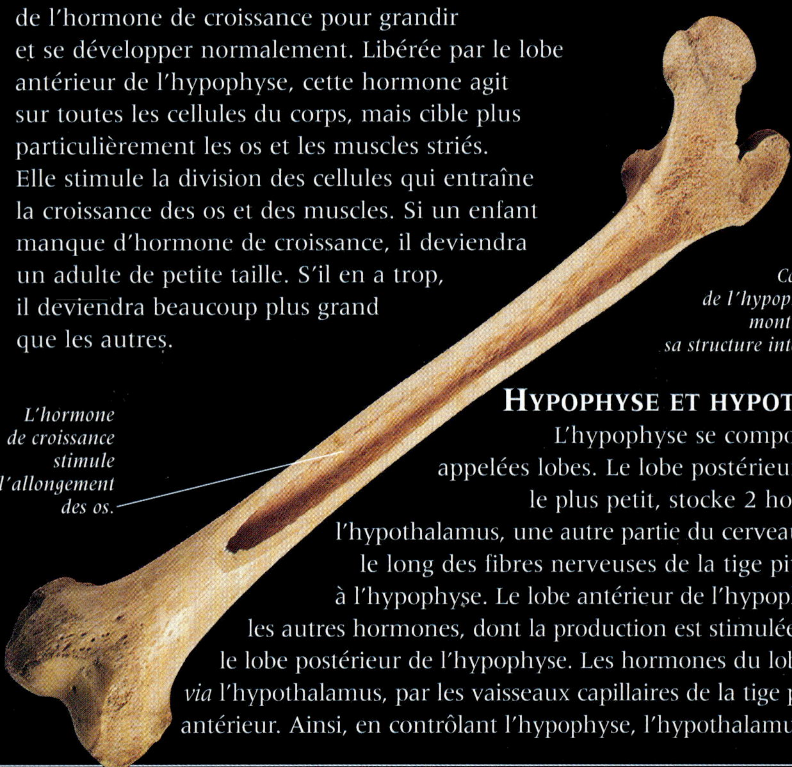

L'hormone de croissance stimule l'allongement des os.

Hypophyse et hypothalamus

L'hypophyse se compose de 2 parties, appelées lobes. Le lobe postérieur (page de droite), le plus petit, stocke 2 hormones produites par l'hypothalamus, une autre partie du cerveau. Ces hormones circulent le long des fibres nerveuses de la tige pituitaire reliant l'hypothalamus à l'hypophyse. Le lobe antérieur de l'hypophyse (ci-dessus), lui, fabrique et libère les autres hormones, dont la production est stimulée par celles de l'hypothalamus stockées dans le lobe postérieur de l'hypophyse. Les hormones du lobe postérieur parviennent au lobe antérieur, *via* l'hypothalamus, par les vaisseaux capillaires de la tige pituitaire qui relient l'hypothalamus au lobe antérieur. Ainsi, en contrôlant l'hypophyse, l'hypothalamus relie les systèmes nerveux et endocrinien.

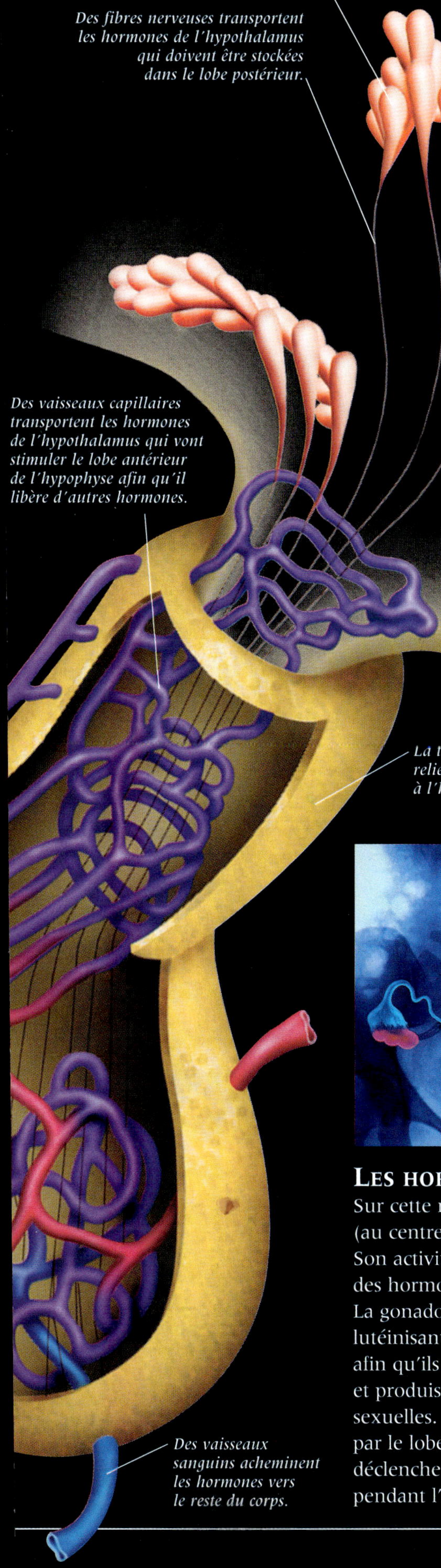

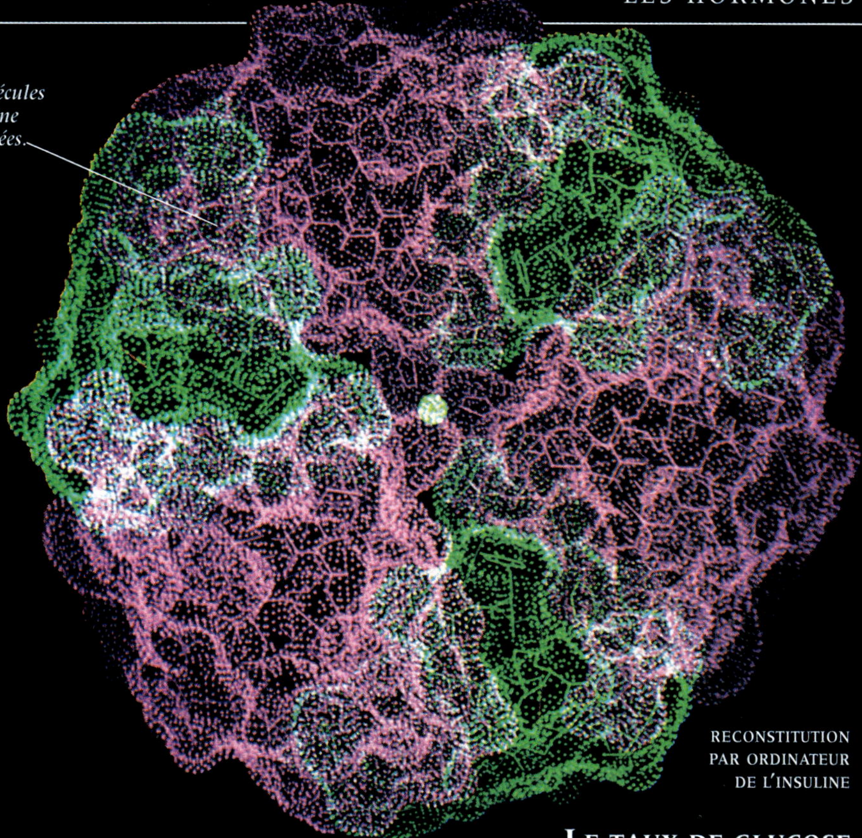

RECONSTITUTION PAR ORDINATEUR DE L'INSULINE

Le taux de glucose

Délivré par le sang, le glucose apporte aux cellules du corps leur énergie essentielle. Son taux est donc constamment surveillé par 2 hormones du pancréas : l'insuline et le glucagon, agissant en fonction des besoins. Si le taux de glucose s'élève, l'insuline stimule les cellules, qui en absorbent, et le foie, qui le stocke sous forme de glycogène. Si le taux de glucose baisse, le glucagon agit sur le foie qui en libère alors à partir du glycogène qu'il a stocké.

Attention, danger !

Fabriquée par 2 glandes situées au-dessus des reins, les surrénales, l'adrénaline est une hormone dont le rôle est de préparer le corps à réagir dans l'urgence. Si le cerveau détecte un danger ou un stress, il envoie un signal aux glandes surrénales qui libèrent de l'adrénaline dans le sang. Celle-ci accélère la respiration et le rythme du cœur, et augmente pendant un instant le volume de sang dans les muscles. Le corps est ainsi prêt à affronter le danger ou à le fuir.

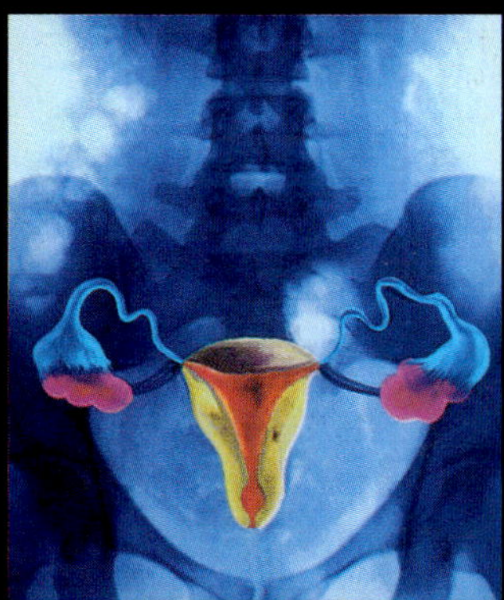

Les hormones sexuelles

Sur cette radiographie, on voit l'utérus (au centre) entouré des ovaires (rose). Son activité est contrôlée par des hormones de l'hypophyse. La gonadotrophine (FSH) et l'hormone lutéinisante (LH) stimulent les ovaires afin qu'ils libèrent un ovule par mois et produisent leurs propres hormones sexuelles. L'ocytocine, sécrétée par le lobe postérieur de l'hypophyse, déclenche les contractions de l'utérus pendant l'accouchement.

Le cœur

Le cœur, que l'on prenait autrefois pour le centre des émotions de l'amour, ne joue en fait « que » le rôle vital de pompe. Situé dans la poitrine, il est entouré par les poumons et protégé par la cage thoracique. Sa paroi est un muscle, le muscle cardiaque, qui se contracte sans arrêt sans se fatiguer. Le côté droit du cœur envoie le sang vers les poumons pour qu'il soit oxygéné. Le côté gauche l'envoie aux cellules du corps. Un battement de cœur a plusieurs phases distinctes. D'abord, le cœur se relâche et se remplit de sang. Puis les 2 ventricules, appelés les chambres inférieures, se contractent ensemble pour expulser le sang vers les poumons et le reste du corps. Des valvules obligeant le sang à circuler dans un seul sens produisent, en se fermant, le bruit que l'on entend au stéthoscope. Au repos, le cœur se contracte environ 70 fois par minute. Pendant l'effort, son rythme s'accélère afin d'envoyer un peu plus de sang aux muscles.

Le cœur bat environ 3 milliards de fois dans une vie...

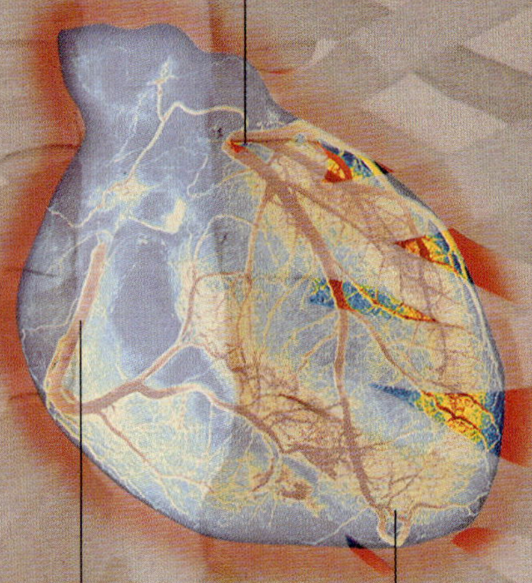

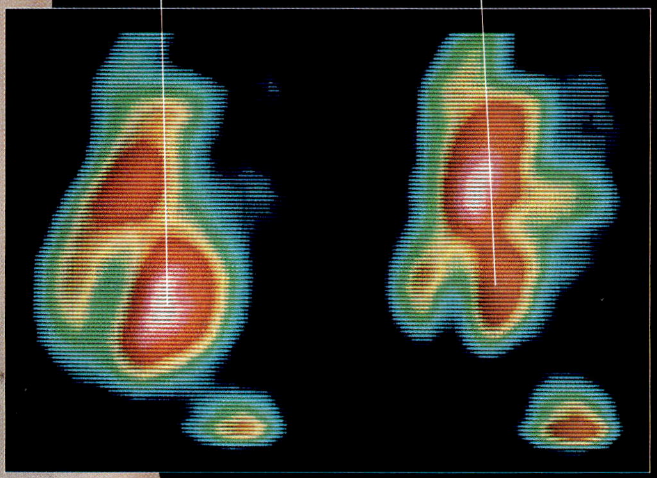

... sans jamais se reposer.

Réseau à part

Les cellules du muscle cardiaque (la paroi du cœur) ont, comme toutes les cellules, besoin d'un apport constant en oxygène. Mais le sang qui circule dans le cœur ne s'infiltre pas dans sa paroi pour apporter aux cellules l'oxygène nécessaire. Le cœur fonctionne avec son propre réseau de vaisseaux sanguins : le système coronarien. Sur la radiographie ci-dessus, on voit les artères coronaires droite et gauche partant de l'aorte. Ce sont elles qui alimentent le cœur. Ensuite, le sang est recueilli dans une grosse veine qui se vide dans l'oreillette droite.

Un battement de cœur

Une caméra spéciale permet aux médecins d'observer le cœur en action. Elle détecte les globules rouges rendus visibles par une substance radioactive, et montre la façon dont la distribution du sang change pendant un battement de cœur. Sur cette photographie, à gauche, le ventricule gauche, relâché, se remplit de sang. À droite, il est contracté, et contient peu de sang.

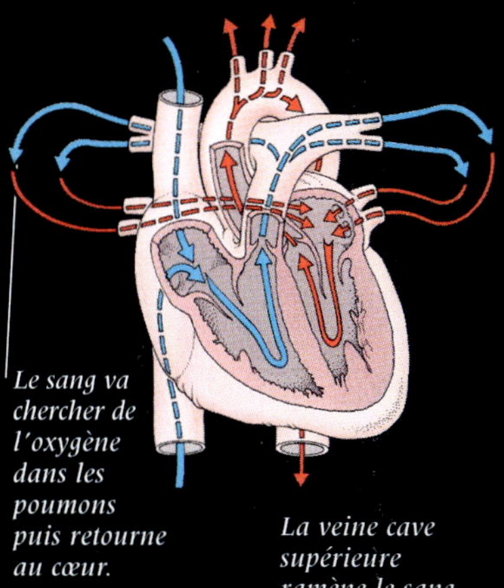

L'intérieur du cœur

À gauche et à droite du cœur, il y a 2 cavités communicantes : en haut, une oreillette, et en bas, un ventricule, plus grand. Le sang pauvre en oxygène (bleu) entre dans l'oreillette droite, est aspiré par le ventricule droit, puis envoyé dans les poumons par l'artère pulmonaire. Une fois enrichi, le sang (rouge) revient par la veine pulmonaire dans l'oreillette gauche avant d'être aspiré par le ventricule gauche pour être expédié dans le corps.

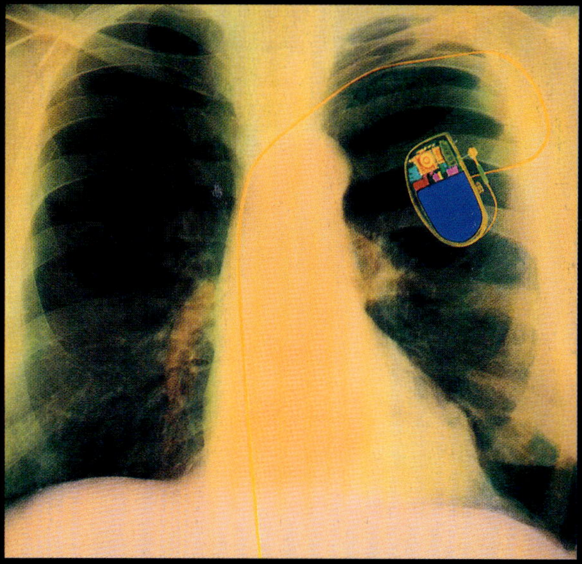

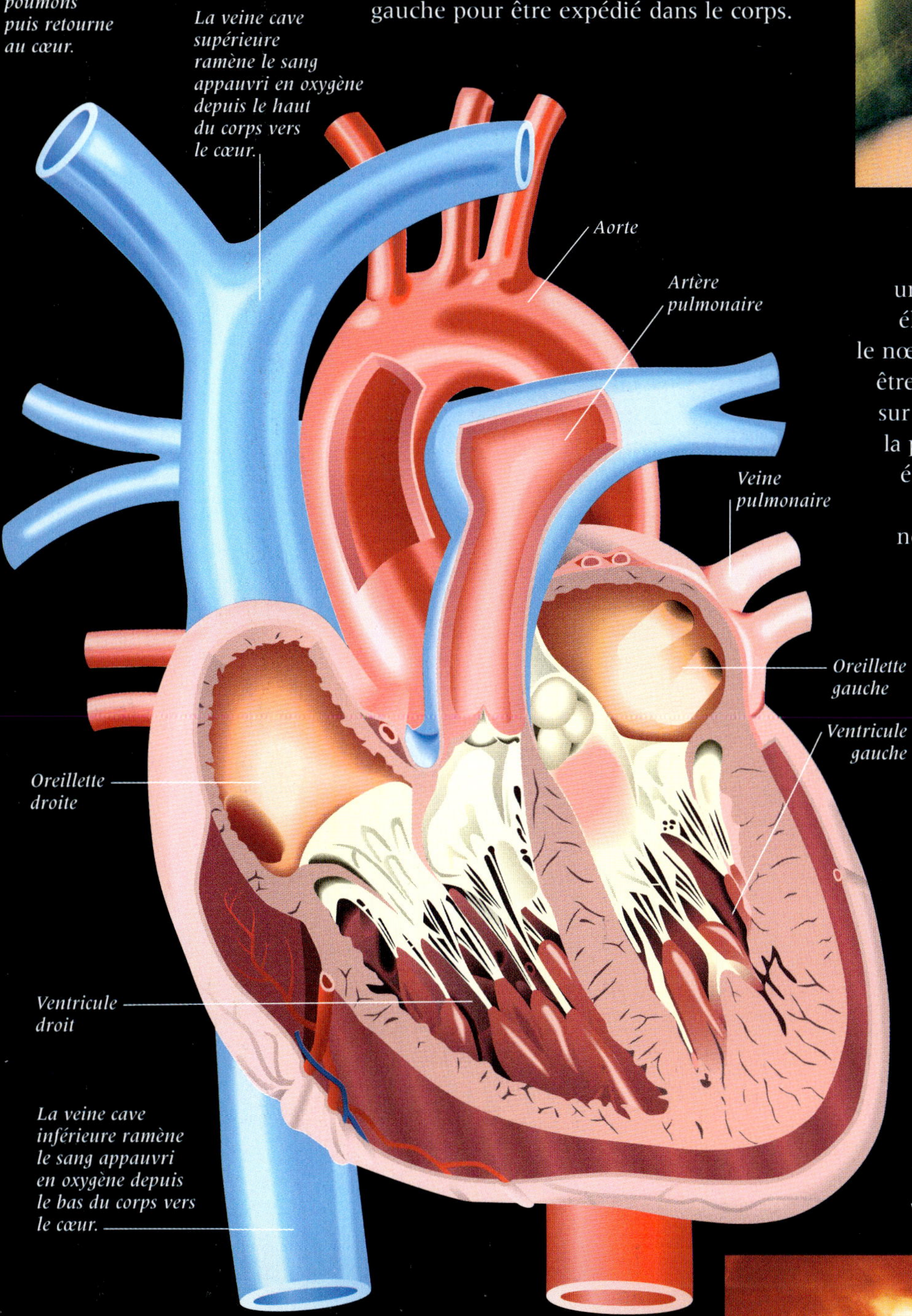

Bien rythmé

Le cœur a, dans la paroi de l'oreillette droite, un stimulateur naturel qui envoie les impulsions électriques déclenchant chaque battement. C'est le nœud sinusal. Si celui-ci a une défaillance, il peut être remplacé par un stimulateur artificiel branché sur une pile de très longue durée et implanté sous la peau (ci-dessus). Un fil transmet les impulsions électriques au cœur. Certains appareils envoient des impulsions à un rythme fixe, d'autres ne les envoient que si le cœur a une défaillance.

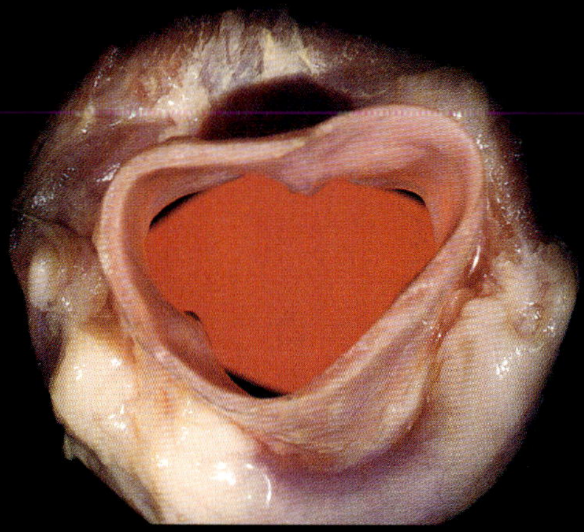

Sens unique

Cette valvule semi-lunaire (en demi-lune) est ouverte pour laisser le sang sortir du ventricule droit par l'artère pulmonaire. Il y a une valvule identique dans l'aorte quittant le ventricule gauche. Comme les autres valvules du cœur, les semi-lunaires obligent le sang à circuler dans un sens. Quand le ventricule se contracte, la valvule s'ouvre pour laisser passer le sang. Quand il se relâche, la valvule se referme pour empêcher le sang de remonter dans le ventricule.

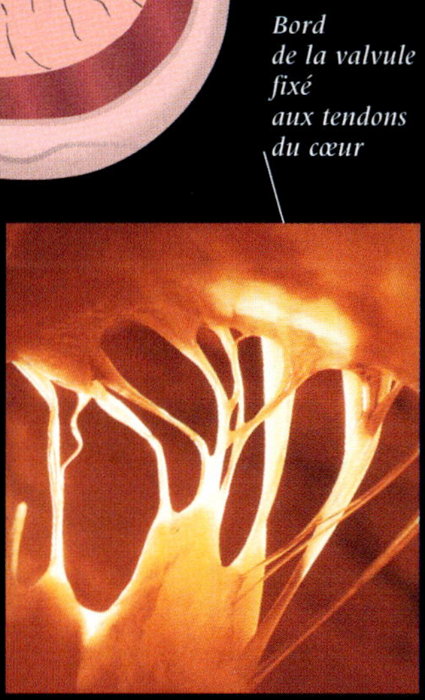

Les tendons du cœur

Entre chaque oreillette et chaque ventricule, une valvule laisse le sang entrer dans le ventricule relâché, mais se ferme dès que celui-ci se contracte. Ces filaments (à droite) fixent la valvule sur des saillies de la paroi ventriculaire, l'empêchant ainsi de se retourner – comme un parapluie pris dans un coup de vent – lorsque le ventricule se contracte.

Une goutte de sang contient
250 millions de globules rouges, 375 000 globules blancs et 16 millions de plaquettes.

LE SANG

ON NE PENSE PAS À SON SANG, sauf si l'on se coupe. Ce liquide vital traverse pourtant continuellement nos cellules. Il remplit un triple rôle pour aider le corps à travailler dans de bonnes conditions. Transporteur, il apporte aux cellules de l'oxygène, des substances nutritives, et les débarrasse de leurs déchets. Régulateur, il répartit la chaleur afin d'assurer au corps une température constante de 37 °C. Défenseur, il aide ce dernier à se protéger contre les maladies. Les 2 composants principaux du sang sont le plasma et les cellules sanguines. Les 3 sortes de cellules sanguines – globules rouges, globules blancs et plaquettes – sont toutes fabriquées à l'intérieur des os.

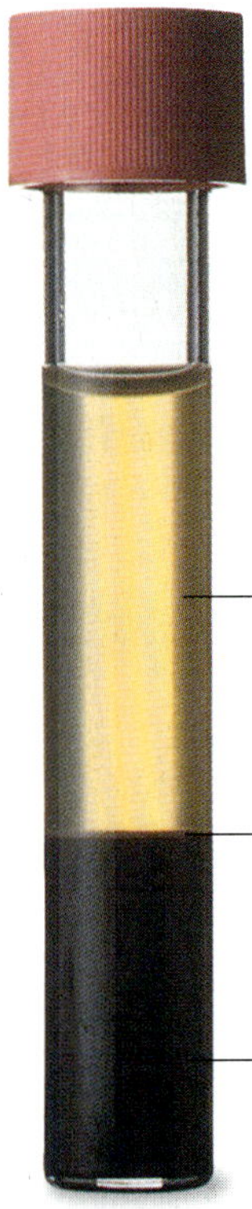

COMPOSITION DU SANG

On a centrifugé – c'est-à-dire fait tourner à haute vitesse – cet échantillon de sang afin de séparer ses 2 principaux composants. On voit du premier coup d'œil la proportion entre le plasma et les cellules.

Le plasma, jaune, représente environ 55 % du volume sanguin. Il est composé d'eau dans laquelle sont dissoutes différentes substances.

Les globules blancs et les plaquettes – moins de 1 % du volume sanguin – forment cette ligne mince et pâle entre le plasma et les globules rouges.

Les globules rouges, beaucoup plus nombreux que les blancs et les plaquettes, représentent environ 44 % du volume sanguin.

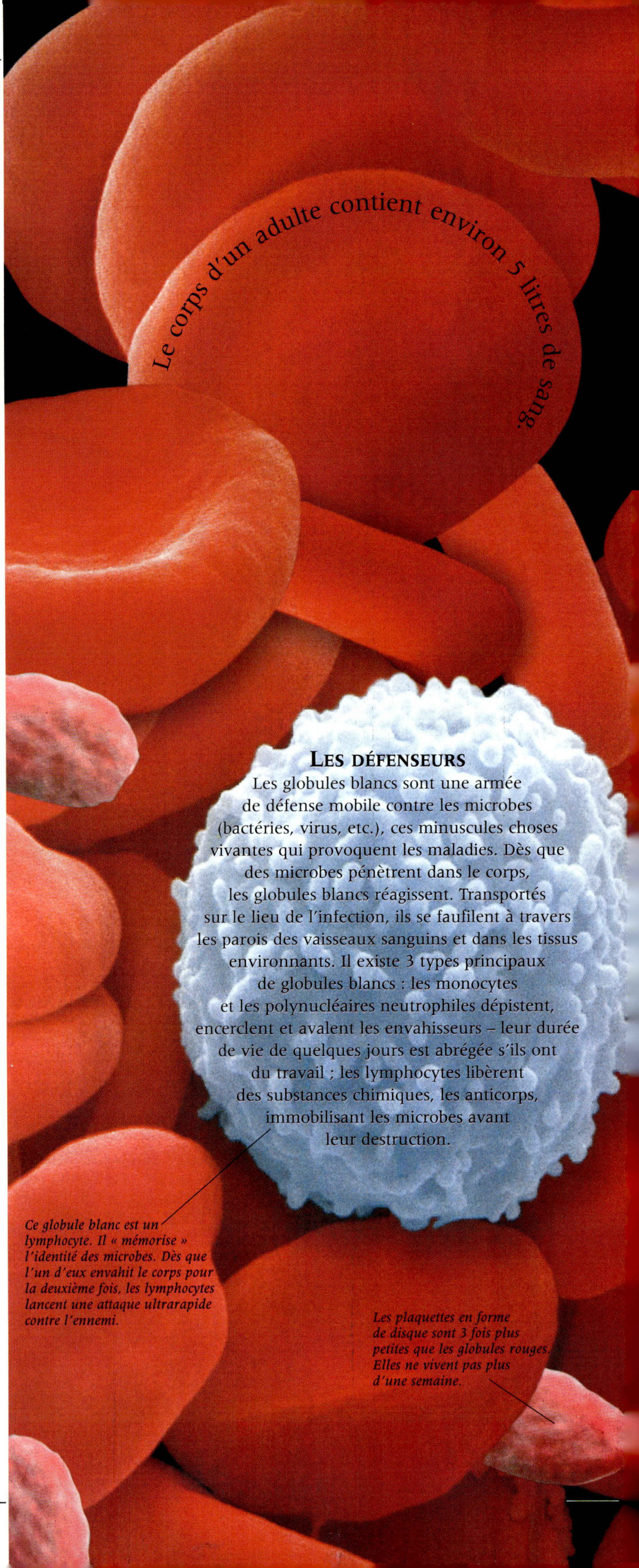

Le corps d'un adulte contient environ 5 litres de sang.

LES DÉFENSEURS

Les globules blancs sont une armée de défense mobile contre les microbes (bactéries, virus, etc.), ces minuscules choses vivantes qui provoquent les maladies. Dès que des microbes pénètrent dans le corps, les globules blancs réagissent. Transportés sur le lieu de l'infection, ils se faufilent à travers les parois des vaisseaux sanguins et dans les tissus environnants. Il existe 3 types principaux de globules blancs : les monocytes et les polynucléaires neutrophiles dépistent, encerclent et avalent les envahisseurs – leur durée de vie de quelques jours est abrégée s'ils ont du travail ; les lymphocytes libèrent des substances chimiques, les anticorps, immobilisant les microbes avant leur destruction.

Ce globule blanc est un lymphocyte. Il « mémorise » l'identité des microbes. Dès que l'un d'eux envahit le corps pour la deuxième fois, les lymphocytes lancent une attaque ultrarapide contre l'ennemi.

Les plaquettes en forme de disque sont 3 fois plus petites que les globules rouges. Elles ne vivent pas plus d'une semaine.

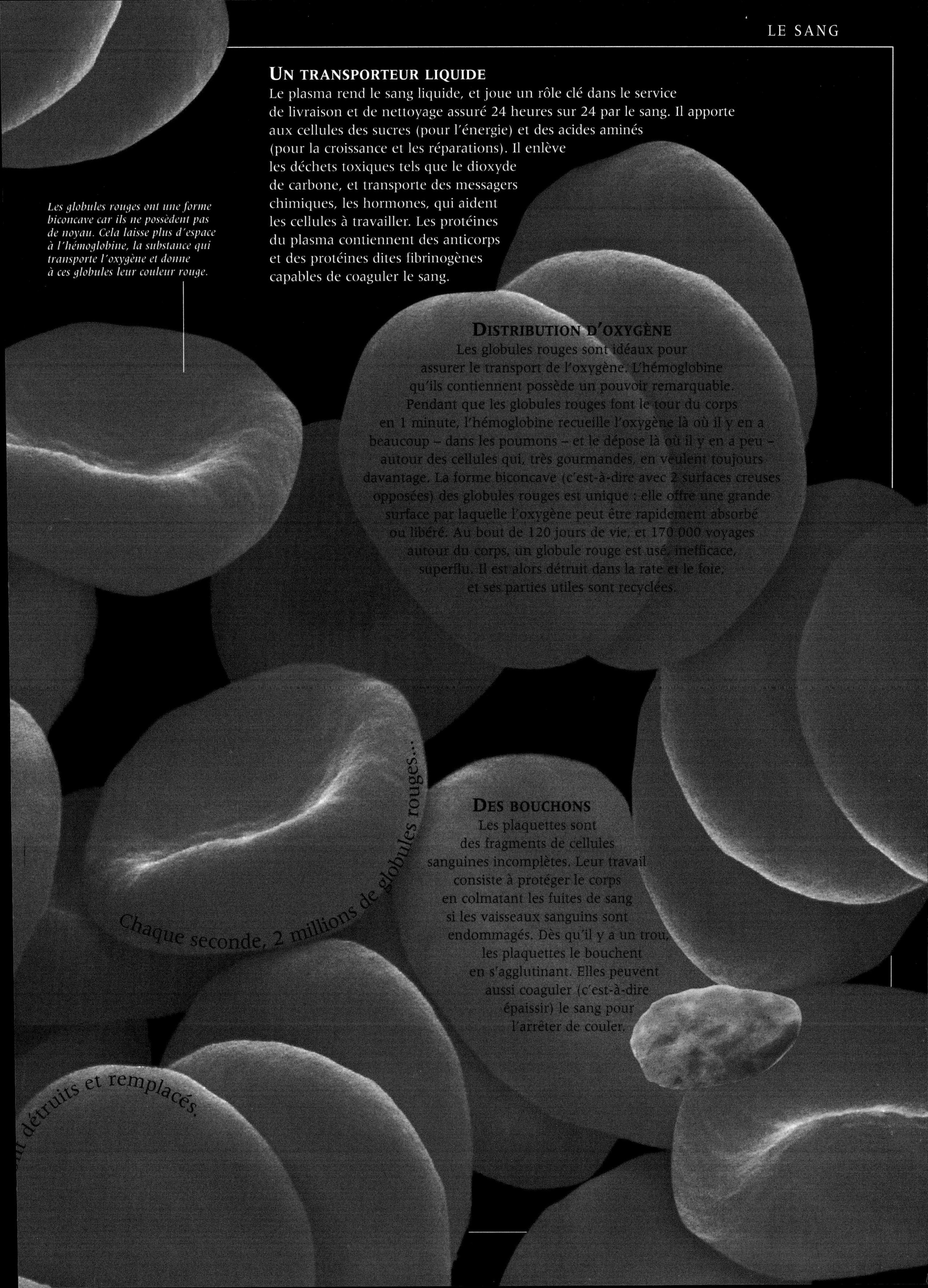

Un transporteur liquide

Le plasma rend le sang liquide, et joue un rôle clé dans le service de livraison et de nettoyage assuré 24 heures sur 24 par le sang. Il apporte aux cellules des sucres (pour l'énergie) et des acides aminés (pour la croissance et les réparations). Il enlève les déchets toxiques tels que le dioxyde de carbone, et transporte des messagers chimiques, les hormones, qui aident les cellules à travailler. Les protéines du plasma contiennent des anticorps et des protéines dites fibrinogènes capables de coaguler le sang.

Les globules rouges ont une forme biconcave car ils ne possèdent pas de noyau. Cela laisse plus d'espace à l'hémoglobine, la substance qui transporte l'oxygène et donne à ces globules leur couleur rouge.

Distribution d'oxygène

Les globules rouges sont idéaux pour assurer le transport de l'oxygène. L'hémoglobine qu'ils contiennent possède un pouvoir remarquable. Pendant que les globules rouges font le tour du corps en 1 minute, l'hémoglobine recueille l'oxygène là où il y en a beaucoup – dans les poumons – et le dépose là où il y en a peu – autour des cellules qui, très gourmandes, en veulent toujours davantage. La forme biconcave (c'est-à-dire avec 2 surfaces creuses opposées) des globules rouges est unique : elle offre une grande surface par laquelle l'oxygène peut être rapidement absorbé ou libéré. Au bout de 120 jours de vie, et 170 000 voyages autour du corps, un globule rouge est usé, inefficace, superflu. Il est alors détruit dans la rate et le foie, et ses parties utiles sont recyclées.

Chaque seconde, 2 millions de globules rouges...

Des bouchons

Les plaquettes sont des fragments de cellules sanguines incomplètes. Leur travail consiste à protéger le corps en colmatant les fuites de sang si les vaisseaux sanguins sont endommagés. Dès qu'il y a un trou, les plaquettes le bouchent en s'agglutinant. Elles peuvent aussi coaguler (c'est-à-dire épaissir) le sang pour l'arrêter de couler.

...détruits et remplacés.

La circulation sanguine

Jusqu'à il y a 400 ans, les gens ne comprenaient pas vraiment comment le sang circulait à l'intérieur du corps, ni le rôle joué par le cœur. On croyait que le sang « montait et descendait » dans les vaisseaux, un peu comme la mer au gré des marées. En 1628, William Harvey, un médecin anglais, va bousculer les vieilles idées en suggérant que le cœur pompe le sang pour le faire circuler dans les vaisseaux sanguins tout autour du corps, et dans un seul sens. La découverte de Harvey a été le point de départ de la compréhension moderne de l'appareil circulatoire, qu'on appelle également le système cardio-vasculaire. Ce système englobe le cœur, les vaisseaux sanguins ainsi que le sang. Il joue le rôle d'un moyen de transport : non seulement il achemine l'oxygène et les aliments à toutes les cellules du corps, les débarasse de leurs déchets, mais il véhicule aussi les cellules destinées à protéger le corps des maladies.

Une couleur variable

Le sang doit sa couleur aux milliards de globules rouges qu'il contient ou, plus exactement, aux 250 millions de molécules d'hémoglobine de chaque globule rouge. Quand le sang passe dans les poumons, l'hémoglobine recueille de l'oxygène. Elle change alors de forme et devient rouge vif, comme le sang. Dans les tissus, où la demande est élevée, elle délivre son oxygène, change à nouveau de forme et devient rouge foncé.

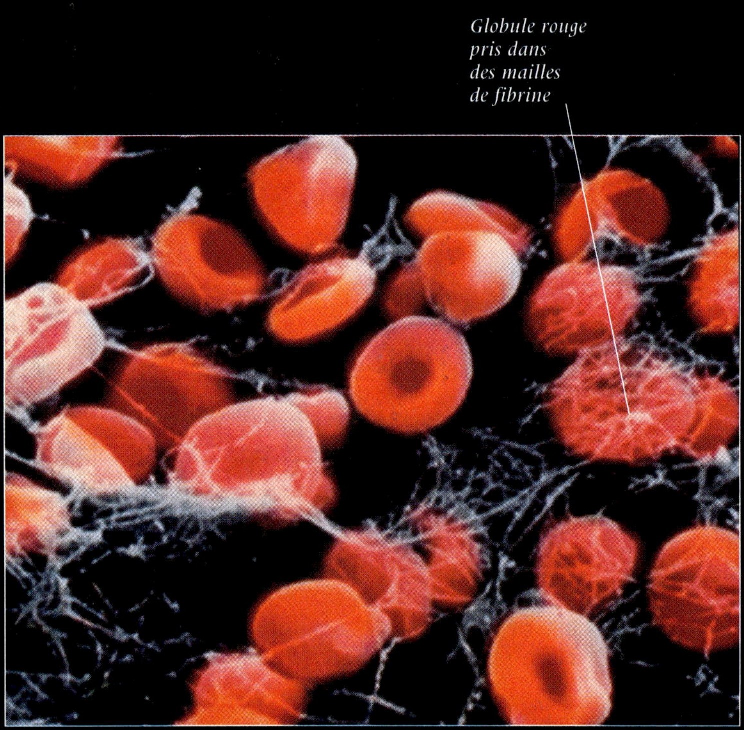

La coagulation

L'appareil circulatoire possède son propre mécanisme de réparation. Si un vaisseau est coupé, déchiré ou endommagé, des fragments de cellules, les plaquettes, s'agglutinent pour boucher le trou. Ces plaquettes « collantes » déclenchent, avec des substances libérées par le vaisseau abîmé, la transformation de la protéine fibrinogène dissoute dans le plasma en fibres de fibrines. Ces dernières forment un filet qui emprisonne les globules rouges, créant ainsi un caillot empêchant le sang de fuir du vaisseau.

Les engelures

Ce voyageur des pôles doit absolument garder les oreilles et le nez au chaud. Quand il fait très froid, les vaisseaux sanguins de la peau se contractent (rétrécissent), ce qui réduit la perte de la chaleur de la peau et préserve celle de l'intérieur du corps. Mais si la peau est trop longtemps exposée au gel, ses cellules, privées d'oxygène, meurent. On appelle ce phénomène une engelure. Les tissus peuvent alors être si abîmés qu'il faut les enlever.

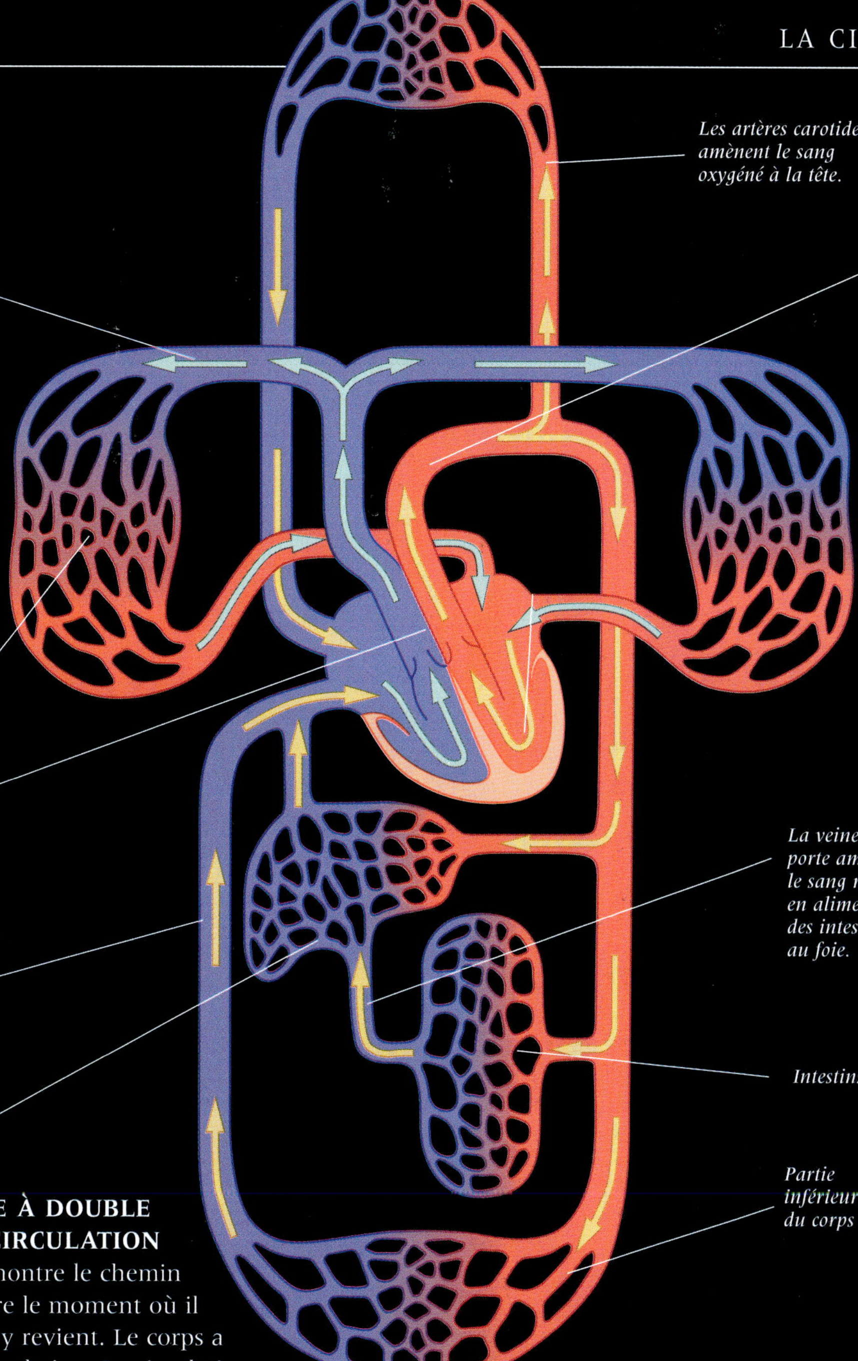

Un système à double circulation

Le schéma ci-dessus montre le chemin parcouru par le sang entre le moment où il part du cœur et celui où il y revient. Le corps a 2 réseaux de circulation. La circulation pulmonaire conduit le sang du côté droit du cœur vers les poumons où il se charge d'oxygène, puis ramène le sang oxygéné au côté gauche du cœur. La circulation systémique, quant à elle, conduit le sang oxygéné du côté gauche du cœur vers le reste du corps, et ramène le sang appauvri en oxygène au côté droit du cœur.

Une minuscule hélice propulse cette première version du robot microscopique qui pourrait, un jour, explorer l'appareil circulatoire pour en détecter les défauts.

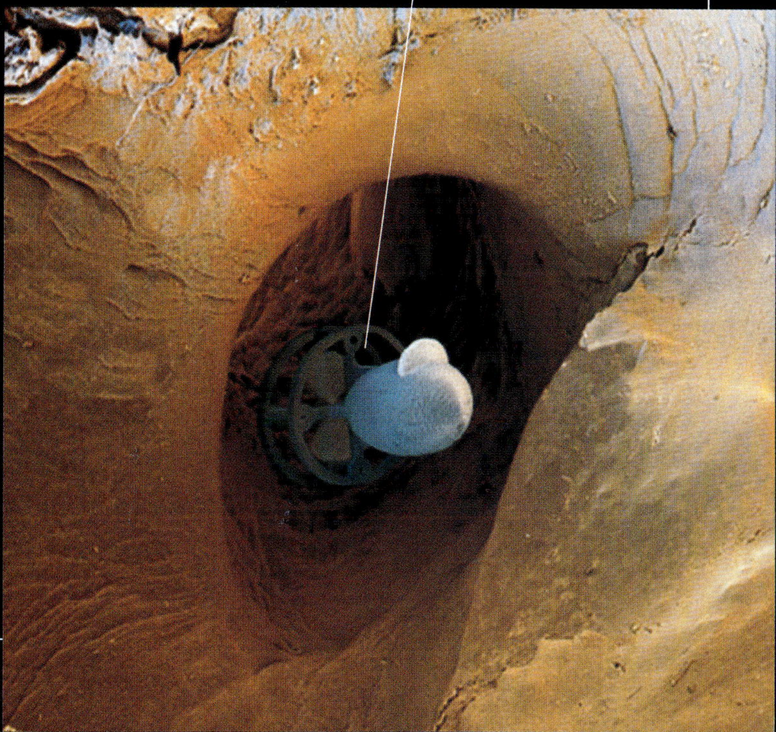

Un robot nain

Ce petit objet jouera peut-être un grand rôle dans la médecine du futur. C'est un prototype de « sous-marin » miniature naviguant dans un vaisseau sanguin. Avec les progrès de la technologie, il devrait être possible d'équiper cet engin de sondes, de capteurs et d'« outils » de réparation pour en faire un robot nain, ou nanorobot. Ces robots nains serviraient à détecter et réparer tout défaut de l'appareil circulatoire. En cas d'obstruction d'un vaisseau, par exemple, le robot nain serait injecté dans le sang pour repérer le blocage, l'éliminer et rétablir la circulation normale du sang.

L'appareil circulatoire

Sous l'impulsion du cœur, véritable chef d'orchestre de la vie, l'appareil circulatoire s'appuie sur un réseau – extrêmement étendu et précis – d'artères et de veines qui assurent le transport du sang indispensable à tout notre organisme. La longueur de tous nos vaisseaux sanguins, mis bout à bout, ferait plus de 2 fois le tour de la Terre !

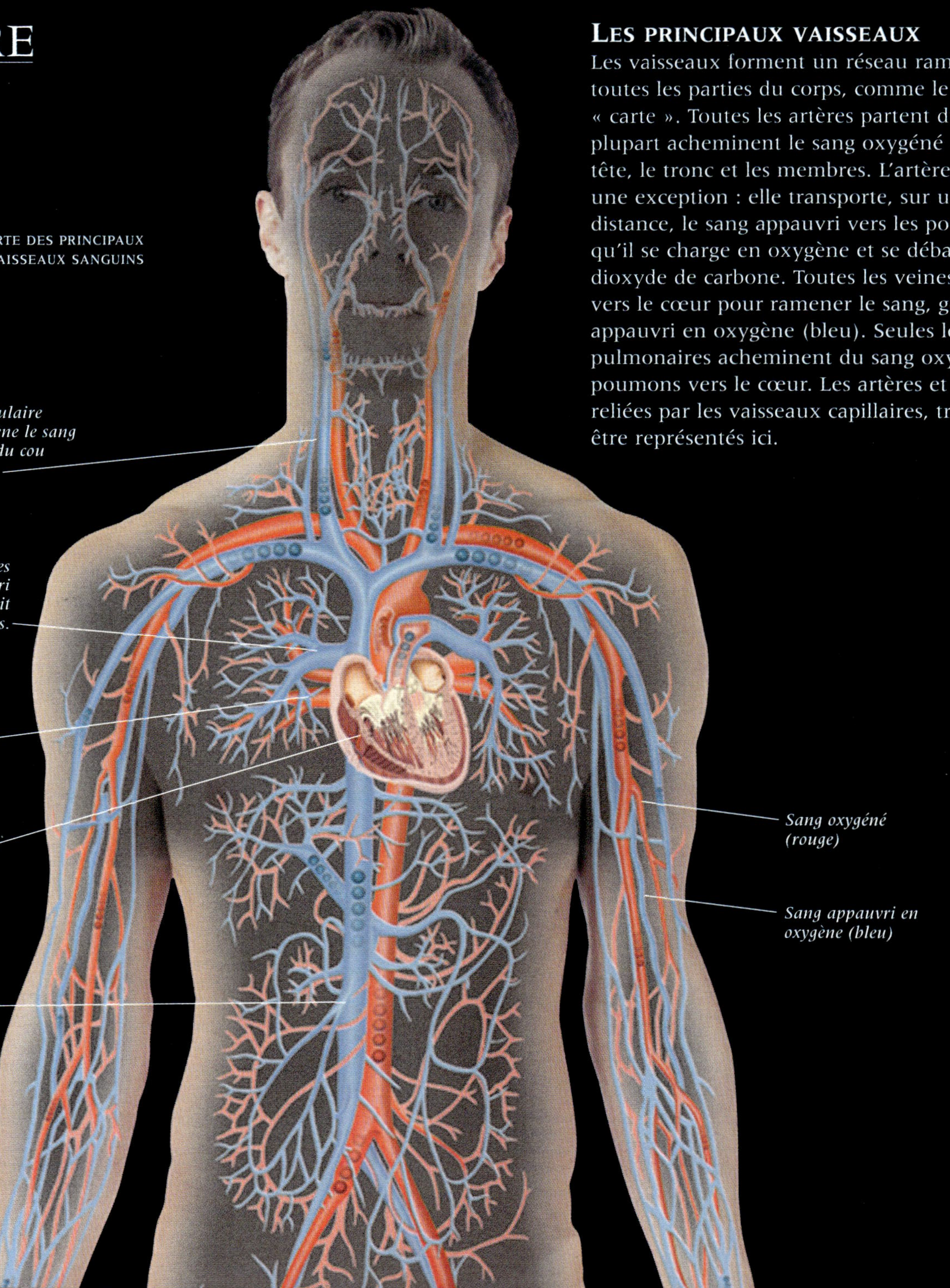

CARTE DES PRINCIPAUX VAISSEAUX SANGUINS

Les principaux vaisseaux

Les vaisseaux forment un réseau ramifié atteignant toutes les parties du corps, comme le montre cette « carte ». Toutes les artères partent du cœur. La plupart acheminent le sang oxygéné (rouge) vers la tête, le tronc et les membres. L'artère pulmonaire est une exception : elle transporte, sur une courte distance, le sang appauvri vers les poumons afin qu'il se charge en oxygène et se débarrasse du dioxyde de carbone. Toutes les veines convergent vers le cœur pour ramener le sang, généralement appauvri en oxygène (bleu). Seules les veines pulmonaires acheminent du sang oxygéné des poumons vers le cœur. Les artères et les veines sont reliées par les vaisseaux capillaires, trop petits pour être représentés ici.

Les veines

Le calibre des veines est plus important que celui des artères, mais les veines sont moins « musclées » car elles n'ont pas à supporter la pression sanguine que ressentent les artères. Il y a 3 types de veines :

- les veines profondes qui jouxtent les artères ;
- les veines superficielles ;
- les veines perforantes qui constituent de véritables ponts entre les veines profondes et les superficielles.

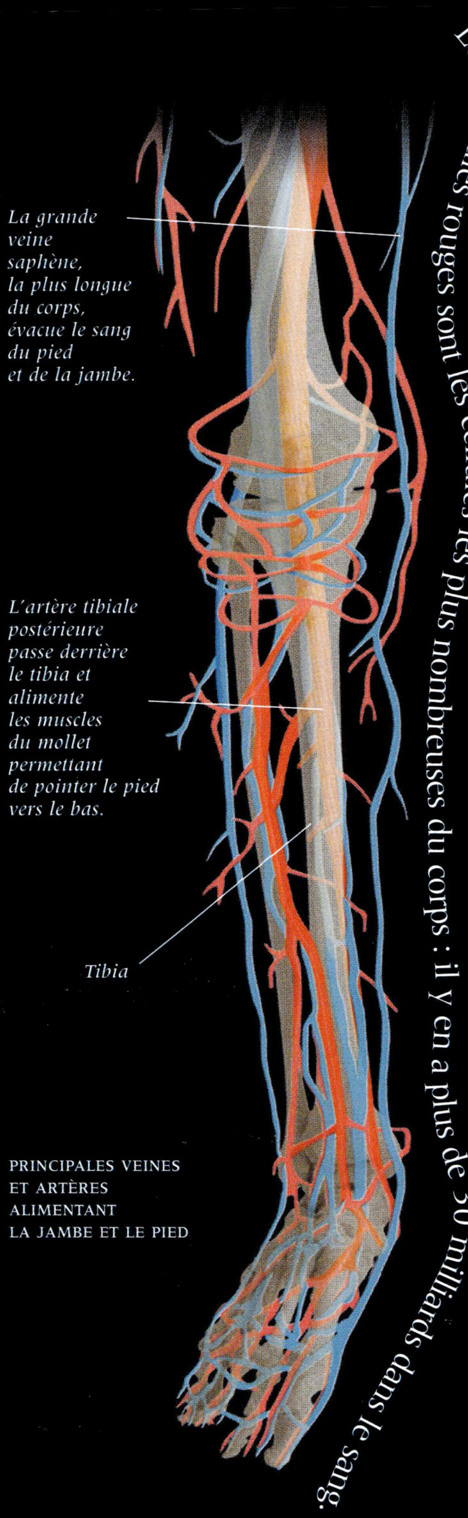

PRINCIPALES VEINES ET ARTÈRES ALIMENTANT LA JAMBE ET LE PIED

Les globules rouges sont les cellules les plus nombreuses du corps : il y en a plus de 30 milliards dans le sang.

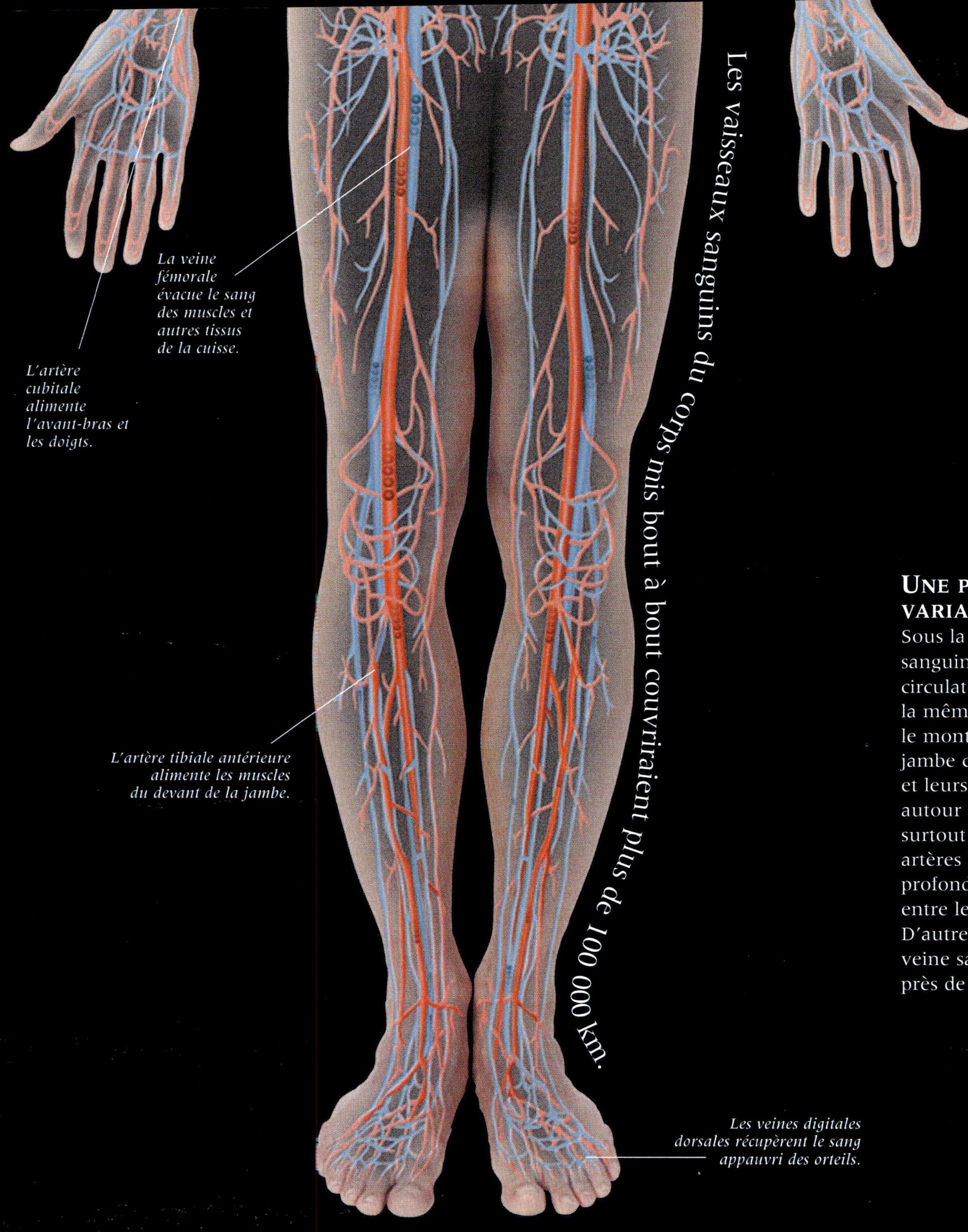

Les vaisseaux sanguins du corps mis bout à bout couvriraient plus de 100 000 km.

UNE PROFONDEUR VARIABLE

Sous la peau, les vaisseaux sanguins de l'appareil circulatoire ne sont pas tous à la même profondeur. Comme le montre le dessin de la jambe ci-dessus, les vaisseaux et leurs ramifications passent autour des os. Certains, surtout les veines et les artères les plus grosses, sont profonds. Ils passent sous ou entre les muscles, près des os. D'autres, comme la grande veine saphène, passent très près de la surface de la peau.

Les vaisseaux sanguins

Les cellules du corps sont alimentées en sang par un réseau de tuyaux vivants, les vaisseaux sanguins. Leur taille varie de l'épaisseur d'un fil microscopique à celle d'un doigt. Il en existe 3 sortes. Les artères partent du cœur chargées du sang oxygéné ; élastiques et solides, leurs parois peuvent se dilater sous la forte pression du sang pompé par le cœur – on peut le sentir sous le doigt quand une artère passe près de la surface de la peau. Les vaisseaux capillaires, les plus nombreux, sont des ramifications des artères les plus petites ; elles se déploient dans les tissus pour nourrir et oxygéner les cellules. Les veines ramènent le sang appauvri au cœur ; leurs parois sont plus minces car la pression du sang qu'elles transportent est moins forte.

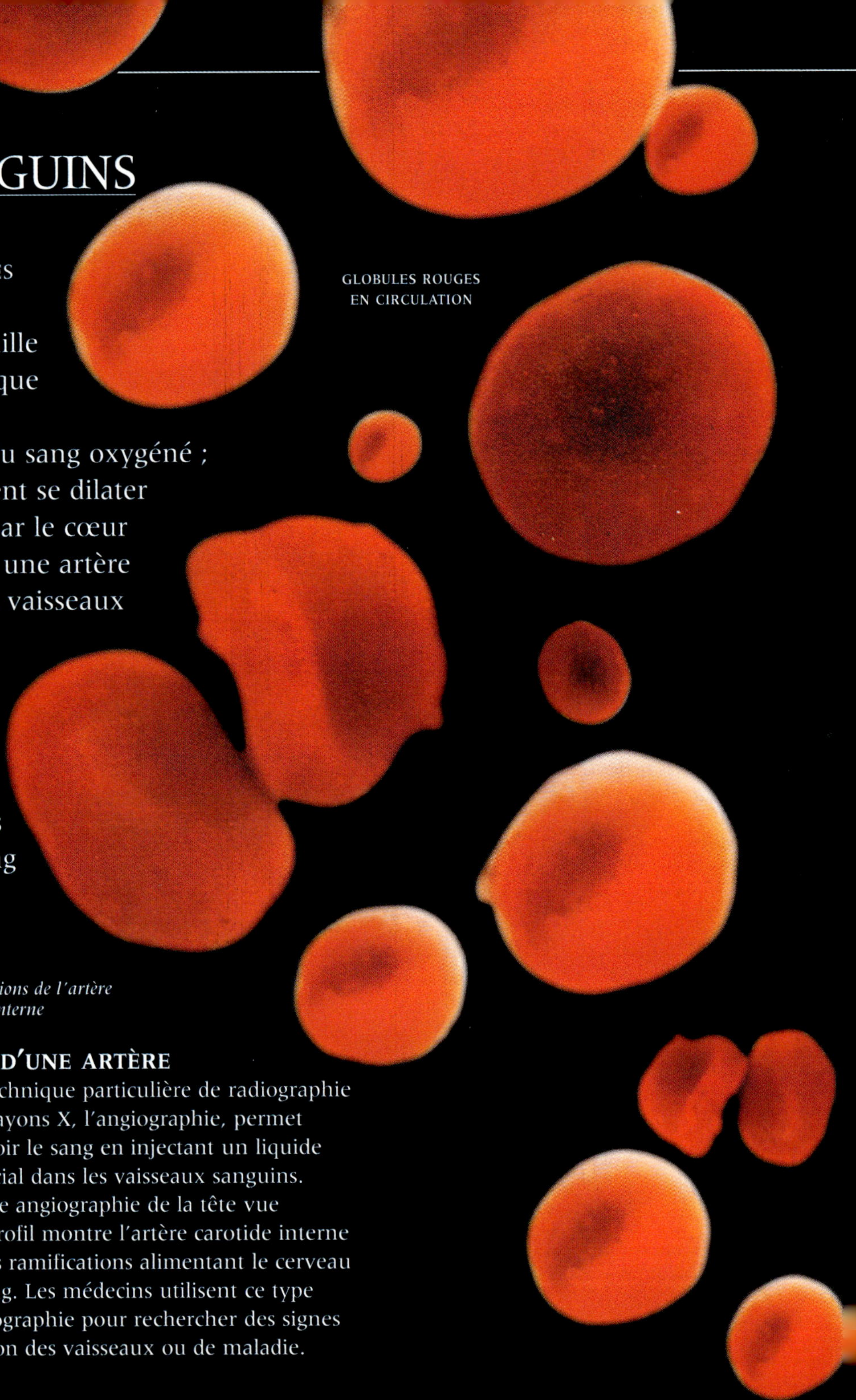

GLOBULES ROUGES EN CIRCULATION

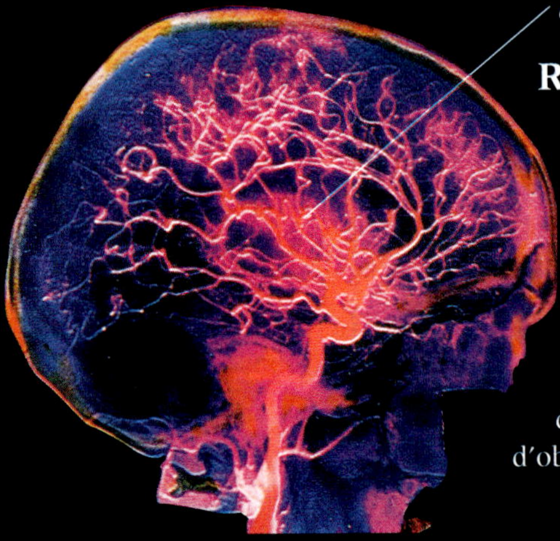

Radio d'une artère

Une technique particulière de radiographie aux rayons X, l'angiographie, permet de voir le sang en injectant un liquide spécial dans les vaisseaux sanguins. Cette angiographie de la tête vue de profil montre l'artère carotide interne et ses ramifications alimentant le cerveau en sang. Les médecins utilisent ce type de radiographie pour rechercher des signes d'obstruction des vaisseaux ou de maladie.

La circulation du bras et de la main

L'artère radiale et la veine céphalique sont 2 des artères (rouge) et des veines (bleu) par lesquelles le sang circule dans le bras et la main. L'artère radiale longe le radius, du coude au poignet ; là, elle se ramifie en petites artères amenant le sang aux doigts. Les veines du dos de la main s'écoulent dans la veine céphalique qui s'enroule jusqu'au coude autour du radius, puis continue vers l'épaule.

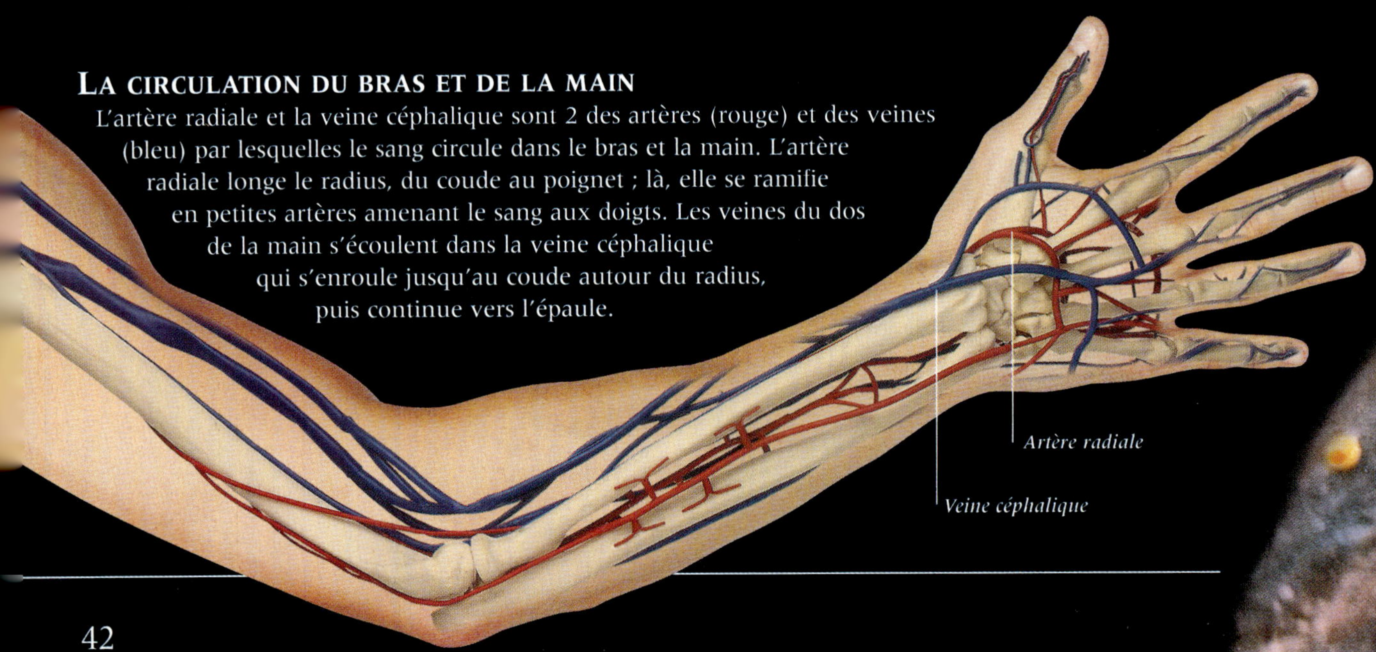

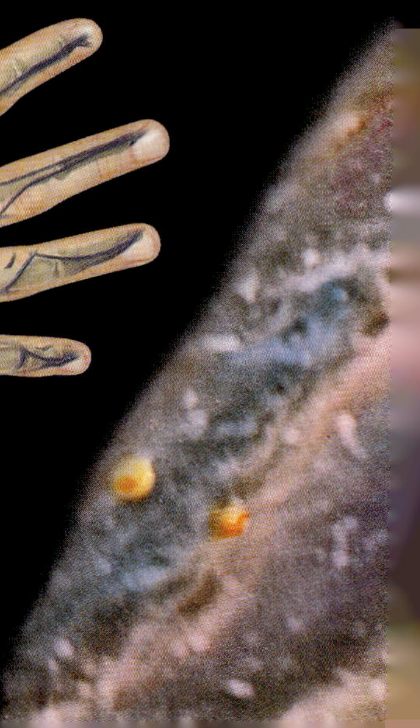

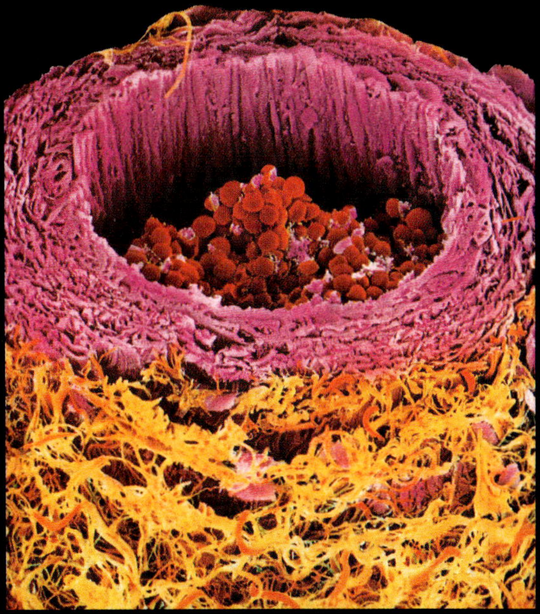

Livraison à domicile

Si les artères et les veines sont les autoroutes de l'appareil circulatoire, les vaisseaux capillaires en sont les voies secondaires qui livrent le sang à chaque cellule du corps. Beaucoup de vaisseaux capillaires sont si étroits que les globules rouges doivent faire la queue et se comprimer pour y entrer. Leurs parois très fines laissent passer l'oxygène et les substances qui vont nourrir les cellules environnantes, puis ramasser leurs déchets avant de retourner dans les vaisseaux capillaires.

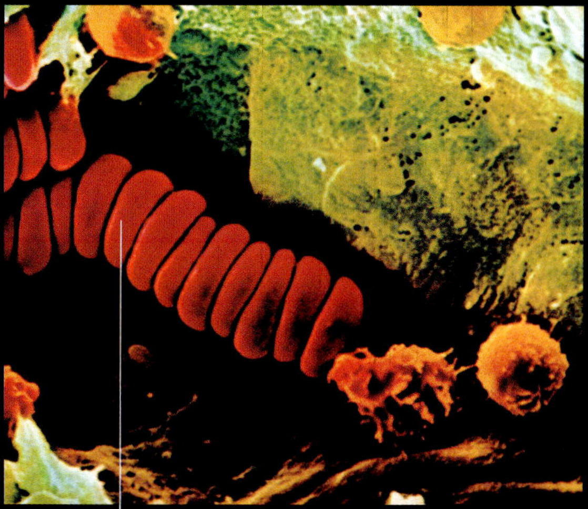

Des globules rouges font la queue pour passer dans un vaisseau capillaire.

Les artérioles

Cette vue en coupe (ci-dessus) montre la structure d'une artériole, la plus petite ramification d'une artère. L'ouverture, appelée aussi cavité (ici remplie de globules rouges), a une paroi lisse permettant au sang de circuler facilement. Autour, une couche de muscle plus épaisse (rose) peut élargir ou rétrécir la taille de l'artère afin de contrôler le flux du sang vers les tissus. La couche extérieure (jaune) protège l'artériole. Les artérioles se ramifient en vaisseaux capillaires encore plus étroits.

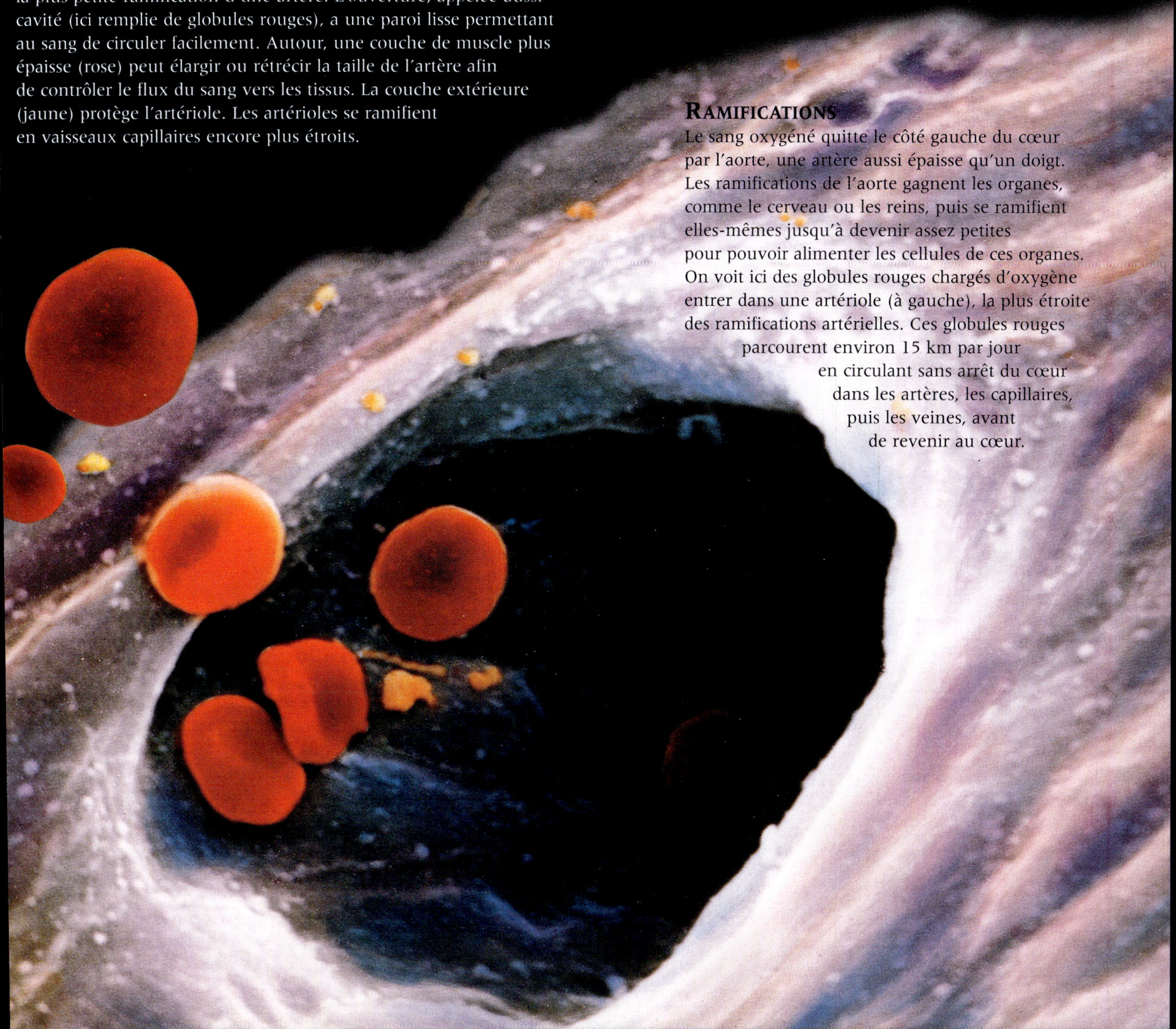

Ramifications

Le sang oxygéné quitte le côté gauche du cœur par l'aorte, une artère aussi épaisse qu'un doigt. Les ramifications de l'aorte gagnent les organes, comme le cerveau ou les reins, puis se ramifient elles-mêmes jusqu'à devenir assez petites pour pouvoir alimenter les cellules de ces organes. On voit ici des globules rouges chargés d'oxygène entrer dans une artériole (à gauche), la plus étroite des ramifications artérielles. Ces globules rouges parcourent environ 15 km par jour en circulant sans arrêt du cœur dans les artères, les capillaires, puis les veines, avant de revenir au cœur.

Les défenses du corps

Le corps est constamment menacé par des micro-organismes porteurs de maladies. Ces microbes, ou germes, incluent les virus et les bactéries. Heureusement, le corps possède un système de défense naturelle. La peau, d'abord, est une barrière qui empêche les microbes de pénétrer dans le sang ou les tissus. S'ils parviennent à passer, ils sont alors attaqués par des globules blancs – les phagocytes et les lymphocytes – que l'on trouve dans le sang, la lymphe et la rate. Les phagocytes traquent et mangent les envahisseurs. Les lymphocytes, qui vivent longtemps, constituent le système de défense (système immunitaire) du corps ; ils se souviennent de tous les microbes et produisent des substances chimiques, les anticorps, capables de les détruire.

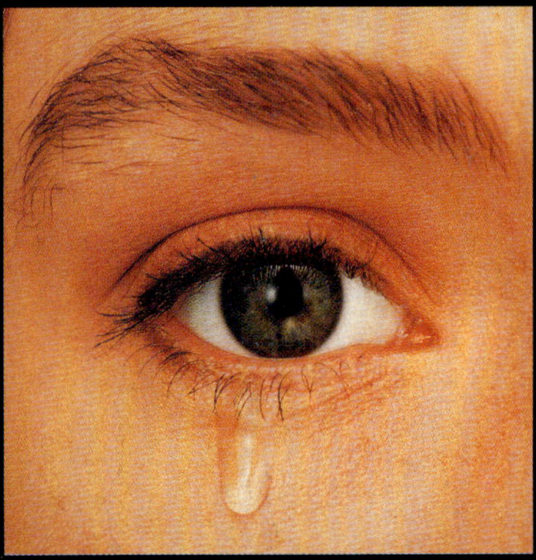

Des larmes actives

Les glandes lacrymales produisent un liquide qui nettoie l'œil à chaque clignement de la paupière : les larmes. Le chagrin ou le rire peuvent en augmenter la production, et les faire déborder. Les larmes nettoient la surface de l'œil et contiennent une substance, le lysozyme, qui détruit les bactéries. Comme la peau, les larmes forment une barrière empêchant les microbes de pénétrer dans le corps.

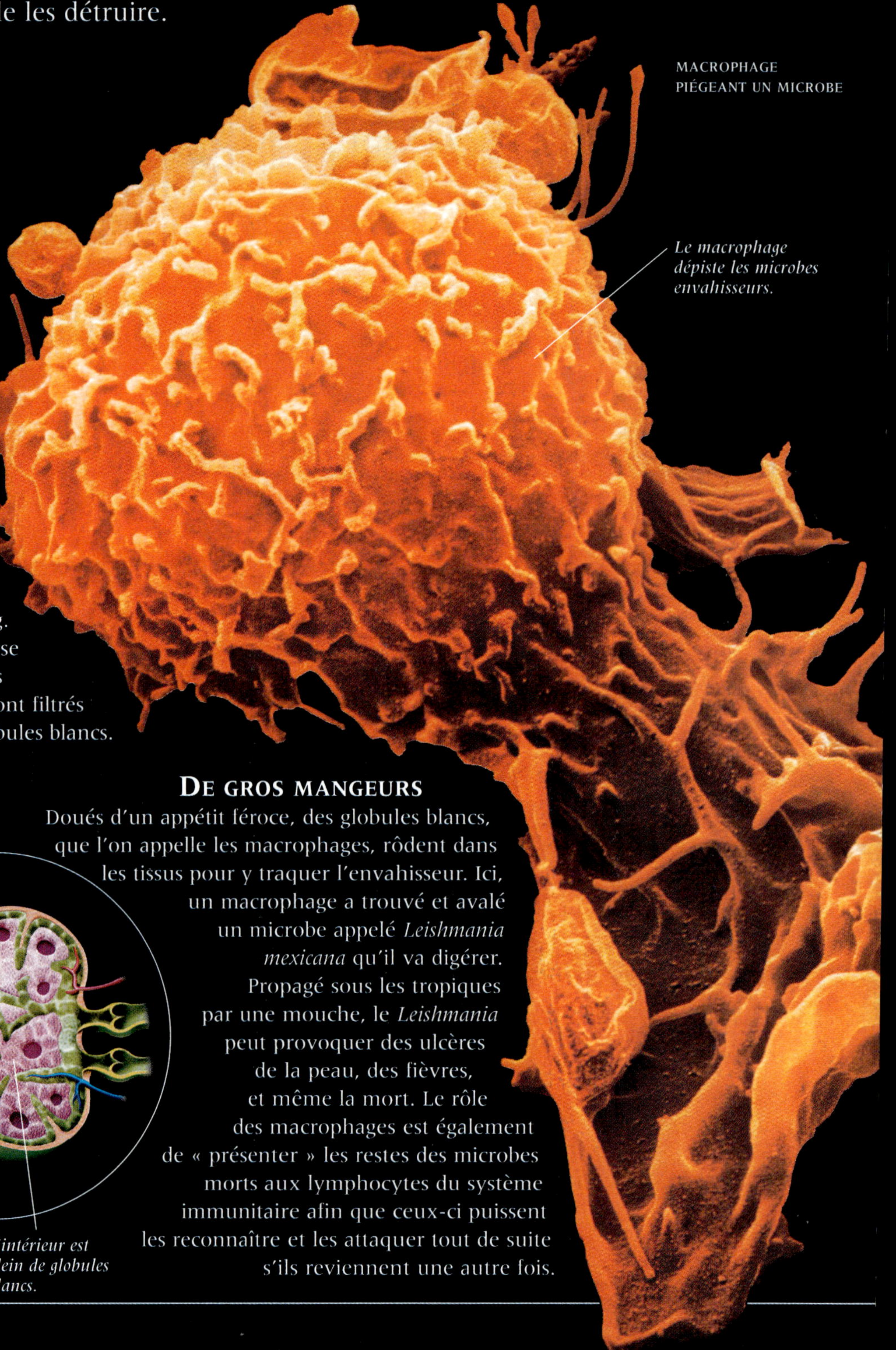

MACROPHAGE PIÉGEANT UN MICROBE

Un filtre à microbes

Quand le sang circule dans les vaisseaux capillaires, un fluide, la lymphe, s'en échappe pour alimenter les cellules et évacuer les déchets. L'excédent de ce fluide est récupéré par le système lymphatique, un réseau de vaisseaux spéciaux. Ces vaisseaux la recueillent et la déversent dans 2 vaisseaux plus gros qui la ramènent dans le sang. En chemin, la lymphe traverse les ganglions lymphatiques où tous les microbes sont filtrés et détruits par les globules blancs.

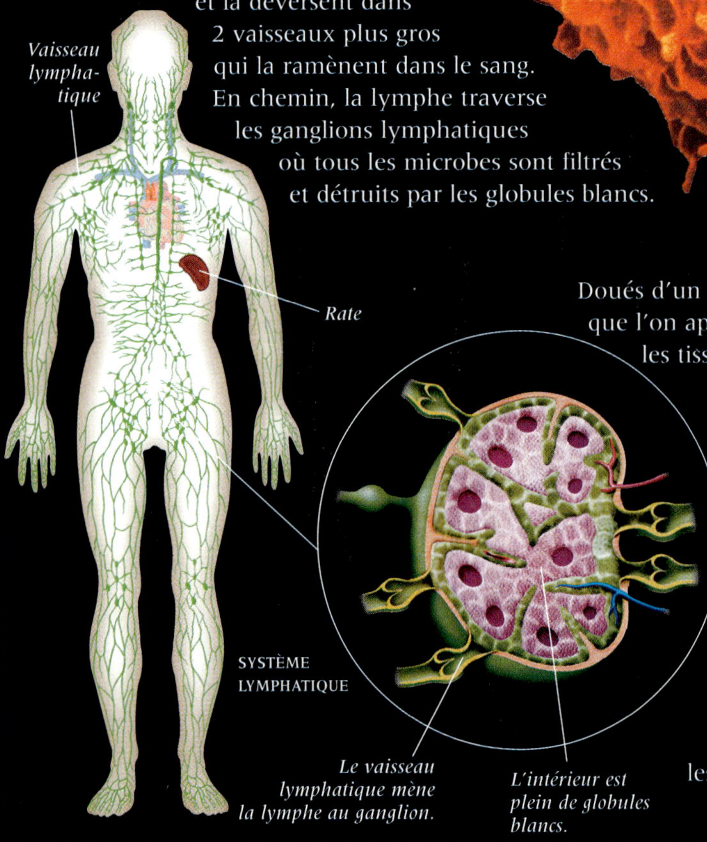

SYSTÈME LYMPHATIQUE

De gros mangeurs

Doués d'un appétit féroce, des globules blancs, que l'on appelle les macrophages, rôdent dans les tissus pour y traquer l'envahisseur. Ici, un macrophage a trouvé et avalé un microbe appelé *Leishmania mexicana* qu'il va digérer. Propagé sous les tropiques par une mouche, le *Leishmania* peut provoquer des ulcères de la peau, des fièvres, et même la mort. Le rôle des macrophages est également de « présenter » les restes des microbes morts aux lymphocytes du système immunitaire afin que ceux-ci puissent les reconnaître et les attaquer tout de suite s'ils reviennent une autre fois.

Les cellules cancéreuses

Les menaces ne viennent pas toutes de l'extérieur. Les cellules cancéreuses sont des cellules échappant à tout contrôle qui se divisent pour former des tumeurs. En grandissant, celles-ci empêchent les organes de fonctionner, et entraînent la mort si on ne les traite pas. La plupart des cellules cancéreuses sont identifiées et stoppées par les lymphocytes T « killer » (ou « tueuses ») qui se fixent sur elles pour les détruire avec des substances chimiques. Ces tueuses détruisent aussi les cellules infectées par des virus.

Cellule cancéreuse attaquée par des lymphocytes T « killer » (jaune)

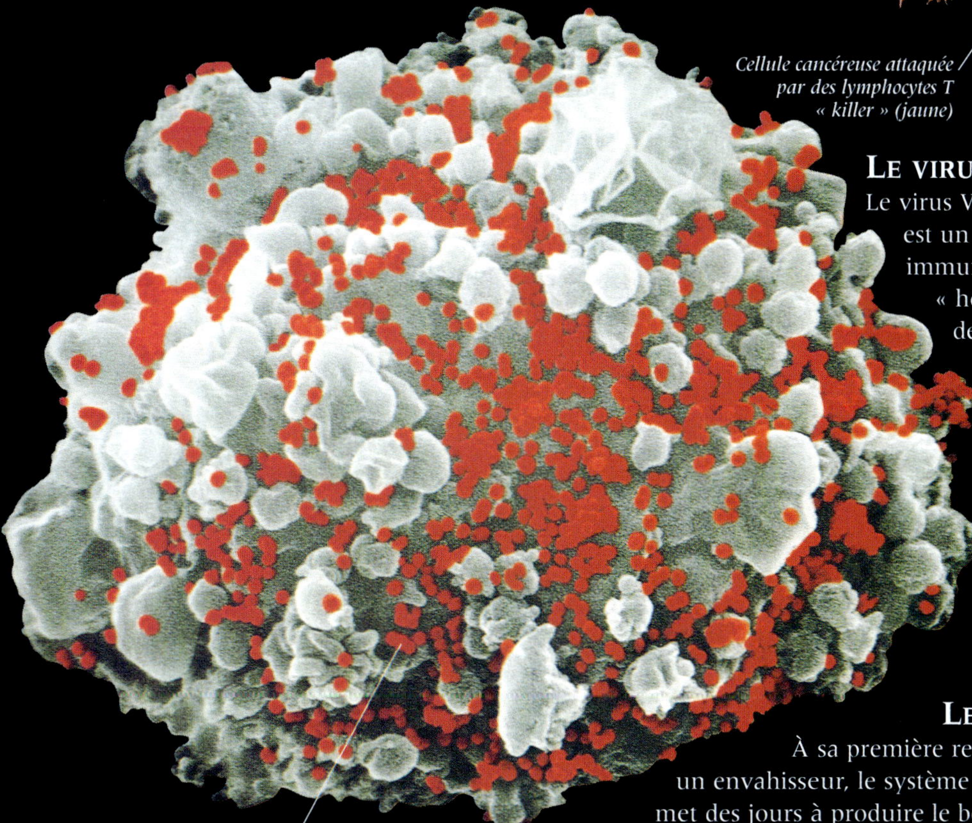

Particule de VIH à la surface d'un lymphocyte T « helper »

Le virus VIH

Le virus VIH (virus de l'immunodéficience humaine) est un agent pathogène qui vise le système immunitaire. En détruisant des lymphocytes T « helper » (ou « auxiliaires »), il affaiblit le système de défense du corps qui ne peut plus réagir comme avant aux attaques des microbes. Des infections risquent alors de se développer dans le corps entier, aboutissant à une maladie très grave, souvent fatale, le sida (syndrome d'immunodéficience acquise).

Les vaccins

À sa première rencontre avec un envahisseur, le système immunitaire met des jours à produire le bon anticorps. Pendant ce temps-là, une maladie grave peut se développer. Pour éviter cela, on a inventé le vaccin. Une injection (à droite) de microbe ou virus inoffensif, mort ou affaibli, stimule le système immunitaire qui fabrique alors des anticorps et « se souviennent ». Si un « vrai » virus ou microbe envahit le corps, il réagit alors immédiatement et le détruit.

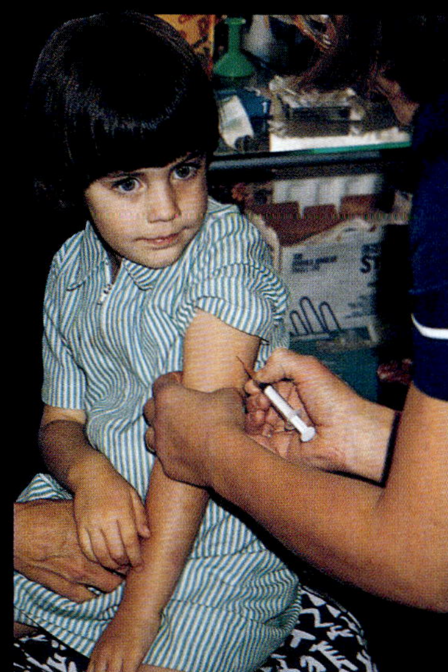

L'extension du macrophage cerne et capture le microbe (vert).

ACARIEN SUR UNE ÉCAILLE DE PEAU

Les allergies

Les allergies se produisent quand le système immunitaire réagit à une substance normalement inoffensive qui a été absorbée, touchée ou respirée. Les minuscules acariens qui vivent dans les lits et les meubles en se nourrissant de peau morte humaine en sont une cause fréquente. La poussière des maisons en est pleine. Si une personne allergique en respire, elle peut avoir une crise d'asthme.

L'APPAREIL RESPIRATOIRE

Pour vivre, nous avons besoin d'oxygène. Toutes les cellules du corps en consomment et y puisent leur énergie. Mais l'oxygène ne peut pas être stocké, et la peau ne peut pas s'en imprégner. Seul l'appareil respiratoire est apte à faire ce travail. Ses voies aériennes servent à faire pénétrer l'air dans les poumons et à le rejeter. C'est dans les poumons que le sang se charge de l'oxygène (21 % de l'air) qu'il distribue ensuite aux cellules. Le mouvement des côtes et du diaphragme – la respiration – force l'air à entrer et à sortir des poumons. L'appareil respiratoire évacue également le dioxyde de carbone (CO2) qui, s'il s'accumulait, empoisonnerait le corps.

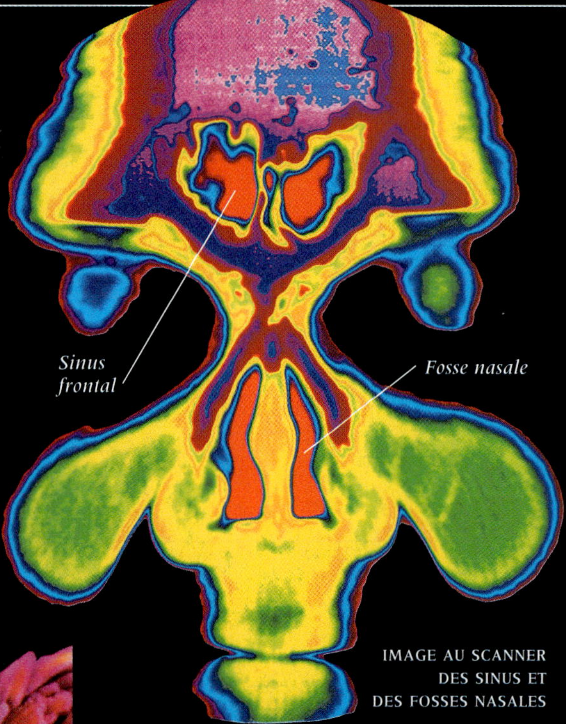

IMAGE AU SCANNER DES SINUS ET DES FOSSES NASALES

Fosses nasales et sinus

Sur cette image au scanner de la face, on voit, au centre, les orbites (noir), et en bas, à droite et à gauche, les muscles des joues (jaune/vert). Les fosses nasales mènent l'air des narines vers les poumons. Elles font partie, avec les sinus frontaux, d'un réseau de cavités à l'intérieur du crâne. Sinus et fosses nasales réchauffent et humidifient l'air que l'on respire.

Un filtre à poussière

Des cils microscopiques enduits de mucus collant tapissent la paroi interne du nez. Lorsque l'air pénètre dans le nez, le mucus capture la poussière, les bactéries et toutes particules qui abîmeraient les tissus délicats des poumons. Le mouvement des cils pousse les matières piégées vers l'arrière de la gorge où elles sont avalées.

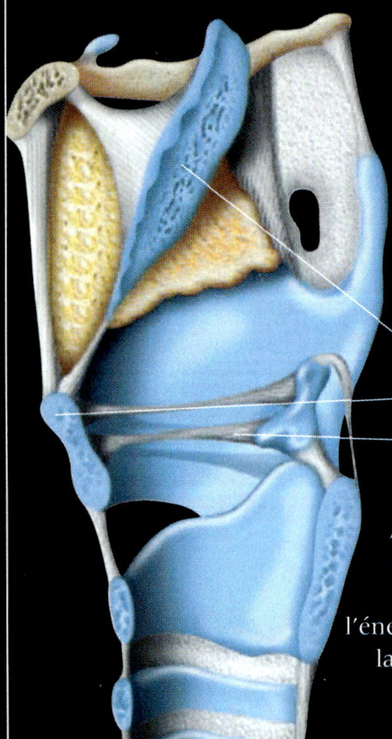

Le larynx

Le larynx, qui relie la gorge à la trachée, est l'organe dans lequel naissent les sons. Cette vue interne (à gauche) montre qu'il est constitué de plaques de cartilage (bleu). L'une d'elles ressort vers l'avant, surtout chez les hommes : c'est la pomme d'Adam. Quand on avale des aliments, l'épiglotte se rabat pour les empêcher de descendre dans la trachée.

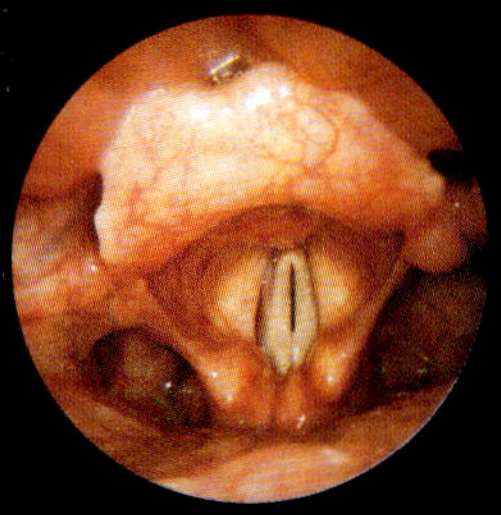

CORDES VOCALES FERMÉES

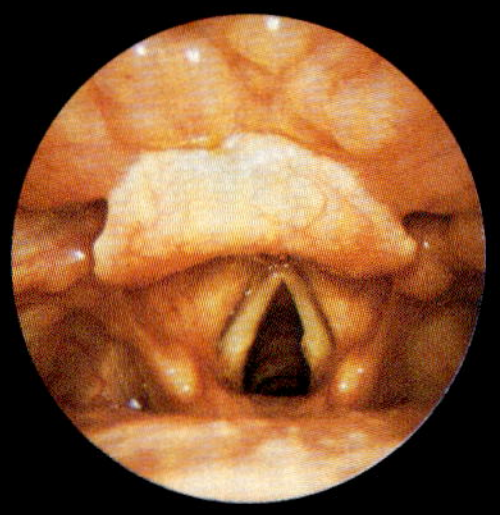

CORDES VOCALES OUVERTES

Les cordes vocales

Ces vues internes de la gorge montrent les cordes vocales qui traversent le larynx. Au repos, les cordes sont écartées. Pour produire un son, elles se rapprochent, et l'air des poumons en forçant le passage les fait vibrer. Les cordes très tendues produisent des sons aigus, les cordes plus lâches des sons plus graves. Les lèvres, les dents et la langue transforment ces sons en paroles compréhensibles.

Une centrale électrique

À l'intérieur de chaque cellule du corps, ces petites mitochondries (ci-dessous) sont de vraies centrales électriques. Elles utilisent l'oxygène pour libérer l'énergie du glucose. La respiration fournit aux cellules la matière première dont elles ont besoin pour travailler. Privées d'oxygène, elles arrêtent de travailler et meurent. Le dioxyde de carbone, déchet de la respiration, est évacué des cellules par le sang.

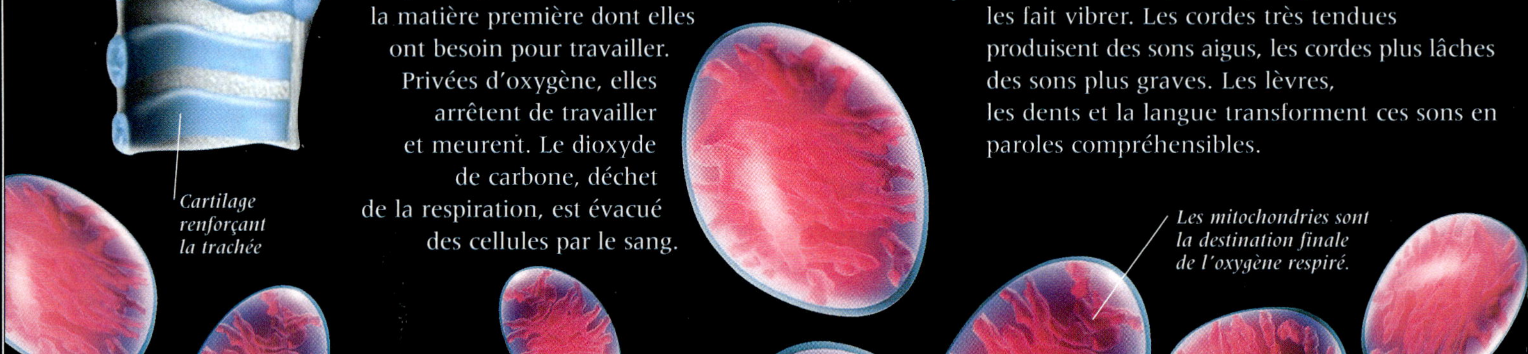

Les mitochondries sont la destination finale de l'oxygène respiré.

Les voies aériennes

L'appareil respiratoire est constitué de passages, les voies aériennes, qui se ramifient dans les poumons. L'air entre par les narines, des 2 côtés de la fosse nasale. De là, il descend dans la gorge, ou pharynx, puis dans le larynx, où sont produits les sons qui nous permettent de communiquer. Sous le larynx, la trachée est renforcée par des morceaux de cartilage en forme de C qui l'empêchent de se refermer pendant la respiration. À son extrémité inférieure, la trachée se sépare en 2 bronches, chacune débouchant dans un poumon.

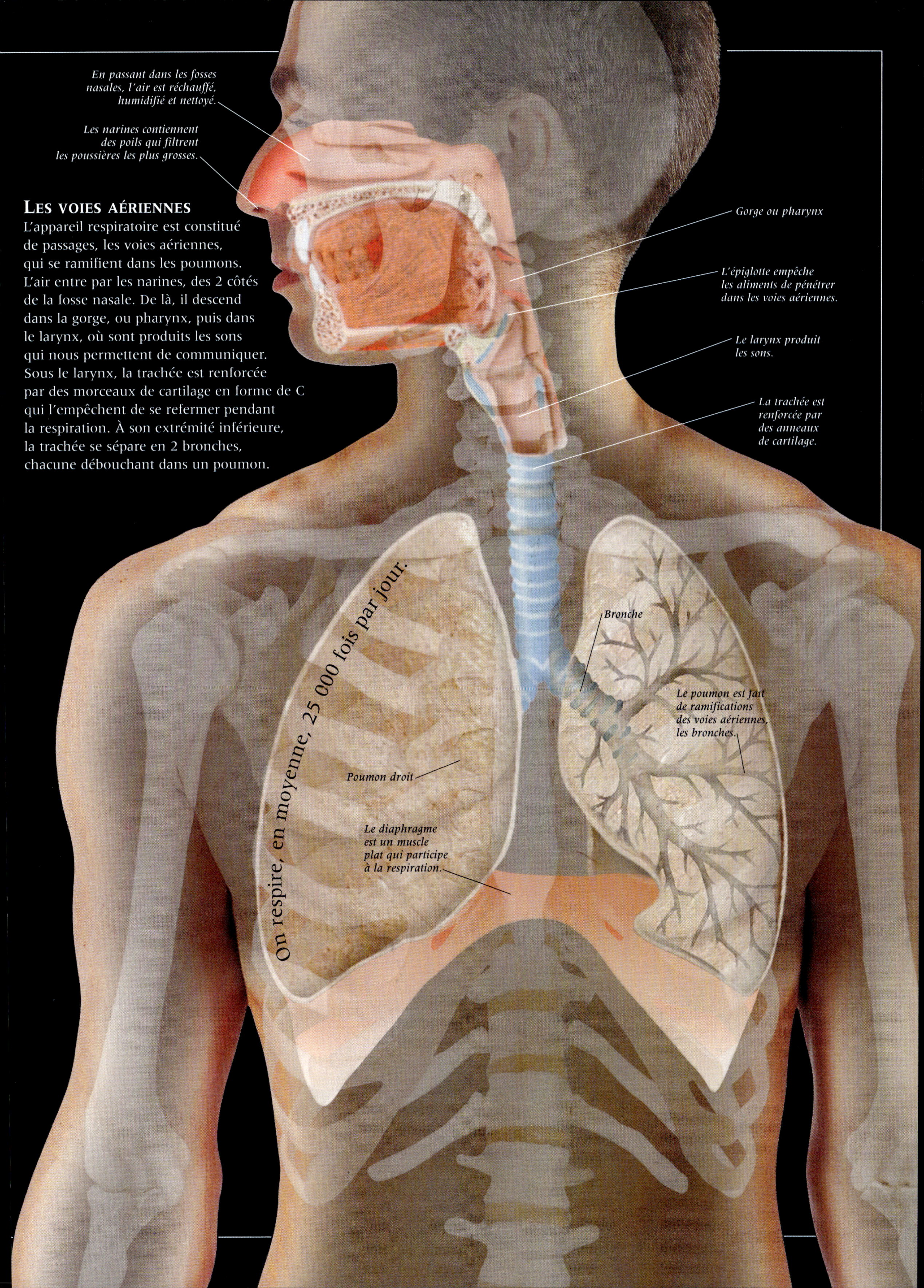

LES POUMONS

LE SANG SE CHARGE D'OXYGÈNE et se débarrasse du dioxyde de carbone dans les poumons. De forme un peu conique, ceux-ci remplissent presque tout le thorax. Entourés des côtes, ils reposent sur le diaphragme, un muscle plat et bombé séparant le thorax de l'abdomen. Les poumons sont légers et spongieux car ils sont constitués d'un réseau de voies aériennes terminées par des petits sacs. L'ensemble de ces petits sacs constitue une surface importante à travers laquelle le maximum d'oxygène peut être transféré dans le sang dans un minimum de temps. Par la respiration, l'air des poumons est constamment régénéré et le dioxyde de carbone évacué.

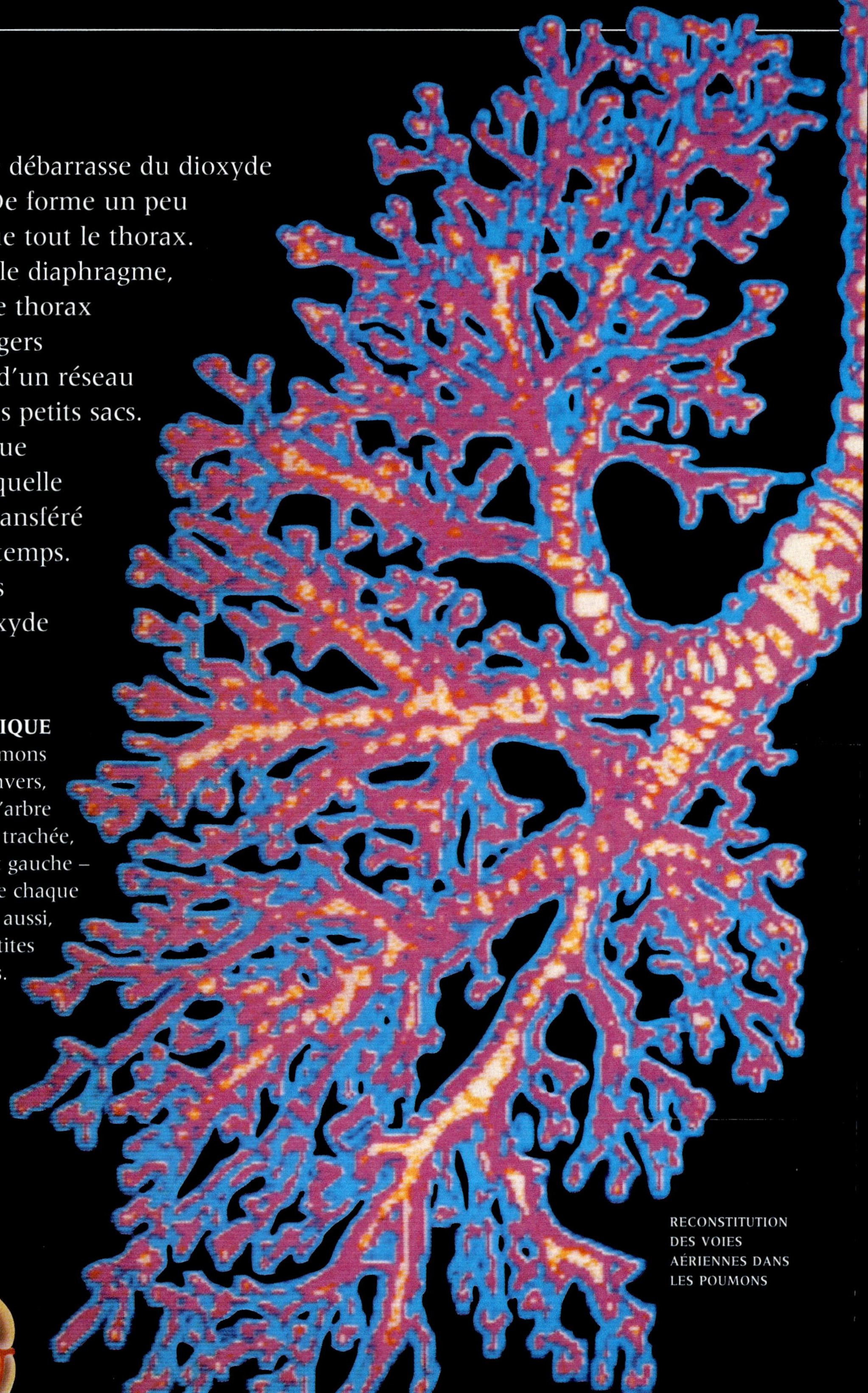

RECONSTITUTION DES VOIES AÉRIENNES DANS LES POUMONS

L'ARBRE BRONCHIQUE

Les voies aériennes des poumons ressemblant à un arbre à l'envers, on leur a donné le nom d'arbre bronchique. Le « tronc », la trachée, se sépare en 2 bronches – droite et gauche – par lesquelles l'air entre et sort de chaque poumon. Elles se divisent, elles aussi, en branches plus petites et en bronchioles.

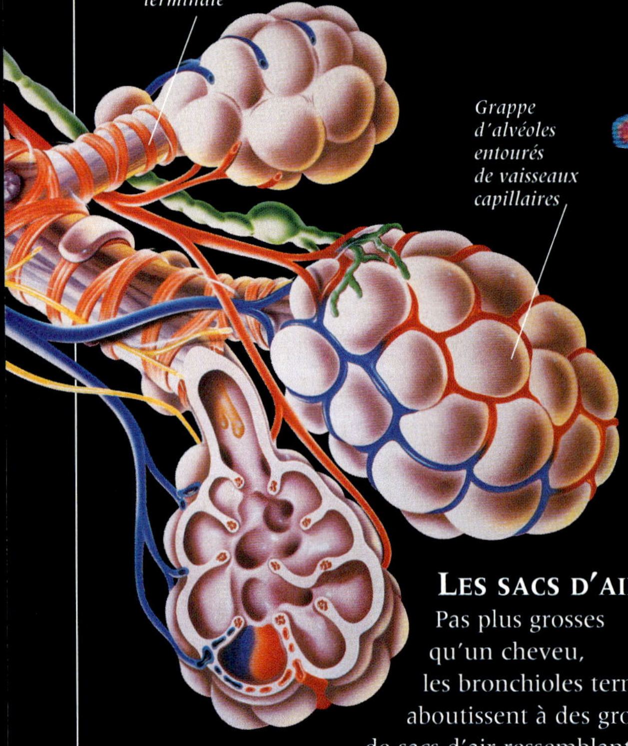

LES SACS D'AIR

Pas plus grosses qu'un cheveu, les bronchioles terminales aboutissent à des groupes de sacs d'air ressemblant à des grappes de raisins, les alvéoles. Ceux-ci sont parcourus de vaisseaux capillaires, lesquels acheminent dans les poumons le sang appauvri qui doit être rechargé en oxygène. Il y a environ 300 millions d'alvéoles dans les poumons.

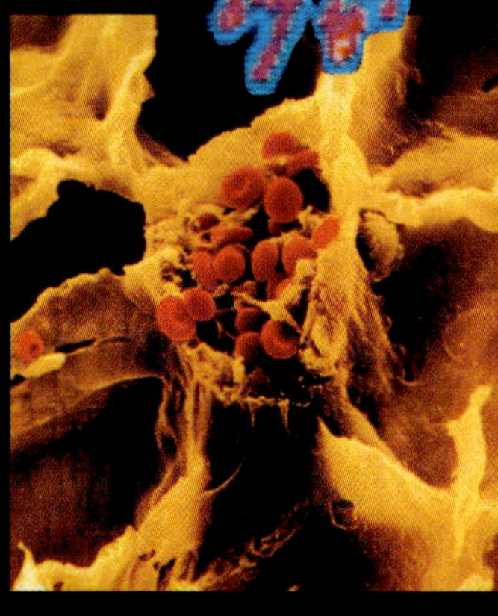

ÉCHANGE GAZEUX

Cette vue au microscope de l'intérieur d'un poumon montre les alvéoles entourant un vaisseau capillaire chargé de globules rouges. La membrane entre le sang du vaisseau et l'air de l'alvéole est si mince que l'oxygène la traverse très facilement pour être emporté par le sang. Le dioxyde de carbone est évacué dans la direction opposée, pour être expiré.

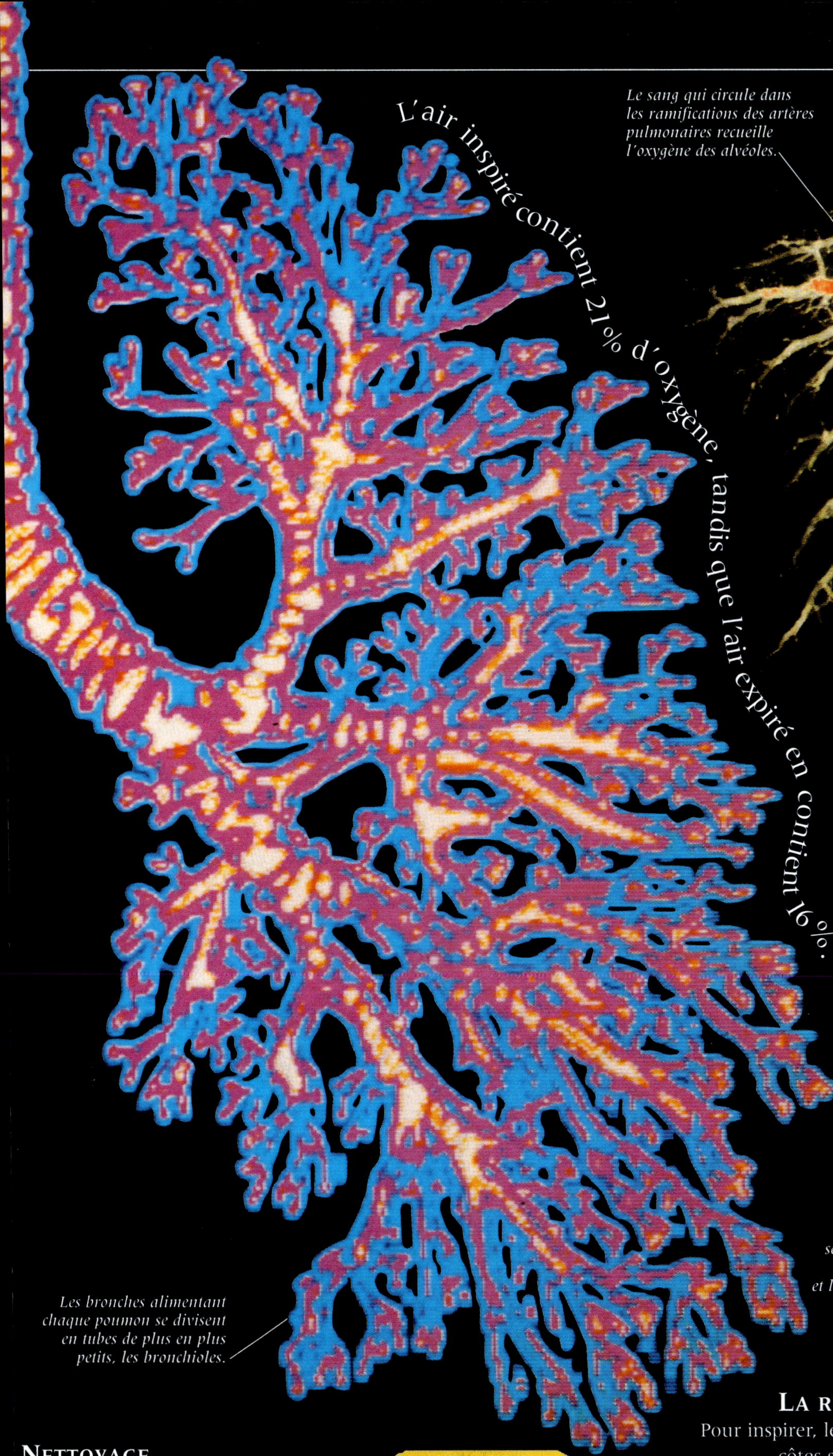

L'air inspiré contient 21 % d'oxygène, tandis que l'air expiré en contient 16 %.

Les bronches alimentant chaque poumon se divisent en tubes de plus en plus petits, les bronchioles.

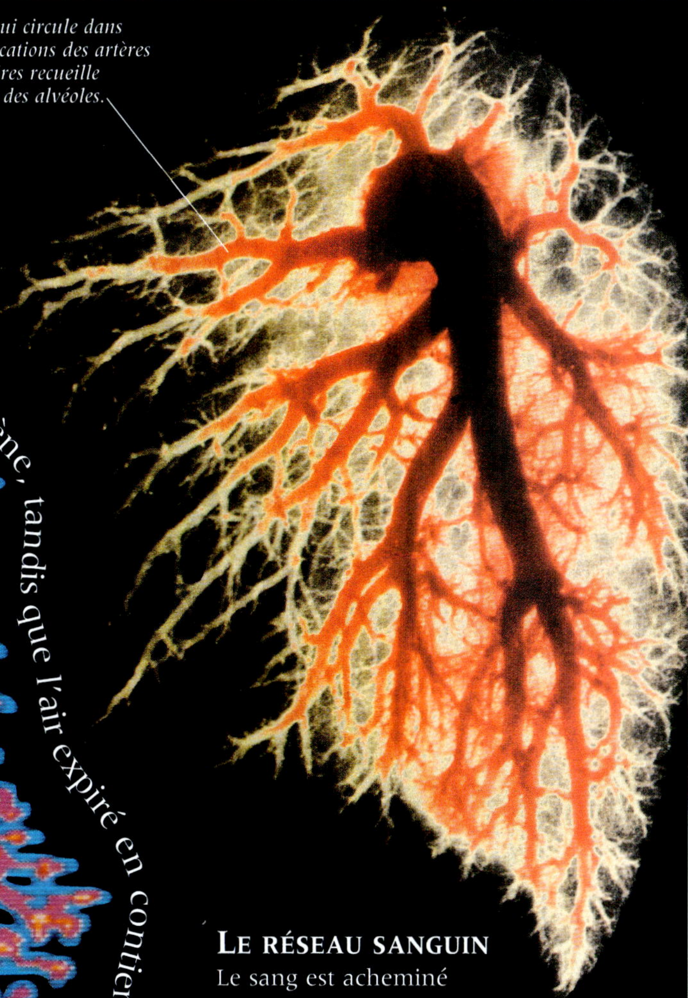

Le sang qui circule dans les ramifications des artères pulmonaires recueille l'oxygène des alvéoles.

Le réseau sanguin

Le sang est acheminé jusqu'aux poumons par les artères pulmonaires, les seules artères à transporter du sang appauvri en oxygène. Elles se divisent à l'intérieur des poumons pour former un réseau de vaisseaux capillaires autour des alvéoles. Le sang qui y circule se charge d'oxygène. Les capillaires fusionnent en veines pulmonaires – les seules veines à transporter du sang oxygéné – qui ramènent le sang au cœur.

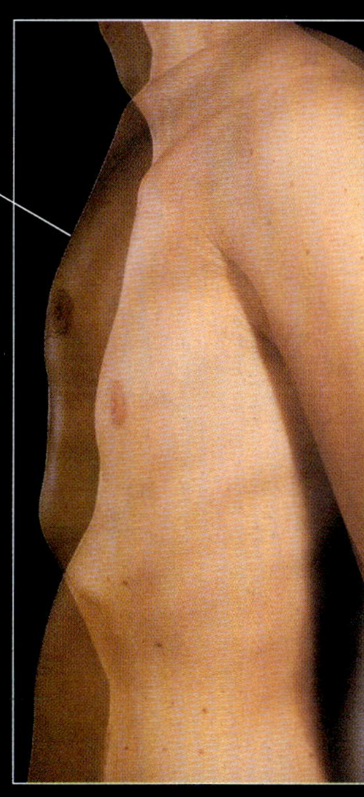

Les côtes se déplacent vers l'avant et le haut pendant l'inspiration.

La respiration

Pour inspirer, les muscles des côtes se contractent, les tirant en avant et vers le haut. En même temps, le diaphragme se contracte et s'aplatit. Ces mouvements augmentent l'espace contenu à l'intérieur du thorax et des poumons, et l'air est aspiré à l'intérieur. Pour expirer, c'est l'inverse : les muscles se relâchent, l'espace se réduit, l'air est expulsé des poumons.

Nettoyage

La toux dégage les bronches, la trachée ou le larynx des mucosités et autres éléments irritants. Après une profonde inspiration, les cordes vocales se ferment, et la pression d'air augmente dans les poumons. Avec l'ouverture soudaine des cordes vocales, un souffle d'air jaillit et dégage les voies.

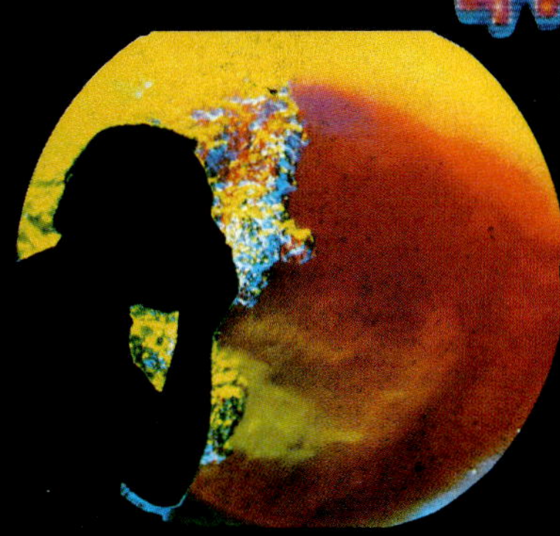

LA BOUCHE

La bouche est l'entrée de l'appareil digestif. Les dents, solidement ancrées dans les os des mâchoires, saisissent les aliments et les font entrer dans la bouche, avec l'aide des lèvres. Les glandes salivaires se mettent à sécréter la salive. Les puissants muscles des maxillaires remontent la mâchoire inférieure avec force pour que les dents réduisent les aliments trempés de salive en bouillie. Les muscles des joues se contractent pour faire rester les aliments entre les dents, pendant que la langue mélange le tout pour les goûter. Une fois bien mâché, le « bol alimentaire », rond et humide, est poussé par la langue vers la gorge, prêt à être avalé.

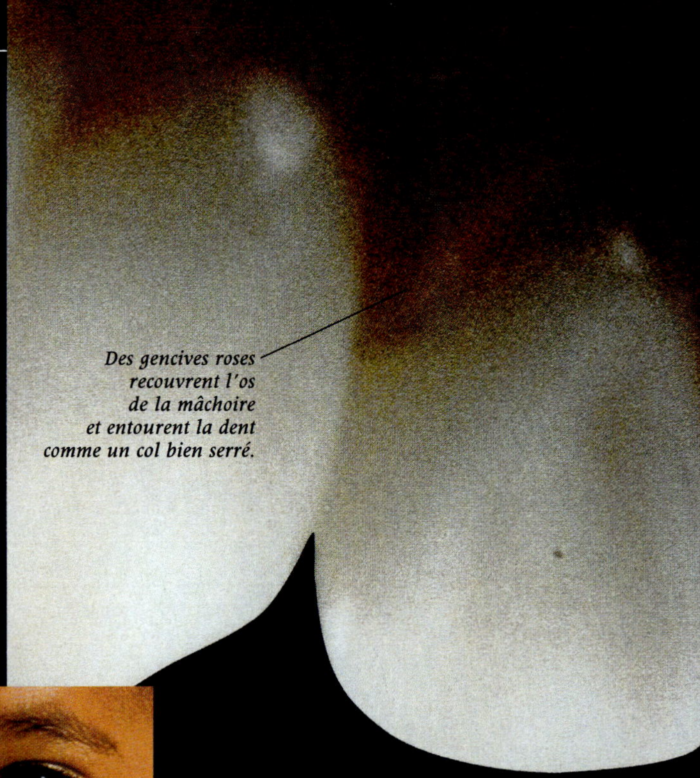

Des gencives roses recouvrent l'os de la mâchoire et entourent la dent comme un col bien serré.

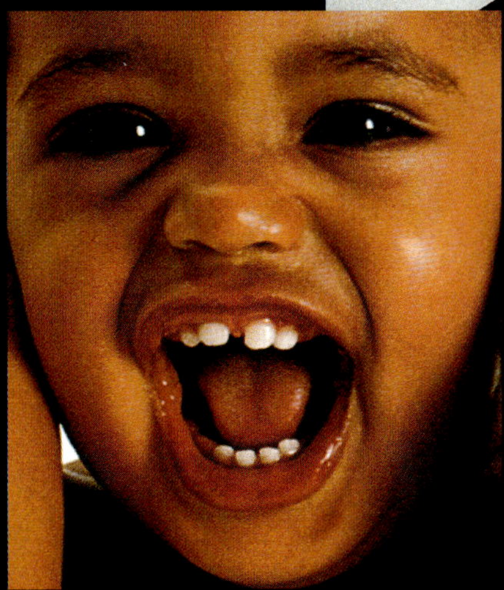

PREMIÈRE POUSSE

Cette petite fille a des dents de lait. Les premières sont apparues vers l'âge de 6 mois et les dernières vers l'âge de 2 ans. Elle en a 20 en tout. Quand elle aura entre 6 et 12 ans, elle perdra peu à peu ses dents de lait, qui seront remplacées par de nouvelles dents définitives.

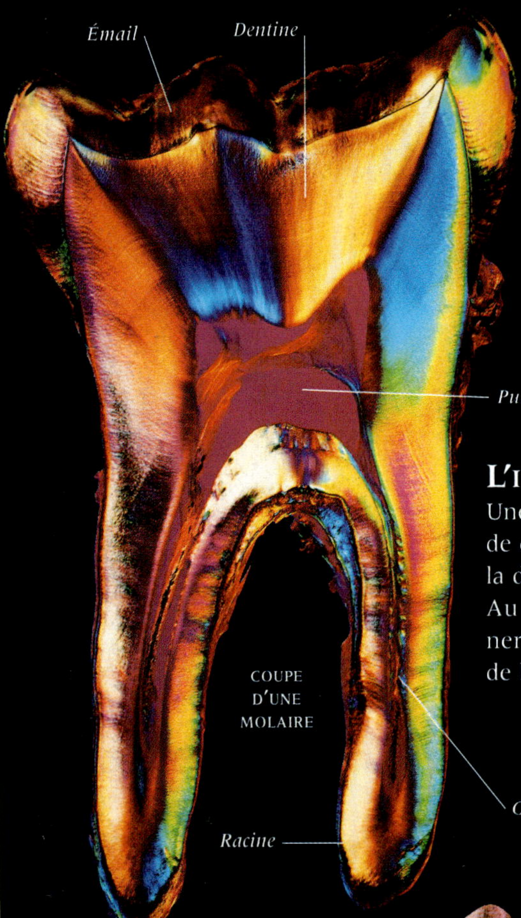

L'INTÉRIEUR D'UNE DENT

Une couche protectrice d'émail dur recouvre la couronne de cette molaire (à gauche). Sous l'émail, l'ivoire des dents, la dentine, descend jusque dans la racine et lui donne sa forme. Au centre, la pulpe renferme des vaisseaux sanguins et des fibres nerveuses qui pénètrent dans la dent par les étroits canaux de la racine pour la nourrir et la sensibiliser.

La forme de la couronne – la partie blanche dépassant de la gencive – de cette incisive la destine à couper les aliments.

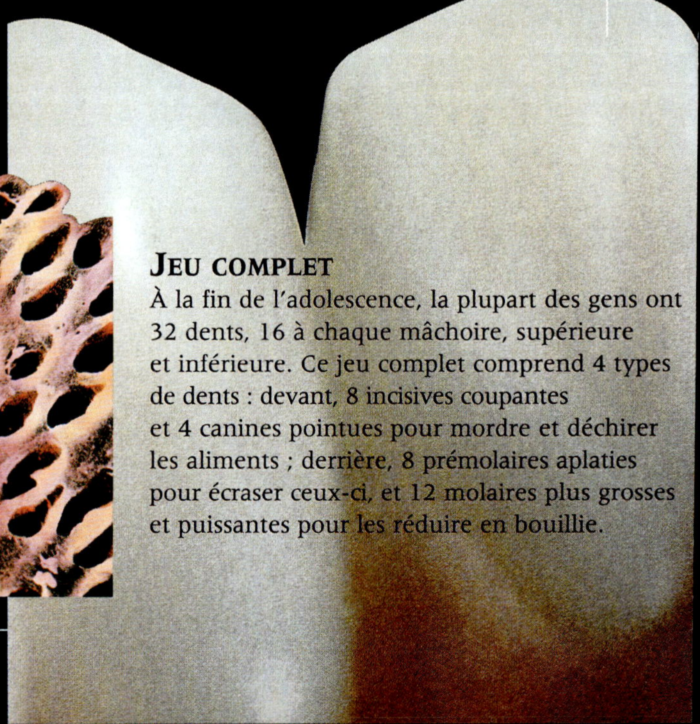

LA DENTINE

La dentine, qui constitue la masse de la dent, ressemble à de l'os, en beaucoup plus dure. Vue au microscope, elle révèle un réseau de petits canaux (à droite) conducteurs de fibres nerveuses qui la rendent très sensible aux différences de température et au toucher.

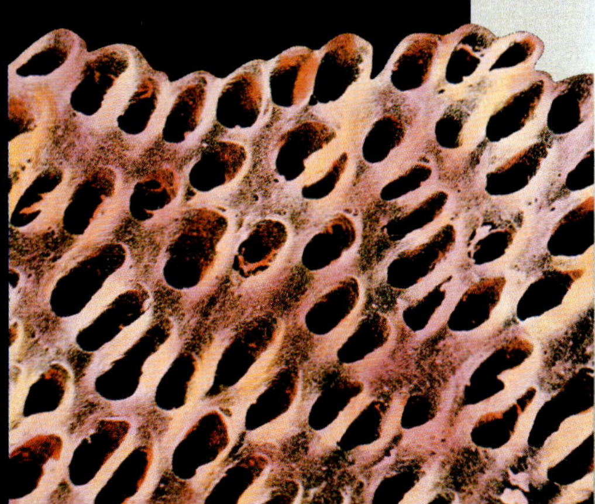

JEU COMPLET

À la fin de l'adolescence, la plupart des gens ont 32 dents, 16 à chaque mâchoire, supérieure et inférieure. Ce jeu complet comprend 4 types de dents : devant, 8 incisives coupantes et 4 canines pointues pour mordre et déchirer les aliments ; derrière, 8 prémolaires aplaties pour écraser ceux-ci, et 12 molaires plus grosses et puissantes pour les réduire en bouillie.

L'émail des dents est la matière la plus solide du corps.

L'émail des dents ne contient pas de cellules ; s'il est abîmé, on le remplace par un amalgame.

Dent cariée

Cette molaire (à gauche) a une carie. L'émail blanc a été rongé ; on aperçoit dessous la dentine. Les caries sont causées par la plaque, un mélange de bactéries et de restes d'aliments se formant sur les dents qui ne sont pas régulièrement brossées. Les bactéries se nourrissent de sucre, et sécrètent des acides qui rongent l'émail. La dent est alors sensible et fait mal.

À l'intérieur de cette glande salivaire, certaines cellules sécrètent du mucus, les autres de l'eau et des enzymes.

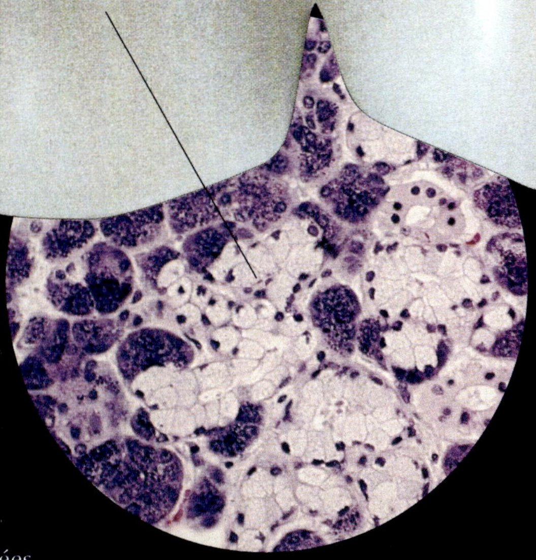

Usines à salive

Cette vue interne montre l'une des 6 glandes qui fabriquent et libèrent la salive dans la bouche. La salive humidifie les aliments, nettoie la bouche et dissout les substances pour en extraire le goût. Elle contient aussi des enzymes qui digèrent l'amidon, et un mucus visqueux qui colle les aliments et permet de les avaler.

La digestion

Essentielle à la vie, l'alimentation fournit au corps l'énergie et les éléments nécessaires pour grandir et se régénérer. Or, pour la plupart, les aliments sont des mélanges de grosses molécules complexes inutilisables telles quelles. Une fois avalés, les aliments doivent être digérés ou pulvérisés en petites molécules simples comme le glucose ou les acides aminés. La digestion est accomplie par la mastication, le broyage des aliments et l'intervention de substances chimiques accélérant le processus, les enzymes. Une fois digérés, les aliments sont absorbés par le sang. Tout ce qui n'est pas digéré est évacué du corps.

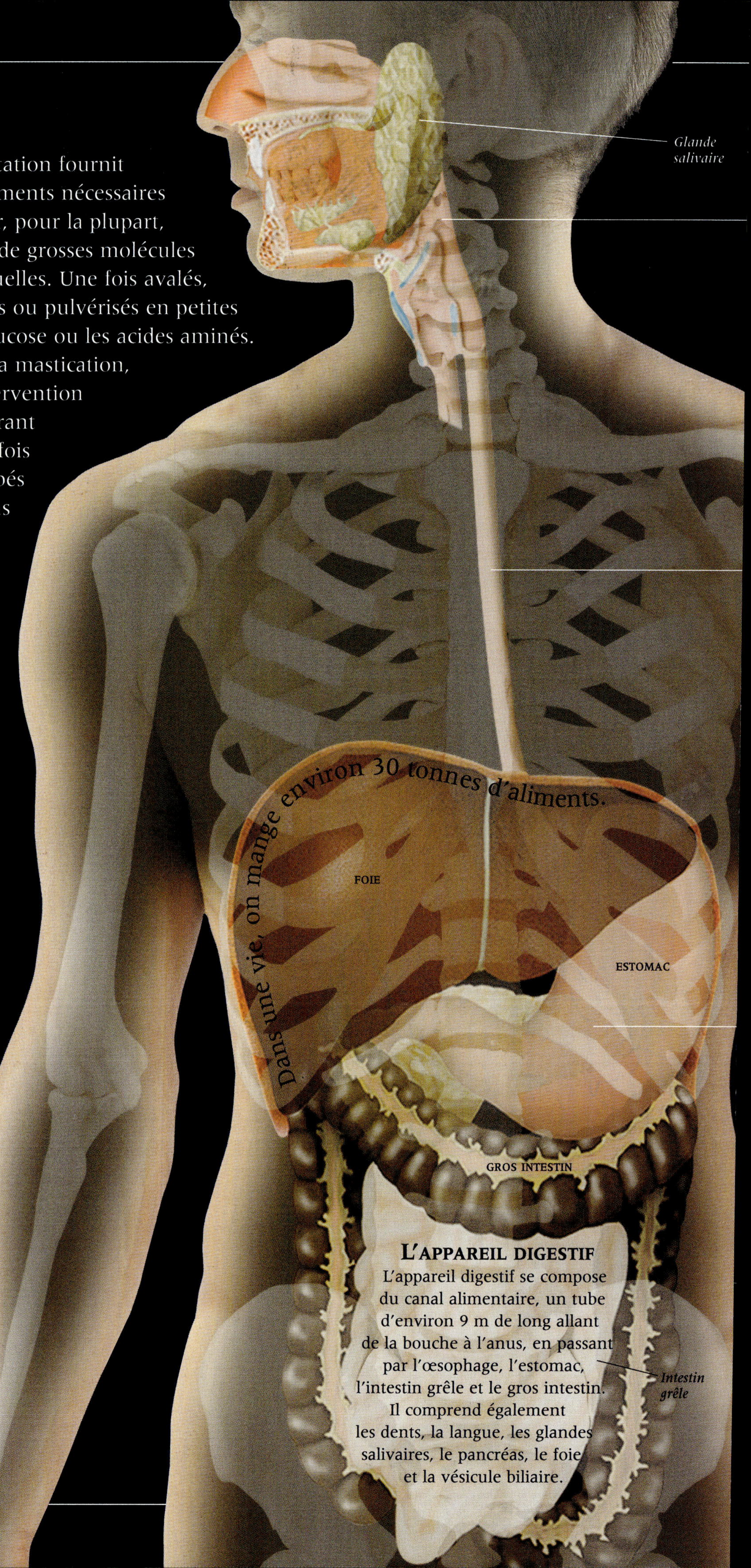

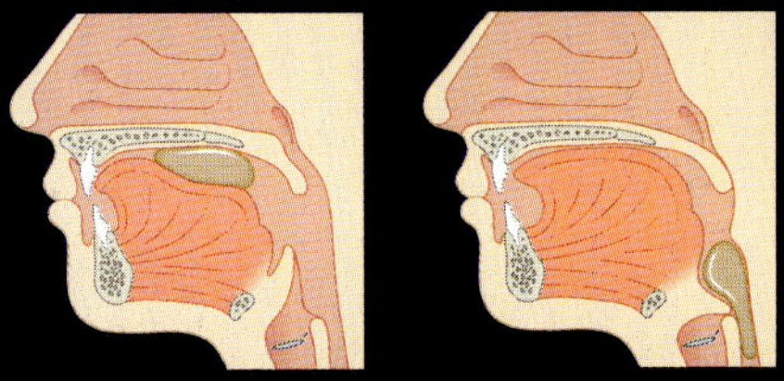

La déglutition

La déglutition (l'acte d'avaler) fait descendre le bol alimentaire dans l'estomac en 2 temps. La langue pousse d'abord la nourriture mâchée (brun) au fond de la gorge. Puis un réflexe se déclenche à son contact, et une série de contractions musculaires la font glisser dans l'œsophage.

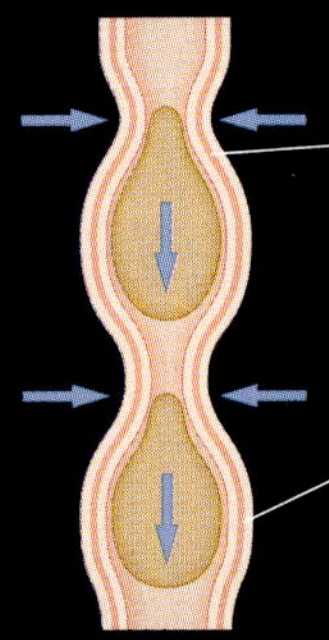

Une forte poussée

Le bol alimentaire avance dans l'œsophage et les autres parties du canal alimentaire grâce aux muscles de ces organes qui se contractent derrière chaque bouchée pour la pousser vers l'estomac. Ce phénomène s'appelle le péristaltisme.

L'appareil digestif

L'appareil digestif se compose du canal alimentaire, un tube d'environ 9 m de long allant de la bouche à l'anus, en passant par l'œsophage, l'estomac, l'intestin grêle et le gros intestin. Il comprend également les dents, la langue, les glandes salivaires, le pancréas, le foie et la vésicule biliaire.

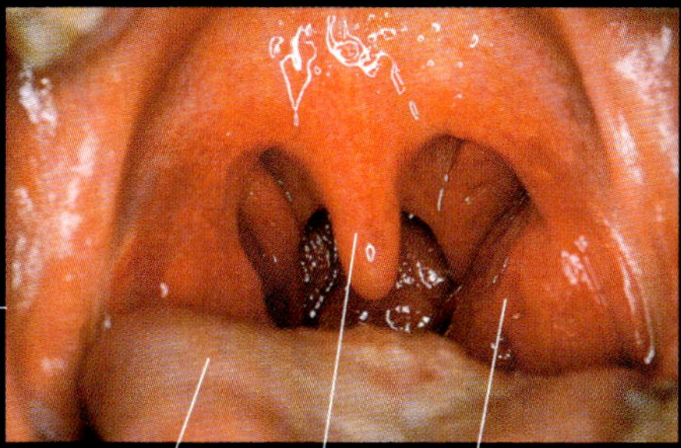

Au fond de la gorge

Cette photo montre ce que verrait le bol alimentaire juste avant d'être avalé. Elle montre aussi le muscle de la langue qui pousse les aliments mâchés vers la gorge (le pharynx) au fond de la bouche. La languette suspendue au milieu est la luette, partie molle du palais, qui se soulève au moment de la déglutition afin d'empêcher les aliments de remonter dans le nez. On voit aussi, de part et d'autre de la luette, les amygdales, qui font partie du système lymphatique et participent à la destruction des microbes.

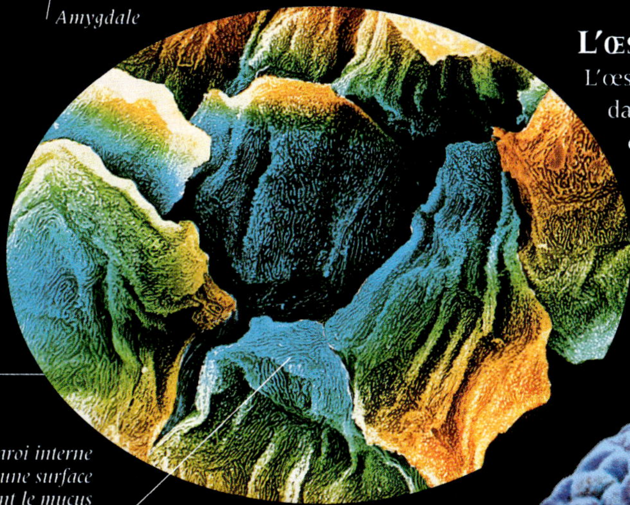

Les cellules de la paroi interne de l'œsophage ont une surface plissée qui retient le mucus et permet au bol alimentaire de glisser en douceur.

L'œsophage

L'œsophage, appelé aussi gosier, ne joue aucun rôle dans la digestion. Ce tube de 25 cm de long est cependant indispensable pour acheminer la nourriture de la bouche à l'estomac. Poussé le long de l'œsophage par une série de contractions et lubrifié par un mucus gluant, le bol alimentaire descend. Le voyage de la bouche à l'estomac dure une dizaine de secondes.

Les sécrétions gastriques

Dès que le bol alimentaire arrive dans l'estomac, il est mélangé et broyé par les contractions musculaires de la paroi de l'estomac, et imprégné du suc gastrique s'échappant des orifices gastriques (à droite). Au fond de ceux-ci, les glandes gastriques produisent un suc contenant de l'acide chlorhydrique et un enzyme, la pepsine. Les cellules (bleu) de la paroi interne de l'estomac sécrètent du mucus pour éviter que le suc ne la digère elle aussi.

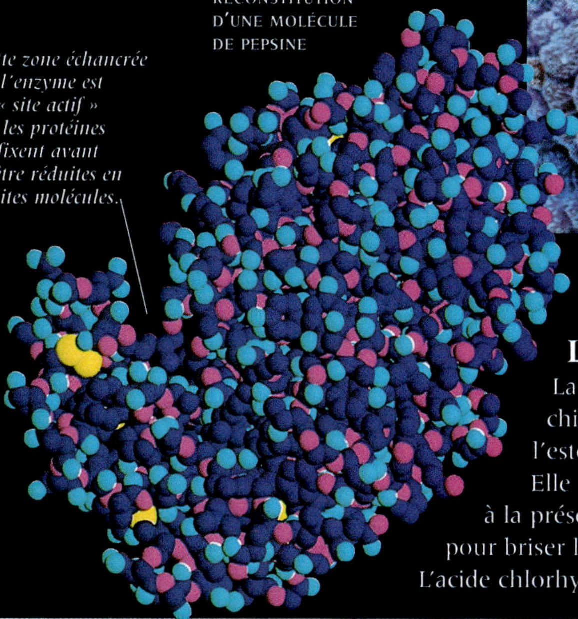

RECONSTITUTION D'UNE MOLÉCULE DE PEPSINE

Cette zone échancrée de l'enzyme est le « site actif » où les protéines se fixent avant d'être réduites en petites molécules.

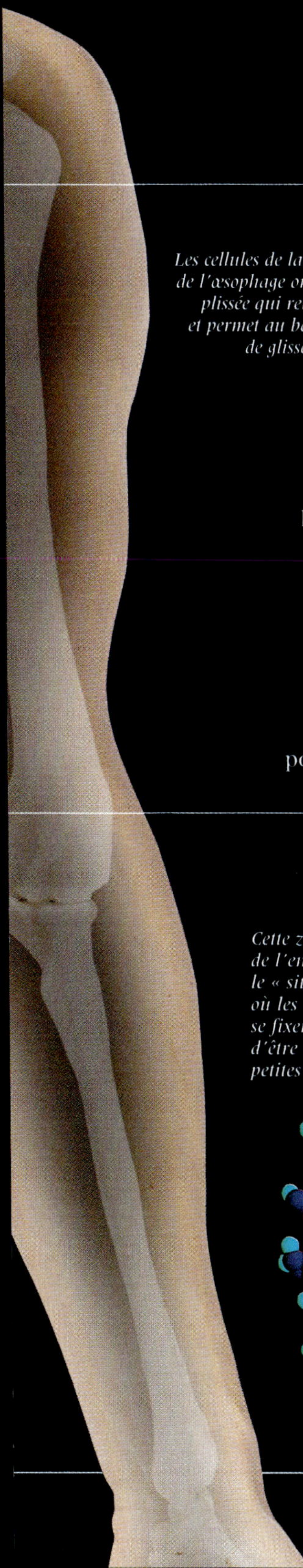

La chimie de la digestion

La pepsine (à gauche) est un enzyme (une substance chimique) contenu dans le suc gastrique que sécrète l'estomac au moment de l'arrivée du bol alimentaire. Elle travaille vite, dans un environnement très acide dû à la présence d'acide chlorhydrique dans le suc gastrique, pour briser les protéines en molécules encore plus petites, les peptides. L'acide chlorhydrique du suc gastrique détruit les bactéries.

LES INTESTINS

En quittant l'estomac, les aliments traversent les 3 parties de l'intestin grêle, puis passent dans le gros intestin. La première partie très courte, le duodénum, reçoit les aliments réduits en bouillie par l'estomac, la bile du foie et les sucs digestifs du pancréas. C'est là et dans la partie suivante, le jéjunum, que les aliments sont digérés par les enzymes. Enfin, dans la partie la plus longue, l'iléon, ils passent dans le sang *via* les parois de l'iléon. Tout ce qui n'est pas digéré va dans la partie la plus longue du gros intestin, le côlon, où l'eau est absorbée par les parois intestinales avant de passer dans le sang. Les déchets secs, les cellules mortes et les bactéries forment les matières fécales stockées dans le rectum jusqu'à leur évacuation, au moment de la défécation.

L'intestin grêle

La radio ci-dessus montre les replis d'un intestin grêle sain (vert) remplissant un grand espace à l'intérieur de l'abdomen, et s'étendant de l'estomac (bleu, en haut à droite) au gros intestin (en bas à gauche). L'intestin grêle doit son nom à sa taille : il ne mesure que 2,5 cm de large, alors que le gros intestin en mesure 6,5.

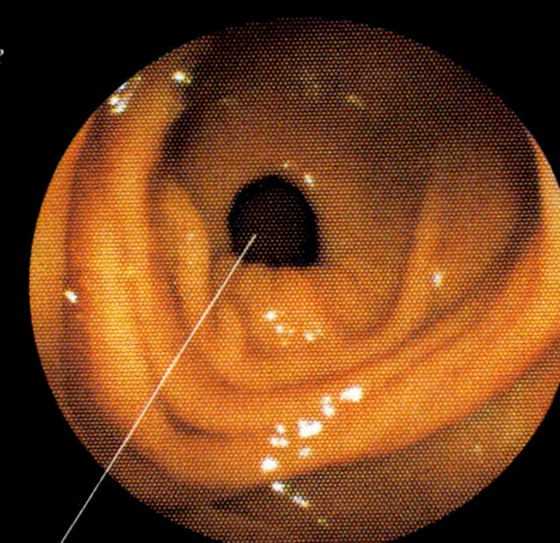

Contrôle des flux

Des muscles en anneaux, les sphincters, contrôlent le flux des aliments qui traversent l'appareil digestif. Une fois qu'ils ont été transformés en bouillie par les muscles de l'estomac, le sphincter pylorique, à la sortie de l'estomac, s'ouvre et les éjecte dans le duodénum.

Des poils absorbants

Une forêt de poils minuscules, les villosités, tapissent l'intérieur de l'intestin grêle et lui donnent une texture veloutée. Les enzymes dont les poils sont pourvus achèvent la décomposition des aliments en simples matières nutritives. Rapidement absorbées par les poils, ces dernières sont emportées par le sang qui y circule.

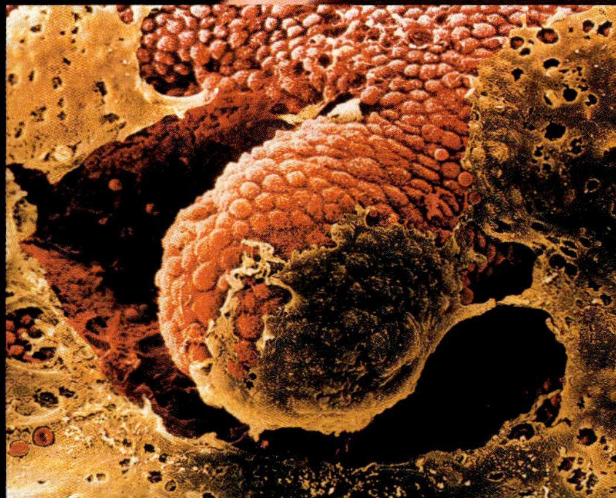

L'INTÉRIEUR DU CÔLON

Un repli (rouge) de la paroi interne du côlon, la section la plus longue du gros intestin, est partiellement couvert de déchets (brun). Ici, les aliments ne sont pas digérés : la paroi absorbe l'eau et la passe dans le sang, laissant des matières fécales semi-solides. Des glandes de la paroi du côlon sécrètent un mucus facilitant le glissement des matières fécales dans le côlon quand ses muscles se contractent.

LUNDI 17 H
En atteignant l'iléon, la section la plus longue de l'intestin grêle, les aliments commencent à être absorbés par la paroi avant de passer dans le sang.

L'intestin grêle mesure 6,5 m de long et s'enroule plusieurs fois à l'intérieur de l'abdomen.

LUNDI 19 H 30
Les aliments non digérés, ressemblant à une pâte liquide, atteignent le bout de l'intestin grêle.

Sphincter iléocæcal (départ du gros intestin)

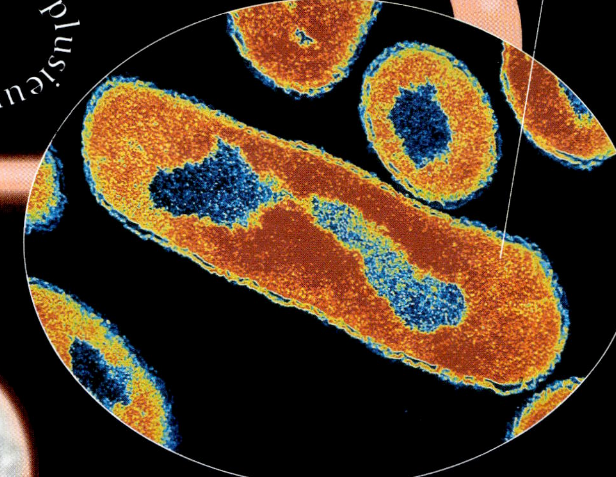

Bactérie en forme de bâtonnet

COLONIE DE BACTÉRIES

Le gros intestin abrite une colonie de milliards de bactéries qui se nourrissent des déchets non digérés et libèrent des gaz – parfois odorants – relâchés par l'anus. Les bactéries produisent les substances chimiques donnant aux matières fécales leur odeur caractéristique et leur couleur brune. La plupart des bactéries du gros intestin sont inoffensives, mais certaines, comme la bactérie *Escherichia coli* (ci-dessus) parfois « rebelle », peuvent provoquer des troubles tels que la diarrhée.

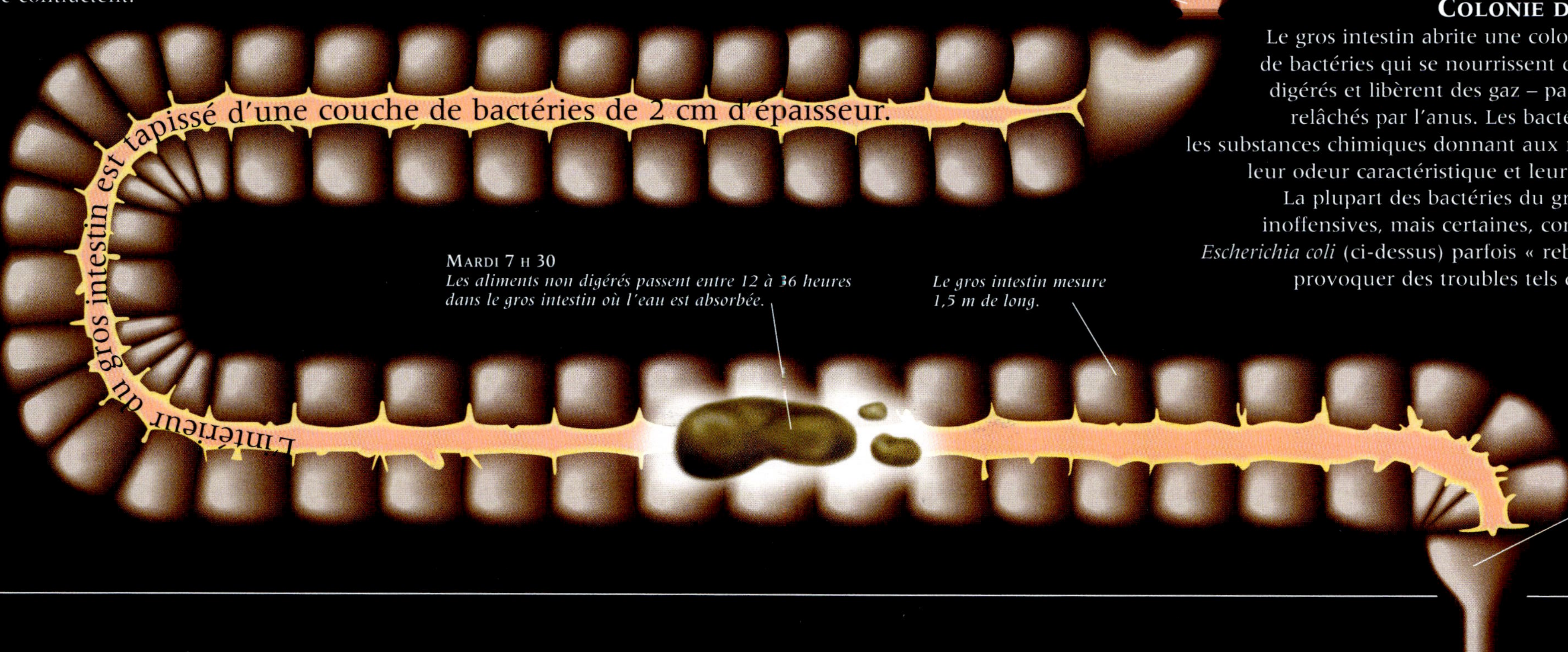

L'intérieur du gros intestin est tapissé d'une couche de bactéries de 2 cm d'épaisseur.

MARDI 7 H 30
Les aliments non digérés passent entre 12 à 36 heures dans le gros intestin où l'eau est absorbée.

Le gros intestin mesure 1,5 m de long.

Les matières fécales atteignent le bout du gros intestin, le rectum, de 17 à 46 heures après l'absorption des aliments.

LE FOIE

PLUS GROS VISCÈRE et plus grosse usine interne du corps, le foie occupe presque toute la partie supérieure droite de l'abdomen. Il accomplit plus de 500 fonctions dont beaucoup sont liées à la digestion. Ses millions de cellules traitent sans arrêt le sang en provenance directe de l'intestin grêle afin de lui assurer une composition chimique toujours correcte. Les substances alimentaires dont le sang est chargé quand il arrive dans le foie sont ajustées avant qu'il ne reparte circuler dans le corps. Le foie stocke ou libère selon les besoins le glucose et les graisses ; il traite les acides aminés (qui fabriquent les protéines), stocke les vitamines et le fer, et produit un liquide, la bile, permettant de digérer les graisses. Ses autres fonctions incluent la décomposition des poisons, ainsi que la destruction des hormones une fois qu'elles ont accompli leur travail.

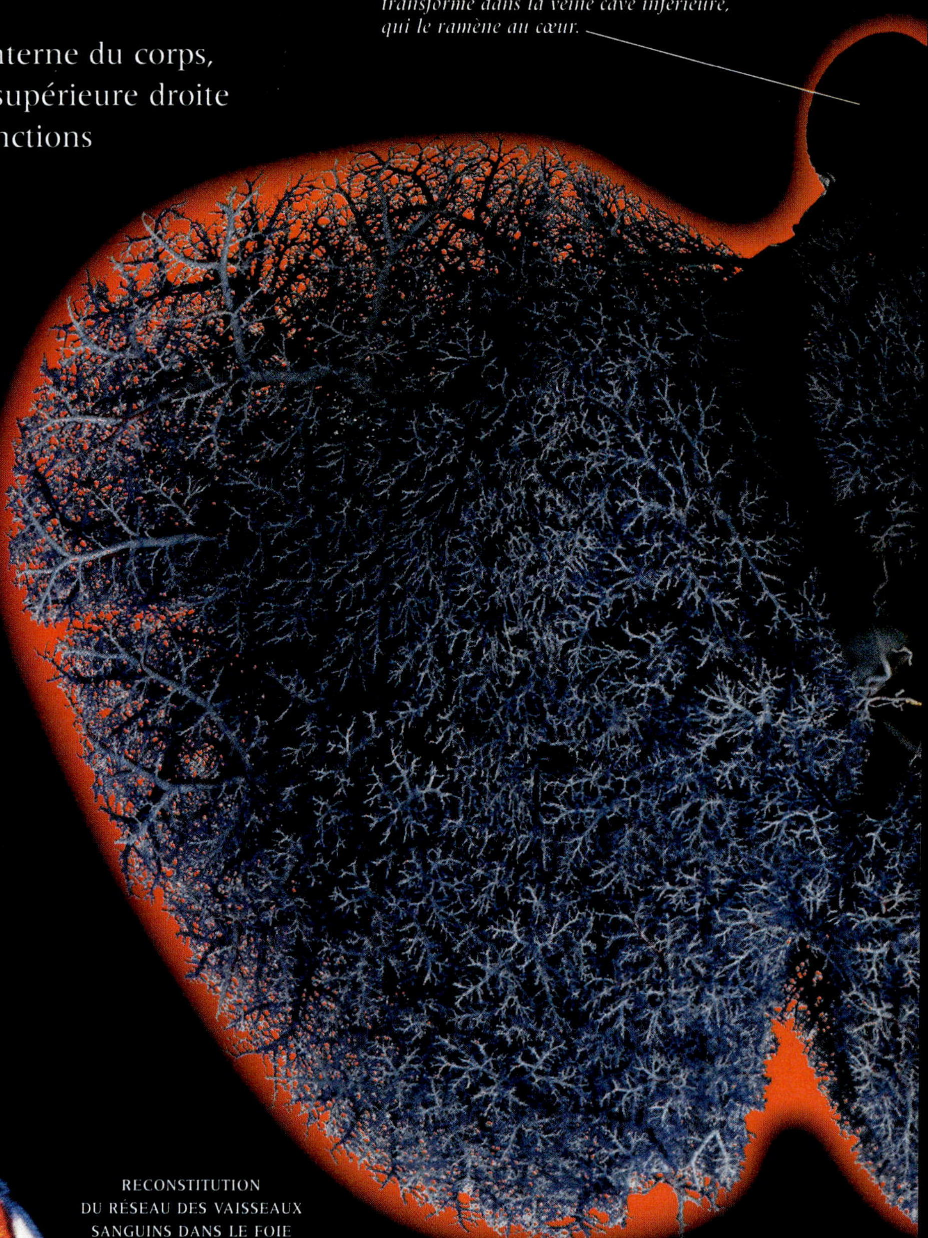

RECONSTITUTION DU RÉSEAU DES VAISSEAUX SANGUINS DANS LE FOIE

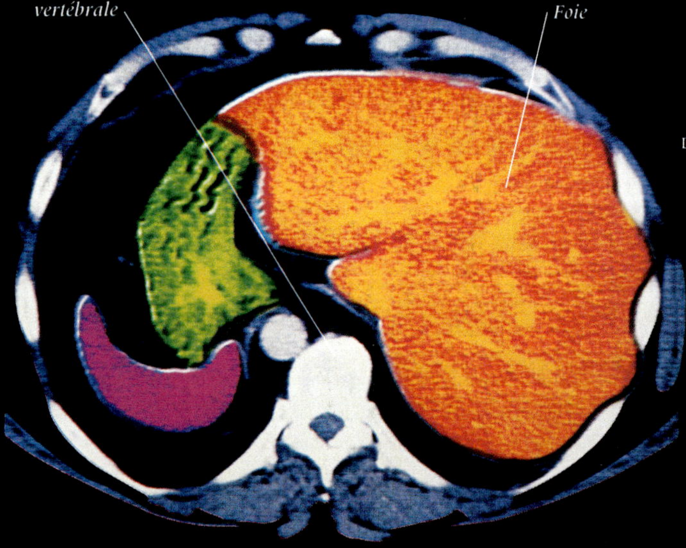

LES VAISSEAUX DU FOIE

Cette image révèle le réseau extrêmement dense des vaisseaux sanguins irriguant les cellules du foie. La veine porte (bleu pâle) apporte de l'intestin grêle le sang chargé de nourriture, tandis que l'artère hépatique (rouge) apporte du cœur le sang oxygéné. Ces 2 sangs se mélangent dans des canaux appelés les sinusoïdes. En partant du foie, le sang se jette dans la veine cave inférieure, cette grosse veine qui renvoie au cœur le sang de la partie inférieure du corps.

UNE TRANCHE DE FOIE

« Découpée » ici au scanner, la partie supérieure de l'abdomen révèle la place importante occupée par le foie. À côté, on voit l'estomac (vert) et la rate (rose). Cette dernière fait partie du système lymphatique, qui contient les globules blancs combattant les maladies et filtre les globules usés.

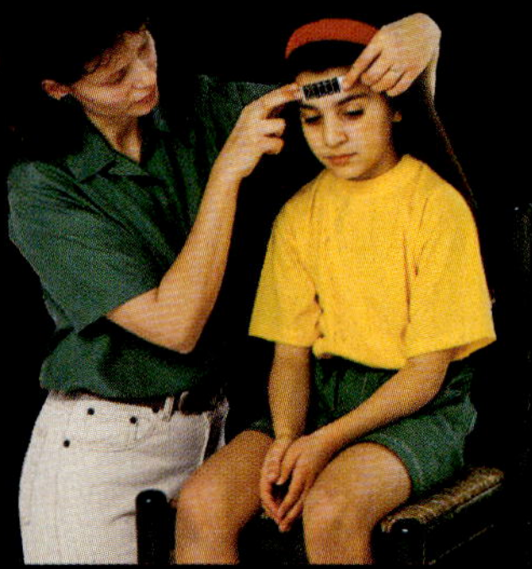

LE CHAUFFAGE DU SANG

Les milliers de réactions chimiques ayant lieu à l'intérieur du foie produisent de la chaleur. Ainsi, le sang se réchauffe dans le foie et permet ensuite au corps de maintenir une température constante de 37 °C, que l'on peut mesurer à l'aide d'un thermomètre frontal comme celui-ci. Trop haute ou trop basse, la température est un signe de maladie.

La vésicule biliaire, située sous le foie, stocke la bile produite par les cellules du foie.

Globules rouges circulant dans les sinusoïdes

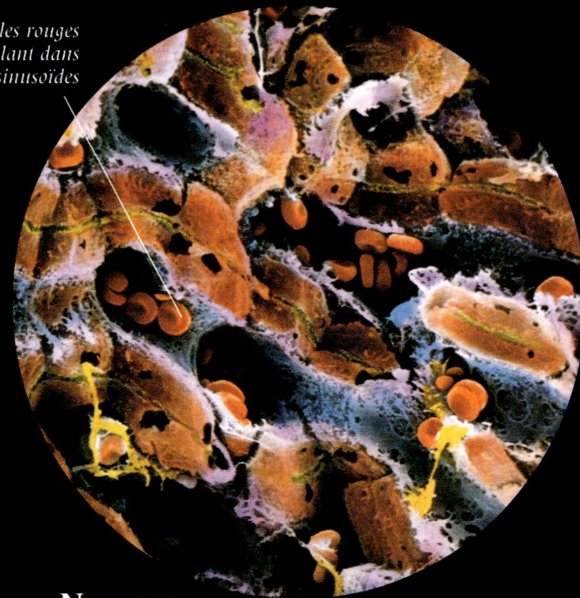

Nettoyage

À l'intérieur du foie, des millions de cellules appelées hépatocytes (brun) sont disposées régulièrement autour de canaux sanguins, les sinusoïdes (bleu). Ceux-ci transportent le sang chargé de nourriture venant de l'intestin grêle et le sang oxygéné venant du cœur. Quand ce sang passe dans les sinusoïdes, les hépatocytes absorbent et relâchent des substances ; ils libèrent aussi de la bile dans de minuscules canaux biliaires (vert). D'autres cellules évacuent les débris, les cellules usées, les microbes. Après son passage dans le foie, le sang est tout propre.

Un sac de bile

Placée derrière le foie, la vésicule biliaire est un sac musculaire qui stocke la bile, ce liquide verdâtre fabriqué par le foie. C'est un mélange de sels – utilisés dans la digestion – et de résidus. Un canal relié au duodénum l'amène à la vésicule biliaire. Pendant la digestion, la vésicule lâche de la bile dans le duodénum. Les sels transforment les graisses en gouttelettes que les enzymes peuvent alors assimiler facilement et rapidement.

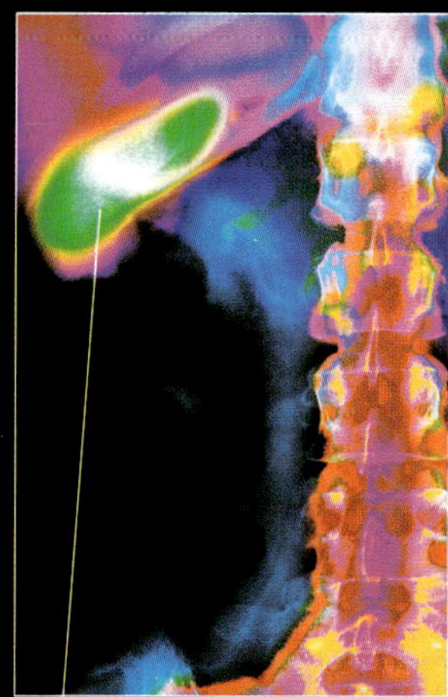

Vue aux rayons X de la vésicule biliaire, à côté de la colonne vertébrale

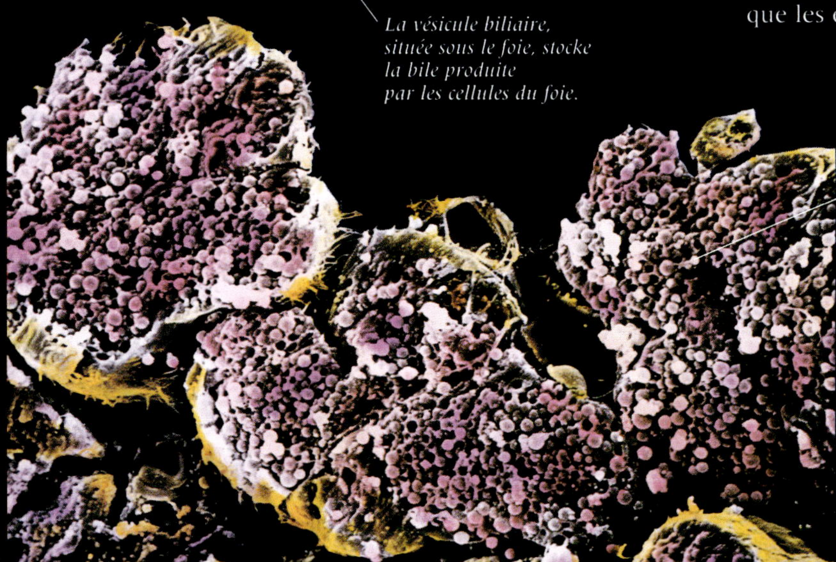

Ces cellules du pancréas contiennent des gouttelettes d'enzymes.

Le pancréas

Le pancréas a 2 fonctions distinctes : 99 % de ses cellules fabriquent des enzymes, le 1 % restant des hormones. Relâchés dans le canal pancréatique qui débouche dans le duodénum, les enzymes participent à la digestion des aliments. Cette image (à gauche) montre les cellules du pancréas contenant des gouttelettes d'enzymes. Les hormones du pancréas, l'insuline et le glucagon, permettent de contrôler le niveau du glucose.

L'APPAREIL URINAIRE

Au cours de son circuit autour du corps, le sang est contrôlé et nettoyé par les 2 reins. D'abord, les reins extraient l'excédent d'eau du sang afin que son volume ne change pas. Le pourcentage d'eau dans le sang est donc constant : environ 52 % chez une femme jeune, et 60 % chez un homme jeune. Ensuite, les reins filtrent les déchets dont le sang s'est chargé en faisant le tour du corps, en particulier l'urée, qui serait toxique si elle s'y accumulait. Le mélange qui en résulte – 95 % d'eau et 5 % de déchets dissous – s'appelle l'urine. Celle-ci est évacuée du corps par les uretères, la vessie et l'urètre qui, avec les 2 reins, constituent l'appareil urinaire. On comprend l'importance des reins quand on sait que la totalité du sang du corps les traverse toutes les 4 minutes.

RADIOGRAPHIE DE L'ABDOMEN MONTRANT L'APPAREIL URINAIRE

Greffe de rein

Parfois, à cause d'une blessure ou d'une maladie, les reins n'arrivent plus à remplir leur tâche correctement, et les déchets toxiques s'accumulent dans le sang. Dans ce cas, les chirurgiens peuvent prélever un rein en bon état – sur un donneur vivant, ou qui vient juste de mourir – et le rattacher au réseau sanguin du malade. Cette opération s'appelle une greffe de rein. On peut très bien vivre avec un seul rein.

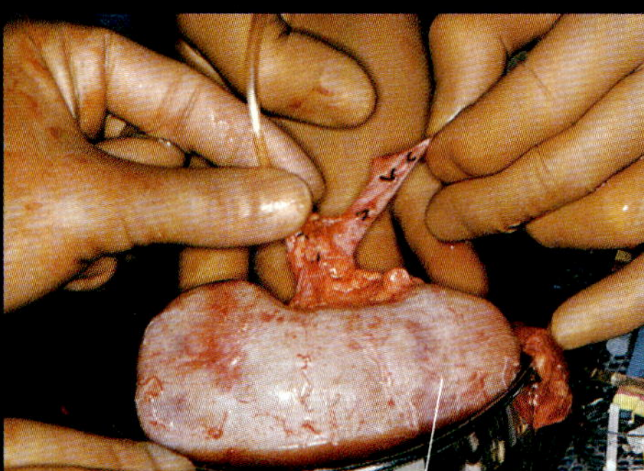

Préparation d'un rein sain pour une greffe

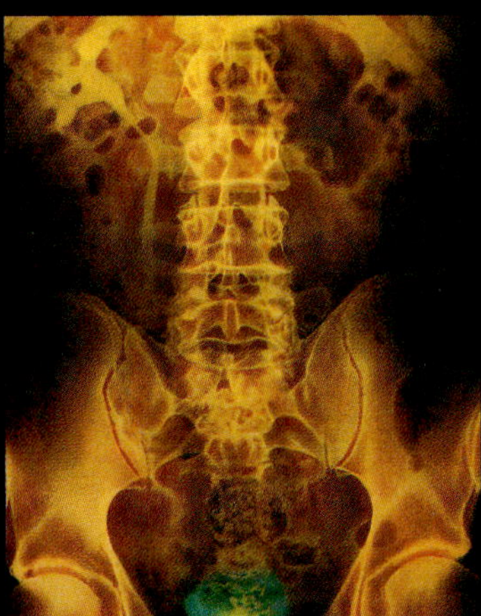

VESSIE VIDE

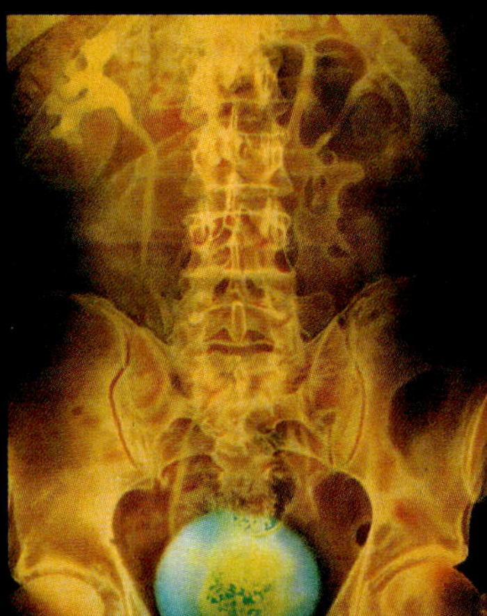

VESSIE PLEINE

Évacuation des déchets

Comme on le voit sur ces radiographies, la vessie se dilate beaucoup pour stocker l'urine. Quand elle se remplit, des capteurs situés sur sa paroi envoient des signaux au cerveau. Celui-ci déclenche l'envie d'uriner. La sortie de la vessie est fermée par un muscle en anneau, ou sphincter. Quand on va aux toilettes, on relâche ce muscle, et l'urine comprimée par les muscles de la paroi de la vessie peut alors s'écouler le long de l'urètre.

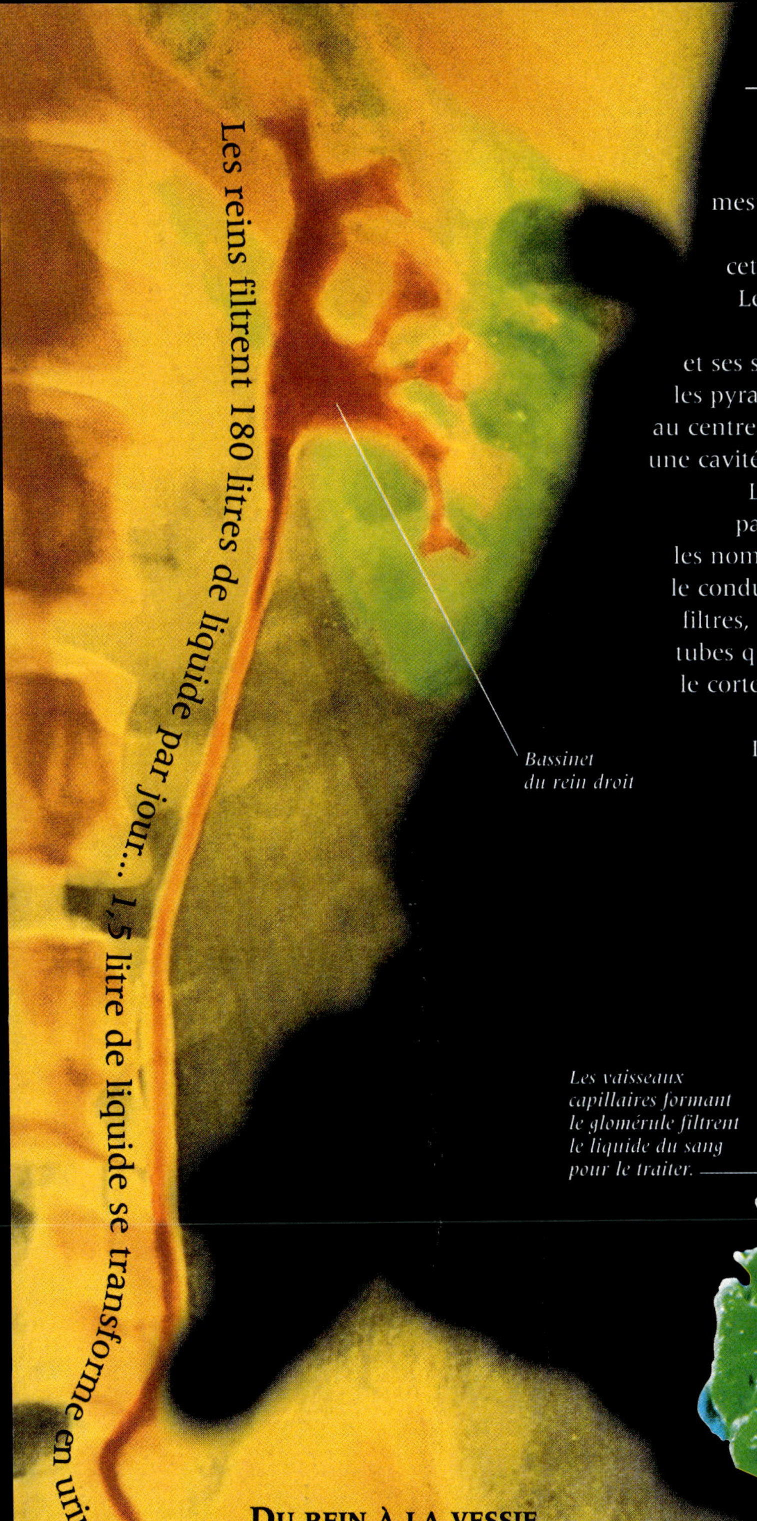

Les reins filtrent 180 litres de liquide par jour... 1,5 litre de liquide se transforme en urine, le reste retourne dans le sang.

L'intérieur du rein

En forme de haricot, chaque rein mesure 12 cm de long et se compose de 3 parties que l'on voit sur cette image au scanner (à droite). Le cortex extérieur (bleu/jaune) entoure la partie médullaire et ses sections coniques appelées les pyramides (orange/jaune), au centre de laquelle se trouve une cavité, le bassinet (rouge). Le sang arrive au rein par l'artère rénale dont les nombreuses ramifications le conduisent vers un million de petits filtres, les néphrons. Ce sont de longs tubes qui font l'aller et le retour entre le cortex et la partie médullaire avant de se vider dans le bassinet. Ils transforment le liquide filtré du sang en urine.

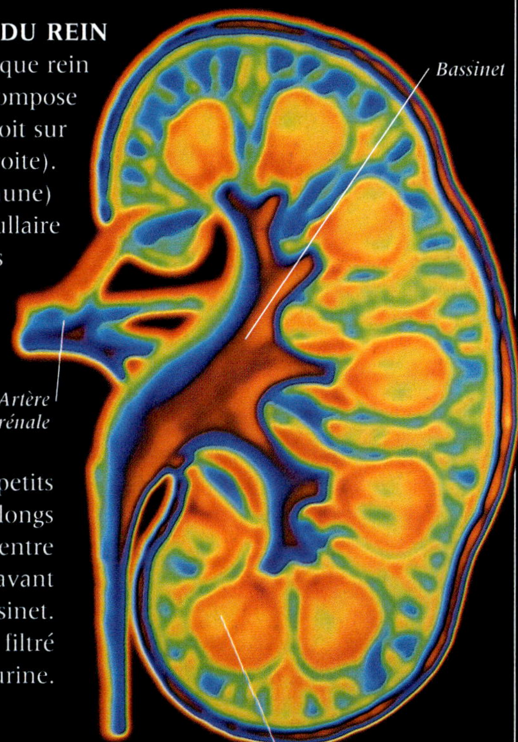

COUPE DU REIN

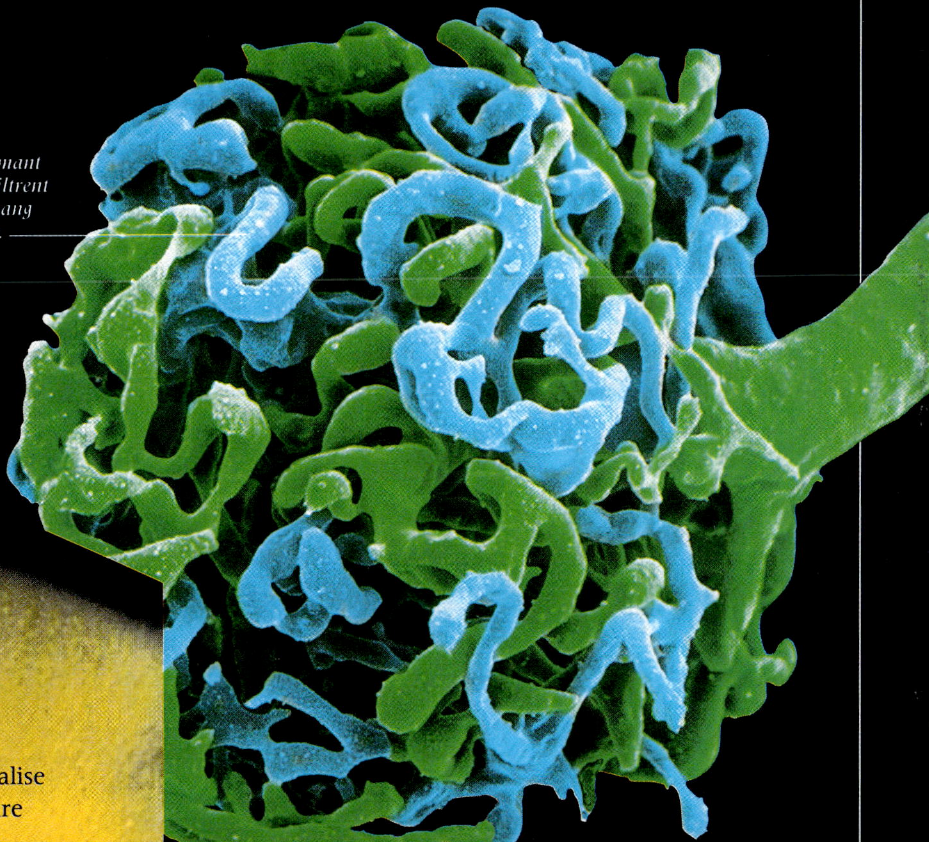

GLOMÉRULE DU REIN

Du rein à la vessie

Après sa formation dans la partie externe de chaque rein, l'urine s'écoule à l'intérieur dans sa partie creuse, le bassinet. De là, un tube étroit d'une trentaine de centimètres de long, l'uretère, la canalise vers le bas de l'abdomen pour la conduire à l'arrière de la vessie. Une série de contractions musculaires resserrent la paroi de l'uretère en un mouvement descendant pour envoyer sans arrêt des gouttes d'urine dans la vessie. Périodiquement, l'urine est évacuée de la vessie vers l'extérieur du corps par l'urètre.

Filtrage

Chaque filtre du rein, ou néphron, possède un amas serré de vaisseaux capillaires, le glomérule (ci-dessus), et un tube très fin, le tubule rénal. La forte pression du sang force le liquide à sortir de l'amas, à traverser les parois des vaisseaux et à s'infiltrer dans le tube. C'est là que le liquide se sépare des substances utiles qui retournent dans le sang, comme le glucose, et d'une partie de l'eau. Le reste forme l'urine.

La reproduction

Comme tous les autres organismes vivants, les êtres humains ont besoin de se reproduire pour assurer la continuité de leur espèce. Les bébés sont le résultat de la reproduction sexuelle, c'est-à-dire la réunion de cellules sexuelles fabriquées par l'appareil génital. C'est le seul système du corps qui diffère entre l'homme et la femme. L'appareil génital féminin est principalement formé par les ovaires, l'utérus et le vagin. À la naissance, les ovaires des filles contiennent déjà une réserve de cellules sexuelles, les ovules, suffisante pour toute la vie. Les 2 testicules de l'appareil génital masculin fabriquent les cellules sexuelles, les spermatozoïdes, libérées par le pénis. Un spermatozoïde est 50 fois plus petit qu'un ovule. Ces 2 systèmes de reproduction ne fonctionnent qu'à partir de la puberté, au début de l'adolescence. Les ovaires libèrent régulièrement un ovule par mois pendant un certain temps. Les testicules produisent toute la vie des millions de spermatozoïdes par jour.

La maturation des ovules
Les ovaires contiennent des ovules enfermés chacun dans un petit « sac », appelé follicule (ci-dessus). Chaque mois, quelques-uns grossissent. À l'intérieur, l'ovule (rose) mûrit tandis que les cellules folliculaires qui l'entourent (bleu) le protègent et le nourrissent. Finalement, un follicule grossit plus que les autres, s'ouvre et libère son ovule mûr.

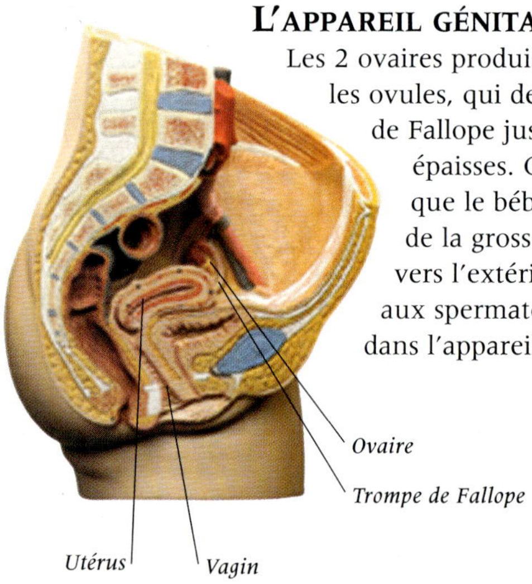

L'appareil génital féminin
Les 2 ovaires produisent et libèrent des œufs, les ovules, qui descendent par les trompes de Fallope jusqu'à l'utérus aux parois épaisses. C'est à l'intérieur de l'utérus que le bébé se développe au cours de la grossesse. L'utérus s'ouvre vers l'extérieur par le vagin qui permet aux spermatozoïdes de pénétrer dans l'appareil génital de la femme.

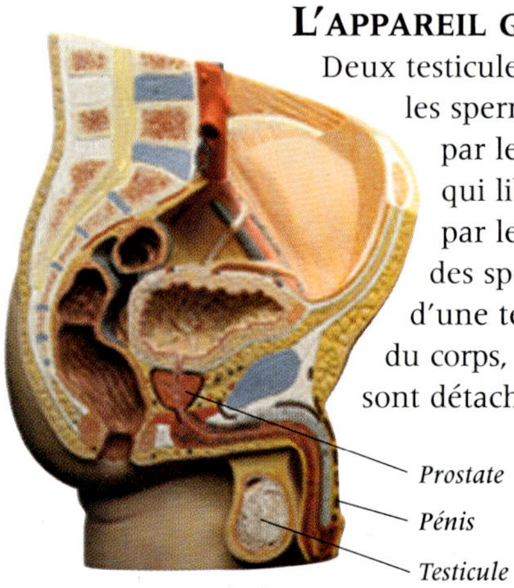

L'appareil génital masculin
Deux testicules en forme d'œuf produisent les spermatozoïdes. Ils sont reliés par les canaux éjaculateurs à l'urètre qui libère à la fois le sperme et l'urine par le pénis. La production des spermatozoïdes a besoin d'une température inférieure à celle du corps, raison pour laquelle les testicules sont détachés du corps.

La production des spermatozoïdes
Les spermatozoïdes sont fabriqués à l'intérieur de petits tubes appelés tubes séminifères lovés dans chaque testicule. Cette vue interne d'un tube (ci-dessus) montre une volute de spermatozoïdes (bleu) nourris par les cellules de sa paroi. Les 2 testicules en produisent plus de 300 millions par jour.

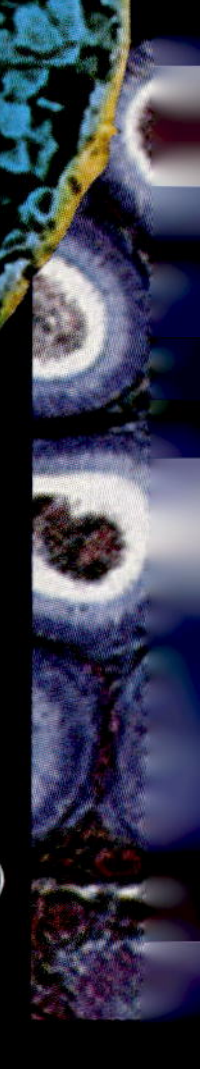

De l'ovaire à l'utérus

L'ovule libéré chaque mois est transporté de l'ovaire à l'utérus par l'une des 2 trompes de Fallope. L'intérieur des trompes – pas plus larges qu'un spaghetti – est tapissé de cils. À la différence des spermatozoïdes, les ovules ne peuvent pas se déplacer tout seuls. Les cils « ondulent » donc en rythme pour les faire avancer lentement vers l'utérus.

L'ovulation

Le renflement à la surface de cet ovaire (à gauche) est provoqué par un follicule contenant un ovule arrivé à maturation. Un peu de liquide folliculaire (bleu) fuit déjà, signe que le follicule va bientôt s'ouvrir pour libérer l'ovule : c'est l'ovulation. L'ovule va alors être recueilli par l'extrémité en entonnoir de la trompe de Fallope qui va le faire descendre vers l'utérus.

Mobilité

Les spermatozoïdes sont parfaitement adaptés pour nager et trouver l'ovule à féconder : légers et bien profilés, ils ont une tête ronde et aplatie contenant un tas d'informations génétiques, et une longue queue, le flagelle, dont les coups de fouet les propulsent à la vitesse de 4 mm par minute.

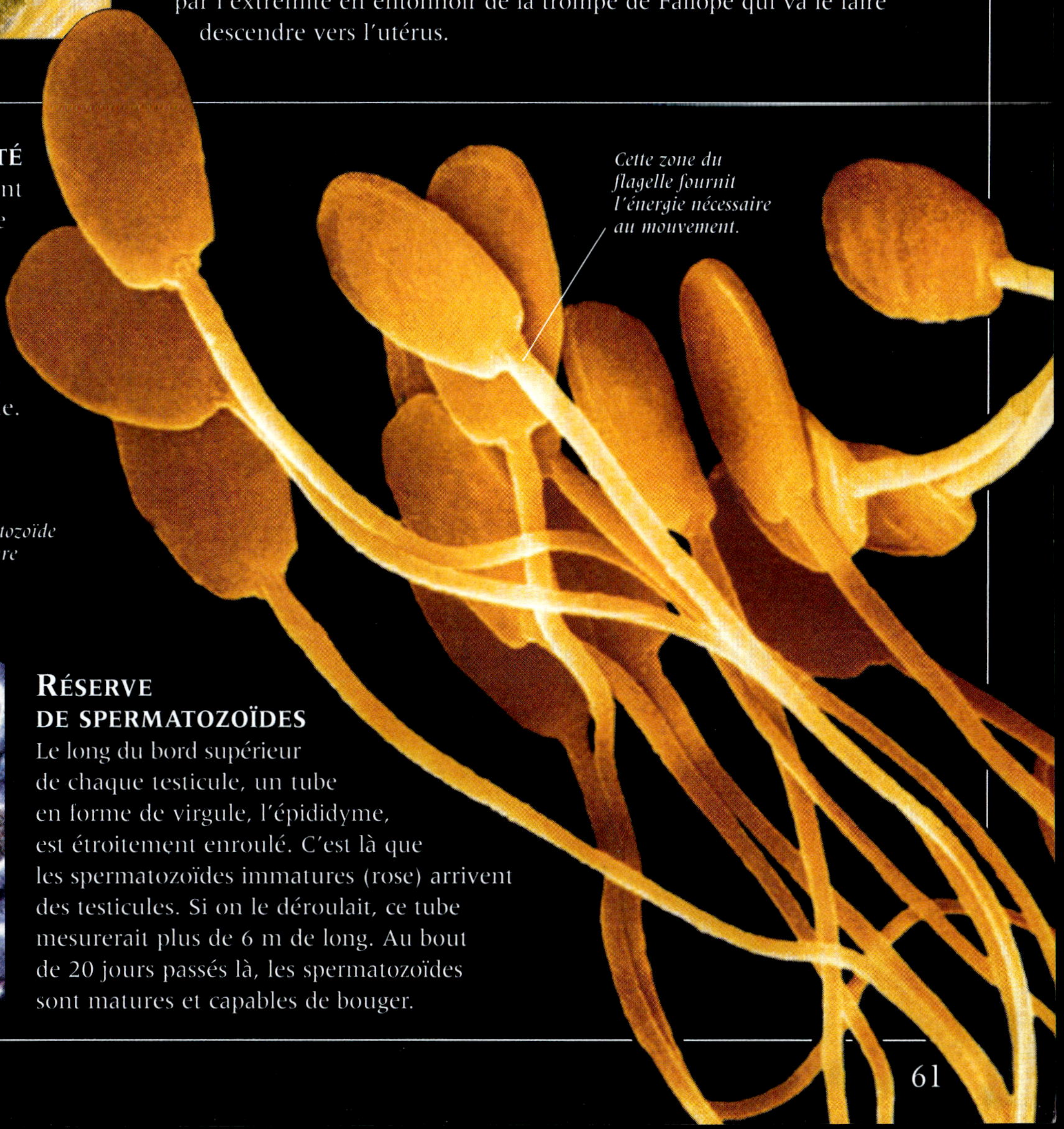

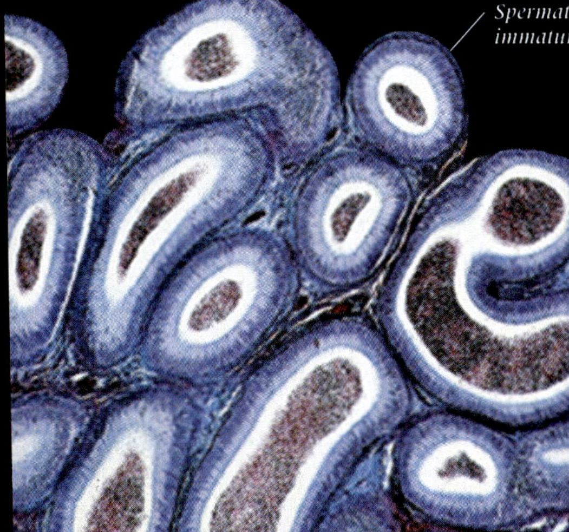

Réserve de spermatozoïdes

Le long du bord supérieur de chaque testicule, un tube en forme de virgule, l'épididyme, est étroitement enroulé. C'est là que les spermatozoïdes immatures (rose) arrivent des testicules. Si on le déroulait, ce tube mesurerait plus de 6 m de long. Au bout de 20 jours passés là, les spermatozoïdes sont matures et capables de bouger.

LA FÉCONDATION ET LA GROSSESSE

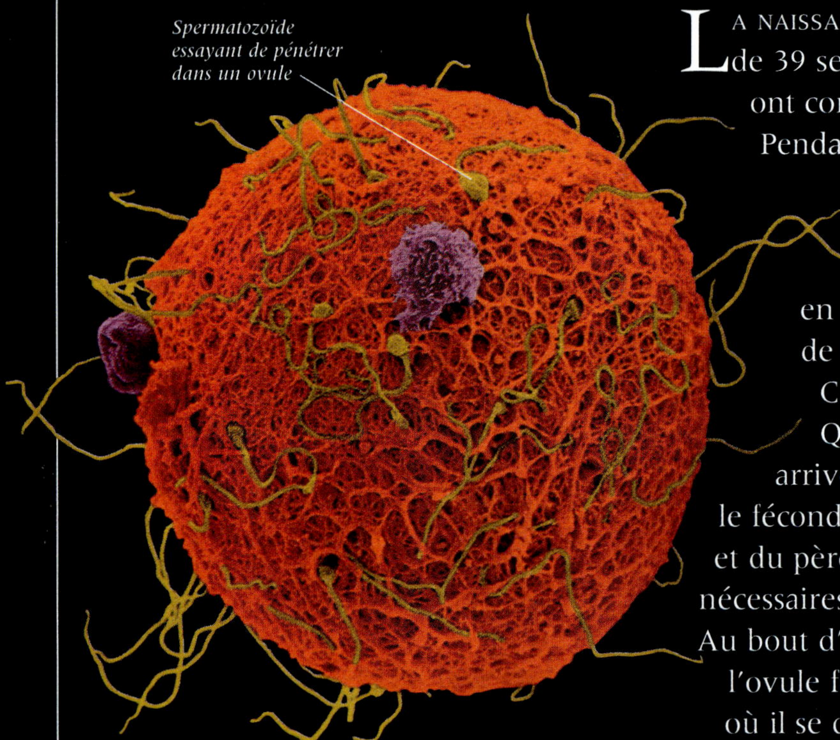

LA NAISSANCE MARQUE LA FIN de la grossesse, période de 39 semaines environ suivant le moment où les parents ont conçu un bébé lors d'un rapport sexuel. Pendant cet acte, l'homme libère des centaines de millions de spermatozoïdes à l'intérieur de la femme en introduisant son pénis dans le vagin de celle-ci. Les spermatozoïdes traversent l'utérus en nageant vers l'ovule qui se trouve dans la trompe de Fallope, le canal reliant l'ovaire à l'utérus. Chaque ovaire a une trompe de Fallope. Quelques centaines de spermatozoïdes seulement arriveront à approcher l'ovule. Et parmi eux, un seul le fécondera. La fécondation est l'union des gènes de la mère et du père. Ensemble, ces gènes donneront les instructions nécessaires pour créer un nouvel être humain. Au bout d'une semaine passée dans la trompe de Fallope, l'ovule fécondé se fixe sur la paroi interne de l'utérus où il se développe pour devenir un bébé.

EN COMPÉTITION

Des centaines de spermatozoïdes (vert) ondulent autour d'un ovule (rouge). Un seul traversera la membrane qui l'entoure et y perdra son flagelle. Immédiatement, des modifications chimiques à l'intérieur de l'ovule en interdiront l'entrée aux autres. Le noyau du spermatozoïde fusionnera alors avec celui de l'ovule qui sera ainsi fécondé.

INSTALLATION DANS L'UTÉRUS

Cinq jours après la fécondation, l'ovule a atteint le bout de la trompe de Fallope et s'est divisé plusieurs fois pour se transformer en une sphère de cellules, creuse en son centre, le blastocyte. Lorsque le blastocyte arrive dans l'utérus, il perd la membrane (ci-dessous) qui entourait l'ovule au moment de sa sortie de l'ovaire. Le lendemain, il s'installe dans la paroi tendre de l'utérus. Ici, ses cellules extérieures forment une partie du placenta, l'organe qui relie le sang de la mère à celui du bébé. Les cellules intérieures se développent en embryon.

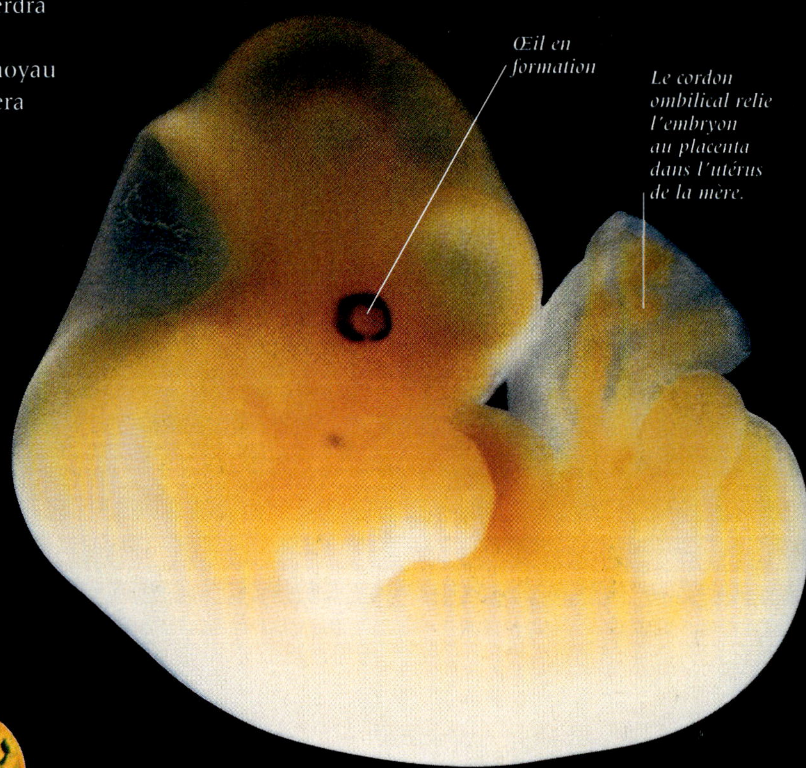

BLASTOCYTE PERDANT SON ENVELOPPE

LES PREMIÈRES SEMAINES

Quatre semaines après la fécondation, les divisions successives des cellules transforment l'ovule en un embryon de la taille d'un pépin de pomme. Ses millions de cellules commencent à former des organes, comme le foie et les poumons. Le cœur bat déjà, et le réseau des vaisseaux sanguins s'étend. Un simple cerveau est en place et le reste du système nerveux se développe. Des bourgeons de bras et de jambes apparaissent.

Le poids d'un fœtus augmente 3 000 fois en 7 mois : de 1 g, à 8 semaines, à 3 kg, au moment de la naissance.

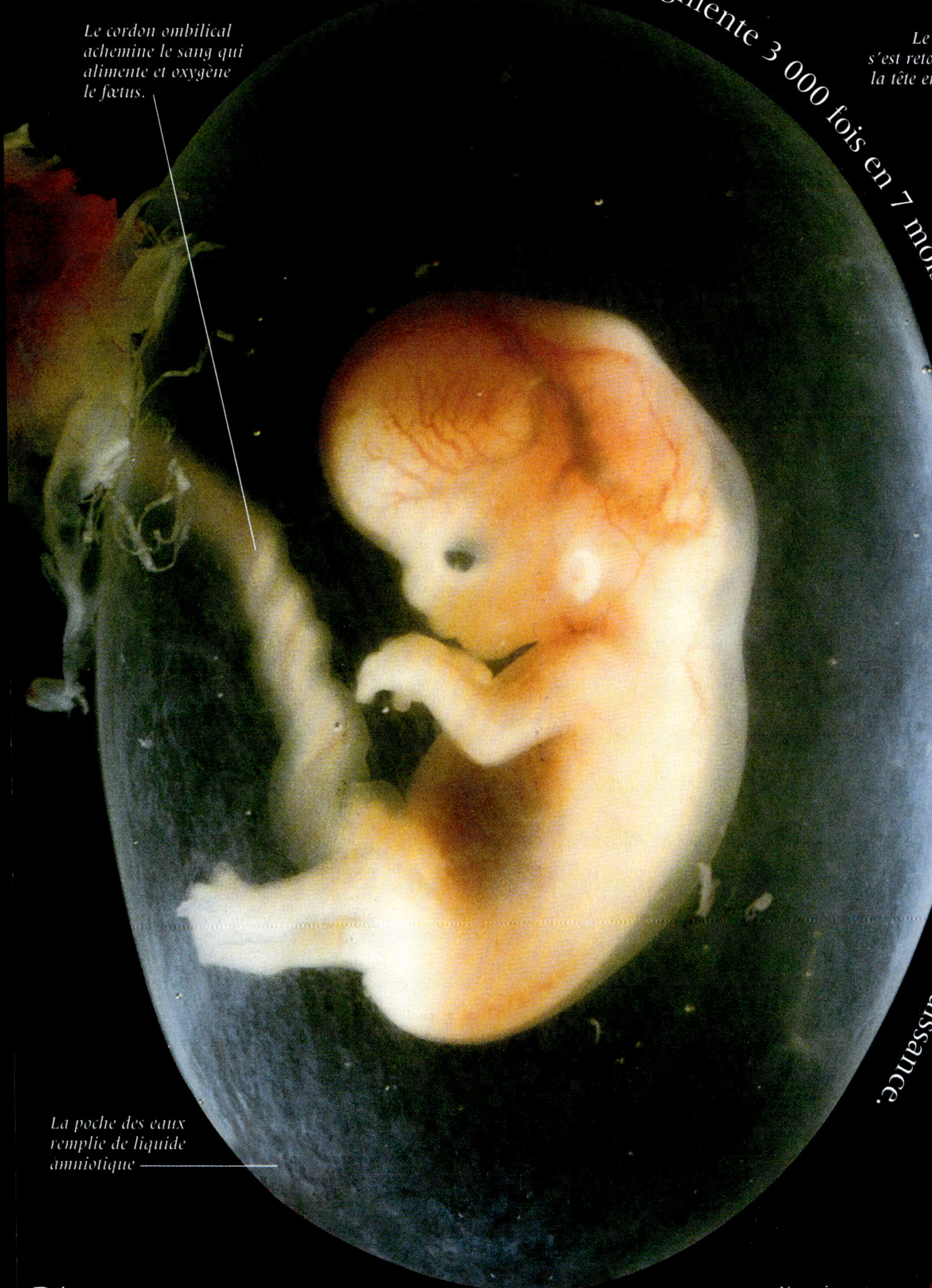

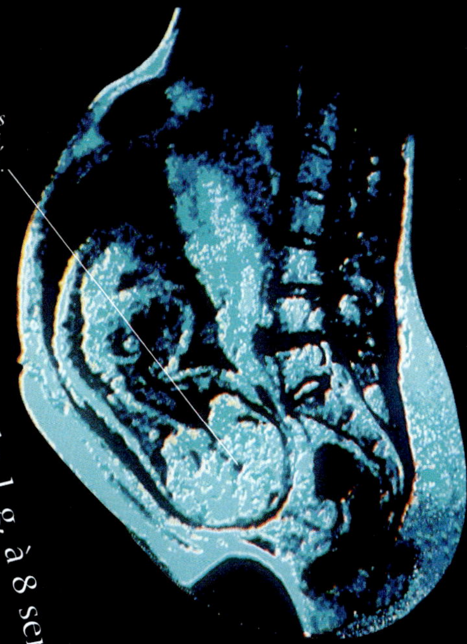

À terme

Environ 39 semaines après la fécondation, le fœtus est arrivé « à terme », prêt à naître. Il peut entendre, goûter, réagir à la lumière ; sa mère le sent bouger et donner des coups de pied. Cette image au scanner (ci-dessus) montre un fœtus à terme dans l'utérus de sa mère, dont le ventre s'est dilaté pour lui faire de la place. Le fœtus s'est retourné pour pouvoir naître la tête la première.

Développement du fœtus

Huit semaines après la fécondation, l'embryon gros comme une fraise a une apparence humaine. C'est un fœtus. Les principaux organes sont en place, ses bras et jambes bien visibles. Le nez, les lèvres, les oreilles et les paupières apparaissent. Le visage prend forme. Au chaud, dans le noir, le fœtus flotte au milieu du liquide amniotique qui le protège des chocs et des secousses.

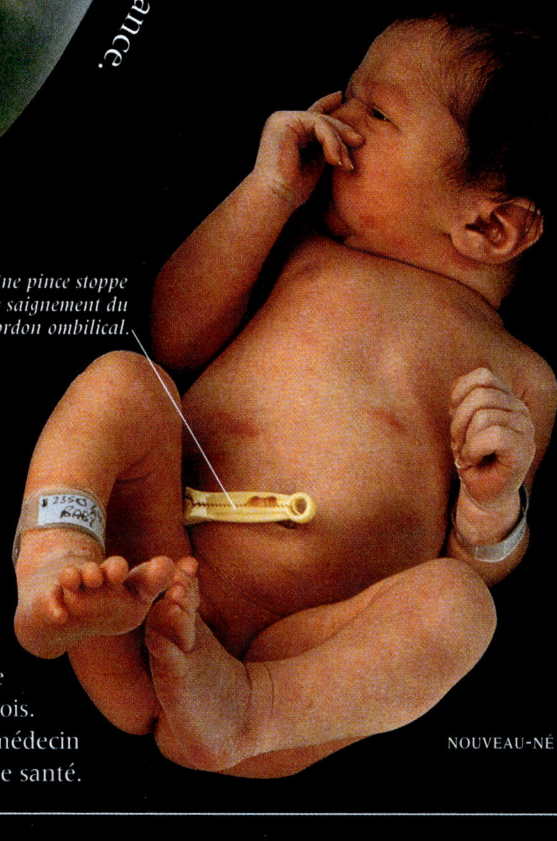

NOUVEAU-NÉ

La naissance

Quand la grossesse arrive à son terme, la paroi musculaire de l'utérus se contracte pour faire sortir le bébé, généralement la tête la première, par le vagin. Dès qu'il émerge à la lumière et au bruit du monde extérieur, le nouveau-né respire pour la première fois. Après avoir pincé et coupé le cordon ombilical, le médecin vérifie que le bébé est en bonne santé.

LES GÈNES ET LES CHROMOSOMES

À L'INTÉRIEUR DU NOYAU DE CHAQUE CELLULE, un ensemble d'instructions contrôle non seulement ce qui se produit à l'intérieur de la cellule, mais également l'apparence du corps et ce qu'il fait. Cette « bibliothèque » se présente sous la forme de molécules d'ADN. Ses « livres » sont de courts segments d'ADN, les gènes. Chaque gène contient un message codé contrôlant un caractère particulier. L'ADN d'une cellule est « rangé » en 23 paires de chromosomes. Dans chaque paire, un chromosome vient de la mère et l'autre du père. Chaque paire partage le même jeu de gènes, mais peut en avoir des versions légèrement différentes : certains sont inactifs, comme dans le cas de la couleur des yeux où le gène « yeux marron » domine le gène « yeux bleus » et rend celui-ci inactif.

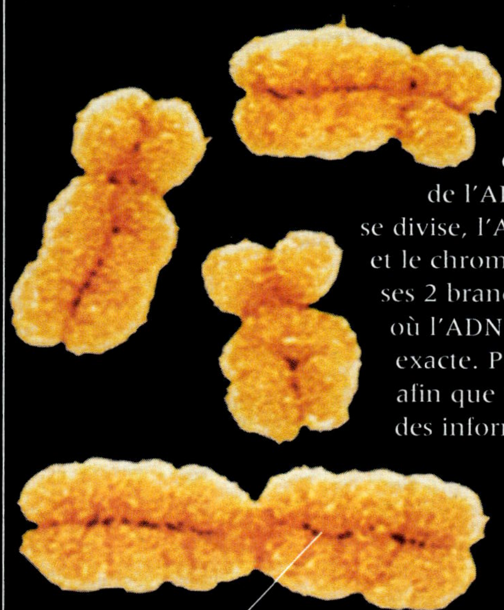

Le chromosome a 2 branches identiques, appelées chromatides, réunies au milieu.

LA RÉPLICATION DE L'ADN

Chaque chromosome contient une partie de l'ADN d'une cellule. Quand une cellule se divise, l'ADN s'enroule étroitement, et le chromosome prend cette forme (à gauche) ; ses 2 branches identiques se forment au moment où l'ADN se copie lui-même, en une réplique exacte. Puis les chromosomes se dédoublent afin que chaque cellule fille reçoive des informations identiques.

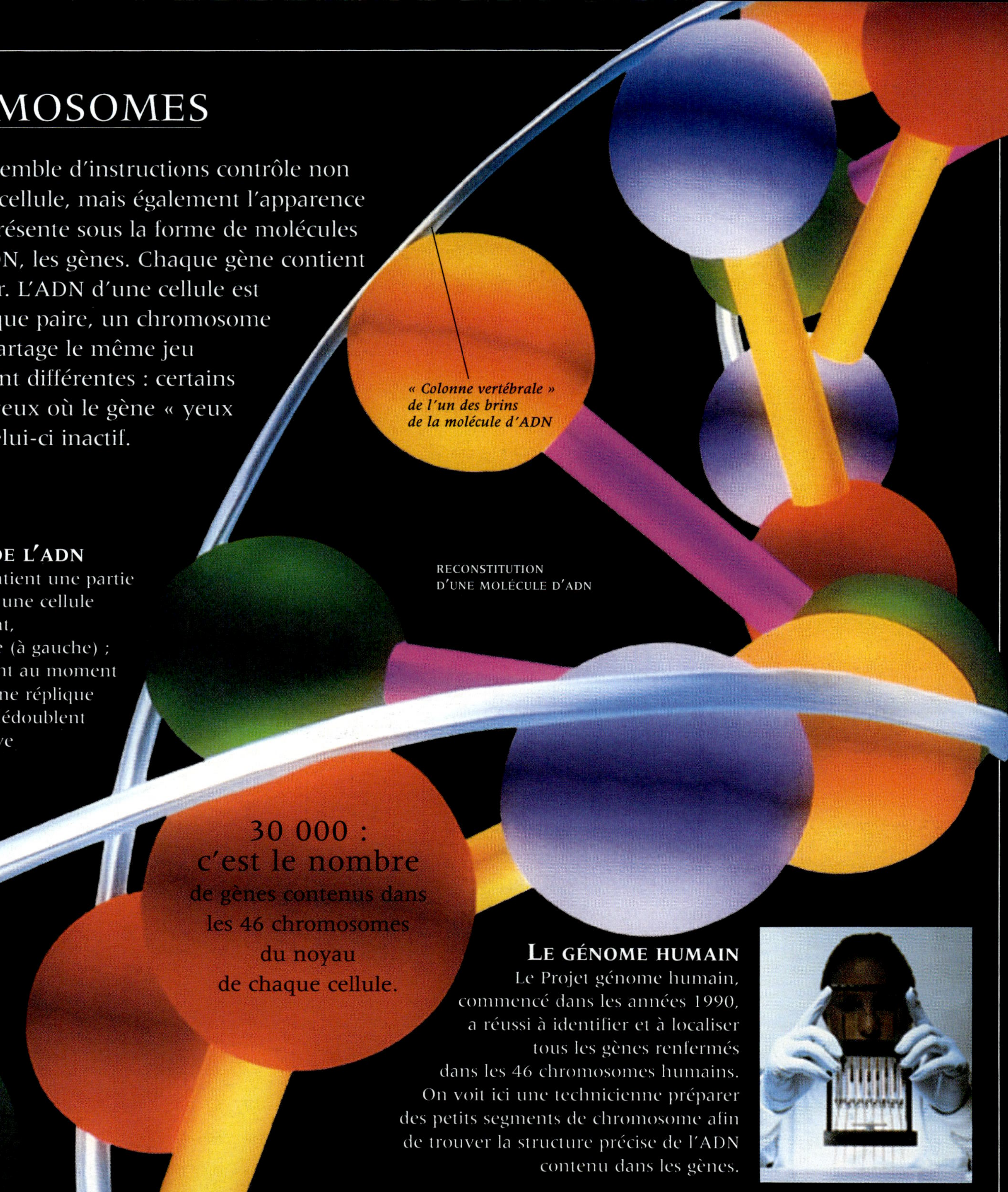

« Colonne vertébrale » de l'un des brins de la molécule d'ADN

RECONSTITUTION D'UNE MOLÉCULE D'ADN

30 000 : c'est le nombre de gènes contenus dans les 46 chromosomes du noyau de chaque cellule.

LE GÉNOME HUMAIN

Le Projet génome humain, commencé dans les années 1990, a réussi à identifier et à localiser tous les gènes renfermés dans les 46 chromosomes humains. On voit ici une technicienne préparer des petits segments de chromosome afin de trouver la structure précise de l'ADN contenu dans les gènes.

La molécule de vie

L'ADN (acide désoxyribonucléique) est le stock d'informations de la cellule. Chaque molécule d'ADN se compose de 2 longs brins enroulés formant une structure dite en double hélice.

La « colonne vertébrale » de chaque brin est faite de sucre et de molécules de phosphate (bleu clair). À l'intérieur, les bases (les sphères) sont associées par paires avec celles du brin opposé, comme les barreaux d'une échelle. La séquence précise des paires de bases sur un segment d'ADN (le gène) fournit une seule des informations nécessaires à la création et à la vie d'une cellule.

Chromosomes X et Y

Un jeu complet

On voit ci-dessous l'ensemble des 46 chromosomes d'une cellule du corps d'un homme. Ils ont été photographiés, puis disposés par paire, par taille, et numérotés de 1 à 22. La 23e paire – appelée XY chez les hommes et XX chez les femmes – détermine le sexe.

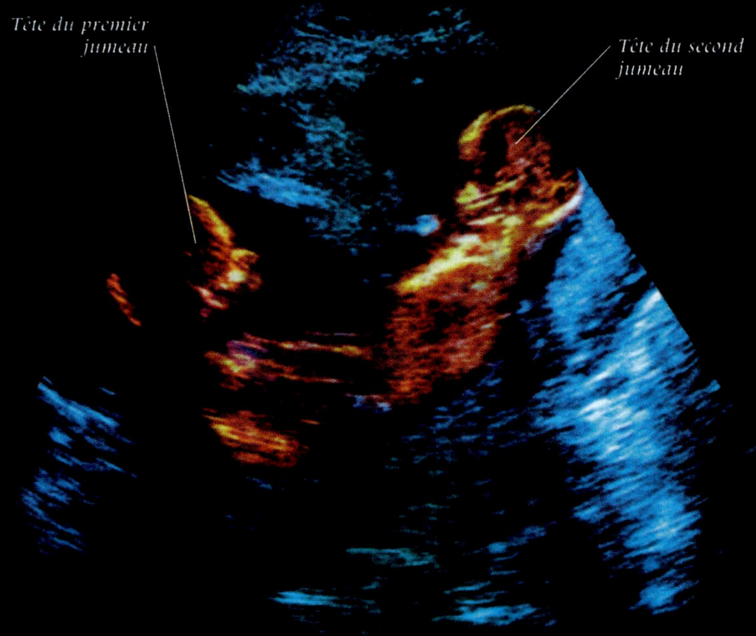

Les jumeaux

Grâce aux ultrasons, le fœtus peut être observé en toute sécurité dans l'utérus de sa mère. Sur cette échographie, on peut voir des fœtus jumeaux. Les vrais jumeaux sont issus de la division en 2 d'un ovule fertilisé. Ils partagent les mêmes gènes et sont forcément du même sexe. Les faux jumeaux, issus de 2 ovules fertilisés, ne partagent pas des gènes identiques et ne sont donc pas obligatoirement du même sexe.

La transmission des gènes

Au cours de la fécondation, les chromosomes des ovules et ceux des spermatozoïdes se mélangent. Ils peuvent contenir des versions différentes des mêmes gènes. Ainsi, la nouvelle combinaison fait que l'enfant peut partager des traits communs avec son père, sa mère, ou les 2, mais qu'il a aussi ses propres caractéristiques, uniques.

Paire de chromosomes n° 20

LES FILLES

Chez les filles, la puberté commence en général entre 9 et 13 ans, et dure environ 3 ans. Les filles grandissent tout d'un coup et sont provisoirement plus grandes que les garçons du même âge. Leurs seins se développent, leurs hanches s'élargissent, leur corps devient celui d'une femme et leur système de reproduction se « met en marche ».

LES GARÇONS

Les garçons commencent en général leur puberté entre 10 et 14 ans. Ils ont soudain une poussée de croissance ; les premiers poils apparaissent sur le visage, le corps, le pubis et sous les aisselles. Dès que le système de reproduction fonctionne, les testicules fabriquent des spermatozoïdes. Le larynx s'élargit – la pomme d'Adam ressort (ci-dessus) – et la voix mue avant de devenir plus grave. Les muscles et les épaules se développent.

GRANDIR ET VIEILLIR

Au cours de sa vie, le corps humain suit un schéma inévitable de croissance dans ses premières années, et de déclin dans les dernières. La croissance, rapide au cours de la première année, se poursuit régulièrement pendant l'enfance, s'accélère à nouveau au début de l'adolescence, puis s'arrête. Au fur et à mesure que le corps grandit, la tête devient plus petite par rapport au reste du corps, les bras et les jambes s'allongent, et le visage change de forme. Entre 9 et 14 ans commence le processus de l'adolescence. Les enfants se transforment en adultes. Le comportement et la mentalité des garçons et des filles se modifient. La puberté marque le début de l'activité du système de reproduction et l'apparition de traits adultes tels que la poitrine chez les filles et la barbe chez les garçons. La croissance s'arrête à la fin de l'adolescence ; l'âge adulte commence. Beaucoup plus tard, des signes de vieillissement commencent à se manifester : la peau se ride, les cheveux blanchissent.

LE DÉVELOPPEMENT DES OS

Le processus d'ossification démarre dans le ventre maternel et se poursuit jusqu'aux dernières années de l'adolescence. Il consiste à remplacer le cartilage souple par de l'os. Sur ces radiographies, on voit les os (en violet et blanc) mais pas les cartilages. Les mains du bébé et de l'enfant présentent des « vides » là où il y a encore du cartilage. Vers 13 ans, l'ossification s'est généralisée mais pas terminée, en particulier dans les mains. À 20 ans, la croissance des os est achevée.

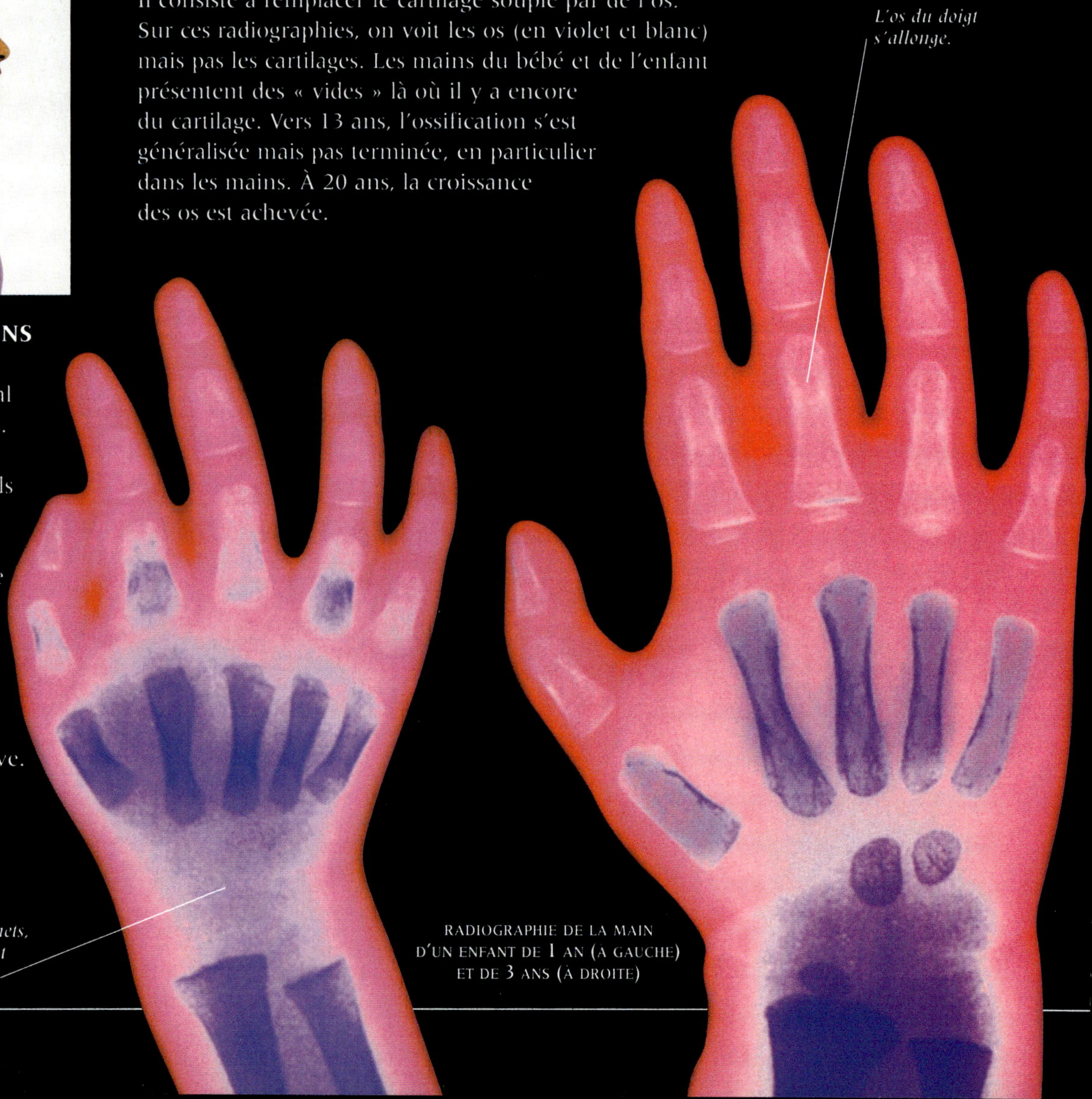

RADIOGRAPHIE DE LA MAIN D'UN ENFANT DE 1 AN (À GAUCHE) ET DE 3 ANS (À DROITE)

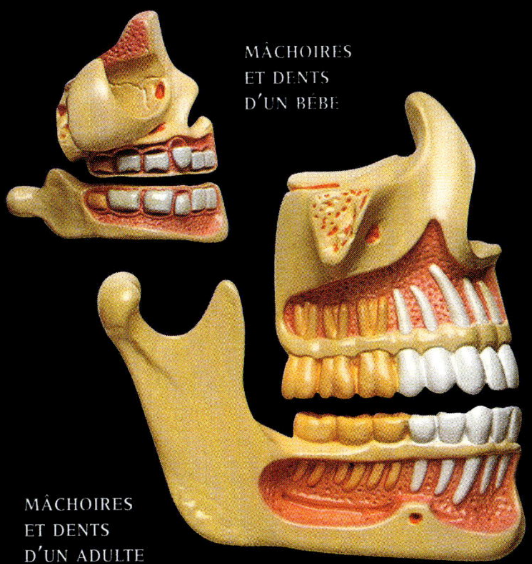

MÂCHOIRES ET DENTS D'UN BÉBÉ

MÂCHOIRES ET DENTS D'UN ADULTE

Artères bouchées

Avec l'âge, des dépôts de graisse peuvent s'accumuler à l'intérieur des artères et provoquer la formation d'un caillot de sang appelé thrombus. Cette artère coronaire (à droite), qui amène le sang à la paroi musculaire du cœur, est bouchée à 30 % par un caillot (rouge). Si le sang ne peut plus circuler, le muscle cardiaque manque d'oxygène, et c'est l'infarctus.

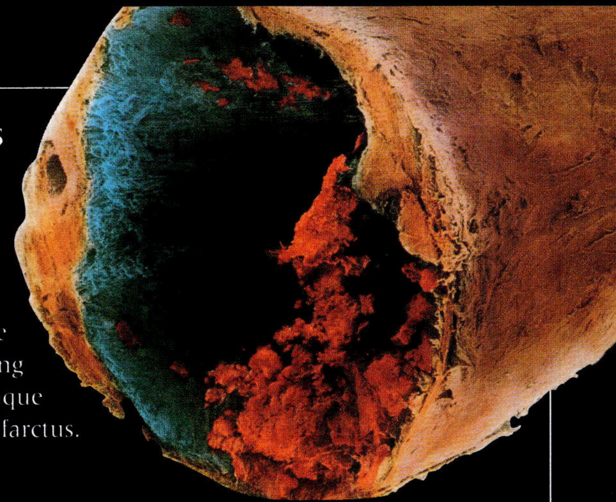

La croissance des mâchoires

À la naissance, les mâchoires du bébé sont très petites par rapport à la taille de son crâne, et ses dents de lait sont encore sous les gencives. Au cours de l'enfance, les mâchoires se développent tellement qu'elles modifient la forme et l'aspect du visage. Des dents permanentes, plus grandes, remplacent les dents de lait et occupent tout l'espace des mâchoires.

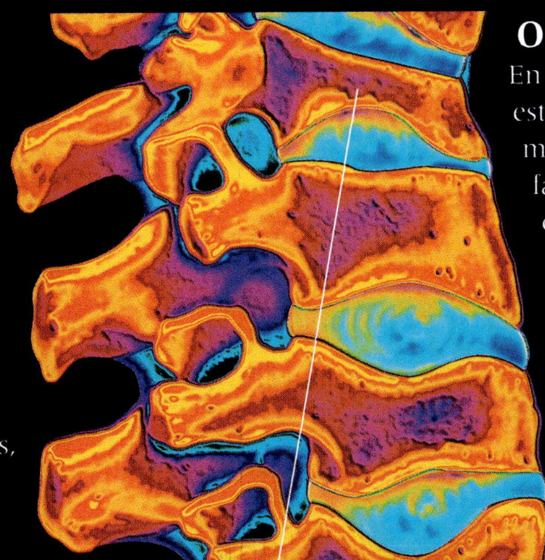

La vertèbre est écrasée par le poids du corps.

Os fragiles

En vieillissant, le renouvellement cellulaire osseux est moins actif : les os deviennent moins denses, moins solides, et risquent de se briser plus facilement. Cet état de fragilité, plus grave chez la femme que chez l'homme, s'appelle l'ostéoporose. Cette radiographie montre des vertèbres (orange) écrasées par le simple poids du corps chez une personne souffrant d'ostéoporose.

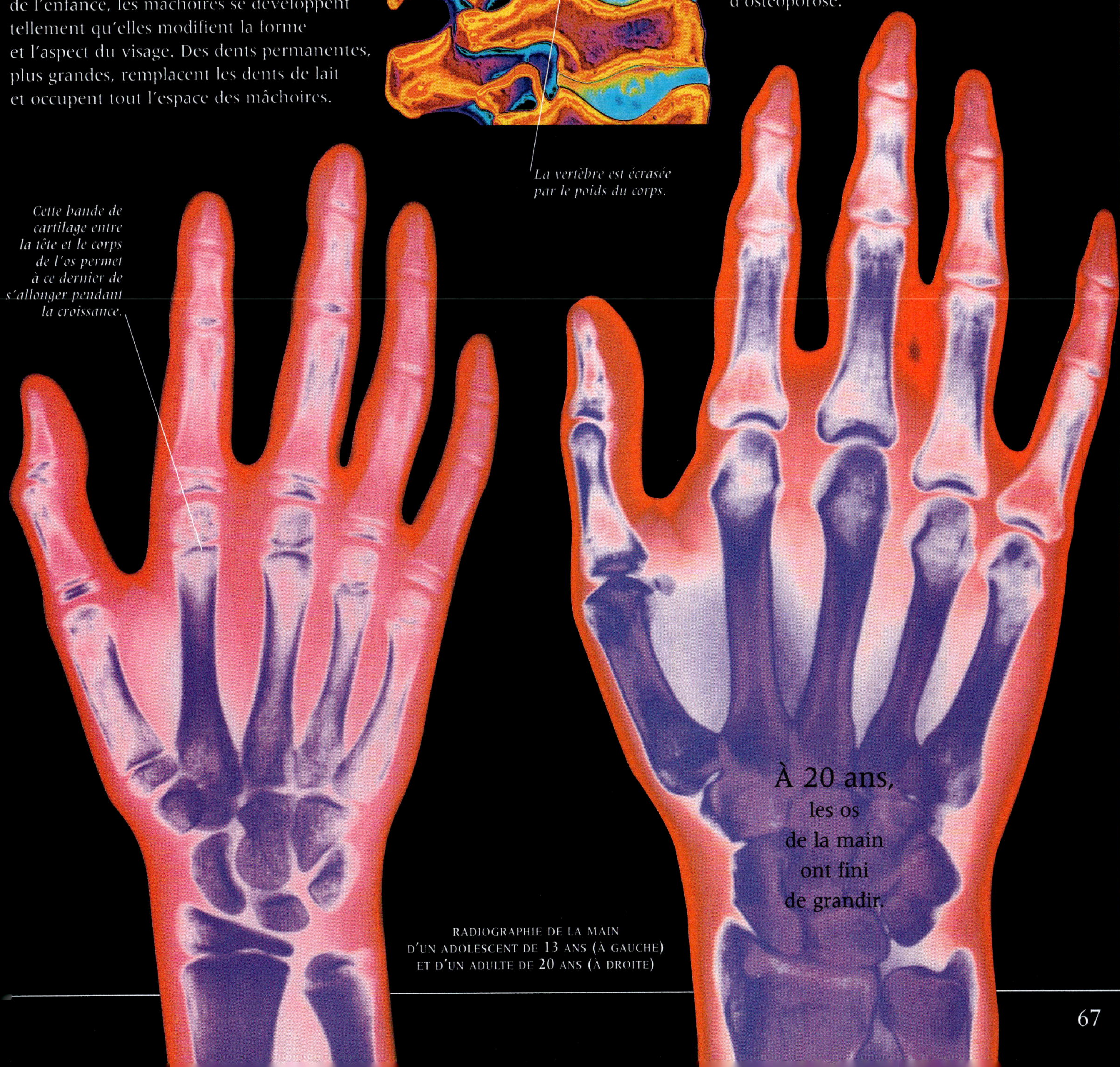

Cette bande de cartilage entre la tête et le corps de l'os permet à ce dernier de s'allonger pendant la croissance.

À 20 ans, les os de la main ont fini de grandir.

RADIOGRAPHIE DE LA MAIN D'UN ADOLESCENT DE 13 ANS (À GAUCHE) ET D'UN ADULTE DE 20 ANS (À DROITE)

FAITS ET CHIFFRES

LES PRINCIPALES DÉCOUVERTES MÉDICALES

vers 420 av. J.-C. Hippocrate, médecin grec, enseigne la science de l'observation et du diagnostic en médecine.

vers 128 av. J.-C. Ibn an-Nafis, médecin arabe, démontre que le sang traverse les poumons.

vers 190 av. J.-C. Galien, médecin grec, décrit – en se trompant souvent – le fonctionnement du corps. Ses idées sont encore suivies au XVIe siècle.

1543 Premier traité d'anatomie humaine publié par l'anatomiste belge André Vésale.

1628 William Harvey, médecin anglais, décrit la façon dont le sang, pompé par le cœur, circule dans tout le corps.

1663 Marcello Malpighi, médecin italien, observe les vaisseaux capillaires.

1674 Antonie Van Leeuwenhoek, naturaliste hollandais, étudie au microscope les spermatozoïdes.

1691 Clopton Havers, médecin anglais, décrit la structure des os.

1796 La première vaccination – contre la variole – est pratiquée par un médecin anglais, Edward Jenner.

1811 Charles Bell, anatomiste anglais, démontre que les nerfs sont des faisceaux de neurones (cellules nerveuses).

1816 Invention du stéthoscope par un médecin français, René Laennec.

1846 William Morton, dentiste américain, utilise pour la première fois l'éther comme anesthésique.

1851 Invention de l'ophtalmoscope, appareil servant à regarder l'intérieur de l'œil, par un physicien allemand, Hermann Helmholtz.

1860 Louis Pasteur, médecin français, explique que les maladies infectieuses sont provoquées par des micro-organismes.

1865 Joseph Lister, médecin anglais, est le premier à utiliser un antiseptique pendant une opération afin de réduire les risques de mortalité entraînée par des infections.

1882 Identification de la bactérie provoquant la tuberculose par un médecin allemand, Robert Koch, qui lui donne son nom : le bacille de Koch.

1895 Découverte des rayons X par un médecin allemand, Wilhelm Roentgen.

1900 Karl Landsteiner, un médecin américain d'origine autrichienne, découvre les groupes sanguins A, B, AB et O, ouvrant la voie aux transfusions sanguines sans risques.

1903 Invention d'un appareil servant à contrôler l'activité du cœur, l'électrocardiographe, par Wilhelm Einthoven, physiologiste hollandais.

1906 Frederick Gowland, biochimiste anglais, démontre l'importance des vitamines dans les aliments.

1910 Paul Ehrlich, médecin allemand, découvre le premier médicament traitant la syphilis.

1921 Les Canadiens Frederick Banting et Charles Best isolent une hormone, l'insuline, permettant de traiter les diabétiques.

1928 Découverte de la pénicilline, le premier antibiotique, par le médecin anglais Alexander Fleming.

1933 Ernst Ruska, physicien allemand, invente le microscope électronique.

1943 Willem Kolff, médecin hollandais, invente l'appareil à dialyse servant à traiter les gens dont les reins fonctionnent mal.

1953 En partant des recherches de la physicienne anglaise Rosalind Franklin, le biologiste américain James Watson et le biochimiste anglais Francis Crick découvrent la structure de l'ADN.

1953 John Gibbon, chirurgien américain, utilise le premier le cœur-poumon artificiel qu'il a inventé pour pomper et oxygéner le sang pendant une opération.

1954 Première utilisation du vaccin contre la poliomyélite mis au point par un médecin américain, Jonas Salk.

1954 Première greffe du rein réussie à Boston, aux États-Unis.

1958 Première utilisation des ultrasons pour contrôler le développement du fœtus dans l'utérus de la mère, par le médecin anglais Ian Donald.

1967 Première transplantation cardiaque réalisée avec succès par le chirurgien sud-africain Christiaan Barnard.

1972 Première utilisation du scanner pour obtenir des images des organes.

1978 Naissance de Louise Brown, premier bébé « éprouvette » conçu par la méthode de la FIV (fécondation *in vitro*) mise au point par les médecins anglais Patrick Steptoe et Robert Edwards.

1979 La maladie appelée variole est éradiquée par la vaccination.

1980 Lancement de la cœlioscopie, examen permettant d'observer l'intérieur du corps avec un endoscope introduit par une petite incision.

1981 Identification d'une nouvelle maladie, le sida (syndrome d'immunodéficience acquise).

1982 Implantation du premier cœur artificiel mis au point par un savant américain, Robert Jarvik.

1983 Le biologiste français Luc Montagnier découvre le virus VIH responsable du sida.

1986 Lancement du Projet génome humain destiné à analyser l'ADN des chromosomes humains.

1999 Le chromosome 22 est le premier chromosome humain dont l'ADN est « séquencé ».

2001 Grâce au Projet génome humain, on sait qu'une molécule d'ADN de l'espèce humaine contient 30 000 gènes.

ÉTONNANT CORPS HUMAIN

- Le clignement des yeux les tient fermés en tout 30 minutes par jour.
- Un os vivant est composé d'un tiers d'eau.
- La longueur du fémur (os de la cuisse) est égale au quart de notre taille.
- Le cœur bat 100 800 fois par jour.
- Le sang est toujours réparti ainsi : 75 % dans les veines, 20 % dans les artères et 5 % dans les capillaires.
- Il y a de 10 à 100 milliards de bactéries à la fois sur et à l'intérieur du corps.
- Même des jumeaux ne peuvent avoir des empreintes digitales identiques.
- Le réseau de voies aériennes des poumons mesure 2 400 km de long.
- Mis bout à bout, les nerfs d'une seule personne font plus de 150 000 km de long.
- Le cerveau d'un adulte pèse en moyenne 1,3 kg.
- Le cerveau perd environ chaque jour 1 000 cellules qui ne sont pas remplacées.
- Sur 100 000 cheveux, on en perd en moyenne 80 par jour.
- On utilise 200 muscles différents pour marcher.
- On mesure environ 1 cm de plus le matin que le soir car, pendant la journée, le cartilage de la colonne vertébrale se comprime.
- Les ovules produits par les ovaires sont les plus grosses cellules du corps humain.
- La tête représente le 1/4 de la taille d'un bébé, le 1/8e de celle d'un adulte.

LYMPHOCYTES T « KILLER » ATTAQUANT DES CELLULES CANCÉREUSES

BRANCHES DE LA MÉDECINE

Nom	Domaine concerné
Cardiologie	Cœur et artères
Dermatologie	Peau
Endocrinologie	Hormones
Épidémiologie	Causes et propagation des maladies
Gastro-entérologie	Estomac, intestins
Gériatrie	Personnes âgées
Gynécologie	Organes génitaux féminins
Hématologie	Sang
Immunologie	Système immunitaire
Neurologie	Cerveau et nerfs
Obstétrique	Grossesse et accouchement
Oncologie	Tumeurs cancéreuses
Ophtalmologie	Yeux
Orthopédie	Os, articulations et muscles
Pédiatrie	Enfants
Pathologie	Effets des maladies
Psychiatrie	Maladies mentales
Radiologie	Technique des images

GLOSSAIRE

ADN (acide désoxyribonucléique) Substance chimique située dans les chromosomes, contenant les informations nécessaires pour construire et faire vivre une cellule.
Abdomen Section inférieure du tronc (partie centrale du corps) située entre la poitrine et le bassin.
Absorption Passage des aliments digérés de l'intestin grêle dans le sang.
Acides aminés Éléments de base des protéines animales et végétales. Dans l'espèce humaine, 8 doivent être trouvés dans l'alimentation, les autres peuvent être fabriqués par l'organisme.
Adolescence Période pendant laquelle le corps de l'enfant se transforme en corps d'adulte.
Allergie Maladie provoquée par une réaction exagérée du système immunitaire de défense du corps à une substance normalement inoffensive telle que le pollen.
Alvéoles Sacs d'air microscopiques par lesquels l'oxygène pénètre dans le sang, à l'intérieur des poumons.
Amidon Produit de la synthèse chlorophyllienne chez les plantes où il se trouve dans les graines et les tubercules. Est la principale source d'apport du glucose dans l'alimentation.
Angiographie Radio spéciale montrant les vaisseaux sanguins.
Anticorps Substance sécrétée par le système immunitaire (de défense) repérant les microbes pour les détruire.
Appareil Groupe d'organes accomplissant une tâche spécifique.
Articulation Point de rencontre de 2 – ou plus – os du squelette.
Capteur Dispositif permettant de détecter un phénomène physique dans l'organisme.
Cartilage Matière résistante et élastique servant de structure à certaines parties du corps comme le nez, ou le larynx, et recouvrant la tête des os.
Cellule Minuscule unité vivante, base de la constitution du corps.
Cerveau Partie la plus importante de l'encéphale permettant aux gens de penser, de sentir, de bouger...
Chromosome L'un des 46 stocks d'informations contenu dans l'ADN de chaque cellule.
Cil Poil minuscule dépassant de certaines cellules.
Collagène Constituant essentiel du tissu conjonctif. Se présente sous forme de fibres permettant le maintien de la forme et de la structure des tissus (y compris osseux) et des organes.
Diaphragme Muscle plat séparant la poitrine de l'abdomen, et jouant un rôle important dans la respiration.
Digestion Décomposition de la nourriture en substances nutritives simples assimilables par le corps.
Échographie Image de l'intérieur du corps obtenue par la réflexion d'ultrasons.
Embryon Première phase de développement de l'ovule, à partir de la fécondation jusqu'à 8 semaines.
Enzyme Substance chimique accélérant la décomposition des aliments pendant la digestion.
Fécondation Fusion d'un ovule et d'un spermatozoïde pendant la reproduction.
Fœtus Nom donné au bébé en formation, de la 8ᵉ semaine suivant la fécondation jusqu'à la naissance.
Glande Groupe de cellules libérant des substances chimiques dans ou sur le corps.
Glucose Premier élément énergétique du monde vivant. Principal combustible des réactions cellulaires et principal matériau de réserve d'énergie. Chez l'homme, la plus grande partie du glucose est apportée par les éléments végétaux (amidon) mais il peut aussi être fabriqué au niveau des cellules, surtout celles du foie.
Hépatique Qui concerne le foie.
Hormone Messager chimique produit par une glande endocrine, et transporté par le sang.
IRM (imagerie à résonance magnétique) Procédé de production d'images de l'intérieur du corps.
Kératine Protéine dure, imperméable, entrant dans la composition des ongles, des cheveux et de la peau.
Ligament Lien résistant rattachant un os à l'articulation.
Mélanine Pigment brun colorant la peau et les cheveux.
Microbes Organismes microscopiques porteurs de maladies, comme les virus et les bactéries.
Mitochondrie Structure minuscule transformant les substances nutritives en énergie à l'intérieur des cellules.
Mitose Division d'une cellule en 2 cellules identiques.
Mucus Liquide épais et gluant tapissant les appareils respiratoire et digestif.
Muscle Tissu capable de se contracter et de provoquer un mouvement.
Néphron Unité minuscule filtrant le sang et produisant l'urine à l'intérieur du rein.
Neurone Cellule nerveuse constituant le cerveau, la moelle épinière et les nerfs, et transportant des signaux électriques à grande vitesse.
Noyau Centre de contrôle de la cellule contenant les chromosomes.
Oreillette L'une des 2 chambres supérieures – droite et gauche – du cœur.
Organe Partie essentielle du corps, tel le cœur ou le cerveau, jouant un ou plusieurs rôles spécifiques.
Pathogène Qui apporte la maladie.
Péristaltisme Ondes de contractions musculaires poussant les aliments dans l'appareil digestif.
Protéines Composés organiques comportant des acides aminés seuls ou associés à d'autres constituants organiques. Ce sont les éléments de base de la vie par leur rôle dans la constitution, le fonctionnement, la reproduction de la cellule et ce sont les supports de l'information génétique.
Puberté Période pendant laquelle l'appareil génital commence à entrer en activité.
Radiographie Photographie aux rayons X.
Rayons X Rayons invisibles utilisés pour obtenir une image des parties dures de l'intérieur du corps telles que les os.
Réflexe Action automatique telle que la déglutition, le clignement des yeux ou le retrait de la main d'une source de chaleur.
Rénal Qui concerne les reins.
Respiration Oxygénation du sang par absorption de l'air dans les poumons.
Scanner Procédé spécial de radiographie « découpant » le corps en tranches.
Substance nutritive Substance utile pour le corps.
Sueur Liquide salé sécrété par la peau pour rafraîchir le corps.
Système Groupe d'organes accomplissant une tâche spécifique.
Tendon Lien très solide rattachant le muscle à l'os.
Thermographie Enregistrement graphique de la chaleur des différentes parties du corps.
Thorax Section supérieure du tronc (partie centrale du corps) située entre le cou et l'abdomen.
Tissu Rassemblement de cellules semblables jouant un rôle spécifique.
Urine Déchet liquide produit à l'intérieur des reins.
Vaisseau sanguin Tube transportant le sang à travers le corps. Les principaux sont les artères, les veines et les capillaires.
Ventricule L'une des 2 chambres inférieures – droite et gauche – du cœur.
Viscère Tout organe renfermé dans les cavités du corps (crâne, thorax, abdomen) et plus particulièrement ceux contenus dans la cavité abdominale (cœur, foie, estomac...).

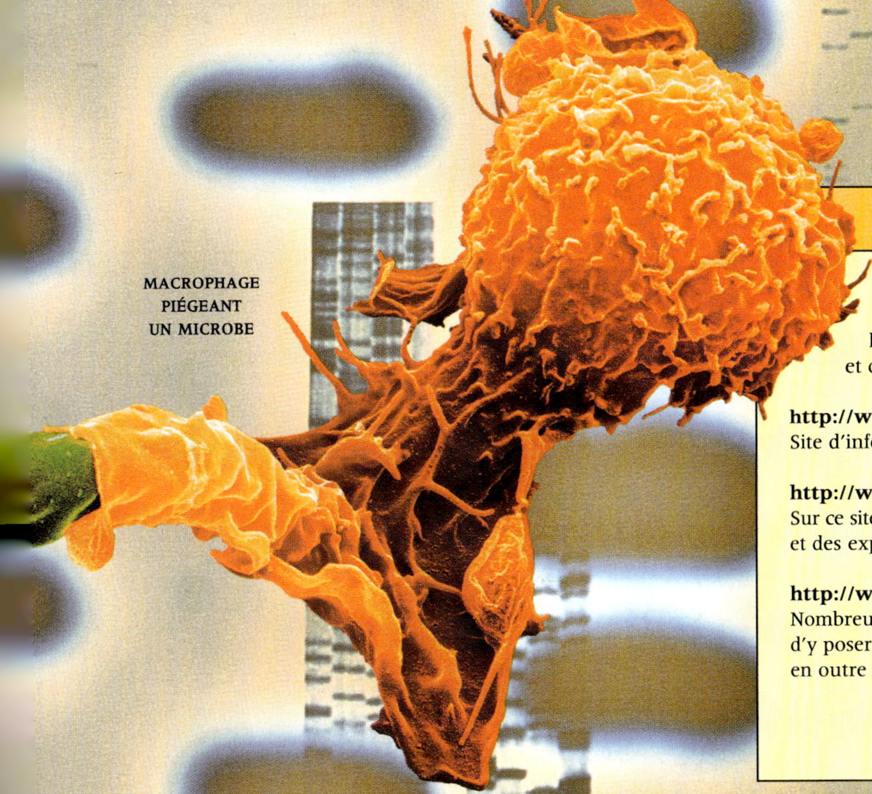

MACROPHAGE PIÉGEANT UN MICROBE

EN SAVOIR PLUS SUR LE CORPS HUMAIN

http://clparc-beauvais.fr/enfant/
Site présentant de manière simple et facile à comprendre les différentes parties du corps humain, leurs utilités, l'anesthésie et d'autres thèmes.

http://www.doctissimo.com/
Site d'information médicale pour tout savoir sur les maladies.

http://www.enfants-du-net.org
Sur ce site Internet, le cyberlabo est consacré aux sciences, avec des informations et des expériences très variées, dont certaines concernent le corps humain.

http://www3.sympatico.ca/nanou1/corps
Nombreuses informations sur le fonctionnement du corps humain. Possibilité d'y poser des questions avec réponses assurées. Ce site Internet comprend en outre une bibliographie et un glossaire.

EN FOND : SÉQUENCES D'ADN

PARTIE II
LES MAMMIFÈRES

Ben Morgan

QU'EST-CE QU'UN MAMMIFÈRE ?

IL Y A 65 MILLIONS D'ANNÉES, une gigantesque comète a heurté la Terre et a bouleversé le climat de notre planète. Ce fut une catastrophe pour les dinosaures – ils furent complètement exterminés – mais cela permit à une autre classe d'animaux de les remplacer. Les mammifères étaient à peine plus que de petites créatures nocturnes et inquiètes à l'époque, mais ils avaient déjà développé certains des traits qui devaient les aider à s'imposer, tels que poils, sang chaud et glandes mammaires. Les dinosaures éliminés, les mammifères entamèrent une nouvelle phase de leur évolution. Ils proliférèrent sous des milliers de nouvelles formes, conquérant terre, mer et air pour devenir les animaux les plus grands et les plus spectaculaires sur Terre.

LE LAIT MATERNEL

Comme leur nom l'indique (mammifère vient du latin *mamma*, qui signifie mamelle), les mammifères nourrissent leurs petits grâce au lait qu'ils produisent. Dans de nombreuses espèces, les parents profitent de cette étape pour apprendre aux petits qu'ils nourrissent des méthodes de survie essentielles. Les mammifères les plus intelligents, tels que les humains et les orangs-outangs, qui ont beaucoup à apprendre, passent un temps plus long auprès de leur mère.

UN TRÈS ÉTRANGE MAMMIFÈRE

L'homme est un mammifère. Notre espèce, *Homo sapiens*, appartient à la famille des grands singes, avec les chimpanzés, les orangs-outangs et les gorilles. Sous certains aspects, nous sommes des mammifères très particuliers. Notre cerveau est anormalement développé et nous avons perdu la majorité de nos poils. Nous sommes la seule espèce de mammifères qui marchent sur 2 pattes, et peut-être la seule à posséder un langage complexe.

La peau des mammifères contient souvent des glandes odorantes et des glandes sudoripares.

Les pattes sont situées directement sous le corps pour en porter le poids.

Les mammifères ont le sang chaud, trait qu'ils partagent avec les oiseaux.

CARACTÉRISTIQUES

Les mammifères présentent divers traits uniques qui les distinguent du reste du règne animal. Ils ont des glandes mammaires qui produisent du lait, et des poils pour leur tenir chaud (les baleines ont perdu leurs poils). Les mammifères diffèrent également des autres animaux par les caractéristiques de leurs dents, de leurs mâchoires, de leurs oreilles, de leurs organes internes et de leurs cellules sanguines.

Les odeurs

La plupart des mammifères, utilisent les odeurs corporelles pour communiquer. Avec l'urine dont il asperge le sol, un rhinocéros laisse une odeur unique et communique aux autres rhinocéros, son âge, son sexe, son statut social et s'il désire se reproduire.

La locomotion

Les premiers vrais mammifères étaient probablement des animaux à 4 pattes qui trottinaient comme les musaraignes. Après la disparition des dinosaures, ils ont découvert de nouvelles façons de se déplacer. Certains ont développé des ailes. Chez d'autres, les membres sont devenus des nageoires. Des milliers ont conservé leurs 4 pattes, mais vont aujourd'hui des chasseurs silencieux qui rôdent sur terre aux grimpeurs agiles nichant dans les arbres.

JAGUAR

PHYLLORINE

SOUFFLEUR OU GRAND DAUPHIN

SINGE CAPUCIN BRUN

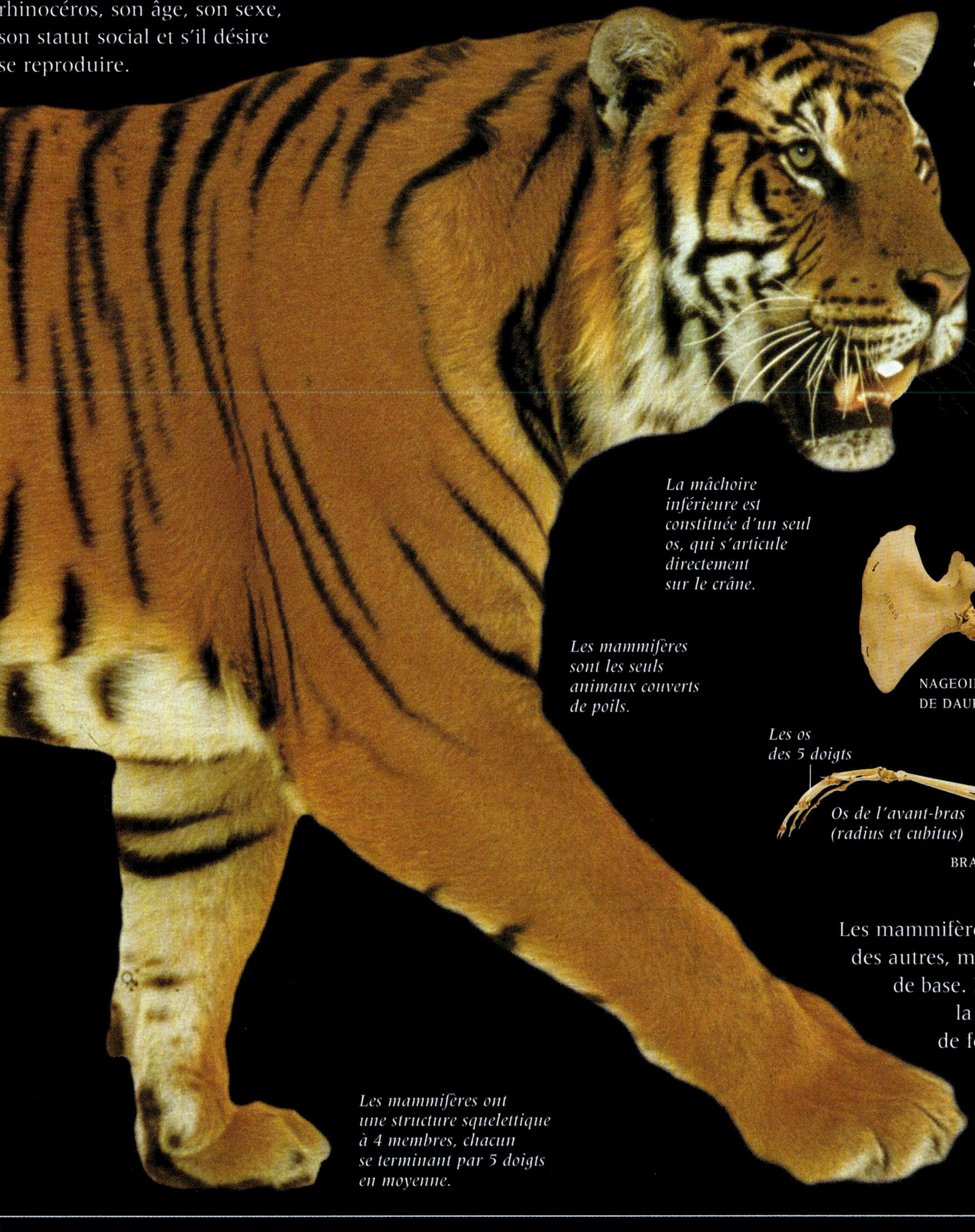

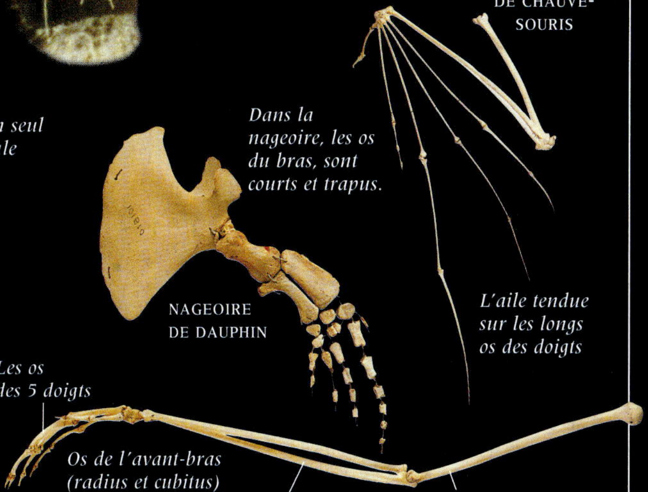

Le squelette

Les mammifères semblent très différents les uns des autres, mais ils ont tous le même squelette de base. L'évolution a simplement modifié la taille de divers os, d'où la variété de formes. Oiseaux, reptiles, poissons et amphibiens ont également ce type de squelette. Les scientifiques appellent tous ces animaux des vertébrés – ils ont une colonne vertébrale.

LE CONTRÔLE DE LA TEMPÉRATURE

LES MAMMIFÈRES SONT DES ANIMAUX À SANG CHAUD (endothermes), ce qui signifie que leur corps produit la chaleur nécessaire au maintien de sa température interne. Au contraire, les animaux tels que lézards et grenouilles sont à sang froid (ectothermes) – la température de leur corps monte et descend selon les conditions climatiques extérieures. La plupart des mammifères ont une température interne constante, mais elle varie d'une espèce à l'autre. L'être humain a une température corporelle de 37 °C, mais les lapins et les félins sont plus chauds, 39 °C, et les tatous plus froids avec 32 °C. Avoir le sang chaud permet aux mammifères de rester actifs la nuit et de survivre en des lieux où reptiles et batraciens mourraient de froid. Mais les mammifères paient cher leur système de chauffage intégré. Pour survivre, ils ont besoin d'environ 10 fois plus de nourriture que les animaux à sang froid. Environ 90 % de leur nourriture est brûlée uniquement pour les maintenir au chaud.

RAFRAÎCHISSEMENT
Les animaux à sang froid laissent simplement leur température corporelle monter par temps chaud, mais les mammifères doivent conserver une température constante. Les hippopotames se rafraîchissent en pataugeant dans la boue et dans l'eau. Les morses rougissent pour évacuer la chaleur, les canidés halètent et les félins transpirent (mais seulement par les coussinets des pattes). Les kangourous se lèchent les bras et les tendent pour les faire sécher. Les éléphants agitent les oreilles ou s'aspergent d'eau.

Les animaux à sang chaud peuvent rester actifs même par les nuits les plus froides.

La vie à cent à l'heure

Les petits mammifères tels que l'écureuil volant perdent de la chaleur plus vite que les grands mammifères, parce que le rapport entre la surface de leur corps et son volume est plus élevé (les petits pois se refroidissent plus vite que les pommes de terre pour la même raison). Pour rester au chaud, les petits animaux passent le plus clair de leur temps à rechercher frénétiquement leur nourriture, et ont une espérance de vie de quelques années.

Une chauve-souris endormie peut sombrer dans un état appelé torpeur, et laisser chuter sa température.

Sang chaud ou sang froid ?

Certaines chauves-souris sont si petites qu'elles ne peuvent pas absorber assez de nourriture pour rester constamment au chaud. Au lieu de gaspiller leur énergie à générer de la chaleur pendant le repos, elles laissent leur température chuter jusqu'à celle de leur environnement. Ce mécanisme intervient dans l'hibernation, mais certaines espèces de chauves-souris peuvent y recourir quotidiennement. Lorsqu'elles se réveillent, elles doivent se livrer à un exercice vigoureux afin de se réchauffer assez pour voler à nouveau.

Ravitaillement

Certains animaux à sang froid peuvent survivre avec un seul repas par an, mais les mammifères doivent manger bien plus souvent. Les carnivores, tels que les ours polaires, tirent toute leur énergie de la viande, tandis que les herbivores, comme le nasique, se contentent de feuilles. La musaraigne est omnivore – elle mange aussi bien des aliments animaux que végétaux. Tous les mammifères ont des dents et un système digestif spécialisés afin d'extraire autant d'énergie que possible de leur nourriture.

La queue touffue sert aussi de couverture qui s'enroule autour du corps.

Le léopard des neiges a un sous-pelage laineux pouvant aller jusqu'à 12 cm d'épaisseur.

Manteaux de fourrure

La fourrure est vitale pour conserver la chaleur. Seuls les plus gros mammifères marins peuvent s'en passer, mais ils ont une couche de graisse isolante sous la peau. La fourrure a généralement 2 couches : une couche extérieure de longs « poils de couverture » drus, servant de protection, et une couche intérieure de sous-pelage doux pour conserver la chaleur.

La reproduction

Le mode de reproduction permet de distinguer 3 groupes principaux, de mammifères. Les monotrèmes pondent des œufs; il n'en existe que 3 espèces. Les marsupiaux portent leurs bébés dans une poche. Les mammifères placentaires – type le plus courant – portent leurs bébés à l'intérieur du corps, où ils s'alimentent à un organe appelé placenta. Certains mammifères ne produisent qu'un petit à la fois et prennent soin de lui pour lui donner de bonnes chances de survie. D'autres ont de nombreux petits et ne leur fournissent pas grand-chose d'autre que du lait. La majorité d'entre eux périt, mais quelques-uns parviennent à l'âge adulte.

Les guanacos prennent des poses évoquant la danse lorsqu'ils se font la cour.

Aliments pour bébés

Bien que les mammifères mâles aient des mamelons, seules les femelles produisent du lait (à une bizarre exception près: la chauve-souris frugivore de Dyak ou dyacoptère). Le lait est un mélange d'eau et de nutriments: protéines, graisses, glucides et vitamines. Il contient aussi des anticorps, qui protègent les petits des maladies. Son contenu varie énormément d'une espèce à l'autre. Le lait du lion de mer contient environ 50 % de graisses, ce qui permet aux bébés de doubler leur poids en quelques jours, mais le lait humain n'en contient que 4 %. Le lait de lionne est très sucré, ce qui fournit aux lionceaux l'énergie immédiate dont ils ont besoin pour jouer.

Les lionceaux dépendent du lait de leur mère jusqu'à l'âge de 3 mois environ.

Le jeu de la séduction

La reproduction commence par la cour. Il s'agit d'attirer un partenaire. Chez la plupart des espèces, ce sont les femelles qui choisissent, de sorte que les mâles doivent faire beaucoup d'efforts pour les impressionner. Souvent, les mâles tentent de prouver leur valeur en combattant des rivaux ou en conquérant un territoire. L'accouplement peut avoir lieu à un moment précis de l'année – la saison des amours – afin que les petits naissent quand la nourriture est abondante.

La femelle du tenrec donne naissance à des douzaines de petits. Ces derniers commencent à se reproduire à l'âge d'un mois à peine.

Multiplication rapide

Le tenrec commun (sorte de hérisson malgache) a plus de mamelles (29) et une portée plus nombreuse (jusqu'à 32) que tous les autres mammifères. En théorie, un seul individu pourrait en produire plusieurs millions en un an.

Les bébés gorilles se développent dans le ventre de la mère pendant environ 9 mois – comme les humains.

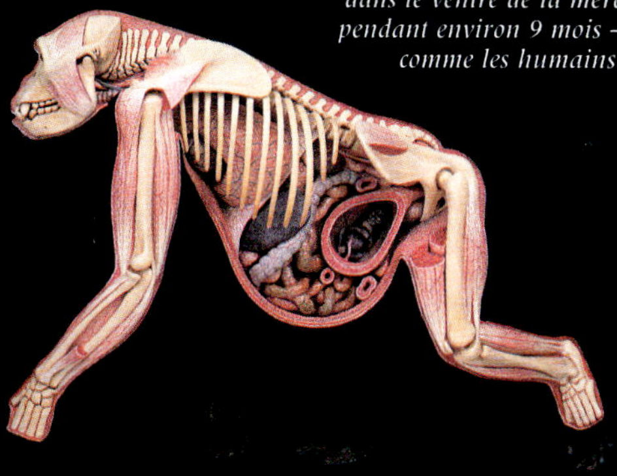

Mammifères placentaires

Les mammifères placentaires donnent à leurs petits de l'avance dans la vie en les laissant se développer jusqu'à un stade avancé dans le corps de la mère. Les bébés éléphants y passent 20 mois, et naissent si bien développés qu'ils peuvent courir quelques minutes après leur naissance. Avant la naissance, les placentaires sont nourris par un placenta, organe complexe dans lequel le sang du bébé et celui de la mère se croisent sans se mélanger.

Les échidnés ont le corps épineux comme celui d'un hérisson.

Monotrèmes

Ce sont les seuls mammifères à pondre des œufs. L'échidné les porte dans une poche, l'ornithorynque les dépose dans un nid. Les monotrèmes n'ont pas de mamelles – le lait de la mère se diffuse dans sa fourrure comme la sueur.

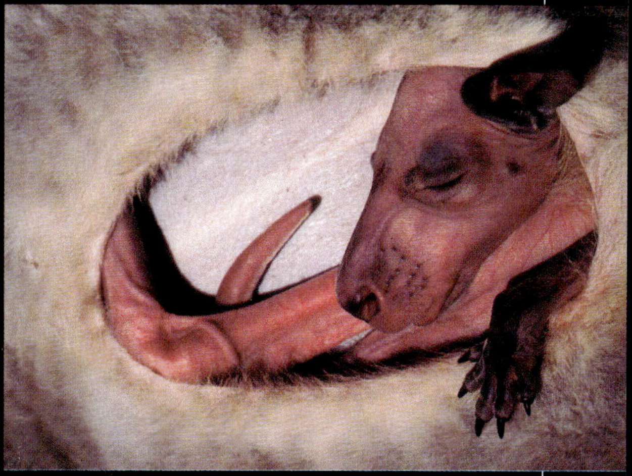

Marsupiaux

Les marsupiaux donnent naissance à des bébés en forme de ver, bien plus petits que les bébés des mammifères placentaires. Un kangourou nouveau-né a la taille d'un haricot et n'a même pas de pattes arrière. Après la naissance, les petits se faufilent à travers le pelage de la mère jusque dans une poche, où ils restent jusqu'à un an.

La croissance

La plupart des animaux abandonnent simplement leurs petits après la naissance. Les mammifères sont différents. Ils nourrissent leur descendance et prennent soin d'elle pendant les premiers temps périlleux de l'existence tout en lui transmettant de précieuses techniques pour survivre. Les bébés tortues font uniquement confiance à leur instinct lorsqu'ils sortent de l'œuf, tandis que les mammifères sont libres de jouer, d'explorer et de copier leurs parents – aspects essentiels de leur apprentissage. La protection des parents, associée à leur cerveau développé, est un des traits qui rendent les mammifères si efficaces et si adaptables. Elle est surtout importante chez les primates et en particulier chez l'homme – notre enfance dure plus longtemps que celle de tous les autres animaux.

Changement de forme

Un renardeau naît sans défense et aveugle, mais grandit rapidement et change de forme. À 2 semaines, ses yeux sont ouverts, à 4 semaines, il commence à sortir de la tanière pour explorer. Son museau, ses oreilles et ses pattes s'allongent régulièrement, et les bourrelets de graisse isolante de son corps disparaissent progressivement.

À 10 semaines, un renardeau a acquis ses couleurs d'adulte.

VIENT DE NAÎTRE — 2 SEMAINES — 4 SEMAINES — 8 SEMAINES — 10 SEMAINES

Sur son dos

Les bébés fourmiliers se déplacent pendant environ un an à se déplacer sur le dos de leur mère. C'est particulièrement important pour les fourmiliers arboricoles tels que les tamanduas, qui vivent dans les forêts d'Amérique du Sud et centrale. La mère tamandua fournit à son bébé un perchoir sûr jusqu'à ce qu'il soit assez grand pour prendre le risque de grimper seul.

Le tamandua pille les fourmilières situées dans les arbres et mange jusqu'à 9 000 fourmis par jour.

L'éléphant femelle allaite ses petits grâce à 2 seins situés entre ses pattes avant.

Parents protecteurs

La croissance d'un éléphant dure environ 17 ans. Pendant ses 10 premières années, l'éléphanteau est très lié à sa mère. Ils utilisent leurs trompes pour maintenir le contact physique.Les éléphants vivent en troupeaux uniquement constitués de femelles qui protègent collectivement tous les petits du groupe. Si une personne ou un animal s'approche trop,la meneuse du troupeau étend ses oreilles et charge tout en poussant des barrissements tonitruants par la trompe.

L'instinct du tueur

Les félins donnent parfois à leurs petits des proies vivantes pour qu'ils jouent avec. Cela nous paraît cruel, mais c'est un moyen important de développer les techniques dont ils ont besoin pour chasser. Les jeunes guépards s'entraînent à tuer des bébés gazelles, et apprennent à les renverser lorsqu'elles essaient de fuir.

Regarde maman

Ouvrir une noix avec des pierres est l'une des techniques les plus difficiles à maîtriser pour un chimpanzé. Les jeunes mettent des années à l'apprendre en observant leur mère et en se livrant eux-mêmes à des essais.

Boules de neige

Les jeunes mammifères sont très joueurs. Grâce au jeu, ils s'instruisent sur leur environnement et comment se battre, chasser ou échapper à leurs attaquants. Mais parfois, ils semblent jouer simplement pour s'amuser.

En hiver, les macaques japonais fabriquent de grosses boules de neige en les faisant rouler sur le sol, de la même manière que les enfants fabriquent la tête d'un bonhomme de neige.

PRIMATES PRIMITIFS

MAINS PRÉHENSILES, CERVEAU DÉVELOPPÉ et yeux situés en avant de la tête sont les traits distinctifs des primates – la branche de l'arbre généalogique des mammifères à laquelle appartient notre propre espèce. Les primates vivent dans toutes les forêts tropicales du monde, et la plupart sont arboricoles. Les singes sont les primates les plus célèbres, mais il existe beaucoup d'autres espèces plus petites qui sont moins connues. Alors que les singes ont tendance à être actifs le jour, leurs cousins plus petits sont surtout des animaux nocturnes et discrets, dotés de grands yeux pour voir dans l'obscurité et d'un long museau humide pour se diriger à l'odorat. Les scientifiques appellent ces mammifères les prosimiens, ou primates primitifs.

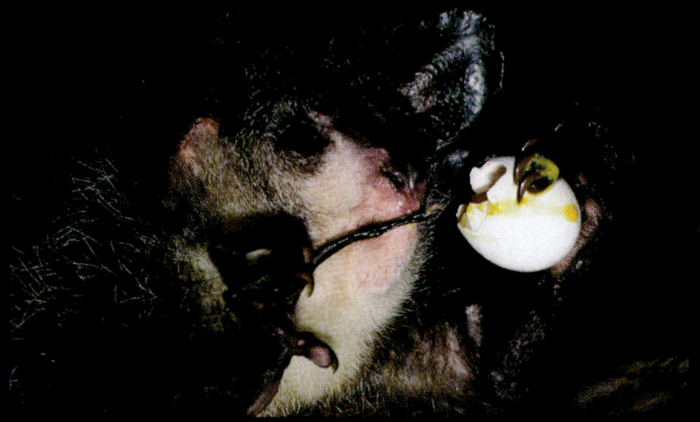

UN DOIGT EN FORME DE BRINDILLE
L'aye-aye est un type de lémurien dont le médius ressemble à une brindille. Après avoir grignoté un trou dans un tronc d'arbre pour y faire un trou, l'aye-aye y introduit son doigt et attrape les larves de coléoptères grâce une griffe acérée. Ce doigt sert aussi de cuiller pour vider noix de coco et œufs.

LÉMURIENS BONDISSANTS
L'île de Madagascar, près des côtes de l'Afrique, abrite un groupe de primates que l'on ne trouve nulle part ailleurs. Le sifaka est un type de lémurien qui se déplace par bonds. Il saute dans les arbres et se réceptionne debout sur les branches verticales, qu'il saisit avec les énormes pouces de ses pieds. Ses bras sont si courts que, lorsqu'il est au sol, il doit bondir comme sur un trampoline, les bras levés pour s'équilibrer.

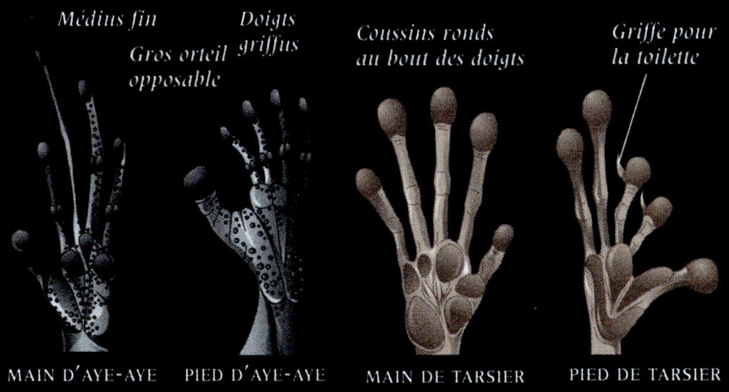

Les mains et les pieds

Les mains et les pieds des primates primitifs nous rappellent les nôtres. Ils ont des pouces et des gros orteils opposables – qui se plient en sens opposé des autres doigts et permettent aux primates de saisir les branches en grimpant. Les primates ont des ongles plutôt que des griffes, ce qui leur donne une meilleure prise et un meilleur toucher. Pour améliorer encore sa prise, le tarsier a d'énormes coussinets arrondis au bout des doigts.

Vision en 3D

Les 2 yeux des primates regardent vers l'avant – contrairement aux yeux situés latéralement des lapins ou des cervidés, par exemple. Les primates voient donc le monde 2 fois, mais avec 2 images légèrement différentes. En les combinant, le cerveau produit une image unique, en 3D, qui leur permet d'évaluer les distances.

Le loris d'Asie a des yeux particulièrement gros pour voir dans l'obscurité.

Pour marquer leur territoire, les galagos urinent sur leurs pieds et laissent une piste d'empreintes odorantes.

Bébés bondissants

Les galagos d'Afrique peuvent couvrir de grandes distances en quelques secondes par une rapide succession de bonds. Un peu comme les sifakas, ils se servent de leurs fortes pattes arrière pour sauter des arbres, puis gardent le corps à la verticale avant d'atterrir. Ces minuscules animaux nocturnes ont des réflexes étonnamment rapides et peuvent même attraper des papillons en plein vol tout en sautant.

Le maki catta aime prendre le soleil. Il s'installe assis au soleil, les bras écartés.

Batailles de boules puantes

La plupart des primates primitifs sont des solitaires nocturnes, au contraire du maki catta qui vit en groupes nombreux et s'active pendant la journée. Quand des groupes rivaux s'opposent, ils se livrent à une « bataille d'odeurs ». Les mâles frottent leur queue entre les glandes odorantes de leurs poignets, puis s'avancent les uns vers les autres, en agitant leur queue avec colère pour diffuser l'odeur. Cette bataille d'odeurs leur évite d'en venir aux coups.

SINGERIES

PEU D'ANIMAUX SONT AUSSI DISTRAYANTS que les plus grands acrobates de la nature : les singes. Ces grimpeurs agiles vivent dans toutes les régions tropicales, principalement dans les forêts. Contrairement aux timides primates nocturnes,ils forment des groupes animés et sont actifs le jour dans un monde bruyant et coloré. La vision en couleurs est leur sens le plus développé, et les aide à repérer feuilles et fruits mûrs en un coup d'œil. Les singes sont intelligents et adaptables. Leur cerveau ne les aide pas seulement à trouver leur nourriture, il est essentiel pour comprendre le tissu des relations dans la société des singes.

CHŒUR MATINAL
Chaque fois que le soleil se lève ou se couche sur les forêts d'Amérique centrale et du Sud, les singes hurleurs entament leur chœur assourdissant. Leurs rugissements sont parmi les plus bruyants de ceux que produisent des animaux terrestres, et s'entendent à des kilomètres à la ronde. Le chœur remplit le même rôle que les hurlements des loups – il avertit les singes des alentours de ne pas pénétrer sur le territoire du groupe.

Les tamarins ont des coiffures extravagantes qui vont de la crinière flamboyante à la crête d'Iroquois blanche.

Singes miniatures

Les tamarins sont de minuscules singes qui volettent dans les arbres du Brésil, et gazouillent nerveusement tout en trottinant sur les plus fines brindilles à la recherche d'insectes et de fruits. Les tamarins donnent toujours naissance à des jumeaux. Les bébés se déplacent sur le dos des adultes mais ne cessent de sauter d'un adulte à l'autre. Parfois, ils se massent tous ensemble sur leur porteur favori.

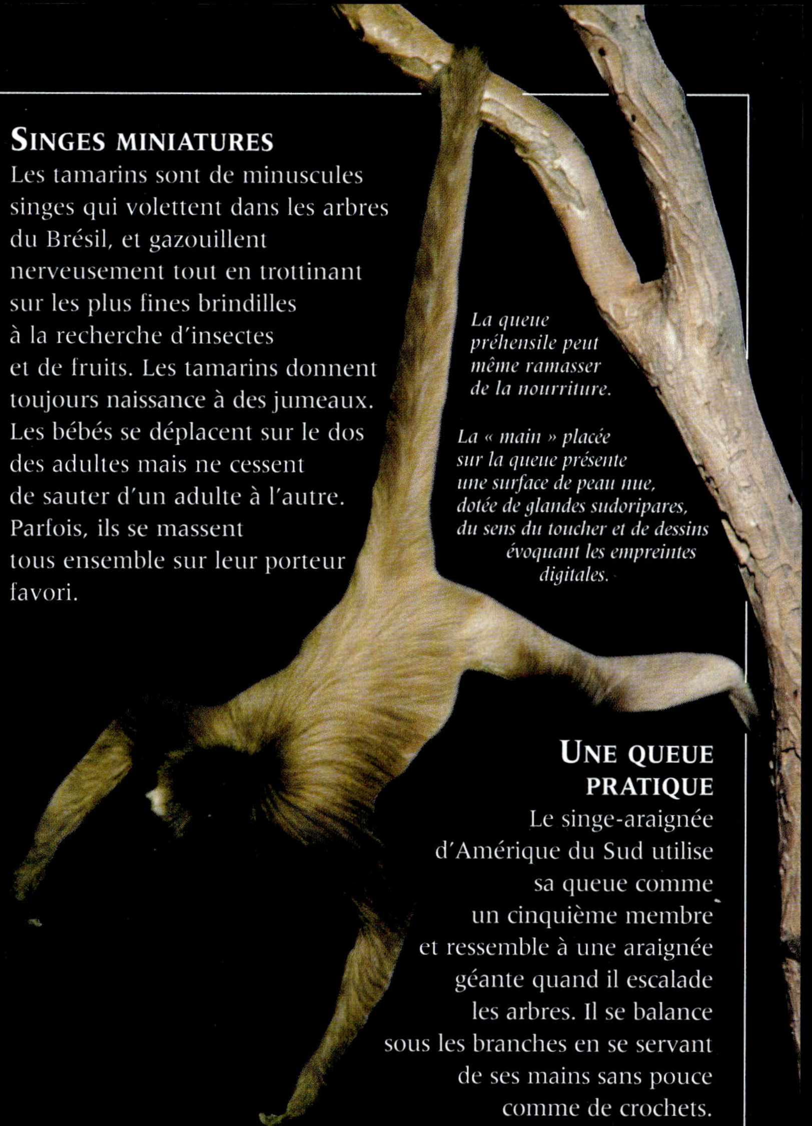

La queue préhensile peut même ramasser de la nourriture.

La « main » placée sur la queue présente une surface de peau nue, dotée de glandes sudoripares, du sens du toucher et de dessins évoquant les empreintes digitales.

Une queue pratique

Le singe-araignée d'Amérique du Sud utilise sa queue comme un cinquième membre et ressemble à une araignée géante quand il escalade les arbres. Il se balance sous les branches en se servant de ses mains sans pouce comme de crochets.

Trouver la nourriture

Le sapajou (singe-écureuil) d'Amérique du Sud est constamment à l'affût de nouvelles sources de nourriture. Rusé et plein de ressources, il mange n'importe quoi, des fleurs et fruits aux insectes et aux araignées. Parfois il suit des singes plus grands pour dérober leurs restes. Comme presque tous les singes, il utilise ses mains et sa bonne vue pour inspecter tout ce qu'il mange.

Hors des forêts

La plupart des singes vivent dans les arbres, mais certains se sont adaptés à la vie au sol. Les babouins ont effectué cette transition vers la même époque que nos ancêtres, quand les forêts tropicales d'Afrique ont commencé à se changer en prairies. Comme les humains, ils ont appris à chasser. Bien qu'ils mangent surtout de l'herbe et des racines, creusant avec des mains semblables aux nôtres, ils tuent et mangent aussi de jeunes gazelles.

Ciment social

Les babouins hamadryas vivent en troupes nombreuses (jusqu'à 1 000 individus). Leur ciment social est la toilette : ils passent des heures à caresser et peigner la fourrure de leurs congénères. La toilette déclenche dans le cerveau l'émission de produits chimiques appelés endorphines, qui induisent une sorte de transe relaxante. Parfois, les singes s'en trouvent si détendus qu'ils tombent à la renverse et s'endorment.

LES GRANDS SINGES

LES GRANDS SINGES SE TIENNENT plus droit que les autres singes et n'ont pas de queue. Ils grimpent d'une manière différente, utilisant leurs immenses bras pour se hisser dans les arbres et se suspendre aux branches. Ils ont un plus gros cerveau et sont plus intelligents. Ils peuvent se manipuler et se tromper mutuellement, se reconnaître dans un miroir, et apprendre à utiliser toutes sortes d'outils.

MENDIE SA NOURRITURE

PEUR OU EXCITATION INTENSE

RICTUS APEURÉ

CONTEMPLATIF

GRIMACES

Bien que les grands singes n'aient pas un langage aussi complexe que le nôtre, ils peuvent communiquer de manière sophistiquée. Les chimpanzés d'Afrique émettent au moins 30 appels différents et donnent parfois des coups de pied dans les racines géantes des arbres de la forêt tropicale pour produire des bruits retentissants qui portent très loin. Ils communiquent aussi par des expressions faciales plus variées que celles de tout autre animal. Certaines sont le contraire des nôtres – montrer les dents en souriant est un signe de peur chez le chimpanzé.

AIMABLES GÉANTS

Les gorilles sont les plus gros des primates et peuvent peser jusqu'à 210 kg. Malgré leur image effrayante, ce sont de placides herbivores qui passent leurs journées à mâcher des feuilles dans les montagnes et les forêts tropicales d'Afrique centrale. Ils se déplacent en cherchant leur nourriture, ne prenant que quelques feuilles sur chaque plante, afin de ne pas détruire leur source de nourriture.

LA TROUSSE À OUTILS DU CHIMPANZÉ

La capacité qu'a le chimpanzé de se servir d'outils nous rappelle que ces singes sont nos proches cousins. Ils se servent de bâtons pour attraper les termites, de pierres pour casser les noix, de feuilles en guise d'éponges et de tissu, et de toutes sortes de plantes comme médicaments. Un chimpanzé en captivité a même appris à allumer un barbecue et à faire cuire ses saucisses !

Tous les grands singes marchent sur les plantes de leurs pieds et les phalanges de leurs mains.

Les groupes sociaux des gorilles sont dominés par d'énormes mâles au poil argenté appelés « silverbacks », qui s'accouplent avec toutes les femelles.

Un gibon peut se tourner à 360° en étant suspendu par une main.

Chanter en se balançant

Les gibbons se balancent d'arbre en arbre avec une agilité à couper le souffle, en se servant de leurs mains comme de crochets. Leurs poignets et épaules sont si souples qu'ils peuvent faire un tour complet autour de l'axe de leur bras. Ils vivent en couples monogames. Certains chantent des duos obsédants pour annoncer leur engagement.

Mûrissement lent

Les jeunes orangs-outangs passent jusqu'à 10 ans avec leur mère. Ils grandissent lentement car ils ont besoin d'apprendre de nombreuses techniques complexes pour survivre. Ces aimables animaux vivent dans les forêts humides de Bornéo et de Sumatra, et sont menacés par la déforestation.

PUISSANCE CÉRÉBRALE

LES MAMMIFÈRES FONT LES MEILLEURS ANIMAUX DE COMPAGNIE. Tandis que serpents et oiseaux apprivoisés doivent être mis en cage pour leur propre bien, chats et chiens sont assez malins pour être laissés en liberté. Les mammifères, en général, ont un cerveau plus gros que les autres animaux (mais il existe plusieurs exceptions). Ils ont une meilleure mémoire, apprennent plus vite, et peuvent adapter leur comportement à des situations nouvelles. Les plus intelligents manifestent même un embryon de capacités autrefois considérées comme uniquement humaines, dont l'emploi d'outils et les prémices d'un langage.

LES FICELLES DU MÉTIER
Comme le savent tous les propriétaires de mangeoires pour oiseaux, les écureuils sont d'ingénieux acrobates. Dans leur quête de nourriture, ils peuvent franchir pratiquement n'importe quel obstacle, même si cela implique de parcourir un fil à linge la tête en bas. Ils ont également une mémoire étonnante. En automne, les écureuils gris amassent des milliers de noix pour l'hiver, enterrant chacune d'elle individuellement et mémorisant sa situation.

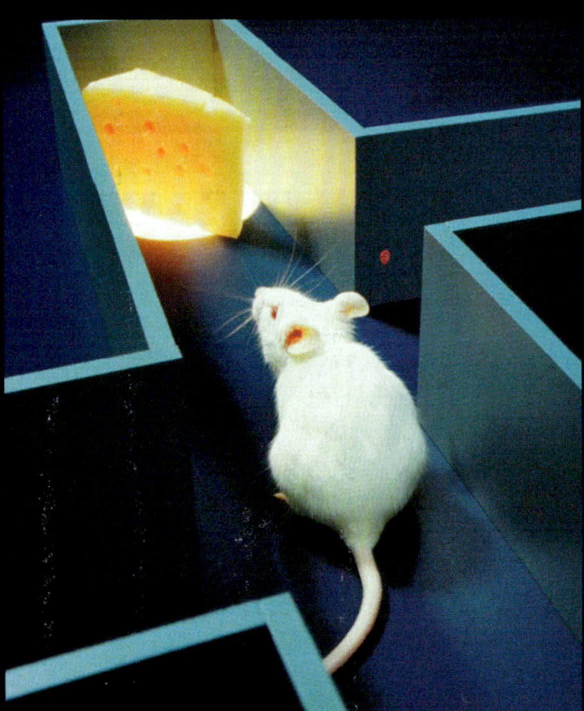

TROUVER SON CHEMIN
Comme de nombreux mammifères, le rat trouve son chemin en mémorisant la position de points de repère. Il peut apprendre à sortir d'un labyrinthe et se souvenir parfaitement du chemin. Dans la nature, les rats utilisent l'odorat en plus de la vision pour construire une carte mentale de points de repère. Celle-ci est à ce point ancrée dans leur cerveau, qu'un rat continuera de sauter par-dessus un obstacle mémorisé, même après que celui-ci a été ôté.

Les grands dauphins sont des animaux curieux et joueurs. Ils jouent parfois avec les plongeurs humains ou bondissent hors de l'eau pour s'amuser.

La loutre de mer se nourrit de palourdes, d'oursins, de crabes et d'ormeaux pêchés au fond de la mer.

Utilisateurs d'outils

L'emploi d'outils était autrefois considéré comme spécifiquement humain, mais nous savons maintenant que de nombreux autres animaux en utilisent. La loutre de mer se sert d'une pierre comme enclume. Elle plonge au fond de la mer pour y pêcher des crustacés, et revient à la surface pour les manger. Flottant sur le dos, elle place la pierre sur son ventre et cogne les crustacés dessus pour les ouvrir.

Fabricants d'outils

Non seulement orangs-outangs et chimpanzés utilisent des outils, mais ils en fabriquent. Ils se servent de brindilles spécialement préparées pour attraper fourmis et termites, et sont experts dans la fabrication d'un nid : pour leurs nuits de sommeils, ils construisent une plate-forme dans les arbres en assemblant des branches. S'il pleut, l'orang-outang ajoute un toit à son nid ou se sert de feuilles géantes en guise de parapluie.

Singes parlants

Les grands singes ne seront jamais capables de nous parler, car leur larynx ne peut produire des sons humains. Les scientifiques ont donc essayé d'apprendre à nos plus proches parents – chimpanzés et bonobos – à communiquer par le langage des signes ou par symboles. Jusqu'à présent, le plus doué a été un jeune bonobo nommé Kanzi, qui a assimilé plusieurs centaines de «mots» en observant comment sa mère adoptive utilisait des symboles. Kanzi a ensuite construit des phrases courtes, mais n'a progressé que jusqu'au niveau d'un enfant de 2 ans.

Kanzi le bonobo parle à sa dresseuse en lui indiquant les symboles sur un tableau.

SUR PIED

IL Y A LONGTEMPS, LES ANCÊTRES DES ONGULÉS (mammifères à sabots) avaient des pieds proches des nôtres. Avec le temps, leurs ongles se sont transformés en sabots, le talon est remonté jusqu'au milieu de la jambe, et ces animaux ont fini par marcher gracieusement sur la pointe des pieds. Dans certaines espèces, tous les orteils, sauf celui du milieu, se sont totalement atrophiés. Ces changements ont donné aux ongulés la vitesse nécessaire pour échapper aux carnivores. Aujourd'hui, ces coureurs endurants constituent l'un des groupes de mammifères les plus nombreux et les plus efficaces sur Terre.

BATAILLE DE MÂLES

Les ongulés sont essentiellement herbivores, mais ils peuvent se montrer tout aussi violents et agressifs que n'importe quel carnivore. Les batailles entre mâles sont courantes, surtout quand l'enjeu est le droit de s'accoupler avec tout un troupeau de femelles. Les zèbres des plaines africaines vivent en harems – des groupes de femelles appartenant à un seul étalon. À la saison des amours, le mâle est défié par des rivaux déterminés à lui voler son harem. Morsures et coups de sabot frénétiques peuvent laisser l'un des opposants mortellement blessé.

Toutes lèvres retroussées, les zèbres, en combattant, s'entre-déchirent avec leurs dents.

Herbivores

Certains ongulés broutent les plantes basses telles que l'herbe, tandis que d'autres mâchent les feuilles d'arbres et d'arbustes, se spécialisant souvent dans les végétaux situés à une hauteur particulière. Le gérénuk, ou gazelle de Waller, monte plus haut que la plupart des antilopes quand il se dresse sur ses pattes arrière.

Naissance sur pied

Juste après la naissance, le petit du gnou est une proie facile pour les prédateurs. Cependant, le nouveau-né est capable de se lever quelques minutes après sa naissance et de courir avec le troupeau en moins d'une heure. Pour plus de sécurité, toutes les femelles d'un troupeau mettent bas pendant la même période de 3 semaines; il y a alors bien trop de petits pour que les prédateurs les tuent tous.

La mère donne naissance au petit debout. Elle mange le placenta et lèche le bébé pour l'éveiller. Pendant cette période de danger extrême, les mères gnous se montrent férocement protectrices et chargent avec colère tout spectateur curieux.

Une bouchée d'herbe met environ 80 heures à traverser le corps d'un ruminant tel que cette vache des Highlands.

Pair et impair

On distingue 2 groupes principaux d'ongulés, selon leur nombre d'orteils. Chez les périssodactyles (nombre de doigts impair) tels que rhinocéros et chevaux, le poids repose sur le doigt central. Chez les artiodactyles (nombre de doigts pair) tels que le chameau, une paire de doigts porte l'essentiel du poids.

Rumination

La végétation est difficile à digérer, de sorte que certains ongulés la mangent 2 fois. La bouchée d'herbe commence par aller dans un compartiment spécial de l'estomac appelé, panse. Plus tard, l'animal régurgite l'herbe partiellement digérée, pour la mâcher puis l'avaler à nouveau. Ce type de digestion, appelé rumination est lent mais efficace.

Les stries évitent que les cornes ne glissent lors d'un affrontement.

L'impala est l'un des herbivores les plus courants d'Afrique. Seul le mâle a des cornes.

Cornes et bois

Cornes ou bois permettent aux ongulés de régler leurs différends sans en venir à l'effusion de sang. En mêlant leurs cornes et en poussant, les rivaux déterminent rapidement lequel est le plus fort, tout en évitant d'être blessés.

Grâce à son cou la girafe atteint des feuilles inaccessibles aux autres animaux.

GÉANTS TERRESTRES

LA TAILLE EST LA MEILLEURE DÉFENSE. Éléphants, rhinocéros, girafes et hippopotames sont trop gros pour être attaqués, même par une troupe entière de lions – mais des prédateurs rusés réussissent parfois à faire trébucher les girafes et à les tuer en les poursuivant sur un sol rocailleux. Les petits de ces herbivores géants sont bien plus vulnérables, mais leurs parents sont très protecteurs. Éléphants, rhinocéros et hippopotames chargent, des centaines de personnes par an, généralement pour protéger leurs petits.

LA GIRAFE

Plus grand animal vivant, la girafe peut atteindre 6 m de haut. Les girafes ont des jambes et un cou si longs qu'elles semblent se déplacer au ralenti lorsqu'elles galopent.

L'HIPPOPOTAME

Les hippopotames passent les heures chaudes du jour à se reposer dans les lacs et les rivières, où ils défèquent continuellement pour marquer leur territoire. La nuit, ils vont sur la terre ferme pour manger de l'herbe.

L'ÉLÉPHANT D'AFRIQUE

L'éléphant d'Afrique mâle est le plus gros animal terrestre ; il pèse jusqu'à 6 tonnes. Le plus gros éléphant connu était un éléphant mâle d'Angola, tué par un chasseur en 1955. Il mesurait 4 m de haut et pesait le poids incroyable de 11 tonnes – aussi lourd que 150 hommes.

Les éléphants sauvages vivent en troupes menées par les femelles. Les énormes mâles adultes mènent une existence essentiellement solitaire.

LES 5 PLUS GROS

Les 5 plus gros animaux terrestres sont les mâles adultes des espèces indiquées à droite. Les mâles sont généralement plus gros que les femelles parce qu'ils doivent se combattre pour mériter une compagne. Même le plus léger de ces animaux – la girafe – pèse autant que 30 hommes.

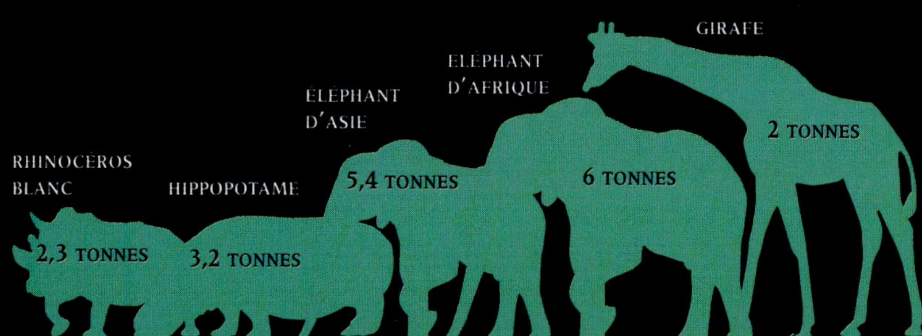

LE RHINOCÉROS NOIR

Un rhinocéros qui charge n'est pas seulement terrifiant – il est plus rapide qu'un coureur olympique et d'une agilité surprenante. Pourtant, rapidité et force ne font pas le poids face aux balles, et le rhinocéros est si myope qu'un braconnier peut s'avancer jusqu'à lui sans être vu. Il reste moins de 3 000 rhinocéros noirs sur Terre. L'espèce devenant plus rare, leurs précieuses cornes se vendent de plus en plus cher et sont utilisées pour des médicaments chinois et comme manches de dagues arabes.

LE RHINOCÉROS BLANC

Rhinocéros noir et blanc sont, en fait, tous 2 gris. Le nom de « rhinocéros blanc » vient du mot afrikaans « *weit* », qui signifie large. Le rhinocéros blanc a de larges lèvres pour manger l'herbe, tandis que le noir a des lèvres crochues pour manger les brindilles.

VOYAGES EXTRAORDINAIRES

LES CHIENS PERDUS sont bien connus pour leur don étonnant qui leur permet de retrouver le chemin de leur foyer à des kilomètres. Leur capacité instinctive à se diriger est un talent partagé par les grands voyageurs du monde des mammifères. Chiens sauvages et oryx, par exemple, sont d'infatigables nomades qui passent leur vie à chercher de la nourriture. Rennes et gnous se déplacent avec les saisons, s'embarquant pour des voyages épiques appelés migrations. Leurs troupeaux semblent posséder une sagesse collective qui leur indique quand partir et où aller. La manière dont les mammifères migrateurs trouvent leur chemin reste assez mystérieuse. Peut-être suivent-ils le Soleil et les étoiles, les champs magnétiques, ou des odeurs et points de repère distants.

Au cours de leur voyage, les rennes se nourrissent de lichen enterré sous la neige.

LE TOUR DU SERENGETI

Un des plus grands spectacles au monde se produit dans les prairies du Serengeti, en Afrique orientale, où jusqu'à 2 millions de gnous migrent chaque année en décrivant un grand cercle, suivant les pluies saisonnières en quête de nouveaux pâturages. La traversée des rivières infestées de crocodiles rend ce voyage particulièrement périlleux.

Pendant la migration au Serengeti, les crocodiles se rassemblent autour des gués du fleuve Mara. Seuls leurs yeux dépassant de l'eau, ils s'approchent silencieusement des gnous et attendent le bon moment pour bondir sur leurs proies.

Si le troupeau se sépare, ses membres se retrouvent en suivant les empreintes.

Nomades du désert

Les oryx d'Arabie vagabondent sans fin à la recherche de plantes à manger, parcourant jusqu'à 30 km chaque nuit, quand la chaleur est moins étouffante. Ils ont été chassés jusqu'à l'extinction, mais quelques-uns ont survécu dans des zoos.
Dans les années 1980, des scientifiques ont relâché des animaux captifs dans le désert. Quelques centaines y survivent à l'état sauvage.

Les baleines grises suivent la côte et vérifient leur direction en faisant des sauts de reconnaissance.

La tête de la baleine s'élève à la verticale, puis s'enfonce lentement dans l'eau.

Le long des côtes

Chaque printemps, les baleines grises partent pour la plus longue migration de tous les mammifères. Elles quittent leurs zones de reproduction hivernale dans les eaux subtropicales de Basse-Californie, au Mexique, idéales pour les jeunes baleineaux qui n'ont pas assez de graisse pour affronter les eaux froides. Elles parcourent les 10 000 km qui les séparent de l'océan Arctique, où elles restent jusqu'à ce que l'eau se couvre de glace.

Explorateurs arctiques

Depuis des milliers d'années, les rennes (appelés caribous en Amérique du Nord) migrent vers le Nord avec l'été arctique. Mais de nos jours leurs troupeaux sont souvent accompagnés d'hommes de l'Arctique, tels que les Samis de Scandinavie et de Russie. Les Samis, propriétaires des troupeaux, les dirigent depuis des traîneaux, mais les rennes ne font en réalité que ce que leur dicte l'instinct. Les rennes sont les seuls cervidés dont les 2 sexes ont des bois. Ils ont également des sabots nettement fendus, qui s'étalent comme des raquettes.

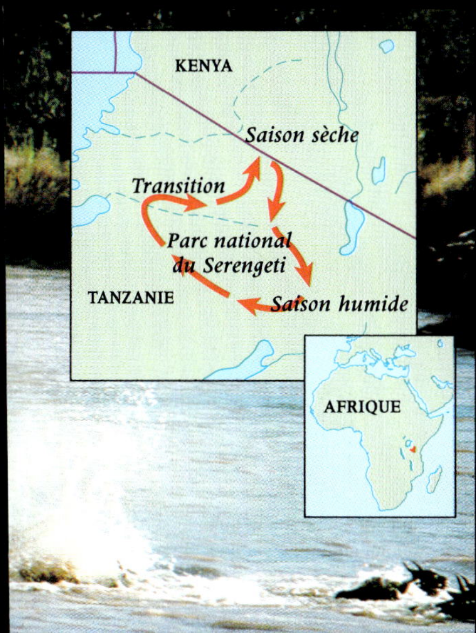

En fuite

Pour les lycaons d'Afrique, la chasse est étroitement liée au voyage. Une meute couvre d'énormes distances chaque jour, et a besoin pour survivre d'un territoire qui s'étend sur près de 2 000 km^2, pour survivre. Les lycaons épuisent de gros animaux en les pourchassant, mordant l'animal au ventre dès qu'il ralentit.

La famille des félins

Les félins sont les carnivores les plus spécialisés de la création, bâtis pour vivre d'un régime constitué essentiellement de viande. Les 37 espèces existantes sont d'impitoyables machines à tuer, puissamment armées et programmées pour chasser avec ruse et discrétion. Les chats domestiques et leurs cousins sauvages ont plus en commun qu'on ne pourrait le supposer. Ils partagent les mêmes griffes rétractiles, ont une vision nocturne et de dangereuses canines. Comme les chats domestiques, les félins sauvages sont capables de bondir silencieusement, d'atterrir sur leurs pattes quand ils tombent et de ronronner lorsqu'ils sont satisfaits.

Des griffes pour grimper

Comme presque tous les félins, le léopard a des griffes acérées qui, parce que rétractiles, restent aiguisées. La plupart des félins vivent dans les forêts et sont de bons grimpeurs, même s'il leur est plus aisé de monter que de descendre ! Leur pelage tacheté leur sert de camouflage dans la lumière mouchetée des forêts.

Une charpente puissante

Les félins sont des prédateurs embusqués, profilés pour suivre leur proie en silence puis attaquer avec une puissance soudaine. Alors que les chiens sont grands et athlétiques pour courir sur de longues distances, les félins ont une charpente plus robuste et plus puissante, mais sont également lestes et agiles. Leurs pattes musculeuses sont faites pour bondir et grimper. Leur museau, plus court que celui des chiens, et leurs mâchoires massives leur permettent d'infliger une morsure fatale.

SQUELETTE DE TIGRE

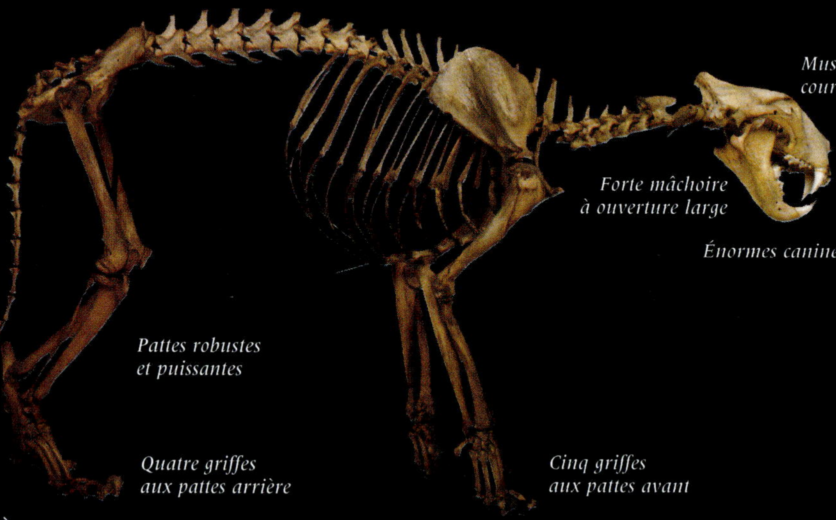

La portée d'un félin compte en général 2 ou 3 bébés.

Soins aux petits

Les femelles sont des mères attentives. Elles cachent leurs petits dans une tanière lorsqu'elles s'éloignent et les appellent pour les saluer à leur retour. Si la tanière s'avère peu sûre, la mère trouve rapidement un nouveau site et y porte les bébés, un par un, en les tenant par la peau du cou.

Un lionceau se relâche lorsqu'il est pris par la peau du cou.

VISION NOCTURNE

VISION DIURNE

Vision nocturne

Les félins sont des créatures nocturnes. Ils ne voient pas autant de couleurs que nous, mais leurs yeux sont 6 fois plus précis dans l'obscurité. Une couche réfléchissante située derrière la rétine accroît leur sensibilité à la lumière. Selon l'espèce, les pupilles se réduisent à des points ou à des fentes à la lumière du jour, mais s'ouvrent la nuit pour former des disques noirs.

Les yeux d'un lion luisent dans l'obscurité, car ils contiennent une couche réfléchissante appelée tapetum.

ÉLINS SOCIABLES

es félins sont renommés pour leur caractère solitaire, mais certains sont lus amicaux que d'autres. Les guépards mâles forment souvent de petits roupes, probablement parce que cela les aide à s'approprier le territoire 'autres guépards. Les lions vivent en groupes nombreux appelés troupes, même les chats domestiques errants peuvent être ociables. Ils élèvent parfois leurs petits dans es tanières communes, les mères se relayant our allaiter tous les petits à la fois.

PUMA BONDISSANT

Les félins bondissent avec agilité. Bondir leur sert à surprendre une proie et à sauter dans les arbres pour y trouver refuge. Le chat domestique peut grimper sur une clôture avec une aisance qui défie la gravité.

ATTERRISSAGE EN DOUCEUR

Les félins atterrissent sur leurs pattes quand ils tombent. Le cou se tourne jusqu'à ce que la tête soit à l'horizontale. Puis le reste du corps suit. Les pattes avant se tendent et absorbent l'impact de l'atterrissage.

La tête se retourne la première.

Le reste du corps suit rapidement.

Les pattes avant touchent le sol avant les pattes arrière.

TUEURS-NÉS

UNE VIE DE CHASSEUR n'exige pas seulement une grande force et des armes mortelles, mais aussi ruse, pratique et adaptabilité. Un félin chasse en général seul et la nuit, recourant à un mélange de discrétion et de patience. Les félins sont fascinés par leurs proies et passent de nombreuses heures à étudier leurs faiblesses. Ils chassent et tuent aussi pour le plaisir, tout en perfectionnant leurs talents. En grandissant, la plupart deviennent experts dans la capture de types particuliers d'animaux, mais ce sont des opportunistes, qui tuent tout ce qu'ils peuvent manger – y compris des êtres humains.

LA FILATURE
La chasse commence par une filature. L'objectif consiste à se rapprocher suffisamment de la proie pour lancer une attaque surprise. Le tigre exploite la couverture offerte par les hautes herbes pour progresser sans être vu. Les yeux fixés sur sa victime, il s'en approche quand celle-ci regarde ailleurs. Le silence étant crucial, il tâte le sol de ses pattes avant de déplacer son poids. Des coussinets mous sur les pattes étouffent le bruit de ses pas.

LE BOND
Une filature se termine par un bond. Guidé uniquement par son ouïe, un serval peut filer dans l'air sur 4 m pour tomber précisément sur le dos de sa proie. La violence du choc brise souvent l'épine dorsale de la victime.

ARMÉ JUSQU'AUX DENTS
Les énormes canines ne servent pas à déchirer la viande, mais à capturer et à tuer. La plupart des félins immobilisent leur proie en la suffoquant par une morsure à la gorge. Avec les canines d'un lion profondément enfoncées dans la gorge, il faut être bien fort pour espérer se dégager. Sinon, une morsure bien placée disloquera la colonne vertébrale, coupant la moelle épinière et paralysant immédiatement le corps de la victime.

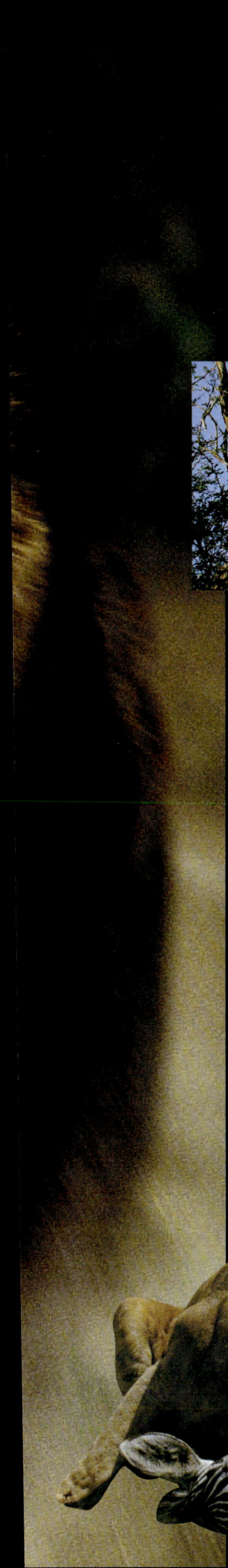

Record de vitesse

Contrairement aux autres félins, le guépard court à grande vitesse pour attraper sa proie. C'est le plus rapide des animaux terrestres, capable d'atteindre 105 km/h lorsqu'il s'élance après les rapides gazelles. Il les abat en les faisant trébucher d'un coup de patte sur leur arrière-train.

Le guépard ne peut courir à vitesse maximale qu'environ 20 secondes avant de risquer un coup de chaud.

Stockage de la nourriture

Pour le léopard, attraper sa proie ne constitue que la moitié du travail. Pour protéger son butin des lions et des hyènes, il doit accomplir la tâche épuisante qui consiste à hisser sa victime dans un arbre. Une fois la proie soigneusement cachée, le léopard peut se nourrir pendant plusieurs jours en prenant son temps.

Un lynx attrape adroitement un rat musqué.

Réflexes en action

Des réactions rapides comme l'éclair sont essentielles pour attraper des proies petites et vives. Le lynx n'a aucun mal à attraper rats musqués, lièvres et lapins lorsqu'ils bondissent sur la neige. Sa stratégie est simple : déséquilibrer l'animal d'un coup pour prendre l'avantage, puis l'agripper solidement en enfonçant ses griffes dans la peau.

Travail d'équipe

Les lions recourent au travail d'équipe pour abattre des animaux bien plus gros qu'eux. En travaillant de concert, ils peuvent vaincre gnous, zèbres ou buffles adultes. Souvent, au cours de la chasse, ils se dispersent, encerclant la proie pour l'empêcher de s'échapper. Dès qu'un membre de la troupe l'a saisie, les autres bondissent sur le dos de la victime et se servent de leur poids pour l'abattre.

LA PEAU DE L'OURS

LES OURS NE CONSTITUENT QU'UNE PETITE BRANCHE de la famille des mammifères, avec seulement 8 espèces, mais tranchent par leur taille et leur personnalité. C'est l'intelligence et la curiosité d'un chien dans un corps extrêmement puissant. Les ours du Grand Nord atteignent des proportions impressionnantes lorsqu'ils engraissent pour une hibernation, ce qui peut durer plus de 6 mois. Sous certains aspects, les ours nous ressemblent. Ils peuvent se tenir sur leurs pattes arrière, grimper dans les arbres (bien que maladroitement) et la plupart sont omnivores – ils mangent aussi bien végétaux qu'animaux.

UN RÉGIME VARIÉ

Le grizzly mange n'importe quoi: herbe, feuilles, racines, baies, noix, miel, insectes, poissons, coquillages, souris, écureuils, moutons et même élans. Trouver une nourriture aussi variée exige un esprit curieux de tout et une bonne mémoire. Le grizzly dresse une carte mentale de son vaste territoire et semble savoir exactement où trouver le meilleur choix de nourriture à tout moment de l'année.

BAIES

MIEL

La nourriture sucrée telle que baies et miel aide le grizzly à engraisser pour l'hiver. C'est une des seules espèces de mammifères capables de passer plus de 6 mois sans se nourrir.

L'ours des cocotiers du Sud-Est asiatique utilise sa langue d'une longueur inhabituelle pour attraper miel et insectes dans les trous des arbres. Il a également de très longues griffes pour grimper.

LE CORPS DE L'OURS

L'ours a une carrure lourde et arrondie, des jambes épaisses et presque pas de queue. Son museau est long, évoquant celui d'un chien, et son odorat excellent. Bien qu'ils mangent beaucoup de végétaux, la plupart des ours ne les digèrent pas bien – parfois, leurs excréments contiennent des baies qui semblent avoir été fraîchement cueillies.

DENTS

L'ours a d'énormes canines, mais moins de dents pointues que félins ou canidés.

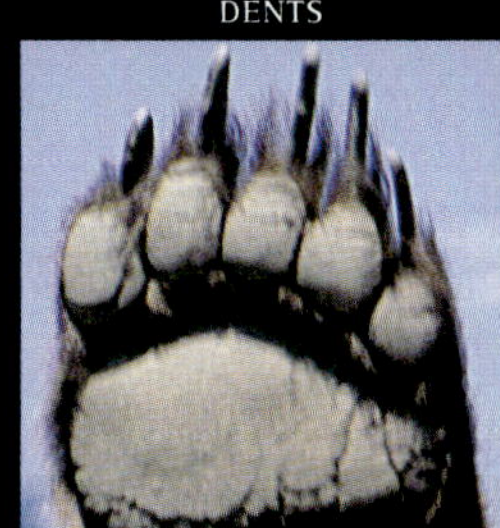

PATTE

Chaque pied a 5 griffes, utilisées pour creuser, grimper et déchirer la nourriture.

Ours des bambous

Le régime du panda géant est essentiellement constitué de bambou. Les forêts de bambous mettent 30 à 40 ans pour pousser, après quoi tous les plants fleurissent ensemble et meurent. La survie des pandas dépend donc des quelques forêts qui subsistent en Chine. En 1974, près de 200 pandas sont morts dans la réserve de Wangland après la floraison des bambous.

Roi des glaces

Le plus gros et le plus dangereux des ours est l'ours polaire, qui ne se nourrit que de viande – y compris, en de rares occasions, de chair humaine. L'ours polaire est un animal marin. Il rôde sur la surface gelée de l'océan Arctique, chassant phoques et morses. C'est un excellent nageur, capable de parcourir des kilomètres dans l'eau glacée.

Pêche en eau vive

Pendant la saison du saumon en Alaska, les grizzlys pataugent dans les rivières et attrapent les saumons en migration qui bondissent au-dessus des rapides. Certains ours se contentent d'ouvrir la gueule et d'y laisser sauter le saumon. D'autres sortent les poissons de l'eau d'un vif coup de patte. Un grizzly peut consommer 40 kg de poisson par jour, ne mangeant souvent que la cervelle et les œufs, et rejetant le reste.

LA FAMILLE DES CANIDÉS

LE CHIEN DOMESTIQUE est peut-être le meilleur ami de l'homme, mais les canidés sauvages sont des carnivores violents. Chiens, renards et chacals sont également très intelligents et adaptables, capables de vivre en groupes ou de s'adapter à la vie solitaire. Nombre d'entre eux chassent en meute ; leur vie sociale est dominée par un code de conduite rigide et une hiérarchie stricte. D'autres plus solitaires, recourent à leurs sens développés et à la ruse pour attraper tout ce qu'ils peuvent.

CHASSEURS ET CHAROGNARDS

Les canidés sont de grands opportunistes. Ces chasseurs peuvent se convertir en charognards. En Afrique, les chacals à dos noir se nourrissent des restes laissés par lions et guépards, quitte à devoir disperser un groupe de vautours. Ils risquent également leur vie pour voler des morceaux à des lions en train de se nourrir.

SQUELETTE D'UN LOUP GRIS

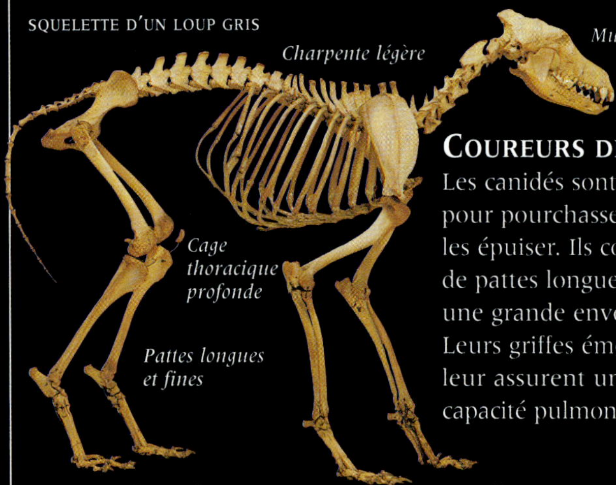

COUREURS DE FOND

Les canidés sont des athlètes naturels, bâtis pour pourchasser leurs proies jusqu'à les épuiser. Ils courent sur la pointe de pattes longues et fines, ce qui donne une grande envergure à leur foulée. Leurs griffes émoussées et non rétractiles, leur assurent un appui ferme. Leur grande capacité pulmonaire leur évite de s'essouffler.

DES SENS AIGUISÉS

La plupart des canidés ont un odorat jusqu'à un million de fois plus sensible que le nôtre. Le renard à oreilles de chauve-souris d'Afrique ajoute à la sensibilité de son nez d'énormes oreilles orientables, capables de déceler le bruissement, sous la terre des termites et des bousiers.

Les canidés peuvent déterminer la force de leurs rivaux et la taille de la meute d'après l'intensité et la profondeur des hurlements.

COYOTE HURLANT

Les hurlements plaintifs d'un coyote avertissent les rivaux de rester à distance. Si ses rivaux ne sont pas impressionnés, le hurleur peut attaquer. Plus pacifiquement, il asperge les limites de son territoire d'urine odorante.

Pendant la chasse, les canidés mordent la victime au ventre pour l'éventrer et l'affaiblir.

UN REPAS FRÉNÉTIQUE

En s'associant, les lycaons d'Afrique peuvent abattre des proies jusqu'à 10 fois plus grosses qu'eux. Comme les loups, ils adaptent leur stratégie au type d'animal chassé. Les petits animaux tels que les antilopes, déchirés dans une excitation frénétique dès qu'ils sont pris. Les proies plus grosses, tel le gnou, sont pourchassées jusqu'à l'épuisement. Les lycaons n'attendent pas que leur victime soit morte pour la manger – ils commencent à festoyer dès qu'elle s'écroule.

Langage corporel

Expressions faciales et langage corporel jouent un rôle vital dans l'interaction sociale entre loups gris. Leurs meutes comportent une hiérarchie stricte, dominée par un mâle et une femelle – seul couple autorisé à se reproduire. Le couple dominant dirige la meute et prend les décisions. Il utilise un éventail de postures et expressions pour conserver sa place. Les canidés de rang inférieur manifestent leur obéissance en s'accroupissant, en gardant la queue entre leurs pattes ou en roulant sur le dos.

Avec ses lèvres retroussées, ses oreilles aplaties et sa tête baissée, ce loup gris manifeste à la fois agressivité et attitude défensive.

Le loup gris, le plus grand canidé sauvage, mesure jusqu'à 2 fois la taille d'un berger allemand domestique.

LA VIE EN SOCIÉTÉ

POUR DE NOMBREUX MAMMIFÈRES, la vie est plus facile en groupe. Faire partie d'un groupe est souvent une bonne forme de défense – les prédateurs ont beaucoup de mal à s'approcher sans être vus lorsque des douzaines d'yeux guettent le danger. Ceux qui chassent en meute, tels que chiens, hyènes et lions, peuvent s'attaquer à des proies plus grosses. Ils ont également plus de facilité à voler la nourriture aux rivaux, à défendre leur territoire, et à élever et protéger leurs petits. Certains mammifères vivent en groupes sociaux très fluides, qui se séparent aisément, mais d'autres sont plus étroitement liés. Souvent, le noyau du groupe est constitué de femelles proches parentes, qui restent ensemble pour la vie. Parfois, des espèces sans aucun lien entre elles s'associent : les coyotes et les blaireaux d'Amérique, par exemple, s'associent pour faire sortir les chiens de prairie de leurs terriers.

Le bœuf musqué a la fourrure la plus longue du règne animal.

L'UNION FAIT LA FORCE

Les petits herbivores fuient souvent au premier signe de danger, mais les animaux plus gros ont tendance à tenir leur position. Quand les bœufs musqués sont attaqués par des loups ou des ours polaires, ils se rassemblent en un cercle étroit, les petits au milieu, derrière une formidable barrière de cornes. Les bœufs musqués vivent dans le nord du Canada, où ils doivent braver des températures inférieures à zéro et des vents déchaînés.

Les hyènes tachetées élèvent leurs petits dans des tanières collectives. Les jeunes apprennent leur place dans la hiérarchie en se combattant dès leur naissance.

LE RÈGNE DES FEMELLES

La vie en société des hyènes tachetées est régie par une hiérarchie strictement féminine : le mâle du rang le plus élevé a un statut inférieur à celui de la femelle du rang le plus bas. Les clans de hyènes coopèrent pour défendre un territoire collectif, mais les membres du clan se séparent fréquemment en groupes plus petits pour chasser. La nuit, ils communiquent par des cris et ricanements à glacer le sang – d'où leur surnom de « hyènes rieuses ».

Les suricates guettent le danger en se dressant sur leurs pattes arrière, souvent au sommet d'une termitière ou d'un buisson.

Chasse en meute

Les dauphins vivent en groupe. Leur société est très souple : ils se joignent au groupe et le quittent en permanence. Parfois, les troupes s'assemblent en groupes de plusieurs centaines d'individus pour chasser des bancs de poissons, tels que les anchois. En encerclant les poissons et en nageant sous eux, les dauphins les forcent à adopter une formation de plus en plus serrée et à remonter vers la surface, où ils sont plus faciles à attraper.

Comme de nombreux animaux sociables, les coatis renforcent leurs liens sociaux en faisant la toilette de leurs congénères.

Séparation des sexes

Les scientifiques croyaient autrefois que coatis mâles et femelles étaient des espèces différentes. Les grands mâles sont solitaires, alors que les femelles, plus petites, vivent en groupes étroits et ne tolèrent la présence des mâles que pendant la saison de la reproduction.

L'union des suricates

Les suricates se relaient pour faire le guet pendant que l'essentiel du groupe renifle le sol à la recherche de nourriture. Si la sentinelle voit un aigle, elle lance un cri d'alarme qui pousse le groupe à filer, terrorisé, vers le trou le plus proche. Si le prédateur est un animal terrestre, un autre type de cri provoque une fuite moins précipitée vers toute cachette située à proximité.

PETITS, MAIS RUSÉS

LE TERME « CARNIVORE » évoque plutôt lions et tigres, mais la plupart des quelque 230 espèces de mammifères carnivores sont de petits animaux rusés tels que belettes, moufettes, mangoustes et ratons laveurs. Ces minuscules terreurs compensent leur petite taille par la ruse, l'agilité et la détermination. Elles sont assez intelligentes pour tromper des proies 10 fois plus grosses qu'elles, et assez rapides pour désarmer des animaux aussi dangereux que les cobras. Nombre de ces petits carnivores ont une charpente fine et leste qui leur permet de filer dans les arbres ou de se glisser dans les espaces les plus étroits. La plus petite belette – le plus petit de tous les carnivores – peut même chasser souris et campagnols jusque dans les profondeurs de leurs terriers.

TUEUSE DE PORCS-ÉPICS

La martre pêcheuse d'Amérique du Nord est l'un des seuls prédateurs capables de tuer un porc-épic. Elle l'attaque de face en lui infligeant une série de morsures profondes à la tête. Chaque fois que le porc-épic se retourne pour présenter ses piquants, la martre le contourne, vive comme l'éclair, et le frappe à nouveau à la face. Au bout d'une demi-heure environ, le porc-épic blessé s'écroule d'épuisement, et la martre se met à dévorer son ventre sans protection.

Le glouton est doté de mâchoires incroyablement puissantes pour briser l'épine dorsale de ses proies et mâcher la viande gelée. Ses larges pattes jouent le rôle de raquettes, répartissant son poids et le soutenant sur la neige molle.

GLOUTONNERIE

Le glouton n'est pas plus gros qu'un petit chien, mais il tue les rennes en les rabattant vers la neige molle, où ceux-ci pataugent, en leur portant une morsure décisive au cou. Ce féroce animal a un énorme appétit, mais même un glouton ne peut manger un renne entier. Il cache les restes dans la neige pour les congeler et les manger plus tard.

Malgré son nom, la martre pêcheuse mange très peu de poisson. Elle préfère de loin petits mammifères, œufs et insectes.

L'hermine est extrêmement forte pour sa taille. Elle peut tuer des lapins 10 fois plus lourds qu'elle et les traîner jusqu'à sa tanière.

Charmeuse de lapins

L'hermine charme sa proie en faisant des bonds successifs, dans une danse ensorcelante. Les lapins sont fascinés par ce spectacle et restent immobiles pour l'observer, sans voir que l'hermine rusée s'approche lentement d'eux. Lorsqu'elle est assez près, elle bondit sur le lapin et mord sa victime au cou.

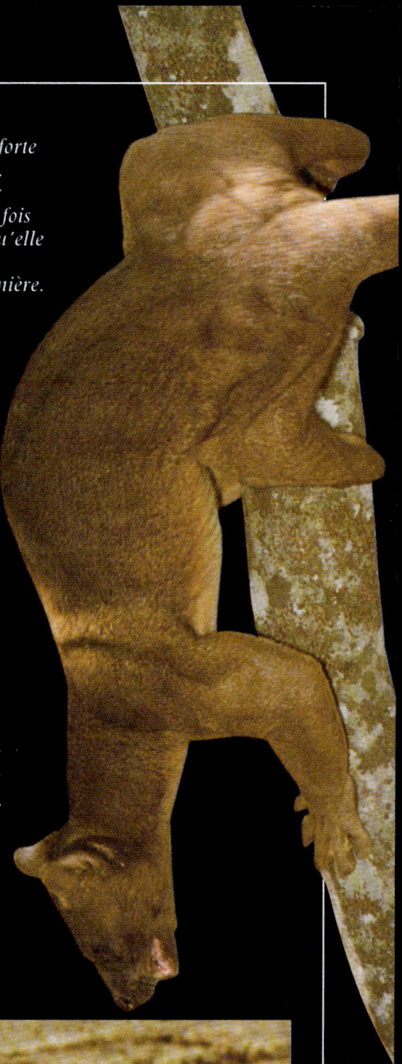

Le fascinant fossa

Si vous avez un jour la chance de voir un fossa descendre d'un arbre, vous aurez peut-être l'impression d'observer un chat mutant aux jambes dotées de 2 genoux. En effet, il peut courir tête la première en retournant ses pattes arrière. Son agilité lui permet de filer dans les arbres tout en chassant d'autres habitants des arbres malgaches, les makis.

Les serpents constituent une petite part du régime alimentaire de la mangouste. Cette dernière mange rtout de minuscules animaux, tels qu'insectes et araignées.

Rapide et agile

Vitesse et agilité sont ce qui sauve la mangouste d'une morsure mortelle lorsqu'elle chasse les serpents venimeux, tels que le cobra indien. En narguant le serpent et en filant de droite à gauche, la mangouste finit par s'approcher suffisamment pour le saisir au cou et lui broyer l'épine dorsale. La mangouste n'est pas immunisée contre le venin de serpent, mais peut survivre à une dose qui tuerait de nombreux autres animaux. Elle ne limite pas son tableau de chasse aux serpents venimeux, elle mange aussi les scorpions après leur avoir arraché le dard.

Armes chimiques

La moufette compte parmi les rares mammifères qui se défendent grâce à des armes chimiques. Si elle échoue à faire fuir un agresseur en le chargeant, en tapant des pieds ou par un savant équilibre sur les mains, elle se retourne, soulève la queue et décharge une giclée de liquide nauséabond depuis des glandes situées autour de l'anus. La moufette vise étonnamment bien et peut toucher un ennemi à l'œil, ce qui provoque une douleur intense et une cécité temporaire. L'odeur forte de la moufette est perceptible jusqu'à 1 km à la ronde.

RONGEURS ET LAPINS

UNE INVENTION D'UNE REMARQUABLE SIMPLICITÉ – des dents qui s'aiguisent toutes seules – a contribué à faire des rongeurs et lapins les mammifères les plus efficaces sur Terre. La classe des seuls rongeurs comprend quelque 2 000 espèces, près de la moitié de tous les mammifères. Cela va de la plus petite souris au capybara qui atteint la taille d'un mouton. Les rongeurs savent courir, nager, grimper, glisser, sauter, creuser des terriers et bondir, et ils ont conquis presque tous les types imaginables d'habitat terrestre : déserts, forêts tropicales, l'Arctique gelé et, bien entendu, nos villes et maisons, où ils deviennent des hôtes nuisibles. Lapins et lièvres sont semblables aux rongeurs, hormis une légère différence dentaire. Ils ont également la queue plus courte et les oreilles et pattes plus longues.

LA VIE SANS EAU

La gerboise s'est adaptée à la vie dans le désert. Elle peut fabriquer de l'eau à partir de sa nourriture par une réaction chimique à l'intérieur du corps, de sorte qu'elle n'a jamais besoin de boire. La gerboise se soustrait à la chaleur du jour en se cachant dans des terriers frais. La nuit, elle se déplace par bonds comme un kangourou miniature, à la recherche de nourriture.

Un lièvre peut atteindre 72 km/h lorsqu'il essaie de semer ses poursuivants.

À LA COURSE

Lapins et lièvres sont bâtis pour la vitesse et ont de longues pattes arrière pour rebondir. Comme ils se nourrissent en terrain découvert, ils sont toujours aux aguets. Leurs yeux placés sur les côtés de la tête leur donnent une vision panoramique, et leurs longues oreilles peuvent surprendre le moindre bruit de pas. Le lièvre a de plus longues pattes que le lapin et court plus vite. Autre différence : les lapins élèvent leurs petits dans des terriers, tandis que les lièvres les cachent à la surface.

Les petits du lapin sont appelés lapereaux, et ceux du lièvre, levrauts.

COMME DES LAPINS

Rongeurs, lapins et lièvres sont des reproducteurs prolifiques. Chaque année, une lapine peut avoir 6 portées comptant jusqu'à 12 petits chacune. Quand la nourriture est rare, les lapins peuvent ralentir ce rythme effréné de reproduction en absorbant les petits à leur naissance.

Le pika défend son territoire en se dressant sur un rocher et en couinant.

MOISSONNEURS

Le pika ressemble plus au cochon d'Inde qu'au lapin, mais les scientifiques le placent dans la même catégorie que lapins et lièvres. Habitant des prairies de haute montagne, il est si habitué au temps froid qu'il meurt s'il fait trop chaud. En automne, les pikas assemblent des bouchées d'herbe et se construisent une meule de foin pour passer l'hiver.

Rongeurs géants

Le capybara d'Amérique du Sud est le géant de la branche des rongeurs, pesant jusqu'à 66 kg – environ 10 000 fois plus que la plus petite souris. Il vit partiellement dans l'eau et ses yeux, situés en haut de la tête, lui permettent de voir en nageant. Comme les autres rongeurs et lapins herbivores, le capybara abrite des bactéries symbiotiques pour digérer sa nourriture. Parce que ces bactéries vivent dans la partie inférieure de ses intestins, le capybara doit manger ses propres excréments pour tirer le maximum de sa nourriture.

La souris des moissons a de minuscules mains et une longue queue préhensile pour grimper. Elle vit dans un nid en forme de boule fait de tiges d'herbe tissées, accroché entre les herbes.

Cannibalisme

La souris des moissons d'Eurasie, ne mesure que 5 cm de long (queue non comprise). Elle vit dans les hautes herbes, grimpant entre les tiges comme un minuscule singe lorsqu'elle chasse des insectes ou cherche des graines. Comme de nombreux autres rongeurs, elle mange ses propres petits si la nourriture manque.

Des dents pour ronger

À l'avant de la gueule d'un rongeur se trouvent 2 paires d'incisives qui ne cessent jamais de pousser. L'avant de chaque dent est fait d'émail résistant, l'arrière, d'un matériau plus tendre appelé dentine. Les dents, en se frottant les unes contre les autres, usent leur extrémité qui devient une lame en forme de ciseau, parfaite pour ronger les noix et les graines les plus dures.

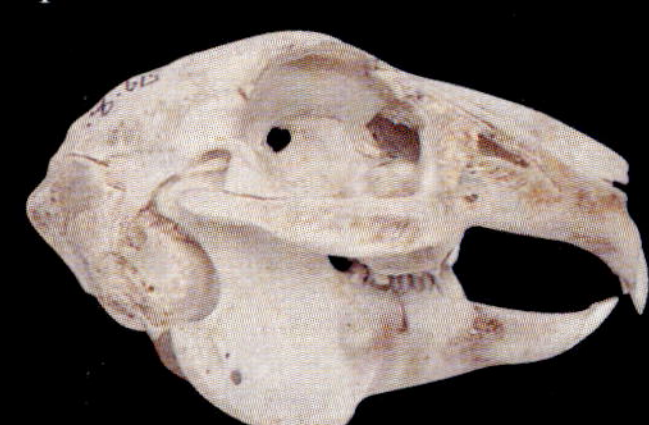

Les lapins ont une paire supplémentaire de minuscules dents derrière les incisives.

CRÂNE DE LAPIN

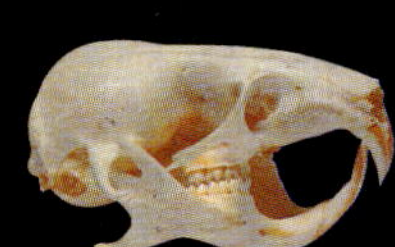

CRÂNE DE HAMSTER

Un espace entre les dents avant et arrière permet aux rognures de tomber de la bouche lorsque l'animal mange.

Le hamster a d'énormes bajoues qu'il remplit de nourriture pour la rapporter au nid.

HAMSTER

TANIÈRES ET ABRIS

LES PETITS MAMMIFÈRES doivent affronter de nombreux défis, parmi lesquels rester au chaud et ne pas se faire manger. La meilleure solution à ces 2 problèmes est un abri douillet dans lequel se cacher, élever ses petits et dormir. Un terrier répond parfaitement à ces impératifs, mais certains mammifères sont encore plus inventifs. Le vespertilion du bambou se glisse dans les tiges de bambou creuses, et l'écureuil volant d'Amérique du Nord fabrique des nids comestibles avec du lichen. Les castors construisent même leur propre île privée. En hiver, quand trouver de la nourriture devient particulièrement difficile, certains mammifères restent dans leur cachette des mois durant, sombrant dans une sorte de sommeil profond appelé hibernation.

LA HUTTE D'UN CASTOR

Le castor vit dans une île artificielle appelée hutte, faite d'un monticule de boue et de branches à proximité d'une digue. À l'intérieur se trouve une pièce spacieuse située au-dessus du niveau de l'eau. Les tunnels immergés permettent au castor d'entrer et de sortir sans être vu, même quand le lac est gelé. En hiver, le castor se nourrit d'une réserve de branches feuillues engrangées plus tôt dans l'année, et gardées au frais au fond du plan d'eau.

La hutte d'un castor se trouve toujours en amont d'une digue, de façon à être entourée d'eau.

La hutte du castor est un refuge sûr contre les prédateurs.

CONSTRUCTEURS DE BARRAGES

Les castors créent des bassins et des lacs artificiels. À l'aide de leurs dents en ciseau, ils découpent des arbres et empilent des troncs et des branches en travers du courant. Ils finissent par former une digue étanche, colmatée avec de la boue et des pierres, pouvant mesurer 90 m de long. Les castors agrandissent lentement leurs digues d'année en année.

Mort temporaire

Un muscardin en hibernation est si froid et immobile qu'il semble mort. La température de son corps chute jusqu'à un degré à peine au-dessus de zéro ; ses battements de cœur et sa respiration ralentissent à moins d'un dixième de leur rythme normal. Le muscardin peut rester dans cet état pendant 7 mois.

Le muscardin sort parfois de sa longue hibernation, l'espace de quelques minutes.

La chauve-souris bilobée dort sous des feuilles pendant le jour et s'éveille la nuit pour se nourrir.

La tente des chauves-souris

L'abri de la chauve-souris bilobée est une feuille pliée. Cette chauve-souris mord les nervures des feuilles géantes pour les plier en forme de tente. Puis elle vole dessous et s'y accroche la tête en bas, protégée de la pluie et du regard des prédateurs. Il existe plusieurs espèces de chauve-souris bilobée dans les forêts tropicales d'Amérique centrale et du Sud, mais la chauve-souris blanche du Honduras est la seule dont la fourrure est blanche comme la neige.

Cités souterraines

Les chiens de prairie vivent dans de vastes réseaux de terriers appelés villes. Les tunnels forment un labyrinthe grâce auquel ils échappent à leurs prédateurs. L'une des plus grandes villes jamais vues comptait 400 millions de résidents et couvrait presque un dixième de l'État du Texas. Les chiens de prairie ont été exterminés dans une grande part des prairies américaines parce que leurs terriers faisaient trébucher chevaux et bétail, et leur brisaient les jambes.

Chasseuse de vers

La taupe européenne trouve sa nourriture en parcourant ses tunnels et en attrapant tous les vers qui y tombent. Lorsqu'elle trouve un ver, elle le paralyse par une morsure venimeuse, extrait la terre de l'intestin du ver en le pressant, et le mange. La taupe peut ramper en avant comme à reculons, et a des moustaches des 2 côtés du corps pour sentir les obstacles dans l'obscurité.

Les réserves de vers sont stockées dans un garde-manger souterrain.

La taupe ramasse de la paille à la surface pour construire un nid chaud.

Une seule taupe peut creuser des centaines de mètres de tunnels pendant les 4 ans de sa vie. La plupart des tunnels sont horizontaux, mais à l'occasion la taupe creuse une cheminée verticale pour se débarrasser de la terre qu'elle pousse dehors, créant une taupinière.

Une taupe a de gigantesques pattes avant pour creuser mais des yeux minuscules, presque inutiles.

ENDURANCE

IL Y A PEU DE LIEUX sur Terre que les mammifères n'ont pas conquis, depuis les pics des plus hautes montagnes jusqu'aux profondeurs des océans. Des températures inférieures à zéro ne sont pas les seules épreuves que doivent endurer les animaux des montagnes et des pôles : ils vivent dans un air si raréfié que l'homme n'y survivrait pas, ou connaissent des hivers si rudes que la nourriture est impossible à trouver. Dans les déserts, une chaleur étouffante et le manque d'eau ajoutent à la difficulté de trouver une nourriture rare. L'endurance des mammifères marins est mise à l'épreuve d'une manière très différente: ils doivent retenir leur souffle. Car, comme tous les mammifères, ils ont besoin de respirer l'air, ce qu'ils ne peuvent faire qu'à la surface.

SINGES DES NEIGES
Pour surmonter la mélancolie hivernale, les macaques du Japon se détendent dans un bain chaud. Les sources volcaniques chaudes les changent agréablement des températures ambiantes (jusqu'à -15 °C), mais ces singes peuvent attraper froid lorsqu'ils en ressortent et attendent que leur fourrure sèche. Le macaque japonais est le singe le plus endurant. Il survit plus au nord que n'importe quel autre singe, en partie grâce à sa fourrure épaisse et généreuse. En hiver, quand la nourriture est difficile à trouver, il se contente d'un régime d'écorce et de bourgeons.

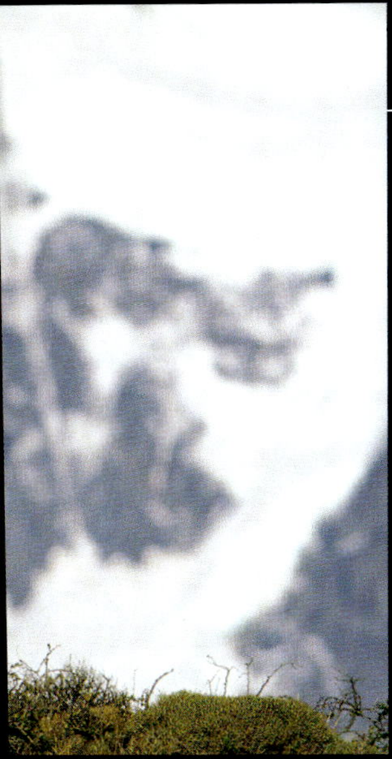

La vie au grand air

En altitude dans les Andes, l'air est si rare que la pratique de l'alpinisme sans bouteille d'oxygène peut provoquer un accès mortel de mal des montagnes. Pourtant, les vigognes vivent confortablement à 4 000 m. Elles survivent grâce à leurs cellules sanguines étonnamment petites et ovales, qui absorbent efficacement une quantité suffisante d'oxygène.

Le cachalot ralentit son rythme cardiaque et stocke l'oxygène dans ses muscles pendant ses plongées, qui battent tous les records.

Plongeur des profondeurs

Détenteur du plus gros cerveau connu, le cachalot est aussi le plus grand plongeur de la planète. Il retient son souffle pendant plus d'une heure et plonge jusqu'à 3,2 km de profondeur pour chercher des calmars (dans l'obscurité totale).

Le chameau peut perdre jusqu'à la moitié de son poids après une longue période sans nourriture ni eau.

Vaisseau du désert

Le chameau peut passer jusqu'à 10 mois dans le désert sans boire. Comment fait-il ? Premièrement, il peut extraire l'eau de sa nourriture ou de la réserve de graisse située dans sa bosse. Deuxièmement, lorsqu'il boit, il peut absorber jusqu'à 136 litres d'un coup, ce qui correspond à peu près au contenu d'une baignoire, ou au quart du poids du chameau. Troisièmement, le chameau gaspille très peu d'eau dans sa sueur, son urine ou ses excréments. Ces derniers sont si secs que les peuples du désert les utilisent comme combustible.

Rester au frais

Rester au frais dans le Sahara n'est pas facile. Le fennec se cache dans son terrier pendant les heures chaudes du jour et se rafraîchit en haletant jusqu'à 700 fois par minute. Ses énormes oreilles fonctionnent comme des climatiseurs, et l'aident à évacuer la chaleur excédentaire sans qu'il ait besoin de suer. Comme de nombreux autres animaux du désert, le fennec trouve toute son eau dans sa nourriture et n'a jamais besoin de boire

Les oreilles du fennec ne lui servent pas qu'à capter les faibles bruits de ses proies nocturnes, elles le rafraîchissent.

COULEUR ET CAMOUFLAGE

TOUS LES ANIMAUX SAUVAGES MÈNENT UNE EXISTENCE remplie de dangers. Rester invisible constitue la première ligne de défense : le pelage adopte une couleur ou des motifs destinés à se fondre dans le paysage. La plupart des mammifères sont d'une couleur brune, mais nombre d'entre eux ont de magnifiques raies, taches ou anneaux pour disparaître dans les herbes ou l'ombre mouchetée. Quelques-uns changent de couleur selon la saison. Si la majorité essaie de ne pas être vue, certains arborent au contraire des couleurs criardes pour attirer l'attention.

NOIR ET BLANC

L'ours polaire a la peau noire mais une fourrure blanc de neige – camouflage parfait pour surprendre les phoques. Ses poils sont creux et transparents, ce qui leur fait disperser la lumière. Dans les zoos ensoleillés, les ours polaires peuvent virer au vert parce que des algues se développent à l'intérieur des poils.

BLANC EN HIVER

Comme les belettes, lemmings et lièvres américains, le renard polaire est brun en été, pour se camoufler dans les prairies, et devient blanc en hiver. Ce qui provoque le changement est le nombre d'heures de jour. Quand les jours raccourcissent, le cerveau libère une hormone qui modifie la couleur du pelage.

SINGES ALBINOS

La couleur vient d'une substance appelée mélanine, qui se trouve dans les yeux, la peau et les poils. Les quelques rares individus chez qui les gènes qui fabriquent la mélanine fonctionnent mal sont complètement blancs et le plus souvent aveugles.

« Flocon de neige », le gorille albinos, vivait au zoo de Barcelone.

PANTHÈRE NOIRE

Le contraire d'un albinos est un animal qui a trop de mélanine. La panthère noire est en fait un léopard, mais elle a tant de mélanine que son pelage est d'un noir luisant. Elle est surtout courante dans les forêts sombres. Dans les jungles de Malaisie, la moitié des léopards sont des panthères noires.

Attirer l'attention

Pendant leurs 3 premiers mois, les semnopithèques argentés sont d'une saisissante couleur orange. Puis ils deviennent d'un noir grisâtre. Pourquoi ces singes ont des bébés orange reste un mystère. Les scientifiques pensent que leur couleur voyante constitue peut-être un signal pour les adultes, chez qui ils déclenchent des sentiments protecteurs tant que les petits sont vulnérables.

LÉOPARD

MARCASSIN

ZÈBRE

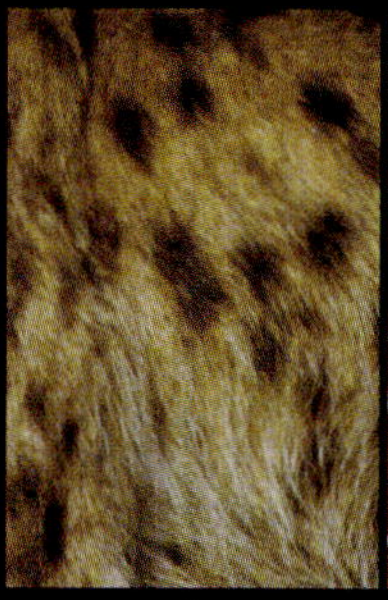

HYÈNE

GIRAFE

TIGRE

Taches et rayures

Taches et rayures peuvent contribuer à camoufler l'animal et à masquer sa silhouette, mais ce n'est pas leur seule fonction. Les rayures du zèbre font un piètre camouflage – elles sont bien trop voyantes. Elles aident probablement les zèbres à se reconnaître entre eux et à se lier au troupeau.

LES INSECTIVORES

LES INSECTES CONSTITUENT UN RÉGIME nourrissant – mais seulement si l'on en attrape suffisamment. Certains mammifères ont fait de la capture d'insectes leur style de vie. Ils viennent de diverses familles, mais ont développé certaines similitudes frappantes. Les plus gros se spécialisent dans l'attaque de fourmilières et de termitières. Ils sont pourvus de griffes puissantes pour creuser et d'une longue langue collante. Les petits, musaraignes et tarsiers par exemple, ont des sens affinés et des réflexes rapides pour attraper leurs proies une par une.

LE FOURMILIER GÉANT

La surprise est vitale pour le tamanoir d'Amérique du Sud. Il ne peut extraire qu'environ 100 fourmis et larves dans une fourmilière avant que les soldats de la colonie ne sortent en masse pour le mordre. Après avoir ouvert un trou avec ses énormes griffes, il insère sa langue collante de 60 cm de long, qui entre et sort 150 fois par minute, accrochant ses proies avec de minuscules piquants orientés vers l'arrière. Le tamanoir visite jusqu'à 200 fourmilières par jour, mais leur cause très peu de dommages.

Certains tamanoirs sont réputés pour écraser des jaguars avec leurs pattes extrêmement puissantes.

Il creuse pour se nourrir

Avec ses oreilles de lapin et son groin de cochon, l'oryctérope est l'un des plus étranges animaux d'Afrique. La nuit, il parcourt les prairies en reniflant, analysant la terre dans son museau à la recherche de fourmis ou de termites. Quand il les trouve, il creuse leur nid et rassemble les insectes avec une langue aussi collante que du papier tue-mouches. L'oryctérope creuse si rapidement qu'il peut disparaître sous terre en 5 minutes à peine.

Jeu de piste

Le rat-éléphant possède une version miniature de la trompe d'un éléphant – un museau long et flexible qu'il utilise pour dénicher fourmis, termites, coléoptères et scolopendres dans la savane africaine. Il trouve des insectes en filant nerveusement sur un réseau de pistes aussi complexe que celui des rues de Paris. Il passe environ un tiers de chaque journée à nettoyer méticuleusement ses pistes, en ôtant toute brindille ou feuille qui pourrait le faire trébucher quand il a besoin de fuir le danger.

Blindage

Le pangolin a une longue langue collante pour se nourrir dans fourmilières et termitières. Parfois, il hérisse son armure écailleuse et laisse les fourmis furieuses se promener sur sa peau. celles-ci le débarrassent des puces et tiques qu'il ne peut déloger lui-même.

Ainsi recroquevillé, le tatou oppose une armure sans faille au prédateur.

Roulé en boule

Le tatou peut attirer l'attention d'un prédateur quand il fouille bruyamment les environs à la recherche d'insectes. Il échappe au danger en se roulant en boule (mais certains descendent au fond des rivières et retiennent leur souffle). Fourmis, termites et coléoptères, tel est son menu. Une espèce creuse sous les carcasses en putréfaction pour se gaver de vers.

Les yeux du tarsier sont plus gros que son cerveau. Il a les plus gros yeux, relativement à la taille du corps, de tous les mammifères.

Papillons et mouches sont attrapés en plein vol.

Dextérité manuelle

Avec leurs énormes « mains » et leurs réflexes rapides, les tarsiers d'Asie du Sud-Est peuvent attraper des insectes en plein vol. Ces chasseurs nocturnes ne peuvent pas bouger les yeux, de sorte qu'ils font pivoter leur tête à 180 degrés, comme les hiboux. Papillons de nuit, sauterelles, coléoptères et cigales sont leurs aliments favoris, mais ils chassent aussi lézards et oisillons. Parfois, ils sautent à travers le feuillage pour bondir sur leurs victimes.

À TIRE-D'AILE

Alors que les oiseaux règnent sur le ciel pendant la journée, les mammifères volants prennent le relais de nuit. Divers mammifères ont appris à voler, mais les plus célèbres sont les chauves-souris. Bien que rarement visibles, elles constituent un quart des espèces de mammifères et vivent dans le monde entier. Elles volent en ce sens qu'elles battent des ailes pour se maintenir en l'air. Les autres mammifères « volants » ne font que planer. Ils sautent des arbres, étendent les pattes et traversent les airs grâce à un parachute de peau.

Écureuils volants

Les écureuils volants d'Amérique peuvent franchir 100 m entre les arbres, en planant grâce aux replis de peau tendus entre leurs pattes. Ils se dirigent en déplaçant pattes et queue, et freinent en redressant leur corps. Comme ils perdent de l'altitude en planant, ils doivent regrimper à un arbre avant de pouvoir s'envoler à nouveau.

Un cerf-volant vivant

Le colugo du Sud-Est asiatique ressemble à un cerf-volant lorsqu'il plane. Sa membrane couverte de poils s'étend du bout des doigts au bout de la queue. Elle est si grande et souple que l'animal se déplace maladroitement sur ses pieds ; il est presque sans défense au sol.

Les petits s'accrochent au ventre de leur mère, tandis que sa cape de fourrure leur est un hamac bien chaud.

La fourrure du colugo est tachetée : il est ainsi moins visible sur les branches couvertes de lichen.

Le colugo est également appelé « lémur volant », mais ce n'est pas un lémur (maki) et il ne vole pas vraiment.

Chauves-souris frugivores

Fruits et nectar constituent l'alimentation de ces grandes chauves-souris des forêts tropicales d'Afrique, d'Asie et d'Australie. Elles cherchent leur nourriture de nuit, mais, contrairement aux chauves-souris insectivores, trouvent leur nourriture à vue. Elles peuvent couvrir 65 km en une nuit et traverser, d'île en île, le vaste océan Indien.

Les chauves-souris frugivores sont également appelées «renards volants», leur tête évoquant celle du renard.

Les chauves-souris frugivores perchent ensemble dans les cimes des arbres, se chamaillant bruyamment et s'éventant pour se rafraîchir.

Guidage sonore

De nombreuses chauves-souris ont la capacité étonnante de « voir » grâce au son (écholocation). Elles lancent une succession de claquements jusqu'à 200 fois par seconde et analysent les échos pour créer une sorte d'image. Une chauve-souris peut ainsi cueillir des insectes au vol dans l'obscurité totale.

Une chauve-souris chasse un papillon de nuit.

La chauve-souris peut « voir » les insectes en écoutant les échos de ses propres cris.

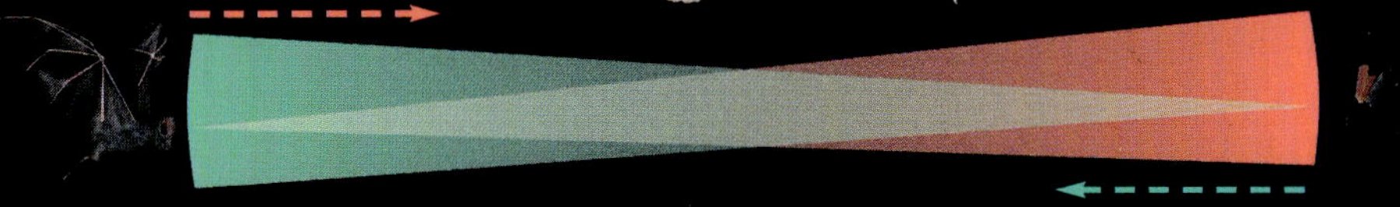

La chauve-souris envoie une impulsion d'ultrasons.

Les ultrasons rebondissent sur le papillon et l'écho est capté par la chauve-souris.

Chauve-souris vampire

Le vampire suceur de sang peut délaisser le bétail pour un humain endormi. Il atterrit à côté de sa victime avant de l'escalader silencieusement. Ses dents sont parfaitement aiguisées, sa salive analgésique, si bien que la victime ne sent rien. La morsure peut transmettre la rage.

Elle bat tous les records

Le plus petit mammifère du monde est la chauve-souris à nez de porc (craséonycte). À peine plus grosse qu'un bourdon, elle pèse 1,5 g. Ce minuscule habitant des forêts tropicales de Thaïlande se nourrit de moucherons et de petites araignées.

Les grandes oreilles sensibles captent les échos et peuvent même entendre le bruit de pas d'un insecte.

L'excroissance nasale concentre les ondes sonores.

Nez et oreilles

De nombreuses chauves-souris ont une excroissance nasale pour concentrer leurs cris d'écholocation. Trop aigus pour que nous les entendions, ils sont pour elles si bien assourdissants que certaines ferment leurs oreilles à chaque cri. D'autres «murmurent» afin de ne pas déranger leurs proies.

LA VIE AQUATIQUE

ALORS QUE DE NOMBREUX MAMMIFÈRES VONT NAGER à l'occasion pour chercher de la nourriture ou se baigner, d'autres le font de façon plus régulière. Ces mammifères amphibies vivent une double vie, répartie entre la terre et l'eau. L'hippopotame, par exemple, ne vient sur la terre ferme que pour se nourrir et retourne dans l'eau pour se reposer. Phoques et lions de mer font le contraire. Les espèces qui passent beaucoup de temps dans l'eau développent un corps adapté à leur habitat aquatique. Leur forme devient fuselée, leur fourrure dense et veloutée, et leurs pattes finissent par se changer en nageoires.

Le lion de mer virevolte dans l'eau avec une aisance remarquable lorsqu'il chasse le poisson ou joue avec ses congénères.

LA LOUTRE

La loutre n'a que partiellement évolué en animal aquatique. Son corps leste et mince, typique de la famille des belettes, lui donne une agilité exceptionnelle dans l'eau, mais elle peut encore trottiner et chasser sur la terre ferme. Pour rester au chaud dans l'eau, la loutre a une fourrure dense qui retient une couche d'air isolante.

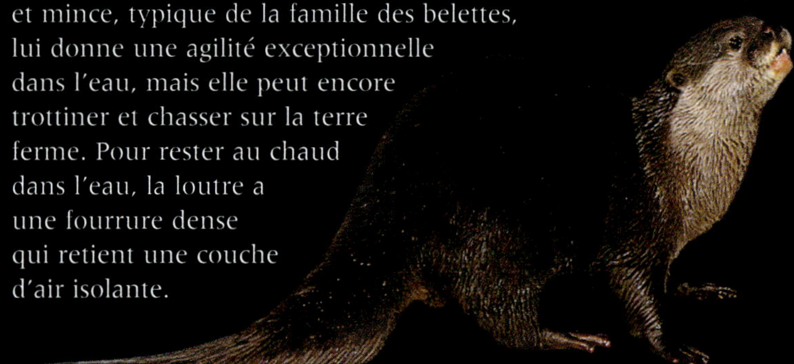

Chaque centimètre carré du pelage d'une loutre contient 70 000 poils.

LE LION DE MER

Le lion de mer est allé plus loin que la loutre dans son adaptation à la vie aquatique. Ses pattes sont devenues des nageoires, mais il peut encore les utiliser pour porter son poids et « marcher » sur terre. Comme la loutre, le lion de mer a un pelage dense et velouté, mais il possède aussi une couche de graisse sous la peau, isolation supplémentaire.

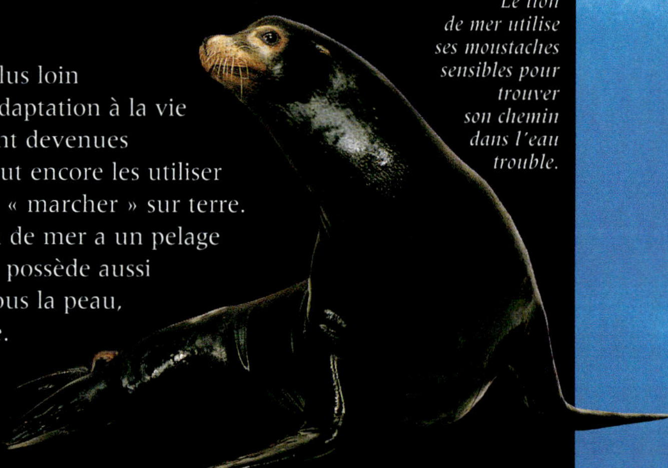

Le lion de mer utilise ses moustaches sensibles pour trouver son chemin dans l'eau trouble.

L'éléphant de mer mâle a un gros museau gonflable pour impressionner les femelles.

L'ÉLÉPHANT DE MER

Les phoques sont encore plus aquatiques que les lions de mer. L'absence d'oreilles externes les rend plus « aérodynamiques », et leurs nageoires sont pratiquement inutiles à terre – au lieu de marcher, ils doivent ramper. L'éléphant de mer est le meilleur plongeur du monde des phoques. Il peut retenir son souffle 2 heures et plonger à 1,5 km de profondeur.

LA MUSARAIGNE AQUATIQUE

La musaraigne aquatique retient son souffle plus de 30 secondes lorsqu'elle plonge en quête d'insectes, de grenouilles et de poissons. Ses longs orteils sont pourvus d'une frange de poils durs qui donne une force supplémentaire à ses mouvements quand elle nage. Ce système fonctionne si bien que la musaraigne peut même courir à la surface sur plusieurs mètres sans entrer dans l'eau. Son pelage fin remplit le même rôle que celui d'une loutre : il retient une couche d'air qui garde l'animal au chaud.

Nageurs à trompe

Leur trompe servant de tuba, les éléphants sont de si bons nageurs que les scientifiques pensent qu'ils sont passés par une phase aquatique au cours de leur évolution. Alors que l'éléphant d'Afrique ne s'immerge que pour se baigner, l'éléphant d'Asie est bien plus ambitieux. Dans l'océan Indien, les éléphants de trait nagent parfois sur des kilomètres entre les îles Andaman, leur maître sur le dos. Un éléphant nagea 64 km après être tombé d'un bateau qui l'emmenait vers un zoo des États-Unis.

Morses rougissants

Les morses ont tant de graisse qu'ils risquent la surchauffe quand ils sortent de l'eau pour se reposer. Afin d'évacuer la chaleur en excès, ils rougissent – le sang affleure à la surface de la peau et les fait virer au rose. Les morses vivent sur les contours de l'océan Arctique, et ont un énorme corps adipeux pour affronter l'eau froide. Ils se nourrissent dans les fonds marins, fouissant comme les cochons pour dénicher crabes et coquillages cachés dans la vase.

GÉANTS DES OCÉANS

BALEINES, DAUPHINS ET HERBIVORES MARINS sont les mammifères les plus aquatiques. Leurs ancêtres à 4 pattes quittèrent la terre ferme pour vivre dans l'eau il y a environ 50 millions d'années, entamant un processus qui les a radicalement modifiés. Avec le temps, l'évolution a changé leurs pattes avant en nageoires, élargi leur queue en éventail et complètement atrophié leurs pattes arrière. Quant au pelage, il a disparu. L'eau aidant à soutenir leur poids, certains de ces animaux ont atteint des proportions monstrueuses. Tous mangent, dorment, s'accouplent, mettent bas et allaitent leurs petits dans l'eau, mais viennent à la surface pour respirer. S'ils quittent l'élément aquatique, ils risquent de mourir écrasés par leur propre poids.

La baleine bleue semble trouver son chemin à travers les océans en émettant des grondements et en écoutant les échos renvoyés par les continents et les fonds marins.

LA BALEINE À BOSSE

Quand elle bondit hors de l'eau et laisse son corps de 30 tonnes y retomber lourdement, la baleine à bosse communique. Pour les oreilles extrêmement sensibles des autres baleines, ce bruit doit ressembler à une explosion assourdissante. L'ouïe est le sens le plus important des baleines et dauphins. Ils utilisent le son pour localiser leur nourriture, trouver leur chemin et communiquer sur de grandes distances en chantant.

La baleine à bosse mâle se livre à un numéro d'acrobatie spectaculaire : elle bondit hors de l'eau et retombe sur le flanc.

La baleine bleue

Avec ses 27 m de long et ses 150 tonnes, la baleine bleue est le plus gros animal ayant jamais existé. Elle pèse 33 fois le poids d'un éléphant et une fois et demie ce que pesait le plus grand des dinosaures. Sa langue seule fait la taille d'une automobile. Son volume lui permet de conserver sa chaleur interne même dans les eaux les plus froides.

Cétacés à dents

Les scientifiques divisent les cétacés en 2 principales catégories selon qu'ils ont des dents ou des fanons. La première inclut dauphins, marsouins, orques et plusieurs autres types de grands mammifères marins. Tous sont des prédateurs intelligents, aux dents pointues en forme de piton pour attraper des proies glissantes telles que poissons et mollusques. L'orque (épaulard) bondit même sur les plages pour attraper des lions de mer.

Cétacés à fanons

Les plus gros cétacés sont les baleines. Au lieu de dents, leur gueule contient des centaines de « baleines » hérissées qui pendent de la mâchoire supérieure, formant un énorme rideau. Les baleines se nourrissent en absorbant une énorme quantité d'eau qu'elles éjectent à travers les fanons avec la langue. À chaque bouchée, les petits animaux tels que le krill sont extraits de l'eau par millions.

KRILL

Les dauphins vivent en société hiérarchisée. Ils nagent souvent en formation et bondissent ensemble hors de l'eau.

Les dauphins

Ainsi fuselés, les dauphins sont bâtis pour la vitesse aquatique. Bien que joueurs et amicaux, ils ont aussi un côté brutal – les mâles sont souvent couverts des cicatrices de leurs batailles. Comme les autres cétacés à dents, le dauphin chasse par écholocation. Il émet une succession de sons aigus, et son cerveau déchiffre les échos pour créer une sorte d'image mentale.

Vaches marines

Dugong et lamantin sont parfois appelés vaches marines parce que ce sont de gros herbivores dociles. Ils vivent dans les eaux peu profondes des tropiques – le lamantin dans les rivières et sur les côtes de l'Atlantique, le dugong près des côtes de l'océan Indien et du Pacifique. Les scientifiques pensent que dugong et lamantin ont évolué à partir d'un animal terrestre parent de l'éléphant. Baleines et dauphins, quant à eux, descendent probablement d'un parent de l'hippopotame.

Le dugong fouille les fonds marins en quête de racines d'une herbe marine appelée zostère.

LES MARSUPIAUX

Le premier opossum à venir en Europe, au XVIe siècle, fut présenté au roi d'Espagne, qui mit le doigt dans la poche de l'animal. Les érudits la nommèrent « marsupium », ce qui signifie bourse. Et ces mammifères devinrent des marsupiaux. En fait, certains n'ont pas de poche, mais la plupart donnent naissance à de minuscules bébés qui se développent en dehors du corps de la mère. La majorité des marsupiaux vit en Australie, sur les îles de Nouvelle-Guinée et de Tasmanie, mais environ 70 espèces d'opossums vivent sur le continent américain.

Portées nombreuses

L'opossum peut donner naissance à des douzaines de bébés à la fois. La souris-opossum n'a pas de poche, de sorte que ses bébés doivent s'accrocher à leur mère, la queue enroulée autour de la sienne. À la naissance, ils ne sont pas plus gros qu'un grain de riz. Ils ne tardent pas à s'ajuster fermement aux mamelles de la mère. S'il y a plus de bébés que de mamelles, les petits supplémentaires tombent et meurent.

Terreurs miniatures

Le mulgara n'est pas une jolie souris, mais un petit carnivore brutal. Il mange des souris domestiques – de la tête à la queue – et les pèle comme des bananes en dévorant leur chair. Il apprécie aussi insectes, scolopendres, lézards et oiseaux.

Kangourous boxeurs

À la saison des amours, les kangourous mâles se battent. Debout, ils se tiennent par les bras et tentent de renverser leur adversaire, ou de lui donner des coups de pieds dans le ventre. Ces combats ont un enjeu important – le vainqueur peut s'accoupler avec toutes les femelles des environs, tandis que le perdant doit attendre au moins un an avant de pouvoir s'accoupler.

Pendant un combat, les pattes arrière extrêmement puissantes cherchent à blesser l'adversaire au ventre.

La taupe marsupiale

Certains marsupiaux ont évolué pour se rapprocher de leurs cousins non marsupiaux, processus appelé évolution convergente. La taupe marsupiale ressemble à une taupe ordinaire, avec d'énormes griffes pour creuser, une tête en forme de pelle et de minuscules yeux inutiles. Mais elle ne creuse pas de terrier – elle « nage » à travers le sol sablonneux, qui s'effondre derrière elle. Sa poche s'ouvre vers l'arrière pour ne pas se remplir de sable.

Reproduction

La principale différence entre marsupiaux et mammifères placentaires est la manière dont ils se reproduisent. Les premiers donnent naissance à un bébé minuscule et sous-développé, qui termine généralement son développement dans une poche. Les seconds gardent leur bébé dans l'utérus bien plus longtemps : il est relié à la mère par le placenta. Alors que les placentaires ont un seul utérus et un seul vagin, les marsupiaux ont un système double.

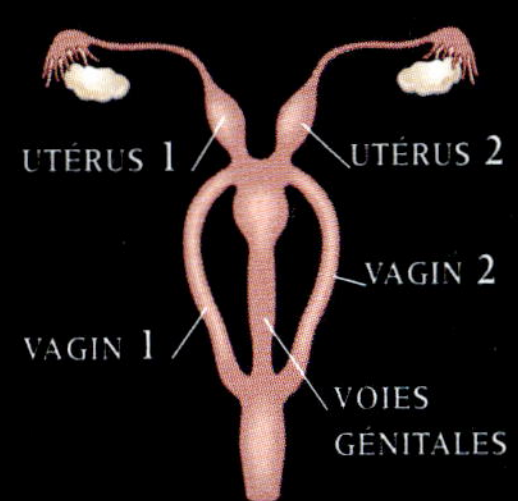

Kangourous et wallabies ont souvent un embryon « en attente » dans l'utérus tant que la poche est occupée.

Le mamelon remplit la bouche d'un kangourou nouveau-né et le maintient en place. Ce bébé est âgé d'environ 4 semaines.

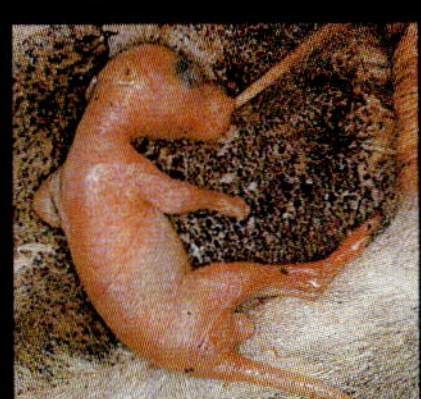

KANGOUROU ROUX

WALLABY À GORGE ROUSSE

Un drôle de régime

Quand un bébé koala est assez grand pour cesser de téter, son premier repas est une bouchée de selles sorties de l'anus de sa mère. Les selles contiennent des bactéries essentielles à la digestion de ce qui va devenir sa nourriture habituelle : les feuilles d'eucalyptus. Le koala est le seul mammifère capable de vivre avec un tel régime. Ces feuilles sont si pauvres en nutriments et si difficiles à digérer qu'il doit dormir environ 19 heures par jour.

Les oreilles du diable de Tasmanie virent au rouge vif quand il est en colère.

Le diable de Tasmanie a un odorat très développé qui lui permet de flairer les charognes à distance.

Le diable de Tasmanie

Bien qu'à peine plus gros qu'un chat domestique, le diable de Tasmanie est le plus gros carnivore marsupial du monde. Il est doté de mâchoires extrêmement puissantes, capables d'écraser des os. Car les diables de Tasmanie mangent une carcasse entière, os, fourrure et pattes inclus. Ils attaquent aussi les animaux de ferme et sont détestés par les fermiers tasmaniens.

L'INSTINCT DOMESTIQUÉ

DES ANIMAUX À LA FOIS INTELLIGENTS ET SOCIABLES – comme le sont de nombreux mammifères – peuvent aisément apprendre à vivre avec les humains. Depuis des milliers d'années, l'homme a domestiqué toutes sortes de mammifères, les élevant avec soin pour les apprivoiser et les rendre plus utiles : les chevaux sont devenus plus grands et plus rapides que leurs ancêtres sauvages, les chiens plus petits et plus amicaux, tandis que cochons, bétail et moutons sont devenus plus gras, plus dociles et plus stupides. La domestication a également transformé notre propre espèce, déclenchant les débuts de l'agriculture, de la vie urbaine et de la civilisation. Aujourd'hui, les mammifères que nous élevons ont d'innombrables emplois – nous les mangeons, les trayons, en faisons des vêtements, les dressons à chasser et à travailler pour nous, à devenir animaux de compagnie.

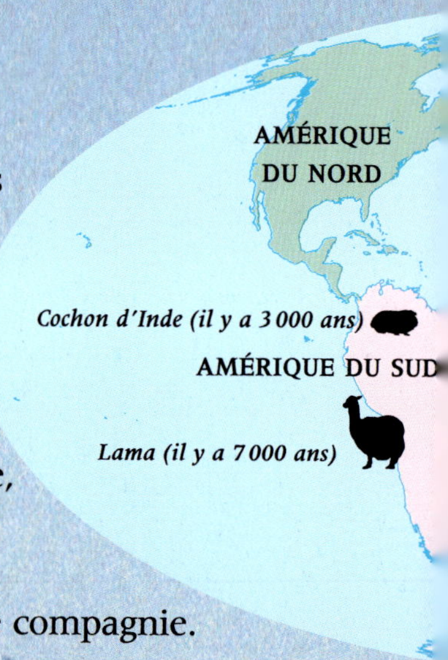

LE MEILLEUR AMI DE L'HOMME

L'ancêtre du chien domestique était le loup gris. Aujourd'hui, la plupart des races de chien ont un aspect très différent de celui des loups, mais leur comportement les trahit. Tout comme les loups, ce sont des animaux de meute qui forment des liens sociaux étroits. Un chien bien dressé voit les humains comme les chefs de la meute, et c'est pourquoi les chiens sont si amicaux et obéissants. Le chien est utile de multiples manières : en tant qu'animal de compagnie, compagnon de chasse, garde, pisteur, et pour tirer des traîneaux sur la neige.

Les huskies ont toujours une forte ressemblance avec le loup gris, leur lointain ancêtre.

Garder le bétail est un mode de vie important dans les prairies tropicales, où le climat est trop rude pour la culture.

VIANDE, LAIT ET SANG

Le bétail descend d'un animal sauvage appelé aurochs, aujourd'hui disparu. L'homme le chassait autrefois, mais, avec le temps, il a appris à le maîtriser et à le diriger. Aujourd'hui, le bétail est entretenu pour son lait autant que pour sa viande. Les Masaï, un peuple d'Afrique, boivent également son sang, en prélevant chaque fois une petite quantité dans une veine située sur le cou de la vache.

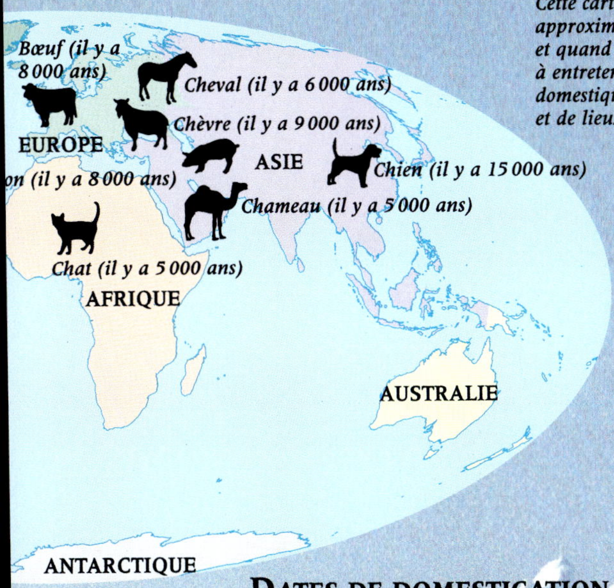

Cette carte montre approximativement où et quand l'homme a commencé à entretenir divers mammifères domestiques. Nombre de dates et de lieux sont incertains.

Tracteurs vivants

En Asie, les hommes utilisent le buffle d'eau au lieu d'un tracteur pour labourer les champs marécageux avant de semer le riz. Comme leurs ancêtres sauvages qui vivaient dans les marais, les buffles d'eau domestiques ont des sabots écartés pour marcher dans la boue, et passent souvent les heures chaudes du jour à barboter dans l'eau. Quand l'animal atteint la fin de sa vie de labeur, ses propriétaires le mangent.

Dates de domestication

Le premier animal domestiqué fut probablement le chien, il y a peut-être 15 000 ans en Chine. Entre 9 000 et 6 000 ans avant nos jours, les peuples d'Asie occidentale ont inventé l'agriculture et domestiqué nombre des animaux de ferme que nous connaissons aujourd'hui. Les peuples d'Amérique du Sud ont inventé l'agriculture séparément et domestiqué un certain nombre de mammifères très différents.

Bêtes de somme

Lamas et alpagas sont des versions domestiques des guanacos et vigognes sauvages qui vivent en altitude dans les Andes, en Amérique du Sud. Ils sont appréciés autant pour leur laine épaisse que pour leur force en tant que bêtes de somme. Ce sont de proches parents des chameaux. Comme leurs cousins africains, ils peuvent survivre dans les conditions extrêmes d'environnements telles que déserts et montagnes.

L'éléphant de trait se sert de sa trompe pour déplacer de lourds troncs d'arbres. Un cornac (le propriétaire et conducteur de l'éléphant) est assis sur sa nuque.

Éléphants de trait

L'éléphant est l'un des seuls animaux capables d'abattre des arbres entiers, ce qui l'a rendu inestimable pour l'industrie du bois asiatique. Récemment, l'industrie du bois s'est mise à décliner, mais les éléphants de trait sont toujours là, transportant des touristes dans les réserves naturelles ou prenant part aux fêtes religieuses.

LA VIE URBAINE

TOUTES SORTES DE MAMMIFÈRES SE SONT ADAPTÉS à la vie urbaine, et se cachent dans nos jardins et sous nos planchers. Depuis la souris domestique jusqu'à l'orignal urbain, ces animaux ont découvert que les humains sont des créatures gaspilleuses et négligentes, dont les réserves de nourriture sont inépuisables. Certains sont des visiteurs occasionnels – ils font nos poubelles, mangent nos plantations ou s'introduisent dans nos maisons pour voler la nourriture de nos animaux et les restes de nos cuisines. D'autres sont des résidents permanents, profitant du chauffage central et d'un abri contre les intempéries. La plupart sont des omnivores adaptables – ils aiment la même nourriture que nous et nos restes sont pour eux une véritable manne.

L'ORIGNAL URBAIN
Si incroyable que cela paraisse, Anchorage, en Alaska, a une population de plus de 1 000 orignaux urbains. Ces cervidés géants passent le plus clair de leur temps dans les espaces verts de la ville – les jardins privés, par exemple – à mâchonner buissons et arbres. Comme les élans des forêts, ils aiment l'eau et s'immergent parfois dans les lacs ou bassins publics pour s'y reposer.

LE BANDIT MASQUÉ
Le surnom du raton laveur – « bandit masqué » – est mérité. Non seulement les ratons laveurs renversent les poubelles pour s'y introduire, mais ils peuvent pénétrer dans les maisons en grimpant par les fenêtres et en se glissant par les chatières. Leurs petites « mains » adroites, normalement utilisées pour sonder l'eau des rivières en quête de coquillages, sont parfaites pour ouvrir paquets plastifiés et sacs en papier. Les ratons retournent également le gazon fraîchement posé pour en extraire les vers.

Roublard des villes

Un jardin envahi de mauvaises herbes ou une crevasse sous une cabane font une parfaite tanière pour le renard roux, animal rusé et adaptable qui s'est répandu dans le monde entier. Les renards urbains vivent dans les villes d'Amérique du Nord, d'Europe et d'Australie, mais on les voit rarement parce qu'ils se cachent pendant la journée. Alors que les renards ruraux mangent petits animaux, vers et baies, leurs cousins des villes survivent grâce au contenu des poubelles. Leur nourriture favorite est faite de restes de viande, mais ils aiment aussi le pain, les épluchures de pomme de terre, les graines pour oiseaux et les œufs.

Un renard roux peut sentir ce que contient une poubelle avant de le voir. Comme le raton laveur, il renverse les poubelles pour faire tomber le couvercle. Il déchire également les sacs-poubelle en plastique avec ses dents.

Les pires amis de l'homme

Les surmulots, ou rats d'égout, se nourrissent des détritus que nous laissons dans les rues ou vidons dans les canalisations. En bons omnivores, ils mangent n'importe quoi : plantes et graines, viande pourrie, limaces, cire, insectes, savon, carton, poils, rognures d'ongles, et tout animal trop petit pour se défendre. Ils répandent aussi des maladies, dont la peste bubonique qui tua 25 millions d'Européens au Moyen Âge.

Fêtard

Le vervet, ou singe vert, natif d'Afrique, s'est installé au XVIIe siècle sur l'île de Saint-Kitts, dans les Caraïbes, après avoir traversé l'Atlantique sur des vaisseaux négriers. La production de rhum était l'industrie principale de cette île et les singes ont vite pris goût à l'alcool. Aujourd'hui, ils dévalisent les bars des plages et des résidences touristiques.

Les langurs consomment librement les pétales et fruits donnés en offrande dans les temples consacrés au dieu Hanuman.

Singes sacrés

En Inde, les adeptes de la religion hindouiste considèrent certains animaux comme sacrés et leur permettent de courir librement dans leurs villes et temples. Le langur de Hanuman, par exemple, tire son nom du dieu hindou Hanuman. Dans de nombreuses villes d'Inde, les vaches sacrées circulent sans risque dans les rues ; il existe même un temple où les adorateurs viennent nourrir une colonie de rats sacrés.

ÉTRANGES ET MERVEILLEUX

QUAND DES SAVANTS ANGLAIS virent pour la première fois un ornithorynque – une peau séchée envoyée d'Australie – ils déclarèrent que c'était un faux. L'animal paraissait trop étrange pour être vrai, sa peau semblait avoir été cousue à partir d'éléments d'autres animaux. Pourtant, il se vérifia non seulement que cet animal existait, mais aussi que son mode de vie était encore plus étrange que son anatomie. Deux cents ans plus tard, nous savons que le monde est plein de mammifères étranges et merveilleux. Parmi les quelque 4 600 espèces existantes, aucune n'est exactement semblable à une autre. Chacune a résolu le problème de la survie à sa façon.

Les défenses supérieures du babiroussa se forment à partir de canines de la mâchoire supérieure qui poussent vers le haut plutôt que vers le bas.

LE BABIROUSSA

Les défenses du babiroussa du Sud-Est asiatique poussent vers le haut à travers son groin, et sortent de la peau. Seuls les mâles en sont pourvus ; elles servent donc probablement à impressionner les femelles. Quand les mâles se combattent, ils se cognent la tête et tentent de casser les défenses de l'adversaire.

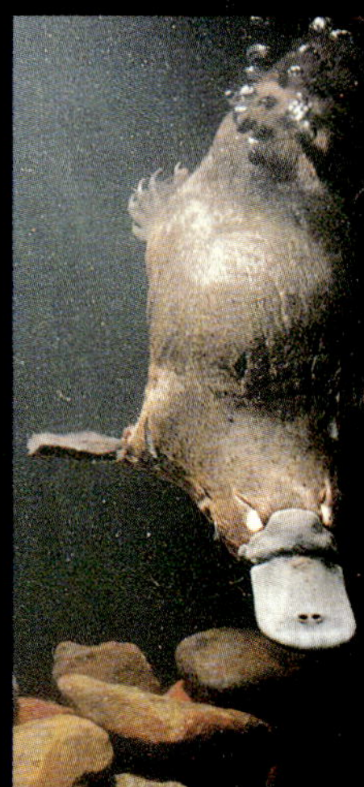

Avec son extraordinaire bec et ses énormes pieds palmés, l'ornithorynque semble issu de l'accouplement d'un castor et d'un canard.

L'ORNITHORYNQUE

C'est un des rares mammifères à pondre des œufs et le seul qui soit doté d'un dard venimeux. Plus étrange encore, son bec est sensible à l'électricité : quand il nage, il ferme les yeux et l'utilise pour sonder le lit de la rivière en quête des champs électriques émis par ses proies.

LION OU TIGRE ?

Quand des espèces apparentées se reproduisent entre elles, elles engendrent parfois des individus particuliers, appelés hybrides. Un tigron est un croisement entre un lion et une tigresse. Cet animal est stérile. Il présente un mélange des traits de ses parents, mais est beaucoup plus grand et plus fort. Un tigron, en captivité aux États-Unis, pèse plus de 2 fois le poids d'un lion mâle, ce qui en fait le plus gros félin du monde.

L'ouakari chauve a le visage écarlate et la tête complètement chauve.

L'OUAKARI CHAUVE

La raison de l'apparence saisissante de ce singe à visage rouge reste un mystère. Peut-être sa face écarlate est-elle un signe de bonne santé. Les mâles au visage le plus rouge sont les plus résistants à la malaria, et les femelles semblent préférer s'accoupler avec eux. En choisissant les partenaires les plus voyants, peut-être sélectionnent-elles des gènes qui profiteront à leur descendance.

Le ouistiti mignon

Le plus petit singe du monde est le ouistiti mignon de la forêt tropicale d'Amazonie. À peine plus gros qu'une gerbille, il court sur les branches au lieu de se hisser de branche en branche comme le font les autres singes. Il se nourrit en faisant des trous dans les arbres pour aspirer la sève, et après un repas, il urine sur les lieux pour éloigner les autres ouistitis.

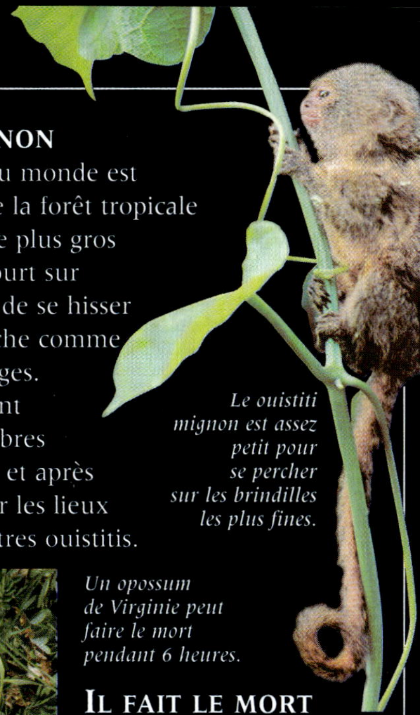

Le ouistiti mignon est assez petit pour se percher sur les brindilles les plus fines.

Un opossum de Virginie peut faire le mort pendant 6 heures.

Il fait le mort

Quand un opossum de Virginie est acculé, il fait semblant d'être mort. Il se laisse tomber sur le flanc et sombre dans une sorte de transe qui ralentit ses rythmes cardiaque et respiratoire. Pour plus de réalisme, son anus dégage un liquide visqueux et malodorant imitant la puanteur de la putréfaction.

La taupe à nez étoilé

Un jeu de 22 tentacules ondulant sur le nez de cette taupe lui donne l'un des organes sensoriels les plus étranges du monde des mammifères. La taupe à nez étoilé utilise son nez incroyablement sensible pour tâter la terre et les eaux à la recherche de petits animaux. Contrairement à la plupart des taupes, c'est une excellente nageuse, capable d'utiliser ses énormes pattes avant, soit pour creuser le sol, soit pour pagayer dans l'eau.

Le paresseux

Les paresseux d'Amérique du Sud se déplacent si lentement qu'ils semblent vivre au ralenti. Leur alimentation, constituée de feuilles, est très peu nourrissante, de sorte qu'ils économisent le plus d'énergie possible. Ils dorment presque toute la journée et ne défèquent qu'une fois par semaine, descendant toujours d'un arbre pour le faire. Le paresseux est un écosystème ambulant. Sa fourrure froide et humide est teintée en vert par les algues et habitée par une masse de tiques, de mites et de coléoptères.

FAITS ET CHIFFRES

L'ÉVOLUTION DES MAMMIFÈRES

Les scientifiques ont identifié plus de 4 700 espèces constituant la classe des mammifères. Il y a plus de 200 millions d'années, la classe s'est séparée en mammifères pondant des œufs (monotrèmes) et ceux donnant naissance à des petits vivants (sous-classe des vivipares). Plus tard a eu lieu une autre séparation des vivipares en marsupiaux et mammifères placentaires.

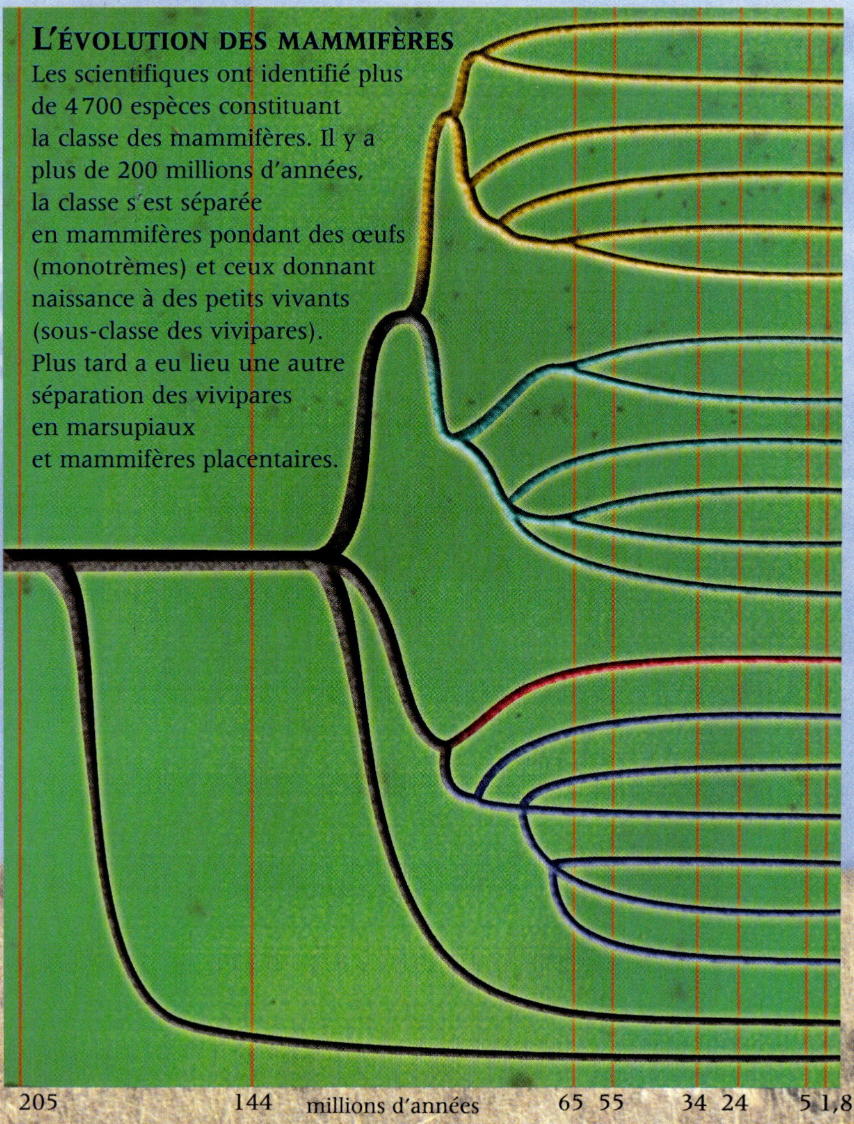

Rongeurs (ordre des rongeurs) : 1 999 espèces.
Lapins, lièvres, pikas (ordre des lagomorphes) : 87 espèces.
Toupayes (ordre des scandentes) : 18 espèces.
Musaraignes, taupes, hérissons (sous-ordre appartenant à l'ordre des insectivores) : 399 espèces.
Colugos (ordre des dermoptères) : 2 espèces.
Primates (ordre des primates) : 256 espèces.
Pangolins (ordre des pholidotes) : 7 espèces.
Carnivores (ordres des carnivores et des pinnipèdes) : 264 espèces.
Ongulés à nombre de doigts impair (ordre des périssodactyles 16 espèces.
Ongulés à nombre de doigts pair (ordre des artiodactyles) : 196 espèces.
Baleines et dauphins (ordre des cétacés) : 88 espèces.
Chauves-souris (ordre des chiroptères) : 977 espèces.
Fourmiliers, paresseux et tatous (ordre des xénarthres) : 29 espèces.
Tenrecs et taupes dorées (sous-ordre des afrosoricidés, ordre des insectivores) : 45 espèces.
Rats-éléphants (ordre des macroscélidés) : 15 espèces.
Oryctérope (ordre des tubulidentés) : 1 espèce.
Damans (ordre des hyracoïdes) : 11 espèces.
Dugong et lamantins (ordre des siréniens) : 4 espèces.
Éléphants (ordre des proboscidiens) : 3 espèces.
Marsupiaux (7 ordres) : 289 espèces.
Échidnés et ornithorynque (ordre des monotrèmes) : 3 espè

MAMMIFÈRES GRAVEMENT MENACÉS D'EXTINCTION

La liste rouge des espèces menacées publiée en 2002 par l'UICN (Union mondiale pour la conservation de la nature et de ses ressources) comprend 181 mammifères sauvages. Cette liste inclut :

Loup d'Abyssinie encore présent en Éthiopie.
Baiji (dauphin du Changjiang) encore présent dans le fleuve Yang-Tsé, en Chine.
Tamarin du Brésil encore présent au Brésil.
Cochito (marsouin du Pacifique) encore présent dans le golfe de Californie.
Hutia de Garrido encore présent à Cuba.
Kouprey (bœuf gris) encore présent au Cambodge.
Lynx d'Espagne encore présent au Portugal et en Espagne.
Rhinocéros de Java encore présent en Indonésie et au Vietnam.
Civette de Malabar encore présent en Inde.
Phoque-moine de Méditerranée encore présent dans l'océan Atlantique, la Méditerranée et la mer Noire.
Wombat à museau velu du Nord encore présent en Australie.
Porc pygmée encore présent en Inde.
Emballonure des Seychelles encore présent aux Seychelles.
Rhinocéros de Sumatra encore présent en Indonésie, en Malaisie, au Myanmar, en Thaïlande et au Vietnam.
Tamarau (buffle d'eau nain) encore présent aux Philippines.
Rhinopithèque du Tonkin encore présent au Vietnam.
Lagotriche à queue jaune encore présent au Pérou.

VIEILLISSEMENT

Le mammifère dont l'espérance de vie est la plus courte est la musaraigne naine, qui vit au maximum 13 mois. L'homme détient le record de longévité, avec 120 ans. L'espérance de vie est affectée par le mode de vie et par le niveau de menace de la part des prédateurs.

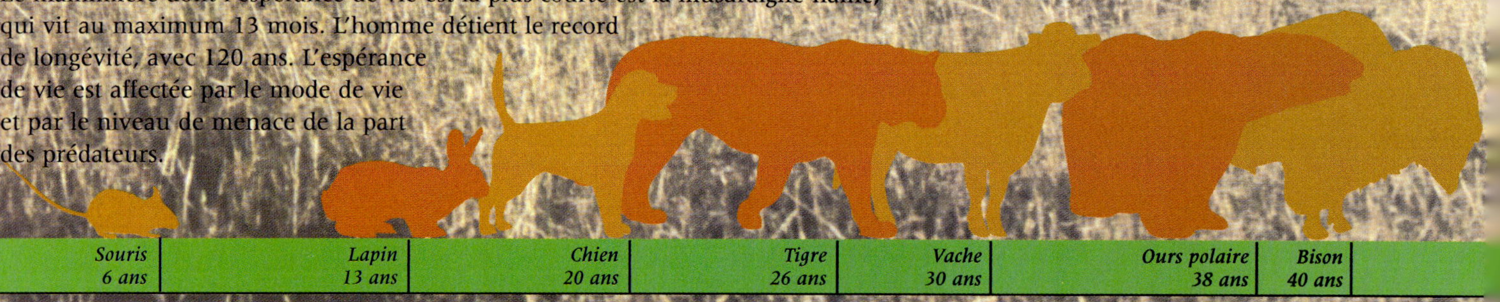

GLOSSAIRE

Amphibie La capacité à se déplacer ou à vivre aussi bien dans l'eau que sur terre.
Aquatique Vivant dans l'eau.
À sang chaud Ayant une température interne relativement constante.
Camouflage Dessin, couleur ou forme du corps qui aide un animal à se cacher en se fondant dans son environnement.
Carnivore Animal qui mange de la viande. Désigne également un membre de l'ordre des carnivores.
Évolution convergente Évolution indépendante vers des traits similaires chez différents animaux, tels que les ailes chez les chauves-souris et les oiseaux.
Écholocation Vision par les sons. Chauves-souris et dauphins la pratiquent en produisant des sons particuliers dont ils analysent les échos.
Forêt tropicale Type de forêt recevant de fortes pluies toute l'année. Les forêts tropicales existent sous les tropiques mais aussi dans des zones tempérées.
Graisse de baleine Épaisse couche de graisse isolante qui se forme sous la peau des mammifères marins et des ours polaires.
Herbivore Animal qui mange principalement des végétaux.
Hibernation Type de sommeil très profond au cours duquel l'organisme d'un animal ralentit pour l'aider à conserver l'énergie.
Marsupial Type de mammifère donnant naissance à de minuscules petits qui se développent ensuite dans une poche, ou attachés aux mamelles de la mère.
Migration Long voyage entrepris par les animaux pour trouver nourriture ou lieu où se reproduire. De nombreux animaux migrent chaque année à certaines saisons.
Monotrème Type de mammifère pondant des œufs.
Nocturne Actif de nuit.
Omnivore Animal qui mange à la fois végétaux et animaux.
Placenta Organe interne permettant aux fœtus des mammifères d'absorber nourriture et oxygène provenant du système sanguin de la mère.
Primate Type de mammifère à mains préhensiles, yeux orientés vers l'avant et cerveau développé.
Prosimien Type de primate qui n'est qu'un parent éloigné des singes. La plupart sont de petites créatures nocturnes.
Rongeur Type de mammifère aux incisives aiguisées en forme de ciseau pour ronger.
Rumination Régurgitation de la nourriture pour la mâcher une deuxième fois. Les ruminants ont un estomac spécial contenant des bactéries qui les aident à digérer la matière végétale.
Savane Zone de prairies des régions tropicales.
Symbiose Relation très étroite entre 2 espèces différentes.

LES RECORDS DES MAMMIFÈRES

Plus gros mammifère marin Baleine bleue. Plus grande longueur connue : 33,5 m. Plus grand poids connu : 196 tonnes. Des exemples plus gros existent peut-être.
Plus gros mammifère terrestre Éléphant d'Afrique. Plus grande longueur connue : 7,3 m ; hauteur : 4 m ; poids : 11 tonnes.
Plus grand mammifère Girafe. Plus haute taille connue : 6 m.
Plus petit mammifère Chauve-souris à nez de porc (craséonycte). Longueur totale : 27,9 à 33 mm.
Mammifère terrestre le plus rapide Guépard. Plus grande vitesse enregistrée : 105 km/h.
Mammifère terrestre le plus lent Paresseux à 3 doigts. Vitesse dans les arbres : 0,27 km/h.
Portée la plus nombreuse Tenrec commun. Plus grand nombre connu : 32 (30 ont survécu), mais une portée normale compte 15 petits.
Plus longue période de gestation Éléphant indien. Période moyenne de 609 jours (plus de 20 mois) avec un maximum de 760 jours (22 mois).
Plus courte période de gestation Opossum américain (opossum de Virginie) et le rare opossum aquatique (yapock). Période moyenne de 12 à 13 jours.
Plus longue migration (à la nage) Baleine grise. 20 000 km aller-retour.
Plongeon le plus profond Cachalot. Peut probablement atteindre des profondeurs d'au moins 3,2 km.
Plus haute altitude Yak. Peut grimper jusqu'à 6 000 m environ.
Mammifère terrestre le plus bruyant Singe hurleur. Le cri s'entend à 4,8 km de distance.
Plus fort son produit Certains cétacés à fanons produisent des sons qui peuvent traverser des océans entiers. Le son des baleines bleues et des rorquals communs a été enregistré à 188 décibels.
Mammifère le plus malodorant Moufette rayée (skunk). Son odeur contient 7 principaux produits chimiques volatils et nauseabonds.

EN SAVOIR PLUS SUR LES MAMMIFÈRES

http://planet-mammiferes.org
Site très complet présentant toutes les espèces de mammifères connues.

http://nature.ca/notebooks/francais/mon3.htm
Site du Musée canadien de la nature, avec des informations sur 246 espèces d'animaux.

http://www.wwf.fr
Site français du World Wildlife Fund. Des informations sur les espèces menacées et les projets de protection de la nature.

http://www.sfepm.org
Site de la Société française pour l'étude et la protection des mammifères, avec des informations sur diverses espèces menacées.

http://perso.wanadoo.fr/cetaces
Site d'enseignants sur les mammifères marins.

http://www.rongeurs.net
Site assez complet sur les rongeurs.

PARTIE III

LE MONDE DES OISEAUX

Ben Morgan

QU'EST-CE QU'UN OISEAU ?

LES OISEAUX SONT LES ANIMAUX les plus aptes au vol qui aient jamais existé. Ils forment une classe de l'embranchement des vertébrés et se distinguent des autres membres du règne animal par leur plumage. Leurs ancêtres étaient très certainement les théropodes, de petits dinosaures prédateurs qui vivaient il y a plus de 150 millions d'années. Les écailles des théropodes se sont transformées en plumes, leurs membres antérieurs se sont allongés pour devenir des ailes, leur queue à vertèbres distinctes a disparu, leur bouche et leurs dents ont été remplacées par un bec, organe plus léger. L'évolution a fait des oiseaux les maîtres du ciel et leur a permis de coloniser toute notre planète.

LE PLUMAGE

Les oiseaux sont les seuls animaux à plum
Leur plumage ne leur sert pas seulement
à voler, mais aussi à conserver leur chaleur
corporelle. Ce sont des animaux à sang ch
ce qui signifie que leur température intern
reste constante quelle que soit celle du mil
ambiant, contrairement aux reptiles dont l
température est variable.

LES PREMIERS OISEAUX

L'oiseau fossile le plus ancien du monde, l'archéoptéryx, a vécu il y a quelque 150 millions d'années. Mi-dinosaure mi-oiseau, il possédait déjà des plumes, mais avait des dents, une queue à vertèbres distinctes et des griffes aux membres antérieurs.

Les rémiges primaires assurent la propulsion et maintiennent la stabilité du vol.

Les rémiges secondaires assurent la portance.

Les rémiges tertiaires assurent la fluidité du vol.

UN BEC ADAPTÉ

Le bec est apparu au cours de l'évolution parce qu'il est plus léger que les mâchoires dentées, ce qui facilite le vol. Il est aussi plus simple : un os peu épais est recouvert de la même protéine dure dont sont faits les ongles des êtres humains. L'évolution peut donc modifier sa forme assez facilement, donnant à chaque espèce d'oiseau un bec adapté à son mode de vie. Les rapaces, par exemple, ont un bec crochu pour percer leurs proies.

IBIS

VAUTOUR

PERROQUET

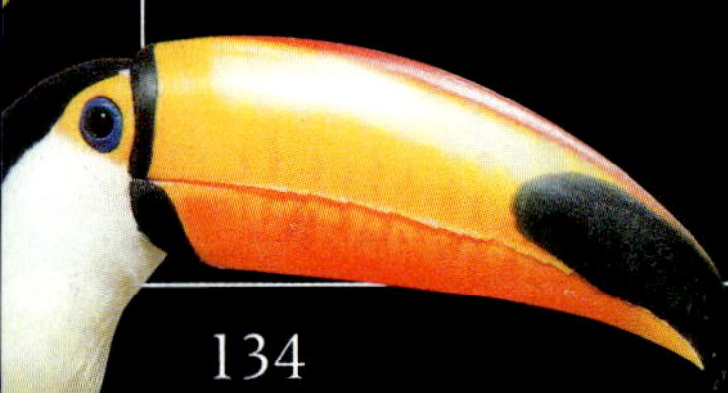

TOUCAN

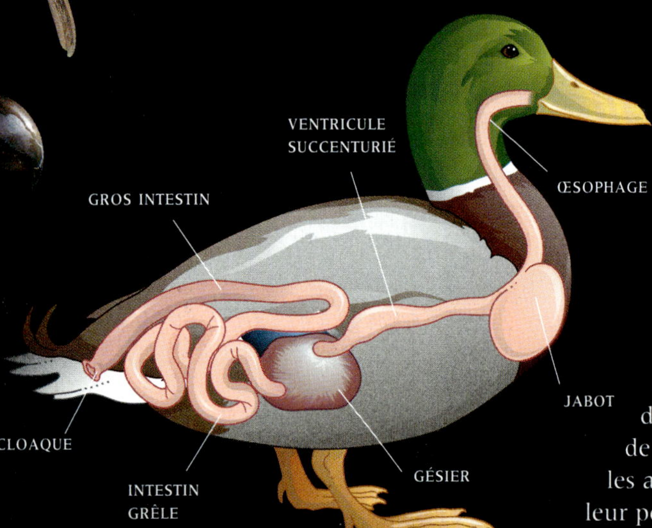

L'APPAREIL DIGESTIF

Les oiseaux étant dépourvus de dents, ils doivent broyer leurs aliments après les avoir avalés. Ils possèdent donc une poche de l'estomac particulière, le gésier, dont la paroi musculaire puissante compresse et broie la nourriture. Certains oiseaux avalent même des graviers pour améliorer le fonctionnement de leur gésier. Nombreux sont ceux à être également dotés d'un jabot, une poche de l'œsophage où séjournent les aliments ingérés. Ce jabot leur permet d'avaler rapidement leur repas et de le régurgiter plus tard pour nourrir leurs petits ou pour peser moins lourd quand il faut fuir un danger.

Queue sans vertèbres

Animal à sang chaud, sa température corporelle est comprise entre 41 et 44 °C.

Les sens

Chez les oiseaux, la vue est le sens le plus développé. La plupart sont capables de percevoir des couleurs invisibles pour l'œil humain ou de distinguer au loin des éléments si petits que l'homme aurait besoin d'un télescope pour les voir. Durant leur sommeil, les oiseaux peuvent garder un œil ouvert, une partie de leur cerveau restant éveillée et aux aguets. En général, leur odorat est peu développé, mais leur ouïe excellente. Lorsqu'un oiseau chante, nous percevons une seule note là où ses congénères identifient 10 notes différentes.

Une présence dans tous les milieux

Hormis les grands fonds marins, les oiseaux ont colonisé tous les milieux, des déserts aux villes en passant par les îles lointaines, les montagnes et les étendues gelées de l'Antarctique. Plus que tout autre animal, un oiseau est capable de supporter les climats les plus rigoureux et les milieux les plus pauvres en oxygène.

FORÊT TROPICALE HUMIDE

ZONES HUMIDES

DÉSERT

MONTAGNE

ARCTIQUE

ZONES URBAINES

La reproduction

Les oiseaux sont ovipares, comme leurs ancêtres reptiliens. Mais contrairement à la plupart des reptiles qui se contentent d'abandonner leurs œufs, les oiseaux les couvent et, après l'éclosion, s'occupent des oisillons. Généralement, les parents coopèrent pour maintenir au chaud, protéger et nourrir leurs petits.

Les passereaux

L'ordre des passereaux est le plus répandu : sur les 9700 espèces d'oiseaux qui existent dans le monde, 5700 sont des passereaux. La plupart des oiseaux qui vivent à proximité de nos habitations et dans nos jardins appartiennent à cet ordre.

Les passereaux, comme ici cette mésange bleue, possèdent des doigts fins et recourbés pour se percher sur les branches.

UNE ADAPTATION PARFAITE AU VOL

TOUTES LES PARTIES – OU PRESQUE – DU CORPS D'UN OISEAU se sont transformées au cours de l'évolution pour lui donner une aptitude au vol optimale. Ses ailes et son plumage sont, bien sûr, essentiels pour lui permettre de se maintenir en suspension dans l'air et de vaincre la pesanteur. La plupart des oiseaux possèdent également une forme aérodynamique et le poids de leur corps se concentre au centre pour leur assurer un bon équilibre global. Leurs os sont pneumatisés – creusés de cavités remplies d'air – pour les alléger et la plupart sont soudés, ce qui évite les articulations lourdes et les muscles inutiles. Les muscles du vol sont volumineux et puissants, mais leur fonctionnement nécessite beaucoup d'oxygène, d'où des poumons spécifiques destinés à extraire un maximum d'oxygène de l'air.

QU'EST-CE QU'UNE PLUME ?

Les plumes sont constituées de fibres fines et légères de kératine, la protéine qui recouvre le bec. Les rémiges et les rectrices ont une tige centrale rigide, le rachis, et des centaines de filaments latéraux, les barbes. Les barbes sont accrochées entre elles par des milliers de barbules formant une surface plane et aérodynamique.

Ce grossissement montre le rachis central (en jaune) portant de chaque côté les barbes (en bleu) et les barbules (en vert) situées de part et d'autre des barbes.

LE SQUELETTE

Le squelette d'un oiseau ressemble au squelette de l'homme dans ses grandes lignes mais s'en distingue totalement dans ses détails. Les oiseaux ne possèdent que 3 doigts à leur « main », qui servent de support aux rémiges. L'aile pivote au niveau de l'épaule, tandis que le coude et le poignet ne permettent que des mouvements horizontaux pour replier ou déplier l'aile. Le squelette de la queue n'est qu'un moignon. Chaque côte porte une apophyse en forme de crochet qui s'appuie sur la côte suivante pour renforcer la solidité de la cage thoracique. Enfin, les muscles puissants du vol s'insèrent sur un os énorme, le bréchet.

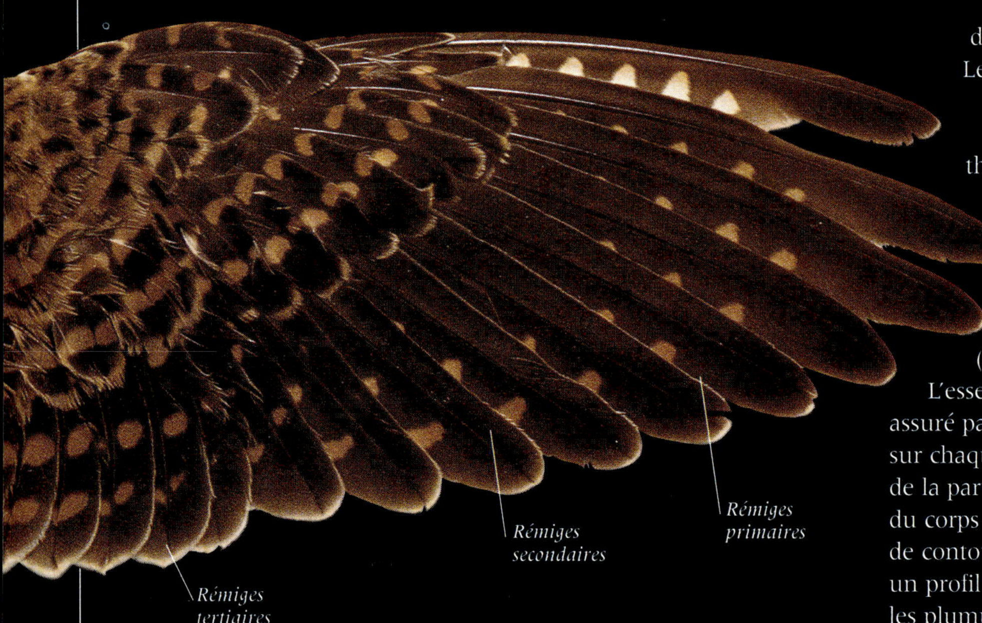

LES DIFFÉRENTES PLUMES

Les plumes les plus importantes pour l'oiseau sont celles de ses ailes (rémiges) et de sa queue (rectrices), car elles lui servent à voler. L'essentiel de la portance nécessaire au vol est assuré par les rémiges primaires (10 environ sur chaque aile) et les rémiges secondaires (9 à 12) de la partie externe de l'aile. Les autres parties du corps sont recouvertes par les petites plumes de contour (tectrices), qui donnent à l'oiseau un profil aérodynamique, et par le duvet dont les plumules sont un bon isolant thermique.

…OMMENT FONCTIONNENT …S AILES ?

… ailes assurent la sustentation …'oiseau d'une double manière. …squ'il bat des ailes pour s'envoler, …ailes repoussent l'air vers l'arrière …vers le bas, assurant sa progression …on élévation dans l'air. Une fois qu'il …ris de la vitesse, ses ailes reçoivent …tion du vent comme les voiles …n bateau, ce qui accentue …poussée et la force ascensionnelle.

La contraction des muscles du vol provoque l'abaissement des ailes.

En vol battu, l'oiseau « rame » et l'action du vent sur ses ailes le fait avancer.

La régulation du vol

Le vol est plus facile lorsque le déplacement de l'air est rapide. Si celui-ci est trop lent, des tourbillons se forment autour des ailes et la portance chute brutalement : l'oiseau s'immobilise, perd son équilibre et tombe. Les oiseaux à vol lent – tels les aigles – utilisent les rémiges primaires écartées (l'extrémité de leurs ailes) comme autant de « mini-ailes » supplémentaires qui améliorent la stabilité du vol.

Le pygargue à tête blanche possède environ 7 000 plumes.

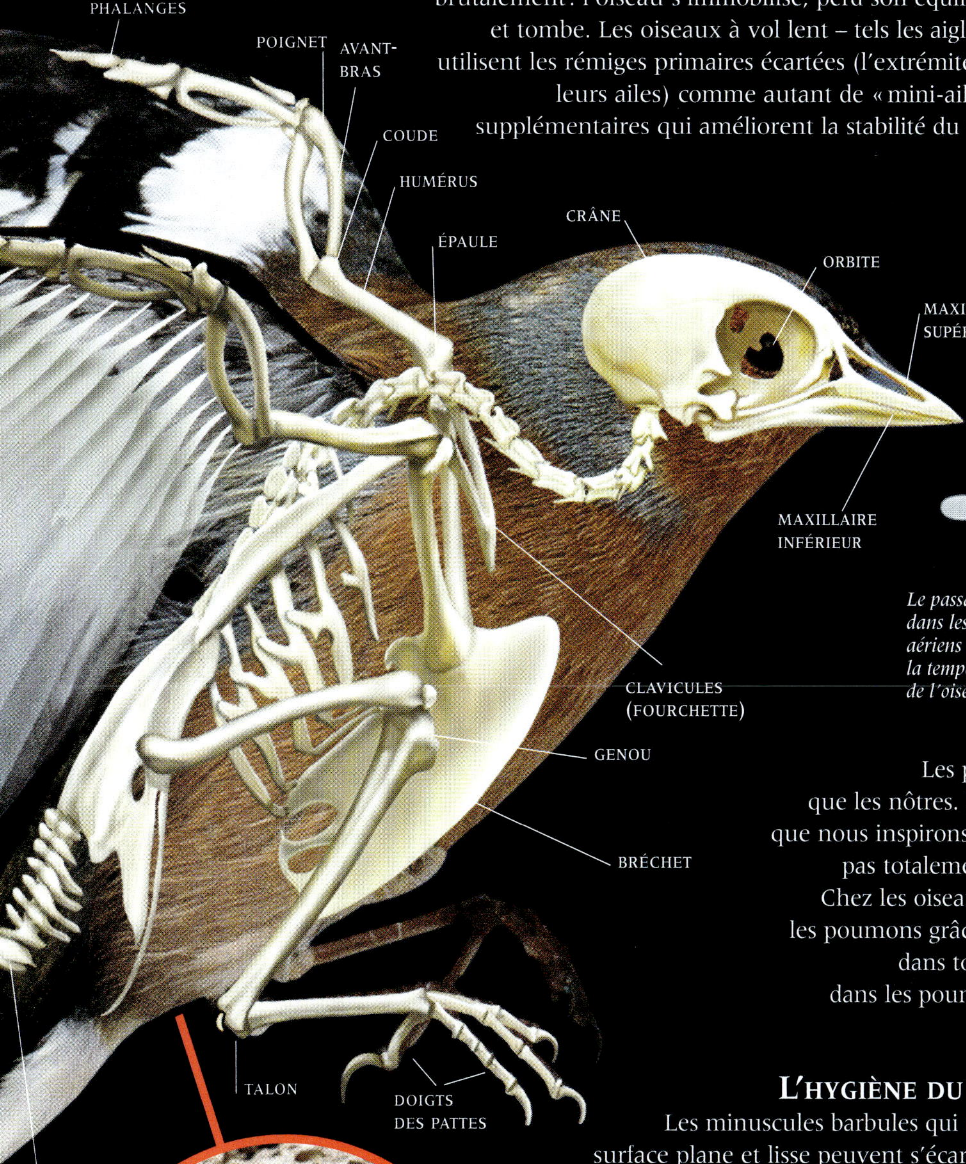

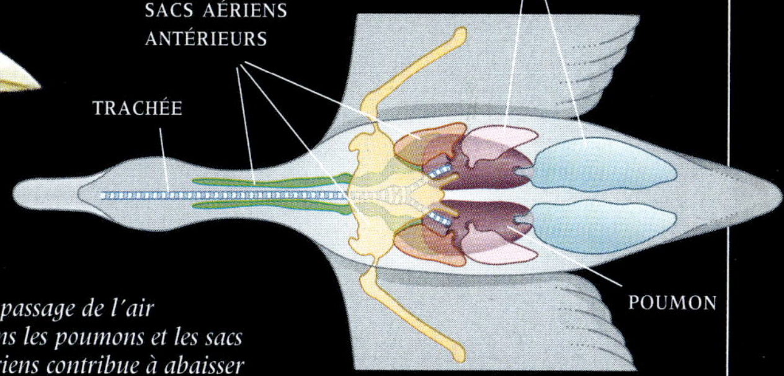

Le passage de l'air dans les poumons et les sacs aériens contribue à abaisser la température corporelle de l'oiseau pendant le vol.

L'appareil respiratoire

Les poumons de l'oiseau sont beaucoup plus efficaces que les nôtres. Le sens de l'air dans nos bronches s'inverse selon que nous inspirons ou expirons. Comme nos poumons ne se vident pas totalement, il reste de l'air vicié après chaque respiration. Chez les oiseaux, l'air circule dans une seule direction à travers les poumons grâce à un système complexe de sacs aériens répartis dans tout le corps. De l'air pur pénètre continuellement dans les poumons, chassant l'air vicié et fournissant un apport d'oxygène important.

L'hygiène du plumage

Les minuscules barbules qui forment une surface plane et lisse peuvent s'écarter et perdre leur parallélisme. Les oiseaux réalignent donc leurs barbules avec leur bec. La plupart lubrifient également leurs plumes pour les imperméabiliser grâce à l'huile sécrétée par une glande de leur croupion. Certains se baignent même dans des flaques ou dans la poussière pour entretenir leur plumage.

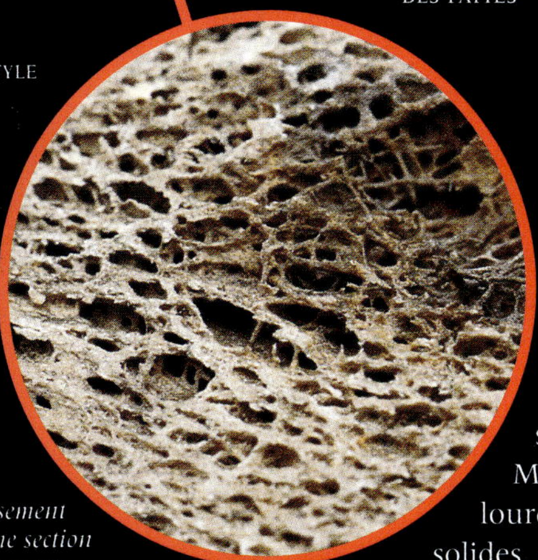

…e grossissement …ontre une section …'os renfermant …es cavités remplies d'air.

Des os pneumatisés

Si vous avez déjà ramassé un oiseau mort, vous savez combien les os de cet animal sont légers. Mais saviez-vous que ses plumes pèsent 3 fois plus lourd que son squelette ? Si ses os sont si légers et si solides, c'est parce qu'ils renferment un réseau de cavités remplies d'air renforcé par des étais.

LE VOL DES OISEAUX

LES OISEAUX SEMBLENT VOLER SANS EFFORT. Rien de plus faux. Le décollage est la phase la plus difficile. Les ailes fonctionnent au mieux lorsqu'elles reçoivent l'action du vent. Par conséquent, tant que l'oiseau n'a pas pris de la vitesse, il ne peut compter que sur sa force musculaire. Mais une fois son rythme de croisière acquis, il peut économiser son énergie en se laissant propulser par le vent ou porter par les ascendances thermiques. Il peut même en profiter pour faire un petit somme.

Cette buse prise dans un courant ascendant déploie ses ailes en vol plané pour se laisser porter.

LE VOL À VOILE

Les oiseaux de proie volent haut en profitant des remontées d'air chaud appelées ascendances thermiques. Pour ce faire, ils doivent décrire des mouvements circulaires. Après être montés en haut de la colonne d'air chaud, ils peuvent planer pendant des kilomètres sans le moindre battement d'ailes.

Les courtes ailes des macareux sont mieux adaptées à la nage qu'au vol, mais ces oiseaux peuvent s'envoler assez facilement en sautant d'une falaise.

L'ENVOL DES MACAREUX

Les macareux décollent en s'élançant du haut des falaises. Dans leur chute, ils prennent de la vitesse et leurs courtes ailes commencent à assurer leur portance. En revanche, ils ont beaucoup plus de mal à s'envoler après avoir plongé dans la mer pour attraper des poissons. Ils doivent s'élancer hors de l'eau en vol battu, c'est-à-dire avec des battements d'ailes rapides et continus.

Les volées d'oiseaux

Des milliers d'étourneaux peuvent former des nuages sombres, brusquement renversés quand les oiseaux descendent en piqué les uns après les autres. Un vol en groupe offre plusieurs avantages. S'il se décale un peu, latéralement, chaque oiseau bénéficie des tourbillons ascendants engendrés par les battements des ailes de celui qui le précède. Ce pourquoi les canards et les oies forment des vols en V. Le vol collectif facilite aussi la recherche de nourriture et protège des prédateurs.

L'envol du cygne

Le cygne déploie des efforts considérables pour décoller. Ses ailes, comparables à celles d'un avion, ne génèrent une portance suffisante que dans un déplacement d'air rapide. Pour vaincre la pesanteur, il doit donc courir très vite en utilisant la surface de l'eau comme piste d'envol. L'action du vent l'aide mais, en son absence, un grand cygne doit atteindre une vitesse de 48 km/h pour s'envoler.

Les différents styles de vols

Les petits oiseaux replient leurs ailes pour des pauses à peine perceptibles: leur trajectoire de vol monte et descend sans cesse. Les canards et les oies battent des ailes en continu: ils sont rapides et très vigoureux, mais consomment rapidement leurs réserves d'énergie. Les oiseaux de grande envergure, tel les vautours et les albatros, pratiquent vol à voile et vol plané, profitant des ascendances thermiques ou de la vitesse acquise.

VOL DES FRINGILLIDÉS

Les petits oiseaux tels que les fringillidés ont une trajectoire de vol en dents de scie en raison de leurs battements d'ailes intermittents.

VOL DU GIBIER D'EAU

Les canards et les oies battent des ailes en continu et leur trajectoire de vol est droite.

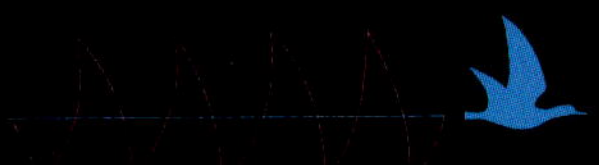

VOL DE L'ORFRAIE

Les rapaces prennent appui sur les ascendances thermiques pour s'élever dans les airs.

L'atterrissage

L'atterrissage exige moins d'efforts que le décollage, mais demande une certaine adresse, surtout pour les oiseaux percheurs. Pour perdre de la vitesse, les oiseaux redressent leurs ailes et leur corps et abaissent leur queue. Nombreux sont ceux à posséder une touffe de plumes stabilisatrice insérée sur le pouce, l'alule, qui leur évite de perdre l'équilibre en ralentissant.

LES CHAMPIONS DES ACROBATIES AÉRIENNES

LES MARTINETS ET LES COLIBRIS possèdent des ailes particulières qui font d'eux de formidables équilibristes. Leurs ailes sont presque immobiles au niveau du coude et du poignet et peuvent pivoter autour de l'épaule. Ces particularités leur donnent une agilité remarquable et un battement d'ailes très rapide. Les martinets figurent parmi les oiseaux les plus rapides en vol horizontal et peuvent rester des années en vol. Quant aux colibris, ils sont capables de faire du surplace, de voler à reculons et même à l'envers ! Pour réaliser de telles prouesses, ces oiseaux ont besoin de grandes quantités de nourriture. Les martinets ouvrent leur bec pour attraper en vol de petits moucherons et les colibris utilisent leur long bec pour aspirer le nectar des fleurs.

LE MARTINET

Le martinet est adapté au vol comme aucun autre oiseau au monde : il peut rester en vol 2 années consécutives. Il se nourrit, boit, dort, s'accouple et nidifie sans jamais se poser. Ses membres postérieurs sont si faibles qu'il ne peut marcher, mais seulement s'accrocher à des surfaces verticales.

La forme aérodynamique du martinet l'aide à attraper des petits insectes en vol.

UN LIEU DE NIDIFICATION ORIGINAL

Le martinet à tête grise d'Amérique du Sud construit son nid derrière une chute d'eau qu'il réussit à traverser malgré son impétuosité. Incapable de se poser pour rassembler les matériaux nécessaires à la construction de son nid, il nidifie à partir d'un mélange de substances collantes et duveteuses attrapées en vol. Les nids de certains martinets sont des mets très appréciés des Chinois qui les font bouillir pour préparer la soupe.

UNE VIE À TIRE-D'AILE

Les hirondelles n'appartiennent pas à la même famille que les martinets, mais leur forme est similaire et elles se nourrissent de la même manière : leurs ailes pointues et leur queue fourchue leur donnent une agilité étonnante pour chasser les insectes en volant. Elles aussi s'abreuvent en descendant en piqué au-dessus des étangs pour happer quelques gorgées d'eau.

UN NID MINUSCULE

Les colibris construisent des nids minuscules mais profonds, en forme de coupe, à partir de mousse et de fils d'araignées. L'extérieur est camouflé par une couche de lichen et l'intérieur tapissé de fibres douces. Le nid du colibri a la taille d'un dé à coudre.

Les colibris sont si petits et si légers qu'ils restent souvent pris au piège dans des toiles d'araignée et finissent par mourir.

Le plus petit oiseau du monde

Le colibri d'Hélène mâle ne mesure que 5,7 cm du bec à la queue, ce qui fait de lui le plus petit oiseau du monde. Pour se maintenir dans l'air, il doit battre des ailes 200 fois par seconde, ce qui produit un bourdonnement comparable à celui d'une abeille.

Les ailes du colibri ont des battements si rapides qu'elles produisent toujours une image floue.

Un long bec pour aspirer le nectar au plus profond de la fleur

Un rotor d'hélicoptère

Les colibris ne volent pas comme les autres oiseaux : ils décrivent un huit avec leurs ailes au lieu d'effectuer des mouvements rectilignes, de haut en bas et de bas en haut. Ces battements d'ailes particuliers leur permettent de se stabiliser parfaitement dans l'air pour aspirer le nectar des fleurs. Mais leurs ailes courtes aux battements très rapides consomment beaucoup d'énergie.

es colibris sont es oiseaux qui ossèdent le moins e plumes – un millier eulement.

Le bec en forme d'épée du colibri est presque 2 fois plus long que son corps.

De gros consommateurs de nectar

Les colibris dépensent si vite leur énergie qu'ils doivent butiner jusqu'à 2 000 fleurs par jour. Ils transportent alors involontairement du pollen de fleur en fleur, ce qui aide les plantes à se reproduire. La nuit, ils entrent dans une sorte d'hibernation pour conserver leur énergie.

LES RAPACES DIURNES

LA VIANDE EST LA NOURRITURE la plus riche en éléments nutritifs, mais la plus difficile à se procurer pour des oiseaux. Telle est pourtant la spécialité des rapaces. La quasi-totalité des quelque 300 espèces de rapaces diurnes partage les caractéristiques nécessaires à la chasse et au dépeçage des proies ou charognes : une vue perçante, des serres puissantes et un bec crochu pour dépecer des victimes que, contrairement aux rapaces nocturnes, ils ne peuvent avaler d'un coup.

DES MÂLES CHASSEURS
Le plus souvent chez les rapaces, la femelle – ici une buse à queue rousse – surveille ses œufs et ses oisillons et le mâle, plus petit, chasse. Les juvéniles restent environ 48 jours dans le nid. La dernière semaine, ils apprennent à se servir de leurs ailes en se posant au bord du nid et en effectuant des battements face au vent.

Un bec crochu et puissant pour percer et dépecer les proies

De grandes serres recourbées pour saisir les proies. Chez la plupart des rapaces, la griffe postérieure est la plus puissante et la plus redoutable.

UNE ACUITÉ VISUELLE INCOMPARABLE
Un petit creux central, la fovéole, situé au fond des yeux des oiseaux de proie, accroît souvent leur acuité visuelle : ils sont capables de voir bouger les oreilles d'un lièvre à plus de 3 km. Notre vision se focalise en un seul point à la fois, ce qui nous oblige à tourner les yeux pour regarder autre chose. Les rapaces diurnes, eux, comme à travers un téléobjectif, possèdent une triple vision simultanée : ils voient à la fois l'horizon à gauche et à droite et, droit devant eux, un objet précis très éloigné mais fortement grossi.

Grâce à leurs grands yeux, les autours ont une vue perçante. Leur sourcil proéminent au-dessus de l'œil les protège mais leur donne un air méchant.

Le pygargue à tête blanche

L'aigle est l'un des rapaces les plus grands et les plus puissants. Il peut s'emparer d'un animal aussi encombrant qu'un mouton, voire d'un renne ! Comme les rapaces nocturnes, ce rapace diurne commence souvent par arracher la tête de sa victime avant de la dépecer. Le pygargue à tête blanche est un oiseau vraiment gigantesque, doté d'une envergure supérieure à la taille d'un homme, mais il se nourrit essentiellement de poisson, en particulier de saumon.

La fauconnerie

Dans certaines régions d'Asie centrale, la fauconnerie avec des aigles n'est pas qu'un sport, comme en Occident, mais une chasse destinée à nourrir la population locale. Le fauconnier dresse l'oiseau pour lui apprendre à s'envoler en prenant appui sur son bras que protège un gant de cuir matelassé.

Cinq familles

Les spécialistes ne sont pas tous d'accord sur la classification des rapaces diurnes, mais la plupart répartissent les 307 espèces dénombrées en 5 familles représentées ci-dessous. Les rapaces nocturnes appartiennent à d'autres familles.

CONDOR DES ANDES

Les cathartidés : 7 espèces de vautours du Nouveau Monde et de condors, et certains des plus grands oiseaux aptes au vol.

SERPENTAIRE

Les sagittariidés : un seul représentant, le serpentaire, espèce endémique d'Afrique (il ressemble à un aigle sur des échasses).

JEUNE PYGARGUE

Les accipitridés : plus de 200 espèces, dont les aigles, les buses, les busards, les milans, les autours et les vautours de l'Ancien Monde.

BALBUZARD

Les pandionidés : un seul représentant, le balbuzard pêcheur, caractérisé par un doigt externe orientable.

FAUCON

Les falconidés : une soixantaine d'espèces reconnaissables au croc du maxillaire supérieur de leur bec et à leurs ailes pointues.

DE REDOUTABLES PRÉDATEURS

IL FAUT UNE GRANDE PRATIQUE pour devenir un chasseur émérite. Chaque rapace diurne doit roder sa technique. Les accipitridés ont pour arme principale leurs serres : ils tuent leurs proies en les transperçant. Les falconidés saisissent de petites proies dans leurs serres et utilisent leur bec pour leur casser net la colonne vertébrale. Mais quelle que soit leur technique de chasse, les rapaces prédateurs sont des opportunistes qui n'hésitent pas à dérober les proies d'autres animaux ni à se nourrir de charognes. Nécessité fait loi.

UN AS DE L'ATTAQUE EN PIQUÉ

C'est l'oiseau le plus rapide au monde : le faucon pèlerin transforme son corps en flèche et fonce tête baissée à une vitesse qui peut atteindre 200 km/h. Arrivé sur sa victime, il pivote sur lui-même et lui sectionne la colonne vertébrale avec une serre postérieure plus grande que les autres, la « griffe du tueur ».

Les faucons pèlerins réussissent moins de 1 fois sur 10 leur attaque en piqué.

UNE PROIE SAUVAGEMENT DISPUTÉE

Les pêches des pygargues à tête blanche sont souvent infructueuses. Il est donc fréquent de les voir se dérober mutuellement leurs proies. Donner la chasse au voleur suffit habituellement à le convaincre de lâcher sa prise, mais les disputes violentes sont parfois inévitables – comme ici entre ces 2 juvéniles.

Avec la maturité, le plumage brun des jeunes pygargues à tête blanche devient blanc sur la tête et noir sur le corps.

UN REMARQUABLE PÊCHEUR

Les balbuzards sont des pêcheurs remarquables. Ils rasent la surface de l'eau, avancent leurs pattes, puis plongent pour saisir le poisson dans leurs serres. Leur capacité de préhension est encore augmentée s'ils font pivoter en arrière l'un de leurs doigts antérieurs, de sorte que 2 de leurs doigts sont tournés vers l'avant et 2 vers l'arrière. Leurs pattes sont recouvertes d'écailles coupantes qui leur offrent une prise supplémentaire si efficace qu'ils se noient parfois quand la proie est trop lourde et qu'ils ne peuvent s'en défaire.

En s'envolant, le balbuzard oriente sa proie vers l'avant, ce qui facilite son transport.

PIÉTINER SA PROIE

Fait rare pour un rapace, le serpentaire ne vole pas très bien. Il chasse en marchant jusqu'à tomber sur une proie qu'il tue à coups de patte. Il se nourrit de serpents, mais aussi d'insectes, de lézards, de souris, de petits oiseaux et de petits œufs.

Le serpentaire est l'un des seuls rapaces diurnes à pouvoir avaler une proie sans la dépecer.

UN MANGEUR DE SINGES

Les accipitridés des forêts tropicales humides sont pourvus d'ailes courtes qui leur permettent de traverser la canopée et de prendre des singes par surprise. L'aigle couronné fonce sur sa proie avec ses pattes massives, lui assenant un coup suffisamment violent pour la transpercer et l'assommer. Ce singe vervet n'avait aucune chance de s'en sortir. S'il n'avait pas été tué du premier coup, il n'aurait pas tardé à succomber à une grosse hémorragie interne.

L'aigle couronné peut tuer un singe qui pèse aussi lourd que lui.

Incapables de digérer les plumes, les éperviers plument leurs proies.

PLUMER SA PROIE

L'épervier se cache pour chasser. Celui-ci était dissimulé derrière une haie, quand il est sorti brusquement de sa cachette pour, d'un petit coup d'ailes habile, fondre sur sa proie (un oiseau chanteur). Certains éperviers enfoncent leur puissante griffe postérieure dans le crâne de leur victime et perforent leur cerveau, provoquant leur mort instantanée. Ils se mettent ensuite à l'abri pour la plumer.

DES CHAROGNARDS SANS PITIÉ

DE NOMBREUX OISEAUX peuvent manger une charogne faute de mieux, mais les vrais charognards sont les vautours. Tournoyant, portés par les ascendances thermiques, ils scrutent le sol à la recherche d'animaux morts, malades, blessés ou traqués. Ils s'épient aussi mutuellement : dès que l'un trouve une carcasse, les autres rappliquent.

TROP LOURDS POUR VOLER APRÈS LE REPAS

Les vautours à dos blanc sont les vautours les plus répandus en Afrique et souvent les premiers à localiser une charogne. Mais ils accumulent tellement de nourriture dans leur jabot qu'ils peuvent à peine voler. Après le repas, ils se réfugient donc tant bien que mal dans un arbre, le temps de digérer leur festin.

LE MARABOUT

Le marabout d'Afrique est un échassier devenu charognard. Mais il ne fait pas que s'immiscer dans les volées de vautours, il s'attarde aussi à proximité des feux pour attraper des animaux fuyant le brasier. Ses pattes sont blanches comme ses fientes : il les en a aspergées pour se rafraîchir. Les délicates plumes blanches de sa queue ont longtemps servi à décorer les chapeaux.

UNE VORACITÉ EXTRÊME

Les vautours africains peuvent dévorer une antilope entière, jusqu'à l'os, en 20 minutes seulement. Les vautours fauves ou les vautours à dos blanc les premiers attablés ne tardent pas à se bousculer sur la charogne en se chamaillant bruyamment. Les marabouts et les vautours oricous arrivent plus tard, mais passent alors avant les autres car ils sont plus grands et plus forts. Les os qui restent sont finalement broyés et avalés par les hyènes.

Un mangeur d'os

Le gypaète barbu préfère les os à la chair. L'acide puissant de son estomac dissout la partie externe et dure de l'os et libère la moelle, riche en nutriments. Si les os sont trop gros pour être avalés, le gypaète barbu les laisse tomber des rochers pour les briser. Il peut faire plusieurs tentatives si l'os n'éclate pas du premier coup.

Un silence lugubre

L'urubu à tête rouge chasse en utilisant davantage son odorat que sa vue – un avantage décisif dans les forêts denses d'Amazonie où les animaux sont masqués par la végétation. C'est l'un des rares oiseaux à être dépourvus de syrinx (organe vocal) donc à ne pas pouvoir crier. Entre 2 repas, des volées d'urubus se perchent en groupe sur des arbres morts dans un silence lugubre.

Comme les autres rapaces, les vautours possèdent un bec crochu pour transpercer et dépecer leurs charognes.

Des corbeaux voraces

Ni rapaces ni charognards, les corbeaux se nourrissent pourtant de charognes, surtout en hiver, quand des animaux meurent de faim et de froid. On les a longtemps pris, comme les corneilles et les pies, pour des oiseaux de mauvais augure, mais ils sont intelligents et curieux. À l'inverse des vautours, ils coopèrent et s'entraident pour trouver de la nourriture.

Un briseur d'œufs

Ce charognard est un voleur d'œufs. Le percnoptère d'Égypte sait briser la coquille dure et épaisse des œufs d'autruche : il saisit dans son bec une grosse pierre et la lance violemment contre l'œuf. Corbeaux et corneilles ont une technique différente : ils transportent les œufs en hauteur et les laissent tomber.

De l'utilité d'être chauve

La plupart des vautours ont la tête et le cou chauves pour pouvoir les enfoncer très loin à l'intérieur d'une carcasse sans salir leur plumage. L'absence localisée de plumes est aussi très utile sous les climats chauds pour permettre à la chaleur retenue dans le plumage du corps de s'évacuer par la peau nue.

Partenaires et parasites

Un oiseau peut avoir intérêt à former un partenariat avec une autre espèce. En faisant équipe, 2 individus peuvent se procurer de la nourriture qu'ils auraient été incapables de trouver séparément, ou mieux se défendre contre un prédateur. Différentes espèces d'oiseaux fraternisent parfois pour repousser l'attaque des rapaces : on a vu des petits oiseaux réussir à neutraliser un hibou. En Afrique, les indicateurs coopèrent avec les hommes pour dénicher et attaquer les ruches. Lorsque les 2 partenaires entretiennent une relation réciproquement profitable, on dit qu'ils vivent en symbiose. Mais il arrive souvent qu'un seul des 2 partenaires profite de cette association : c'est un parasite.

Des œufs parasites

Les oiseaux qui glissent leurs œufs dans les nids des autres sont appelés parasites de ponte. Les plus malins pondent des œufs identiques à ceux de l'hôte. Si les œufs ne se ressemblent pas, comme sur notre photo, l'hôte découvre la supercherie et éjecte les parasites.

L'indicateur est la seule créature connue capable de digérer de la cire d'abeille.

L'indicateur

Le grand indicateur aime la cire d'abeille. Il conduit les tribus africaines jusqu'aux ruches sauvages en volant par intermittence et en poussant un cri spécial. Les indigènes de la tribu enfument la ruche en faisant brûler des feuilles dedans, récoltent le miel et jettent un morceau de cire à l'indicateur en récompense.

Ce jeune coucou est un géant comparé à ses parents adoptifs. Bien qu'il ne tienne plus dans le nid, il continue d'être nourri par le minuscule bruant des roseaux.

L'ennemi des jardiniers

Le rouge-gorge n'est pas vraiment l'ami des jardiniers. Il ruine leur travail en fouillant la terre fraîchement bêchée à la recherche de vers. En Afrique, de proches parents des rouges-gorges utilisent une technique similaire, rôdant autour des colonies de fourmis légionnaires en maraude pour s'emparer d'insectes en fuite.

Le coucou : un oiseau sans gêne

Le coucou pond toujours ses œufs dans le nid d'autres oiseaux. Et ce sont les siens qui éclosent généralement les premiers. Même si les jeunes coucous sont plus grands que les autres oisillons, les parents croient que ce sont aussi leurs petits. La vue de l'énorme bec rouge du jeune coucou quémandant sa nourriture sollicite leur instinct parental et ils ne peuvent s'empêcher de nourrir l'intrus.

Un bain de fourmis

Le geai a la curieuse habitude de se poser sur des fourmilières et de laisser les fourmis dérangées et en colère envahir tout son corps. En fait, il les pousse à répandre sur ses plumes quelques gouttes des sécrétions qu'elles émettent face au danger afin d'éliminer les parasites qu'il porte sur lui.

Amis ou ennemis ?

Les pique-bœufs vivent sur de grands mammifères tels que les zèbres. Avec leur bec, ils délogent des parasites externes, comme les tiques et les poux, nettoyant ainsi le poil du mammifère. Mais les pique-bœufs sont eux-mêmes des parasites : ils se nourrissent de cérumen et de sang et donnent des coups de bec dans les blessures pour qu'elles continuent à saigner.

Les pique-bœufs font la toilette de leur hôte dans les endroits les plus intimes, se glissant très loin dans ses naseaux et ses oreilles.

Des serviteurs zélés

Dans les îles Galápagos, les pinsons de Darwin font la toilette des tortues géantes. La tortue étire son cou lorsque l'oiseau se pose sur sa patte. Plusieurs oiseaux arrivent alors dans sa carapace pour débarrasser sa peau toute plissée des parasites piqueurs.

LES ROIS DE LA PÊCHE

ATTRAPER UN POISSON EXIGE DE LA PATIENCE, une bonne acuité visuelle et d'excellents réflexes. Mais avant tout de capturer sa proie par surprise. Certains oiseaux, restent dans l'eau sans bouger jusqu'à ce qu'un poisson s'approche et soit pris au piège. D'autres attaquent en effectuant un plongeon spectaculaire et frappent leur victime avant qu'elle ait le temps de réagir.

RAMASSER DU POISSON « À LA PELLE »

La technique de pêche du pélican brun se décompose en 3 temps : il plonge en piqué d'une hauteur de 10 m, produisant un impact terrible à la surface de l'eau ; il ramasse le poisson avec l'énorme poche de son maxillaire inférieur ; il remonte à la surface pour évacuer les litres d'eau emportés avec sa proie qu'il peut alors avaler.

Le poisson est aspiré dans la poche du pélican en même temps que l'eau de mer. La poche se referme et le poisson est pris au piège.

La contenance de la poche du pélican est 3 fois supérieure à celle de l'estomac du pélican.

UNE CHASSE AU RAS DE L'EAU

Le bec-en-ciseau rase la surface des lacs, des rivières et des lagons en maintenant dans l'eau l'extrémité de sa longue mandibule inférieure. Si son bec rencontre un poisson, il se referme automatiquement d'un coup sec.

Le martin-pêcheur

Le martin-pêcheur attend patiemment au bord du rivage le passage d'une proie à sa portée. À la vue d'un petit poisson, il saute de son perchoir, voltige quelques secondes et plonge dans l'eau pour le saisir brusquement avec une précision diabolique. D'un battement d'ailes puissant, il refait surface en serrant fermement sa victime dans son bec. Il a parfois besoin de capturer une cinquantaine de poissons par jour pour nourrir ses petits.

Son plumage s'imbibant d'eau, l'anhinga s'immerge plus facilement.

Un cou à ressort

L'anhinga transperce le poisson avec son bec en épieu. Son cou est normalement replié en forme de Z, mais peut s'étirer en une fraction de seconde pour permettre à l'extrémité du bec d'empaler le poisson. L'anhinga avale tout entière sa proie d'un petit mouvement de tête. Il est également appelé oiseau-serpent : il nage en gardant hors de l'eau son long cou, ce qui le fait ressembler à un serpent.

Le parapluie des hérons

Les hérons se servent aussi de leur cou extensible pour chasser, mais au-dessus de la surface de l'eau. L'aigrette ardoisée déploie ses ailes pour former un parapluie, ce qui fait de l'ombre à la surface de l'eau. Les poissons sont alors naturellement attirés par cette ombre et le manque de réflexion lumineuse aide probablement l'oiseau à voir ses proies à travers la surface.

Un pêcheur d'une patience infinie

Le bec-en-sabot du Nil capture des poissons et des grenouilles dans les marécages boueux d'Afrique. Il peut rester immobile pendant des heures en attendant de voir apparaître quelque chose à manger. Il devient alors très excité et se précipite sur sa proie. Son bec énorme coupe la victime comme une gigantesque paire de ciseaux.

Une allure de missile

Les fous de Bassan et les fous plongent comme des obus. Ils descendent en piqué de très haut, prenant de la vitesse à mesure qu'ils tombent, et ne replient leurs ailes qu'au tout dernier moment pour former une torpille hydrodynamique. Leur entrée dans l'eau a beau frôler les 95 km/h, ils ratent souvent leur cible – un banc de poissons. En cas d'échec, ils se retournent, tout simplement, et nagent pour remonter à la surface, attrapant un poisson au passage.

L'extrémité crochue du bec sert à tirer la proie pour l'extraire des eaux boueuses.

LES OISEAUX DE MER

LA MER OFFRE DE GRANDS AVANTAGES à un oiseau : les océans recouvrent la quasi-totalité du globe et constituent de belles réserves alimentaires ; les côtes escarpées et les îles protègent l'oiseau des prédateurs – de l'homme et d'autres animaux – plus nombreux dans les terres. Certains oiseaux marins ne s'éloignent jamais du rivage, cherchant leur nourriture – vers, coquillages, crustacés et autres invertébrés – dans le sable et les eaux peu profondes. D'autres parcourent de grandes distances pour aller pêcher en haute mer. Poussés par le vent du large, ils peuvent passer des mois en vol, ne faisant escale sur la terre ferme que pendant de courtes périodes pour se reproduire ou nourrir leurs petits.

Une frégate tente ici de voler la nourriture d'un fou brun.

PIRATES DE L'AIR

Les frégates sont les pirates des mers tropicales. En vol, elles sont aussi rapides et agiles que des oiseaux de proie, mais leur plumage n'est pas imperméable et elles ne savent pas nager. Au lieu de plonger elles-mêmes à la recherche de poissons, elles se contentent d'attaquer d'autres oiseaux en les forçant à régurgiter leur prise.

CIRCUMNAVIGATION

Avec ses 3,5 m d'envergure, l'albatros hurleur est le plus grand de tous les oiseaux. Cet excellent voilier plane sans effort pendant des kilomètres, s'offrant même le luxe de dormir en vol. Il peut faire le tour du monde en une seule expédition de pêche.

UNE FOULE DE FOUS

De nombreux oiseaux de mer nichent en colonies bruyantes et nauséabondes. Ces milliers de fous du Cap se rassemblent chaque année en Afrique du Sud pour se reproduire et élever leurs petits – un seul par couple. Après quoi, ils se dispersent et la colonie disparaît.

Le rassemblement des mouettes

Les mouettes possèdent un don incroyable pour repérer des poissons là où la mer semble vide. Dès qu'une mouette détecte un banc de poissons et commence son repas, ses congénères ne tardent pas à affluer de partout. Beaucoup se nourrissent de proies mortes aussi bien que vivantes. Dans certaines villes balnéaires d'Angleterre, elles ont appris à fondre sur les habitants pour leur ôter la nourriture des mains.

Un banc de poissons contraint par des prédateurs sous-marins de remonter à la surface attire des mouettes frénétiques.

HUÎTRIER NOIR

BÉCASSEAU SANDERLING

AVOCETTE D'AMÉRIQUE

TOURNE-PIERRE

Les oiseaux côtiers

Les oiseaux côtiers possèdent généralement de longues pattes fines et un long bec pour explorer les fonds vaseux. Mais chaque espèce se nourrit d'une façon spécifique. L'huîtrier arrache des moules et les écrase ou les fend à coups de bec. Le bécasseau sanderling court accroupi le long des vagues mourantes, repérant de minuscules animaux. L'avocette balance son bec retroussé dans les eaux boueuses pour pêcher des crevettes et le tourne-pierre déniche sous les galets de petits crabes.

Le macareux moine

Le macareux moine ressemble à un clown triste. Ses ailes courtes battent comme un rotor d'hélicoptère : maladroites en vol, ce sont des nageoires remarquables (cet oiseau amphibie plonge à une profondeur de 60 m). Son bec massif est encore plus coloré en période nuptiale. Grâce à ses bords épineux, il peut saisir jusqu'à 60 poissons à la fois.

LES OISEAUX AQUATIQUES

DANS LES ZONES HUMIDES OU AU BORD DES LACS, vous verrez de nombreux oiseaux arpenter les eaux peu profondes ou nager à la surface. Contrairement aux mammifères, les oiseaux se sont adaptés avec succès aux milieux d'eau douce. Tandis que les castors et les loutres doivent s'immerger totalement pour se déplacer et chasser dans l'eau, les oiseaux restent au chaud et au sec : ils marchent sur leurs longues pattes grêles, en recherchant leur nourriture à l'aide de leur long bec ou de leur long cou, ou flottent à la surface de l'eau. En cas de quêtes infructueuses, ils s'envolent et cherchent ailleurs.

Les flamants roses doivent leur couleur aux pigments présents dans leur nourriture.

Le faux genou flamant rose se vers l'avant.

LA FÊTE DES FLAMANTS

Vastes nappes roses visibles du ciel, ils se rassemblent par millions au bord des lacs salés d'Afrique orientale. Leurs danses nuptiales offrent un spectacle ahurissant : des milliers de flamants n'en finissent plus de faire des courbettes et de se saluer.

FILTRER L'EAU POUR MANGER

Les flamants roses utilisent leur bec arqué vers le bas et lamelleux pour collecter les organismes microscopiques qui vivent dans l'eau. La tête à l'envers dans le lac, ils aspirent l'eau avec leur langue pour la faire passer à travers un « tamis » situé à l'intérieur de leur bec. Ils filtrent et avalent ainsi des crevettes, des algues et des bactéries. Ce mode de nutrition leur permet de vivre au bord des lacs salés où aucun autre animal ne peut survivre.

Très haut perchée

L'échasse est l'oiseau qui possède les plus longues pattes par rapport à sa taille. Elle trouve sa nourriture dans des eaux beaucoup plus profondes que les autres petits échassiers, mais, en eaux peu profondes, elle doit se pencher terriblement pour atteindre la vase. Ses pattes sont trop longues pour être repliées en vol : elle les laisse traîner dans son sillage

Se nourrir grâce au toucher

Dans les eaux troubles, le meilleur moyen de trouver sa nourriture n'est pas la vue, mais le toucher. Les spatules balancent leur large bec en effectuant des mouvements pendulaires de la tête, puis le referment brusquement pour emprisonner leurs proies. Parfois elles avancent en ligne pour isoler les poissons devant elles. Quant aux ibis, ils fourrent leur très long bec dans la vase en quête de vers et de crabes.

Des couleurs alimentaires

L'ibis rouge et le flamant rose doivent leur couleur à des pigments, présents aussi dans les carottes, les caroténoïdes. Ces pigments proviennent des algues qui sont soit ingérées directement par les oiseaux, soit avalées par les crevettes et les vers dont ceux-ci se nourrissent.

De nombreux canards chassent en plongeant la tête la première dans l'eau.

Un plumage imperméable à l'eau

Les oiseaux aquatiques qui flottent sur l'eau, tels que les cygnes, les canards et les oies, possèdent un corps en forme de bateau et des pattes palmées pour nager. Pour imperméabiliser leur plumage, ils l'enduisent d'une huile sécrétée par une glande de leur croupion. Grâce à cette huile, avec laquelle les oiseaux lissent leurs plumes, l'eau glisse sur leur corps en formant des gouttelettes brillantes.

Comme un poisson dans l'eau

Assez maladroits sur terre ferme, certains oiseaux aquatiques deviennent sous l'eau aussi agiles que des loutres. Le harle peut attraper des saumons et des truites, ce qui le fait détester des pêcheurs. Les plongeons arctiques peuvent rester 3 minutes sous l'eau à 30 m de profondeur. Et ils se sont si bien adaptés à la vie aquatique qu'ils sont incapables de marcher sur terre.

La nourriture des oiseaux

Une nourriture riche en éléments nutritifs et facile à digérer constitue l'essentiel de l'alimentation de la plupart des oiseaux. Certes, leurs besoins énergétiques sont élevés, mais ils doivent rester légers pour voler. C'est pourquoi ils sont très peu nombreux à ne manger que des végétaux. La majorité est omnivore, se nourrissant de divers aliments tels que graines, fruits et petits animaux (insectes). Faute de dents, ils doivent compter uniquement sur leur bec et leur estomac puissant pour digérer leur repas aussi rapidement que possible et se débarrasser de tout excès de poids.

Cette mésange bleue déguste un petit en-cas offert par un ornithophile prévoyant.

Un appétit insatiable

Les petits oiseaux dépensent très rapidement leur énergie et doivent avaler de grosses quantités de nourriture ne serait-ce que pour conserver leur chaleur corporelle. En hiver, une mésange bleue peut passer 90 % de ses heures de veille à se nourrir pour subsister. Quant aux colibris, ils consomment leur énergie 10 fois plus vite qu'un être humain.

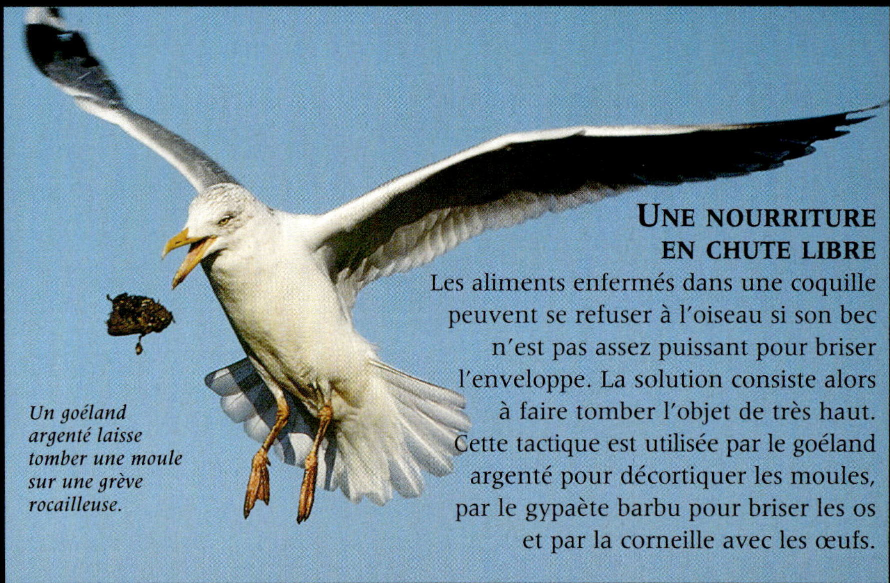

Un goéland argenté laisse tomber une moule sur une grève rocailleuse.

Une nourriture en chute libre

Les aliments enfermés dans une coquille peuvent se refuser à l'oiseau si son bec n'est pas assez puissant pour briser l'enveloppe. La solution consiste alors à faire tomber l'objet de très haut. Cette tactique est utilisée par le goéland argenté pour décortiquer les moules, par le gypaète barbu pour briser les os et par la corneille avec les œufs.

Le geai ne peut pas avaler un gland entier. Alors il le coince dans un trou et donne des coups de bec pour fendre l'enveloppe.

Les geais cachent des glands en automne pour se constituer une réserve de nourriture en hiver.

Une mémoire extraordinaire

Comme il est difficile de se procurer de la nourriture en hiver, certains oiseaux font des provisions en automne, période d'abondance. Les geais cachent des milliers de glands, chacun dans un endroit différent de la forêt, et mémorisent toutes leurs cachettes. Le casse-noix dissimule jusqu'à 100 000 noix et graines de conifères tous les ans et les retrouve 9 mois plus tard.

Un tourtereau prend du lait dans la gorge de sa mère.

Du lait de pigeon

Les pigeons possèdent une caractéristique unique chez les oiseaux : ils produisent une sorte de lait dans leur jabot. Ce mélange épais de protéines et de graisses représente la nourriture exclusive des oisillons au cours des 3 premières semaines de leur vie. Quand ils sont sevrés, leur mère leur apporte des graines avalées et stockées dans son jabot où, mélangées au lait, elles forment une bouillie.

L'aigle royal dévore le lièvre qu'il vient de tuer.

Un très gros mangeur

L'aigle royal est l'oiseau capable de saisir les plus grosses proies. En Scandinavie, on dit qu'il peut tuer un renne de 35 kg, soit un animal de la taille et du poids d'un enfant de 10 ans. Il tue sa proie en saisissant la tête dans l'une de ses serres et en transperçant ses organes vitaux de l'autre.

Empaler ses proies

Les oiseaux ne peuvent pas stocker autant de graisse dans leur organisme que les mammifères car ils doivent rester légers pour voler. La solution consiste donc à stocker une provision de nourriture. C'est ce que fait la pie-grièche écorcheuse. Elle conserve ses proies embrochées sur des épines ou des barbelés. La plupart empalent des insectes ; celle représentée ici a aussi capturé un lézard. La pie-grièche grise conserve même des souris et d'autres oiseaux dans son garde-manger.

Une digestion rapide

Chez un oiseau, la digestion dure en moyenne une demi-heure (2 à 4 heures chez l'homme). L'urubu à tête rouge, par exemple, peut digérer un serpent entier en 90 minutes. Le processus inverse (un serpent digérant un urubu) dure des semaines.

Les fientes sont un mélange d'acide urique de couleur blanche et de fèces noires.

Des gésiers ultrapuissants

Les petits oiseaux décortiquent leurs graines, mais les granivores de plus grande taille, comme les volailles domestiques, avalent graines, enveloppes et tout le reste ! Leurs aliments sont broyés dans le gésier, un estomac musculaire contenant du gravier. Le gésier d'un canard branchu peut réduire en bouillie des noix et celui d'un eider des coquilles de moules. Les dindons broieraient des aiguilles d'acier dans le leur

LA FAMILLE DES PSITTACIDÉS

RARES SONT LES ANIMAUX À POUVOIR DIRE à un être humain de se taire. Les psittacidés en font partie, même si l'on peut douter qu'ils comprennent ce qu'ils disent. Cette famille compte plus de 300 espèces, dont les aras, les loriquets, les perruches ondulées et les cacatoès. La plupart vivent dans les forêts tropicales luxuriantes et communiquent entre eux par des cris. Les psittacidés tissent naturellement des liens d'amitié avec leurs congénères en les imitant. Les espèces sauvages n'imitent jamais d'autres espèces. Celles qui sont domestiquées considèrent donc peut-être les humains comme des congénères.

BAVARDES ?

Les perruches ondulées sont domestiquées depuis plus d'un siècle. Leur grande variété de couleurs vient d'un élevage sélectif. On peut leur apprendre à parler et à se percher sur les doigts. Les espèces sauvages sont vert et jaune. Elles vivent en Australie où leurs volées sont si denses qu'elles obscurcissent parfois le ciel.

LES CARACTÉRISTIQUES DES PSITTACIDÉS

La principale caractéristique des psittacidés est leur bec crochu utilisé comme casse-noix et casse-noisettes, et comme pelle pour ramasser les fruits. C'est un bec puissant dont ils se servent aussi pour grimper. Leurs pattes sont également inhabituelles avec 2 doigts orientés vers l'avant et 2 vers l'arrière. Une patte peut alors faire office de « main », l'autre servant à se percher.

Le bec de l'ara est suffisamment puissant pour couper le doigt d'un homme.

Les psittacidés sont les seuls oiseaux à pouvoir porter leur nourriture à leur bec avec une patte préhensile.

LES ARAS

Les plus grands psittacidés, les aras, peuplent les forêts tropicales d'Amérique centrale et d'Amérique du Sud. De nombreuses espèces sont réputées pour les couleurs vives de leur plumage. L'ara rouge, par exemple, est rouge vif avec des taches bleues et jaunes. La beauté de leur plumage et leurs dons d'imitation ont fait des aras des oiseaux domestiques très populaires, mais en captivité ils peuvent souffrir de solitude et d'ennui, et devenir agressifs.

UNE APTITUDE AU VOL PERDUE

Le kakapo de Nouvelle-Zélande a perdu son aptitude au vol. L'oiseau vivait même en sécurité dans un terrier. Il n'avait pas besoin de fuir les prédateurs : pendant des millions d'années les mammifères ont été absents de Nouvelle-Zélande, jusqu'à ce que les colons humains en importent. Aujourd'hui, le kakapo a presque totalement disparu.

Les kakapos sortent de leur terrier la nuit et se dandinent à la recherche d'herbes fraîches pour se nourrir.

Un antipoison naturel

La quasi-totalité des psittacidés se nourrit de végétaux – graines, fruits, fruits à coque ou nectar. Dans la forêt amazonienne, la plupart des graines mangées par les aras sont toxiques, mais ces oiseaux ont trouvé un moyen ingénieux pour neutraliser leur toxicité. Après le repas, ils se rendent sur les berges pour ronger et avaler de l'argile qui contient une substance minérale absorbant les matières toxiques.

Le loriquet de Swainson

Ce superbe petit oiseau est l'un des animaux les plus colorés au monde. Il vit dans les forêts d'Australie et du Pacifique, et il se nourrit de fruits, de graines et du nectar des fleurs tropicales qu'il aspire grâce à l'extrémité de sa langue en forme de pinceau.

En colère

Les cacatoès et les perruches calopsittes expriment leur colère ou leur excitation en redressant leur huppe. Les cacatoès sont des oiseaux domestiques très populaires, mais certains ont tendance à réserver leur affection à une seule personne et à se montrer agressifs envers toutes les autres.

Les oiseaux des forêts

Les oiseaux des forêts trouvent dans les arbres tout ce dont ils ont besoin : une protection contre les prédateurs et les intempéries, des trous où nicher et une réserve abondante de nourriture, à condition de savoir où chercher. Il n'y a donc rien d'étonnant à ce que de nombreux oiseaux aient élu domicile dans les forêts. Leurs habitants les plus adaptés à la vie arboricole sont, bien sûr, les pics : leurs pattes leur permettent de grimper verticalement aux troncs des arbres et leur bec, en forme de ciseau, peut percer l'écorce pour creuser un nid, déloger les vers du bois et tambouriner pour se faire entendre.

Le grimpereau des bois

Il escalade un tronc d'arbre en tournant autour avec des petits sauts saccadés et utilise son bec comme une pince à épiler pour extraire les insectes des fissures. Pour grimper verticalement, il s'accroche à l'écorce et prend appui sur sa queue rigide, comme le font les pics. Il peut se déplacer sous les branches grâce à ses longues griffes courbes.

Le tissu élastique se tend autour de la tête pour faire sortir la langue.

Le tissu se détend pour faire rentrer la langue.

Une langue bien actionnée

Les pics font sortir les insectes de leurs trous grâce à leur langue collante qui, en s'étirant, mesure 4 fois la longueur de leur bec. La base de la langue est reliée à un tissu élastique qui chemine sous la mâchoire et entoure le crâne jusqu'à un point d'ancrage situé dans la narine droite. Un muscle permet de tendre le tissu qui enserre le crâne pour projeter la langue en avant.

Un suceur de sève

Le pic maculé est un vampire des arbres. Il perce des trous peu profonds dans l'écorce et aspire la sève qui sort à l'aide de sa langue duveteuse. Si les trous envahissent tout le tronc, ils finissent par priver l'arbre de son liquide nutritif et le faire mourir.

Nicher dans un trou

Les trous percés dans les arbres sont l'endroit idéal pour nicher et élever les oisillons – ils y seront au chaud, au sec et protégés des prédateurs, trop gros pour s'y glisser. Les pics-verts utilisent parfois le même trou pendant 10 ans.

Une tête qui martèle

Le bec d'un pic peut frapper un tronc d'arbre à une vitesse de 40 km/h. Un tel martèlement assommerait les autres oiseaux, mais les pics peuvent supporter 20 coups par seconde et de 10 000 coups par jour. Leur cerveau est protégé par un crâne très épais et des muscles qui absorbent les contre-chocs. Quant au bec, il reste fermé pour ne pas se déformer.

Paré pour l'hiver

Le pic glandivore perce avec précision des trous de différentes tailles dans un tronc et y enfonce des glands. Une famille – jusqu'à 15 membres de plusieurs générations – peut accumuler 50 000 glands dans un seul arbre, réserve suffisante pour passer l'hiver. Ce garde-manger fait l'objet d'une surveillance constante, car les glands en séchant se ratatinent et risquent de tomber s'ils ne sont pas transportés dans des trous plus petits.

Ce calao à bec jaune mâle apporte à manger à sa famille emprisonnée dans un trou d'arbre.

Le toucan toco

Les toucans,proches parents des pics, vivent sous les tropiques. Leur bec énorme semble lourd à porter, mais il est en réalité creux et léger. Le toucan toco l'utilise pour cueillir des fruits aux extrémités des branches ou pour faire sortir les oisillons de leur nid en forme de trou. Quand il mange, il renverse la tête en arrière et attrape sa nourriture avec sa langue avant de l'avaler.

En prison dans un arbre

Le calao femelle s'enferme dans son nid en bloquant l'entrée avec de la boue. Une fente étroite permet le passage de la nourriture apportée par le mâle. Elle passe environ 3 mois emprisonnée dans son trou, avant d'en sortir pour aider le mâle à trouver de quoi nourrir les petits.

Le plumage nuptial

Le quetzal est à peu près de la taille d'un grand pigeon, sans compter sa queue.

Un plumage pour voler, mais aussi pour attirer l'attention : durant la saison des amours, les oiseaux arborent des couleurs éclatantes, des queues surdimensionnées et toutes sortes de parures pour impressionner le sexe opposé. Les plus voyants sont les mâles qui s'accouplent avec une multitude de femelles. Ils participent peu à la vie familiale et consacrent toute leur énergie à parader. Leurs couleurs vives et leurs comportements de séduction élaborés jouent un rôle essentiel : montrer l'excellente qualité de leurs gènes.

Les diamants de Gould sauvages sont noirs de tête et violets de poitrine ; élevés en captivité, ils sont plus colorés.

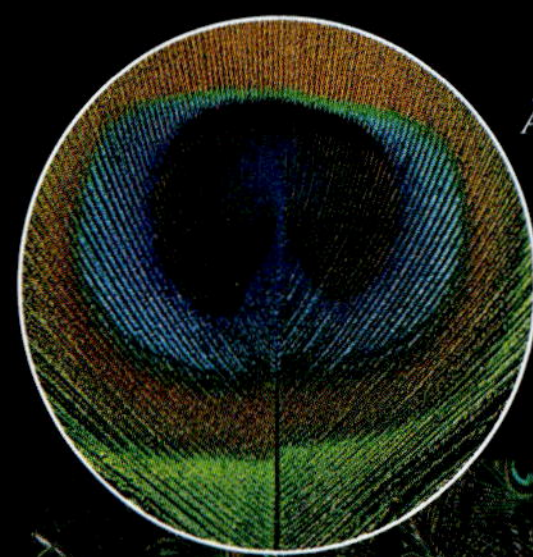

À l'extrémité de chaque plume caudale se trouve un ocelle noir cerclé de bleu et de bronze. Les ocelles attirent l'attention des animaux par leur aspect surprenant.

Un oiseau multicolore

Les couleurs vives du diamant de Gould constituent un attrait irrésistible pour les chasseurs et les éleveurs. Originaires d'Australie, ils ne sont plus que quelques milliers à vivre à l'état sauvage.

De très longues plumes

Le quetzal d'Amérique centrale est pourvu de plumes caudales de plus de 1 m de long et d'un plumage de couverture vert vif à reflets métalliques. Les Aztèques vénéraient cet oiseau et le tuer était passible de mort. Aujourd'hui il est l'emblème national du Guatemala.

Le mystère de la queue du paon

Les scientifiques ignorent le pourquoi d'un ornement si encombrant. C'est un sérieux handicap pour le mâle : il entrave son vol et attire l'attention des prédateurs. Mais les paonnes adorent ! On peut imaginer qu'un plumage brillant est le signe d'une bonne santé ; ou que la femelle choisit le mâle qui a la plus belle prestance pour que ses paonneaux mâles soient aussi bien servis par la nature.

PAON

MOUCHEROLLE HUPPÉE

VAUTOUR PAPE

Des têtes séduisantes

Des ailes et une queue splendides ne suffisent pas pour séduire : le paon complète sa panoplie avec une aigrette en couronne bleue. La moucherolle huppée rétracte sa huppe pour se cacher. Quant au vautour pape, il n'a pas de plumes sur la tête, mais des cercles étonnants autour des yeux, une peau aux couleurs criardes et un casque orange vif au-dessus du bec.

De fort jolies plumes

La grande aigrette mâle ou femelle arbore des plumes ornementales en période nuptiale pour impressionner son ou sa partenaire. Au XIXe siècle, la mode était aux chapeaux décorés de plumes d'aigrette et l'oiseau fut tellement chassé qu'il manqua de disparaître. Aujourd'hui, ces chapeaux sont passés de mode et les aigrettes sont retournées vivre dans le sud des États-Unis.

Un chant irrésistible

Le ménure superbe d'Australie déploie sa queue vaporeuse au-dessus de sa tête, avant d'imiter toutes sortes de sons : le cri du kookaburra, l'alarme d'une voiture, la sonnerie d'un téléphone, le bruit d'une tronçonneuse.

Un plumage irisé

Le dindon ocellé est un de ces oiseaux qui possèdent un plumage aux reflets changeants, dit irisé : il produit les couleurs de l'arc-en-ciel par décomposition de la lumière blanche, comme les bulles de savon le font.

Le tragopan de Cabot s'exhibe sans retenue.

Quelle caroncule !

Cette caroncule colorée – une excroissance charnue sur le cou – est normalement repliée. Ce tragopan de Cabot mâle l'expose avec fierté en faisant vibrer sa tête et en dressant ses cornes bleues. Qui l'aime le suive !

La parade et l'accouplement

Les oiseaux, comme tous les animaux, sont soumis à l'impératif de se reproduire. Pour choisir le bon ou la bonne partenaire ils ont développé des comportements de séduction ritualisés qui leur permettent de jauger les qualités du sexe opposé. C'est généralement la femelle qui fait son choix et le mâle qui met tout en œuvre pour l'impressionner. La femelle doit sélectionner un partenaire de l'espèce à laquelle elle appartient : elle l'identifie à ses signes distinctifs. Une fois choisi par la femelle, le mâle doit lui prouver ses qualités par de multiples gestes – lui offrir des présents, lui chanter des chansons d'amour, danser ou se battre avec ses rivaux.

Des couples de danseurs

Lorsque 2 hérons se rencontrent en période de reproduction, ils s'adonnent à un rituel qui s'apparente à une danse, se saluant par des mouvements de cou et de bec. Un tel comportement nous paraît étrange, mais il renferme de nombreux signaux que seuls les hérons peuvent comprendre. Il leur sert à surmonter leur méfiance réciproque et à renforcer leurs liens mutuels. Comme la plupart des oiseaux, les hérons sont monogames, ce qui signifie que les couples restent ensemble pour fonder une famille.

Une recherche artistique

À défaut de plumage éclatant, le jardinier (ou oiseau-berceau) ramasse des objets colorés et les dispose au milieu de son nid de brindilles en forme de berceau. Certaines espèces n'ont d'attirance que pour le bleu. La femelle s'accouple avec le mâle le plus « artiste ».

Des luttes entre mâles

Il ne suffit pas au mâle d'avoir une belle apparence pour gagner les faveurs de la femelle : il doit prouver sa supériorité face à ses rivaux, quitte à se battre jusqu'à la mort. Les faisans dorés mâles se griffent avec leurs ergots, mais les conflits se règlent en général sans blessures graves.

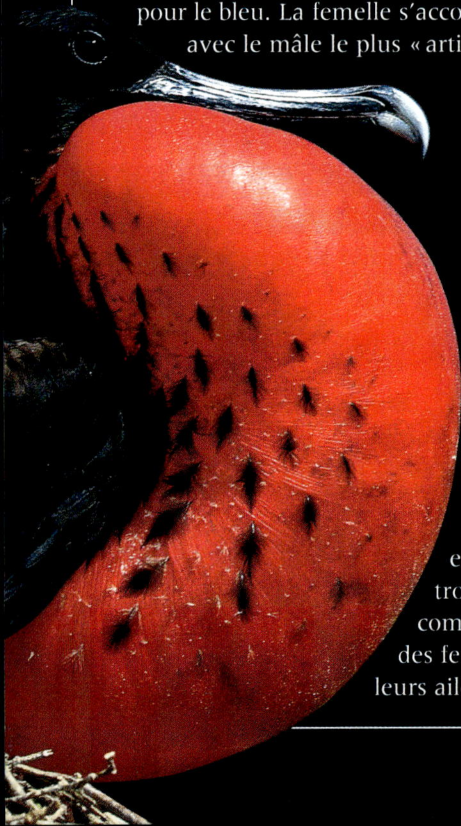

Ne suis-je pas le plus beau ?

La frégate mâle attire l'attention des femelles en gonflant la poche rouge de son cou jusqu'à ce qu'elle soit aussi grosse qu'une tête humaine et semble sur le point d'éclater. Sur certaines îles tropicales, les mâles se regroupent sur des arbres, comme des grappes de fruits mûrs. Au passage des femelles, ils font claquer leur bec, agitent leurs ailes et émettent un drôle de gloussement.

UN CONCOURS DE BEAUTÉ

Le paradisier de Raggi mâle possède une gerbe de plumes caudales rouges très vaporeuses qu'il ébouriffe et secoue en roulant autour d'une branche et en se suspendant à l'envers. Bien que les femelles manifestent un grand intérêt pour cette parade, le mâle s'adresse à ses rivaux. Des groupes de mâles se rassemblent pour parader ensemble sur le même arbre et, semble-t-il, établir un classement entre eux. Les femelles de passage choisissent sans hésiter le premier du classement.

Offrir de la nourriture à sa promise fait partie du comportement de séduction de la sterne mâle. Si la belle est sensible à ce geste, le couple s'unira probablement pour la vie.

OFFRIR DES PRÉSENTS

Certains mâles font des cadeaux à l'élue de leur cœur. Les hérons offrent des matériaux de nidification avec des civilités peu communes et les harfangs des neiges des lemmings fraîchement tués. Les dons de nourriture n'ont pas seulement une valeur symbolique. Ils permettent à la femelle d'évaluer l'aptitude du père potentiel à nourrir sa future progéniture et lui apportent les éléments nutritifs dont elle a besoin pour pondre ses œufs.

Les guêpiers de Perse, comme la plupart des autres oiseaux, s'accouplent en quelques secondes.

VITE FAIT

La parade est souvent longue et complexe, mais l'accouplement est généralement très rapide. Le mâle entame un vol stationnaire au-dessus de la femelle. Le contact des 2 cloaques permet au sperme de s'écouler et de féconder l'ovule.

DES BÂTISSEURS-NÉS

AVEC LEUR INSTINCT POUR SEUL GUIDE et leur bec pour seul outil, les oiseaux construisent des nids d'une incroyable complexité. La nidification peut durer des semaines et nécessiter des milliers d'allées et venues pour collecter les matériaux adaptés. Certains oiseaux ramassent tout ce qu'ils trouvent, y compris de la ficelle, des clous, des sacs en plastique ou de vieux vêtements. D'autres sont plus exigeants. Les colibris construisent leur nid fil par fil avec de la toile d'araignée. Les hirondelles récoltent de la boue.

Le lichen sert de camouflage.

Paille et fibres dures structurent le nid.

Les plumes tiennent chaud.

EN FORME DE COUPE

La plupart des oiseaux effectuent une suite d'actions ritualisées pour créer un nid en coupe doté d'un trou douillet au milieu. Ils assemblent grossièrement les matériaux de la structure externe du nid et tapissent l'intérieur de matières douces (plumes). Puis ils sautent dedans et tournent en rond jusqu'à obtenir la taille et la forme voulues.

UN NID COLLECTIF

Dans les régions désertiques du sud de l'Afrique, les républicains, ou tisserins sociaux, construisent de gigantesques nids de paille pouvant loger une centaine de familles. De loin, ces nids ressemblent à des meules de foin suspendues à des arbres ; de près sous le nid, on distingue une galerie de tunnels d'entrée. Ces nids, suffisamment solides pour durer un siècle, protègent les oiseaux de la chaleur diurne et du froid nocturne.

Dans le désert aride, les poteaux télégraphiques remplacent les arbres comme supports de nids suspendus.

DES NIDS TISSÉS

Ce sont généralement les femelles qui se chargent de l'essentiel de la nidification. Chez les tisserins, ce sont les mâles, les femelles choisissant leur partenaire en fonction de son habileté « manuelle ». Les tisserins sont particulièrement doués pour construire leurs nids et savent faire des nœuds en utilisant à la fois leur bec et leurs pattes. Comme tous les oiseaux, ils agissent d'instinct, ce qui signifie qu'ils connaissent cette technique de nidification complexe sans l'avoir apprise.

Le bord solidement tressé de l'entrée de ce nid l'empêchera de s'effilocher.

Ce tisserin à front blanc utilise des fibres dures issues d'une variété de plante particulière. Il les tisse pour en faire un véritable objet de vannerie suspendu.

Un nid dans un tronc d'arbre

Les pics nidifient en perçant des trous dans les troncs d'arbres avec leur bec en forme de ciseau. Percer du bois dur étant une tâche difficile et longue (elle peut durer un mois), mâles et femelles y travaillent tous les 2. Au lieu de tapisser le fond du nid de plumes douces ou de feuilles, les pics entaillent délicatement la paroi intérieure de la cavité pour obtenir un tapis de sciure de bois.

Pic épeiche mâle nourrissant sa famille

Les oiseaux qui nichent en colonies restent à distance les uns des autres.

Un nid rudimentaire

De nombreux oiseaux de mer nichent tout simplement dans des trous creusés au sol ou sur d'étroites corniches rocheuses. Le manchot papou rassemble des galets, des branchettes et des herbes pour former de petits monticules. Pour impressionner les femelles, les mâles ramassent des galets de même taille et de même couleur qu'ils disposent en couronne autour du nid.

LÉIPOA OCELLÉ

HIRONDELLE DE CHEMINÉE

GUÊPIER

La sécurité du nid

Nombre d'oiseaux se donnent beaucoup de mal pour édifier un nid hors de portée des prédateurs. Le léipoa ocellé cache ses œufs sous un énorme tas de feuilles en putréfaction où ils sont également tenus au chaud. L'hirondelle de cheminée construit un nid très en hauteur dans les étables et les granges ; elle se sert de tiges d'herbes pendantes incorporées dans de la boue et tapisse l'intérieur d'herbe et de plumes. Le guêpier carmin ou écarlate creuse son terrier dans des talus et vit en grandes colonies. Ainsi, il y a toujours du monde pour monter la garde !

Les nids de boue se construisent becquée après becquée et sèchent ensuite au soleil.

La boue : un matériau idéal

Le fournier roux, surnommé le « boulanger », utilise un mélange de boue, d'excréments et de paille qui, séchant au soleil, devient dur comme de la pierre, même les prédateurs les plus forts ne peuvent voler les œufs. Son nid en forme de boule est toujours dos au vent et possède une barrière intérieure habilement conçue contre les courants d'air.

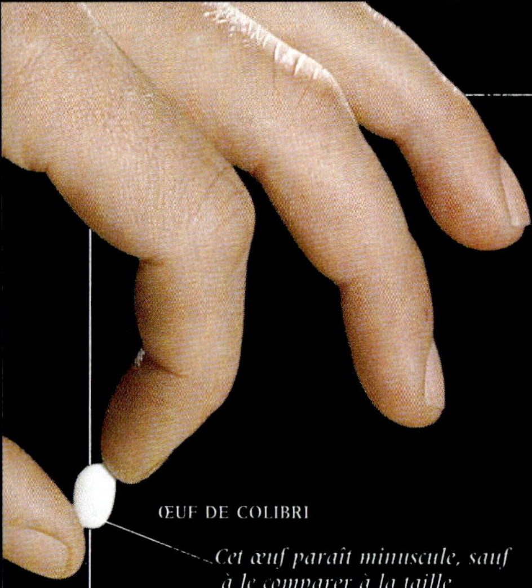

ŒUF DE COLIBRI

Cet œuf paraît minuscule, sauf à le comparer à la taille d'un colibri adulte.

Les œufs

CONTRAIREMENT AUX MAMMIFÈRES QUI ACCOUCHENT de nouveau-nés sans enveloppe, déjà développés et autonomes, tous les oiseaux pondent des œufs. Pourquoi ? Parce qu'ils doivent rester légers pour voler. Les femelles doivent donc se débarrasser de leur progéniture le plus tôt possible. L'œuf sert alors d'utérus externe et contient tous les éléments nutritifs nécessaires au développement de l'embryon. Les parents se contentent de les couver pour les tenir au chaud, de les protéger des prédateurs et d'attendre leur éclosion. Nous pensons qu'un œuf est fragile, mais il est en réalité étonnamment dur : les œufs d'autruche sont suffisamment solides pour supporter le poids de l'animal

Une incroyable variété d'œufs

La nature offre une très grande variété d'œufs, pour la plupart très différents des œufs de poule que nous avons l'habitude de manger. Les plus petits – ceux des colibris – ont la taille de l'ongle de notre auriculaire ; les plus gros – ceux des autruches – dépassent le volume d'un ananas. Il en existe de forme ovoïde, piriforme (en forme de poire) ou sphérique (ces derniers étant les plus solides) ; certains sont rugueux et ternes, d'autres lisses et brillants. Beaucoup sont colorés ou tachetés, pour répondre à un impératif soit de camouflage, soit de reconnaissance : la mère doit pouvoir distinguer ses propres œufs de ceux qu'un oiseau, parasite de ponte, aurait glissés volontairement dans son nid.

L'intérieur d'un œuf

Un œuf fraîchement pondu renferme le jaune et le blanc. L'oisillon n'est d'abord qu'un minuscule point rose, appelé germe ou embryon, à la surface du jaune. L'embryon se développe en absorbant les substances nutritives du jaune et l'eau du blanc. Bientôt sa forme d'oisillon devient reconnaissable.

La coquille est une enveloppe calcaire semi-perméable laissant passer l'air et l'humidité.

Le jaune, ou vitellus, est la partie nutritive de l'œuf. Il diminue à mesure que l'embryon grandit.

Le chorion est une membrane qui enveloppe l'embryon et toutes les structures qui le soutiennent.

La poche d'élimination recueille l'urine de l'embryon.

Le blanc, ou albumen, est une solution glaireuse qui protège l'embryon et lui fournit l'eau nécessaire.

L'embryon baigne dans un repli des annexes embryonnaires, l'amnios.

La chambre à air grossit à mesure que l'embryon grandit

L'embryon a également besoin de chaleur pour se développer.

ŒUF D'ÆPYORNIS (OISEAU-ÉLÉPHANT)

ŒUF DE CASOAR

ŒUF DE CIGOGNE

ŒUF DE VAUTOUR PERCNOPTÈRE

ŒUF DE COUCOU

ŒUF DE GONOLEK

Les oiseaux qui nichent au sol, comme les kiwis, pondent des œufs plus gros que ceux qui nichent dans les arbres. Les embryons sont donc plus développés au moment de l'éclosion ; une fois nés, les poussins se déplacent aussitôt.

Une ponte difficile

Certes, les plus grands oiseaux pondent les plus gros œufs. Pourtant un œuf d'autruche ne pèse qu'un centième du poids de l'animal adulte, alors que le colibri pond des œufs qui pèsent plus du dixième de son poids. Toutes proportions gardées, le kiwi détient le record de l'œuf le plus gros et le plus lourd avec un poids égal au quart du sien

Une plaque incubatrice

Couver n'est pas dormir : les oiseaux dépensent jusqu'à 25 % de leur énergie pour garder leurs œufs au chaud. L'incubation est très importante pour les oiseaux des pays froids, tels que les harfangs des neiges. Leur ventre comporte une zone sans plumes, dite plaque incubatrice, ce qui facilite le passage de la chaleur vers les œufs.

Cette falaise d'apparence inhospitalière est un lieu de nidification sécurisé car hors de portée de nombreux prédateurs.

Une couverture chauffante

Le manchot empereur mâle pose un œuf en équilibre sur sa patte et l'enveloppe dans les plis de son ventre pour l'isoler du sol gelé et de l'air glacial. Il peut rester des mois sans manger, le temps que la femelle revienne de sa quête de nourriture.

Des œufs aux formes bien étudiées

Les guillemots pondent leurs œufs – un seul par femelle – sur des falaises rocheuses, à même le sol. Ce sont des œufs piriformes : heurtés par mégarde, ils pivotent comme des toupies, sans rouler ni tomber de la falaise et se briser. D'autres oiseaux côtiers, comme les pluviers, pondent plusieurs œufs pointus. Leurs bouts effilés s'encastrant parfaitement, l'oiseau les couve tous en même temps.

À leur éclosion, les jeunes léipoas ocellés se hissent hors du monticule et s'enfuient sans même rencontrer leurs parents. Ils savent voler dans les heures qui suivent leur naissance.

Curieux compost

Le léipoa ocellé d'Australie enfouit ses œufs dans un monticule de végétaux en décomposition, qui dégage de la chaleur comme du compost. Les parents règlent la température de cet incubateur en ajoutant ou en retirant des débris, mais n'ont aucun contact avec leurs œufs ni avec leurs petits.

Les monticules des léipoas ocellés atteignent 10 m de diamètre et sont construits par les mâles qui passent près de 11 mois de l'année à les surveiller et à les entretenir.

L'éclosion

Sortir de l'œuf demande des heures, voire des jours d'effort. Pour produire la première fêlure, le jeune oiseau pousse de toutes ses forces contre la coquille avec son « diamant » – une saillie cornée de sa mandibule supérieure qu'il perd après l'éclosion.

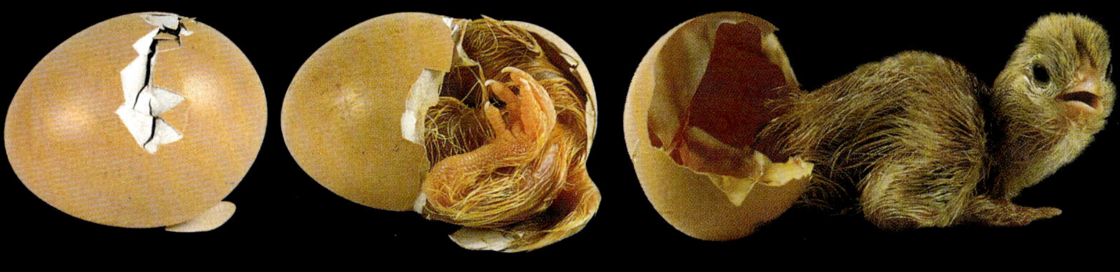

Le jeune oiseau agrandit la fêlure tout autour de l'œuf pour créer une trappe.

Le chapeau de la coquille se détache et le nouveau-né sort.

Ses plumes humides sèchent vite et s'ébouriffent. Le poussin peut marcher quelques minutes après l'éclosion.

La vie familiale

La vie familiale des oiseaux ressemble beaucoup à la nôtre. Plus de 90 % des espèces sont monogames, ce qui signifie que le mâle et la femelle forment un couple stable avec leurs petits. Dans certaines espèces, comme les cygnes, le couple est uni pour la vie. Mais, malgré une stabilité et une harmonie apparentes, la vie de famille des oiseaux est marquée par des épreuves, des tromperies, voire des actes cruels. En général, les oiseaux pondent des œufs qui n'arrivent pas tous à maturité et, dès leur éclosion, les jeunes sont confrontés à une lutte pour la vie dont seuls les plus forts sortent vainqueurs.

Des couples modèles ?

Les cygnes nous renvoient l'image de la famille parfaite. C'est à voir : des tests ADN révèlent que les partenaires se trompent souvent et pondent des œufs « hors mariage ». Et si le couple est confronté à des problèmes de fécondité, les époux peuvent « divorcer » et tenter de se reproduire ailleurs.

Les nidifuges et les nidicoles

Les jeunes oiseaux appartiennent à 2 grandes catégories. Les oiseaux qui nichent à même le sol, comme les canards et les oies, ont des poussins nidifuges – couverts de duvet et capables de partir en quête de nourriture dans les heures qui suivent leur éclosion. En revanche, les oiseaux qui nichent dans les arbres ont des oisillons nidicoles : qui naissent minuscules, nus et sans défense, en sorte qu'il incombe aux parents de les nourrir jusqu'à ce qu'ils puissent quitter le nid.

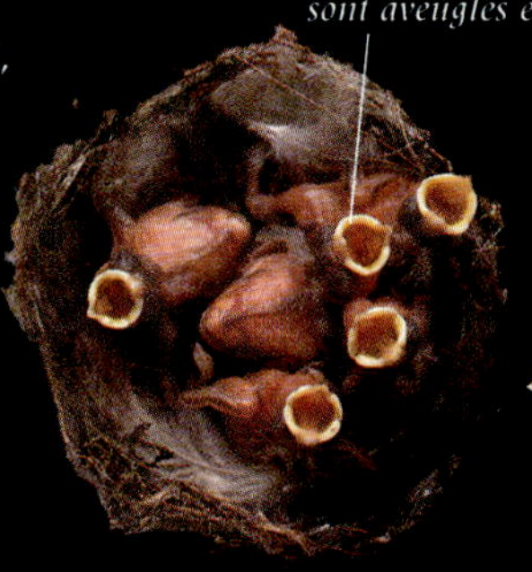

Les mésanges bleues nouvellement écloses sont aveugles et nues.

Leur plumage apparaît 5 jours après l'éclosion.

Les oisillons ont presque l'apparence d'adultes à 2 semaines.

Un papa poule

Chez les jacanas, les rôles sont inversés. Ces 3 jeunes oiseaux seront totalement pris en charge par leur père, leur mère (qui peut avoir jusqu'à 3 « époux ») bataillant avec d'autres femelles pour défendre son territoire. Si une autre famille de jacanas s'aventure sur son territoire, la femelle tue les petits et pond de nouveaux œufs dont le père s'occupera.

L'empreinte

Les canetons suivent leur mère, dont la voix et l'aspect leur sont durablement connus : on parle d'imprégnation maternelle. Si la mère est absente, les petits s'attachent à tout objet en mouvement qui laisse une empreinte en eux.

Programmé pour tuer

Les petits apprennent certaines techniques de survie de leurs parents, mais leur savoir est surtout inné. Le coucou ne rencontre jamais ses parents, mais sait, à peine né, comment tuer dans le nid les jeunes de sa mère adoptive.

RIVALITÉ FRATERNELLE

Chez les oiseaux de proie, la sélection naturelle ne connaît pas de trêve et va jusqu'au cannibalisme. Les parents nourrissent principalement le plus fort de la nichée et le laissent brutaliser les autres petits. Le jeune bien nourri finit d'ailleurs souvent par tuer et dévorer ses frères et sœurs… quand les parents n'ont pas déjà mangé les plus faibles ou les plus maladifs.

QUELLE GLOUTONNERIE !

Les parents qui nourrissent leurs petits travaillent sans relâche. En effet, un roitelet peut donner 1 000 becquées par jour et un martinet parcourir quotidiennement 1 000 km pour rapporter suffisamment de nourriture. Les guifettes noires font sans cesse des allées et venues pendant 3 ou 4 semaines pour nourrir leur nichée, en sécurité sur la végétation flottante des lacs.

Une guifette noire rapporte un poisson à ses petits.

LES GALLINACÉS

LES GALLINACÉS SONT D'ABORD, pour les hommes, du gibier à plumes. Comme la plupart des oiseaux chassés, ce sont de bons coureurs dotés de membres robustes, d'un corps dodu et de muscles de vol puissants. Ils n'aiment pas beaucoup voler, mais, face au danger, ils peuvent s'envoler à tire-d'aile. De tous les oiseaux, les gallinacés sont les plus utiles aux hommes. Ils sont faciles à attraper et à élever ; leurs muscles charnus sont une source de viande abondante et ils pondent des œufs à la pelle.

PARADE DIGNE DE TÉTRAS
Le tétras des armoises mâle effectue une parade inoubliable. La queue déployée en un éventail de plumes pointues, il gonfle son cou pour former une énorme collerette blanche qui lui mange la tête. En même temps, il pousse un gloussement sourd. Au paroxysme de la parade, l'expulsion soudaine de tout l'air contenu dans la poche du cou produit un claquement assourdissant.

UN BLEU D'UNE INTENSITÉ UNIQUE
Le bleu de cobalt de la pintade vulturine est l'une des plus belles couleurs de la nature ; son intensité est exceptionnelle. Cette espèce vit en groupe dans les régions sèches d'Afrique et se nourrit de graines et d'insectes picorés au sol. La pintade vulturine trouve dans sa nourriture toute l'humidité dont elle a besoin; elle survit sans apport d'eau supplémentaire. Elle court si vite qu'elle peut échapper à un lion. Mais elle vole si nécessaire.

Le coq sauvage

Le coq sauvage rouge des forêts tropicales du Sud-Est asiatique est l'ancêtre de nos volailles domestiques. Il fut domestiqué pour la première fois il y a environ 5000 ans. Comme beaucoup d'oiseaux sauvages, il pond parfois des œufs clairs, sans germe. Les éleveurs ont accentué cette tendance afin que les poules pondent des centaines d'œufs stériles par an.

Des aiguilles de conifères au menu

Les gallinacés avalent de grosses quantités de gravier pour aider leur gésier à broyer les aliments durs qu'ils ingèrent. Les tétras peuvent digérer les végétaux les plus coriaces et les plus fibreux. Le grand tétras – le plus grand tétraonidé du monde – est l'un des très rares oiseaux à pouvoir manger des aiguilles de pin. Il peut passer l'hiver avec ce seul régime.

Un combat de coqs à Bali, en Indonésie

Les combats de coqs

Les coqs sauvages sont polygames – un mâle s'accouple avec plusieurs femelles. Il existe donc une très forte rivalité entre les mâles, qui n'hésitent pas à se battre entre eux. Ils se servent de leurs ergots, mais se blessent rarement. Ce qui n'est pas le cas dans les combats de coqs organisés par les hommes ; les oiseaux sont parqués et obligés de se battre jusqu'à la mort de l'un d'entre eux.

Une livrée par saison

Le lagopède des saules change de couleur de plumage avec les saisons pour assurer un camouflage toujours parfait. En hiver, il est tout blanc, couleur de neige ; au printemps, il devient tacheté ; quant à son plumage estival, il est marron et redevient tacheté en automne.

PRINTEMPS

ÉTÉ

AUTOMNE

HIVER

Les œufs se parlent

Cailles et colins nichent au sol. Ils ont environ 12 œufs par couvée. Durant leur développement dans l'œuf, depuis l'intérieur de leur coquille, les oisillons communiquent entre eux pour synchroniser leur croissance. Si bien qu'ils naissent et quittent le nid tous en même temps.

Le colin de Californie possède une plume décorative sur la tête.

Glouglou !

Le dindon mâle impressionne les femelles en glougloutant et en paradant avec ses caroncules, excroissances charnues qui ornent sa tête et se gonflent de sang pour montrer sa bonne santé et sa supériorité génétique.

Le chant de la rousserolle turdoïde se compose parfois de 40 phrases différentes.

LES OISEAUX CHANTEURS

ENVIRON 60 % DES ESPÈCES d'oiseaux du monde appartiennent à l'ordre des passereaux (ou oiseaux percheurs). Ces petits oiseaux au corps compact vivent généralement dans les arbres et les buissons. Un seul de leurs doigts est tourné vers l'arrière – le pouce. Muni d'une forte griffe, il leur permet de se percher en toute sécurité. La plupart des passereaux sont également chanteurs. Ils utilisent leur organe vocal, la syrinx, pour émettre des chants extrêmement complexes, le plus souvent destinés à défendre leur territoire ou à attirer le sexe opposé. C'est habituellement le mâle qui chante mais, dans certaines espèces, mâle et femelle chantent en duo.

LES CHANTS DE L'AUBE

Les oiseaux chanteurs qui peuplent les forêts d'Europe et d'Amérique du Nord aiment chanter à l'aube, surtout au printemps. Les turdidés (dont les rouges-gorges et les rouges-queues) entament leur chant, suivis par les fringillidés et les moineaux. Mais pourquoi chanter à l'aube ? Peut-être parce que les sons, mieux portés par l'air frais et le calme du petit matin, sont plus efficaces. Ou parce que les oiseaux s'éveillent avant qu'il fasse suffisamment chaud pour chasser les insectes et qu'ils ont du temps à consacrer au chant.

UN BAIN RITUALISÉ

Les oiseaux chanteurs adorent se baigner, même en hiver. Leur bain est ritualisé. Ils se précipitent dans l'eau pour y tremper leur tête. Puis, ils s'accroupissent et remuent leurs ailes pour asperger leurs plumes. Une fois la baignade terminée, ils s'envolent pour aller se percher en lieu sûr et lissent leur plumage avec leur bec.

UN SON STÉRÉO

L'organe vocal de l'oiseau, la syrinx, est une membrane qui vibre et émet un son au passage de l'air. Cet organe est situé tout au fond de la gorge, à la jonction de la trachée et des 2 bronches aboutissant aux poumons. Cette disposition anatomique donne aux oiseaux 2 cavités pour produire des sons. Ils peuvent donc émettre 2 notes différentes en même temps.

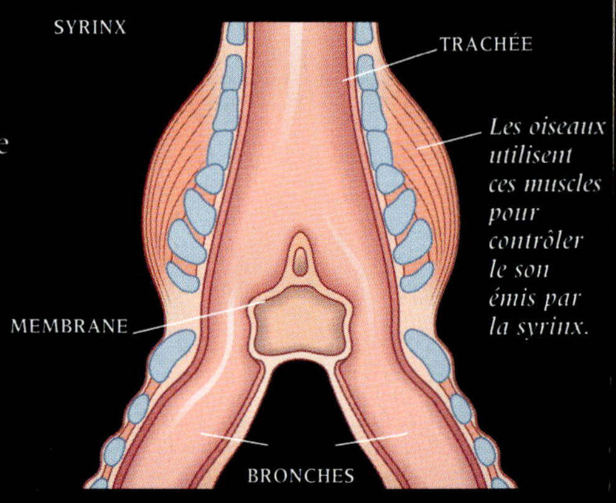

Le vacarme des forêts tropicales

Le chant des oiseaux n'est pas toujours mélodieux. L'araponga à gorge nue du Brésil possède un chant si bruyant et si discordant qu'on le surnomme « l'oiseau qui donne la fièvre cérébrale ». Le barbion d'Afrique produit un « chant » exaspérant qui ressemble à des coups de marteau frappés sur du métal. Les cris des chanteurs tropicaux sont peu évolués, tonitruants et répétitifs pour être entendus à travers la canopée et rester audibles au milieu du vacarme des insectes.

Le rouge-gorge demeure 12 mois sur 12 sur son territoire et chante aussi tout au long de l'année.

Petit mais bruyant

Le rouge-gorge est un petit oiseau très bruyant. Il est le premier à commencer à chanter le matin, le dernier à s'arrêter de chanter le soir et chante même parfois au beau milieu de la nuit, en particulier là où les lumières des réverbères ou des projecteurs l'ont désorienté. Les 2 sexes chantent, mais les mâles sont plus bruyants.

Les longs doigts des oiseaux chanteurs sont conçus pour s'enrouler aux branches de tout diamètre.

Il marche sous l'eau

Le cincle plongeur utilise les doigts recourbés de ses pattes pour se cramponner aux galets quand il marche sur le fond des rivières rapides. Ses plongeons durent 3 secondes environ. Il s'immerge totalement à la recherche d'insectes aquatiques, mais son plumage reste sec grâce à l'huile imperméabilisante dont il s'est enduit.

La glande du croupion est plus grosse chez le cincle plongeur que chez tout autre oiseau chanteur.

Un verrouillage efficace

Les oiseaux chanteurs ont 3 doigts tournés vers l'avant et un pouce dirigé vers l'arrière, tous longs et minces. Lorsque l'oiseau se perche, un véritable système de verrouillage, actionné automatiquement par les muscles et les tendons, referme les doigts comme un poing. Ce verrouillage reste efficace quand l'oiseau dort.

Toutes les occasions sont bonnes pour chanter

Les troglodytes familiers américains ont plus de 130 chants à leur répertoire. Ils chantent en nidifiant et en défendant leur territoire. Les mâles peuvent chanter pendant 10 minutes pour attirer les femelles, tandis que ceux qui ont trouvé leur partenaire chantent tout doucement pour ne pas attirer les mâles rivaux.

La rousserolle verderolle peut imiter les chants de 99 espèces d'oiseaux européennes et de 113 espèces africaines.

La championne du mixage

De nombreux oiseaux chanteurs améliorent leurs qualités vocales en imitant les chants d'autres espèces. La rousserolle verderolle va même plus loin en les mixant pour en faire de nouveaux chants. Elle mémorise des centaines de chants dans les régions d'Afrique où elle passe l'hiver et dans les territoires européens où elle se reproduit. Lorsque le mâle chante, il mixe des échantillons de plusieurs chants pour produire un chant mélodieux.

Les comportements défensifs

En cas d'attaque, la meilleure défense est généralement la fuite. Nous, les humains, nous sauvons à toutes jambes, mais les oiseaux ont l'avantage de pouvoir s'enfuir à tire-d'aile. Une fois en vol, l'oiseau ne peut plus être attaqué... excepté par l'un de ses semblables. Car la fuite n'est pas toujours la meilleure solution. Les parents peuvent être amenés à devoir cacher leurs œufs ou leurs juvéniles nidicoles, encore incapables de voler, ou à repousser l'attaquant.

L'énorme bouche rose et les gros yeux jaunes du podarge sont de nature à effrayer un prédateur et à le faire reculer.

L'union fait la force

Les volées constituent la meilleure défense des oiseaux et réduisent le risque d'attaque auquel est exposé l'individu isolé. Un prédateur qui penserait pouvoir les prendre par surprise aurait du mal à s'approcher de centaines d'oiseaux montant la garde ! Dans certains estuaires britanniques, le bécasseau maubèche vole en formations serrées de plus de 10 000 individus. Les ornithologues amateurs font des centaines de kilomètres pour observer ces vols d'oiseaux tourbillonnant comme un immense nuage de fumée.

Les corneilles se sont rassemblées en vol pour faire fuir un aigle.

Donner l'assaut

Certains oiseaux se rassemblent pour assaillir des prédateurs et les faire fuir. Ils encerclent l'intrus en criant fort et avec colère, tournoient autour de lui avant de s'en approcher de très près, voire de fondre sur lui. Les oiseaux de proie, les chats et les humains sont assaillis régulièrement.

Un camouflage réussi

L'ibijau et le podarge passent inaperçus en se confondant avec l'écorce des arbres. Tête et bec dressés vers le ciel (« en piquet »), ils ferment les yeux et laissent leur plumage faire le reste. Si un prédateur s'approche malgré tout, le podarge ouvre grand son bec et effraie l'attaquant par un éclat de couleur soudain.

Une litorne asperge un merle d'une pluie de fientes.

La mort par défécation

Les litornes ne se contentent pas d'assaillir leurs attaquants : elles défèquent sur eux avec une précision extrême. Un vol de litornes peut couvrir un prédateur d'une quantité de fientes telle que ses plumes deviennent trop souillées pour voler et qu'il tombe au sol. On dit même que certains oiseaux sont morts après que des fientes de litornes eurent privé leur plumage de ses qualités isolantes.

Se camoufler dans les roseaux

Le butor est presque impossible à repérer lorsqu'il veut se cacher. La tête levée, les dessins de sa gorge lui permettent de se confondre totalement avec les roseaux qui l'entourent. Il sait même se balancer doucement au vent, comme les tiges de cette plante. Autre caractéristique : le cri tonitruant du mâle, qui évoque une corne de brume, est audible à une distance de 5 km.

L'entrée en forme de trompette est pour les serpents un obstacle de plus.

Des nids inviolables par les serpents

Les tisserins doivent protéger leurs nids des serpents maraudeurs. Les ouvertures du nid, situées en dessous, sont difficiles d'accès, et le nid est souvent suspendu à de longues branches au-dessus de l'eau, véritable piège pour les serpents qui ratent leur coup.

Simuler un handicap

Les oiseaux qui nichent au sol sont très exposés aux prédateurs. Les parents n'ont donc pas d'autre solution que d'empêcher ces derniers de dénicher leurs œufs. Le pluvier éloigne le renard de son nid par la ruse, en faisant semblant de vouloir s'enfuir mais de ne plus pouvoir voler, ce qui attire le prédateur. Une fois le renard orienté dans la mauvaise direction, le pluvier s'envole, miraculeusement rétabli.

À chaque œuf son camouflage

Leurs œufs sont toujours parfaitement camouflés : les pluviers qui nichent dans le sable ou les cailloux ont tendance à pondre des œufs tachetés de petits points ; ceux qui nichent sur la terre ont des œufs dont les motifs sont plus linéaires et marbrés ; les œufs de ceux qui nichent dans les terrains bourbeux sont couverts de taches sombres.

Les oiseaux migrateurs

Dans les années 1950, des chercheurs ont capturé un puffin des Anglais sur une île au large du pays de Galles. Ils l'ont transporté jusqu'à Boston, aux États-Unis, puis relâché. Douze jours plus tard l'oiseau était de retour au pays de Galles. De nombreux oiseaux partagent cette capacité extraordinaire à retrouver leur chemin, même s'ils doivent parcourir des milliers de kilomètres et traverser les océans. Cette prouesse, 10 milliards d'oiseaux la réalisent 2 fois par an dans le cadre de leurs migrations.

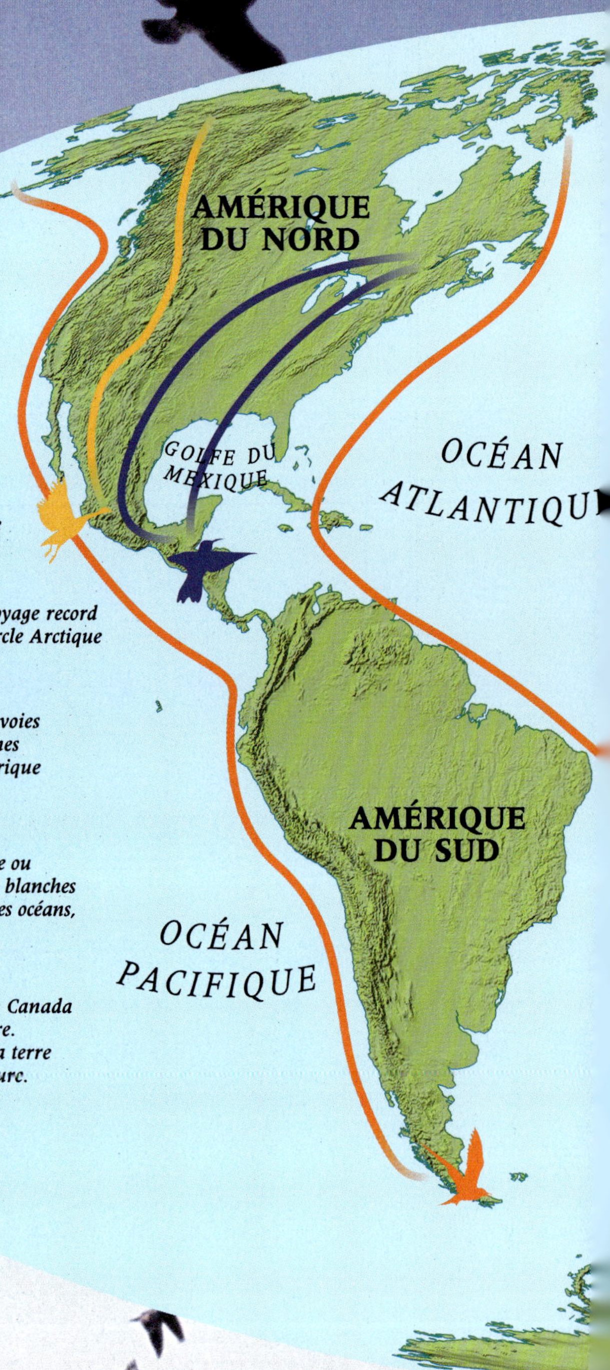

LES ROUTES MIGRATOIRES

COLIBRI À GORGE RUBIS
Il vole sur 3 000 km pour traverser le golfe du Mexique en quête de nourriture.

STERNE ARCTIQUE
Elle parcourt 15 000 km – voyage record chez les oiseaux – entre le cercle Arctique et l'Antarctique.

GRUE CENDRÉE
Les juvéniles apprennent les voies migratoires jusqu'à leurs zones d'hivernage en Asie et en Afrique en volant avec leurs parents.

CIGOGNE BLANCHE
En passant l'hiver en Espagne ou au Moyen-Orient, les cigognes blanches évitent un voyage au-dessus des océans, sans possibilité d'escale.

OIE DES NEIGES
Ces oiseaux se sont établis au Canada à la fin de la période glaciaire. Là où la glace avait fondu, la terre offrait abondance de nourriture.

Migration et sens de l'orientation

On appelle migrations les voyages que les oiseaux effectuent à l'automne (départ pour l'hivernage) et au printemps (retour des quartiers d'hiver). La plupart des migrateurs fuient les rigueurs de l'hiver pour s'établir provisoirement dans des régions chaudes. Leur épopée est aussi épuisante que dangereuse – moins de la moitié des individus qui migrent pour la première fois sont encore là l'année suivante. Les petits oiseaux volent généralement la nuit, se posant le jour pour se reposer et s'alimenter. Les rapaces diurnes, qui utilisent les ascendances thermiques, doivent voler au-dessus des terres et durant la journée.

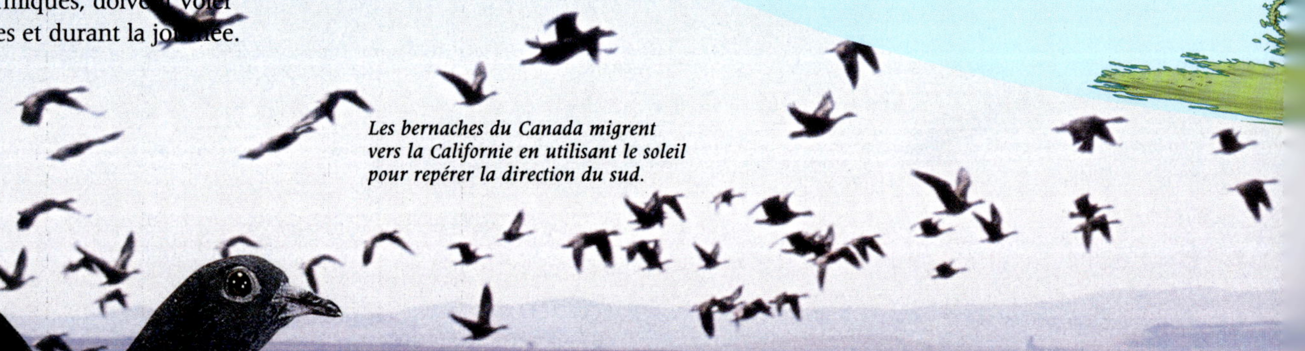

Les bernaches du Canada migrent vers la Californie en utilisant le soleil pour repérer la direction du sud.

Une boussole interne

Des expériences réalisées avec les pigeons voyageurs montrent que certains oiseaux possèdent une boussole interne. Ils retrouvent leur chemin à des centaines de kilomètres, même avec un bandeau sur les yeux. Mais lorsqu'on leur attache de minuscules aimants autour du cou, ils se perdent.

Traverser un golfe

Le minuscule colibri à gorge rubis doit voler d'une seule traite pendant 20 heures pour traverser le golfe du Mexique lors de sa migration périlleuse entre l'Amérique du Nord et l'Amérique centrale. Il périt en mer si le mauvais temps le détourne de sa route.

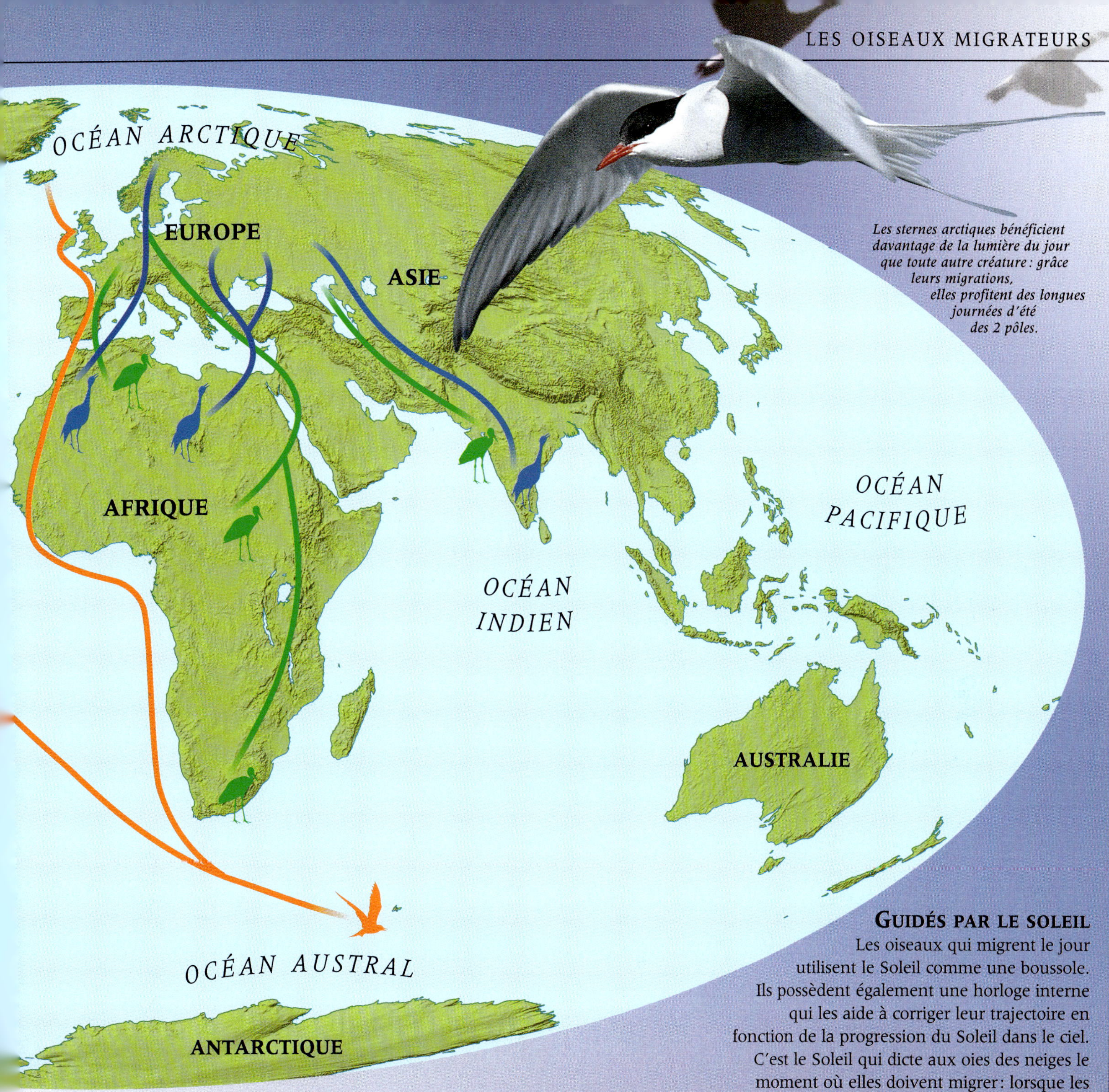

Les sternes arctiques bénéficient davantage de la lumière du jour que toute autre créature : grâce leurs migrations, elles profitent des longues journées d'été des 2 pôles.

Guidés par le Soleil

Les oiseaux qui migrent le jour utilisent le Soleil comme une boussole. Ils possèdent également une horloge interne qui les aide à corriger leur trajectoire en fonction de la progression du Soleil dans le ciel. C'est le Soleil qui dicte aux oies des neiges le moment où elles doivent migrer : lorsque les jours rallongent, une hormone sécrétée par l'oiseau commence à agir, le rendant impatient de partir pour son long voyage.

Les grues du Canada volent pendant 6 400 km depuis l'Alaska et l'est de la Sibérie jusqu'au sud des États-Unis.

Des points de repère variés

Certains oiseaux migrateurs semblent avoir une carte routière dans leurs gènes. Les coucous, par exemple, se dirigent de façon innée. D'autres apprennent leur itinéraire en suivant une volée et en mémorisant des points de repère visuels tels que montagnes et cours d'eau, voire olfactifs ou auditifs – l'odeur d'une forêt de conifères, par exemple, ou le bruit des vagues qui s'écrasent.

Les rapaces nocturnes

Chouettes et hiboux doivent leur face de « gros bébé » à leur mode de vie particulier. La plupart chassent dans l'obscurité partielle ou totale. Pour dénicher leurs proies, ils ont besoin d'une ouïe et d'une vue particulièrement performantes. Les yeux des rapaces nocturnes ne sont pas situés de part et d'autre de la tête, comme le plus souvent chez les oiseaux, mais, comme ceux des humains, sur un même plan facial : la superposition des champs visuels leur procure une vision binoculaire. Leurs gros globes oculaires captent la moindre lumière, si faible soit-elle. Autour de leurs yeux, un disque facial agit comme une parabole : il concentre les ondes sonores et les dirige vers les trous auditifs dissimulés sous les plumes.

Des éclosions asynchrones

Généralement, les petits des oiseaux naissent en même temps. Chez les rapaces nocturnes, ils éclosent les uns après les autres, ce qui donne à l'aîné un avantage : si la nourriture vient à manquer, il dévore ses frères et sœurs.

Avaler sans dépecer

Comme les rapaces diurnes, les rapaces nocturnes sont pourvus d'un bec crochu et de serres aiguisées. Mais au lieu de dépecer leurs proies, ils les avalent d'un coup, les parties inassimilables (os et plumes) se retrouvent dans les pelotes de réjection.

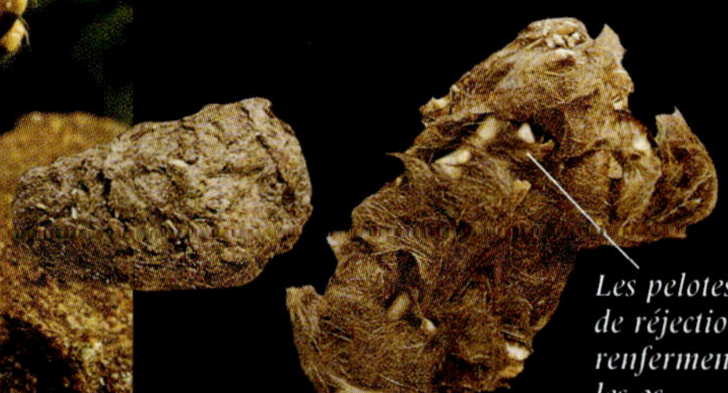

Les pelotes de réjection renferment les os minuscules de la proie.

Un ébouriffage défensif des plumes

En général, les rapaces nocturnes restent bien cachés pendant la journée. Le hibou brachyote demeure immobile, perché sur un arbre, et se confond avec les branches. Mais si l'on s'approche trop près, il ébouriffe soudain ses plumes, déploie ses ailes et lance des regards furieux. Ce comportement, destiné à impressionner l'intrus, fait paraître le hibou plus gros et plus effrayant qu'il n'est.

Le bec plonge pour ne pas obstruer la vue.

Une frange de plumes autour du disque facial renvoie les sons les plus aigus.

Des sens très développés

Les 2 disques de son masque facial dirigent les sons vers les trous auditifs situés latéralement. Ce système permet à la chouette effraie de localiser avec précision des rongeurs, même enfouis profondément sous la neige ou les feuilles.

Un cou très flexible

Les yeux de ces rapaces sont quasi fixes au fond des orbites. Mais ce handicap est compensé par l'extrême mobilité du cou : la tête pivotant sur 180° les trous auditifs couvrent le cercle entier.

Un prédateur silencieux

De la tête aux pattes, c'est une abondance de plumes douces. Ses rémiges sont garnies de silencieux, prolongements en forme de dents de peigne et de franges qui assourdissent son vol. Son plumage dense conserve également la chaleur. Résultat, son besoin en nourriture est inférieur de 30 % à celui des autres oiseaux de même taille.

Les chevêches des terriers

Les prairies nord-américaines étant dépourvues d'arbres, les chevêches des terriers nidifient dans des cavités creusées à même le sol.
Leur comportement est inhabituel puisqu'elles chassent le jour, se dandinant à la recherche de vers et d'insectes.

LES OISEAUX INAPTES AU VOL

LE VOL EST UNE TECHNIQUE IDÉALE pour fuir le danger et chasser, mais nécessite une grosse dépense d'énergie. Par conséquent, un oiseau capable de trouver sa nourriture et de se défendre sans avoir besoin de voler a tout intérêt à rester au sol. Au cours des millénaires, de nombreux oiseaux terrestres ont totalement perdu leur capacité à voler ; leurs ailes se sont atrophiées, devenant inutiles ou s'adaptant à d'autres usages. Libérées des contraintes inhérentes au vol, certaines espèces ont progressivement pris de la taille et du poids.

DES MÂLES À L'INSTINCT MATERNEL
L'émeu est l'équivalent australien de l'autruche. Comme l'autruche mâle, l'émeu mâle est un père dévoué : il couve les œufs sans se redresser sur ses pattes pour manger, boire ou déféquer, et surveille les jeunes pendant des mois sans l'aide de la mère.

Leur plumage est hirsute car les barbules ne sont pas parfaitement parallèles comme celles des oiseaux aptes au vol.

Leurs longues pattes sont actionnées par des muscles forts.

L'OISEAU LE PLUS RAPIDE AU SOL
Les autruches d'Afrique n'ont pas besoin de voler puisqu'elles peuvent fuir le danger au sol. Ce sont en effet les oiseaux coureurs les plus rapides, avec une vitesse de 72 km/h, soit le double de celle des meilleurs sprinters olympiques. Mais elles ont d'autres records à leur actif : ce sont aussi les plus grands oiseaux du monde qui pondent les plus gros œufs, possèdent le plus long cou, les plus grands yeux et l'une des espérances de vie les plus longues (jusqu'à 68 ans). Contrairement aux idées reçues, les autruches n'enfouissent jamais leur tête dans le sable.

Les yeux de l'autruche sont plus grands que son cerveau.

L'autruche devrait atteindre une vitesse de 160 km/h au sol pour pouvoir s'envoler.

L'autruche est le seul oiseau à ne posséder que 2 doigts. Cette particularité favorise encore son aptitude à la course.

Ce cormoran a déployé ses ailes atrophiées pour les faire sécher après une partie de pêche.

DES OISEAUX INSULAIRES EXTERMINÉS

Sur des îles lointaines où les mammifères étaient absents, les oiseaux avaient peu d'ennemis. Beaucoup perdirent leur aptitude au vol et devinrent des proies faciles quand ces îles furent colonisées. Le dodo de l'île Maurice, l'oie des Hawaï, ou néné, et le moa de Nouvelle-Zélande furent exterminés. Le cormoran aptère des Galápagos a survécu.

DRÔLE D'OISEAU

Au fil du temps, les ailes et la queue du kiwi ont presque disparu et ses plumes ressemblent aujourd'hui à du crin. Il mène la vie d'un blaireau, chantant la nuit, dans les forêts, d'une voix nasillarde, et se cachant dans son terrier le jour. Ses narines sont situées à l'extrémité de son long bec, avec lequel il fouille le sol en quête de vers.

DES AILES POUR NAGER

Les ailes du manchot, impropres au vol, ont évolué pour remplir une autre fonction : se mouvoir dans l'eau. Le manchot ne pourrait nager si vite avec des ailes d'oiseau. Aussi celles-ci sont-elles devenues plus courtes et plus plates : elles ont pris la forme de la pagaie. Cette adaptation a fait des manchots les nageurs les plus rapides et les plus agiles de tous les oiseaux.

L'INTELLIGENCE DES OISEAUX

On dit de quelqu'un d'écervelé qu'il a une cervelle d'oiseau, mais ces animaux ne sont pas aussi inconséquents qu'on pourrait le croire. Au cours d'une expérience menée récemment à l'université d'Oxford, les chercheurs ont découvert que les corbeaux possédaient une aptitude que l'on pensait réservée à l'homme : celle de fabriquer des outils. Le corbeau étudié avait trouvé le moyen de tordre un fil métallique pour en faire un crochet, destiné à extraire de la nourriture d'une bouteille. Et les corbeaux ne sont pas les seuls oiseaux à montrer des signes d'intelligence, qu'il s'agisse d'une étonnante capacité de mémorisation ou d'un début d'acquisition du langage humain. Mais leurs prouesses sont-elles le fruit d'une véritable intelligence ou de leur seul instinct ?

Un outil pour extraire les larves

Le pinson-pic utilise une épine de cactus pour extraire les larves de coléoptères des troncs d'arbres. Il commence par coller son oreille contre une branche pour déceler la présence d'insectes. Il perce ensuite un trou dans l'écorce pour accéder au tunnel d'entrée des larves. Enfin, il enfonce son « outil » dans le trou en cherchant à empaler une larve et à l'extraire. Comment les pinsons-pics ont-ils acquis cette technique ? Mystère. Mais des expériences avec des oiseaux de cage ont montré que d'autres espèces de fringillidés pouvaient l'apprendre par imitation.

Les scientifiques pensaient jadis que seuls les humains étaient capables de fabriquer et d'utiliser des outils.

Une chercheuse apprend à Alex à reconnaître un morceau de laine.

Un perroquet parleur

Les psittacidés imitent la voix humaine, mais comprennent-ils vraiment ce qu'ils répètent ? Un perroquet gris du Gabon, nommé Alex, a été soumis à un apprentissage de plusieurs années à l'université de l'Arizona, aux États-Unis. Alex sait compter, dire « oui » et « non », et demander quelque chose. Il semble même pouvoir donner des ordres. D'après ses éducateurs, il est paraît doué de pensée, mais les sceptiques font remarquer qu'Alex nomme uniquement les objets qu'il voit, ce qui semble prouver son manque d'imagination.

Faire le mort

De nombreux prédateurs sont rebutés par une charogne. Pourquoi ? Parce que la viande avariée les empoisonnerait. Certains oiseaux exploitent cette répugnance dans une technique d'autodéfense ingénieuse : ils font les morts. Les pigeons se cachent la tête sous l'une de leurs ailes et restent étendus sur le dos, sans bouger, le temps que le danger passe.

Le guacharo des cavernes

Les guacharos d'Amérique du Sud vivent dans des cavernes très sombres et sortent la nuit pour se nourrir. Ils utilisent, non leur intelligence, mais un mode d'orientation adapté à l'obscurité permanente de leur habitat. Comme les chauves-souris, ils émettent des ultrasons qui produisent un écho et leur permettent de se diriger (écholocation).

Comment manger des abeilles sans se faire piquer ?

Le guêpier utilise un stratagème pour désarmer sa proie. Après avoir attrapé une abeille, il la frotte contre un objet dur pour arracher le dard et détacher le sac à venin : l'insecte est alors comestible. Il le lance alors dans son bec et l'avale d'une pièce. Tous les guêpiers connaissent cette technique, ce qui tend à prouver son caractère instinctif et non « pensé ».

Un guêpier a besoin d'environ 225 insectes par jour pour sa propre subsistance et celle de ses petits.

L'opportunisme chez les oiseaux

De nombreux oiseaux sont opportunistes. Au lieu de suivre systématiquement leur instinct, ils savent changer de comportement pour tirer le meilleur parti de nouvelles opportunités alimentaires – y compris les décharges publiques et les villes. En Afrique, la cigogne blanche vivant dans la réserve naturelle de Masai Mara a surmonté sa peur naturelle du feu pour attaquer les petits animaux qui tentent de fuir le brasier.

LES OISEAUX ET LES HOMMES

LES OISEAUX SONT SI RÉPANDUS et nous sont si familiers que nous trouvons tout naturel qu'ils existent. La vue d'un blaireau dans un jardin susciterait un enthousiasme général, mais si un corbeau se pose sur la pelouse, personne ne le remarque. Il semble donc que les oiseaux se soient bien adaptés aux changements opérés par les hommes sur la planète. Ils se sont habitués à la vie dans nos villes et ont appris à trouver leur nourriture dans les jardins et les décharges publiques. Néanmoins, pour un oiseau capable de survivre en milieu urbain, de nombreuses espèces voient leur habitat menacé de disparition totale et définitive.

DES MARIONNETTES D'APPRENTISSAGE

Les grues blanches sont en voie d'extinction. Au début du XIXe siècle, en Amérique du Nord, on les comptait par milliers. Seulement 16 ont survécu à l'assèchement des zones humides où elles habitaient. Les gruons sont élevés au biberon, avant que l'homme leur apprenne à se nourrir tout seuls en utilisant des marionnettes qui imitent des grues adultes.

DES OISEAUX AU SERVICE DES HOMMES

L'oiseau peut être pour l'homme un partenaire efficace. En Asie, on dresse les faucons à la chasse aux lapins. En Chine, les pêcheurs emportent avec eux des cormorans – jusqu'à 8 par pêcheur – pour les aider à capturer le poisson dans la rivière Li. Il faut une année pour apprendre aux cormorans à plonger et à rapporter leur prise.

Ces cormorans sont totalement apprivoisés et plongent sur commande.

DES PLUMES TRÈS CONVOITÉES

En Papouasie-Nouvelle-Guinée, les plumes des paradisiers sont utilisées depuis des siècles pour décorer les coiffures rituelles. Ces oiseaux ne sont pas menacés d'extinction, fort heureusement, et sont protégés par le gouvernement du pays.

Cette coiffure est ornée de plumes provenant du paradisier de Raggi.

LES OISEAUX DES DÉCHARGES

Les décharges publiques recèlent des trésors pour les oiseaux urbains, mais aussi de nombreux dangers – sacs en plastique, verre cassé, nœuds coulants de fils métalliques enchevêtrés. Malgré l'abondance de nourriture, seules quelques espèces ont appris à exploiter cet environnement plein de pièges. Des oiseaux de me comme les goélands argentés règnent aujourd'hui sur les décharges.

Les oiseaux urbains

Les pigeons domestiques sont les oiseaux les mieux adaptés au milieu urbain du monde. Quel est donc leur secret ? Leur ancêtre est le pigeon biset qui nichait sur les côtes rocheuses. Dans le passé, les hommes ont construit des abris pour encourager cet oiseau – une source de nourriture carnée non négligeable – à venir habiter dans les villes. Le pigeon biset a cessé de craindre les hommes et n'a pas tardé à trouver leurs constructions aussi confortables que les falaises.

Nicher sur les toits

Dans certaines régions d'Europe, les cigognes blanches sont considérées omme des oiseaux de bon augure. On encourage construire de grands nids de branchages au-dessus des cheminées. Tous les ans, en période de reproduction, les cigognes migrent vers leur lieu de nidification. Leur retour en Europe nois après le solstice d'été explique probablement on leur attribue la venue des nouveau-nés.

Les espèces survivantes de la famille des pingouins incluent les macareux, les petits pingouins et les guillemots.

Le grand pingouin : une espèce éteinte

Le grand pingouin, oiseau de mer inapte au vol, vivait dans l'Atlantique Nord. Son allure, sa nage et sa technique de chasse étaient identiques à celles des manchots de l'hémisphère Sud. Mais son incapacité à voler lui a valu d'être une proie facile pour les navigateurs européens qui le chassèrent jusqu'à son extinction. Le dernier spécimen de l'espèce fut tué à coups de massue par des collectionneurs en juin 1844.

DES OISEAUX INCROYABLES MAIS VRAIS

LES OISEAUX FONT PARFOIS LES CHOSES les plus étranges. Les pies et les geais sont bien connus pour leur curieuse habitude d'accumuler dans leur nid des objets brillants, comme des pièces de monnaie ou des bijoux; mais personne ne connaît la raison de ce comportement. L'art du toboggan semble beaucoup plaire à certains: en Islande, on a vu des eiders descendre des cours d'eau, puis remonter en se dandinant pour recommencer; les manchots d'Adélie, poussés par leur goût des sensations fortes, font de leur corps une luge sur les pentes glacées. Toutefois, les comportements des oiseaux sont le plus souvent parfaitement rationnels, quelque bizarres ou extraordinaires qu'ils puissent nous paraître.

POURQUOI COURIR QUAND ON PEUT VOLER?

Il peut paraître étrange qu'un oiseau apte au vol choisisse de se déplacer en courant, mais c'est ce que fait le grand géocoucou, et de quelle façon! Il court derrière sa proie à une vitesse de 24 km/h, utilisant sa queue comme gouvernail pour bifurquer sans ralentir et la relevant pour freiner.

L'OUTARDE KORI

La parade nuptiale de l'outarde kori est spectaculaire: l'oiseau commence par gonfler la poche d'air de son cou, puis traîne ses ailes au sol en décrivant des cercles saccadés et en saluant parfois la femelle. Certains mâles ébouriffent tout leur plumage au point de ressembler à une grosse boule blanche. Enfin, au cas où les femelles ne l'auraient pas encore remarqué, il pousse un cri tonitruant à travers les plaines d'Afrique.

L'outarde kori est l'un des oisea[ux] aptes au vol les plus grands du monde. Les mâles peuvent peser jusqu'à 19 kg, le double des femelles.

Le calao

Les calaos ont un énorme bec surmonté d'un casque. Le casque est généralement creux, mais une espèce l'a en ivoire massif. Pourquoi la nature a-t-elle fait des becs aussi volumineux ? Mystère. À moins que leurs couleurs vives ne servent à séduire le sexe opposé.

Les jeunes hoatzins portent des griffes minuscules au coude de leurs ailes.

Des griffes aux ailes

Les jeunes hoatzins possèdent, chose étrange, des griffes sur leurs ailes pour grimper et s'agripper. Cette caractéristique nous reporte très loin en arrière, du temps où les ancêtres reptiliens des oiseaux étaient pourvus de membres antérieurs griffus.

Les hoatzins sont les seuls oiseaux arboricoles à se nourrir presque exclusivement de feuilles.

Les œufs des fous à pieds bleus sont pondus au milieu d'un cercle de fientes – c'est ainsi que ces oiseaux marquent leur territoire et la présence de leur nid.

Du vomi toxique à projeter

Les oiseaux ne peuvent pas produire de venin, mais du vomi toxique. Le petit fulmar projette son vomi à la tête d'hôtes indésirables, comme les aigles ou les mouettes, dans un rayon de 1,50 m. Ce liquide contient de l'acide et de l'huile de poisson, qui privent de son imperméabilité le plumage des oiseaux marins. D'où un risque de noyade.

Le fou à pieds bleus

Les pattes ridicules de cet oiseau jouent un rôle important. Les fous à pieds bleus nichent sur les mêmes îles du Pacifique que les fous à pieds rouges et les fous masqués, et les femelles doivent être en mesure de les reconnaître pour s'accoupler. Ainsi, lors de la parade nuptiale, le mâle frappe le sol pour montrer qu'il appartient bien à l'espèce des fous à pieds bleus.

Un coup de pied mortel

Outre son aspect étrange, le casoar est l'un des rares oiseaux (avec l'autruche) à pouvoir tuer un homme adulte. Son doigt possède un ongle effilé comme un poignard, capable d'éventrer un individu d'un seul coup de pied. La tragédie la plus récente remonte à 1926, date à laquelle un Australien reçut un coup de pied mortel à la gorge.

FAITS ET CHIFFRES

CLASSIFICATION DES OISEAUX

Les oiseaux forment l'une des 5 classes de l'embranchement des vertébrés. On dénombre actuellement quelque 9700 espèces d'oiseaux réparties en 27 ordres, chaque ordre se divisant en familles ou en genres (plus ou moins selon certains scientifiques).
Vous trouverez ci-dessous le nom de l'ordre, les oiseaux appartenant à cet ordre et désignés par leur nom usuel.

Struthioniformes (l'autruche) : 1 espèce.

Rhéiformes (les nandous) : 2 espèces.

Casuariiformes (les casoars et l'émeu) : 4 espèces.

Aptérygiformes (les kiwis) : 3 espèces.

Sphénisciformes (les manchots) : 17 espèces.

Gaviiformes (les plongeons) : 5 espèces.

Prodicipediformes (les grèbes) : 22 espèces.

Procellariiformes (les albatros, les puffins et les pétrels) : 108 espèces.

Pélécaniformes (les pélicans, les fous, les cormorans, les anhingas, les frégates et les phaétons) : 65 espèces.

Ciconiiformes, inclus les **Phœnicoptériformes** (les hérons, les cigognes, les ibis, les flamants, etc.) : 112 espèces.

Ansériformes (les canards, les oies, les cygnes et les kamichis) : 149 espèces.

Falconiformes (les vautours, les aigles, les buses, les éperviers, les faucons, le balbuzard et le serpentaire) : 307 espèces.

Galliformes (les coqs, les faisans, les perdrix, les cailles, les paons, les pintades, les dindons, etc.) : 281 espèces.

Gruiformes (les grues, les râles, les foulques, les outardes, etc.) : 204 espèces.

Charadriiformes (les pluviers, les bécasses, les échasses, les mouettes, les sternes, les pingouins, etc.) : 343 espèces.

Columbiformes (les gangas, les pigeons et les tourterelles) : 325 espèces.

Tinamiformes (les tinamous) : 42 espèces.

Psittaciformes (les perroquets, les perruches, les cacatoès, les loris, les aras, etc.) : 353 espèces.

Cuculiformes (les coucous et les touracos) : 160 espèces.

Strigiformes (les chouettes, les hiboux, etc.) : 205 espèces.

Caprimulgiformes (les podarges, les engoulevents, les ibijaux, etc.) : 118 espèces.

Apodiformes (les martinets et les colibris) : 424 espèces.

Coliiformes (les colious) : 6 espèces.

Trogoniformes (les trogons) : 35 espèces.

Coraciiformes (les martins-pêcheurs, les guêpiers, les rolliers, les huppes, les calaos, etc.) : 191 espèces.

Piciformes (les pics, les toucans) : 380 espèces.

Passériformes (les passereaux) : 5 200 espèces.

LES RECORDS DES OISEAUX

Oiseau le plus grand Une autruche mâle d'Afrique du Nord, avec 2,74 m.
Oiseau le plus petit Un colibri d'Hélène mâle de 5,7 cm dont 2,85 cm pour le bec et la queue.
Envergure la plus grande Albatros hurleur, avec 3,63 m.
Bec le plus long Pélican à lunettes, avec 43 cm.
Oiseau apte au vol le plus lourd Une grande outarde de 21 kg.
Plumage le plus nombreux Cygne siffleur, avec 25 000 plumes.
Oiseau le plus rapide au sol Autruche, avec une vitesse de 72 km/h.
Oiseau apte au vol à la descente en piqué la plus rapide Faucon pèlerin, avec une vitesse de 200 km/h.
Oiseaux aptes au vol au vol horizontal le plus rapide Martinet épineux et harle huppé, avec une vitesse de 161 km/h.
Oiseau apte au vol au vol le plus lent Bécasse d'Amérique et la bécasse des bois, avec une vitesse de 8 km/h sans faire du surplace.
Oiseau au vol le plus haut Vautour de Rüppell, avec 11 277 m.
Plus grand nid Léipoa ocellé qui construit un incubateur en forme de tumulus atteignant parfois plus de 4 m de haut et 10 m de diamètre. La quantité de débris végétaux pèserait environ 300 tonnes.
Plus petits nids Colibri nain, de la taille d'une demi-coque de noix et colibri d'Hélène, de la taille d'un dé à coudre.
Plus gros œuf Autruche, d'une taille moyenne de 15-20 cm de long et 10-15 cm de diamètre et d'un poids moyen de 1-1,78 kg.
Plus petit œuf Colibri nain, avec 1 cm de long.
Cri le plus fort Kakapo mâle, qui peut être entendu à 7 km à la ronde.

GLOSSAIRE

Alule Aile bâtarde des oiseaux formée d'une série de plumes insérée sur le pouce et située au bord d'attaque ; elle intervient dans la stabilisation du vol, l'oiseau la relevant pour éviter de s'immobiliser dans l'air et de tomber lorsqu'il ralentit son vol.

Ascendances thermiques Remontées d'air chaud sous forme de tourbillons ou de bulles, sur lesquels les oiseaux, de grande taille glissent pour s'élever dans le ciel.

Barbes Filaments latéraux implantés de part et d'autre du rachis central de la plume ; chaque barbe porte elle-même des barbules.

Camouflage Par des couleurs ou des dessins particuliers de son plumage, l'oiseau se confond avec son environnement, ce qui le rend difficile à repérer.

Charognard Animal, tel que le vautour, qui se nourrit d'animaux morts.

Colonie Réunion d'un grand nombre d'oiseaux qui vivent en communauté en un lieu donné, généralement pour se reproduire, mais aussi pour se protéger, se tenir chaud (dans les régions froides) ou mieux exploiter le milieu ; la colonie désigne également le lieu où ils vivent.

Diamant (ou dent de l'œuf) Petite saillie conique très dure de la mâchoire supérieure des oisillons, leur permettant de percer leur coquille au moment de l'éclosion ; il tombe après l'éclosion.

Duvet Ensemble des plumules de petite taille recouvertes par les plumes de contour ; ce plumage, très doux et très léger, renferme un grand volume d'air et contribue à tenir chaud à l'oiseau.

Éclosion Processus par lequel un oisillon sort de sa coquille en la perçant à l'aide du diamant de son bec.

Espèce Groupe d'animaux présentant des caractères communs, capables de se reproduire ensemble et d'engendrer une descendance elle aussi fertile.

Extinction Processus par lequel des êtres vivants, par exemple le dodo de l'île Maurice, disparaissent totalement et définitivement.

Gésier Poche de l'estomac des oiseaux ; sa paroi musclée assure le broyage mécanique des aliments.

Gravité Force qui attire constamment l'oiseau vers le bas et qu'il doit vaincre, surtout au début de son vol.

Habitat Type d'environnement dans lequel vit une espèce d'oiseau – par exemple les forêts, les zones humides ou les prairies.

Irisation Propriété de certaines plumes (et d'autres matières) de décomposer la lumière en rayons colorés comme l'arc-en-ciel.

Jabot Poche formée par un renflement de l'œsophage et destinée à stocker provisoirement de la nourriture ; l'oiseau l'utilise souvent pour rapporter des aliments à ses petits.

Juvénile Jeune oiseau qui n'a pas atteint sa maturité sexuelle ; son plumage ne possède généralement pas la même couleur ni les mêmes marques que celui de ses parents.

Lissage Action par laquelle l'oiseau nettoie et imperméabilise son plumage et réaligne les barbules de ses plumes pour les garder en bon état.

Nectar Liquide sucré produit par la fleur qui attire les oiseaux et les insectes qui s'en nourrissent ; ces animaux assurent en même temps la pollinisation et donc la fécondation de la plante.

Oiseau migrateur Oiseau qui entreprend un double voyage, un aller et un retour, à des périodes précises de l'année ; il part en automne pour passer l'hiver dans des régions plus chaudes et où la nourriture est plus abondante et revient au printemps pour se reproduire.

Pelote de réjection Boule dure formée d'éléments non assimilables (poils, plumes, os) que des oiseaux comme les rapaces nocturnes régurgitent.

Plumage Ensemble des plumes de l'oiseau.

Plumes de contour (ou tectrices) Plumes qui recouvrent le corps de l'oiseau et lui donnent un profil aérodynamique.

Prédateur Animal tuant d'autres animaux pour se nourrir.

Proie Animal chassé et tué par un autre.

Rémiges (ou plumes alaires) Grandes plumes rigides de l'aile d'un oiseau servant au vol.

Rémiges primaires Rémiges de l'extrémité de l'aile, qui s'insèrent sur la main ; elles assurent la propulsion et maintiennent la stabilité du vol.

Rémiges secondaires Rémiges situées sur la partie centrale de l'aile et portées par l'avant-bras, qui assurent la portance et contribuent à la stabilisation dans l'air.

Rémiges tertiaires Rémiges les plus proches du corps et portées par le bras, qui assurent la fluidité du vol.

Serres Grosses griffes recourbées d'un rapace, utilisées pour saisir les proies.

Sustentation Fonction par laquelle l'oiseau se maintient en équilibre dans l'air.

Territoire Zone délimitée occupée par un animal ; les oiseaux peuvent défendre leur territoire contre des congénères.

Traînée Force qui s'oppose constamment à la progression horizontale de l'oiseau dans l'air, surtout pendant son vol de croisière.

Volée (ou vol) d'oiseaux Groupe d'oiseaux, généralement de la même espèce, volant ou se nourrissant ensemble.

Zones humides Ensemble des milieux aquatiques, marécageux ou lagunaires, continentaux ou littoraux.

EN SAVOIR PLUS SUR LE MONDE DES OISEAUX

http://www.oiseaux.net
Un site complet avec des fiches détaillées sur les oiseaux de France et du monde.

http://wwwlpo.fr
Le site de la ligue pour la protection des oiseaux.

http://www.hirondelle.oiseaux.net
Un site très intéressant et détaillé sur les différentes espèces d'hirondelle, leur migration. On y trouve de nombreux poèmes, textes et chansons sur cet oiseau.

http://www.crt.cr-aquitaine.fr/crtafr/pvautour.asp
Une page de présentation de la célèbre falaise aux vautours d'Ossau.

http://www.rapaces.com
Un site consacré aux rapaces et à la fauconnerie.

http://www.vertdeterre.com
Un site dédié à l'identification des espèces ; possibilité de retrouver une espèce à partir de son vol ou son empreinte.

OISEAUX GRAVEMENT MENACÉS D'EXTINCTION

La liste rouge des espèces menacées établie en 2002 par l'Union mondiale pour la nature recensait 146 espèces d'oiseaux en danger d'extinction à l'état sauvage. Les 3 causes majeures sont la perte et la dégradation de l'habitat [H], l'exploitation (la chasse par l'homme) [C] et l'invasion par une espèce exotique [E]. Quelques exemples.

Pétrel de Beck Papouasie-Nouvelle-Guinée ; forêts et mers [E].
Loriquet à tête bleue Indonésie ; forêts [H].
Condor de Californie Mexique et États-Unis ; forêts, savanes [C].
Chevêche forestière Inde ; forêts [H].
Caïque de Fuertes Colombie ; forêts [H].
Ibis géant Cambodge ; forêts, terres arables, zones humides [H, C].
Pigeon argenté Indonésie et Malaisie ; forêts [H].
Corneille d'Hawaï États-Unis (îles Hawaï) ; forêts, arbustes [H].
Ophrysie de l'Himalaya Inde ; arbustes et arbrisseaux, prairies [H].
Kakapo Nouvelle-Zélande ; forêts [E].
Ara de Spix Brésil ; forêts ; [H, E, C].
Géospize des mangroves Équateur ; forêts [E].
Pic d'Okinawa Japon ; forêts [H].
Perruche à ventre orange Australie ; forêts, zones côtières, zones humides [H, E].
Alouette de Rudd Afrique du Sud ; prairies [H].
Grue de Sibérie Ouest de l'Asie ; zones humides [H].
Vautour à bec élancé Est de l'Asie ; forêts [pollution].

PARTIE IV

LE MONDE MARIN

Dr. Frances Dipper

L'UNITÉ OCÉANIQUE

La tour de Londres en hiver, Angleterre (Royaume-Uni).

LES PHOTOGRAPHIES DE LA TERRE vue de l'espace montrent nettement la forme et l'emplacement de ses continents et de ses océans. Les mêmes photos prises il y a des millions d'années montreraient que les terres émergées se sont fragmentées et réunies à plusieurs reprises. Il y a environ 250 millions d'années (Ma), la Terre n'avait qu'un seul continent, appelé Pangée, entouré d'un océan, connu sous le nom de Panthalassa. Cet océan unique s'est divisé en même temps que les terres émergées, mais les océans restent liés et fonctionnent comme un tout. Ce qui affecte l'un d'entre eux finit inévitablement par toucher les autres.

DÉRIVE DES CONTINENTS

IL Y A 200 MA

IL Y A 135 MA

IL Y A 10 MA

LA TERRE DE NOS JOURS

LE PUZZLE GÉANT DES CONTINENTS

Imaginez que les continents sont les morceaux d'un puzzle géant et vous verrez qu'ils s'emboîtent assez bien. Le renflement du nord-ouest de l'Afrique correspond au creux situé entre l'Amérique du Nord et l'Amérique du Sud, ce qui prouve que ces continents étaient jadis soudés. La découverte de fossiles identiques sur différents continents contribue à étayer cette théorie.

Dans le passé, les mouvements des continents et la formation des océans ont modifié le climat de la Terre. Les scientifiques craignent que le réchauffement de l'atmosphère affecte les océans et leurs courants, ce qui aurait une influence sur les schémas climatiques.

Le golfe Arabo-Persique s'est formé il y a seulement 3 à 4 millions d'années, ce qui est très peu en temps « géologique ». En bougeant, les terres qui l'entourent ont fait plisser et s'affaisser la roche, donnant naissance à un bassin creux (golfe).

*Banc de demoiselles bleues (**Chromis** sp) nageant au-dessus de la Grande Barrière de corail, au large de la côte nord-est de l'Australie.*

Le parc Gorky en hiver, à Moscou (Fédération de Russie).

Le climat et les courants

Les courants océaniques influencent énormément le climat et la météorologie sur la terre ferme. Londres et Moscou devraient théoriquement avoir le même climat car ils sont situés à peu près à la même latitude (distance de l'équateur). Londres bénéficie pourtant d'hivers bien plus doux grâce au Gulf Stream, courant océanique chaud qui va des Caraïbes jusqu'en Grande-Bretagne. Moscou, bien plus à l'intérieur des terres, gèle en hiver avec des températures de -10 °C.

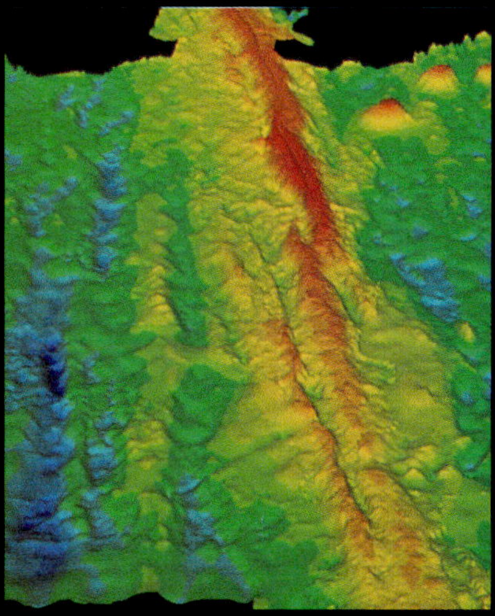

Des océans de plus en plus vastes

Cette image sonar montre la dorsale du Pacifique Est, qui fait partie de la dorsale médiane du Pacifique. La zone en relief dessine une ligne à l'endroit où les plaques tectoniques s'éloignent l'une de l'autre, en formant un nouveau sol qui contribue à élargir cette zone du Pacifique. Les zones bleu foncé indiquent les régions les plus profondes et les rouges les plus élevées.

La dérive des continents

De nos jours, les continents continuent à se déplacer et à se transformer extrêmement lentement, selon un processus appelé « dérive des continents ». La lithosphère, couche externe rigide de la planète, se craquelle en une douzaine de plaques « tectoniques » de tailles variées. Ces plaques glissent sur une couche plus fluide, entraînant les continents qu'elles portent.

Le rift de la mer Rouge

La mer Rouge s'est formée il y a environ 50 millions d'années, quand l'Afrique a commencé à s'éloigner de l'Arabie, créant une faille profonde. De nos jours, la mer Rouge continue à s'élargir d'environ 2 cm par an. Dans 150 millions d'années, elle sera peut-être aussi large que l'océan Atlantique.

LE GRAND BLEU

L'OCÉAN EST UN VASTE MILIEU tridimensionnel. Un grand nombre d'animaux et de plantes vivent sur son sol, mais beaucoup d'autres, capables de flotter sans effort à la profondeur qui leur convient, passent leur vie à dériver ou à nager en pleine mer, près de la surface et dans la zone crépusculaire de l'océan. La plupart vivent à une profondeur donnée, mais certains changent de profondeur entre le jour et la nuit. En revanche, seuls quelques rares insectes vivent entièrement dans l'air océanique. Rester en permanence dans l'air léger de l'océan demande énormément d'énergie.

DIVISION VERTICALE DU MILIEU MARIN

1. LITTORAL ET ZONE SUBLITTORALE : 0-200 M

2. TALUS CONTINENTAL : 200-4 000 M

3. ZONE ABYSSALE : PLANCHER OCÉANIQUE, CHEMINÉES HYDROTHERMALES ET FOSSES OCÉANIQUES

ZONES DE PLEINE EAU

1. Zone éclairée par le soleil ou épipélagique (y compris la surface) : 0-200 m.

Vie marine : plancton, méduses, « poissons volants », poissons qui vivent en bancs comme les harengs, prédateurs rapides comme le thon, l'espadon et le requin bleu, dauphins.

2. Zone crépusculaire ou mésopélagique : 200-2 000 m.

Vie marine : plancton animal, petits poissons argentés à gros yeux comme les poissons-lanternes, calmars, crevettes.

3. Zones abyssales (zone bathypélagique et zone abyssopélagique, qui inclut les fosses océaniques) : 2 000-10 000 m.

Vie marine : petits poissons à grande bouche et grand estomac comme les grandgousiers, baudroies, grenadiers.

L'ENVIRONNEMENT MARIN

La vie dans l'eau est très différente de la vie sur la terre ferme. L'eau, beaucoup plus dense que l'air, soutient physiquement ce qui se trouve dedans. La baleine bleue, plus gros animal connu, peut mesurer 30 m de long. Aucun animal de cette taille ne pourrait vivre sur la terre ferme. Il serait tout simplement trop lourd pour s'y déplacer. Par ailleurs, le bruit voyage beaucoup plus vite dans l'eau que dans l'air, ce qui aide les animaux marins à communiquer entre eux. Les baleines peuvent ainsi s'appeler à travers de très grandes distances.

LES ÉCHINODERMES

Les scientifiques pensent que la vie sur Terre est née dans les océans avant de se répandre sur la terre ferme. La plupart des grands groupes d'animaux (phylums) ont des représentants marins, terrestres et d'eau douce comme les serpents ou les escargots. Il existe cependant un grand groupe d'animaux, appelés échinodermes (« à peau épineuse »), que l'on ne trouve que dans les océans. Les étoiles de mer, les oursins, et les concombres de mer sont tous des échinodermes.

ÉTOILE DE MER COMMUNE SE NOURRISSANT DE MOULES

OURSIN DE MER

CONCOMBR DE MER

CACHALOT (*PHYSETER MACROCEPHALUS*)

UNE PRESSION ÉCRASANTE

La pression atmosphérique se mesure généralement en bars. Un bar équivaut à environ 1 kg de pression au centimètre carré. Quand on s'enfonce dans l'océan, la pression de l'eau augmente d'un bar tous les 10 m. Les cachalots descendent sans difficulté à 1 000 m de profondeur, niveau auquel la pression (100 fois plus élevée qu'à la surface) comprime leur cage thoracique et leurs poumons. Aucun humain ne survivrait à une telle pression. Les baleines y parviennent en utilisant l'oxygène présent dans leurs tissus quand elles sont sous l'eau et en regonflant leurs poumons quand elles refont surface. Les animaux dépourvus d'organes contenant de l'air, comme les poissons des abysses, sont insensibles à l'augmentation de la pression.

La vase soulevée par les courants, les vagues et les plongeurs eux-mêmes réduit la visibilité sous l'eau.

QUAND LE ROUGE DEVIENT BLEU

La lumière du Soleil est composée de toutes les couleurs de l'arc-en-ciel (rouge, orangé, jaune, vert, bleu, indigo et violet). Dans l'océan, les objets rouges comme cette rascasse volante (en haut à gauche) – ou le sang d'un plongeur ! – semblent ternes et bleuâtres, car les ondes lumineuses rouges ne pénètrent pas profondément dans l'océan. La lumière artificielle d'un flash ou d'une lampe de plongée permet d'observer les vraies couleurs de l'animal (en bas à gauche).

UNE VISIBILITÉ RÉDUITE

Par temps clair, sur la terre ferme, il est possible de voir des montagnes et des collines situées à des kilomètres de distance. En revanche, même dans la mer tropicale la plus limpide, un plongeur ne peut voir que ce qui se trouve dans un rayon d'environ 50 cm. Le plancton et la vase qui flottent dans l'eau réduisent énormément la visibilité près des côtes.

LES MOUVEMENTS DE L'OCÉAN

LES VAGUES NAISSENT sous l'effet du vent soufflant sur l'océan. Les vents forts, persistant sur de grandes distances, donnent naissance aux vagues les plus hautes. À l'approche de la terre, la base de la vague ralentit au contact du sol alors que sa crête, qui a conservé sa vitesse, se courbe et retombe. Les courants océaniques, semblables à des vents sous-marins, déplacent l'eau le long de gigantesques trajets circulaires. Chauds ou froids, ils ont une grande influence sur le climat.

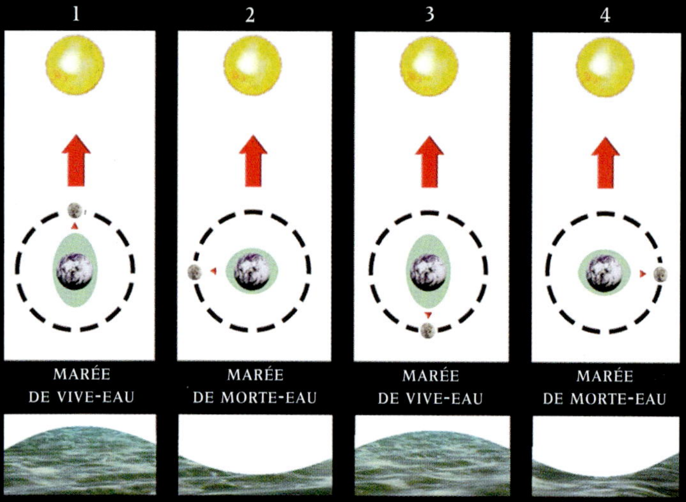

L'INFLUENCE DE LA LUNE

Les marées résultent de l'attraction du Soleil et de la Lune. La Lune exerce une attraction plus forte que le Soleil, car elle est située plus près de la Terre. Quand le Soleil, la Lune et la Terre sont alignés (schémas 1 et 3), leurs gravités s'additionnent et créent des marées extrêmement hautes ou basses (marées de vives-eaux). Quand le Soleil et la Lune forment un angle droit avec la Terre (schémas 2 et 4), l'attraction est plus faible et les marées moins importantes (marée de morte-eau).

MARÉE HAUTE DANS LA BAIE DE FUNDY

MARÉE BASSE DANS LA BAIE DE FUNDY

LA ZONE INTERTIDALE

Les marées n'ont pas la même amplitude sur toutes les côtes. Au bord de la Méditerranée, la hauteur de la marée (différence entre le niveau le plus haut et le niveau le plus bas de l'eau) est de 1 m, alors que, dans la baie de Fundy, au Canada, elle est d'environ 14 m : la mer met à nu 2 fois par jour de vastes étendues de sol, laissant temporairement les bateaux sur le sable (voir ci-dessus).

LE SURF

Les surfeurs utilisent la puissance des énormes vagues qui viennent se briser sur les côtes hawaïennes pour accomplir de fantastiques « chevauchées ». Quelques champions dotés d'un sens du *timing* et de l'équilibre parfait sont même parvenus à surfer sur Jaws, la vague la plus dangereuse au monde. Jaws, qui peut atteindre 18 m de haut, déferle le long d'un récif au large de Maui (Hawaï). La plupart des vagues océaniques mesurent moins de 3,7 m de haut.

Les tourbillons

Ce type de tourbillons (voir ci-dessus) se forme aux endroits où de forts courants de marée se rencontrent. Le phénomène se produit généralement quand la mer s'engouffre dans d'étroits passages situés entre des îles et des zones continentales. L'eau se précipite à une telle vitesse dans le passage de Saltstraumen, au nord-ouest de la Norvège, que le bruit qu'elle produit là où les courants s'inversent s'entend à plusieurs kilomètres de distance.

Surfer sur d'énormes vagues est exaltant mais également très dangereux. La force et le poids de l'eau quand la vague retombe peuvent écraser aussi bien un homme qu'un bateau.

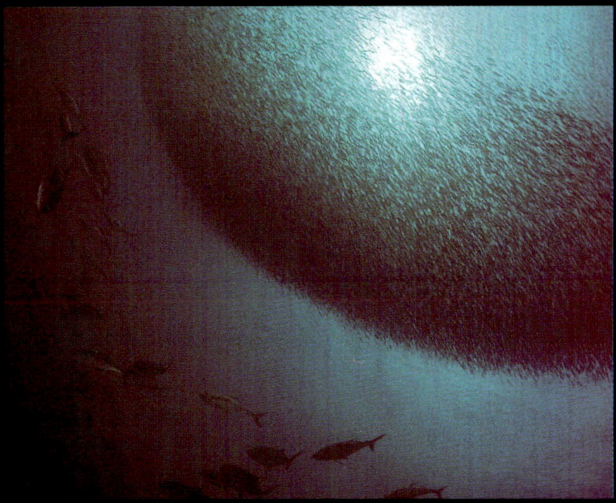

Des courants riches en nutriments

Les courants marins vont dans toutes les directions. Ceux qui montent des profondeurs amènent à la surface des éléments nutritifs essentiels au plancton (minuscules animaux et végétaux qui vivent en suspension dans l'eau). Le plancton se multiplie rapidement et sert de nourriture à de petits poissons. Au large du Pérou, il nourrit de gigantesques bancs d'anchois argentés. Des millions de ces minuscules poissons sont eux-mêmes attrapés par des poissons plus gros, des oiseaux et des pêcheurs. Presque un quart de tous les poissons pêchés dans le monde viennent de cette région.

Cette photo a été prise pendant le tsunami qui a frappé la baie de Hilo, à Hawaï, en 1960.

Les tsunamis

Plus de 300 000 personnes vivant en Asie sont mortes le 26 décembre 2004, lorsqu'une vague de plus de 10 m de haut, avançant à 800 km/h, a englouti leurs maisons et leurs villages. Comme la plupart des tsunamis, ou raz-de-marée, celui-ci était dû à un tremblement de terre sous-marin. En tremblant violemment, le plancher océanique donne naissance à des vagues qui s'éloignent très rapidement en cercles concentriques. Quand elles atteignent des zones peu profondes, ces vagues se cumulent et forment un gigantesque mur d'eau appelé « tsunami » (« grande vague déferlant dans un port » en japonais).

L'ÉROSION DES CÔTES

Les côtes océaniques sont le théâtre d'une lutte sans fin entre la terre et la mer. Chaque vague qui s'écrase sur une plage en arrache une infime partie. L'érosion est due au sable, aux roches et aux débris que l'eau projette sur le rivage. Les falaises de grès tendre et de craie s'érodent rapidement, alors que celles de granit dur restent inchangées pendant des siècles. Sur les côtes abritées, où les vagues sont petites, la mer peut ajouter de la terre au lieu d'en retirer. Les courants et les vagues déposent dans les zones calmes des sédiments venus des profondeurs. C'est ainsi que se forment les bancs de sable et de galets, les vasières et les deltas.

Les apôtres

Le Port Campbell National Park, dans l'État de Victoria (Australie), est célèbre pour son paysage spectaculaire. Douze piliers rocheux, connus sous le nom d'Apôtres, se dressent telles des sentinelles près de la côte déchiquetée. Chacun faisait jadis parti d'un promontoire qui a été sculpté en forme d'arche par la mer. Les vagues ont ensuite brisé les voûtes des arches, donnant naissance à 12 pics.

Un emplacement bien risqué

Cette maison bâtie sur la côte anglaise était jadis loin du bord de la falaise. Au cours des années, les vagues ont usé le littoral et certains sites autrefois habités se trouvent désormais sous la mer. Des brise-lames en pierre ont été construits au large pour tenter d'arrêter l'érosion de la falaise.

La lutte contre la marée

Les digues comme celle-ci, photographiée aux États-Unis, protègent les villes côtières de la violence des vagues, mais peuvent aussi, en modifiant le trajet naturel des vagues et le flux de l'eau, créer des problèmes d'érosion plus loin sur la côte.

L'érosion due aux animaux

Les mollusques grignotent la roche tendre des côtes. Les jeunes pholates percent la roche et élargissent leur trou à mesure qu'elles grandissent.

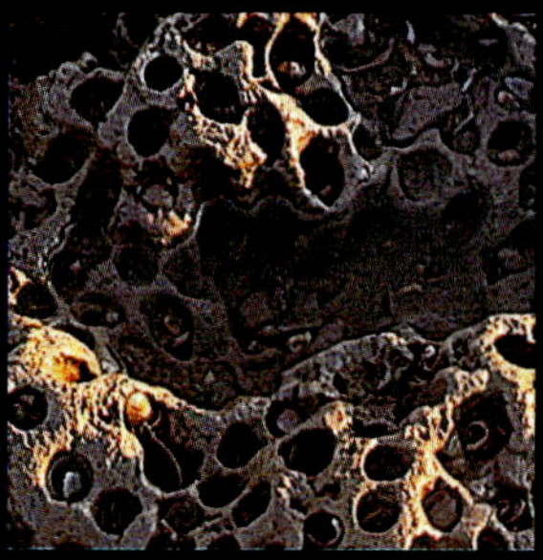

Les eaux calmes et peu profondes de « The Fleet », lagune saumâtre (légèrement salée) coupée de la mer par la plage de Chesil, abritent des créatures marines aussi rares que fascinantes.

Une plage de galets spectaculaire

Marcher le long de la plage de Chesil, dans le Dorset (Angleterre) est extrêmement fatigant ! La plage, entièrement constituée de galets charriés par la mer, s'étend sur 29 km entre l'île de Portland et la péninsule. De fortes vagues déplacent les galets le long de la côte et les entassent sur le littoral.

Les cavités sous-marines

Les côtes frappées de plein fouet par la violence des vagues et par les débris que l'eau transporte sont souvent creusées de grottes. Cette gerbe d'eau spectaculaire photographiée à Hawaï est due à des vagues qui ont poussé de l'air et de l'eau au fond d'une petite grotte creusée dans une plate-forme rocheuse. Le plafond de la grotte a littéralement sauté sous la pression de l'eau, faisant jaillir une gerbe d'air et d'eau.

Plongeur scrutant l'intérieur d'un trou bleu à la lumière de sa lampe torche

Les trous bleus

Sur l'île de Gozo, à Malte (dans la Méditerranée), se trouve un splendide bassin dans lequel les plongeurs entrent en marchant avant de plonger pour nager sous une énorme voûte. Ce « trou bleu » a été sculpté dans la roche fossilisée par les tempêtes au cours des siècles. Aux Bahamas, certains trous bleus s'étendent très loin sous la terre ferme.

LES CÔTES SABLEUSES

LES PLAGES DE SABLE, PARFAITES POUR FAIRE UN PIQUE-NIQUE, jouer à des jeux de plein air et faire des châteaux de sable, sont également propices au développement de nombreux animaux et plantes. Comparé à un littoral rocheux, le sable peut sembler dépourvu de toute vie. Les algues et les animaux qui vivent fixés sur un support, comme les patelles, ne peuvent pas s'accrocher sur sa surface meuble. Les animaux qu'il abrite se trouvent sous sa surface, à l'abri des tempêtes, des oiseaux et autres prédateurs. La bande de rivage visible à marée basse fourmille d'indices de cette vie sous le sable. Les coquillages, sacs à œufs, os, algues, filets de pêche et autres détritus sont ramassés par les oiseaux, les crabes et même les renards.

*Phoque commun (*Phoca vitulina*), également connu sous le nom de veau marin*

DES NAGEURS-NÉS

Les phoques communs naissent généralement sur des bancs ou des plages de sable, à marée basse. Capables de nager quelques minutes après leur naissance, ils ne risquent pas de se noyer quand la mer remonte. Les petits ne sont généralement pas chassés pour leur peau, car ils muent et perdent leur fourrure blanche avant de naître.

LA MARÉE HUMAINE

Les plages, proches des villes attirent des milliers de vacanciers, en particulier dans les pays chauds. Cette plage hawaïenne surpeuplée illustre bien ce phénomène. Lorsqu'un grand nombre de gens foule les dunes, ils les ameublissent et peuvent tuer la végétation qui maintient le sable en place. Des dunes entières disparaissent ainsi chaque année dès que souffle le vent.

La sabelle (**Sabella pavonina**) déploie un splendide éventail de tentacules hors de son tube, enfoui dans la vase. Au moindre signe de danger, elle rentre immédiatement dans son tube.

Une vie variée mais cachée

En observant le sable à marée basse, il est difficile d'imaginer que la vie est possible dans un milieu aussi désertique. Pourtant, une incroyable variété de vers, coquillages, crabes, étoiles de mer et oursins vivent à l'abri, cachés dans le sable humide, et viennent se nourrir en surface dès que la mer remonte.

Les vers marins constituent la nourriture préférée de nombreux échassiers. Quand la marée est basse, ils s'enfouissent dans le sable pour éviter d'être mangés. Toutefois, ce sont également des chasseurs actifs. Les pêcheurs les utilisent comme appât, mais si on les manipule sans précaution leur puissante mâchoire peut infliger des morsures douloureuses.

Les créatures des sables

Le sable est composé de particules si petites qu'il est difficile de distinguer ses grains. Pourtant, aussi étonnant que cela paraisse, une communauté entière d'animaux, appelée méiofaune, vit dans les espaces remplis d'eau qui se trouvent entre les grains de sable. Les plus courants sont des vers microscopiques comme celui photographié ci-dessus (*Derocheilocaris typica*) et de minuscules crustacés appelés copépodes.

Le crapaud calamite

Assez courant en Europe de l'Ouest, le crapaud calamite (*Bufo calamita*) ne vit que dans les dunes et les landes à bruyère. Le terrier où il pond est creusé dans les flaques d'eau douce chaude, situées derrière les dunes.

L'oyat maintient les dunes en place à l'aide de ses longues racines et de ses stolons (tiges aériennes rampantes). Le sable meuble l'incite à pousser vers le ciel et à développer des racines sur les côtés.

*Ci-dessous, un monticule de sable construit par un crabe fantôme mâle (**Ocypode quadrata**) sur une plage du sultanat d'Oman. Le crabe vit dans le terrier situé près du monticule (qui lui sert à marquer son territoire).*

Les fantômes des sables

Si vous vous promenez le long d'une plage de sable tropicale, au crépuscule, vous constaterez vite que vous n'êtes pas seul ! Les crabes fantômes courent dans tous les sens sur leurs longues pattes et se fondent si bien avec leur environnement qu'ils semblent disparaître dès qu'ils s'arrêtent (d'où leur nom). Ces crabes se nourrissent des débris amenés par la marée.

Les côtes rocheuses

Quand la marée descend sur un littoral rocheux, elle dévoile un paysage de roches, d'escarpements, de cavités et de cuvettes. Les côtes rocheuses des régions tempérées abritent des centaines d'espèces. Quand la mer se retire, de grandes quantités d'algues brunes s'affaissent en s'emmêlant sur le sol et les rochers, qu'elles tapissent d'une couche glissante. Les escargots de mer (ou bigorneau) et les crabes se faufilent dans les crevasses humides. Les bernacles, les moules et les patelles arrêtent de manger et ferment leur coquille pour conserver l'eau de mer qui leur est vitale.

La zone intertidale

Les côtes rocheuses abritent des espèces différentes en fonction de leur situation géographique. Ci-dessus, une photographie prise à marée basse lors d'une vive-eau sur une côte de l'île de Bardsey, au nord du pays de Galles (Royaume-Uni), montre une forêt de laminaires habituellement cachées aux regards. Sous les tropiques, ce type de littoral comporterait très peu de plantes, car le soleil les brûlerait à marée basse.

Le chabot de mer (Myoxocephalus scorpius), photographié ci-dessous, change de couleur selon son environnement.

Une bonne cachette

De nombreuses espèces de petits poissons vivent cachées dans les algues et les cuvettes des côtes rocheuses abritées. Tant qu'ils ne bougent pas, ils sont très difficiles à repérer. Ils échappent même aux prédateurs, comme ce héron à la vue perçante.

Algues vertes et brunes, sur une zone intertidale du littoral rocheux tempéré de l'île de Bardsey. Les algues brunes produisent une substance glissante, appelée mucilage, qui les protège du vent et des rayons du soleil à marée basse.

HÉRON BIHOREAU À CALOTTE NOIRE

*À marée haute, cette patelle (*Patella sp*) se déplace pour brouter des algues et laisse de magnifiques empreintes de « dents » sur les rochers (voir ci-dessus).*

Des occupants difficiles à déloger

Les côtes exposées aux vagues, peu propices au développement des algues, sont couvertes de bernacles, de patelles et de moules. Les patelles se fixent si solidement aux rochers qu'il est presque impossible de les en décoller. Protégés par leur solide coquille, les bigorneaux roulent dans des crevasses sous l'effet des vagues et les étoiles de mer s'agrippent aux rochers à l'aide de milliers de pieds tubulaires qui agissent comme des ventouses.

BIGORNEAUX

Les bassins dans les rochers

Les cuvettes rocheuses sont comme des oasis, où de petits poissons et des animaux à corps mou, telles les anémones, survivent à marée basse. Vivre dans une cuvette présente toutefois quelques difficultés. Les plus petites chauffent et deviennent très salées quand leur eau s'évapore au cours des chaudes journées d'été. Leur eau peut être diluée par la pluie et devenir trop douce pour de nombreux animaux marins ; en hiver, la surface des plus petites peut geler. Les cuvettes les plus éloignées de la mer offrent les conditions de vie les plus difficiles.

ÉTOILES DE MER DANS UNE CUVETTE ROCHEUSE (ÉTATS-UNIS)

*Les étoiles de mer sanguines (*Pisaster ochraceus*) sont communes dans les cuvettes rocheuses et sur les plages des États-Unis. Leur couleur va de l'orangé à une nuance verdâtre.*

Un père attentif

Le lompe (*Cyclopterus lumpus*) fréquente les côtes d'Europe du Nord à la fin de l'hiver. La femelle fixe soigneusement ses œufs sur un rocher et le mâle reste pour les protéger. Il a sur le ventre une puissante ventouse qui lui permet de rester près des œufs quand de fortes vagues frappent le littoral.

Les couleurs rose et orange du lompe mâle sont plus vives pendant la période de reproduction.

Les zones intermédiaires

À marée basse, les mangroves, forêts de palétuviers qui poussent sur les littoraux marécageux des régions tropicales, offrent un spectacle digne d'un roman de science-fiction. Leur sol est couvert d'un enchevêtrement de racines en échasse, qui s'enfoncent dans le sol, et aériennes, qui montent vers le ciel ! Les premières soutiennent les arbres et les secondes leur permettent de respirer hors de l'eau salée, généralement fatale aux plantes terrestres.

SERPENT DE MANGROVE

Cette vasière (étendue côtière couverte de vase) située dans la baie de Liverpool, en Angleterre (Royaume-Uni) fournit aux échassiers un véritable festin de vers et de coquillages.

Le paradis des oiseaux gourmands

Beaucoup de côtes d'Europe du Nord sont parsemées d'estuaires, où l'eau douce se mêle à l'eau salée. Les sédiments qui y sont déposés par les cours d'eau forment de grandes vasières qui, à marée basse, fournissent un terrain de chasse idéal à d'énormes groupes d'oiseaux. Les estuaires britanniques sont particulièrement importants, car ils sont situés sur la route des canards, des oies et des échassiers qui vont passer l'hiver au bord de la mer Méditerranée et en Afrique.

MACAQUE CRABIER

Idéal pour la chasse

Les mangroves, qui fourmillent d'oiseaux, d'insectes, de poissons, de crabes et de serpents, constituent un excellent terrain de chasse, surtout là où elles se mêlent à la forêt tropicale humide. Des singes, comme le macaque crabier, en sont des hôtes habituels ; des roussettes nichent dans les branches denses et des crocodiles d'estuaire s'enfoncent dans la forêt par des chenaux tortueux.

APOGON (OU POISSON CARDINAL)

HUÎTRES

Des zones de protection vitales

Dans les régions froides comme l'Europe du Nord, où la mangrove ne pousse pas, de nombreuses côtes boueuses abritées sont bordées de marais salants riches en plantes qui supportent le sel, comme la lavande de mer. Les marais salants et les mangroves sont des zones de protection vitales contre l'érosion et les inondations. Ils s'adaptent à l'élévation du niveau de la mer en poussant plus à l'intérieur des terres.

Les deltas

Cette vue aérienne du delta de la Volga montre la formation de terre ferme là où un cours d'eau important rejoint la mer. La boue déposée par le fleuve au fond de la mer forme des bancs. À mesure que ceux-ci s'élèvent, des plantes les colonisent et stabilisent leur surface : ainsi naît un delta traversé par de nombreux chenaux. Les constructions humaines y courent de sérieux risques d'inondation.

Un poisson arboricole

Si trouver un poisson sur la terre ferme est assez surprenant, en découvrir un dans un arbre est réellement extraordinaire ! Quand la marée monte, les périophthalmes grimpent aux arbres pour éviter les poissons prédateurs. Ils utilisent leurs puissantes nageoires avant comme des bras et s'accrochent aux branches grâce à une ventouse ventrale.

Les périophthalmes respirent hors de l'eau grâce à un mélange d'air et d'eau accumulé dans leurs branchies. À marée basse, ils se laissent tomber des arbres pour se nourrir d'animaux qui vivent sur le sol boueux.

Une zone de reproduction sûre

L'enchevêtrement de branches et de racines sous-marines du bord de cette mangrove, photographiée aux États-Unis, fournit un abri sûr à de nombreux petits poissons. Beaucoup de juvéniles, parmi lesquels des requins et des barracudas, naissent dans la mangrove et ne la quittent pour s'aventurer en pleine mer que devenus assez grands pour se défendre.

LES RÉCIFS DE CORAIL

LA GRANDE BARRIÈRE DE CORAIL, qui s'étend sur plus de 2 000 km au large du nord-est de l'Australie, est l'un des plus longs récifs coralliens du monde. Son énorme structure (visible de l'espace) est constituée de minuscules animaux coralliens appelés polypes, mesurant moins de 1 cm de haut. Chaque corail est constitué des squelettes de milliers de polypes.

FORMATION D'UN ATOLL

Les atolls coralliens naissent sous la forme de récifs frangeants autour d'îles volcaniques situées au large.

Des processus géologiques et climatiques font sombrer le volcan, qui laisse derrière lui un anneau de corail.

Le sable et les débris coralliens forment sur le corail des îles dont les plus grandes sont colonisées par des plantes et des animaux.

FORMATION D'UN RÉCIF DE CORAIL

Les récifs de corail se développent dans des eaux peu profondes, là ils peuvent se fixer sur un sol dur. C'est pourquoi la plupart se trouvent près des continents (récifs-barrières) ou autour des îles (récifs frangeants). Le récif frangeant photographié ci-dessous est typique de ceux qui entourent les îles de Micronésie.

DES PRÉDATEURS NATURELS

En grand nombre, les étoiles de mer « couronnes d'épines », qui se nourrissent de coraux vivants, peuvent tuer des récifs entiers. Elles se placent au-dessus du corail, font sortir leur estomac à travers leur bouche et digèrent les polypes.

LOPHELIA PERTUSA

*Le **Lophelia**, corail blanc, vit parmi des coraux mous et des éponges de couleurs vives.*

CORAUX D'EAU FROIDE

Les eaux sombres et profondes situées au large de la Norvège et à l'ouest de l'Écosse ont, elles aussi, leurs récifs de corail. Ce corail, appelé *Lophelia*, se développe lentement, car il n'abrite pas de zooxanthelle, minuscule algue symbiotique qui fournit aux coraux un surplus nutritif.

Une pêche destructrice

En Malaisie, en Indonésie et aux Philippines, des pêcheurs irresponsables jettent des bombes de leur fabrication dans les récifs pour tuer les poissons. Ces bombes, outre que les fabriquer n'est pas sans danger, détruisent le corail, qui peut mettre des années à repousser. Une fois le récif disparu, le poisson se fait plus rare, au grand dam des autres pêcheurs.

Les paysages coralliens

Cette photographie montre le splendide paysage corallien qui entoure l'île de Komodo (Indonésie). Les coraux apprécient l'eau limpide et ensoleillée de cette région du monde. Bien que les polypes du corail soient de nature animale, ils ont besoin de lumière pour bâtir leur squelette massif ; la zooxanthelle, minuscule algue unicellulaire avec laquelle ils vivent en symbiose, utilise en effet l'énergie solaire pour produire de la nourriture pour elle et son hôte.

La vie dans les récifs

Visiter un récif de corail est une expérience merveilleuse. Un récif en bonne santé est aussi haut en couleur qu'une forêt tropicale. Même de petite taille, il compte des centaines d'espèces de coraux, poissons, crabes, étoiles de mer, oursins et autres animaux. Des millions d'hommes vivant près des côtes dépendent des récifs de corail pour leur approvisionnement en poissons, en médicaments et pour nombre de matériaux. Mais les récifs sont importants pour toute l'humanité, car ils fabriquent leur squelette massif à partir du gaz carbonique, contribuant ainsi à limiter le réchauffement de l'atmosphère.

Ces requins-corail chassent le chirurgien dans les coraux qui bordent les îles Cocos, au Costa Rica.

ÉPONGE TUBE D'ORGUE POURPRE

Cette splendide éponge tube d'orgue pourpre a été photographiée dans les Caraïbes. Fréquentes dans la plupart des récifs de corail, les éponges revêtent des formes et des couleurs variées.

Les récifs de la mer Rouge

Le récif de corail photographié ci-dessus est typique des récifs de la mer Rouge. Les coraux, de tailles et de formes variées, luttent les uns contre les autres pour se développer. Chacun est né d'une petite larve qui s'est fixée sur le récif après avoir dérivé dans le courant. Des nuées de petits barbiers roses « picorent » le plancton en suspension dans l'eau, pendant que des poissons-anges empereurs scrutent les coraux à la recherche d'éponges à dévorer.

Les patrouilles de requins

Cette photographie prise de nuit au large des îles Cocos, dans l'océan Pacifique, montre un groupe de requins-corail (*Triaenodon obesus*) en train de chasser. Pendant la journée, les requins-corail se reposent dans des grottes et des cavités, mais quand la nuit tombe, ils se mettent à nager avec frénésie en flairant l'eau, à la recherche de poissons cachés dans les profondeurs du corail.

CORAIL *TUBASTREA*, POLYPES RENTRÉS

CORAIL *TUBASTREA*, POLYPES SORTIS

Le corail sort la nuit

Les plongeurs qui visitent les récifs de corail de nuit sont souvent étonnés par les couleurs qu'ils voient surgir dans le rayon de leur lampe. La nuit, les polypes déploient leurs tentacules de couleurs vives pour attraper les minuscules animaux planctoniques dont ils se nourrissent, et qui sont amenés dans les coraux par des courants ascendants.

REQUIN-POINTES-NOIRES

*Le requin-pointes-noires (*Carcharhinus melanopterus*) chasse les poissons, les calmars et les pieuvres dans les récifs peu profonds, parfois si près du rivage qu'on pourrait les toucher.*

Les coraux mous

Les coraux mous très colorés comme ce *Dendronepthya*, photographié dans les îles Fidji, sont de proches parents des coraux durs qui forment les récifs. Dépourvus de squelette calcaire, ils s'affaissent dès qu'ils sont hors de l'eau. Contrairement au corail vrai, ils n'ont pas besoin de lumière et peuvent vivre dans les zones les plus profondes et les plus sombres des récifs.

VERS TUBICOLE

Les vers tubicoles

Les polypes ne sont pas les seuls animaux à fabriquer des récifs. La magnifique serpule (*Serpula vermicularis*) photographiée ci-contre vit au large des côtes européennes. Dans certains lacs salés d'Écosse, elle trouve un abri si favorable que ses tubes calcaires forment de petits récifs.

LES FORÊTS ET PRAIRIES OCÉANIQUES

De nombreuses villes européennes et américaines très animées côtoient le calme d'immenses forêts d'algues géantes appelées laminaires. Les laminaires géantes qui poussent au large de la Californie peuvent atteindre presque 60 m de long; elles abritent de nombreuses espèces de poissons qui sont chassées par des phoques, des lions de mer et des dauphins. Les forêts de laminaires se plaisent dans les eaux froides éclairées par le soleil et ne poussent donc pas sous les tropiques. Les variétés européennes perdent leurs feuilles chaque année, comme les arbres en automne.

LES PRAIRIES OCÉANIQUES

Sur la terre ferme, des vaches qui broutent paisiblement dans un pré composent un tableau assez courant. Peu de gens savent qu'un spectacle un peu similaire les attend sous la mer ! Les herbes marines, assez semblables aux herbes terrestres, poussent sur les sols sableux peu profonds et couvrent souvent de vastes étendues près des mangroves et des récifs de corail. Les prairies sous-marines européennes sont le lieu de prédilection des bernaches cravants et celles du nord de l'Australie et du Sud-Est asiatique celui des dugongs.

Les phoques communs (à droite) se reposent et jouent dans les forêts de laminaires, à l'abri des requins qui patrouillent en pleine mer.

*La lumière du soleil filtre à travers la voûte dense de cette forêt de laminaires (***Macrocystis***), située au large des côtes de la Californie (États-Unis). Des petites vésicules remplies d'air réparties le long des plantes les aident à pousser verticalement.*

UN HAVRE DE PAIX

Les requins citron naissent complètement formés et leur mère ne s'occupe pas d'eux. En pleine mer, les petits seraient très vulnérables. Aussi met-elle bas dans des zones sûres comme les prairies des lagons peu profonds.

*Les dugongs, ou vaches de mer (***Dugong dugon***), à gauche, adorent brouter l'herbe des prairies sous-marines.*

HIPPOCAMPES

Une recherche attentive permet de découvrir de nombreux petits animaux entre les touffes d'herbes marines. Les hippocampes mangent de minuscules crevettes qui passent à leur portée.

Les loutres de mer

Les forêts de laminaires californiennes abritent des loutres de mer, animaux adorables et prédateurs essentiels, car elles mangent des animaux nuisibles aux plantes. Cette loutre de mer (ci-dessous) savoure la chair d'un oursin qu'elle a attrapé sur le fond de la mer et ouvert en s'aidant d'un rocher. Sans les loutres de mer, les oursins prolifèreraient et détruiraient de vastes étendues de forêts marines.

La laminaire peut pousser de 60 cm par jour. Sa croissance est presque aussi rapide que celle du bambou géant, plante qui pousse le plus vite sur la terre ferme.

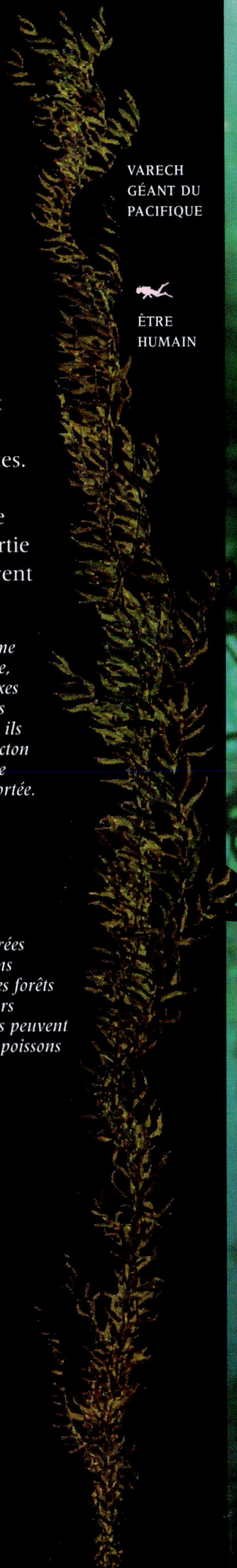

Les « animaux-plantes »

Les anémones, les éponges et les ascidies sont tous des animaux dont l'aspect et le comportement rappellent ceux des plantes. Au lieu de partir en quête de nourriture, ils se fixent à un endroit où le courant amène de minuscules animaux planctoniques. La partie inférieure des forêts sous-marines abrite souvent beaucoup d'animaux de ce genre.

Les coraux mous, comme cet alcyon digité orange, forment des colonies fixes constituées de centaines de polypes (à gauche) : ils attrapent le plancton qui passe à leur portée.

Les anémones colorées sont fréquentes dans les « sous-bois » des forêts de laminaires. Leurs tentacules urticants peuvent capturer des petits poissons et des crevettes.

Un refuge végétal

Les laminaires abritent de nombreux petits animaux auxquels elles servent à la fois de refuge et de repas. Une seule plante peut abriter des centaines d'espèces ! Ci-dessus de magnifiques patelles à raies bleues (*Patina pellucida*) attaquent la tige d'une plante qui finira par casser à cet endroit.

LES EAUX ÉPIPÉLAGIQUES

LES EAUX DE SURFACE DE PLEINE MER, éclairées par le Soleil, regorgent de vie. D'énormes quantités d'animaux et de plantes microscopiques y dérivent au gré des courants. C'est le plancton. Presque toutes les formes de vie marines en dépendent, car il se situe à la base de la chaîne alimentaire océanique. Des bancs de poissons argentés s'en nourrissent, suivis de près par des requins, des espadons voiliers et autres prédateurs affamés. De grandes méduses et toute sorte d'animaux flottants sont ballottés par les vents à la surface de l'océan.

LES OISEAUX PLONGEURS
Les guillemots passent la majeure partie de leur vie en mer, où ils mangent, se reposent et dorment. Ils ne regagnent la terre ferme que pour se reproduire sur des falaises abruptes au sein de colonies bruyantes. Ils pêchent des sprats, des anguilles de sable et des harengs en plongeant puis en nageant sous l'eau à coups d'ailes. Ils descendent facilement à 20 m de profondeur et certains atteignent presque 200 m !

UN GÉANT SANS DENTS
Le requin-baleine est le plus gros poisson marin connu avec au moins 14 m (soit la taille d'un bus !). S'il possédait des dents comme les autres requins, il pourrait avaler un homme en une bouchée. Heureusement, son énorme bouche lui sert uniquement à filtrer des litres d'eau de mer pour trouver les minuscules crevettes et créatures planctoniques dont il se nourrit.

poisson-grenouille des sargasses dissimulé dans des sargasses (algues)

Les forêts flottantes

La mer des Sargasses, située au large des Bermudes, est calme et chaude pendant la majeure partie de l'année. Ces conditions particulières ont permis à une étrange forêt flottante de s'y développer, vaste enchevêtrement d'algues marines (les sargasses), qui flottent grâce à des vésicules remplies d'air. Les escargots de mer, les oursins et les patelles broutent les algues, pendant que les serpents de mer chassent des poissons et des crevettes.

BANC DE CARANGUES VORACES (*CARANX SEXFASCIATUS*)

Le banc, formation défensive

Les poissons qui vivent dans les eaux de surface de pleine mer se protègent de leurs prédateurs (poissons ou oiseaux) en formant de vastes bancs. Quand ils sont attaqués, tous les poissons du banc se déplacent ensemble pour désorienter l'assaillant. Leur camouflage (dos foncé et ventre argenté) les rend moins visibles du dessus comme du dessous.

De grandes voyageuses

Les tortues-luths sont de grandes voyageuses. Leur surveillance par satellite a montré qu'elles parcouraient des milliers de kilomètres pour se nourrir (principalement de méduses). Ces paisibles géants peuvent mesurer presque 2 m et peser jusqu'à 650 kg.

La janthine commune se construit un « radeau » en emprisonnant des bulles d'air dans un mucus visqueux.

Libre comme l'eau

La plupart des escargots de mer vivent sur le fond de la mer. La janthine (*Janthina janthina*) préfère flotter en surface. Elle mange d'autres créatures flottantes comme les méduses *Portita* (bleue) et *Velella* (à membrane en forme de voile).

Les eaux mésopélagiques

De nombreux animaux passent toute leur vie à nager ou à flotter dans une zone peu ou pas éclairée, en apesanteur, sans repères indiquant la direction du sol ou de la surface. Ils doivent néanmoins trouver de quoi manger et des conjoints pour se reproduire. Certains poissons et crustacés ont d'énormes yeux capables de capter le peu de lumière qui les entoure. D'autres ont des yeux minuscules mais possèdent un excellent odorat et des antennes sensibles aux vibrations.

La bioluminescence

La bioluminescence est l'émission par des animaux ou des plantes d'une magnifique lumière bleuâtre due au mélange d'une substance, la luciférine, avec de l'oxygène. Dans les profondeurs, de nombreux poissons, calmars, méduses et crustacés émettent une lueur féerique qui les aide à s'orienter, à chasser, à effrayer leurs ennemis, à signaler ou à dissimuler leur présence.

La baudroie des abysses utilise cet appât brillant pour attirer ses proies. Comme la plupart des poissons des profondeurs, elle ne mesure que quelques centimètres.

POISSON-LANTERNE

Ce poisson a sous les yeux des poches qui renferment une bactérie bioluminescente qui brille en permanence. Il « allume » ou « éteint » cette lumière grâce à une paupière.

Une défense lumineuse

De nombreux calmars vivent dans les eaux pélagiques sombres, où ils servent de repas aux poissons prédateurs. La plupart ne mesurent que quelques centimètres, mais brillent de centaines de minuscules lumières. Pour se défendre, certains projettent des sécrétions lumineuses.

*Ce petit calmar (*Histioteuthis*) attend tranquillement que ses proies « entrent dans » ses tentacules.*

Un passager à éviter

La zone pélagique est dépourvue de surface solide sur laquelle se fixer. Le *Phronima*, petit crustacé, s'accroche à une ascidie (salpe) ou à une méduse, dont il dévore l'intérieur avant d'utiliser sa peau transparente comme « maison flottante » pour lui-même et ses petits.

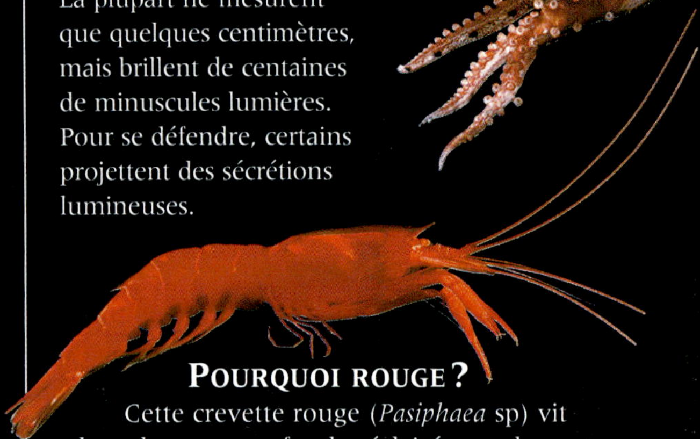

Pourquoi rouge ?

Cette crevette rouge (*Pasiphaea* sp) vit dans des eaux profondes éclairées seulement par bioluminescence. La lumière rouge ne pénétrant pas à cette profondeur, les animaux rouges y semblent noirs et sont donc presque invisibles. Un petit poisson noir, le malosteus, mange ce type de crevette, qu'il localise à l'aide d'un rayon bioluminescent *rouge*.

*Le *Phronima*, qui entre et sort à sa guise de son abri flottant, cherche de quoi manger en toute sécurité.*

DES GÉANTS VIVANTS

En 1976, l'équipage d'un navire de recherche océanographique a eu la surprise de remonter avec son ancre un requin des profondeurs long de 4,5 m. L'espèce, alors inconnue, a été baptisée « megamouth » (requin-grande-gueule).
Ce requin possède une énorme bouche lumineuse qui l'aide sans doute à attirer les minuscules crevettes et le plancton qu'il mange. Les poissons de cette taille sont très rares dans les zones mésopélagiques car la nourriture y est rare.

LES PLAINES ABYSSALES

IL Y A 150 ANS, les biologistes croyaient qu'aucune créature ne pouvait vivre à plus de 1 000 m de profondeur en raison de la pression énorme et du froid glacial qui y règnent. Les véhicules téléopérés *Trieste* et *Kaiko* ont depuis visité les zones les plus profondes de l'océan, où ils ont observé des animaux vivants. Le sol abyssal est principalement constitué d'immenses plaines de vase parsemées de trous et de monticules faits par de petits animaux qui vivent enterrés. Les grands prédateurs, comme l'étoile de mer, sont rares en raison du manque de nourriture.

UN MODÈLE DE PATIENCE

Le poisson tripode attend, « posé » juste au-dessus du sol sur les extrémités de sa longue queue et de ses nageoires avant. Ses antennes lui permettent de détecter et d'attraper les petits poissons et crevettes qui passent à sa portée.

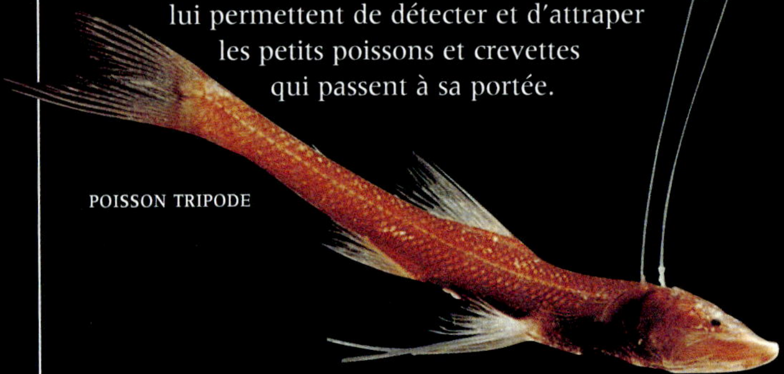

POISSON TRIPODE

L'ASPIRATEUR DU FOND DES MERS

Malgré son allure étrange, le concombre de mer appartient à la même famille que l'étoile de mer. Les concombres de mer vivent sur les sols benthiques (du fond de la mer) du monde entier. Parfaitement adaptés à ce milieu, ils « aspirent » à sa surface un mélange de boue et d'éléments nutritifs et rejettent la boue, indigeste, en petits tas bien nets.

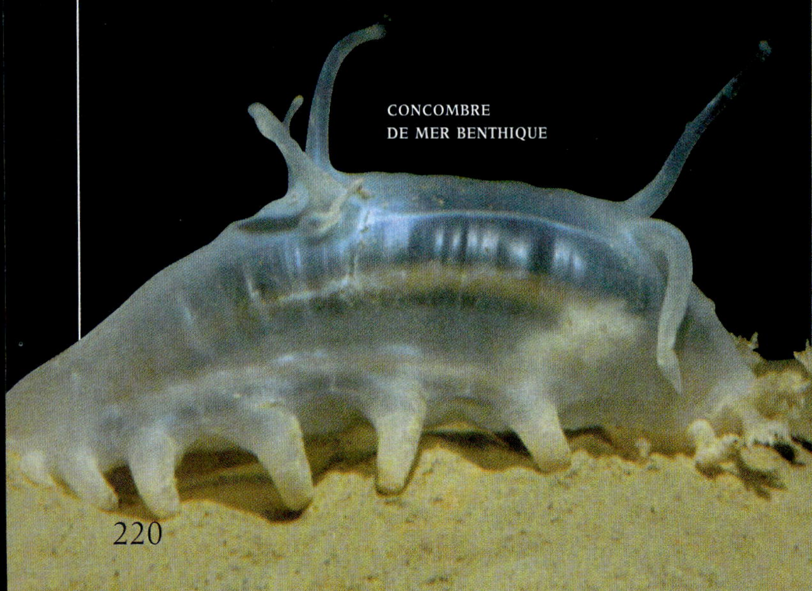

CONCOMBRE DE MER BENTHIQUE

Les plumes marines benthiques photographiées ci-contre appartiennent à l'espèce Umbellula magniflora.

REQUIN GRISET (*HEXANCHUS GRISEUS*)

UNE PETITE MISE EN BOUCHE

Comparées aux vastes plaines d'Afrique, qui fourmillent d'antilopes et de prédateurs rapides, les plaines benthiques abritent très peu de grands chasseurs. Chasser demande beaucoup d'énergie et la nourriture y est rare. Pendant la journée, le requin griset (ci-dessus) mange les restes qui tombent dans les profondeurs. La nuit venue, il monte chasser près de la surface, où la nourriture est plus abondante.

UN FESTIN EXCEPTIONNEL

Si la nourriture est rare dans les profondeurs, c'est en partie parce qu'elle est « interceptée » par les animaux pélagiques. En de rares occasions, un animal vraiment gros, comme une baleine morte, atteint le fond de la mer. Les grenadiers, les myxines et les requins benthiques, véritables « vautours de la mer », repèrent à son odeur la présence du cadavre et s'empressent de festoyer.

Le grenadier a une longue queue fine. Il mange tout ce qu'il attrape, cadavres et proies vivantes.

UNE INFINIE DÉLICATESSE

Les créatures benthiques fragiles, comme cette anémone « pompon » (*Liponema brevicornis*), sont connues principalement grâces aux photographies prises par des véhicules téléopérés. Il est très difficile de les attraper avec les bras des submersibles et de nombreux spécimens se désagrègent en remontant vers la surface en raison du changement de température et de pression.

ANÉMONE « POMPON »

LA TÊTE HORS DU SABLE

Les concombres de mer et les crabes rampent sur le sol et fouillent la boue à la recherche de nourriture alors que les animaux-plantes comme ces plumes de mer filtrent le courant pour se nourrir. Leur tige longue et souple leur permet de rester au-dessus de la boue, qui dans le cas contraire remplirait leur bouche et paralyserait leurs tentacules.

Les reliefs cachés de l'océan

Sur la terre ferme, l'une des meilleures façons d'observer les montagnes, les déserts et les forêts est de les survoler par une belle journée ensoleillée. Le survol des océans ne montre toutefois que la surface de l'eau. S'il était possible d'enlever l'eau des océans, on découvrirait des montagnes plus hautes que l'Everest, des fosses plus profondes que le célèbre Grand Canyon (États-Unis) et des plaines boueuses plus vastes que le désert du Sahara.

Le plancher océanique

L'invention du sonar et des appareils d'échosondage, dans les années 1920, a permis de cartographier les principaux reliefs du plancher océanique (voir ci-dessous). Ces techniques déterminent la profondeur et la nature du fond marin à l'aide d'ondes sonores. À ce jour, seules quelques zones ont été cartographiées en détail et il est encore possible de découvrir sous la mer des montagnes et des volcans éteints.

Les zones d'eau vraiment profonde se trouvent rarement très près des côtes. En effet, la terre ferme est bordée par une plate-forme peu profonde (le plateau continental), dont les eaux regorgent de vie. (La majorité des poissons pêchés dans le monde l'est dans cette zone.)

Ce plongeur photographie une coulée de lave sous-marine dans des eaux peu profondes au large d'Hawaï.

Les dorsales médio-océaniques

Les dorsales océaniques sont des chaînes de montagnes sous-marines, qui peuvent avoir plusieurs centaines de kilomètres de large et comporter des pics de 4 km de haut. La lave monte en bouillonnant le long de chaque dorsale et forme un nouveau plancher, qui repousse le sol formé précédemment.

Les monts sous-marins

Les océans sont parsemés de milliers de volcans éteints immergés, qui peuvent avoir plusieurs kilomètres de haut. Ceux qui se trouvaient jadis près de la surface ont le sommet plat et s'appellent des guyots. La plupart des îles océaniques correspondent au sommet d'un volcan jadis en activité. Leurs pentes abruptes descendent rapidement jusqu'à des profondeurs très importantes. Cette photographie montre la plongée dans le Pacifique d'une paroi abrupte (îles Fidji).

Kaiko, *véhicule téléopéré (R.O.V.)*

Des véhicules spéciaux

Les zones les plus profondes des océans sont les fosses abyssales. La plus profonde d'entre elles est la fosse des Mariannes, située au large des Philippines. Le 23 janvier 1960, Donald Walsh et Jacques Piccard sont descendus à 10 900 m de profondeur (point le plus bas atteint par l'homme) dans leur bathyscaphe, le *Trieste*. Depuis, seul *Kaiko*, un R.O.V. japonais, est retourné à cet endroit.

Les oasis du fond des mers

Au cours des années 1970, les scientifiques ont été stupéfaits de découvrir au fond des mers des évents hydrothermaux. Ces cheminées, sous l'influence d'une activité volcanique intense, déversent dans la mer une eau extrêmement chaude, riche en minéraux (on parle de « fumeurs noirs »). Les minéraux nourrissent des bactéries, qui nourrissent à leur tour de nombreux animaux étranges, proies eux-mêmes d'autres animaux. La faune qui entoure les cheminées survit ainsi par elle-même.

Cette photographie (à droite) du « fumeur noir » Saracen's Head a été prise depuis le submersible Alvin, à 3 100 m de profondeur, aux abords de la dorsale médio-atlantique.

D'énormes palourdes **(Calyptogena magnifica)** *et galathées vivent près des cheminées hydrothermales, à 2 600 m de profondeur, au large de Mazatlán (Mexique).*

L'ÉMERGENCE DE NOUVELLES ÎLES

Les îles sont nombreuses dans tous les océans, mais leur nombre est plus élevé dans les zones volcaniques actives. Certaines mettent des millions d'années à se former, comme celles qui naissent quand une partie du continent s'enfonce lentement dans la mer, ne laissant émerger que les sommets des montagnes. En revanche, les îles volcaniques peuvent surgir (et disparaître) pratiquement d'un jour à l'autre. L'île volcanique de Krakatoa (Indonésie) a littéralement explosé en 1883 et se reforme lentement depuis lors.

Le dieu du feu

Le 15 novembre 1963, l'île de Surtsey a brusquement surgi de la mer au sud de l'Islande, après l'éruption d'un volcan sous-marin de la dorsale médio-atlantique, qui émerge au niveau de l'Islande. La nouvelle île a atteint 60 m de haut et plus de 0,5 km de long en l'espace de quelques jours.

L'île de Surtsey a été baptisée d'après Surtur, dieu du Feu en vieux norrois. Lors de la naissance de l'île, l'eau de mer s'est déversée sur la lave en fusion et d'énormes nuages de vapeur et de cendres se sont élevés très haut dans le ciel.

Les noix de coco peuvent rester 4 mois dans la mer avant de commencer à pourrir.

L'apparition de la vie insulaire

Une île jeune située au milieu de l'océan ne restera pas très longtemps déserte. Les premiers à l'atteindre sont les insectes volants et les oiseaux. Des morceaux de bois flottant amènent ensuite des crabes, des serpents et même des lézards. Les « graines » des arbres tropicaux peuvent dériver sur des milliers de kilomètres vers l'Europe et pousser à leur arrivée malgré leur long voyage !

Les bouleversements côtiers

En 1964, un énorme séisme a secoué la côte pacifique de l'Alaska. Des bâtiments se sont effondrés, des glissements de terrain ont détruit des routes et des vagues gigantesques sont venues s'écraser sur la côte. Certaines zones du littoral ont été soulevées, alors que d'autres s'enfonçaient. Des villages jadis à l'abri se sont retrouvés inondés à chaque marée haute, alors que d'autres voyaient leurs bateaux échoués nettement au-dessus du nouveau littoral.

Le séisme a poussé vers le haut une large bande de terre jadis immergée.

L'île Fernandina est la plus jeune des îles Galápagos et son volcan, La Cumbre, le plus actif de la région. Les intervalles entre ses éruptions sont de seulement quelques années.

La rencontre du feu et de l'eau

Les îles volcaniques peuvent changer de forme et de taille longtemps après leur naissance. Cette photographie (à gauche) montre une coulée de lave qui se déverse dans la mer après une éruption volcanique, sur l'île Fernandina (dans les Galápagos), en 1995. Une fois refroidie, la lave forme un sol neuf susceptible d'accueillir de nombreuses espèces (dont d'homme). L'île volcanique japonaise de Miyake-Jima, photographiée ci-dessous, est habitée par 3 800 personnes.

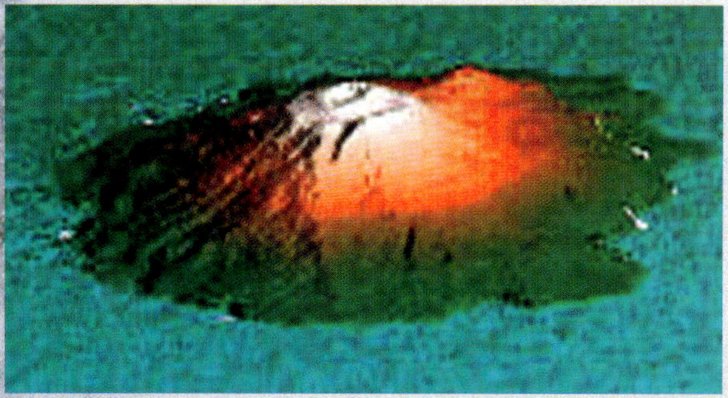

L'île de Miyake-Jima est dominée par le mont Oyama, volcan de 820 m de haut. Cette image 3D de l'île a été créée à l'aide d'informations fournies par la NASA.

LES ÎLES, HAVRES DE PAIX

Sur les îles, la vie peut se fixer et se développer. Elle les colonise dès après leur formation. Les plantes et les graines arrivent en flottant sur la mer ; des insectes volants et des oiseaux y parviennent par la voie des airs ; des larves marines sont jetées sur leurs côtes par les courants. Les îles situées loin des récifs, des continents et d'autres îles abritent naturellement moins d'animaux que les autres.

*Reconstitution d'un dodo (*Raphus cucullatus*), espèce désormais disparue*

Géospize des cactus de l'île Plaza, dans les Galápagos

DES ESPÈCES ANCIENNES ET NOUVELLES

Avant l'arrivée des hommes, l'île Maurice était dépourvue de prédateurs. Le dodo, incapable de voler et inconscient du danger, a été chassé jusqu'au dernier. Peu après leur naissance, les îles Galápagos, extrêmement isolées, ont reçu la visite de volées de fringillidés apportées par des tempêtes. Les oiseaux se sont adaptés aux conditions locales et chaque île a désormais sa propre variante.

Les dragons de Komodo peuvent mesurer 2 à 3 m de long.

ATTENTION LÉZARDS

Les petites îles peuvent abriter de très gros animaux. Le dragon (ou varan) de Komodo (*Varanus komodoensis*), lézard le plus gros au monde, vit ainsi sur quelques petites îles d'Indonésie. Ce féroce prédateur, dont le poids dépasse parfois 70 kg, court assez vite pour capturer un cerf ou un cochon sauvage. Mais il préfère se mettre en embuscade pour attraper ses proies.

Ces empreintes ont été faites par une tortue femelle rampant vers le haut de la plage.

UN LIEU DE NIDIFICATION IDÉAL

Les tortues parcourent des milliers de kilomètres pour atteindre leurs sites de nidification traditionnels (généralement la plage où elles ont vu le jour). Cette tortue verte (ci-dessous) creuse son nid dans le sable, aux Philippines. Plus les îles sont isolées, plus leurs plages sont des sites de nidification sûrs, car les prédateurs des œufs et des jeunes tortues y sont moins nombreux. Hélas ! ces plages attirent aujourd'hui les touristes.

ŒUFS

Les colonies d'oiseaux

Beaucoup d'oiseaux marins se reproduisent au sein d'immenses colonies bruyantes. Au printemps, des fous de Bassan se regroupent ainsi sur les îles rocheuses au large de l'Écosse. La colonie de Saint-Kilda compte plus de 50 000 couples, qui offrent un ballet aérien spectaculaire quand ils tournoient et plongent dans l'océan pour attraper les sprats et les harengs dont ils nourrissent leurs petits.

Le voleur de noix de coco

Les Seychelles abritent un bien étrange crustacé, le crabe cocotier (*Birgus latro*). Les pinces de ce géant de 20 cm de long peuvent sectionner un doigt. Il les utilise pour grimper aux arbres et couper de jeunes noix de coco.

LES MERS GELÉES

L'OCÉAN AUSTRAL, QUI ENTOURE l'Antarctique, abrite une faune étonnamment riche. En hiver, la banquise couvre plus de la moitié de l'océan et la température de l'air descend entre -20 et -30 °C. En été, la glace se retire et de très nombreux oiseaux, phoques, baleines, poissons et calmars viennent chasser dans les eaux glacées. Pourtant, même en hiver, les éponges, les anémones, les crabes et les étoiles de mer prospèrent sur le fond de la mer : sous la couche de glace, où ne souffle aucun vent, la température de l'eau reste comprise entre 0 et -2 °C.

La banquise de l'Antarctique aide à rafraîchir la planète en renvoyant vers l'espace les rayons du Soleil.

Araignée de mer géante de l'Antarctique sortie chasser

LES ARAIGNÉES DE MER GÉANTES

Les animaux qui vivent dans l'eau glacée du fond de l'Antarctique se développent très lentement, mais vivent souvent longtemps et deviennent généralement plus gros que leurs cousins des régions chaudes. L'araignée de mer géante de l'Antarctique (ci-dessus) a à peu près la taille d'une main. Les araignées de mer qui vivent au large de la Grande-Bretagne mesurent environ 1 cm de long.

Les poissons des glaces ont un sang dépourvu de globules rouges, qui circule sans difficulté malgré la température glacée de l'eau.

UN ANTIGEL NATUREL

En hiver, la température de l'eau proche de l'Antarctique ferait geler le sang d'un poisson ordinaire. Mais pas celui du poisson des glaces : il contient une glycoprotéine dont le point de congélation est plus bas que celui de l'eau, si bien qu'il ne gèle pas, même quand le poisson est pris dans la glace. L'antigel employé dans les radiateurs des voitures fonctionne de la même façon.

Les manchots Adélie passent l'hiver sur la banquise de l'Antarctique. Le spécimen photographié ci-contre redoute la présence d'un léopard de mer et hésite à plonger.

Les manchots empereurs

Les manchots empereurs sont les plus grands oiseaux marins. Ils vivent au sein d'immenses colonies, sur la banquise antarctique.
Leur grande taille leur permet de survivre à des vents très violents et à des températures qui peuvent descendre jusqu'à -30 °C en hiver. Ils peuvent plonger à plus de 200 m de profondeur et rester sous l'eau environ 20 minutes quand ils chassent le poisson.

Une tombe de glace

En hiver, le dessous de la banquise est creusé de petits sillons remplis d'algues microscopiques qui donnent à la glace une nuance verte féerique. Au printemps, quand la glace fond, les algues retrouvent leur liberté et se multiplient rapidement. Elles sont alors mangées par les krills, minuscules crustacés qui se développent à leur tour rapidement. Cette profusion de nourriture permet à de nombreux oiseaux, phoques, baleines et poissons de survivre dans les eaux glacées.

Les étoiles de mer se regroupent sous les trous par lesquels les phoques viennent respirer à la surface, car elles se nourrissent des matières fécales rejetées par l'animal.

Un prédateur impitoyable

Le léopard de mer est un féroce prédateur. Sous l'eau, il est assez rapide et agile pour attraper un manchot. La chasse lui demande beaucoup d'énergie, mais une couche de graisse lui en fournit tout en le protégeant du froid. Les jeunes léopards de mer se nourrissent principalement de krills (minuscules crevettes qui constituent également la nourriture principale de la grande baleine bleue).

*Bien qu'il ne mesure qu'environ 5 cm de long, le krill (*Euphausia superba*) forme des essaims qui peuvent avoir des kilomètres de large et contenir plusieurs millions de tonnes de minuscules crevettes.*

*Oursin (*Sterechinus neumayeri*) en train de brouter sur le fond de la mer.*

LES MIGRATIONS MARINES

EN 1969 ET 1970, SYDNEY GENDERS A TRAVERSÉ l'Atlantique à la rame, parcourant 6 114 km en 74 jours. Dix ans plus tard, sir Ranulph Fiennes a lancé une expédition de 2 170 km jusqu'au pôle Sud (1979-1982). Ces voyages épiques sont cependant modestes comparés aux périples bien plus longs qu'entreprennent chaque année de nombreux animaux marins. Certains, comme le saumon, se dirigent avec une telle précision qu'ils sont capables d'aller du Groenland à la rivière d'Europe où ils sont nés, qu'ils reconnaissent à son odeur. Les oiseaux, les poissons et les baleines sont sensibles au champ magnétique terrestre, qu'ils utilisent pour se diriger. Les oiseaux peuvent aussi s'orienter grâce au Soleil et aux étoiles. Ces longs voyages permettent aux animaux de séjourner où la nourriture est abondante, tout en se reproduisant dans des lieux beaucoup plus sûrs.

Les baleines grises, jadis menacées d'extinction par une pêche intensive, attirent aujourd'hui des bateaux entiers de touristes venus les admirer.

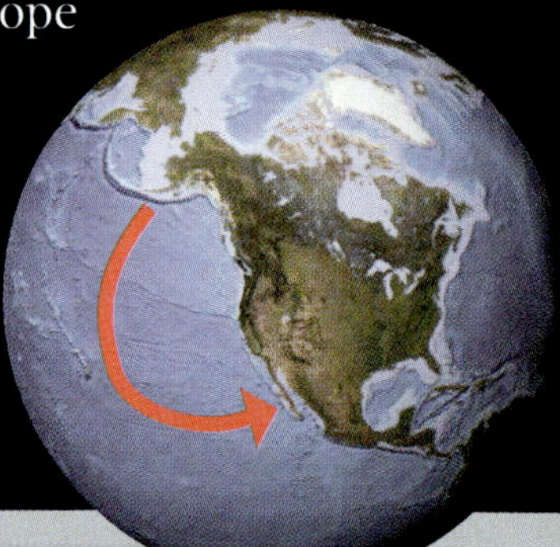

LA ROUTE DES BALEINES
Chaque année, les baleines grises quittent les eaux riches en nutriments mais très froides des côtes de l'Alaska pour regagner les lagons côtiers chauds et sûrs de Baja California, au Mexique, à 9 650 km de là. Une fois arrivées, elles donnent naissance à leurs petits. Les baleineaux sont parfois attaqués par des épaulards quand ils remontent vers le Nord.

Mortelle randonnée

Les anguilles européennes traversent l'Atlantique jusqu'à la mer des Sargasses, près des Bermudes, pour y pondre leurs œufs. Épuisées par le voyage, elles meurent après la ponte. Les œufs éclosent et donnent naissance à de minuscules larves en forme de feuille appelées *Leptocephalus*, qui sont ramenées en Europe par les courants.

*Cette anguille européenne (***Anguilla anguilla***) va passer 20 ans en eau douce (non salée) avant de traverser l'océan pour se reproduire.*

La sterne arctique migre en survolant l'océan pour se nourrir de petits poissons au cours de son long voyage.

De l'Arctique à l'Antarctique

Les sternes arctiques parcourent 35 000 km par an. En été, elles nichent près du cercle arctique. L'hiver venant, elles s'envolent vers le climat estival de l'Afrique du Sud, de l'Australie et de l'Antarctique.

Naviguer au compas

Les requins bleus migrent en tournant autour de l'Atlantique Nord. Ils suivent les courants (dans le sens des aiguilles d'une montre) jusqu'en Europe et en Afrique, avant de regagner les Caraïbes. Un organe leur permettrait de s'orienter d'après le champ magnétique terrestre.

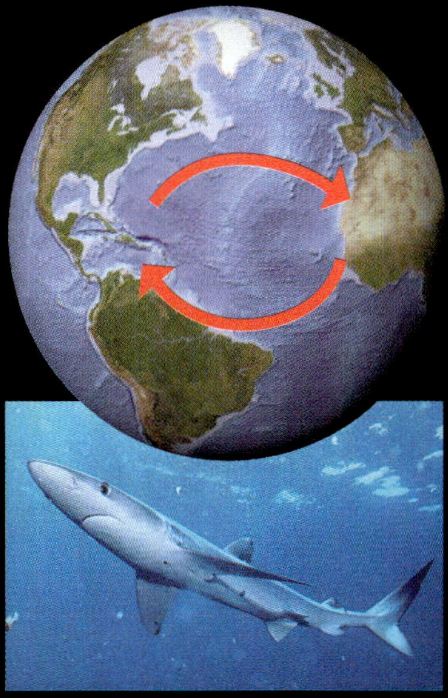

*Le requin bleu (***Prionace glauca***), jadis très courant, est aujourd'hui en passe de disparaître, victime d'une pêche excessive.*

Le périple des tortues

Les tortues marines parcourent librement les océans, mais retournent pondre sur les plages qui les ont vues naître. Les tortues bâtardes ne pondent que sur quelques plages isolées du golfe du Mexique. On en comptait jadis des milliers, aujourd'hui beaucoup moins.

*Ces tortues bâtardes (***Lepidochelys kempii***) viennent pondre sur une plage du Costa Rica.*

Une colonne en marche

Les langoustes royales (*Panulirus argus*) passent le plus clair de leur temps dans des crevasses rocheuses dont seules sortent leurs longues antennes. Les plongeurs sont donc généralement surpris de les voir marcher en longues colonnes sur le fond de la mer. Chaque année, elles rejoignent ainsi des zones spéciales, situées près des côtes, où elles pondent leurs œufs avant de repartir de la même façon.

LA CHAÎNE ALIMENTAIRE

SUR TERRE, DANS LA MER (hormis l'exception des cheminées hydrothermales), la vie dépend des plantes. Les plantes tirent leur énergie du soleil et produisent leur nourriture en transformant l'eau et le gaz carbonique en sucre et en amidon (c'est la photosynthèse). Les animaux mangent les plantes mais, en contrepartie, produisent du gaz carbonique et des excréments qui fournissent des nutriments à d'autres plantes. L'océan pourtant, à mesure qu'on s'y enfonce, se ferme à la lumière : algues et herbes de mer ne peuvent donc se développer que dans les eaux peu profondes de ses bords. Le reste de la vie végétale océanique est constitué de milliards de tonnes de phytoplancton, plantes microscopiques qui flottent dans les eaux de surface éclairées par le Soleil.

Les requins sont au sommet de la chaîne alimentaire océanique. Le grand requin blanc mange aussi bien des dauphins et des phoques que du poisson. Le grand dauphin s'attaque aux poissons vivant près du fond, comme les morues.

LA CHAÎNE ALIMENTAIRE OCÉANIQUE

La plupart des gros animaux sont incapables de manger directement du plancton végétal (phytoplancton). Ce dernier est « brouté » par de minuscules animaux planctoniques (zooplancton), qui sont mangés par de petits poissons, eux-mêmes dévorés par des poissons plus gros, etc., au sein d'un processus appelé « chaîne alimentaire ». Toutefois, la plupart des animaux ont un régime varié et font par conséquent partie d'un système plus complexe: le réseau alimentaire (ou réseau trophique).

Les harengs et les sprats mangent les animaux planctoniques les plus gros avant d'être à leur tour mangés par des poissons plus gros qu'eux comme la morue. La morue, qui mange également de nombreuses autres créatures marines, fait partie d'un vaste réseau alimentaire.

Le zooplancton est constitué d'animaux comme les copépodes, qui passent toute leur vie dans la communauté planctonique, et de larves d'animaux qui vivent sur le fond de la mer comme les crabes.

Cette photographie de diatomées, plantes planctoniques très communes, a été réalisée au microscope à balayage électronique.

UN RÉGIME SANS INTERMÉDIAIRE

Le requin-pèlerin (*Cetorhinus maximus*) vit dans les mers froides. Il peut atteindre 10 m de long, ce qui en fait le deuxième poisson le plus grand de l'océan, après le requin-baleine. Malgré sa grande taille, il se nourrit exclusivement de plancton. La plupart des autres requins sont des prédateurs situés au sommet de la chaîne alimentaire. Lui, utilise son énorme bouche pour engloutir et filtrer plusieurs milliers de litres d'eau par heure.

UN ÉQUILIBRE PARFAIT

Les vers tubicoles géants (*Riftia pachyptila*), aussi grands qu'un homme, vivent près des cheminées hydrothermales, au fond de l'océan. Dépourvus de bouche et d'intestin, ils absorbent des éléments chimiques présents dans l'eau chaude rejetée par les sources hydrothermales. À l'intérieur de leur corps, des bactéries transforment ces éléments chimiques en nourriture pour elles-mêmes et pour leurs hôtes.

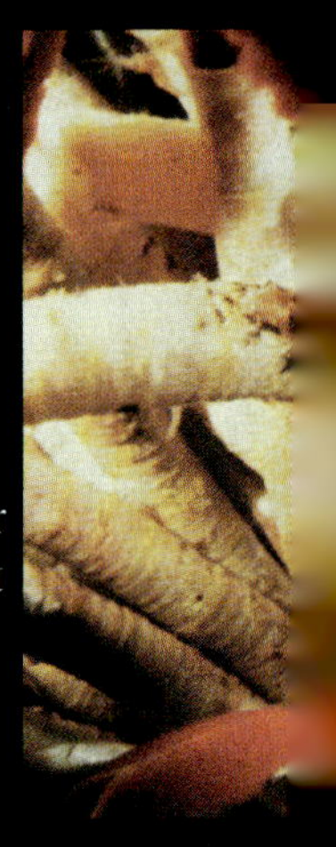

Les cimiers rouge vif des vers sortent ici de leurs tubes rigides blancs. Ces organes sont leurs branchies.

La mante de mer

La raie cornue (*Manta birostris*) avait jadis mauvaise réputation à cause de sa grande taille, des « cornes » étranges et de sa tendance à bondir hors de l'eau. Surnommée « diable de mer », elle était jugée aussi dangereuse qu'un requin. Les premiers plongeurs sous-marins ont toutefois vite constaté que cet animal gracieux était si docile qu'il était même possible de le caresser. Comme les requins-pèlerins et les requins-baleines, ces géants ne mangent que du plancton et leurs cornes leur servent simplement à diriger l'eau vers leur bouche.

L'équilibre rompu

La Californie est célèbre pour ses magnifiques forêts de laminaires. Malheureusement, des armées d'oursins abîment aujourd'hui certaines forêts en dévorant toutes les plantes qui se trouvent sur leur chemin. C'est l'homme qui a brisé l'équilibre délicat de la chaîne alimentaire en pêchant de manière intensive les labres et, jadis, en chassant les loutres de mer. Ces prédateurs naturels de l'oursin, l'empêchent normalement d'envahir les zones où il vit.

PARTENAIRES ET PARASITES

DE NOMBREUX PETITS ANIMAUX SANS DÉFENSE, comme les jeunes poissons, les crevettes et les petits crabes, doivent trouver un abri sûr pour survivre dans la mer. Un partenariat avec un animal qui assure leur protection est une bonne façon de résoudre le problème. Dans les récifs de corail, le « garde du corps » préféré des animaux vulnérables est l'anémone de mer géante : ils se mettent à l'abri de ses puissants tentacules urticants. En échange de la sécurité que leur fournit l'anémone, les poissons-clowns enlèvent les débris qui tombent sur et autour d'elle. Leur corps est recouvert d'une couche de mucus qui leur évite d'être piqués.

Cette girelle (ou labre nettoyeur) enlève les débris et les petits morceaux de nourriture coincés entre les dents d'un mérou bien plus gros qu'elle.

LES NETTOYEURS À L'OUVRAGE

Sur la terre ferme, les animaux comme les lapins et les hérissons sont couverts de puces. Beaucoup des poissons qui vivent dans les récifs de corail sont porteurs de minuscules parasites de la peau, semblables à des crevettes. Quand ces derniers deviennent trop gênants, le poisson va tout simplement se faire « nettoyer » par des petits poissons et des crevettes, qui mangent les parasites en même temps que les peaux et écailles mortes.

*Le poisson-clown à 3 bandes (***Amphiprion ocellaris***) ne s'éloigne jamais de « son » anémone. Il s'enfouit profondément entre les tentacules pour dormir quand vient la nuit.*

LE RIDEAU DE LA MORT

Les méduses font partie des animaux dont la piqûre est la plus douloureuse. Les plus grandes peuvent même tuer et manger des poissons. La plupart des prédateurs les évitent soigneusement. Certains bébés poissons profitent de cette crainte et se cachent entre les tentacules des méduses. En pleine mer, où les méduses se laissent dériver, il n'y a pas beaucoup d'autres endroits où se cacher. Petits et rapides, les poissons juvéniles, parviennent à se faufiler sans dommage entre les tentacules.

MÉDUSE CRINIÈRE DE LION

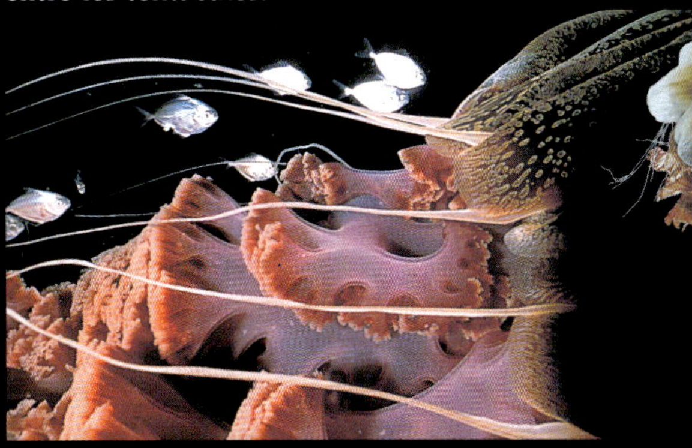

*Ces minuscules carangues voraces juvéniles se cachent entre les tentacules mortels d'une méduse pélagique géante (*Chrysaora achlyos*).*

POISSONS-CLOWNS VIVANT EN SYMBIOSE AVEC DE GRANDES ANÉMONES DE MER

LES AUTO-STOPPEURS DE LA MER

Certains animaux s'associent à d'autres dans le seul but de se faire transporter et de profiter des repas de leurs hôtes. Cette relation unilatérale convient parfaitement au rémora, petit poisson qui s'accroche aux requins, aux tortues et aux baleines à l'aide d'une ventouse. Le rémora peut nager seul et change souvent de partenaire. Les anémones, quant à elles, se fixent sur un bernard-l'ermite : elles ne le quittent que quand il change de coquille pour une demeure plus grande.

*Anémone « solitaire » (*Calliactis parasitica*) perchée sur la coquille d'un bernard-l'ermite.*

Les bernacles aiment la peau épaisse des baleines. Pour preuve, ce gros plan de bernacles et poux de mer fixés sur une baleine grise.

*Deux rémoras (*Echeneis naucrates*), encore appelés poissons-ventouses, se font transporter par une tortue caouanne (*Caretta caretta*).*

UN « RECYCLAGE » PARTICULIER

Certaines limaces de mer (cousines colorées des limaces de jardin) mangent les tentacules urticants des anémones et des hydraires. Au lieu de digérer les cellules urticantes, elles les stockent dans des extensions plumeuses situées sur leur dos, qui deviennent de véritables dards. Elles s'en servent pour repousser les poissons qui les attaquent. Cette *Dendronotus iris* arc-en-ciel (ci-dessous) a dévoré les tentacules d'une grande anémone tube.

SURVIVRE À TOUT PRIX

IL Y A PRESQUE AUTANT DE SORTES DE POISSONS dans l'océan que de mammifères et d'oiseaux sur la terre ferme (environ 14 000 espèces). Chacun doit trouver de quoi se nourrir tout en essayant de ne pas servir de repas à un plus gros que lui. De nombreuses espèces ont tout misé sur l'art du camouflage, alors que d'autres sont pourvues d'armes spéciales qu'elles emploient pour se défendre et/ou attaquer. L'impératif de la survie a donné naissance à des poissons de formes étranges et à des modes de vie extraordinaires.

LE PERROQUET DORT TRANQUILLE
Comme l'oiseau du même nom, le perroquet de mer a des couleurs vives et un bec rigide formé de dents soudées. Les perroquets de mer passent la journée à gratter et à mordre les coraux dont ils se nourrissent. Quand la nuit tombe, épuisés, ils vont dormir dans des crevasses rocheuses. Beaucoup se couvrent d'un cocon de mucus qui empêche les prédateurs de flairer leur présence.

PRUDENCE AVANT TOUT
Les anguilles de jardin (ci-dessus) s'enfouissent profondément dans leur terrier en cas de danger. Cet étrange poisson vit au sein de grandes colonies dans les zones sableuses qui entourent les récifs de corail. Il sort de son terrier en se balançant gracieusement pour attraper du plancton. Très sensible aux vibrations et au bruit des bulles d'air rejetées par les plongeurs, il est très difficile à photographier.

*L'hétérocongre tacheté (*Heteroconger hassi*) vit dans les eaux chaudes de la mer Rouge et de l'océan Indien.*

TECHNIQUE D'AUTODÉFENSE

Quand un poisson-porc-épic sort chasser crabes ou mollusques, ses épines sont plaquées sur son corps et il semble assez inoffensif (tout comme le porc-épic terrestre). Mais, en cas d'attaque, il avale immédiatement de grandes quantités d'eau et gonfle jusqu'à ce que son corps soit rond. Les chirurgiens se défendent en déployant les épines situées de chaque côté de leur queue.

POISSON-GLOBE

Rares sont les prédateurs qui osent attaquer un poisson-globe complètement gonflé comme celui-ci (ci-dessus).

DRAGON DE MER FEUILLU

Ses longues excroissances de peau aident cet étrange cousin de l'hippocampe à se camoufler au milieu des algues où il vit.

REQUIN-MARTEAU

VISION GRAND-ANGLE

Les requins ont un excellent odorat et une très bonne vue. Les yeux du requin-marteau sont situés aux extrémités d'une tête aplatie en forme de marteau qui lui sert de gouvernail.
Le poisson bouge continuellement la tête pour se diriger et voir dans toutes les directions.

Cette blennie imite le comportement d'un labre nettoyeur prêt à enlever les parasites d'un poisson plus gros que lui, puis elle fond sur sa proie et en arrache un morceau par surprise.

BLENNIE À DENTS DE SABRE (OU FAUX NETTOYEUR)

UNE MÉTHODE DE CHOC

TORPILLE MARBRÉE

Qu'un prédateur ou un plongeur trop curieux la touche et la torpille (ou raie électrique) répond par un choc électrique que produit un organe situé sur ses « ailes ». Chasseuse immobile, elle attend, posée sur le fond, qu'un poisson passe à sa portée pour lui envoyer une décharge qui l'étourdit ou le tue.

LES TUEURS

QUAND ON LEUR DEMANDE de citer des animaux marins vraiment dangereux, la plupart des gens pensent immédiatement aux requins. Pourtant, s'il faut traiter tous les requins avec respect, il faut savoir qu'ils attaquent rarement l'homme. La plupart des créatures marines susceptibles de blesser, voire de tuer un homme, sont petites et ont l'air tout à fait inoffensives. Les méduses, les serpents de mer, certains poissons, coquillages et pieuvres injectent du venin par morsure ou à l'aide d'aiguillons. Quelques-uns utilisent cette arme pour capturer leurs proies. Ils n'attaquent pas l'homme intentionnellement mais pour se défendre, quand on leur a marché dessus ou qu'on les a attrapés.

LES SERPENTS DE MER
Les serpents de mer se trouvent principalement dans les eaux tropicales chaudes des océans Indien et Pacifique. Les plongeurs avec bouteille ou masque et tuba ont souvent l'occasion de voir des cobras de mer (*Laticauda colubrina*) sur les récifs de corail. Le serpent utilise sa queue aplatie pour se diriger avec une extrême précision et chasser les petits poissons qui se cachent dans les crevasses du corail ou dans des terriers. Bien que leur morsure puisse être aussi mortelle que celle d'un cobra terrestre, la plupart des serpents de mer sont timides et dociles et n'attaquent l'homme que si celui-ci les provoque. Les décès concernent le plus souvent des pêcheurs qui ont été mordus par des serpents emmêlés dans leurs filets.

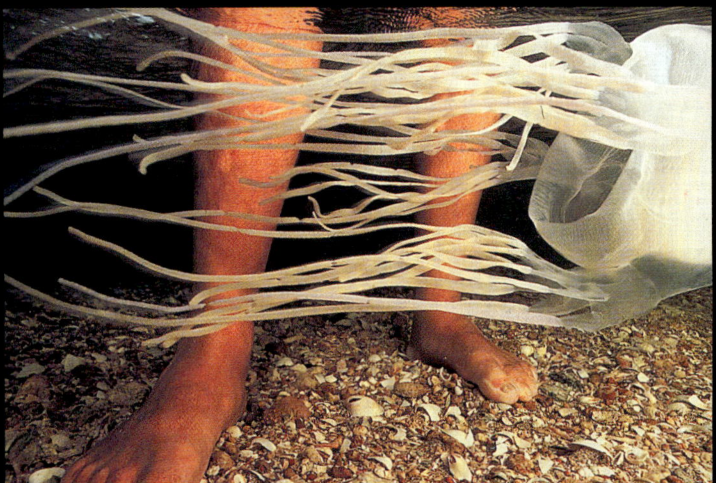

UNE CARESSE MORTELLE
À certaines périodes de l'année, un grand nombre de plages du nord de l'Australie sont fermées aux nageurs. La région est fréquentée par la cuboméduse, ou « guêpe de mer » (*Chironex fleckeri*), l'un des animaux les plus venimeux au monde. Ses tentacules meurtriers sont regroupés aux angles de son corps cubique. Les piqûres extrêmement douloureuses qu'elle inflige peuvent tuer en quelques minutes ou laisser des cicatrices spectaculaires qui rappellent aux survivants qu'ils ont frôlé la mort.

La plupart des victimes de pieuvres à anneaux bleus sont des vacanciers australiens qui trouvent l'animal dans un coquillage ou sous des rochers.

PIEUVRE À ANNEAUX BLEUS

Une morsure qui ne pardonne pas

Comparée à la pieuvre géante, dont les tentacules sont assez longs pour entourer un bus, la minuscule pieuvre à anneaux bleus, souvent plus petite qu'une main, semble bien inoffensive. C'est pourtant loin d'être le cas. Sa morsure est indolore mais peut tuer un homme en quelques minutes. La victime, paralysée par le venin, meurt d'un arrêt respiratoire.

RASCASSE VOLANTE

*La piqûre de la rascasse volante (*Pterois volitans*) est très douloureuse, mais rarement mortelle pour l'homme.*

POISSON-PIERRE

*Le poisson-pierre (*Synanceia sp*), des mers tropicales peu profondes, est le poisson le plus venimeux au monde.*

Une épée dans la pierre

Le poisson-pierre et la rascasse volante sont à l'abri des prédateurs grâce à la batterie d'épines empoisonnées située sur leurs ailerons. La rascasse volante, blanc et rouge vif, est facile à repérer. Ses couleurs nous avertissent de ne pas l'approcher. En revanche, le poisson-pierre est passé maître dans l'art du camouflage. Lui marcher dessus peut être fatal, car une piqûre de ses aiguillons suffit à tuer.

Il ne faut jamais les toucher

La beauté des cônes est un piège redoutable. Ces coquillages tropicaux rampent sur les récifs de corail et les côtes à la recherche de poissons et autres proies. Ils attaquent en projetant un minuscule « harpon » situé à l'extrémité d'un long appendice en forme de trompe (*proboscis*). Une piqûre et tout est fini. Tous ne sont pas venimeux, mais certains peuvent tuer un homme.

CÔNES

Minuscule « harpon » venimeux d'un Conus striatus

Les marées rouges

Cette nappe rouge (ci-dessous) n'indique pas la présence de pétrole ou d'un polluant chimique, mais celle de milliards de minuscules organismes unicellulaires appelés dinoflagellés. Leur « explosion démographique » est due à la présence d'eaux usées dans l'océan. Les dinoflagellés sont des plantes planctoniques flottantes, qui se multiplient très rapidement. Certains sont venimeux. Aussi manger des crustacés pêchés dans ces eaux rouges peut-il rendre gravement malade.

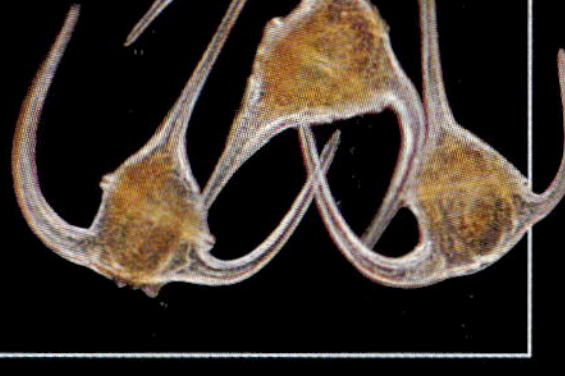

Les dinoflagellés ont des formes variées et complexes et ne sont pas tous venimeux.

VOYAGE AU FOND DES MERS

DE NOS JOURS, L'ÉQUIPEMENT DES PLONGEURS sous-marins est léger et facile à utiliser (et particulièrement coloré !). Avec un entraînement approprié, un enfant de 12 ans peut plonger en toute sécurité en emportant sur son dos une bouteille d'air comprimé. Un plongeur ainsi équipé peut normalement descendre jusqu'à 50 m de profondeur. Les scientifiques, les explorateurs et les équipes de tournage emploient des véhicules et des équipements spéciaux qui leur permettent de descendre sous cette limite et de visiter presque toutes les zones de l'océan (à l'exception des plus profondes).

LA PHOTOGRAPHIE SOUS-MARINE

L'équipement nécessaire pour faire un film sous-marin professionnel est encore volumineux et coûteux. Toutefois, les plongeurs ordinaires ont désormais à leur disposition une vaste gamme d'appareils photo sous-marins relativement peu onéreux. Les touristes peuvent même acheter des appareils photo sous-marins jetables. Louis Boutan, qui a pris les toutes premières photographies sous-marines en 1893, serait stupéfait de voir ces gadgets.

Ce plongeur filme sous l'eau avec une caméra Betacam sp.

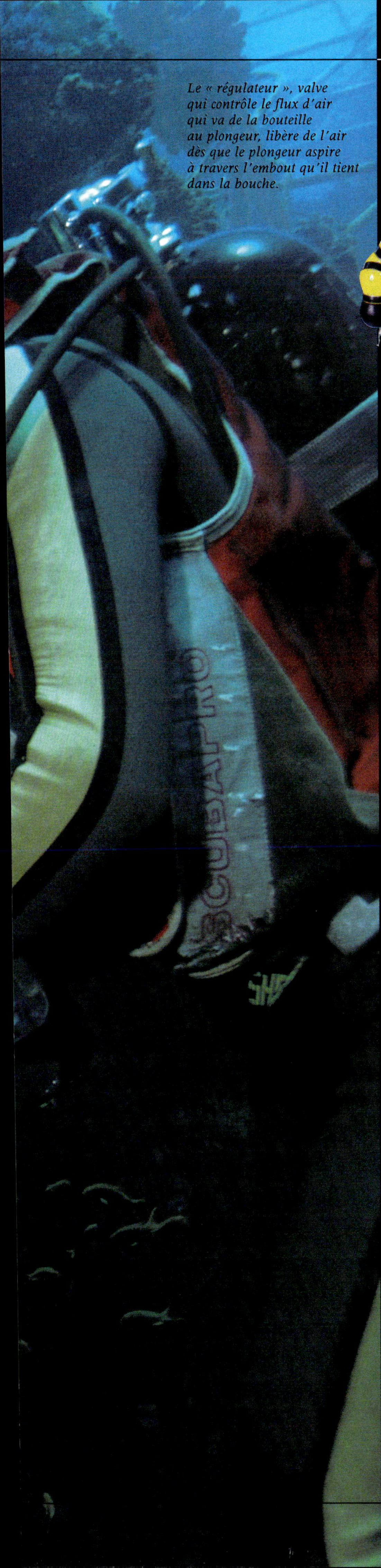

Le « régulateur », valve qui contrôle le flux d'air qui va de la bouteille au plongeur, libère de l'air dès que le plongeur aspire à travers l'embout qu'il tient dans la bouche.

COMBINAISON PRESSURISÉE HS 1200

COMBINAISON PRESSURISÉE HS 2000

Les plongeurs en combinaison utilisent des pinces hydrauliques en guise de mains.

Les combinaisons pressurisées

Les combinaisons pressurisées donnent l'impression de marcher au fond de la mer dans un sous-marin taillé sur mesure ! La pression qui règne à l'intérieur de la solide combinaison rigide est la même qu'en surface, si bien que le plongeur n'a pas à souffrir de la pression très élevée des grandes profondeurs.

Les combinaisons HS 2000 permettent de travailler à 500 m de profondeur pendant environ 6 à 8 heures.

Les submersibles

Ces sous-marins miniatures servent d'abord à emmener des scientifiques au fond de l'océan, mais certains ont une vocation touristique. Les occupants sont dans une capsule solide conçue pour résister à la pression. La coque du submersible est remplie de mousse syntactique, matériau léger qui l'aide à flotter.

Le RSL a un hublot sphérique en plastique acrylique épais, qui donne aux passagers une excellente vue sur le paysage qui les entoure. Il ne descend toutefois qu'à 250 m de profondeur.

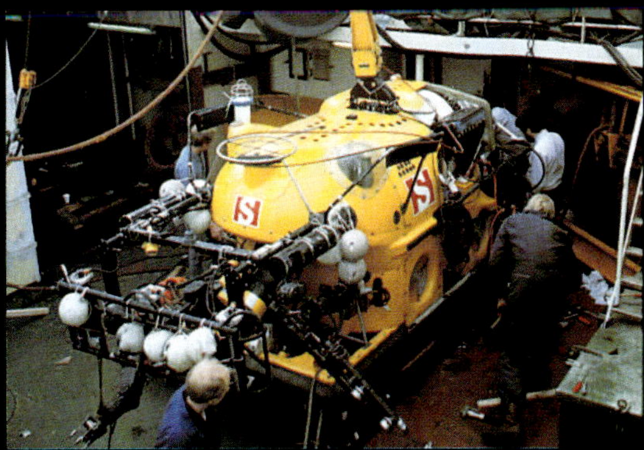

Le R.O.V. **Solo** *(ci-dessus) est utilisé pour surveiller les pipelines et d'autres ouvrages sous-marins dans les champs pétrolifères de la mer du Nord.*

Les véhicules téléopérés ou R.O.V. (*Remotely Operated Vehicles*)

Les R.O.V. sont des appareils sans pilote qui servent à explorer, filmer, mesurer et prélever des échantillons sous l'eau. Ils sont reliés à un bateau mère par de longs câbles. Leurs caméras transmettent des images aux techniciens qui les pilotent depuis la surface. Les liaisons par satellite permettent aux scientifiques de suivre l'action en direct *via* Internet.

Un hôtel sous-marin

Il est désormais possible de passer ses vacances sous l'eau. On trouve, par exemple, des sous-marins touristiques dans les Caraïbes. Le *Jules 'Undersea Lodge* est un hôtel, lui aussi sous-marin, situé en Floride (États-Unis). Record à battre : celui du temps passé sans interruption sous l'eau par un être humain : 69 jours et 19 minutes.

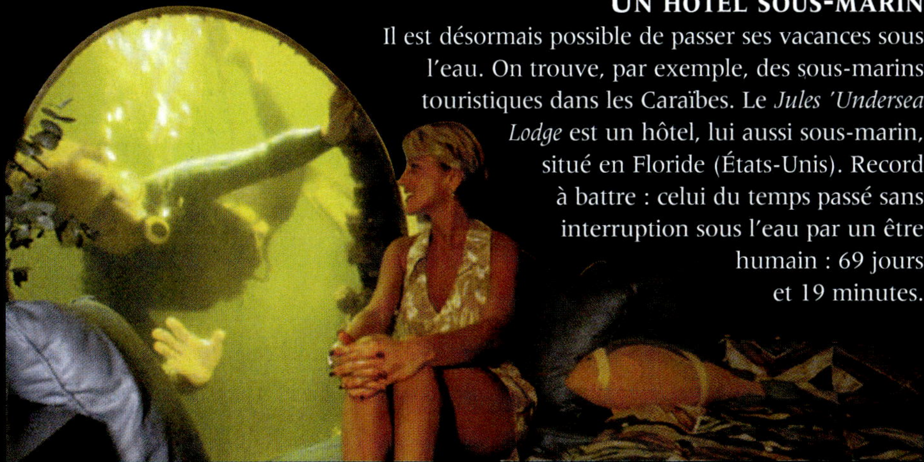

L'ARCHÉOLOGIE MARINE

La mer casse le verre, fait rouiller le métal et pourrir le bois, mais peut aussi préserver les épaves et les objets pendant plusieurs siècles en les recouvrant de sable ou de boue. Les « capsules temporelles » de ce genre sont de véritables mines d'informations pour les historiens et les archéologues. Les chasseurs d'épaves espèrent découvrir des objets de valeur. Peu y parviennent. Pourtant, en 1985, l'Américain Mel Fisher a découvert au large de la Floride (États-Unis) une épave qui avait coulé en 1622 avec 40 tonnes d'or, d'argent et d'émeraudes.

Attaque du Sankisan Maru (atoll de Truk, Micronésie, 1944)

Épave du Kasi Maru (îles Salomon, Mélanésie)

LE *MARY ROSE*

Le 11 octobre 1982, le *Mary Rose*, vaisseau amiral du roi Henri VIII, a revu la lumière du jour après une immersion de 437 ans. Les plongeurs et les archéologues avaient étudié et fouillé soigneusement le navire pendant 10 ans avant de le renflouer. Ils ont trouvé à son bord des milliers d'objets aussi variés que des chaussures, des peignes, des arcs et des flèches. Sa coque est désormais exposée au musée de la Marine royale de Portsmouth, en Angleterre (Royaume-Uni).

Cette photo prise au musée (à droite) montre un technicien en train de vaporiser sur le Mary Rose *des produits chimiques destinés à le protéger.*

MAQUETTE DU *MARY ROSE*

PICHET EN ÉTAIN RETROUVÉ À BORD DU *MARY ROSE*

UN NOUVEAU DÉPART

Au cours de la Seconde Guerre mondiale, de nombreux bateaux et avions ont sombré dans la mer. Cette fin tragique fut l'occasion d'un nouveau départ. Peu de temps après avoir coulé, les cargos japonais photographiés ci-dessus étaient colonisés par des plantes et des animaux. Sous les tropiques, une coque rouillée peut, en quelques mois, se transformer en un récif artificiel regorgeant de vie.

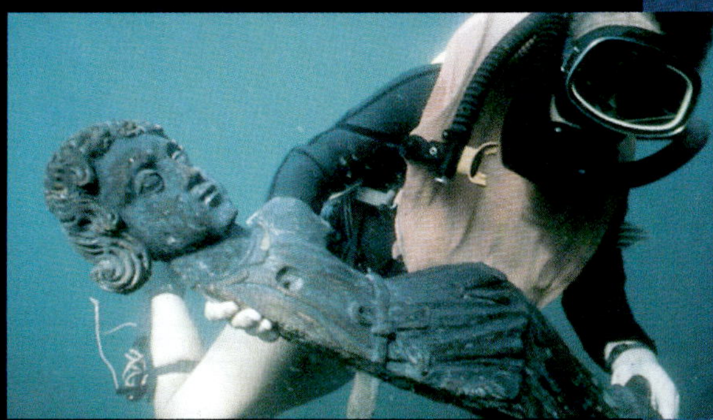

ENTERRÉ SOUS LA MER

Marcher le long du littoral à Lyme Regis, dans le Dorset (Angleterre), revient à marcher sur des millions d'années d'histoire. Les falaises et les côtes sont pleines d'animaux fossilisés, comme l'ammonite photographiée ci-dessous. À sa mort, l'animal a été enterré dans la vase qui couvre le fond de l'océan, où un processus chimique complexe l'a transformé en pierre.

Cette ammonite fossilisée a environ 200 millions d'années.

LES CHASSEURS DE TRÉSOR

Toute épave appartient à quelqu'un. La plupart des pays ont des règles fixant quel pourcentage d'un « trésor » revient à celui qui l'a trouvé. Généralement, les compagnies de récupération passent un accord avec le propriétaire – ou avec l'État concerné quand l'épave est ancienne.

DOUBLONS (ANCIENNE MONNAIE D'OR ESPAGNOLE) DU XVIIIe SIÈCLE

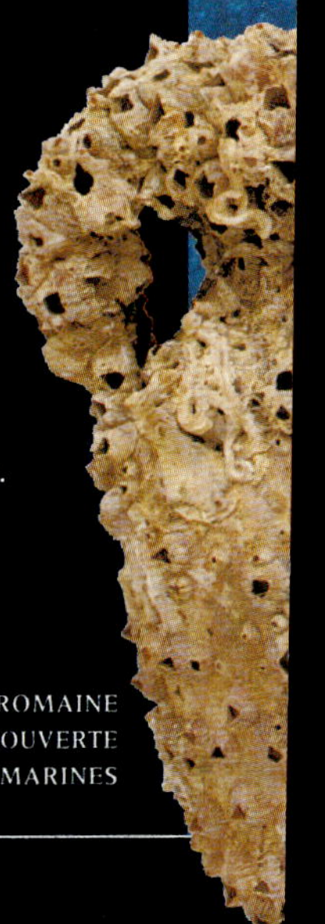
JARRE ROMAINE COUVERTE DE CRÉATURES MARINES

L'épave de cet avion de combat américain, un Grumman F6F-3 « Hellcat », a attiré toute sorte de poissons de récifs et présente un grand intérêt pour les plongeurs comme pour les historiens de la mer.

L'AQUACULTURE

L'HOMME A DE TOUT TEMPS puisé dans la mer de quoi subvenir à ses besoins. Dans les régions côtières pauvres, une part importante de la population dépend de la pêche pour sa nourriture et sa survie économique. En Asie du Sud-Est, de nombreuses communautés côtières sont tributaires de la vente des produits issus de l'aquaculture (algues, palourdes géantes, huîtres, crevettes tigrées et chanos). En Malaisie, les Bajau Laut, ou « nomades de la mer », passent leur vie sur l'eau, à bord de leurs bateaux, et le plus souvent ne retournent à terre que pour ensevelir leurs morts.

UN VÉRITABLE MODE DE VIE

La pêche est également un mode de vie pour des milliers de gens dans les pays industrialisés. Cette photographie (ci-dessus) montre un chalutier crevettier à double filet en train de remonter sa prise. Beaucoup de pêcheurs le sont de père en fils, mais les techniques de pêche intensive ont énormément réduit les stocks de poissons sauvages. À certains endroits, des communautés entières ont dû abandonner la pêche. Dans l'avenir, la pisciculture et les écloseries bâties sur la terre ferme pourraient constituer la principale source de poissons aussi appréciés que la morue.

Tant qu'ils sont correctement lavés, les coquillages pêchés à la main peuvent fournir un excellent repas gratuit.

LA PÊCHE À LA MAIN

Coques, moules et bigorneaux prolifèrent sur les côtes européennes. Si la pêche « à la main » ne nuit pas aux espèces ramassées, il n'en va pas de même avec des machines comme les dragueurs de coques : là où on les utilise les stocks de coquillages diminuent rapidement.

DES MÉDICAMENTS ISSUS DE LA MER

Les récifs de corail abritent de nombreuses éponges colorées. Certaines produisent des substances chimiques pour empêcher d'autres organismes de pousser sur elles. Les scientifiques ont découvert que certains de ces produits pouvaient aider à combattre des maladies comme le paludisme et le cancer. Quand une substance utile est isolée, les scientifiques tentent de la reproduire en laboratoire pour éviter la surexploitation des éponges sauvages.

Éponge vase azurée (à droite) des Caraïbes. On découvre chaque année de nouvelles espèces d'éponges dans les récifs de corail.

LES « CHAMPS » D'ALGUES MARINES

L'algue marine est cultivée dans de nombreux pays tropicaux en voie de développement. Les algues sont vendues comme aliment, fertilisant et ingrédients pour la fabrication de divers produits. Elles sont généralement attachées à des cordes fixées à des pieux et à des bouteilles en plastique qui font office de flotteurs. Une fois cueillies, les algues sont séchées sur la terre ferme.

Les rangées de perles de la mer

Les perles font partie des produits naturels marins les plus précieux. Quand un corps étranger pénètre dans la coquille d'une huître, cette dernière le couvre de couches de nacre, matériau précieux lisse et brillant. Les ostréiculteurs du sud du Pacifique accrochent les huîtres sur des cordes et glissent des petits morceaux de coquillage dans leurs coquilles pour enclencher le processus.

Ce plongeur vérifie que ses huîtres perlières sont en bonne santé et que leurs cordes ne sont ni effilochées ni abîmées.

De nombreuses espèces d'huîtres et de moules produisent des perles, mais pas toujours aussi parfaites que celles ici photographiées.

SAUMON D'ÉLEVAGE

L'élevage du saumon

En Europe du Nord, la plupart des supermarchés vendent du saumon. Ce dernier n'est généralement pas sauvage, mais issu d'un élevage situé en Écosse ou en Norvège. Les saumons d'élevage grandissent dans des cages flottantes et sont nourris de granulés à base de poisson (voir ci-contre).

L'IMPACT DE L'HOMME SUR LES OCÉANS

On pensait jadis que les océans étaient tellement immenses que rien ne pourrait jamais les affecter. Ce n'est malheureusement pas vrai. Les technologies modernes, l'énorme croissance de la population mondiale et une mauvaise gestion ont engendré de sérieux problèmes. La pêche intensive est aujourd'hui le plus grave : pêcher beaucoup d'individus au sein d'un nombre restreint d'espèces bouleverse l'équilibre fragile de la nature. La pollution due au mauvais traitement des eaux usées, les déversements d'hydrocarbures, l'invasion des détritus et la destruction des récifs de corail sont autant de problèmes, qui avec ceux de la pêche intensive, ne pourront être résolus que si les États acceptent de travailler ensemble.

Cette baleine à bosse soulève son énorme nageoire caudale avant de plonger vers

Le blanc de baleine, graisse du cachalot, était jadis utilisé comme lubrifiant et pour fabriquer des bougies.

Krill et baleine même combat

Les baleines sont doublement menacées. Certes la plupart des pays ont interdit la pêche à la baleine, mais le Japon et la Norvège continuent de la pratiquer en toute légalité. Dans l'océan Austral, la pêche au krill, minuscule crevette dont se nourrissent les géants des mers, compromet la survie des rares spécimens qui s'y trouvent encore.

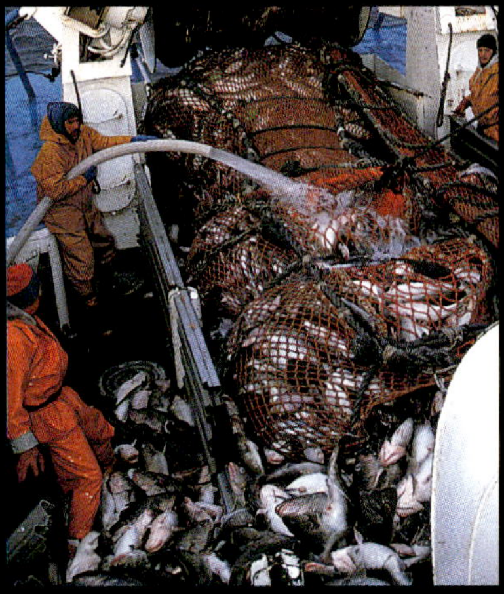

Un répit pour la morue

La morue était jadis le poisson le plus abondant de l'Atlantique Nord et des villages entiers vivaient de sa pêche. Mais le nombre des morues a nettement diminué depuis que des méthodes modernes permettent de repérer les bancs de poissons, pour les capturer en très grande quantité à l'aide de chaluts. La pêche en est désormais interdite ou limitée dans certaines zones, afin que les poissons aient le temps de se multiplier.

Bien que les morues vivent au moins 20 ans (voire 30), on n'en trouve plus aucune de plus de 4 ans dans la mer du Nord.

Des progrès en Arctique

L'Arctique est sans doute la zone océanique la moins exploitée, principalement parce qu'il est trop difficile d'y travailler. Dans les années 1970 et 1980, des milliers de bébés phoques du Groenland étaient tués chaque année pour leur fourrure blanche. Ce n'est plus le cas, les Inuits chassent les morses et les phoques, mais ne prélèvent que le nombre d'animaux nécessaire pour se nourrir et se vêtir.

Cette petite maison en bois, située au bord de la mer, en Indonésie, est protégée par un mur construit avec des blocs de corail.

La destruction du corail

L'océan Indien est parsemé de nombreuses petites nations insulaires, comme les Maldives, qui attirent aujourd'hui des touristes désireux de profiter de leurs splendides plages et de visiter les récifs de corail. Mais le développement de cette industrie implique la construction d'hôtels et de jetées, et, trop souvent, l'extraction de rochers coralliens qui endommage les récifs.

les profondeurs. Les baleines se reconnaissent à des marques sur leurs queues.

Les rejets d'hydrocarbures

Cette pollution concerne toutes les mers et océans. Elle provient d'abord des pétroliers échoués. Le dépôt d'hydrocarbures sur le rivage occasionne de nombreux dégâts, en particulier quand y vivent des colonies d'oiseaux ou de phoques. Les bateaux qui nettoient illégalement leurs réservoirs sont à l'origine de rejets moins importants, mais plus fréquents et tout aussi dommageables. Au large, la pollution peut être traitée avec des détergents. Mais beaucoup d'animaux côtiers supportent mal ces produits.

Un pétrolier déverse du pétrole dans la mer, à Pearl Harbour (Hawai).

Ce pingouin est couvert du pétrole déversé dans la mer, en 1996, lors du désastre du pétrolier **Sea Empress**, *au large du pays de Galles. La plupart des oiseaux « mazoutés » meurent, même après avoir été nettoyés.*

LA TÉLÉDÉTECTION

POUR COMPRENDRE COMMENT LES OCÉANS fonctionnent, les océanographes passaient jadis de nombreuses semaines en mer, où ils mesuraient la température de l'eau, la vitesse des courants, la hauteur des vagues et la clarté de l'eau. De nos jours, les satellites permettent d'obtenir ce type d'informations en mesurant les radiations électromagnétiques émises par la mer. L'information est traitée par de puissants ordinateurs qui convertissent les données en températures, couleurs, hauteurs de vague et vitesses des courants.

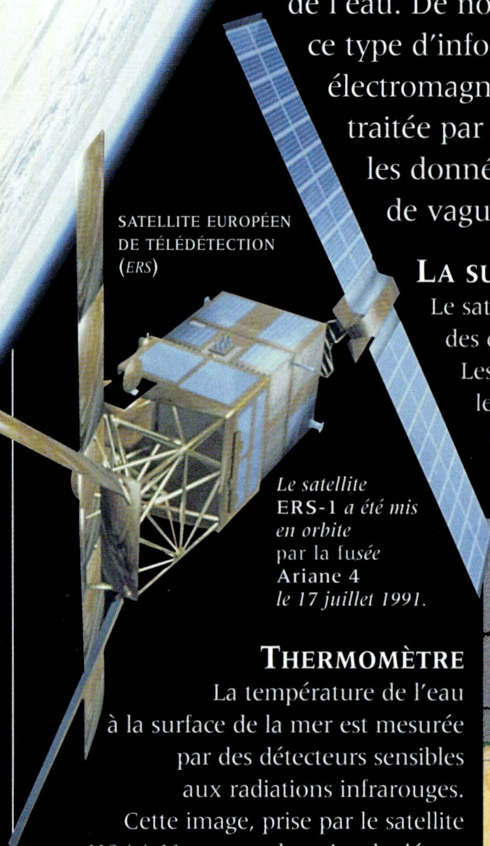

SATELLITE EUROPÉEN DE TÉLÉDÉTECTION (*ERS*)

Le satellite **ERS-1** *a été mis en orbite par la fusée* **Ariane 4** *le 17 juillet 1991.*

LA SURVEILLANCE OCÉANOGRAPHIQUE

Le satellite *ERS-1*, en orbite autour de la Terre, récolte des données sur les littoraux, les océans et la glace polaire. Les scientifiques du monde entier l'utilisent pour étudier les changements climatiques. Il est équipé de capteurs sensibles aux micro-ondes. Celles-ci, contrairement à la lumière visible, traversent les nuages.

THERMOMÈTRE

La température de l'eau à la surface de la mer est mesurée par des détecteurs sensibles aux radiations infrarouges. Cette image, prise par le satellite *NOAA 11*, montre le point de départ du Gulf Stream, courant chaud qui va de la Floride aux côtes britanniques. Sans lui, la Grande-Bretagne aurait le climat du Groenland. Les eaux chaudes sont indiquées en rouge et en jaune, les eaux froides en bleu et en gris.

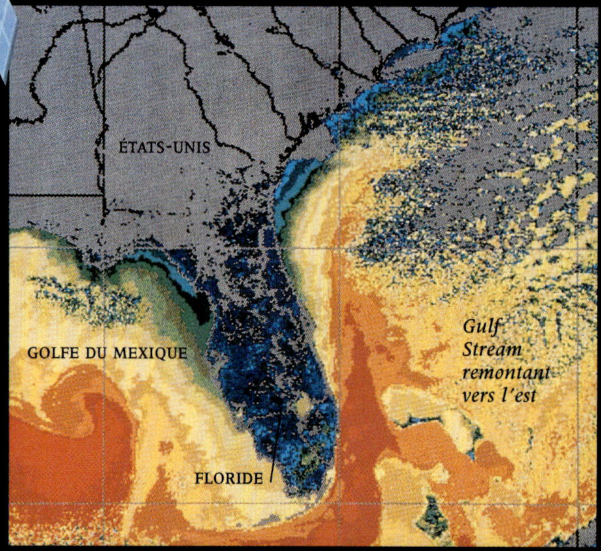

THON JAPONAIS

LES THONS, VICTIMES DE LA TECHNOLOGIE

Les bateaux de pêche modernes mettent à profit la détection par satellite, les ordinateurs et les sonars pour capturer les bancs de poissons. Le sonar envoie dans l'eau des pulsations sonores qui « rebondissent » sur les poissons. Le temps mis par l'écho pour revenir à son point de départ permet de calculer à quelle distance se trouvent les bancs assez gros pour intéresser les pêcheurs. Les thons sont également localisés par avion léger. Ces méthodes sont malheureusement si efficaces que certaines espèces, comme le thon rouge, sont aujourd'hui très rares.

Le requin est pêché à la ligne et amené à bord du bateau dans un « hamac » en filet.

Les bancs de sable peu profonds ressortent en bleu pâle et les lagons ou chenaux profonds en bleu foncé.

Le sable et les sédiments qui dérivent au-dessus du récif de corail finissent par former des îles sableuses, où poussent des graines apportées par le vent.

La mer vue du ciel

Les photographies aériennes permettent d'étudier les côtes et les récifs de corail, et de surveiller les nappes d'hydrocarbures. Celles prises à partir d'un avion sont plus détaillées, celles prises par satellite couvrent des zones plus vastes. Cette photographie montre l'atoll (île corallienne en anneau) de Kayangel, situé dans l'océan Pacifique. L'avion refera le même trajet à une date ultérieure. Ainsi pourra-t-on enregistrer tout changement des bancs de sable et dans la végétation qui tente de pousser sur l'atoll.

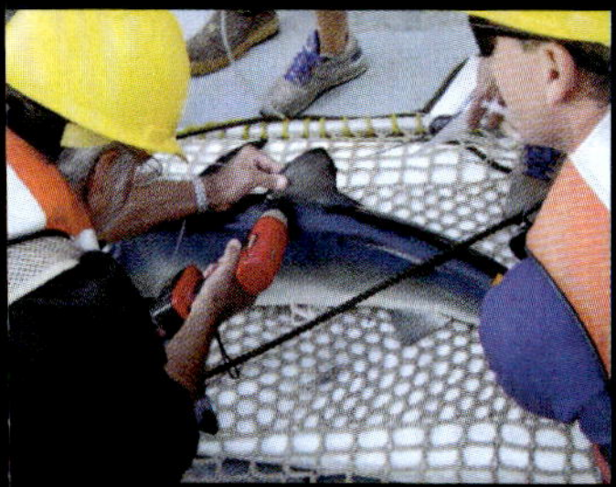

Jne étiquette est rapidement fixée sur 'aileron dorsal de l'animal.

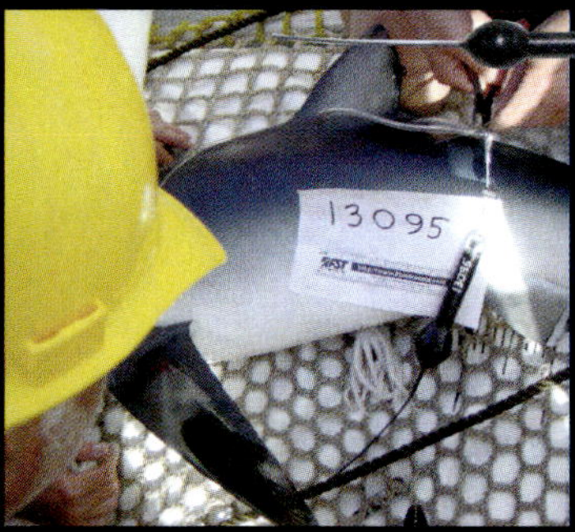

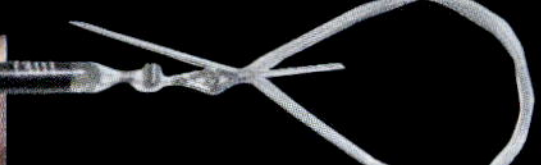

Exemple d'étiquette utilisée pour pister les requins et autres gros animaux marins

Une fois l'étiquette fixée sur l'animal, son numéro est enregistré et le requin est soigneusement remis à la mer.

Suivi par satellite

Les étiquettes reliées à des satellites servent à suivre les mouvements des gros animaux, comme les requins, les baleines et les tortues. Elles enregistrent les déplacements de l'animal et transmettent les données quand ce dernier fait surface. Suivre les mouvements d'espèces menacées, tels la baleine bleue et le thon rouge, permettra aux scientifiques d'élaborer des stratégies susceptibles de les protéger.

UN MONDE EN MOUVEMENT

QUAND L'INGÉNIEUR NIKOLAUS OTTO a conçu le premier moteur à combustion interne à 4 temps, en 1876, il n'a pas dû songer un instant que son invention affecterait un jour le climat et les océans de la planète. Chaque jour, pourtant, des dizaines de millions de moteurs de voiture, construits sur ce modèle, rejettent du dioxyde de carbone qui piège la chaleur du soleil et constitue l'une des causes du réchauffement de l'atmosphère. Certains scientifiques prédisent que ce réchauffement entraînera une montée du niveau des mers, consécutive à la fonte des glaces polaires.

LA FONTE DES GLACES
Nul ne peut prévoir avec certitude si le réchauffement de l'atmosphère affectera la banquise. Il existe toutefois un certain nombre de signes inquiétants. Des glaciers comme celui de Hubbard, en Alaska (à gauche), sont de plus en plus petits, le nombre des icebergs a diminué et la température de l'Antarctique est en hausse.

El Niño

Tous les 2 à 10 ans, un courant chaud venu de l'ouest du Pacifique, El Niño, recouvre les eaux froides riches en plancton qui longent habituellement l'Amérique du Sud. Il en résulte des pluies denses, de violentes tempêtes. Les poissons, faute de nourriture, se font rares.

1 2

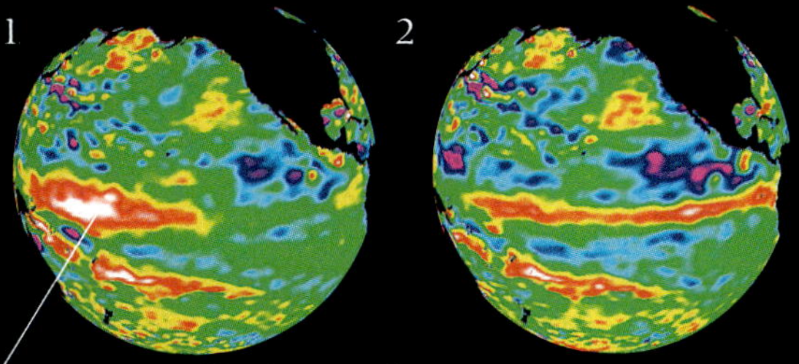

Cette image satellite du 25 avril 1997 montre une zone d'eau anormalement chaude, point de départ d'El Niño. Le réchauffement de l'atmosphère pourrait amplifier ce phénomène.

3 4

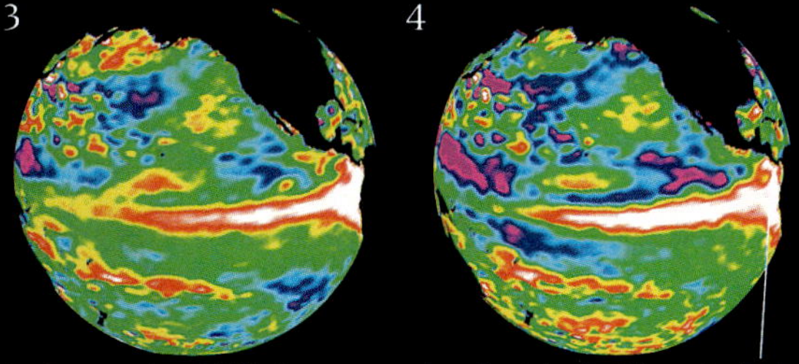

Le 5 septembre 1997, le courant chaud atteint le Pérou. La baisse de la population des anchois entraîne celle de leurs prédateurs. De nombreux oiseaux meurent. La pêche est médiocre.

Le monde du bruit

Le célèbre plongeur Jacques Cousteau a appelé son livre sur les océans *Le Monde du silence*. Malheureusement, nos mers ne sont plus silencieuses. Le vacarme que font les exploitations pétrolières, les navires de commerce, les expériences scientifiques et les exercices de la marine dérange les baleines et les dauphins, et pourrait même expliquer qu'ils s'échouent parfois sur le littoral.

Grand dauphin (Tursiops truncatus)

Les énergies alternatives, ou « renouvelables », comme le vent ne produisent ni dioxyde de carbone ni autre déchet. Elles ne sont toutefois pas encore assez efficaces ou assez bon marché pour remplacer complètement les combustibles fossiles.

Une énergie propre

Les centrales qui brûlent des combustibles fossiles (pétrole, charbon) réchauffent l'atmosphère en y rejetant du gaz carbonique. Aussi cherche-t-on à produire une électricité « propre » à partir du vent, du soleil et des marées. La ferme éolienne de Livermore (à gauche) se trouve en Californie, aux États-Unis.

L'énergie marémotrice

L'usine marémotrice construite sur la Rance (France) produit de l'énergie à chaque marée. Lorsque l'eau monte, elle passe en tourbillonnant entre les vannes du barrage et remplit l'estuaire de la rivière. Les vannes sont fermées au moment où la marée commence à descendre et l'eau retourne à la mer en actionnant 24 turbines qui génèrent environ 240 millions de watts.

Les usines marémotrices ont besoin de marées importantes pour fonctionner. L'amplitude de la marée à l'emplacement de ce barrage atteint 13,5 m. Le barrage mesure 750 m de long et crée un lac artificiel de 22 km².

D'énormes blocs de glace se détachent de la paroi du glacier, là où il est à l'aplomb de la mer.

LA PRISE DE CONSCIENCE

LE RÉCHAUFFEMENT DE L'ATMOSPHÈRE, la surexploitation des fonds de pêche et les marées noires sont désormais des problèmes connus du grand public. Des accords entre États s'imposent pour maîtriser la situation, mais chacun d'entre nous peut agir dans le bon sens. Si les touristes refusent d'acheter des mâchoires de requins et des coquilles de tortue, les pêcheurs arrêteront de tuer ces animaux. Les requins sont d'ores et déjà plus rentables vivants que morts : sur de nombreux sites de plongée, les touristes paient pour les voir évoluer dans leur milieu naturel.

Jadis très nombreuses, les tortues bâtardes sont aujourd'hui les tortues les plus menacées. Il arrive que les courants océaniques amènent de jeunes tortues bâtardes de l'Amérique jusqu'en Europe.

DES CRÉATURES QUI VIENNENT DE LOIN

Les bateaux qui font le tour du monde transportent parfois à leur insu des plantes et des animaux, accrochés à leur coque ou cachés dans leur cargaison. L'algue brune *Sargassum muticum* a ainsi voyagé du Japon jusqu'en Grande-Bretagne et pousse désormais au large du sud de l'Angleterre, d'où il est impossible de l'éradiquer.

LA SURVIE DES MACAREUX

Les îles Shetland, au nord de l'Écosse, abritent des milliers de macareux qui nichent dans des terriers creusés en haut des falaises. Au cours des années 1980, leur nombre s'est effondré. Les bateaux de pêche avaient capturé tellement d'anguilles de sable qu'il n'en restait pas assez pour les petits des macareux.

MACAREUX MOINE (*FRATERCULA ARCTICA*)

Pour nourrir leurs petits, les macareux ont besoin d'une grande quantité d'anguilles. Depuis que la pêche de ces poissons est réglementée, la population des macareux s'accroît.

LE *BRENT SPAR*

Le *Brent Spar*, plate-forme pétrolière obsolète de 4 000 tonnes, érigée en mer du Nord, devait être coulée dans une zone profonde de l'océan. Cette décision a provoqué un tollé général à cause de la pollution qui en résulterait et la plate-forme a finalement été démontée, malgré le coût important de l'opération. Monsieur Tout-le-monde avait remporté la bataille.

DISPOSITIF D'EXCLUSION DES TORTUES OU TED
(*TURTLE EXCLUSION DEVICE*)

Un filet sélectif

Les tortues bâtardes sont les plus rares des 6 espèces de tortues marines. Dans le golfe du Mexique, beaucoup meurent noyées dans les filets des crevettiers, faute d'avoir pu remonter respirer à la surface. Heureusement, des scientifiques ont conçu un filet spécial, doté de « sorties de secours » pour les tortues, mais qui ne laissent pas échapper les crevettes (voir ci-dessus).

TORTUE BÂTARDE
(*LEPIDOCHELYS KEMP*)

Ces plongeurs équipés d'un masque et d'un tuba nagent avec les poissons dans une réserve marine de Belize (Amérique centrale).

Les réserves marines

Il existe de nombreux parcs et réserves de mer où la pêche et le ramassage sont interdits ou limités. Les réserves marines fournissent un havre de paix aux poissons et autres créatures océaniques. Les poissons y sont très apprivoisés, comme le montre notre photo. La zone de l'océan qui bénéficie de ce type de protection est toutefois infiniment petite.

Plastique meurtrier

Les détritus en plastique abandonnés sur les plages par les touristes, venant des égouts, ou jetés par-dessus le bord de bateaux privés ou de bâtiments de pêche sont particulièrement dangereux : ils se décomposent très lentement et peuvent blesser ou tuer des animaux, et détruire des plantes. Légiférer ne suffit pas. Reste à nettoyer les plages.

FAITS ET CHIFFRES

ÉTAT DE LA MER : ÉCHELLE DE BEAUFORT (simplifiée)

Force	Vitesse du vent (en nœuds)	Terminologie descriptive	État de la mer	Hauteur probable des vagues
0	< 1	Calme	Mer d'huile.	0 m
1	1-3	Brise très légère	Rides semblables à des écailles.	0,1 m
2	4-6	Brise légère	Petites vaguelettes.	0,2 m
3	7-10	Petite brise	Grandes vaguelettes dont la crête commence à se briser.	0,6 m
4	11-16	Jolie brise	Petites vagues plus allongées ; assez nombreux « moutons » (petites vagues surmontées d'écume).	1 m
5	17-21	Bonne brise	Vagues modérées ; nombreux moutons.	2 m
6	22-27	Vent frais	Grosses vagues ; très nombreux moutons ; embruns probables.	3 m
7	28-33	Grand frais	Grosse mer ; l'écume blanche des vagues qui se brisent commence à former des traînées dans le sens du vent.	4 m
8	34-40	Coup de vent	Longues vagues de hauteur modérée ; l'écume des crêtes des vagues forme des traînées bien visibles dans le sens du vent.	5,5 m
9	41-47	Fort coup de vent	Hautes vagues ; épaisses traînées d'écume dans le sens du vent ; les crêtes des vagues commencent à vaciller et à retomber en rouleaux.	7 m
10	48-55	Tempête	Très hautes vagues à longues crêtes en panache ; l'écume forme des traînées épaisses dans le sens du vent ; la surface de la mer est blanche ; vagues déferlantes d'une grande violence.	9 m
11	56-63	Violente tempête	Vagues exceptionnellement hautes ; la mer est couverte de bancs d'écume dirigés dans le sens du vent ; toutes les vagues sont bordées d'écume ; la visibilité est réduite.	11,5 m
12	64 et +	Ouragan	L'air est plein d'écume et d'embruns ; la mer est blanche ; la visibilité est très réduite.	14 m

LES RECORDS OCÉANIQUES

Vague la plus haute lors d'une tempête En 1933, le navire américain *USS Ramapo* a essuyé entre Manille (Philippines) et San Diego une terrible tempête, dont l'une des vagues mesurait 34 m de haut.
Vague la plus haute La vague la plus spectaculaire mesurée à ce jour est née d'un important glissement de terrain, le 9 juillet 1958, qui a fait déferler dans une baie de l'Alaska une vague de 530 m de haut.
Zone la plus profonde de l'océan L'abysse Challenger, dans la fosse des Mariannes, située entre le Japon et la Papouasie-Nouvelle-Guinée, détient le record de profondeur mesurée avec 11 033 m.
Record de plongée pour un véhicule habité Le 23 juillet 1960, le bathyscaphe *Trieste* est descendu à 10 918 m de profondeur dans l'abysse Challenger, avec 2 passagers.
Tourbillons les plus violents Ceux du Maelström, célèbre tourbillon qui se forme à l'endroit où de violentes marées s'engouffrent dans les passages étroits qui séparent les îles Lofoten, au large de la côte tourmentée de l'ouest de la Norvège.
Amplitude de marée la plus importante Près de 16 m, dans la baie de Fundy (Canada).
Mascaret le plus spectaculaire La marée montante fait déferler dans l'estuaire de la rivière Qiantang (Chine) une vague d'eau de mer appelée « dragon noir », qui peut atteindre 9 m de haut.
Montagne sous-marine la plus haute Le Mauna Kea, dans l'océan Pacifique, culmine à 10 203 m au-dessus du fond de la mer. Il est donc nettement plus haut que l'Everest, qui ne dépasse pas l'altitude de 8 850 m au-dessus du niveau de la mer.

LES RECORDS DE LA FAUNE MARINE

Plus gros animal marin La baleine bleue. Record de longueur : 31 m. Record de poids : 196 tonnes. Des spécimens plus gros peuvent exister.
Plus gros invertébré Le calamar géant. Plus gros calamar connu : 16,8 m de long. Des spécimens bien plus gros existent peut-être.
Plus grosse méduse Méduse crinière de lion (*Cyanea capillata*). Diamètre de la cloche : 2,3 m. Longueur d'un tentacule : 36,5 m.
Plus petit vertébré Le gobie nain, qui, une fois adulte, mesure en moyenne 8,8 mm de long.
Algue de mer la plus longue Le varech géant du Pacifique (*Macrosystis pyrifera*), mesure presque 60 m de haut (voir p. 214 et 215).
Migration la plus longue pour un animal marin La baleine grise, qui accomplit un voyage de 20 000 km (voir p. 230).
Vertébré le plus dangereux Le grand requin blanc mesure au moins 6,5 m de long et se nourrit de phoques, d'otaries, de dauphins et de gros poissons (voir p. 232).
Invertébré le plus dangereux La cuboméduse (*Chironex fleckeri*), dont la piqûre est mortelle (voir p. 238).
Animal qui descend le plus bas Le cachalot descend probablement à au moins 3 000 m (voir p. 199).
Fossile vivant Le cœlacanthe. Poisson appartenant à un groupe que l'on pensait disparu au crétacé (il y a 135 à 170 Ma). Un spécimen vivant a été capturé en 1938.
Le plus bruyant Des baleines mysticètes émettent des sons qui traversent les océans.

DONNÉES MYTHOLOGIQUES

Le Kraken Les histoires concernant le Kraken ont vu le jour en Norvège au XIIe siècle. Elles parlent d'un monstre marin ressemblant à une pieuvre, capable de couler les navires. Cet animal mythique est probablement inspiré du calamar géant (voir les « Records de la faune marine », ci-contre à gauche).
Les monstres marins Les marins croyaient jadis que la mer était remplie de monstres très dangereux. C'est probablement la vue d'énormes baleines qui ont donné naissance à ces histoires et à l'insécurité des voyages en mer.
Les sirènes Les légendes concernant les sirènes datent du début du VIIIe siècle av. J.-C. Elles font référence à des créatures au chant maléfique,pourvues d'un torse de femme et d'une queue de poisson. Les vaches de mer (dugongs) se trouvent peut-être à l'origine de ce mythe bien que leur tête velue ne soit guère séduisante !
Les serpents de mer Le régalec, dont le corps long et fin, orné sur le dos d'une longue crête rouge, peut mesurer jusqu'à 7 m de long, a probablement inspiré de nombreuses histoires de serpents de mer.
Le diable de mer L'énorme mais inoffensive raie cornue (voir p. 233) était jadis accusée d'entraîner les navires au fond de la mer en tirant sur la chaîne de leur ancre.

HISTOIRE DES OCÉANS ET DE L'EXPLORATION MARITIME

Histoire des océans

- **Il y a 4,6 milliards d'années** Formation de la Terre.
- **Il y a 3,8 milliards d'années** La condensation des eaux atmosphériques entraîne la formation d'étendues d'eau qui correspondent à nos océans.
- **Il y a 500 Ma (millions d'années)** La vie n'existe que dans les océans.
- **Il y a 300 Ma** Ère des poissons.
- **Il y a 200 à 180 Ma** Le supercontinent Pangée commence à se fragmenter.
- **Il y a 100 Ma** Ère des reptiles, dinosaures sur la terre ferme, ichtyosaures et plésiosaures dans l'océan.
- **Il y a 65 Ma** Les baleines primitives parcourent les océans.
- **Il y a environ 2,5 Ma** Apparition des premiers hommes.

Histoire de leur exploration

- **1831-1836** Charles Darwin voyage à bord du *Beagle* et fait les observations (concernant la vie sauvage) qui le conduiront à concevoir la théorie révolutionnaire de la sélection naturelle.
- **1872-1876** Voyage du *HMS Challenger*, première expédition de recherche scientifique océanographique.
- **1912** Naufrage du *RMS Titanic.*
- **1920** Première utilisation d'un appareil d'écho sondage.
- **Années 1940** Invention du premier scaphandre autonome.
- **1960** Le bathyscaphe *Trieste* atteint la zone la plus profonde de l'océan.
- **1977** Découverte d'animaux extraordinaires près d'évents volcaniques abyssaux.
- **1985-1987** Découverte de l'épave du *Titanic*, filmée à l'aide d'un submersible.

DONNÉES OCÉANIQUES

Quantité d'eau contenue dans les océans Environ 1,4 milliard de km³.

Nom des 5 océans (du plus grand au plus petit) Pacifique, Atlantique, océan Indien, océan Austral (Antarctique) et océan Arctique.

Océan le plus vaste Le Pacifique couvre plus de 163 millions de km².

Les mers Plus petites que les océans, elles sont officiellement au nombre de 54.

Les mers fermées Certaines mers (comme la mer Morte ou la mer Caspienne) sont situées à l'intérieur des terres et ne sont pas reliées à l'océan.

La salinité Le degré de sel de l'océan se mesure en partie par mille (ppm). La salinité moyenne est de 35 ppm, ce qui signifie qu'il y a 35 g de sel dans 1 000 g d'eau de mer.

Les éléments présents dans l'eau L'océan contient tous les éléments connus, dont certains en quantités infimes.

La température de l'océan De -2 °C dans l'Arctique et l'océan Austral à 36 °C en été dans le golfe Persique.

Le bruit Il se propage dans l'eau de mer 4,5 fois plus vite que dans l'air.

GLOSSAIRE

Algues Végétaux qui incluent aussi bien des laminaires que des organismes planctoniques unicellulaires.

Atoll Anneau de corail qui entoure un lagon, formé à l'emplacement d'une île volcanique qui a coulé.

Bathyscaphe Premier type de sous-marin, inventé par Auguste Piccard.

Copépodes Minuscules crustacés qui font partie du plancton océanique.

Dinoflagellés Organismes unicellulaires qui forment une partie du plancton. Certains produisent des poisons mortels pour les créatures marines.

Dioxyde de carbone (gaz carbonique) Gaz rejeté lors de la respiration et émis par la combustion de combustibles fossiles comme ceux présents dans l'essence des voitures.

Échinodermes Groupe d'animaux marins qui incluent l'étoile de mer, l'ophiure, l'oursin, le concombre de mer et la comatule.

Évent hydrothermal Fissure du plancher océanique par laquelle jaillit une eau chauffée par l'activité volcanique.

Fosse abyssale Dépression étroite, longue et profonde, à bords relativement abrupts, située sur le plancher océanique.

Larves Jeunes invertébrés (animaux sans colonne vertébrale), généralement de taille et de forme très différentes des adultes de la même espèce. Beaucoup d'animaux marins produisent des larves planctoniques.

Lithosphère Couche externe du manteau terrestre, qui inclut l'écorce terrestre, faite de roches dures.

Luciférine Substance chimique qui produit la lumière des animaux bioluminescents.

Méiofaune Animaux microscopiques, mesurant moins de 0,5 mm de long, qui vivent principalement entre les grains de sable.

Océanographie Étude scientifique des aspects physiques, chimiques et biologiques de l'océan.

Oxygène Gaz inspiré ou absorbé par toutes les créatures vivantes lors de la respiration.

Photosynthèse Processus par lequel les plantes synthétisent leur nourriture en utilisant l'énergie du soleil pour transformer l'eau et le dioxyde de carbone en sucre et en oxygène.

Plaine abyssale Vaste étendue de sol plat, généralement située en dessous de 3 650 m.

Polypes Minuscules animaux qui ressemblent à des anémones. Le corail est constitué de nombreux polypes vivant en colonies.

Zone épipélagique (éclairée par le Soleil) Couche d'eau qui va de la surface de l'océan à environ 200 m de profondeur.

Zone mésopélagique (crépusculaire) Couche d'eau située approximativement entre 200 et 2 000 m de profondeur en pleine mer, où la lumière pénètre très faiblement.

Zone sublittorale Zone du plancher océanique située juste au-dessous du littoral, jusqu'à environ 100 m de profondeur.

Zooplancton Ensemble de minuscules animaux. Certains passent toute leur vie à flotter au gré des courants et d'autres sont les larves d'animaux qui vivent sur le fond de la mer, comme les crabes.

Zooxanthelles Plantes unicellulaires qui vivent à l'intérieur des coraux (et de quelques anémones de mer) et qui produisent de la nourriture pour leur hôte.

EN SAVOIR PLUS SUR LE MONDE MARIN

http://www.wwf.fr
Site officiel de l'association World Wide Fund for Nature (Fonds Mondial pour la Nature), organisation mondiale de protection de la nature.

http://www.cousteau.org
Site de l'équipe Cousteau, dont le but est de faire connaître, aimer et protéger les milieux aquatiques.

http://europe.oceana.org/francais
Oceana est une organisation à portée internationale dont le but est de préserver et de restaurer les océans.

http://laplanetebleue.net/
Guide en ligne (et en français) de la BBC, traitant de l'histoire naturelle des océans.

http://www.fishbase.org/
Base de données contenant des informations sur presque tous les poissons. Des photos aident à identifier chaque espèce.

http://liensutiles.org/merocean.htm
Nombreux liens vers des sites sur la mer et les océans.

http://oceano.org
Site de l'institut océanographique de Paris, du musée océanographique de Monaco et du Centre de la mer, musée pédagogique de découverte du monde marin situé au cœur de Paris. Multiples liens classés par thèmes.

http://www.nausicaa.fr
Centre national de la mer, dont l'objectif est de faire découvrir et aimer la mer au grand public, tout en le sensibilisant à la nécessité d'une gestion durable des ressources marines. Nombreux liens vers des sites à caractère marin.

http://www.oceanopolis.com" \t "_blank
Site du Parc de découverte des océans, à Brest. Visite virtuelle illustrée de nombreuses photos. Quelques liens sur les métiers de la mer.

PARTIE V

UNE PLANÈTE VIVANTE ET CAPRICIEUSE

Trevor day

LE BIG BANG

C'EST EN ÉTUDIANT L'ESPACE que l'on comprend comment s'est formée notre planète. Les forces sauvages qui ont façonné notre Terre depuis des milliards d'années exercent toujours leur puissance. L'extrême chaleur qui règne sous la surface de la Terre transforme en fusion les roches qui sont ensuite crachées par les volcans. D'énormes sections de la croûte terrestre se déplacent, provoquant des tremblements de terre. Les températures extrêmement élevées du centre de la Terre sont provoquées par la radioactivité naturelle et par des réactions chimiques. Le Soleil est toutefois beaucoup plus chaud, et sans sa lumière et sa chaleur la vie sur Terre n'existerait pas. Mais en réalité, l'histoire de la Terre commence avec le Big Bang, cette inconcevable explosion qui a créé l'Univers.

QUELQUE CHOSE À PARTIR DU RIEN

Les scientifiques s'accordent aujourd'hui sur le fait que tout a commencé avec le Big Bang : le temps, l'espace et la matière de l'Univers. Il y a environ 13 milliards d'années, une explosion d'une puissance inimaginable a fait surgir l'Univers. Cette boule d'énergie initiale était tellement concentrée qu'elle a donné naissance à la matière. Au moment de sa création, l'Univers était infiniment chaud et dense. Il s'est ensuite étendu, refroidi, et les galaxies, les étoiles et les planètes se sont alors formées. Ainsi est né notre système solaire, il y a 4,6 milliards d'années.

UNE PLANÈTE UNIQUE, LA TERRE

De toutes les planètes du système solaire, la Terre est unique. Son champ de gravité lui permet d'avoir une atmosphère protectrice, constellée de nuages. L'eau des océans bleus la recouvre aux trois quarts et elle se situe juste à la bonne distance du Soleil pour disposer de climats ni trop chauds, ni trop froids. L'eau et l'atmosphère sont les 2 conditions essentielles pour que puisse exister la vie telle que nous la connaissons.

La création d'étoiles

Au cœur de son amas nuageux de poussières cosmiques, la spectaculaire nébuleuse d'Orion donne naissance à des étoiles. Ainsi a été créé notre Soleil il y a des milliards d'années. La nébuleuse solaire primitive, en rotation sur elle-même, a accumulé en son centre des matières de plus en plus denses. En se comprimant, elles se sont échauffées. Lorsque la température a atteint plusieurs millions de degrés, des réactions de fusion nucléaire se sont amorcées. C'est ainsi qu'est né le Soleil, au cœur de notre système solaire.

Le système solaire

À sa naissance, le Soleil se trouvait probablement au centre d'un amas circulaire de matière formé de poussières, de liquides, de glace et de gaz. Sous l'action des forces de gravité, les particules de poussières se sont regroupées en masses rocheuses. La matière constituée de minéraux, proche du Soleil, s'est agglomérée pour former les planètes intérieures, à surface solide. Les planètes extérieures, plus éloignées du Soleil, sont gazeuses, composées de roches et de gaz légers ou de glace.

Sommes-nous seuls dans l'univers ?

Il est peu probable que soient réunies ailleurs dans l'Univers les conditions qui ont permis à la vie sur Terre d'éclore sous des formes aussi complexes. De simples microbes peuvent toutefois survivre dans des environnements hostiles et peut-être exister sur d'autres planètes ou leurs lunes. En 1996, une météorite martienne découverte en Antarctique contenait ce qui semblait être une bactérie fossilisée (à droite). Certains scientifiques pensent qu'une forme de vie microbienne simple aurait pu exister sur Mars.

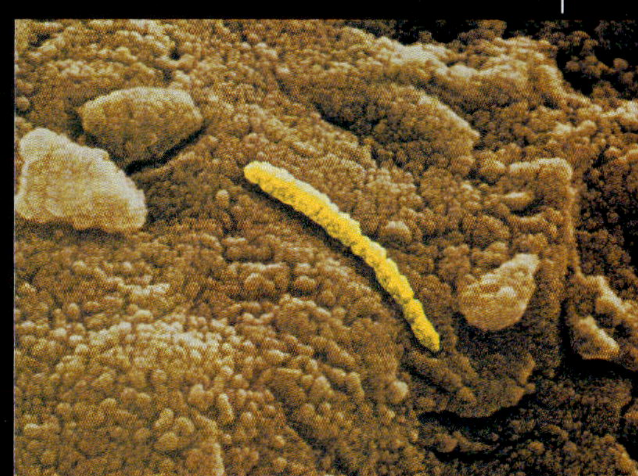

UN PASSÉ VIOLENT

AU COMMENCEMENT, LA TERRE était une planète brûlante dont la surface était en fusion. Des débris de la nébuleuse solaire sous forme de météorites et comètes s'écrasaient en permanence sur la surface incandescente de la jeune planète. Ces violents bombardements ont contribué à augmenter la température de la Terre. Puis, peu après sa formation, il y a environ 4,6 milliards d'années, la Terre fut percutée par un objet de la taille de Mars. L'impact produisit une chaleur considérable. Des débris de l'explosion provoquée par cette collision furent projetés dans l'espace et se regroupèrent pour former la Lune. Lentement, la température de la Terre commença à baisser. Ainsi se forma une planète à la surface solide, avec des océans, des continents et une atmosphère. Dès sa jeunesse, la Terre a été porteuse de vie. Elle approche maintenant de l'âge mûr. On estime que le Soleil continuera à la baigner de chaleur, génératrice de vie, pendant près de 5 milliards d'années encore.

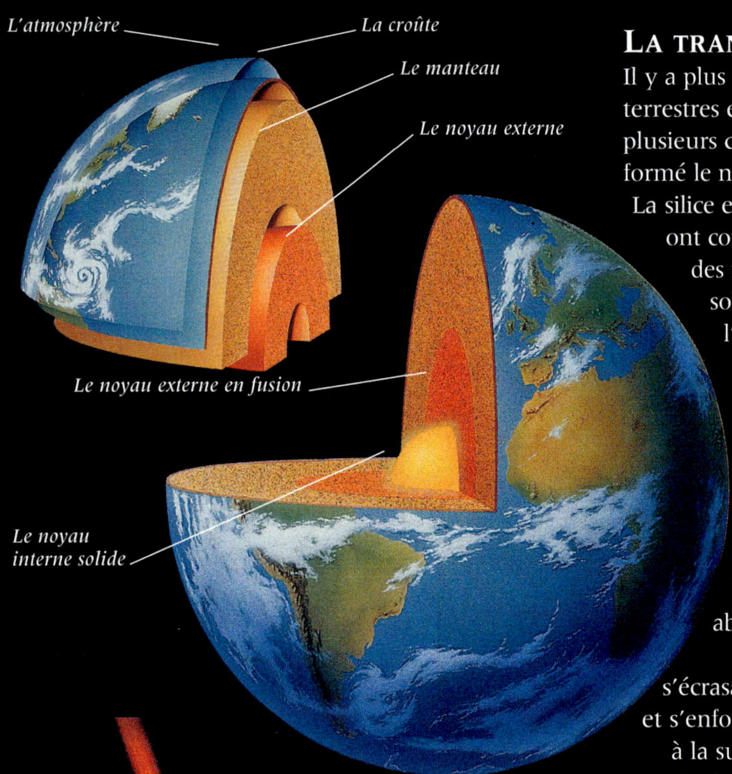

LA TRANSFORMATION DE LA TERRE

Il y a plus de 4 milliards d'années, les matériaux terrestres en fusion ont commencé à se séparer en plusieurs couches. Les matières lourdes, riches en fer, ont formé le noyau incandescent au centre de la planète. La silice et les éléments plus légers flottant à la surface, ont constitué la croûte. Entre le noyau et la croûte, des matériaux riches en silice et en magnésium, solides mais déformables, sont devenus ce que l'on appelle le manteau. À la surface, les roches granitiques légères ont épaissi la croûte, formant les premiers continents.

UN PASSÉ MOUVEMENTÉ

Voici une représentation imaginaire du paysage sauvage de la jeune Terre (à droite). La croûte fragile a sans doute été abîmée par des débris en provenance de l'espace et des coulées de lave. Les météorites qui s'écrasaient sur la Terre formaient d'énormes cratères et s'enfonçaient dans le manteau brûlant, faisant surgir à la surface de gigantesques jets de roches en fusion. Petit à petit, la fine croûte s'est épaissie mais parfois des morceaux de croûte refroidie replongeaient dans le manteau en fusion, pour y être à nouveau fondus.

LA FIN DES DINOSAURES

Pendant plus de 100 millions d'années, les dinosaures étaient les maîtres sur Terre mais ils ont soudain disparu il y a 65 millions d'années. Leur extinction a sans doute été causée par la collision d'une énorme météorite ou d'une comète avec la Terre. L'impact a dû alors plonger le monde dans un nuage de poussières qui a obstrué le Soleil pendant plusieurs mois. Dans cette obscurité glacée, la plupart des plantes et des dinosaures ont péri. Cependant, certains petits mammifères hibernants, du genre ratons laveurs, ont pu survivre.

Les océans

L'eau des océans pourrait provenir de comètes qui se seraient écrasées sur Terre. Une comète (à gauche) est une énorme boule de glace et de roche. L'eau pourrait aussi avoir été générée par la vapeur d'eau produite par les roches en fusion (magma) s'écoulant à la surface de la Terre. En se condensant, cette vapeur aurait formé des nuages dans l'atmosphère avant de retomber sur la Terre sous forme de pluie.

Le soleil

Notre Soleil est une étoile de taille moyenne, identique à des milliards d'autres dans la galaxie. Sans sa chaleur, la Terre serait inhabitable. Les scientifiques ont calculé que le Soleil brillera encore 5 milliards d'années avant d'épuiser son hydrogène. Il subira alors une expansion, atteignant 100 fois sa taille, et deviendra une sphère incandescente appelée géante rouge qui détruira la Terre.

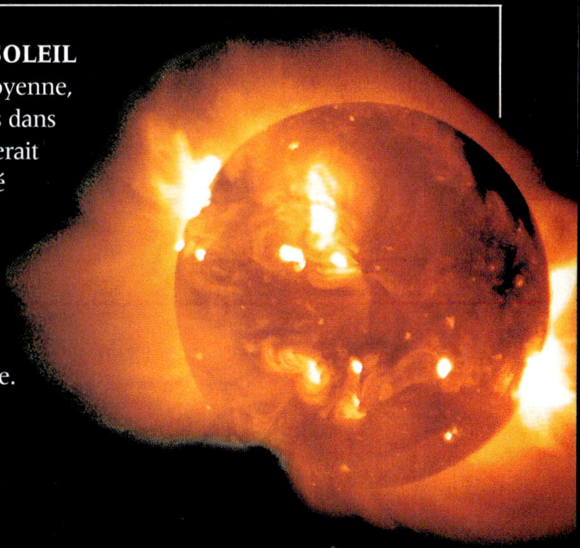

L'atmosphère

L'atmosphère de la jeune Terre était riche en gaz volcaniques tels que le dioxyde de carbone. Aujourd'hui, elle contient de l'oxygène mais peu de dioxyde de carbone. On pense que ce changement a été provoqué par de minuscules organismes vivants primitifs qui rejetaient de l'oxygène. Ces touffes de végétation (à gauche), composées de micro-organismes appelés cyanobactéries, captent la lumière du Soleil pour se nourrir et rejettent de l'oxygène.

Les âges glaciaires

La Terre a pourtant été en partie recouverte de glace au cours de son histoire. Lorsque le climat s'est refroidi, la glace s'est répandue des pôles vers l'équateur, puis elle s'est retirée quand la planète s'est réchauffée. Ce réchauffement est peut-être dû à une lente oscillation de l'axe de la Terre qui a modifié sa distance par rapport au Soleil. Les glaciers actuels (à gauche) nous permettent d'imaginer à quoi ressemblait la Terre à l'époque.

La dérive des continents

Le sol sur lequel nous marchons est-il aussi stable que nous le pensons ? En fait, les continents sont toujours en mouvement sous l'action de forces motrices agissant dans les profondeurs de la Terre. Ce déplacement des plaques est appelé « la dérive des continents ». En remontant du centre de la Terre, l'intense chaleur perturbe sa surface rocheuse et froide. Ce phénomène force les plaques, appelées plaques tectoniques, à se déplacer. Chaque année, les continents dérivent d'environ 1 cm. Certaines plaques entrent en collision, d'autres divergent, et d'autres encore coulissent l'une contre l'autre. À l'échelle des temps géologiques, ces mouvements modifient considérablement l'aspect de la Terre. Les violents tremblements de terre et les volcans sont là pour nous rappeler d'une façon dramatique que les plaques sont toujours en mouvement.

Les plaques tectoniques

Chaque plaque tectonique est constituée d'une couche inférieure de roche solide et d'une couche supérieure appelée la croûte. Les plaques flottent à la surface du manteau qui se comporte comme un fluide très visqueux. Là où la croûte est fine, la surface de la Terre est plus basse et recouverte par les mers et les océans. Les continents en occupent les parties plus épaisses et plus élevées. Lorsque les plaques tectoniques bougent, elles entraînent avec elles les continents, et les océans changent de forme.

Un puzzle géant

Les plaques constituant la surface de la Terre s'imbriquent les unes dans les autres, comme les morceaux d'un puzzle. Cette carte indique les limites des plaques terrestres et la direction de leurs déplacements. Les plaques changent de forme au fur et à mesure qu'elles se déplacent. Les grandes chaînes de montagnes se sont formées le long des zones bleues, lieux de collision des plaques. Les lignes de volcans sont indiquées par des triangles le long des zones rouges, là où une plaque, s'enfonçant sous une autre (phénomène de subduction), provoque la remontée de roches en fusion à la surface.

La preuve

Lorsqu'en 1915, Alfred Wegener annonça que les continents ne formaient à l'origine qu'une seule grande masse continentale (la Pangée), personne ne le prit au sérieux. Pourtant, il avait raison. Certaines plantes fossiles, telle la fougère *Glossopteris* (à droite) lui ont fourni la preuve de sa théorie : bien que se trouvant sur des continents très éloignés les uns des autres, elles ne pouvaient, selon lui, provenir que d'un seul et même continent. Aujourd'hui, les géologues ont reconnu sa théorie de la dérive des continents.

COLLISIONS DES PLAQUES

La cordillère des Andes, en Amérique du Sud, étend ses 8 900 km sur la côte pacifique. Elle s'est formée il y a environ 170 millions d'années, lorsque la plaque de Nazca est entrée en collision avec la plaque sud-américaine et s'est enfoncée sous celle-ci (subduction). Les plis (ci-dessus) indiquent les endroits où la croûte terrestre s'est plissée. Il y a environ 6 millions d'années, la formation des Andes s'est ralentie.

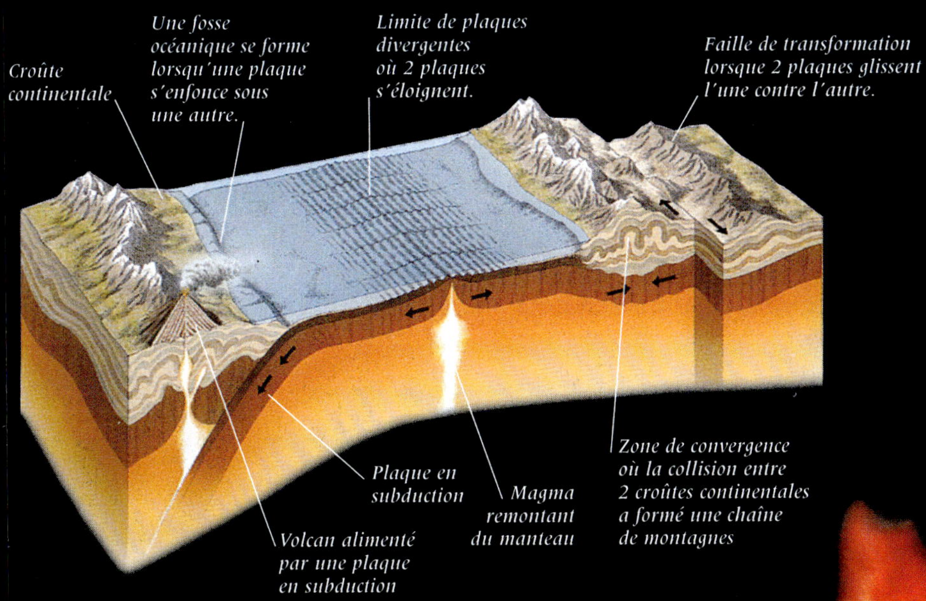

LA LIMITE DES PLAQUES

L'illustration ci-dessus nous explique ce qui se passe aux limites de 2 plaques. Lorsque 2 plaques s'éloignent l'une de l'autre, la roche en fusion (magma) remonte par la zone d'effondrement qui s'est créée. Des failles de transformation se forment de part et d'autre des dorsales et provoquent des tremblements de terre dans le cas de plaques glissant l'une contre l'autre. Dans les zones de convergence, enfin, les plaques entrant en collision forment une chaîne de montagnes par plissement et élévation de la croûte continentale.

L'OUEST DE JAVA

Cette photo montre le volcan d'Anak Krakatoa, en Indonésie. Il est entré en éruption pour la première fois en 1927 et appartient à une longue chaîne de volcans située à l'emplacement où la plaque indo-australienne s'enfonce sous la plaque eurasiatique. Cette plaque en subduction entre en fusion lorsqu'elle pénètre dans le manteau terrestre, et provoque la remontée du magma à la surface, formant ainsi des volcans.

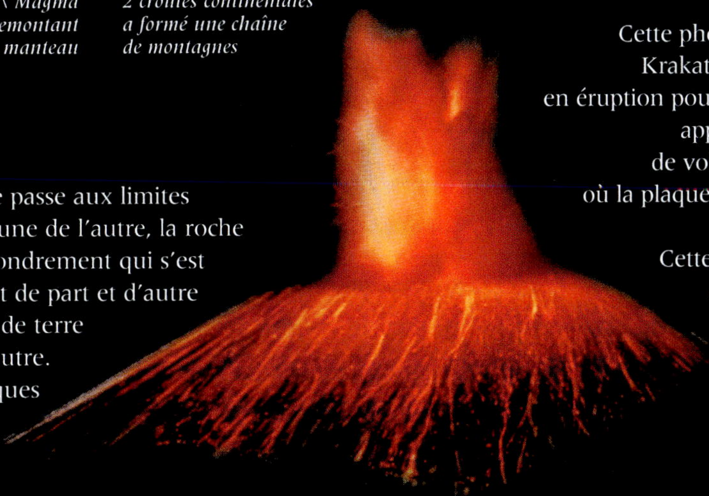

L'EXPANSION DES DORSALES

La dorsale médio-atlantique est une limite de plaques divergentes qui s'étend de l'Arctique à l'océan Austral. Elle se trouve en grande partie sous la mer mais, à Thingvellir, région très volcanique d'Islande (à gauche), elle remonte à la surface. La limite entre la plaque nord-américaine (à gauche) et la plaque eurasiatique (à droite) est clairement visible. Là où les plaques se sont éloignées, s'est formée une vallée d'effondrement, appelée rift. En 1963, lors d'une énorme éruption volcanique sous-marine à 130 km au sud de Thingvellir, la lave a remonté et rempli le fossé d'effondrement le long de la dorsale. En refroidissant, elle a formé la nouvelle île de Surtsey.

LES VOLCANS

UNE EXPLOSION TERRIBLE SE PRODUIT, la Terre tremble et le ciel s'assombrit : un volcan entre en éruption, crachant par son cratère de la lave incandescente et dégageant des nuages de cendres et de fumées toxiques. Les volcans sont des cheminées ou des fissures sur la croûte terrestre. Ils permettent à la roche en fusion (magma) de remonter de l'intérieur brûlant de la Terre et de s'épancher à la surface. Un volcan actif peut entrer en éruptions continuelles puis, avec le temps, former une large montagne aux flancs doux. D'autres volcans, dits en sommeil, n'entrent que très rarement en éruption, mais si une éruption se produit, la violence de son explosion sera telle qu'elle pourra détruire son cône et ses flancs. Beaucoup de montagnes sont d'anciens volcans éteints. On compte actuellement plus de 1 000 volcans actifs sur la Terre, et bien davantage sous les océans.

L'INTÉRIEUR D'UN VOLCAN EN ÉRUPTION

Sous la croûte terrestre, dans le manteau, la roche n'est pas aussi solide qu'à la surface mais constitue une matière en fusion appelée magma. Parfois, ce magma est poussé vers la surface et se loge sous la croûte dans une chambre magmatique (cavité située sous le volcan). Au fur et à mesure que s'accumule le magma, la pression augmente, jusqu'à ce que la cheminée du volcan, obstruée, s'ouvre en une terrible explosion. Le cratère agit alors comme un canon de fusil d'où jaillissent lave, roches, cendres et vapeur.

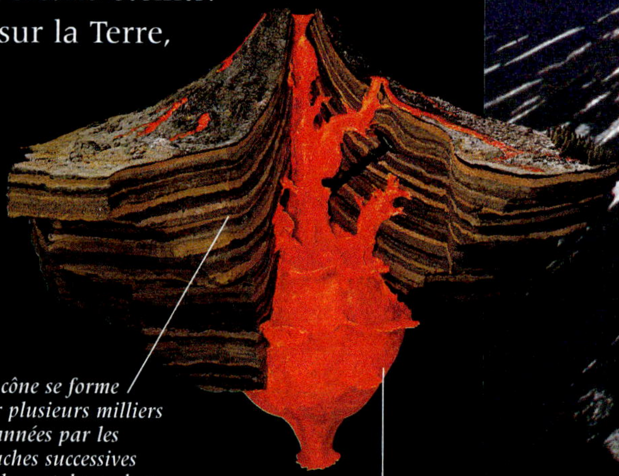

Le cône se forme sur plusieurs milliers d'années par les couches successives de lave et de cendres.

Le magma s'accumule dans la chambre magmatique et augmente la pression dans la cheminée.

TOUTES LES FORMES ET TAILLES

La forme d'un volcan dépend de la viscosité de ses laves, de la fréquence et de l'amplitude de ses éruptions. Les strato-volcans (en forme de dôme) créent des cônes formés par les couches de lave et de cendres qu'ils produisent. Les volcans fissuraux sont plats et la lave suinte par de longues fissures dans la croûte. Les caldeiras, comme celui de Crater Lake en Oregon, aux États-Unis (à gauche), sont entourés de cratères à ras de sol, sans doute provoqués par une explosion qui a effondré la montagne préexistante.

POINT CHAUD

La plupart des volcans se forment lorsque des plaques terrestres entrent en collision ou s'éloignent l'une de l'autre. Cependant, certains, comme les îles Hawaï, apparaissent au milieu d'une plaque et résultent d'un « point chaud » dans le manteau terrestre. Tel un chalumeau, celui-ci perce la croûte océanique et forme un volcan. L'éruption du volcan diminue graduellement quand la plaque en mouvement s'écarte du « point chaud » et qu'un nouveau volcan se constitue.

Hawaï a le cône volcanique le plus haut du monde. C'est une île récente qui a émergé de la mer au cours du dernier million d'années.

Oahu a été formée il y a 2 à 3 millions d'années par le même point chaud que celui qui a donné naissance à Hawaï.

La belle au bois dormant

Les flancs gracieux du mont Fuji, symbole du Japon, s'élèvent à plus de 3 500 m. Son cône parfait est formé de couches successives de lave et de cendres. Certains croient que les dieux habitent au sommet de ses neiges éternelles. Sa dernière éruption date de 1707. Depuis, il est en sommeil.

Le souffle des volcans

En Islande, des scientifiques portent des masques à gaz pour contrôler les gaz toxiques qui s'échappent d'une fumerolle (petite cheminée volcanique). Ces endroits sont régulièrement testés. Une augmentation de la pression des gaz ou une modification de leur composition peut révéler une éruption prochaine.

Un paradis volcanique

Il y a plus de 1 000 ans, l'eau souterraine chauffée par l'activité volcanique s'est écoulée sur les versants du célèbre plateau de Pamukkale, en Turquie. Les sels de l'eau se sont cristallisés pour créer un paysage magique de chutes « gelées », de stalactites et de bassins. Depuis la nuit des temps, les gens se baignent dans ses eaux chaudes.

LES ÉRUPTIONS VOLCANIQUES

LORSQU'UN VOLCAN PULVÉRISE SON SOMMET, la puissance de cette explosion provient du dioxyde de carbone. Les énormes pressions souterraines emprisonnent le gaz dans le magma sous forme dissoute. Lorsque la cheminée se débouche d'un coup, la pression diminue brutalement et le gaz forme des bulles qui augmentent de volume, à l'image de ce qui se produit lorsque l'on ouvre une boisson gazeuse après l'avoir secouée. Ces bulles font remonter le magma le long de la cheminée qui rejette alors une pluie de lave, de cendres et même de morceaux de roche ardente. De nos jours, les scientifiques peuvent prédire avec plus de précision les éruptions, mais non en prévoir le type. Si ce magma s'épanche à la surface sous forme de simples coulées de lave, l'éruption est dite effusive. S'il est émis de façon discontinue sous forme liquide, solide et gazeuse, l'éruption est dite explosive. Un même volcan peut connaître l'un ou l'autre type d'explosion ou encore les 2 au cours d'une même éruption.

UN SPECTACLE EXTRAORDINAIRE

Le mont Stromboli, volcan d'une île proche de la Sicile, en Italie, est très actif. Des poussées de lave brûlante remontent le long de son cratère de 925 m, produisant de petites explosions fréquentes. Les gens viennent assister à la projection de ces bombes jaunes et chaudes (appelées bombes pyroclastiques). En 1999, un groupe de touristes campant près du sommet, ont été blessés à la suite d'une explosion d'une intensité inhabituelle qui les a bombardés de gros fragments pyroclastiques brûlants.

L'ÉRUPTION DU MONT SAINT HELENS

Le dimanche 18 mai 1980 au matin, le mont Saint Helens, à Washington, aux États-Unis, est entré en éruption pour la première fois depuis 123 ans. L'augmentation de la pression au sein du volcan a gonflé son flanc, provoquant un glissement de terrain de 8 milliards de tonnes de roche. L'explosion a produit un nuage en champignon, constitué de gaz et de cendres, haut de 19 km.

FIGÉS POUR L'ÉTERNITÉ

En 79 av. J.-C., les habitants de Pompéi, en Italie, observaient l'éruption du mont Vésuve lorsqu'un nuage composé de cendres incandescentes et de gaz, appelé nuée ardente, a dévalé la montagne. Tous ont péri étouffés avant d'être ensevelis dans les cendres. Grâce à des moules de plâtre, on a pu reconstituer les empreintes de leurs corps figés.

UN CIEL ROUGE DANS LA NUIT

Les cendres des volcans peuvent être transportées par les vents à de grandes distances. Lorsqu'elles voilent les rayons du Soleil, elles produisent des couchers de soleil d'un rouge vif. Mais, en même temps, elles refroidissent la température terrestre. En 1991, les cendres de l'éruption du mont Pinatubo, aux Philippines, ont refroidi la surface de la Terre.

LA PUISSANCE PYROCLASTIQUE

Peu après la première explosion du mont Saint Helens, une nuée ardente a dévalé son flanc nord à une vitesse de 160 km/h, réduisant en cendres arbres et végétation. L'explosion était d'une telle intensité qu'elle a carbonisé la flore à des kilomètres à la ronde, créant un paysage insolite de désolation.

LES COULÉES DE LAVE

LA LAVE COULE, CRACHE, SOUFFLE ET CRAQUE ; elle semble dotée de vie. C'est le magma qui est ainsi projeté à la surface. Les volcans des « points chauds », comme le Kilauea à Hawaï, produisent des rivières ardentes de lave bouillonnante et liquide. En se refroidissant, elle forme une couche épaisse qui se fragmente à nouveau quand la lave interne en fusion s'infiltre à la surface. La lave représente rarement un danger pour l'homme, car elle s'écoule lentement, à la vitesse d'un escargot, sur plusieurs centaines de mètres de profondeur parfois. Cependant, il est quasiment impossible de l'arrêter. Certains volcans actifs, comme le mont Saint Helens, aux États-Unis, produisent un magma de lave épaisse et pâteuse qui ressemble à de la cendre.

DÉTOURNER LA LAVE
La lave du mont Etna, en Italie (à droite), s'écoule vers la ville de Zafferana. En dépit de la lenteur de son avancée, la lave est très destructrice, brûlant et recouvrant tout sur son passage. Des barrières de béton, des tranchées et même des explosifs sont utilisés pour détourner des habitations les coulées de lave.

LA LAVE ET LA MER
Des touristes à Hawaï (à gauche) assistent au spectacle de la lave brûlante transformant l'eau de mer en vapeur. Sous la mer, les coulées de lave refroidissent et se plissent. Les éruptions répétées étendent constamment la surface de l'île.

LE PAHOEHOE
Deux types de coulée de lave portent des noms hawaïens. Le pahoehoe (ici en photo) s'écoule de la cheminée d'un volcan de « point chaud » et forme une couch[e] qui se plisse en spirales fines. L'aa est craché ou é[...] du volcan et, en refroidissant, dessine des form[es] grumeleuses et déchiquetées.

La vulcanologie

Bien protégé par sa combinaison thermique, ce vulcanologue peut, s'il est rapide, ramasser des morceaux de lave chaude. Les volcans ont en effet des réactions imprévisibles. En 1991, le couple de vulcanologues Maurice et Katia Krafft ont péri lorsque le mont Unzen, au Japon, s'est mis à cracher une nuée ardente. Les vulcanologues prennent des risques importants pour prévoir les éruptions mais ils peuvent ainsi sauver de nombreuses vies.

Les îles Galápagos

Les îles Galápagos, dans l'océan Pacifique, continuent à s'étendre. Elles sont alimentées par la lave d'un « point chaud » dans le manteau terrestre. Les volcans des îles Galápagos produisent de la lave qui se répand sur de grandes zones et forme des crevasses en refroidissant. L'eau de pluie disparaît dans les failles, rendant le sol aride et le paysage de ces îles plutôt austère.

La lave de la vie

Les éruptions volcaniques ne sont pas toujours synonymes de nouvelles funestes. Les terres qui se trouvent autour des volcans, comme ces vertes plaines du Mexique, peuvent être fertilisées grâce à la cendre des volcans qui nourrit ainsi le sol. Toutefois, trop de cendre ou de lave est catastrophique. Les coulées de lave épaisses peuvent mettre des mois à refroidir, et il faudra alors des dizaines d'années pour que la végétation repousse.

LA FORMATION DES MONTAGNES

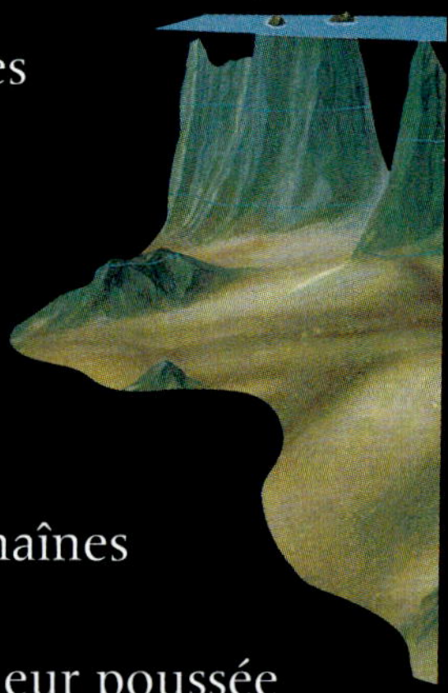

LES SPECTACULAIRES CHAÎNES DE MONTAGNES DE LA TERRE sont constituées de roches abruptes qui ont été soulevées par le mouvement des plaques tectoniques. Certaines sont des pics volcaniques isolés, formés au cours de multiples éruptions. D'autres sont de gros blocs rocheux qui émergent quand la croûte terrestre craque et se fracture. Mais la plupart d'entre elles proviennent de la collision de 2 plaques tectoniques entraînant le soulèvement de la croûte. Ainsi sont nées les grandes chaînes de montagnes situées à la limite des plaques, comme l'Himalaya en Asie ou les Alpes en Europe. Au cours des 4,6 milliards d'années de vie de la Terre, nombreuses sont les chaînes de montagnes à avoir été créées ou englouties par la rencontre des plaques tectoniques. Les montagnes hautes et accidentées sont généralement toujours en formation. Lorsque leur poussée s'arrête, elles subissent les effets de l'érosion par les vents, l'eau et la glace qui, des millénaires plus tard, les transformera en collines aux pentes douces.

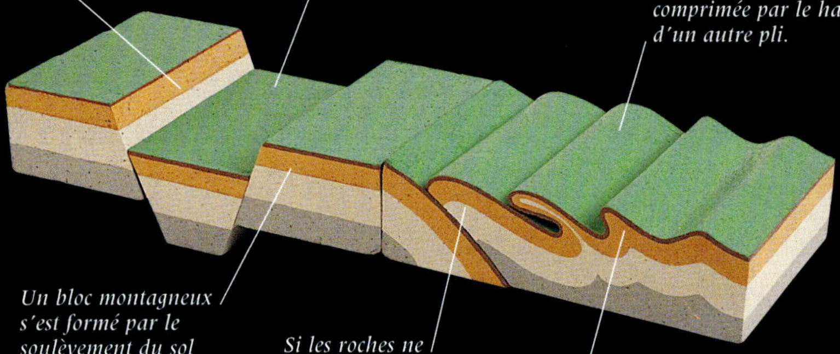

POUSSÉES ET FISSURES

Les montagnes se créent selon 3 processus. Les montagnes en plis se forment lorsque la collision des plaques tectoniques entraîne le froissement et le plissement de la croûte terrestre. D'autres surgissent d'éruptions volcaniques. Ailleurs, la croûte peut se fissurer et produire des failles. Le sol situé le long de la faille peut se soulever ou s'affaisser, créant des montagnes-blocs, des fossés et des falaises. La formation des montagnes provient d'un double mouvement d'étirement et de compression. L'illustration de gauche indique les différents types de plissements et de fissures que l'on rencontre dans les chaînes de montagnes.

JEUNE ET HAUT

Le mont Everest, dans l'Himalaya, en Asie, est le point culminant de la Terre. En 1999, il a été mesuré précisément à 8 850 m au-dessus du niveau de la mer. Sa formation a eu lieu il y a 50 millions d'années lorsque la plaque tectonique indienne a heurté l'Asie ; sa poussée se poursuit aujourd'hui encore. En termes géologiques, l'Himalaya est encore très jeune. Les effets de l'érosion ont sculpté les montagnes sous leur forme actuelle mais ne les ont pas encore ravinées.

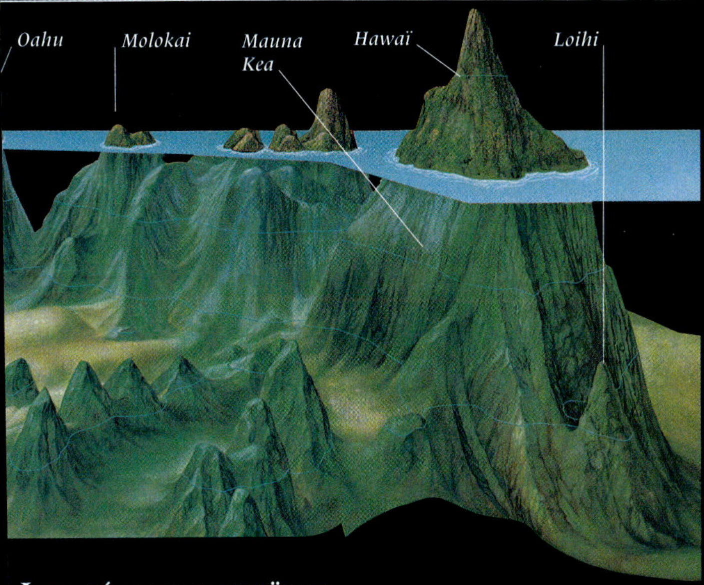

Les géants hawaïens

Dans l'archipel d'Hawaï, d'immenses montagnes immergées s'élèvent du plancher océanique. Certaines d'entre elles sont volcaniques et finiront par émerger à la surface. Mesurée à partir du plancher océanique, la montagne volcanique Mauna Kea est la plus haute du monde. Elle atteint 9 632 m et culmine sur l'île d'Hawaï. Le volcan voisin de Loihi est, lui, toujours submergé.

L'érosion des hautes terres d'Écosse (Highlands)

Les 2 masses continentales qui ont formé la Grande-Bretagne étaient à l'origine séparées par l'océan Iapetus. L'Angleterre et le pays de Galles reposaient sur un continent, et l'Écosse sur un autre. Il y environ 420 millions d'années, les 2 continents se sont heurtés violemment, formant les Hautes Terres d'Écosse. Elles étaient aussi hautes que l'Himalaya mais, érodées depuis des millénaires, elles se sont transformées en monts aux pentes douces comme le Glen Coe ci-dessus.

En zigzag

Les roches sont généralement formées de couches plates appelées strates. En dépit de leur apparente solidité, les roches s'étirent, se gonflent et se plissent lorsqu'elles sont comprimées par les mouvements de la croûte terrestre. À grande échelle, ce phénomène forme une chaîne de montagnes. À plus petite échelle, les strates se plissent parfois en zigzag, comme celles de Cornouailles, en Angleterre, formées il y a plus de 250 millions d'années.

Sir Chris Bonington, qui a gravi le sommet de l'Everest à l'âge de 51 ans, a conduit plusieurs expéditions le long des sentiers les plus abrupts de l'Everest.

Des environnements extrêmes

Les sommets les plus élevés peuvent être très hostiles à l'homme. Les alpinistes risquent de graves accidents causés par des glissements rocheux et des avalanches, et peuvent aussi souffrir du mal d'altitude, d'intenses conjonctivites et de gelures. Grâce au développement technologique, comme les téléphones par satellite et les équipements respiratoires, la sécurité des grimpeurs s'est largement améliorée.

LES TREMBLEMENTS DE TERRE

ALLANT DE LA SECOUSSE LÉGÈRE jusqu'au séisme terrifiant, les tremblements de terre ébranlent littéralement la planète. Il s'agit de secousses qui se produisent dans le sol après un mouvement des plaques tectoniques. La plupart des plaques coulissent les unes contre les autres, mais il arrive que certaines restent coincées. Les pressions qui causent le mouvement des plaques s'accumulent et les roches se déforment. Au moment de la rupture, les plaques vibrent en se croisant et les roches sont ramenées à leur forme initiale comme si elles étaient montées sur ressort. L'énergie stockée est alors libérée sous forme d'ondes sismiques: les vibrations qui créent un séisme.

LA FAILLE DE CALIFORNIE

Bien que des vibrations se produisent partout dans le monde, elles sont plus fréquentes dans les zones de tremblement de terre. Celles-ci se situent sur les lignes de contact des plaques tectoniques où s'exercent des frictions. Voici la célèbre faille de San Andreas, aux États-Unis. Elle s'étend sur une longueur de 1 207 km, passant à proximité de San Francisco et de Los Angeles, et provoque des tremblements constants.

LES SECOUSSES TURQUES

En août 1999, un énorme séisme a touché la ville d'Ada Pazari, sur la côte ouest de la Turquie. Plus de 3 000 personnes ont péri lorsque les immeubles de la ville ne résistant pas aux tremblements de terre se sont effondrés. Sur cette photo, les survivants marchent sur le toit de leur maison. Ce désastre démontre l'importance de bâtir des structures mieux adaptées dans les régions de tremblements de terre.

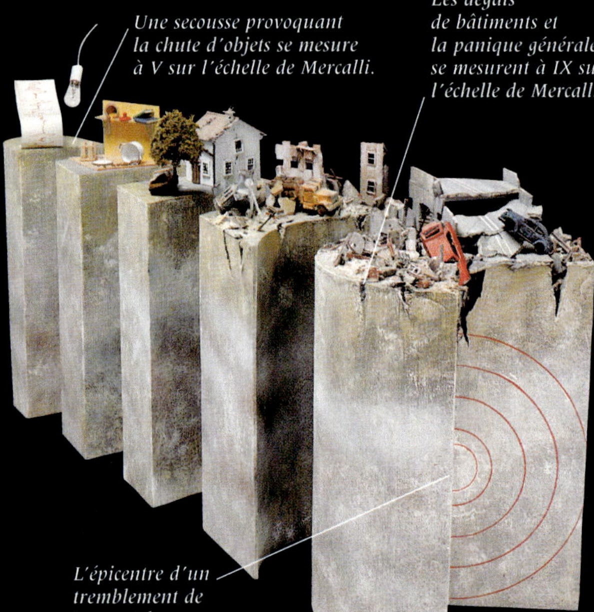

ÉCHELLES DE DESTRUCTION

Ce modèle montre l'effet d'un tremblement de terre mesuré sur l'échelle de Mercalli. Une ampoule qui vacille se mesure à III, tandis que la destruction totale se mesure à XII. La fameuse échelle de Richter (de 0 à 9) indique la force du tremblement de terre à partir d'une machine appelée sismographe, mesurant la force de la secousse. Le plus fort tremblement de terre jamais enregistré a été mesuré à 9,5 au Chili, en 1960.

FEUX DE L'ENFER

Les incendies constituent l'un des principaux dangers liés aux tremblements de terre. Ils se produisent lorsque les secousses endommagent les équipements électriques et les conduites de gaz. À Kobe, au Japon (à droite), le feu s'est rapidement propagé dans les bâtiments en bois de la ville à partir du moment où il n'y a plus eu d'eau dans les pompes à incendie. San Francisco a été dévasté par des tremblements de terre en 1906 et 1991 et, dans les 2 cas, les incendies ont provoqué de très lourds dégâts.

Les enfants apprennent à s'abriter sous les bureaux.

UN PAYS INSTABLE

Au Japon, des exercices de sécurité ont lieu régulièrement dans les écoles, les immeubles et les bureaux. En raison de la proximité de 3 plaques tectoniques, le Japon est soumis chaque année à des centaines de tremblements de terre. Des secousses de forces variables sont enregistrées quotidiennement.

En quelques secondes, des zones entières de la ville ont été ensevelies sous les décombres.

De nombreux résidents se sont trouvés sans abri après le désastre.

LES ONDES DE CHOC

S'ILS SONT IMPOSSIBLES À ÉVITER, les tremblements de terre peuvent cependant être parfois prévus. Les scientifiques utilisent des sismographes pour détecter des secousses prémonitoires appelées précurseurs. Ceux-ci sont produits par les roches profondes qui se fracturent avant un tremblement de terre. En 1975, les scientifiques ont détecté des précurseurs à Haicheng, en Chine. Les bâtiments ont pu être évacués avant que le séisme ne se produise. Les animaux sont sensibles aux précurseurs, et leur comportement peut avertir d'un tremblement de terre qui se prépare. Plusieurs heures avant que le séisme ne dévaste Kobe, au Japon, en 1995, les lions de mer du zoo se sont mis à se comporter bizarrement. Lors d'un séisme, la secousse principale est toujours suivie par des secousses plus faibles : ce sont les répliques. Elles sont provoquées par les roches qui, de chaque côté d'une faille, se mettent en place dans leur nouvelle position. Les répliques provoquent de nouveaux dégâts et menacent la vie des sauveteurs.

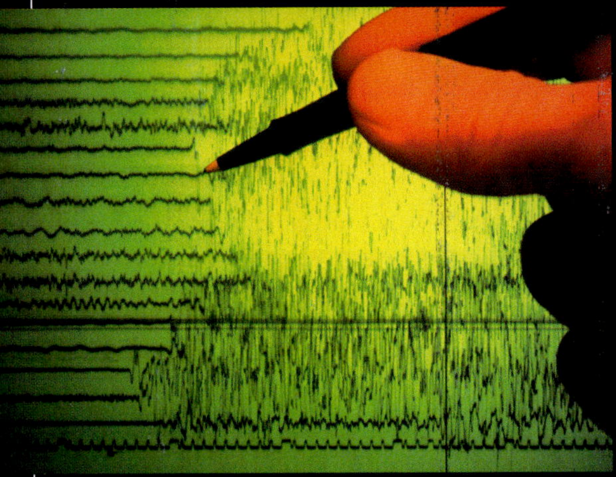

L'ENREGISTREMENT DES ONDES DE CHOC
Un sismologue pointe le tracé des ondes de choc enregistrées par un sismographe moderne. Plus l'intensité de l'onde est importante, plus large est le mouvement en zigzag sur ce tracé appelé sismogramme. Les lignes horizontales correspondent à différentes fréquences d'une onde de choc. Les sismographes peuvent enregistrer les ondes sismiques des tremblements de terre à des milliers de kilomètres.

CONSTRUIT POUR RÉSISTER
Le Transamerica Building, à San Francisco, aux États-Unis, a été conçu pour résister aux tremblements de terre. Il est construit sur des coussins en caoutchouc et en acier, et ses murs sont en béton renforcé. Cette construction permet d'absorber les vibrations et de résister aux secousses latérales.

LE « BIG ONE »
Le 18 avril 1906, d'énormes ondes de choc le long de la faille de San Andreas ont détruit les deux tiers de la ville de San Francisco. Le désastre a permis de constater que les bâtiments ayant une armature en acier, comme la tour du City Hall (ci-dessus), résistaient mieux aux chocs que ceux construits en brique.

Les ondes de surface

Lors du tremblement de terre de Kobe en 1995, le sol, sous l'action des ondes de choc, s'est mis à s'enrouler et à onduler comme des vagues. La terre plus molle se liquéfiait au fur et à mesure que l'onde se déplaçait, et l'autoroute renforcée et surélevée de la ville s'est effondrée. Des telles dévastations sont provoquées par des ondes de surface (vibrations se propageant le long de la surface). Les sismologues distinguent 2 types d'ondes de surface: celles de Love qui se déplacent latéralement, et celles de Raleigh, avançant de haut en bas, comme les vagues de la mer.

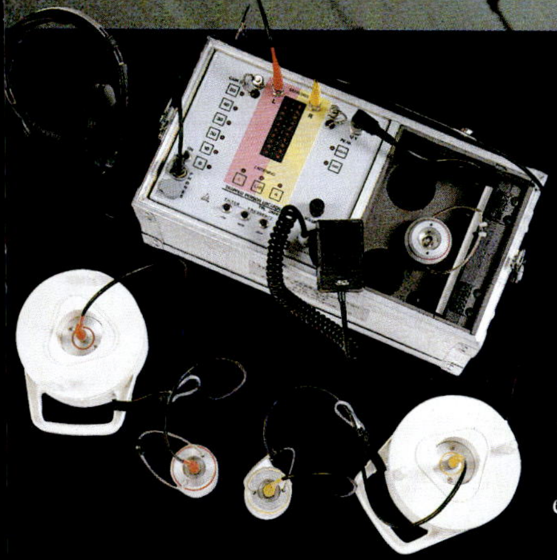

Le détecteur de personnes

Lors d'un tremblement de terre, les bâtiments s'écroulent et ensevelissent les personnes vivantes qui s'y trouvent. Les sauveteurs se livrent alors à une véritable course contre la montre pour retrouver les survivants. Un équipement spécial, comptant notamment ce détecteur de personnes, est utilisé pour écouter les bruits. Il est capable de différencier les bruits de fond des mouvements humains, et peut même déceler des battements de cœur.

Les dragons chinois

Le mathématicien et astronome chinois Chang Heng a conçu ce sismographe en bronze en 130 av. J.-C. Les ondes de choc font osciller le pendule à l'intérieur, faisant sortir une boule de la gueule du dragon. La direction du tremblement de terre est indiquée par la grenouille qui reçoit la boule.

Une mission dangereuse

En 1985, un tremblement de terre au Mexique a détruit de nombreux bâtiments. Ce chien spécialement entraîné a reniflé l'odeur des survivants sous les décombres. Les répliques sismiques augmentent l'instabilité des structures et présentent un véritable danger pour les sauveteurs. Mais les chiens, plus légers, peuvent se déplacer sur les ruines et localiser les survivants.

LES TSUNAMIS

LES TSUNAMIS SONT DES VAGUES GÉANTES provoquées par des éruptions volcaniques ou des séismes sous-marins. Elles se forment au large et passent souvent inaperçues en surface. Avançant à une vitesse incroyable, elles parcourent les eaux profondes à plus de 700 km/h (la vitesse d'un jumbo-jet). En atteignant les côtes, elles ralentissent et se dressent sur des hauteurs terrifiantes pouvant atteindre 60 m. Avant l'arrivée d'un tsunami, l'eau des rivages est aspirée vers le large, abandonnant poissons et épaves. Les personnes présentes sur le rivage peuvent mourir noyées par ces vagues gigantesques.

DES VAGUES PEU ORDINAIRES

Les tsunamis ne ressemblent pas aux vagues dues à la force des vents ou des courants. Les vagues maritimes de surface se soulèvent, s'abaissent et se voient de loin quand les eaux sont agitées. Les tsunamis, eux, restent invisibles jusqu'au dernier moment. Ils sont dissimulés au fond des eaux et sont donc très difficiles à détecter. Ils parcourent ainsi des milliers de kilomètres et lorsqu'ils atteignent les rivages, ils sont souvent pris à tort pour des raz-de-marée.

NAISSANCE D'UN TSUNAMI

Lorsqu'une activité sismique entraîne le soulèvement ou l'affaissement du plancher océanique, les eaux se gonflent et engendrent une onde qui se transforme, en surface, en une succession de vagues géantes. Celles-ci provoquent une série de tsunamis, déferlant les uns après les autres. Ces ondes immensément longues peuvent s'étaler sur 200 km mais leur hauteur peut n'atteindre que 50 cm en pleine mer.

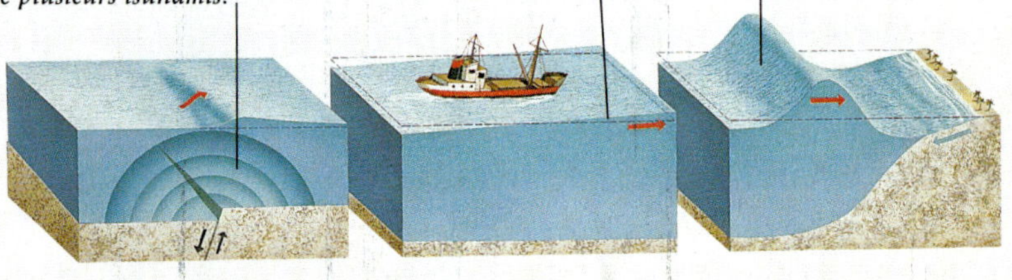

LE TSUNAMI DU VENDREDI SAINT

Le 27 mars 1964, jour du Vendredi saint, un fulgurant tremblement de terre sous-marin s'est produit près de l'Alaska, aux États-Unis, engendrant un tsunami qui s'est abattu sur la côte nord-ouest du Pacifique. Si les habitants de l'Alaska connaissent bien les tsunamis, tel n'est pas le cas des résidents de l'Oregon et de la Californie. Lorsque le chef de la protection civile de Crescent City, en Californie, a été averti de l'imminence d'un tsunami, il ne connaissait même pas la signification du mot ! Ce même jour, Crescent City a été frappé par une vague colossale qui a provoqué la mort de 16 personnes. Le nombre de décès aurait pu être pire. En 1883, un tsunami, en Indonésie, a tué 36 000 personnes.

HAWAÏ

Cette photo montre les dégâts provoqués par le tsunami qui a frappé Hilo, à Hawaï, en 1946. Parti de la côte alaskienne, il mit 5 heures à parcourir les 3 000 km le séparant de Hilo Bay. En raison de la forme en sabot de la baie, le tsunami pénétra dans la ville, tuant 159 personnes. Aujourd'hui, le Pacific Tsunami Warning Centre, basé à Hawaï, alerte les villes côtières des dangers que présentent ces vagues gigantesques.

LE PLUS MEURTIER

Le tsunami le plus meurtrier et le plus impressionnant a dévasté toute l'Asie du Sud-Est le 26 décembre 2004, déferlant à plus de 500 km/h depuis les abords de l'île de Sumatra jusqu'aux côtes orientales de l'Afrique. On a dénombré plus de 300 000 victimes.

LES VAGUES JAPONAISES

Le terme tsunami est un mot japonais qui signifie « vague de port ». Cette célèbre peinture japonaise réalisée par Kanagawa représente un tsunami s'approchant du mont Fuji, sur l'île japonaise de Honshu. Située à l'intérieur de la « ceinture de feu », région très volcanique et zone de tremblements de terre, le Japon est particulièrement exposé aux tsunamis.

LES MUTATIONS DES OCÉANS

ENVIRON 200 MILLIONS D'ANNÉES AVANT L'APPARITION DE L'HOMME sur la Terre, les continents actuels ne formaient qu'une seule grande masse que les géologues ont surnommée la Pangée. Au fil du temps, des masses se sont lentement séparées, ont dérivé et, dans certains cas, sont entrées en collision. L'océan primitif appelé Panthalassa s'est alors divisé en 5 océans. Aujourd'hui, nos continents poursuivent leur dérive, provoquant un changement dans la forme des océans. Des simulations sur ordinateur indiquent que, d'ici 250 millions d'années, ils ne formeront plus à nouveau qu'un seul supercontinent. Entre-temps, l'océan Pacifique continue à diminuer alors qu'un nouvel océan est en train de naître dans la mer Rouge. Un nouveau plancher océanique est en formation au niveau des dorsales médio-océaniques (ou rift océanique), où se créent des îles volcaniques à partir de volcans émergeant à la surface.

LA LAVE EN COUSSINS
Le long des dorsales médio-océaniques, la lave s'écoule à travers des fractures. Lorsqu'elle entre en contact avec l'eau froide, il se forme autour d'elle une sorte de couche vitreuse. En se brisant, cette surface cassante laisse filtrer la lave toujours en fusion provenant de l'intérieur de la Terre. L'infiltration et les cassures continuelles produisent des formes arrondies ressemblant à des amas de coussins, d'où le nom donné à la lave. La lave en coussins est constituée de basalte, la roche la plus répandue à la surface de la Terre.

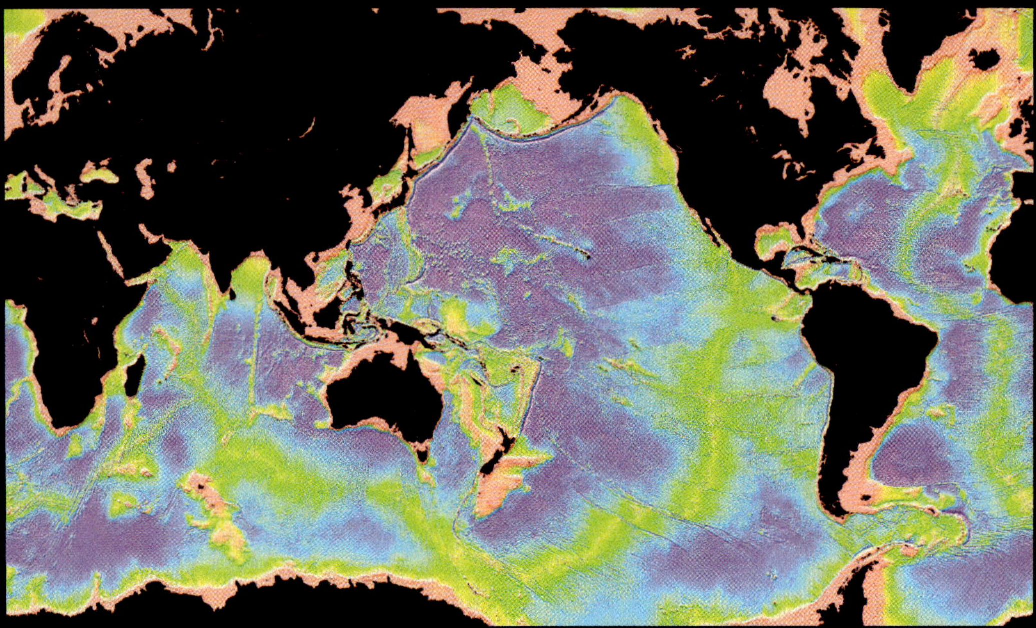

LES DORSALES MÉDIO-OCÉANIQUES
Cette carte des contours des planchers océaniques a été réalisée sur ordinateur à partir de données recueillies par des sondeurs à ultrasons et de photos prises par satellite. Les dorsales médio-océaniques sont représentées en jaune. On voit qu'elles traversent le centre des océans de la planète. L'ensemble des dorsales s'étale sur 65 000 km, soit plus de 3 fois la longueur des Andes, des Rocheuses et de l'Himalaya réunis. Le long de ces dorsales, de chaque côté, les plaques tectoniques de la Terre s'éloignent les unes des autres. Le magma monte entre les plaques et remplit le fossé ainsi formé : un nouveau plancher océanique s'élabore.

LA MER ROUGE
Cette vue de la partie nord de la mer Rouge montre le golfe de Suez sur la gauche, le golfe d'Aqaba sur la droite, et entre les 2, le désert du Sinaï. La mer Rouge s'est formée il y a environ 20 millions d'années, lorsque la mer a envahi la vallée d'effondrement (ou rift) entre l'Afrique et l'Arabie. Ce rift s'élargit à raison de 2,5 cm par an environ. Dans 100 millions d'années, la mer Rouge pourrait atteindre la taille de l'océan Atlantique.

UNE ÎLE EST NÉE

Le 14 novembre 1963, au sud de l'Islande, la mer s'est mise brusquement à bouillonner et à dégager de la fumée. Le jour suivant, une île est apparue, née d'un volcan sous-marin. Celui-ci est entré en éruption lorsque le mouvement des plaques tectoniques a élargi le côté nord de la dorsale médio-atlantique. La nouvelle île a été baptisée Surtsey, du nom du dieu du feu islandais. En 4 jours, elle a atteint une longueur de 600 m et une hauteur de 60 m. Les nuages de fumée sur cette photo se forment quand la mer s'engouffre dans la cheminée de Surtsey.

LA DORSALE MÉDIO-ATLANTIQUE

La dorsale médio-atlantique a été découverte en 1873 lors d'une expédition océanographique effectuant des sondages dans l'océan Atlantique. Au niveau de la dorsale, l'eau était moins profonde que prévu : la presse parla alors de la découverte de la cité perdue de l'Atlantide ! Le long de la dorsale, un nouveau fond océanique se crée à mesure que les plaques européenne et nord-américaine s'écartent. L'activité volcanique sur la dorsale a créé des îles, dont les Açores.

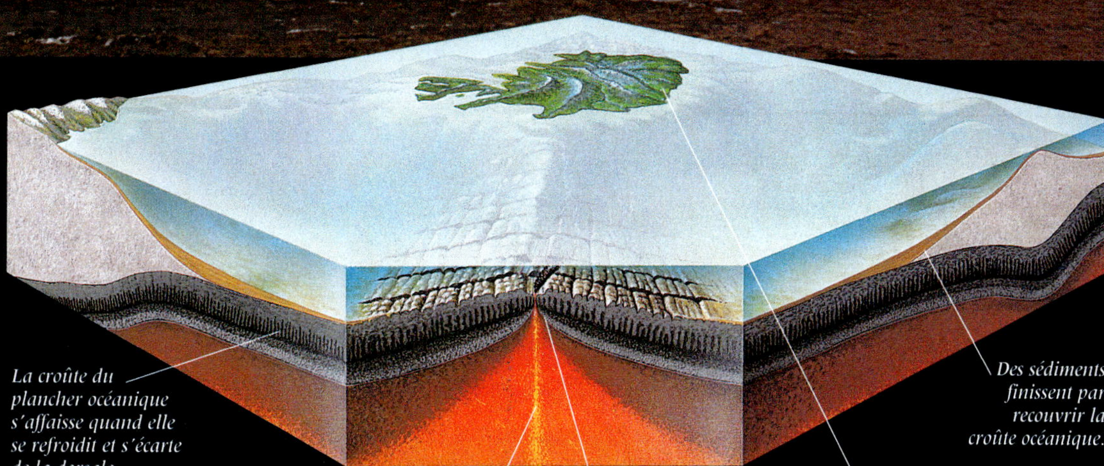

L'EXPANSION DE LA VIE

Au début des années 1970, des mouettes à 3 doigts (à gauche) ont été les premiers oiseaux à coloniser Surtsey. Leurs excréments ont fourni les engrais nécessaires à la constitution des premiers sols de l'île. En 1999, on a recensé 44 espèces de plantes à fleurs. Les graines ont été transportées sur l'île par les vents, les courants marins, les pattes et les ailes des oiseaux. Insectes et araignées y sont arrivés de la même façon.

LES FONDS MARINS

AUJOURD'HUI ENCORE, LES FONDS OCÉANIQUES restent un mystère. Les rayons du Soleil y pénètrent jusqu'à quelques centaines de mètres seulement. Au-delà règne un monde de plaines abyssales, de montagnes et de fossés habités par des créatures mal connues de l'homme. Jusqu'au XXe siècle, la seule façon de tracer la carte des fonds océaniques était de plonger un poids au bout d'une ligne. L'invention du sonar, capable d'émettre des ondes sonores, a révolutionné notre connaissance des fonds océaniques. Les scientifiques savent maintenant que les océans abritent beaucoup plus de volcans que les continents, et que les plus grandes chaînes de montagnes se situent dans les profondeurs marines. Toutefois, la pression écrasante des fonds marins en rend l'exploration très difficile.

LE LANCEMENT DE GLORIA

Le sonar GLORIA, en forme de torpille, est lancé d'un vaisseau de recherche. Tiré par le navire, il envoie des ultrasons qui se réfléchissent sur le fond sous-marin. Cette technique permet d'en tracer un graphique en 3D. Celui-ci aidera les scientifiques à identifier les dangers du plancher océanique, à déterminer les emplacements des câbles sous-marins et à localiser les gisements de minéraux et de pétrole.

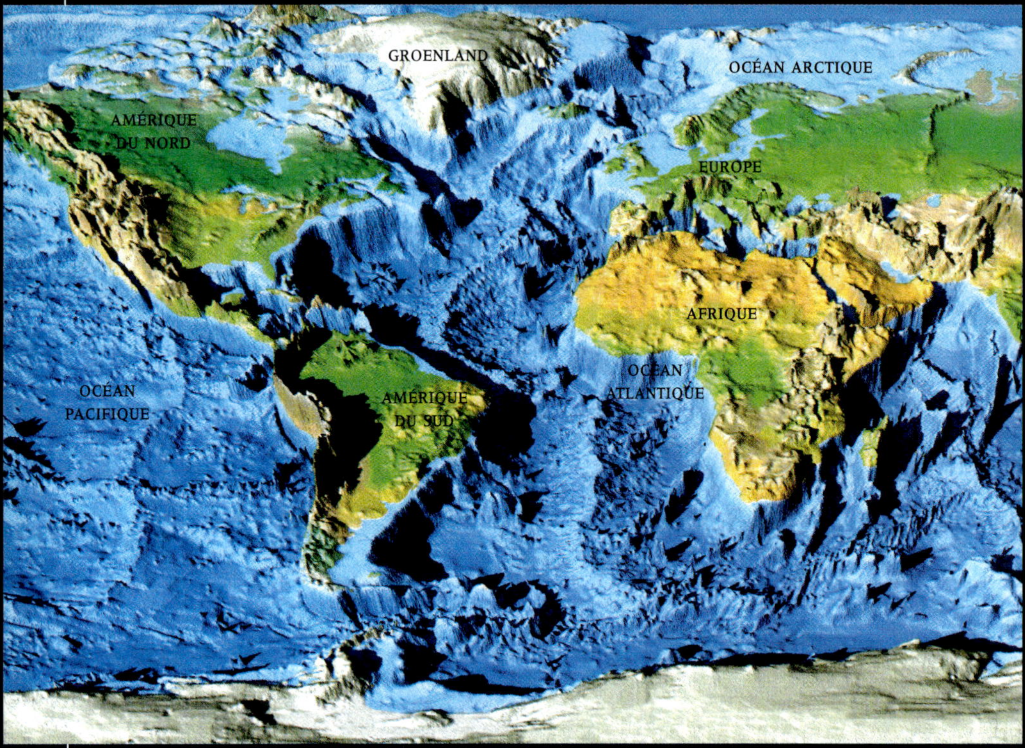

MONTAGNES ET FOSSES

Cette carte nous montre une partie du paysage accidenté du fond marin. Les longues dorsales océaniques forment des chaînes montagneuses abruptes qui serpentent au travers-des océans. Certaines s'élèvent à plus de 2 km au-dessus du fond marin tandis qu'ailleurs, des fosses marines plongent à 11 000 m de profondeur au-dessous de la surface de l'eau. Ce sont les lieux les plus profonds de la Terre.

LE PLANCHER OCÉANIQUE

Un bassin océanique est une dépression causée par l'affaissement de la croûte dense et envahie par la mer. Le plancher océanique est le fond de ce bassin. Une pente continentale en marque les bords, et représente la véritable limite géologique entre le continent et l'océan. Des fissures géantes, ou canyons sous-marins, dans la pente continentale déposent des sédiments au fond du bassin. Les avalanches sous-marines, appelées courants de turbidité, dévalent parfois les canyons à une telle vitesse qu'elles cisaillent les câbles téléphoniques sous-marins.

LES FUMEURS NOIRS

Au fond du plancher océanique, à proximité des dorsales océaniques, d'étranges structures rejettent des nuages d'eau réchauffée en profondeur par des chambres magmatiques. On les appelle sources hydrothermales ou fumeurs noirs (à gauche). Cette eau riche en soufre peut atteindre des températures de 400 °C sans jamais bouillir en raison de l'immense pression de l'eau. Un monticule de dépôts minéraux se forme autour des bouches, créant ainsi de curieuses cheminées.

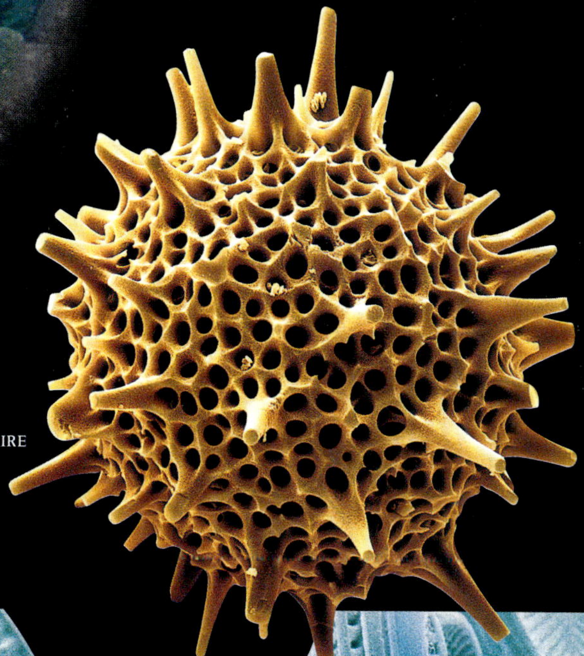

RADIOLAIRE

DES VERS TUBICOLES GÉANTS

En 1977, à 2200 m de profondeur, des scientifiques ont découvert un monde étonnant de vers tubicoles géants, vivant en colonies autour des sources hydrothermales. Ces vers ne possèdent ni bouche ni tube digestif et se nourrissent de bactéries vivant à l'intérieur de leur corps. Ces bactéries transforment les éléments chimiques de l'eau rejetée par les sources. Le produit de ces transformations assure leur survie et celle de leur hôte. Cette découverte fascinante prouve qu'il existe des formes de vie ne dépendant pas de l'énergie solaire pour se nourrir.

DIATOMÉES

DANS LA VASE

Ces disques déformés sont des squelettes en silices de diatomées, algues unicellulaires flottant dans les eaux de surface. Ces diatomées se nourrissent par un processus de photosynthèse (elles captent la lumière pour se nourrir), tout comme le font les autres plantes terrestres. La boule épineuse est un radiolaire, animal unicellulaire qui se nourrit de diatomées. Lorsque les diatomées et les radiolaires meurent, ils se déposent au fond du plancher océanique et forment un lit vaseux pouvant mesurer jusqu'à 500 m d'épaisseur.
Les minuscules organismes qui vivent dans cette vase alimentent toute une variété de créatures bizarres des profondeurs océaniques.

L'ÉROSION ET SES AGENTS CLIMATIQUES

LES EMPREINTES LAISSÉES PAR LES ASTRONAUTES sur la Lune en 1969 sont toujours visibles. La Lune, dépourvue d'atmosphère, ne subit pas l'action des agents climatiques de l'érosion (la pluie, le vent, le gel, la neige). En revanche, les empreintes que nous laissons sur la Terre sont recouvertes ou balayées en peu de temps par l'action des agents climatiques de l'érosion qui façonnent sans cesse le relief terrestre. Même les roches solides en subissent les effets. Lorsqu'elles sont exposées, elles finissent par s'altérer. Les attaques des phénomènes physiques, chimiques et biologiques les usent et, à la longue, transforment le granite le plus dur en argile tendre. L'érosion est le processus selon lequel la roche se transforme en sédiments. Elle peut être rapide ou lente selon le type de roche.

CIMETIÈRE D'AMMONITES
Ces formes sont les restes fossilisés d'ammonites, mollusques marins de la famille des calmars et des seiches qui sont mortes et se sont transformés en sédiments il y a environ 65 millions d'années. L'action des agents climatiques de l'érosion les a mises au jour.

LES HOODOOS
À Goblin Valley, dans l'Utah, aux États-Unis, d'étranges piliers de roche appelés hoodoos (à droite) ont été façonnés par le vent, la mer et les variations de température. La brusque chute de température, la nuit, provoque le craquèlement de la surface de la roche. Le jour, les vents de sable sculptent des formes fantastiques. Une tête ou un ventre se forme dans les parties les plus résistantes de la roche, une taille ou un cou dans les plus vulnérables.

LES PLUIES ACIDES
Cette sculpture en pierre calcaire a été rongée par les pluies acides. La pollution augmente l'acidité des eaux de pluie. Les gaz polluants émis par les usines et les systèmes de transport contiennent des oxydes de soufre et d'azote, qui réagissent avec l'air et l'eau de pluie pour former des acides nitrique et sulfurique. En retombant sur la Terre, les acides attaquent les pierres calcaires, mettant en péril arbres et faune des lacs.

L'ÉROSION MARINE
Cette arche en grès, à l'ouest de Victoria, en Australie, a été taillée par l'action des vagues et des courants marins qui la rongent. En déferlant, les vagues attaquent continuellement la roche et en arrachent des débris qui se transforment en galets et en sable. Cette arche finira par s'écrouler, ne laissant plus qu'un amas rocheux de chaque côté.

LES CHUTES DU NIAGARA
es chutes résultent d'une importante rupture e la pente d'un fleuve. Les eaux en érodent es roches fragiles situées sur les bords ou dans e bassin au pied des chutes. Sous l'attaque onstante des eaux, les roches plus dures peuvent ussi créer des rapides très abrupts. Les chutes u Niagara, à la frontière américano-canadienne, oulent sur du calcaire dur recouvrant du calcaire lus tendre. Sous leur action, la roche s'érode u rythme de 1 m par an. Actuellement, 1 km de roche ont déjà été rongés.

L'ATTAQUE DES PLANTES
Les plantes accélèrent également le processus d'érosion en pénétrant dans les fissures rocheuses. Quand un arbre pousse, ses racines, s'épaississant et s'enfonçant dans la pierre, élargissent les fissures. En creusant des terriers, les animaux abîment aussi la roche. Quant à l'acide des végétaux en décomposition, il la dissout.

LE GRAND CANYON
En Arizona, aux États-Unis, le majestueux Grand Canyon a été lentement creusé par le fleuve Colorado pendant 20 millions d'années. L'écoulement du grand fleuve a érodé la roche âgée de 2 milliards d'années. Le vent, le gel, la pluie et les cours d'eau l'ont, eux aussi, attaqué, formant les gorges profondes du Canyon. Les diverses couches rocheuses réagissent différemment à l'érosion. Les grès durs forment des falaises, et les schistes argileux friables créent des pentes douces.

Les grottes et les cavités

Pour beaucoup d'entre nous, l'obscurité des cavernes recèle une menace. Pourtant, ces lieux souterrains peuvent également signifier sécurité, comme l'avaient compris nos ancêtres. L'homme des cavernes y vécut en effet pendant des milliers d'années. L'action de la lave, de la glace et des vagues contribue à la formation de grottes. Les plus spectaculaires sont façonnées dans la roche calcaire par le travail de l'eau de pluie. Cette érosion creuse de vastes cavités abritant d'étranges formations rocheuses. En absorbant le dioxyde de carbone situé dans l'air ou dans le sol, l'eau devient plus acide. Elle dissout le calcaire poreux qui s'érode plus facilement que les roches plus résistantes, comme le granite. Le processus est lent et l'eau peut mettre 100 000 ans à creuser une caverne de 3 m de profondeur. Mais plus la caverne grandit, plus rapide sera l'érosion qui finira par former un dédale de galeries et de cavités.

Les karsts chinois

Guilin, au sud-ouest de la Chine, offre un magnifique paysage karstique (en calcaire). Les grandes pluies, le taux élevé d'humidité et la croissance rapide de la végétation contribuent à augmenter l'acidité des eaux de surface. L'érosion attaque le calcaire suivant un processus appelé carbonatation, façonnant ainsi un incroyable paysage. Près de ces monts formés de roches poreuses, on ne voit pas de cours d'eau. Ceux-ci se sont infiltrés à l'intérieur de la roche, et ont créé des grottes et des cavités en forme de nids d'abeille.

Infiltration d'eau

Les cours d'eau qui disparaissent et s'infiltrent dans les fissures du sol peuvent éroder la roche et former de grands conduits appelés puits ou avens. À Gaping Gill Cave, en Grande-Bretagne, il existe un cours d'eau qui dévale sur 110 m par un puits situé sur le haut d'une grande caverne de calcaire. Cette impressionnante chute d'eau qui se déverse dans la caverne est la plus grande de ce type en Grande-Bretagne. Gaping Gill fait partie d'un ensemble de cavités qui s'étend sur plus de 60 km.

Stalactites et stalagmites

Ces formations multicolores découvertes dans une caverne du Nevada, aux États-Unis, ont été sculptées par des gouttes d'eau. En s'infiltrant à travers les roches calcaires, les gouttes ont dissous le carbonate de calcium et des minéraux colorés, comme le fer. Elles ont ainsi formé des stalactites, ces longs dépôts de forme conique qui pendent de la voûte. L'eau des stalactites en s'égouttant, crée des formes semblables appelées stalagmites, qui s'élèvent du sol. Il faut des milliers d'années pour que se forme une stalagmite de 2,5 cm.

Les chauves-souris des cavernes

Ces chauves-souris en voie de disparition pendent à l'entrée de cavernes australiennes. Elles vivent la nuit et chassent des insectes et de petits animaux. Tout comme les autres animaux vivant dans les cavernes, ces chauves-souris ont développé d'autres sens que la vue pour repérer leurs proies. Elles émettent des ondes sonores très aiguës (l'écholocation), inaudibles pour l'homme. En rencontrant un arbre ou un insecte, ces ondes seront réfléchies, permettant à la chauve-souris de connaître la forme et la distance de l'objet perçu.

Les éboulements

Construire des habitations dans des régions karstiques peut avoir de graves conséquences. Des cavités calcaires peuvent se former à quelques mètres seulement au-dessous d'elles. Et par grosse pluie, la voûte de ces grottes peut s'affaisser. C'est ce qui s'est passé à Winterpark, en Floride, aux États-Unis : en 1981, une maison et 6 voitures se sont effondrées dans une caverne ignorée jusqu'alors. Le trou béant mesurait 200 m sur 50 m de profondeur.

Les hommes des cavernes

Cette peinture représentant un bison en train de charger, la tête ramassée entre ses sabots, date d'au moins 15 000 ans. Découverte en 1869 dans la grotte d'Altamira, au nord de l'Espagne, elle est entourée de douzaines d'autres peintures et gravures d'animaux recouvrant les murs et les plafonds de la grotte et évoquant des scènes de chasse de l'époque des premiers hommes.

LES EXTRÊMES GLACIALS

LES LIEUX LES PLUS HOSTILES À L'HOMME se trouvent aux extrémités de la Terre. Des calottes glaciaires recouvrent l'Arctique au pôle Nord et l'Antarctique au pôle Sud, qui restent gelés toute l'année. Cependant, ces 2 régions, les plus éloignées du Soleil, diffèrent sur un point. Alors que l'Arctique est un océan gelé bordé de continents, l'Antarctique, lui, est un continent entouré par l'océan Austral. L'axe de rotation de la Terre est incliné sur le plan de son orbite autour du Soleil. C'est cette inclinaison qui entraîne les saisons. Quand le pôle Nord est tourné vers le Soleil, c'est l'été dans l'hémisphère Nord. Inversement, c'est l'hiver dans l'hémisphère Sud. Pourtant, en dépit des températures extrêmes, les régions polaires sont peuplées d'une faune variée et bien adaptée aux conditions climatiques. Les phoques et les baleines, protégés par une épaisse couche de graisse, vivent dans les eaux glacées. Les ours blancs habitent les régions de l'Arctique alors que de nombreux oiseaux migrateurs peuplent celles de l'Antarctique.

LA MIGRATION DES CARIBOUS

Ces caribous (ou rennes) d'Amérique du Nord migrent vers le nord en été pour brouter les lichens, les mousses et parfois les petits buissons que la fonte des neiges fait apparaître dans la toundra arctique. Contrairement aux autres cervidés, les caribous migrent en grands troupeaux.

L'OCÉAN ARCTIQUE

Toute l'année, plus de la moitié de l'océan Arctique est recouverte de glace sur une profondeur de 3 m. En été, une partie de la glace fond et se détache pour former des « galettes ». Pendant des siècles, les explorateurs ont cru que l'Arctique reposait sur un vaste continent mais, en 1958, un sous-marin nucléaire, en passant sous la calotte glaciaire, a démontré le contraire.

LES OURS BLANCS ARCTIQUES

Ces ours sont les plus gros prédateurs de l'Arctique. Ils parcourent la banquise et chassent les phoques, leur nourriture préférée. Les ours blancs se sont bien adaptés à la vie en Arctique grâce à l'épaisseur de leur fourrure qui les protège du froid. Leurs poils de couleur écrue leur permettent un camouflage parfait pour la chasse. Le dessous des pattes des ours blancs est recouvert d'une sorte de semelle adhésive qui les empêche de glisser sur la glace. Leurs pieds sont partiellement palmés et ils peuvent nager pendant des heures dans la mer glacée.

ICEBERG DROIT DEVANT !
Les icebergs sont d'énormes blocs de glace flottants détachés des glaciers. La plus grande partie d'un iceberg est immergée. Seul le neuvième de sa masse totale est visible à la surface des océans. Ce jeune iceberg nouvellement séparé d'un glacier est aplati à son sommet. Les vagues ne l'ont pas encore érodé en pinacles pointus. Les icebergs de l'Antarctique peuvent être de taille colossale. Le plus grand jamais enregistré présentait une superficie supérieure à celle de la Belgique.

LES PINGOUINS DE L'ANTARCTIQUE
Ces jeunes manchots empereurs accompagnés de leurs mères n'ont que quelques mois. En automne, les adultes se rassemblent pour s'accoupler. La femelle pond un œuf unique qu'elle confie au mâle. Pendant tout l'hiver antarctique, lorsque les températures peuvent descendre à -50 °C, le mâle couve l'œuf sur ses pattes recouvertes d'un pan de peau. La femelle revient lorsque l'œuf éclôt, et se charge alors de s'occuper des poussins.

L'ÉTUDE DE L'ANTARCTIQUE
Ce scientifique découpe un morceau de glace extrait de la calotte glaciaire, qui contient de l'air vieux de plusieurs milliers d'années. Les analyses permettront de révéler la composition de l'atmosphère à cette période. Elles indiquent aux scientifiques dans quelle mesure des gaz naturels à effet de serre ont pu provoquer un réchauffement planétaire au cours des ères passées. Ces informations aideront à prédire l'avenir de notre planète.

Les glaciers

Aux pôles Nord et Sud, ainsi qu'en haute montagne, d'immenses glaciers sculptent le paysage. Les glaciers sont de gigantesques langues de neige et de glace. Leur progression, lente, peut être facilement déviée mais l'énormité de leur poids et de leur volume leur donne une grande puissance. En avançant, les glaciers délogent et charrient des graviers et des rochers. Cette érosion transforme le paysage, créant de profondes vallées entre les flancs des montagnes. Sur leur passage, les glaciers rabotent également des collines entières. Au cours de la dernière période glacière, des glaciers et les calottes glaciaires se sont étendus sur une grande partie de l'Europe et en Amérique du Nord. Toutefois, durant les 10 000 dernières années, de nombreux glaciers se sont retirés ou ont diminué, car ils fondent plus vite qu'ils n'amassent de neige.

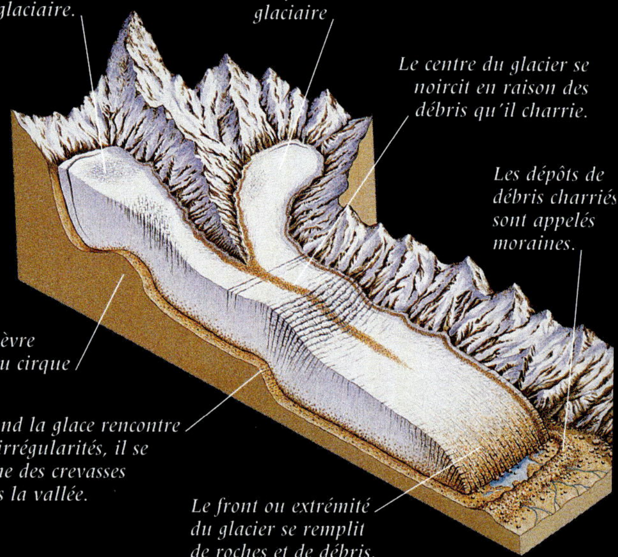

La formation d'un glacier

Un glacier alpin (ci-dessus) se forme par accumulation de neige dans les bassins de haute altitude, appelés cirques. La neige fraîche s'entasse sur les couches plus anciennes, les comprimant et devenant de la glace épaisse et solide. Sous la pression de son énorme poids de glace, le glacier avance en entraînant au passage rochers et graviers. Lorsqu'il atteint le bas de la vallée, où la température est plus chaude, le glacier fond et dépose des débris rocheux.

Dangereux glacier

Ce glacier, situé dans les Alpes du Sud de la Nouvelle-Zélande, est probablement le plus rapide du monde. L'été, il avance à une vitesse de 7 m par jour. Des crevasses géantes sont clairement visibles là où la surface friable s'est fracturée. Ces cassures se produisent lorsque la glace passe sur une surélévation ou quand elle est déviée de sa course. Les crevasses sont très dangereuses ; elles mesurent souvent plusieurs mètres de profondeur et peuvent engloutir les promeneurs distraits.

Fjords norvégiens

Il y a environ 2 millions d'années, pendant la dernière période glaciaire, ce fjord norvégien a été taillé par des glaciers. Les fjords sont de long bras de mer formés par les glaciers. Beaucoup d'entre eux se sont développés dans des vallées en V, qui sont devenues des U avec l'érosion du glacier. Certains fjords atteignent 1 000 m de profondeur. L'embouchure du fjord est en général moins profonde car, à cet endroit, le glacier a commencé à flotter sur la mer, et son érosion s'est réduite. Lorsque les glaces ont fondu, le niveau de la mer s'est élevé et a envahi les fjords.

L'ÉROSION DES GLACIERS
Les glaciers laissent des traces. Nous savons que de nombreux paysages de régions aujourd'hui tempérées ont été façonnés par des glaciers. Les roches que l'on y voit ont été polies par l'avancée de la glace. Dans les régions telles que les Hautes Terres d'Écosse, de profonds sillons (à droite), appelés stries, ont été taillés dans les vallées par les roches qu'un glacier disparu depuis longtemps a charriées.

LA GRANDE GLISSE
À Gilkey Glacier, en Alaska, aux États-Unis, 3 glaciers se rejoignent. La roche arrachée des flancs de la vallée noircit les bords du glacier et indique un mouvement. Les glaciers avancent plus vite au centre. Les côtés sont ralentis par le frottement avec les versants. En été, les glaciers sont plus rapides car les couches inférieures fondent plus vite, leur permettant de glisser plus facilement.

LE GLACIER DE HUBBARD
En 1986, l'énorme glacier de Hubbard, en Alaska, s'est soudain mis à avancer plus vite. Pendant un mois, sa vitesse quotidienne de déplacement est passée de 5 cm à 45 m et il a bouché le fjord de Russel, dans la baie de Yakutat. Les phoques, les otaries et les marsouins se sont retrouvés prisonniers dans un lac d'eau de mer derrière la glace. Peu à peu, ce lac est devenu saumâtre avec la fonte de la glace. Les animaux ont pu enfin s'échapper lorsque le glacier a régressé.

Les avalanches

Un bruit sourd, le sol qui se dérobe, une sensation d'étouffement qui vous envahit lorsque la neige s'engouffre dans votre bouche : vous êtes pris dans une avalanche, un éboulement massif de neige provenant du flanc de la montagne. Ce glissement est souvent provoqué par la fonte d'une couche de neige inférieure fragilisant la couche supérieure. Un bruit fort ou une secousse du sol peut alors déstabiliser cette couche. Outre les avalanches, les glissements de terrain représentent un autre danger. Ils sont provoqués par de fortes chutes de pluie, par un violent tremblement de terre ou par un volcan rendant le sol instable. Chaque année, avalanches et glissements de terrain font des milliers de victimes.

HÉLICOPTÈRE DE SAUVETAGE

Une avalanche destructrice

Les villes de Galtur et Valzur, en Autriche, ont été frappées par une avalanche en février 1999. Des glissements de neige, déclenchés par des tempêtes de neige et des vents forts, ont balayé les voitures et endommagé les bâtiments, tuant 38 personnes. Les dégâts ont été sévères en raison de l'absence de moyens de protection contre les avalanches. Depuis 1689, Galtur n'avait connu aucune avalanche meurtrière. Des hélicoptères ont assuré le transport des gens loin de la zone sinistrée, mais un tiers seulement des victimes ensevelies a survécu.

Contre les avalanches

Il existe différents moyens d'empêcher ou de diminuer l'impact d'une avalanche. Dans les régions montagneuses telles que les Alpes, on peut arrêter ou dévier des glissements de neige en plantant des arbres ou en édifiant des paravalanches (à droite). Les experts utilisent même des explosifs pour réduire des masses neigeuses dangereuses.

La trajectoire des avalanches

Lorsqu'une avalanche se produit, la masse de neige peut dévaler les pentes à une vitesse atteignant 95 km/h. Sur son passage, l'avalanche déracine les arbres, balaye les véhicules, renverse les bâtiments, écrase ou ensevelit les gens. Après une avalanche, la neige se tasse et devient aussi dure que du ciment, emprisonnant les victimes qui meurent étouffées ou gelées. L'avalanche la plus meurtrière a été celle des Andes en 1970. Déclenchés par un tremblement de terre, une avalanche et un glissement de terrain ont tué 20 000 personnes dans l'Huascarán, au Pérou.

Coulée de boue

Une coulée de boue est un glissement de terrain. Le sol, mélangé aux eaux de pluies torrentielles ou de neige fondue, devient liquide et déferle plus rapidement et sur de plus longues distances que lors des glissements de terrain ordinaires. En décembre 1999, des pluies diluviennes ont transporté boue, arbres et roches, qui ont enseveli des villes côtières situées près de Caracas, au Venezuela (ci-dessus). En 5 jours, la catastrophe a fait plus de 15 000 morts et 100 000 sans-abri.

Un avenir incertain

Le réchauffement de la planète rend les conditions climatiques plus extrêmes. Des orages et des dégels inattendus déclenchent des avalanches et des glissements de terrain catastrophiques. Les facilités de transport permettent aux gens de s'aventurer dans des zones dangereuses. Les routes montagneuses sujettes aux glissements de terrain (ci-dessus) et les montagnes enneigées exposées aux avalanches sont de plus en plus fréquentées.

Les déserts

Les déserts font partie des lieux les plus désolés de la planète. Ils occupent 15 % de la surface terrestre mais ce pourcentage augmente. Certains déserts sont chauds et secs toute l'année, d'autres sont secs avec des hivers particulièrement rigoureux. Les terres froides de l'Arctique et de l'Antarctique sont des déserts glacés. Leur point commun est le manque d'eau. Un désert est une région qui reçoit moins de 25 cm de pluie par an en moyenne mais il arrive qu'une année s'écoule sans qu'aucune goutte de pluie ne tombe. L'air du désert pouvant être très sec ou froid, ou bien les 2, l'eau de surface s'évapore ou gèle rapidement. Même les déserts chauds peuvent connaître des nuits très froides. Un ciel clair retient un peu de chaleur et la rosée du matin est une source d'humidité vitale pour les plantes et les animaux qui peuplent le désert.

Un désert absolu
Le désert d'Atacama, au Chili, ne connaît pas la pluie. Cependant, en 1971, certaines parties du désert ont reçu des précipitations pour la première fois depuis 400 ans. Sa sécheresse provient de l'influence des courants marins froids d'Amérique du Sud. Ceux-ci transforment toute l'humidité en brouillards sur la côte, l'empêchant d'atteindre le désert qui reste l'une des régions les plus sèches au monde.

Un géant piquant
Le cactus saguaro, du sud-ouest des États-Unis, s'est merveilleusement adapté au désert. Il lui faut 200 ans pour atteindre une hauteur de 15 m. Ses racines s'enfoncent jusqu'à 18 m de profondeur pour puiser l'eau qu'il emmagasine ensuite dans ses épaisses tiges. Les cactus sont des plantes épineuses sans feuilles. Leurs épines leur permettent de réduire l'évaporation de l'eau et découragent aussi les animaux affamés.

Mer de dunes
On associe souvent le désert aux dunes, ces accumulations de sable transportées et amassées par le vent. En réalité, les déserts de sable ne représentent que 20 % de l'ensemble des déserts ; la majorité consiste en un amas sauvage de roches et de pierres. Dans un désert de sable (comme ici dans celui de Namib, au sud-ouest de l'Afrique), le vent modèle de larges dunes pouvant atteindre 500 m de haut. Les versants exposés aux vents forment de longues pentes douces, tandis que ceux situés de l'autre côté restent beaucoup plus escarpés. Grain par grain, la dune dérive lentement comme une vague sur une mer de sable.

Merveilles taillées dans le sable

Les formations rocheuses au sommet plat de Monument Valley, en Arizona, aux États-Unis, sont appelées buttes. Elles ont été sculptées lorsque le schiste argileux qui les entourait a été emporté par des inondations torrentielles de courte durée. Les effets du vent, les températures extrêmes et les eaux modèlent le paysage désertique. La poussière tourbillonnante creuse la roche, taillant d'étranges formes, tandis que le froid de la nuit les fissure et les casse. Ces rares inondations découpent des canaux et des gorges profondes.

Les badlands

Les « badlands » sont des zones stériles, sèches et montagneuses, inhospitalières et difficiles d'accès. Des explorateurs français les ont qualifiées de « terres mauvaises à traverser », d'où le nom anglais de badlands. Apparemment identiques aux déserts, elles reçoivent cependant plus d'eau. Elles sont souvent le résultat de l'œuvre de l'homme. De mauvaises pratiques d'agriculture peuvent être à l'origine de la disparition de la végétation qui retient le sol. Les inondations qui emportent le sol décomposé rendent stérile et aride une terre autrefois fertile. Ce processus s'appelle désertification. Ces badlands d'Alberta, au Canada, se sont formées naturellement à la suite d'inondations qui ont creusé des canaux dans l'argile tendre et la roche.

Capter l'humidité

Si dans certaines parties du monde les déserts s'étendent, dans d'autres ils reculent. Ici, dans la région de la mer Morte, en Israël, des fermiers irriguent des plants de pastèques avec des tuyaux d'arrosage. Puis ces plants sont protégés par des bâches en plastique qui limitent l'évaporation. En arrosant chaque plante individuellement, les fermiers parviennent à cultiver des terres stériles.

LA SÉCHERESSE

UN TEMPS SEC ET CHAUD, apprécié par certains, peut représenter un véritable enfer pour d'autres. Une absence continuelle de pluie provoque la sécheresse (pénurie temporaire d'eau) et, sans eau, la vie finit par disparaître. Alors que dans les pays riches, les pénuries d'eau signifient une simple interdiction d'arroser, dans les pays en voie de développement, elles sont responsables chaque année de la mort de milliers de personnes. Si la sécheresse persiste, les plantes flétrissent, les productions diminuent et les animaux domestiques meurent. Sans eau, rien ne vit, pas même l'homme. De mauvaises pratiques d'agriculture (arrachage d'arbres, culture de plantes ne fixant pas le sol) rendent le sol stérile. Alliée aux changements climatiques et à la surpopulation, la sécheresse est une véritable catastrophe mondiale.

LA POUSSIÈRE
Des tempêtes de poussière se produisent lorsqu'un sol léger et desséché est balayé par le vent, comme dans les terres intérieures d'Australie (à gauche). Dans les années 1930, dans le Middle West américain, des années d'élevage et de culture du blé avaient rendu le sol fin et friable. Après une longue sécheresse, les champs labourés se sont transformés en poussière, transportée en d'énormes nuages. En 1937, environ un demi-million de personnes avaient abandonné la région.

LA FAMINE
Entre 1960 et 1980, la zone sud du désert du Sahara, en Afrique, n'a pratiquement pas reçu d'eau. Les récoltes ont été maigres et, en 1985, des centaines de milliers d'Éthiopiens sont morts de faim et de manque d'eau. Pour comble de malheur, une guerre civile a ravagé l'économie du pays. Live Aid, un concert mondial à but caritatif, a permis de réunir des fonds pour envoyer nourriture, vêtements, abris et médicaments aux Éthiopiens.

L'AVANCÉE DU DÉSERT
Dans les déserts tels que celui de Namib, au sud-ouest de l'Afrique, l'eau est rare. Les masses d'air en circulation créent un climat très sec. Aux abords de ce désert, de petites variations dans leurs mouvements peuvent, selon les années, apporter de l'air humide et de la pluie, ou alors rien du tout. Le surpâturage et les changements climatiques rendent la région encore plus sèche, la transformant en une zone stérile couverte de boue craquelée et d'arbres morts.

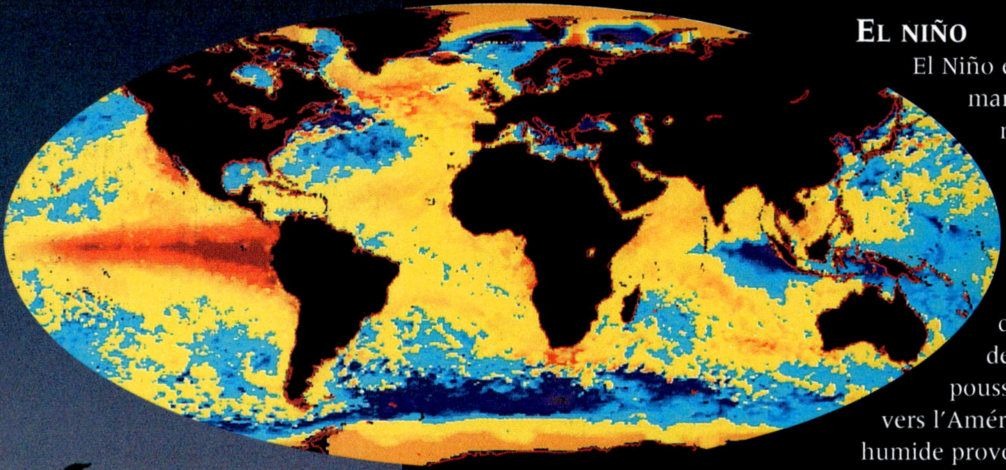

El Niño

El Niño est le nom d'un courant marin chaud (indiqué en rouge) au large de la côte péruvienne. Le courant El Niño se manifeste tous les 5 à 7 ans lorsque les vents dominants changent de direction au-dessus de l'océan Pacifique, poussant les courants chauds vers l'Amérique du Sud. Cet air plus humide provoque de violents orages. En même temps, les pays à l'ouest du Pacifique, privés de courants chauds, subissent alors un temps très sec. Le courant El Niño de 1997-1998, ci-contre, déclencha une sécheresse en Australie, en Inde et en Asie du Sud-Est.

Civilisation disparue

Le Chaco Canyon, au Nouveau-Mexique, aux États-Unis, est devenu un désert. Pourtant, il y a 1 000 ans, cette région abritait une civilisation d'indigènes américains, les Anasazis. Pendant des centaines d'années, les habitants ont coupé les arbres pour construire des habitations et s'alimenter en feu. Lorsque la sécheresse s'est abattue, la végétation, les cultures et les plantes privées d'eau ont dépéri. Les Anasazis ont fui, et les ruines de leur civilisation exposées à la poussière demeurent le seul témoin de leur présence.

Les dipneustes

Chaque été, les rivières de certaines parties de l'Afrique s'assèchent et se transforment en routes boueuses. Lors des pluies automnales, les rivières regorgent d'eau. Les dipneustes, des poissons osseux, survivent à la sécheresse en se repliant dans une sorte de mucus creusé dans le lit de la rivière. Ils vivent ainsi tout l'été sans nourriture, sans eau et pratiquement sans air.

LES INCENDIES DE FORÊT

IL SUFFIT DE RIEN POUR QU'ÉCLATE UN FEU DE FORÊT : un été long et chaud, de l'herbe sèche et une étincelle. Lorsque les températures sont très élevées, les huiles naturelles des plantes peuvent à elles seules provoquer un feu spontané. Ainsi se déclenche près de la moitié de ces feux. Les autres sont provoqués par l'homme, volontairement ou accidentellement. Lorsqu'un feu se déclare, plus rien ne l'arrête ; les flammes passent d'arbre en arbre, les braises incandescentes sont soulevées dans les airs et créent de nouveaux foyers, et la chaleur qui s'élève aspire l'air au niveau du sol, alimentant la fournaise. Les températures peuvent dépasser 500 °C. En quelques minutes, la faune peut être décimée et le paysage ravagé.

LA LUTTE CONTRE LES INCENDIES

Au sol, les pompiers luttent contre le feu avec de puissantes pompes à eau ou en aspergeant les flammes de mousse pressurisée, les privant ainsi d'oxygène et de carburant. Une autre méthode consiste à détruire la végétation devant un incendie. On peut aussi créer un coupe-feu en creusant un grand fossé pour empêcher le feu de se propager. En dépit des avancées technologiques, maîtriser un incendie de forêt reste coûteux et dangereux, et nécessite souvent l'intervention de centaines de pompiers.

Les pompiers portent des vêtements colorés résistant au feu.

LES CANADAIR

Les pompiers luttent contre un incendie en réduisant sa température et en le privant d'oxygène. Dans les endroits difficiles d'accès, comme ici en Colombie-Britannique, au Canada, on utilise des Canadair pour déverser d'énormes quantités d'eau et de produits chimiques sur la fournaise. Les avions aspergent aussi la végétation des alentours pour réduire les risques de propagation du feu.

FEUX EN CALIFORNIE

À la fin de l'année 1993, des incendies ont touché le sud-ouest de la Californie, aux États-Unis, privant 25 000 personnes de leurs domiciles. Après 6 années de sécheresse, le bois sec s'est enflammé et les flammes se sont propagées, activées par des vents soufflant à une vitesse de 80 km/h. Quinze mille pompiers ont dû intervenir pour combattre l'incendie qui a fini par être maîtrisé aux portes de Los Angeles.

Abattre et brûler

Dans les régions tropicales d'Amérique du Sud et d'Asie du Sud-Est, les fermiers coupent ou brûlent des zones de la forêt tropicale pour cultiver les terres. Brûler les arbres est un moyen rapide de défricher la terre qui, cependant, ne restera fertile que quelques années. Sans les arbres et leurs racines, le sol s'appauvrit en nutriments ou se détériore sous la violence des pluies.

L'Indonésie en feu

En 1997, des fermiers indonésiens qui défrichaient la forêt ont provoqué un incendie qui rapidement a échappé à leur contrôle. Sur les parties jaunes de cette photo satellite, on voit un énorme nuage de fumée qui s'étend au-dessus du pays. Lorsque la fumée a atteint les villes, elle s'est transformée en un épais brouillard, provoquant le chaos. Les gens ont souffert de problèmes respiratoires, et le manque de visibilité a provoqué l'accident d'un avion à Sumatra, causant la mort de tous les passagers.

La repousse

Les incendies naturels peuvent aussi être bénéfiques. Ils détruisent les parasites, créent des espaces et nourrissent la terre. En Amérique du Nord, les pins de Murray (ci-dessus) ne libèrent leurs graines qu'après un incendie. Leurs nouveaux plants se développent dans la cendre, riche en matières nutritives.

LES CHANGEMENTS CLIMATIQUES

DANS LES ANNÉES 1990, le climat de l'hémisphère Nord a battu tous les records de chaleur. Les scientifiques s'accordent sur un point : la Terre se réchauffe de façon rapide et cette fois, c'est la faute de l'homme. Une partie du rayonnement solaire (70 %) se réfléchit sur la Terre et traverse l'atmosphère sous forme de rayons infrarouges. Certains gaz, comme le dioxyde de carbone, absorbent les rayons infrarouges, piégeant la chaleur dans l'atmosphère. Ce phénomène naturel est appelé effet de serre. La combustion des carburants fossiles, utilisés pour le fonctionnement des centrales thermiques et des industries, augmente la quantité de dioxyde de carbone, accentuant l'effet de serre et donc le réchauffement de notre planète. D'autres gaz polluants ont aussi pour effet de rétrécir la couche d'ozone qui nous protège des ultraviolets, les rayons nocifs du Soleil.

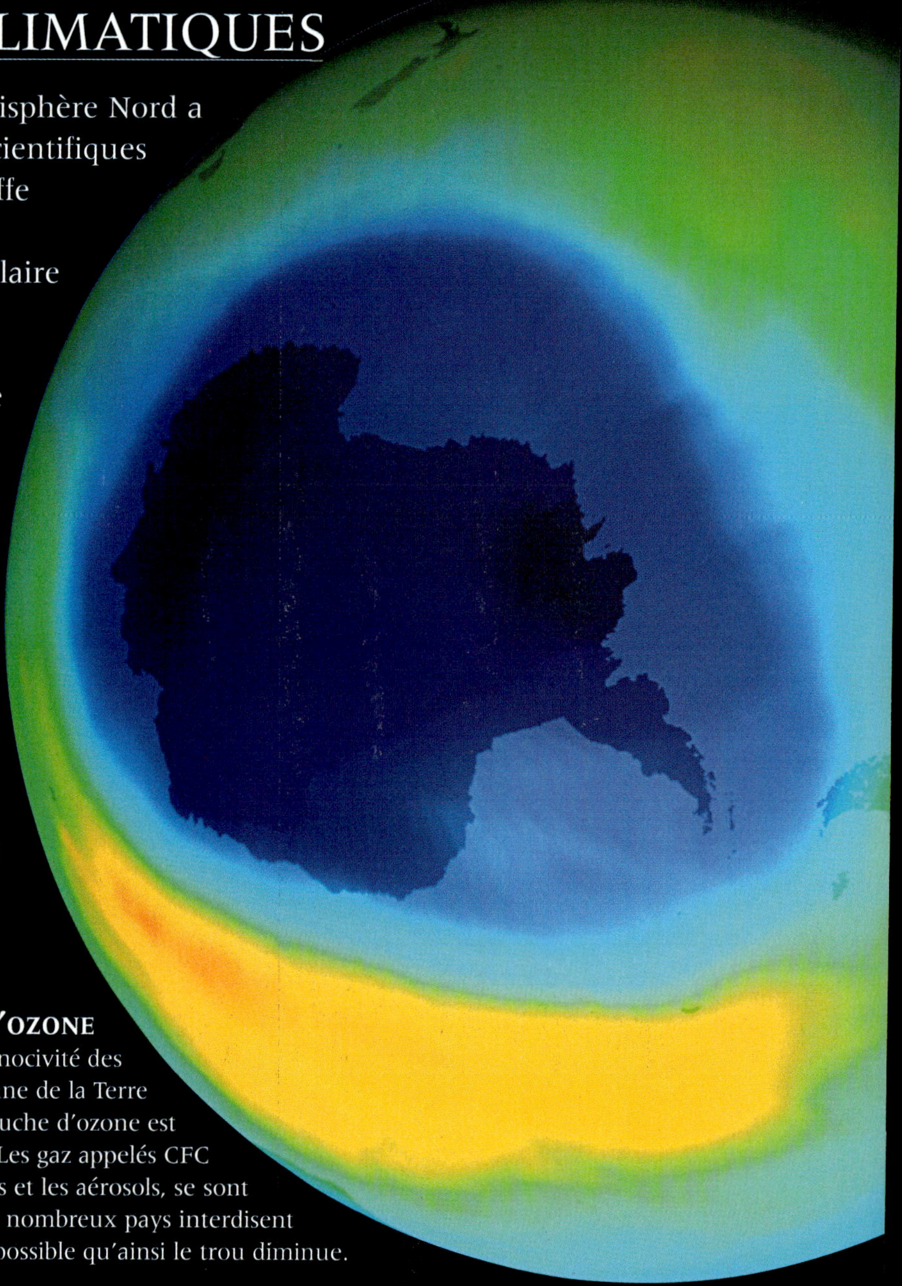

UN TROU DANS LA COUCHE D'OZONE

La couche d'ozone protège les organismes vivants de la nocivité des rayons ultraviolets émis par le Soleil. Sur cette vue aérienne de la Terre prise en l'an 2000 (à droite), un immense trou dans la couche d'ozone est représenté en bleu, au-dessus de l'Antarctique. Les gaz appelés CFC (chlorofluorocarbures), utilisés dans les réfrigérateurs et les aérosols, se sont élevés dans l'atmosphère et ont détruit l'ozone. De nombreux pays interdisent aujourd'hui l'utilisation de ces CFC, et il est possible qu'ainsi le trou diminue.

Les papillons apollons des alpages européens sont menacés de disparition.

L'ADAPTATION

Lorsque le climat change de façon rapide, certains animaux et plantes ne peuvent s'adapter et sont en danger de disparition. Le papillon apollon s'est adapté aux climats froids des montagnes. Si le réchauffement de la planète rend son habitat trop chaud, il sera lui aussi menacé d'extinction.

CHAUD ET ÉTOUFFANT

Quand il fait très chaud, beaucoup de grandes villes sont envahies par un brouillard étouffant de couleur brunâtre (à gauche). Ce brouillard qu'on appelle le smog provient d'une réaction entre les gaz d'échappement et la lumière du Soleil. Il s'ensuit une brume épaisse contenant du monoxyde de carbone et d'autres gaz nocifs. Les gouvernements se concertent régulièrement pour apporter des solutions à l'effet de serre mais, pour l'instant, aucun plan d'action rigoureux n'a été adopté pour empêcher le réchauffement de la planète.

DES FRACTURES DANS LA GLACE

Depuis 1995 environ, des fractures gigantesques sont apparues dans la plate-forme de la banquise de Larsen, en Antarctique, et d'énormes blocs de glace se sont séparés de la banquise et dérivent. Ce phénomène peut s'expliquer par le fait que la banquise fond plus rapidement à cause du réchauffement climatique. Dans les régions subantarctiques, certaines populations de pingouins déclinent à cause de cette fonte de la glace marine.

LE RÉCHAUFFEMENT DE LA PLANÈTE

Si le dioxyde de carbone et les autres gaz à effet de serre ne sont pas contrôlés, la planète va se réchauffer trop rapidement. Cette prévision générée par ordinateur (ci-dessus) indique dans quelle proportion les températures risquent d'augmenter en 2010 comparées à celles des années 1950. Les zones en rouge indiquent une augmentation de 4 à 5 °C, les zones en orange, les hausses modérées, les zones pâles désignent peu de changement. Les variations climatiques deviendront probablement plus imprévisibles et extrêmes, avec des pluies diluviennes dans certaines parties du monde et des sécheresses dans d'autres.

Corail non blanchi contenant des microalgues

Corail blanchi sans algues

GROS PLAN DE CORAIL ENDOMMAGÉ DANS L'OCÉAN INDIEN

LA MORT BLANCHE

En 1998 dans l'océan Indien, des récifs coralliens se sont mis à blanchir puis mourir lorsque l'eau s'est réchauffée de 1 à 2 °C. Les coraux doivent leur survie à des microalgues vivant à l'intérieur du corail, selon un équilibre très complexe et délicat. Si les eaux deviennent trop chaudes, les coraux rejettent ces algues et périssent. Il est possible que la force du courant chaud El Niño, accentuée par l'effet de serre, ait provoqué cette élévation de la température de l'eau.

LES PHÉNOMÈNES CLIMATIQUES EXTRÊMES

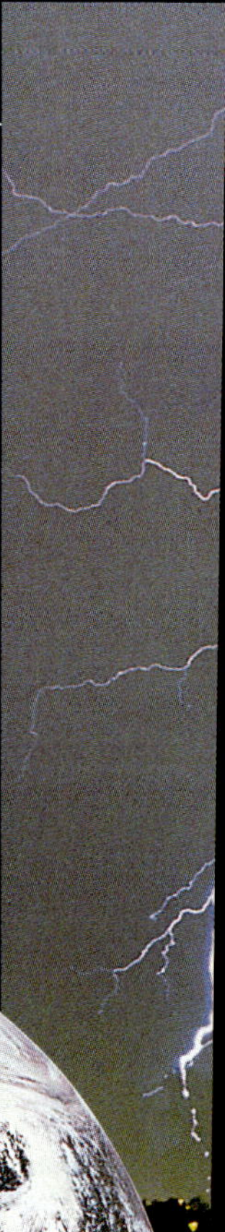

LE MOUVEMENT TOURBILLONNANT ET CHAOTIQUE des océans et de l'atmosphère terrestre est généré par le Soleil. Les régions tropicales beaucoup plus chaudes et ensoleillées que celles des pôles créent un déséquilibre, provoquant le déplacement d'énormes masses d'air chaud en direction des pôles Nord et Sud. Une fois refroidi, l'air retourne vers les régions tropicales. Les océans emmagasinent une énorme quantité de chaleur qui interfère avec l'atmosphère de façon très complexe. Une fois dans l'atmosphère, cette énergie thermique se déchaîne parfois sous forme de phénomènes climatiques sauvages et extrêmes, comme les cyclones, capables de détruire des villes entières, de faire voler les voitures, de fendre les arbres et même de faire fondre le sable. Dans certaines régions, ils se produisent annuellement et dans d'autres rarement. Toutefois, avec le réchauffement de la planète, on pense que ces manifestations extrêmes deviendront plus fréquentes partout dans le monde.

LA MACHINE DU TEMPS

La chaleur du Soleil évapore l'eau de la mer et de la terre qui s'élève dans les airs sous forme de vapeur. Lorsqu'elle atteint les niveaux plus froids de l'atmosphère, cette vapeur se condense en gouttelettes et forme des nuages. Ceux-ci sont poussés par le vent jusqu'à s'évaporer ou se déverser sous forme de pluie, de grêle ou de neige. La rotation de la Terre fait tourbillonner les vents autour des zones de basses pressions. Dans l'hémisphère Nord, ces vents tournent dans le sens inverse des aiguilles d'une montre comme l'indique cette photo satellite (ci-contre).

LES OURAGANS

En septembre 1998, l'ouragan George a frappé la côte de Floride, aux États-Unis, avec des vents de 145 km/h, tuant environ 600 personnes. Les ouragans sont d'énormes masses nuageuses tourbillonnantes qui se forment au-dessus des mers tropicales chaudes La force de leurs vents déracine les arbres, aplatit les bâtiments et détruit les bateaux. Ces effets terrifiants sont accompagnés d'une hausse du niveau de la mer qui inonde les régions côtières, ainsi que de pluies torrentielles qui dévastent les zones intérieures. Les ouragans se produisent au-dessus de l'océan Atlantiqu Dans le Pacifique, ce même phénomène est appelé typhon, et cyclone dans l'océan Indien. Ils provoquent régulièrement des ravages dans les Caraïbes, au sud-est des États-Unis, et dans les pays d'Asie bordant la baie du Bengal

LES ÉCLAIRS

Il existe peu de phénomènes atmosphériques aussi impressionnants qu'un éclair, une étincelle électrique géante générée par un orage. Lors de leur mouvement ascendant et descendant dans un nuage, les gouttelettes d'eau et les cristaux de glace se percutent, produisant par frottement de l'électricité statique. Des charges électriques importantes s'accumulent au sommet du nuage (charges positives) et à sa base (charges négatives). Il arrive que cette énergie soit libérée sous forme d'éclair soit à l'intérieur du nuage soit entre le nuage et la Terre. En s'abattant sur le sol, les éclairs ramifiés (à gauche), le chauffent momentanément à environ 1 800 °C. Les gens touchés par la foudre ou les éclairs, peuvent mourir de brûlures ou d'arrêt cardiaque, mais certains peuvent survivre.

LA TERREUR DES TORNADES

Les tornades sont d'étroits tourbillons d'air qui s'élèvent du sol et sont accolés à la base d'immenses nuages orageux. Une tornade peut parfois se déplacer à plus de 400 km/h, manifestant une puissance terrifiante, emportant tout sur son passage, faisant dérailler les trains et arrachant des troupeaux de leurs champs. Les États du centre des États-Unis sont traversés par des dizaines de tornades chaque année. En 1925, une série de tornades a ravagé le Missouri, l'Illinois et l'Indiana, faisant 689 victimes. En février 2000, plusieurs tornades inhabituelles ont traversé la Géorgie, aux États-Unis, tuant 18 personnes et en blessant 100 autres.

LE GRAND FROID

En janvier 1998, la rencontre entre d'énormes masses d'air a déclenché une tempête glaciale au Canada. Une couche d'air chaud dans l'atmosphère, emprisonnant l'air froid situé au-dessous, a créé une inversion de température. Lorsque l'orage a éclaté, les pluies givrantes ont recouvert le paysage d'une épaisse couche de glace. Le poids de la glace a provoqué l'effondrement d'arbres et de pylônes électriques. La province du Québec a été déclarée sinistrée avec plus de 3 millions d'habitants sans électricité ; 17 000 ont dû quitter leur foyer et 30 sont morts de froid ou des effets des températures glacées.

BOULES DE GLACE

La grêle se forme dans les courants ascendants des nuages orageux de haute altitude. Des gouttelettes se refroidissent et gèlent tout en s'agglutinant. Quand les grêlons deviennent trop lourds, l'averse de grêle se déclenche. De gros grêlons peuvent parfois toucher le sol à 140 km/h, mais tuent rarement. Ils détériorent cependant les bâtiments, les véhicules et les cultures. Environ 2 % de la récolte agricole des États-Unis se perdent chaque année en raison de la grêle. Le plus gros grêlon jamais enregistré est tombé dans le Kansas, aux États-Unis, en septembre 1970. Il pesait 766 g, plus de 2 fois le poids de celui-ci !

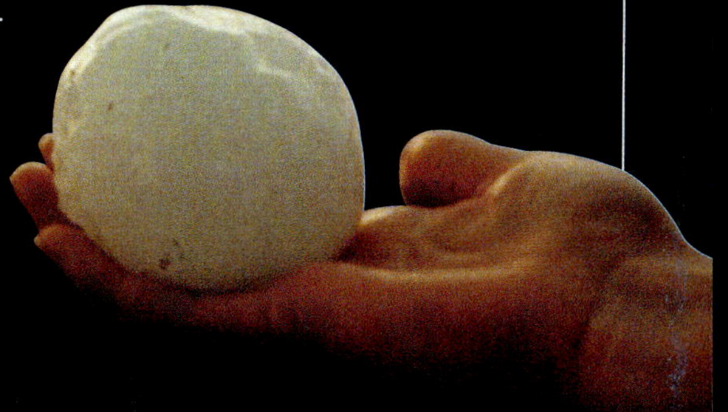

LES CRUES

LE DÉLUGE DÉCRIT DANS LA BIBLE est sans doute la crue la plus célèbre et la plus importante de l'histoire de l'humanité. Ce mythe est cependant commun à de nombreuses cultures. Les crues sont à la fois destructrices et sources de renouveau. Outre les maladies qu'elles peuvent entraîner, elles sont un véritable fléau naturel, et se multiplient avec les perturbations climatiques actuelles que connaît la Terre. Elles comptent aussi parmi les catastrophes naturelles les plus meurtrières et causant le plus grand nombre de dégâts matériels. Après la décrue, les coulées de boue durcissent comme du ciment. Mais ces montées des eaux présentent aussi des avantages. La boue fertilise la terre, et de grandes civilisations ont été fondées sur les plaines fertiles des grands fleuves et rivières du monde.

Image satellite des inondations du Mississippi de 1993, montrant les zones inondées en rouge

LES EAUX BOUEUSES
Quand les eaux de crue descendent une vallée, elles peuvent faire naître un véritable torrent de boue en creusant le sol. Si ce torrent s'introduit dans des bâtiments, la boue peut tout envahir. En séchant, elle se transforme en véritable ciment. La boue cause de graves dégâts, mais elle répand également des éléments nutritifs sur les terres cultivables.

LE MISSISSIPPI EN CRUE
Situé dans le centre ouest des États-Unis, le Mississippi est l'un des plus grands fleuves du monde. En 1993, il est sorti de son lit après des mois de pluies incessantes qui avaient gonflé le niveau de ses eaux déjà très élevé les années précédentes. Les mesures pour combattre la montée des eaux ne se sont pas révélées suffisantes et le Mississippi et le Missouri ont submergé plus de 80 000 km² de plaines, tuant 48 personnes. Le montant de dégâts s'est élevé à environ 11,5 milliards d'euros.

Le Kenya sous l'eau

L'intensité du courant El Niño de 1997-1998 a déclenché orages, pluies torrentielles et inondations dans de nombreuses régions du monde, comme la Floride, la Californie, le Brésil et le Kenya. D'octobre à décembre, il est tombé 5 fois plus de pluies qu'habituellement sur certaines zones de la savane kenyane, entraînant des crues pendant plusieurs semaines. Elles ont causé ensuite la propagation d'épidémies, comme la dysenterie, qui a fait de nombreuses victimes.

Refuge pour animaux

Au Cambodge, le bétail se réfugie sur de petits îlots de terre pour échapper aux crues de la rivière Mékong (à gauche). Chaque année ou tous les 2 ou 3 ans, le Cambodge, avec son climat humide et sa grande plaine du Mékong, est submergé par de dangereuses crues. Celles-ci perturbent des communautés entières, détruisent habitations, entreprises, provoquent des pénuries alimentaires et propagent des risques d'épidémies.

Un vrai fléau

Ici, des Bangladais cherchent désespérément à sauver tout ce qu'ils peuvent. Le Bangladesh est situé sur le delta des 2 plus grands fleuves d'Asie, le Gange et le Brahmapoutre. En 1998, lorsque s'y sont abattues les pluies des moussons, les rivières déjà engorgées ont submergé le pays, détruisant les foyers de 30 millions de personnes.

Un barrage d'acier

À Londres, d'énormes digues en acier renforcé protègent la Tamise comme des gendarmes casqués. Achevés en 1982, ces barrages surélevés protègent la ville. Une marée haute combinée à des vents forts peut produire des crues, menaçant ainsi la capitale. La barrière d'acier retient ces crues. La hausse du niveau de la mer nécessitera un renforcement de la grande digue d'ici à 2030.

LE NIVEAU DES MERS

SI LA TERRE CONTINUE À SE RÉCHAUFFER, la glace polaire fondra plus rapidement et le niveau des mers s'élèvera. Ce phénomène sera catastrophique pour les basses régions côtières. Toutefois, l'élévation du niveau de la mer n'a rien de nouveau. Terre et mer sont régulièrement soumises à des hauts et des bas. À l'époque glaciaire, le niveau des mers était bas car la pluie qui tombait gelait sur le sol au lieu de s'écouler vers la mer. Mais en période plus douce (interglaciaire), comme celle que nous vivons, la glace fond et les eaux courantes alimentent le niveau des mers qui s'élève. Depuis le début du dernier grand dégel, il y a 18 000 ans, le niveau des mers s'est élevé de 120 m. Au cours des 100 prochaines années, la surface de la Terre pourrait se réchauffer de 3 °C en raison de l'effet de serre. Cela entraînerait une hausse du niveau des mers d'au moins 50 cm, affectant des millions de personnes.

LA CITÉ PERDUE DE L'ATLANTIDE
Vers 370 av. J.-C., le philosophe grec Platon décrivait une civilisation appelée Atlantide, que la colère des dieux avait engloutie sous les vagues. En fait, la légende pourrait avoir pour origine l'ancienne civilisation minoenne vivant sur les bords de la Méditerranée et qui disparut vers 1450 av. J. C à la suite d'éruptions volcaniques et de tremblements de terre.

VENISE COULE
Lors des grandes marées, les visiteurs en bottes de caoutchouc avancent prudemment sur des trottoirs d'appoint aménagés sur la place Saint-Marc de Venise, en Italie. L'attrait de la ville réside dans ses canaux, où les embarcations remplacent les voitures. Venise, créée à l'époque médiévale, est bâtie sur des pilotis de bois enfouis dans le sol marécageux. La belle Sérénissime s'enfonce d'environ 1 cm tous les 10 ans, et ses bâtiments sont inondés plusieurs fois par an. Parallèlement, le niveau de la mer Adriatique qui baigne Venise augmente, et pourrait bien s'élever de 2,5 cm d'ici 2010.

ÎLES TROPICALES MENACÉES
La hausse du niveau des mers menace les petites îles tropicales. Certaines ne se trouvent qu'à 1 ou 2 m au-dessus du niveau de la mer, et pourraient être englouties sous les eaux au cours des prochains siècles si l'effet de serre ne diminue pas. Les îles basses, comme les Maldives dans l'océan Indien, sont très peuplées, et abritent une faune rare et exotique. Les petites îles des Florida Keys, aux États-Unis (à droite), sont riches d'histoire et de faune. Leur disparition aurait des conséquences dramatiques sur le tourisme local.

Sauvegarder les côtes

Face à la montée du niveau des mers, les pays développés situés à ras de l'eau, comme les Pays-Bas, dépensent des sommes considérables pour construire des digues de défense côtière. En 1953, une grande marée, poussée par des vents violents, a inondé la côte des Pays-Bas, tuant 1 800 personnes et détruisant 43 000 habitations. En Grande-Bretagne, cette même marée a tué 300 personnes.

Agir

En 1992, au Brésil, lors d'une conférence planétaire, des groupes écologiques ont fait pression sur les Nations unies pour que soient signés au niveau mondial des accords en vue de réduire les causes de pollution. Malheureusement, peu de progrès se sont fait sentir, notamment sur la réduction d'émissions de gaz à effet de serre. Les pays développés comme les États-Unis continuent de produire la majorité de ces gaz. Par une ironie du sort, les pays développés seront moins atteints par les changements climatiques et l'élévation du niveau des mers que les pays des régions tropicales. De grandes parties du Bangladesh situées à moins de 2 m au-dessus du niveau de la mer seront dévastées par les inondations et les cyclones qui causeront sans doute des millions de victimes.

La Floride menacée

Le littoral de la Floride est menacé par l'érosion, la hausse du niveau de la mer et les raz-de-marée. Dans l'hypothèse où la mer s'élèverait de 7,5 m, on assisterait au scénario représenté sur cette carte. De vastes zones de cet État seraient submergées, y compris la ville de Miami. Cela ne se produira probablement pas avant plusieurs siècles, mais même une hausse de 1 m du niveau de la mer submergerait les plages de Floride et menacerait la faune.

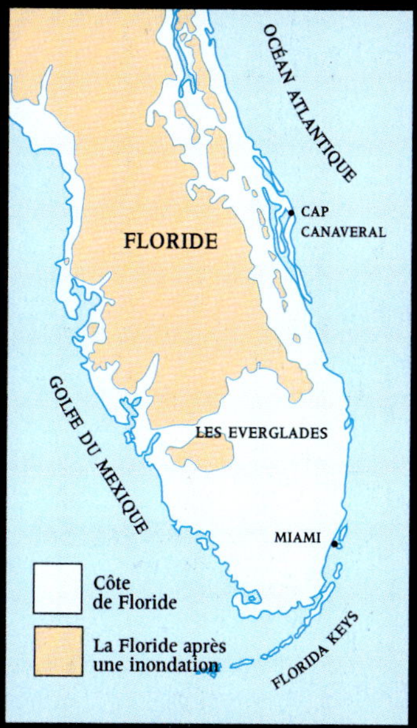

MER CRUELLE

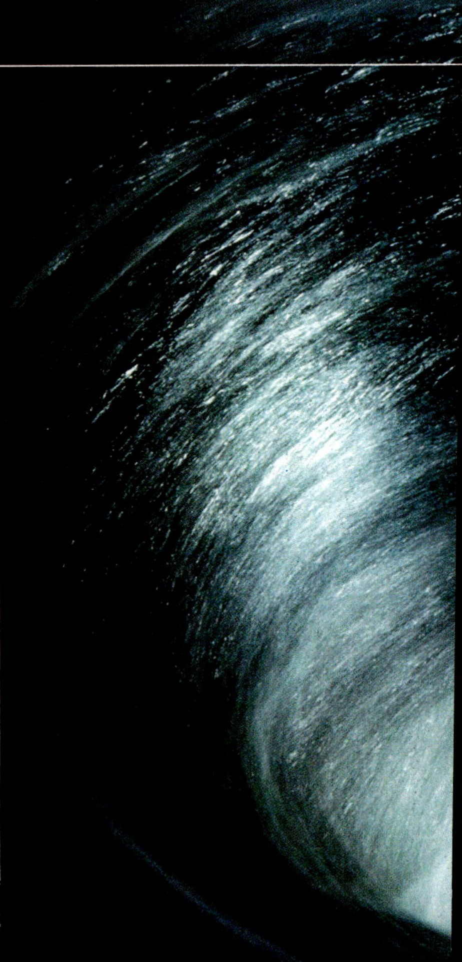

LES CYCLONES ET LES TSUNAMIS figurent parmi les pires catastrophes causées par les océans. Mais la mer présente de nombreux autres dangers. Dans ses mouvements, la marée avance parfois plus loin que prévu. Le flux et le reflux génèrent de forts courants qui forment d'immenses tourbillons. De hautes vagues soulevées par les orages se rassemblent pour créer de gigantesques lames de fond qui font chavirer les bateaux. Au fil des tempêtes, les vagues déferlent sur le rivage avec une force inouïe et sculptent la côte. D'autres dangers viennent du ciel sous forme de trombes marines tourbillonnantes, et les brouillards marins peuvent provoquer la collision des bateaux.

LES GRANDES MARÉES

La gravité exercée sur la Terre par la Lune et par le Soleil provoque 2 fois par jour des marées. Lorsque la masse d'eau augmente et se gonfle, on parle de marée haute, et de marée basse lorsqu'elle diminue. Il y a, en général, 2 marées par jour. Deux fois par mois se produisent de grandes marées: les marées de vives-eaux. Les plus grandes marées ont lieu au printemps. La différence de niveau entre marées hautes et basses peut être très importante. Des gens sont parfois emportés ou poussés vers le large par les courants rapides.

LES BROUILLARDS MARINS

Les brouillards marins se forment quand les courants océaniques chauds et froids se mélangent. Lorsque l'air chaud et humide à la surface de la mer se refroidit, il se condense en minuscules gouttelettes, créant un brouillard. Ce phénomène se produit sur les grands bancs de Terre-Neuve, au Canada, au point où le courant du Labrador se mélange au Gulf Stream venant du golfe du Mexique. La mauvaise visibilité qui en résulte a été la cause de nombreuses collisions de bateaux.

LA TROMBE MARINE

Une trombe marine est une tornade de mer. Colonne d'eau tourbillonnante aspirée vers le ciel, elle est composée essentiellement d'un nuage de vapeur d'eau. Le plus grand danger vient du poids de l'eau. Lorsque ces masses retombent dans les mers, elles déversent des tonnes d'eau capables de détruire les plus gros navires.

Les tourbillons

Un tourbillon est une version géante de l'eau qui se vide dans un évier. Les plus gros tourbillons se forment à partir de puissants courants de marée. Le tourbillon de Saltstraumen, au large des côtes de la Norvège, est l'un des plus dangereux. Pour les étudier, les scientifiques y jettent des objets qui, une fois aspirés, frappent les fonds marins, avant d'en être ensuite violemment expulsés.

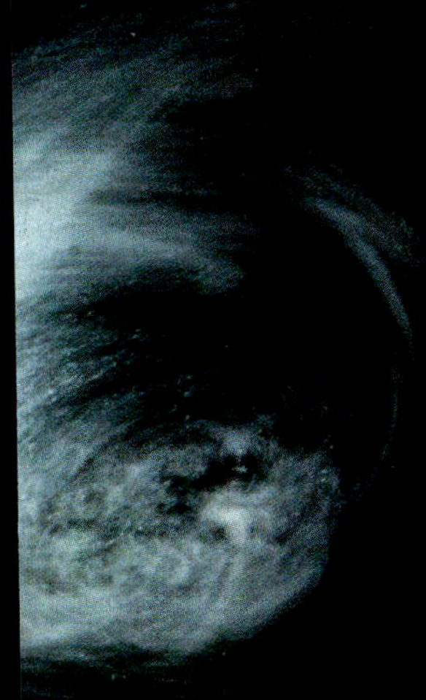

La lame de fond

En pleine mer, les vagues de tempête peuvent s'assembler pour former de terrifiants murs d'eau appelés lames de fond. Au large de la côte sud-est de l'Afrique, les lames de fond se forment quand les vagues de l'océan Austral rencontrent le courant Agulhas. Les vagues ralentissent et se soulèvent, devenant extrêmement dangereuses. Elles peuvent atteindre des hauteurs de 10 m et provoquent la disparition de nombreux bateaux.

Attention, vague !

Lorsque les vagues poussées par le vent atteignent le rivage, elles sont d'une puissance extrême. En eau peu profonde, une vague de 1 m de haut seulement est assez forte pour nous faire perdre l'équilibre. Plusieurs vagues de tempête de 10 m peuvent, en une nuit, faire reculer une petite colline de craie. La mer érode et façonne constamment le paysage côtier. Elle décharge ses sédiments dans des criques abritées, formant ainsi des plages.

Les trésors enfouis

Sous la surface de la Terre se trouve un trésor de matériaux que des processus géologiques déplacent et modifient sans cesse. Les hommes les exploitent à de multiples fins : construction de routes, carburant, bijoux. Ces matériaux, souvent inaccessibles, ne font surface qu'à certains endroits de la Terre. L'homme peut alors les extraire du sol. L'or est le minéral le plus recherché sur Terre. On estime à 10 millions de tonnes la quantité de minerai d'or contenu dans l'océan. Malheureusement, ces minerais sont si finement éparpillés qu'ils sont quasiment impossibles à extraire. Si un moyen de recyclage n'est pas trouvé à temps pour les minéraux, leurs ressources terrestres finiront par s'épuiser.

Une source d'énergie ancienne
Il y a 280 à 345 millions d'années, des fougères primitives géantes de la taille de nos arbres poussaient dans de vastes marécages. Des veines de charbon se sont formées à partir des restes de ces plantes enterrés puis compressés. Ces restes se sont peu à peu transformés en charbon. La combustion du charbon libère l'énergie du Soleil que ces plantes ont captée il y a des millions d'années.

Du charbon même dans la mer
Depuis le Moyen Âge, les hommes exploitent ce combustible. Il a d'abord été extrait dans les couches peu profondes de la Terre, mais aujourd'hui, la plupart des gisements se trouvent enfouis à des centaines de mètres de profondeur. Dans certains gisements, comme ici au sud du Chili (ci-dessus), le charbon est extrait de la mer.

Du plancton au carburant
Le pétrole et le gaz naturel proviennent du plancton marin mort, qui s'est déposé sur le plancher océanique il y a des millions d'années. Au fur et à mesure que se déposaient des sédiments sur le plancton, ce dernier, sous l'effet de la chaleur et de la pression, s'est transformé en pétrole. Si le processus se poursuit, le pétrole devient gaz. Les nappes de pétrole et de gaz se tarissent sur Terre, forçant les prospecteurs à rechercher de nouveaux gisements sous-marins, comme ici en mer du Nord (à gauche).

Les carrières de gravier

Les dépôts sédimentaires du sol sont utilisés pour construire les villes, les routes, et fertiliser le sol. Nous utilisons par exemple du sable et du calcaire pour fabriquer du ciment, et de la potasse comme fertilisant. De nombreux dépôts de sédiments étaient autrefois des plages et des canaux de rivières qui se sont enfouis dans le sol. Depuis, l'érosion les a fait remonter à la surface.

La transformation des roches

Le marbre, roche métamorphique, est utilisé comme pierre de sculpture. Sous l'effet de la chaleur et de la pression, il se forme à partir de magma refroidi et de roches sédimentaires. Les roches se créent et se transforment selon un cycle. Une roche magmatique, ou ignée, devient sédimentaire sous l'effet de l'érosion, puis métamorphique sous celui de la chaleur et de la pression. Une roche métamorphique qui entre en fusion sous la surface de la Terre boucle le cycle. Refroidie, elle deviendra à nouveau une roche magmatique.

DIAMANT NON TAILLÉ

DIAMANT KOH-I-NOOR

Une extraction polluéuse

Certains métaux naturels sont précieux car rares et recherchés. De nombreux métaux tels que le cuivre, l'étain, le tungstène, le plomb et l'aluminium existent à l'état de minerais qu'il faut travailler pour en extraire le métal. D'autres, comme l'or, l'argent et le platine, se trouvent à l'état naturel, c'est-à-dire qu'ils ne sont pas combinés avec d'autres minéraux. L'extraction de ces métaux peut être source de pollution. Les métaux qui filtrent de cette énorme mine de cuivre dans l'État de l'Utah, aux États-Unis (ci-dessous), ont rendu l'eau souterraine locale impropre à la consommation.

Pierres précieuses

Les pierres précieuses sont des cristaux très recherchés. Certains, comme la topaze, se forment à l'intérieur de roches magmatiques. Les diamants proviennent du charbon compressé à l'intérieur d'une roche métamorphique. Beaucoup de pierres précieuses (saphirs, opales, rubis) résultent de processus métamorphiques ou magmatiques. Les extraits bruts de ces pierres sont souvent peu attrayants, mais les tailleurs professionnels les transforment en magnifiques bijoux.

TOPAZE NON TAILLÉE

TOPAZE POLIE

LES ÉCOSYSTÈMES

CE SONT LE CLIMAT ET LE SOL qui déterminent le type de plantes qui poussent dans les différentes régions du monde. Ces plantes constituent la nourriture de nombreux animaux. C'est ainsi que s'établissent les biomes (les grands écosystèmes de la Terre). Il existe environ 10 biomes. Des pôles vers l'équateur, ils sont définis par le climat, des régions polaires glaciales aux déserts brûlants. Par exemple, des prairies tempérées se forment naturellement dans les climats doux où l'eau est insuffisante pour faire pousser des arbres. Cependant, l'homme peut influer sur les biomes. En Europe et en Amérique du Nord, des milliers d'années de déforestation ont transformé de nombreuses forêts en prairies. Ailleurs, les prairies ont été remplacées par de vastes champs de céréales.

LA FORÊT TROPICALE HUMIDE
Les vastes forêts tropicales humides (ci-dessus) se développent sous l'action combinée du Soleil, des précipitations et des températures constamment chaudes. Une diversité d'animaux et de plantes vivent dans ces forêts, que ce soit sous terre ou au sommet des arbres. Les forêts tropicales humides abritent la plus grande variété d'organismes (au moins 2 millions d'espèces) de tous les biomes terrestres.

LA SAVANE
La savane s'est formée dans les régions tropicales où les pluies sont saisonnières. Ce sont des prairies parsemées de petits arbres ou d'arbustes. Les savanes d'Afrique de l'Est sont réputées pour leurs grands mammifères : girafes, antilopes, lions, éléphants, etc. Il y a environ 12 000 ans, de larges zones de l'Amérique du Nord étaient recouvertes de savanes où vivaient félins, éléphants et paresseux géants. Ils ont été chassés de leur habitat jusqu'à leur extinction, et depuis le paysage a été adapté à l'agriculture.

La forêt boréale

La forêt boréale, ou taïga, pousse dans les régions froides de l'hémisphère Nord. L'absence de pluies et de longues saisons froides favorise la pousse de conifères (épicéas, pins et sapins) et d'arbres à feuilles persistantes plutôt que caduques (qui tombent chaque année). Certaines forêts boréales constituent les principales réserves de bois tendre pour l'industrie du meuble, et de pulpe pour la fabrication de papier. Les forêts boréales, tout comme les forêts tropicales humides, sont considérées comme d'importants « poumons de la Terre ». Elles absorbent le dioxyde de carbone de l'atmosphère et rejettent de l'oxygène.

La toundra

La végétation de la toundra pousse dans les régions de l'Arctique, où les hivers sont très longs et très froids (au-dessous de -10 °C pendant la moitié de l'année au moins). Les étés courts sans glace permettent la pousse d'herbe, de mousses, de lichens et d'arbustes nains. En été, les caribous (rennes) viennent y brouter, et des oiseaux migrateurs l'habiter. Ils se nourrissent de la végétation et des nombreux moustiques et mouches qui l'habitent.

Les forêts tempérées

Les forêts d'arbres à feuilles caduques sont typiques des régions tempérées, où le climat est humide et les hivers froids. La plus grande partie des arbres s'arrêtent de pousser et perdent leurs feuilles en automne. Les hêtres (à droite), les chênes, les hicoriers et les érables dominent ces forêts, tandis que les bouleaux, les noisetiers et les sycomores poussent dans des sols plus riches. Ces forêts abritent des animaux tels que les cerfs et les renards.

Le climat méditerranéen

Ce paysage couvert d'arbustes se rencontre dans les climats de type méditerranéen, avec des hivers froids et humides et des étés chauds et secs. Les arbres y sont petits, les arbustes épineux et les plantes aromatiques foisonnent dans la région. Les huiles qui suintent de ces plantes peuvent prendre feu spontanément l'été, provoquant les incendies. Des petits arbres aux feuilles persistantes et résistantes à la sécheresse poussent dans la garrigue (buis, genévrier, plantes odorantes, chêne kermès) et dans le maquis (arbousier, cistes, bruyères arborescentes).

LES OBJETS CÉLESTES

LE PLUS GRAND DANGER QUI NOUS MENACE vient peut-être de l'espace. En effet, notre coin de la galaxie est plein de débris, de roches et de glace (les astéroïdes, les comètes et les météorites) qui voyagent depuis des millénaires dans le système solaire. Ils sont visibles dans le ciel par nuit claire, lorsqu'ils deviennent incandescents en entrant dans notre atmosphère. Les hommes sont de plus en conscients des dangers que représentent ces énormes objets célestes qui se déplacent à grande vitesse et pourraient un jour entrer en collision avec la Terre. Pour les détecter, ils se servent de télescopes très sophistiqués. Si un de ces objets se dirigeait vers la Terre, il faudrait essayer de le dévier ou de le détruire en déclenchant des explosifs nucléaires. Seule notre technologie pourrait alors nous sauver.

L'ASTÉROÏDE DE TUNGASKA
Les astéroïdes n'ont pas besoin de frapper la Terre pour avoir des effets dévastateurs. En 1908, une explosion s'est produite dans l'atmosphère à 6 km au-dessus de la région inhabitée de Tungaska, en Sibérie. Provoquée par la désintégration d'un petit astéroïde, l'explosion a détruit des arbres sur un rayon de 30 km.

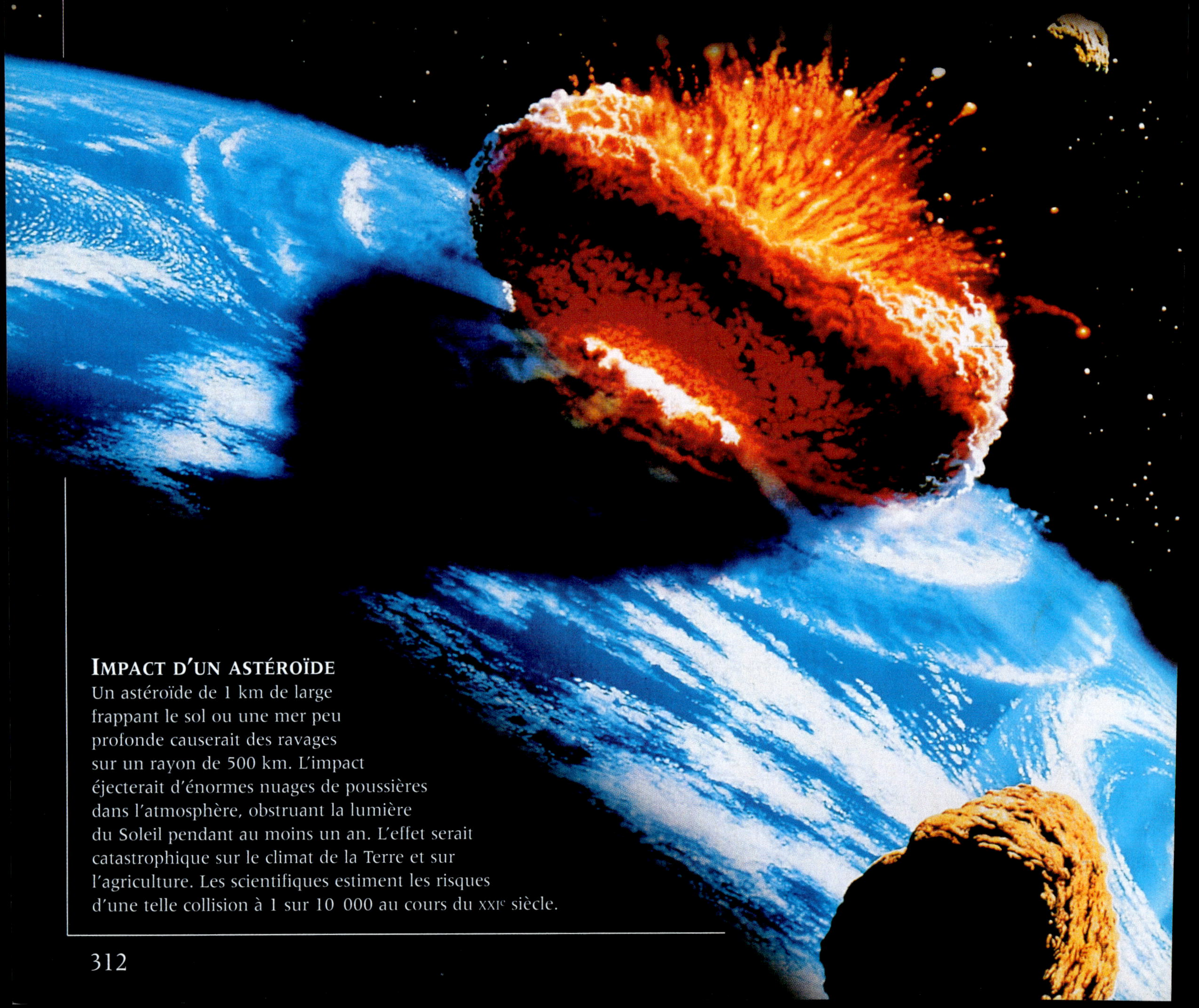

IMPACT D'UN ASTÉROÏDE
Un astéroïde de 1 km de large frappant le sol ou une mer peu profonde causerait des ravages sur un rayon de 500 km. L'impact éjecterait d'énormes nuages de poussières dans l'atmosphère, obstruant la lumière du Soleil pendant au moins un an. L'effet serait catastrophique sur le climat de la Terre et sur l'agriculture. Les scientifiques estiment les risques d'une telle collision à 1 sur 10 000 au cours du XXIe siècle.

MÉTÉORITE EN ARIZONA
Il y a 50 000 ans, une météorite mesurant sans doute 60 m de diamètre est tombée au nord-est de l'Arizona, aux États-Unis. En s'écrasant sur le sol à une vitesse de 40 000 km/h, elle a été pulvérisée sous l'impact, creusant un cratère de 1 265 m de large (ci-dessus). L'explosion aurait tué toutes les créatures vivantes sur un rayon de 10 km.

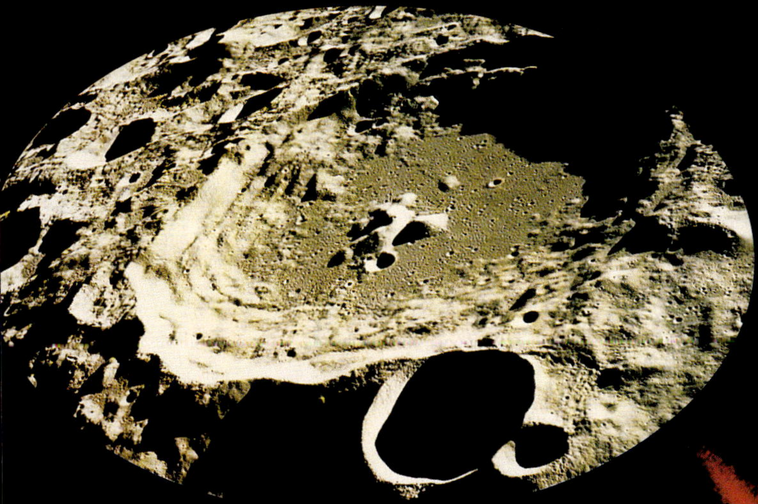

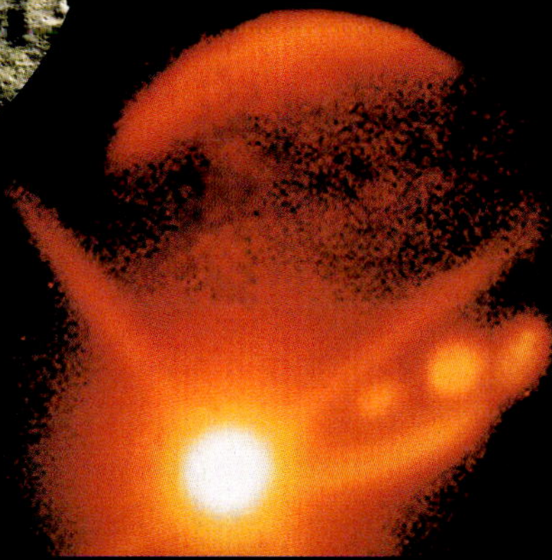

LE RENDEZ-VOUS DE JUPITER
En mars 1993, le puissant champ de gravité de Jupiter a fait exploser la comète Shoemaker-Levy-9 en 21 fragments. En juillet 1994, les fragments sont entrés en collision avec Jupiter, produisant des impacts aussi grands que la Terre. La gravité de Jupiter agit tel « l'aspirateur » du système solaire, attirant de nombreuses météorites qui, sinon, entreraient en collision avec la Terre.

LES CRATÈRES LUNAIRES
Les cratères visibles des impacts spatiaux sont plutôt rares sur la Terre, car l'érosion les a effacés au cours du temps. Mais la Lune, géologiquement inactive et privée d'atmosphère, garde toutes ses cicatrices. Les anciens cratères sur sa surface (ci-dessus) montrent que les impacts étaient plus gros et plus fréquents au début de l'histoire du système solaire.

IMPACT DU YUCATÁN
Il y a environ 65 millions d'années, un objet céleste de 10 km de large a frappé la péninsule du Yucatán, aux abords du golfe du Mexique. Son impact a pu entraîner la disparition des dinosaures. Il a également provoqué la formation d'immenses tsunamis. De vastes couches sédimentaires souterraines indiquent que des vagues d'une hauteur de 1 km se sont déversées sur le sud des États-Unis et des îles Caraïbes.

QUEL AVENIR POUR LA TERRE ?

QUE NOUS RÉSERVE L'AVENIR ? Une catastrophe naturelle se profile-t-elle à l'horizon ? Serons-nous détruits par ce que nous avons créé ? Peut-être d'importants dangers géologiques pourraient-ils se déclencher au cours du siècle prochain, touchant des millions de personnes. Parmi ces éventualités, citons une énorme éruption volcanique à Yellowstone, aux États-Unis, un glissement de terrain aux îles Canaries qui provoquerait un énorme tsunami sur l'Atlantique, ou encore un tremblement de terre géant à Tokyo, au Japon. Pourtant, en premier viennent les dangers liés au réchauffement de la planète : hausse du niveau des mers, inondations et conditions climatiques extrêmes. Pour parer aux catastrophes naturelles, il est primordial de préparer l'avenir et de minimiser les dommages sur l'environnement, mais nous pourrions avoir des surprises…

LA TERRE ASSÉCHÉE
La Terre se réchauffe, et certaines régions du monde, comme ici en Californie, aux États-Unis (ci-dessus), deviennent beaucoup plus chaudes et sèches, rendant plus difficile le développement de la vie. Le surpâturage extensif aux abords des zones désertiques entraîne la désertification. Ainsi dépourvue de végétation, la terre à son tour ne retient plus l'eau. La destruction des habitats tels que ceux-ci pourrait entraîner la perte d'une grande variété d'animaux et de plantes, modifiant l'écosystème, et provoquant des effets imprévisibles.

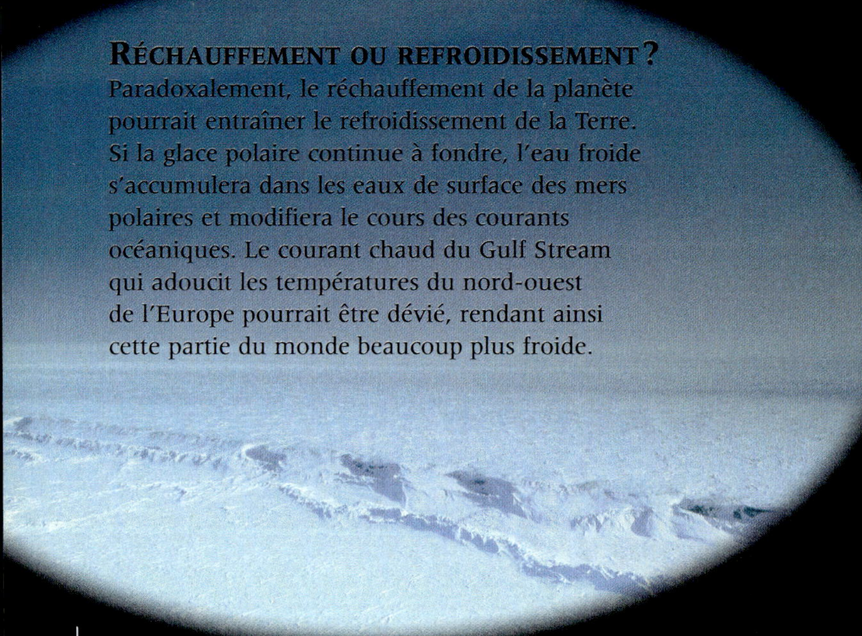

RÉCHAUFFEMENT OU REFROIDISSEMENT ?
Paradoxalement, le réchauffement de la planète pourrait entraîner le refroidissement de la Terre. Si la glace polaire continue à fondre, l'eau froide s'accumulera dans les eaux de surface des mers polaires et modifiera le cours des courants océaniques. Le courant chaud du Gulf Stream qui adoucit les températures du nord-ouest de l'Europe pourrait être dévié, rendant ainsi cette partie du monde beaucoup plus froide.

SOUS L'EAU
Il est très probable qu'au cours des 2 prochains siècles, la Terre va se réchauffer. La hausse des températures entraînera l'expansion de la mer et la fonte de la calotte glaciaire. Au cours de cette période, le niveau de la mer pourrait s'élever de 1 m, engloutissant les îles tropicales et les terres basses. Le réchauffement du climat est également susceptible de rendre les climats plus extrêmes, c'est-à-dire que l'on pourrait assister à une augmentation des orages et des inondations, comme ici au Kenya (à droite).

LA DÉFORESTATION

Depuis 1945, plus de 40 % de la forêt tropicale humide a été détruite, et cette déforestation se poursuit à un rythme annuel inquiétant. Ici (à gauche), une partie de la forêt tropicale amazonienne est détruite. Une fois les arbres arrachés, la terre végétale est souvent emportée par les vents, empêchant la repousse de nouveaux arbres. Les forêts sont primordiales pour le renouvellement de l'oxygène dans l'atmosphère et l'absorption du dioxyde de carbone. Cet équilibre vital est grandement menacé.

LA SURPÊCHE

La technologie actuelle permet aux pêcheurs de dépister des bancs entiers de poissons. En 1990, 13 des 17 principaux sites de pêche étaient exploités à leur limite, et même surexploités. Au début des années 1990, le Canada a restreint la pêche à la morue dans la partie nord-est de l'Atlantique, les captures excessives ayant réduit de façon alarmante cette espèce de poissons. En 2001, la pêche à la morue dans la mer du Nord a également été limitée. Ces excès de pêche et de chasse ont détruit des populations entières d'animaux dont un grand nombre est malheureusement en voie de disparition.

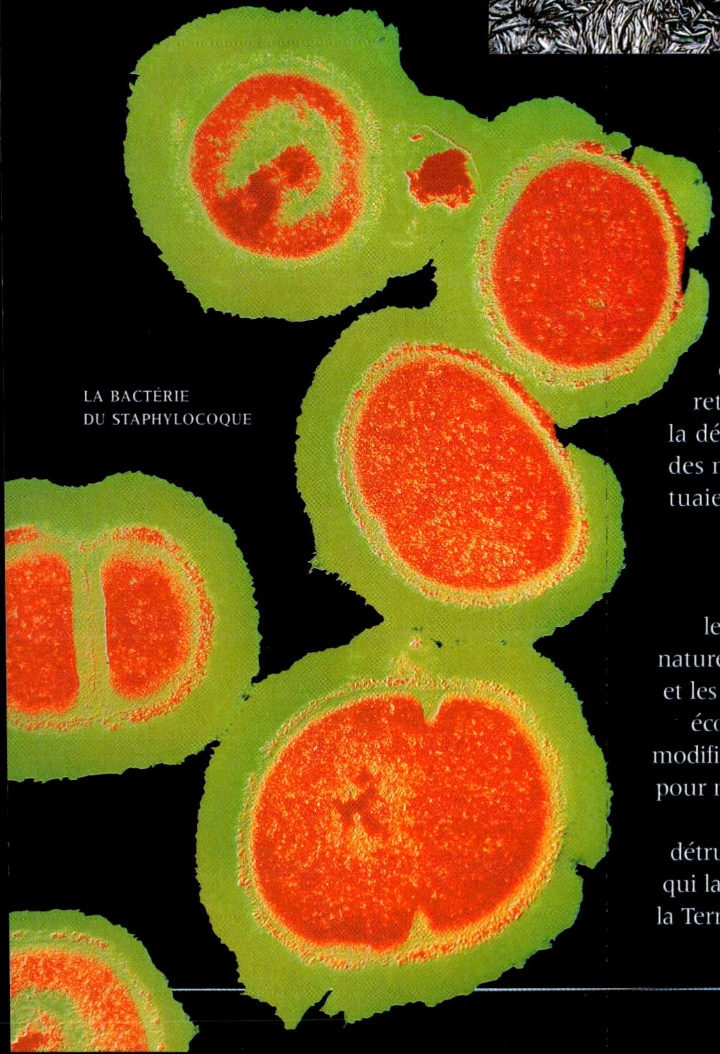

LA BACTÉRIE DU STAPHYLOCOQUE

LA BATAILLE CONTRE LES BACTÉRIES

Les bactéries à l'origine des maladies, comme les staphylocoques (à gauche) porteurs de la pneumonie et de la septicémie, deviennent résistantes aux antibiotiques. Si la recherche médicale ne trouve pas de moyen d'y faire obstacle, nous pourrions nous retrouver au même stade qu'avant la découverte des antibiotiques, lorsque des maladies, comme la tuberculose, tuaient des millions de personnes.

L'HYPOTHÈSE DE GAIA

Selon l'hypothèse de Gaia émise par le scientifique James Lovelock, le milieu naturel qui comprend l'air, le climat, la terre, et les variétés animales et végétales forme un écosystème parfaitement équilibré. La Terre modifie donc naturellement son environnement pour maintenir les conditions nécessaires à la vie. Si nous continuons à polluer la planète, en détruisant une grande partie des organismes vivants qui la composent et en dégradant ses ressources vitales, la Terre, pour assurer sa survie, pourrait réagir violemment sans nécessairement tenir compte de l'espèce humaine.

Faits et chiffres

LES CATASTROPHES LES PLUS IMPORTANTES

La plus grosse éruption volcanique Il y a environ 74 000 ans, le mont Toba, à Sumatra, est entré en éruption. Le cratère du volcan a laissé un trou de 100 km de long sur 60 km de large.
La plus grande inondation En 1931, la montée du niveau d'eau de la rivière Yangtze, en Chine, a provoqué inondations et famine. Environ 3,5 millions de personnes ont péri.
Le tremblement de terre le plus meurtrier En 1556, des tremblements de terre en Chine ont tué environ 800 000 personnes.
La plus grave sécheresse Entre 1876 et 1879, environ 10 millions de personnes sont mortes de faim lors d'une sécheresse dans le nord de la Chine.
Le plus gros orage de grêlons En 1888, des grêlons de la taille de pamplemousses se sont abattus sur le district de Moradabad en Inde, tuant 246 personnes.
La plus importante série d'avalanches Pendant la Première Guerre mondiale, les soldats qui combattaient dans les Alpes européennes ont utilisé des explosifs pour déclencher des avalanches afin de repousser l'ennemi. Au moins 40 000 personnes ont péri.
La tornade la plus dévastatrice En mars 1925, plusieurs tornades ont traversé 3 États du centre des États-Unis, tuant 689 personnes.
Le plus haut tsunami Le 9 juillet 1958, un glissement de terrain a généré un tsunami qui a atteint plus de 500 m de haut en Alaska, aux États-Unis.
La foudre la plus meurtrière En décembre 1963, la foudre a frappé un avion qui volait au-dessus du Maryland, aux États-Unis, tuant 81 personnes.
Le plus grand glissement de terrain En 1970, l'effondrement de glace et de roche sur le mont Huascarán, au Pérou, a tué plus de 20 000 personnes.
Le plus violent cyclone En 1970, un cyclone dans la baie du Bengale a tué environ 500 000 personnes au Bangladesh.
Les plus forts vents de tempête Le 12 octobre 1979, le typhon Tip, dans le nord-ouest du Pacifique, a provoqué des vents de 305 km/h.

LES OURAGANS : L'ÉCHELLE DE SAFFIR/SIMPSON

Catégorie	Vitesse en km/h	Dommages
1	119-153	Les arbres et les buissons perdent leurs feuilles et leurs petites branches. Les caravanes sont endommagées.
2	154-177	Les petits arbres sont arrachés, les caravanes en plein vent sont très endommagées, les tuiles et les cheminées tombent des toits.
3	178-209	Les arbres sont arrachés. Les caravanes sont détruites. Les petites constructions subissent des dommages assez importants.
4	210-249	Graves dommages aux fenêtres, aux portes et aux toits. Les caravanes sont totalement démolies et les terres sont inondées sur 10 km.
5	> 250	Tous les bâtiments sont gravement endommagés. Les petits bâtiments sont détruits.

LES TORNADES : L'ÉCHELLE DE FUJITA

Nombre	Vitesse en km/h	Effets
F0	64-116	Légers dommages. Branches cassées.
F1	117-181	Dommages modérés. Les arbres sont secoués, les fenêtres arrachées et quelques toits endommagés.
F2	182-253	Dommages considérables. Les grands arbres sont déracinés, les constructions légères détruites.
F3	254-332	Graves dommages. Les arbres sont cassés, les voitures retournées et les murs abattus.
F4	333-419	Dévastation. Les charpentes des maisons sont détruites.
F5	420-512	Dommages énormes. Les voitures sont déplacées sur plus de 90 m, les bâtiments avec des charpentes en acier très endommagés.

ÉCHELLE DES TREMBLEMENTS DE TERRE

Échelle de Mercalli	Description	Effet(s)	Échelle de Richter
I	Imperceptible	Enregistré par des instruments mais non ressenti.	moins de 4,3
II	Très faible	Ressenti par des personnes situées aux étages supérieurs.	
III	Mineur	À l'intérieur, ressenti comme si un camion lourd passait. Les objets accrochés vacillent.	
IV	Modéré	À l'extérieur, ressenti par les passants. À l'intérieur, la vaisselle vibre.	4,4 - 4,8
V	Assez fort	Réveille les gens. Les portes bougent.	
VI	Fort	Les fenêtres se brisent, les tableaux tombent des murs, il est difficile de marcher.	4,9 - 6,1
VII	Très fort	Le plâtre et le carrelage tombent. Il est difficile de tenir debout. Les cloches des églises se mettent à sonner.	
VIII	Destructeur	Les cheminées s'écroulent. Les véhicules sont difficiles à maîtriser.	6,2 - 6,9
IX	Ravageur	Panique générale. Certains bâtiments s'écroulent.	
X	Désastreux	De nombreux bâtiments sont détruits.	7 - 7,3
XI	Très désastreux	Les bâtiments et les ponts s'écroulent. Les rails de chemin de fer se tordent. Les routes se brisent.	7,4 - 8,1
XII	Catastrophique	Destruction totale. Le sol forme des vagues. La vision est affectée.	8,2 - 8,9

INDICE D'ÉRUPTION VOLCANIQUE

Indice d'éruption volcanique	Description	Hauteur de la colonne d'éruption en km	Vitesse de l'éruption en tonnes/seconde
0	Effusive	Moins de 0,1	0,1 - 1
1	Légère	0,1 - 1	1 - 10
2	Explosive	1 - 5	10 - 100
3	Sévère	3 - 15	100 - 1 000
4	Violente	10 - 25	1 000 - 10 000
5	Cataclysmique	Plus de 25	10 000 - 100 000
6	Paroxystique	Plus de 25	100 000 - 1 000 000
7	Colossale	Plus de 25	1 000 000 - 10 000 000
8	Terrifiante	Plus de 25	Plus de 10 000 000

HISTOIRE DES CATASTROPHES NATURELLES

1697 En octobre, un château explose dans la ville d'Athlone, en Irlande, la foudre ayant frappé une réserve contenant 260 tonneaux de poudre.
1876-1879 Entre 9 et 13 millions de personnes meurent de faim dans le nord de la Chine à la suite de la plus terrible sécheresse de son histoire.
1879 Le 28 décembre, le Tay Bridge, en Écosse, est atteint par 2 tornades simultanées. Le pont est détruit et le train postal Édimbourg-Dundee tombe dans la rivière faisant entre 75 et 90 victimes.
1888 Des grêlons de la taille d'un pamplemousse s'abattent sur la ville de Moradabad, en Inde, tuant 246 personnes et plus de 1 000 moutons et chèvres.
1925 La « tornade des Trois États » traverse le Missouri, l'Illinois et l'Indiana, dévastant une bande de 1,5 km de large et tuant 689 personnes. Il s'agit probablement d'une succession de 7 tornades. Si le nombre des victimes paraît anormalement élevé, c'est que ces tornades ont frappé une ceinture de villages miniers et de fermes si rapidement que les habitants n'ont pas eu le temps de se protéger.
Années 1930 Pendant 5 ans, le Middle West, en Amérique du Nord, ne reçoit presque pas de pluie. Des milliers de kilomètres carrés de terres agricoles se transforment en désert appelé Dust Bowl (Bol de poussière). Des vents chauds entraînent le sol desséché, créant de violentes tempêtes de poussière. Environ 5 000 personnes meurent à la suite de coups de chaleur et de problèmes respiratoires.
1931 Le niveau de la rivière Yangtze, en Chine, s'élève de 30 m à la suite de pluies particulièrement violentes. On compte environ 3,7 millions de victimes, certaines emportées par les eaux, mais la plupart par la famine qui suit.
1962 En janvier, un énorme bloc de glace se détache d'un glacier du mont Huascarán, au Pérou, et s'écrase sur un champ de neige, causant une gigantesque avalanche et des coulées de boue. Une ville et 6 villages sont détruits, faisant environ 4 000 victimes.
1963 En décembre, la foudre touche l'aile d'un Boeing 707 au-dessus du Maryland, aux États-Unis, mettant le feu au réservoir de kérosène. L'avion explose en vol tuant 81 personnes.
1976 Le 1er octobre, l'ouragan Lisa frappe La Paz, au Mexique. Une pluie diluvienne détruit un barrage, créant un mur d'eau qui fait 630 victimes dans un bidonville situé en aval.
1977 Le 19 novembre, un cyclone et une tempête s'abattent sur 21 villages et en touchent 44 autres en Andhra Pradesh, en Inde. On estime le nombre des victimes à 20 000 et à plus de 2 millions celui des sans-abri.
1977 Le 23 novembre, un cyclone tue au moins 1 500 personnes et détruit plus de 500 000 maisons au Sri Lanka et en Inde du Sud.
1980 Pendant l'été, une vague de chaleur de plus d'un mois touche une vaste région des États-Unis. Au Texas, les températures dépassent 38 °C presque chaque jour. Ce temps brûlant entraîne des feux de forêt, dessèche les récoltes, déforme les routes et assèche les réservoirs. Le nombre officiel des victimes s'élève à 1 265.
1982 En septembre, les inondations dues à la mousson dans la province d'Orissa, en Inde, tuent au moins 1 000 personnes et forcent 5 millions d'habitants à se réfugier sur les toits et sur les hauteurs.
1983 En février, des températures caniculaires entraînent des centaines de feux de forêt dans le sud de l'Australie. Les feux échappent à tous contrôles, envoyant des cendres incandescentes dans l'atmosphère. La ville de Macedon, construite en grande partie en bois, est détruite. Plus de 70 personnes trouvent la mort, et des milliers d'hectares sont brûlés.
1984 Le 12 juillet, pendant 20 minutes, une averse de grêlons géants s'abat sur Munich, en Allemagne, blessant plus de 400 personnes et causant pour 1 milliard d'euros de dommages. Les grêlons percent les toits, brisent les vitres des voitures, détruisent les serres et endommagent plus de 150 avions à l'aéroport de la ville.
1988 À la fin du mois d'août et en septembre, les inondations dues à la mousson recouvrent 75 % du Bangladesh, tuant plus de 2 000 personnes et faisant au moins 30 millions de sans-abri.
1988 Entre le 12 et le 17 septembre, le cyclone Gilbert fait au moins 260 victimes dans les Caraïbes et dans le golfe du Mexique et entraîne près de 40 tornades au Texas.
1991 Le 30 avril, un cyclone fait au moins 131 000 victimes dans les îles côtières du Bangladesh.
1992 En février, le blizzard cause des avalanches qui tuent 201 personnes en Turquie.
1993 Entre le 12 et le 15 mars, un blizzard fait au moins 238 victimes dans l'est des États-Unis, 4 au Canada.
1993 Entre le 31 octobre et le 2 novembre, des glissements de boue tuent 400 personnes et détruisent 1 000 habitations au Honduras.
1995 Le 27 mars, une coulée de boue détruit un village en Afghanistan, tuant 354 personnes.
1996 Le 13 mai, en moins d'une demi-heure, une tornade détruit 80 villages au Bangladesh, faisant plus de 440 tués et 32 000 blessés.
1997 Le 26 mars, dans le nord de l'Afghanistan, une avalanche ensevelit au moins 100 personnes qui attendaient l'autobus le long d'une route.
1997 Le 11 septembre, la foudre tue 19 personnes et en blesse 6 autres dans l'Andhra Pradesh, en Inde.
1998 En janvier, la tempête de verglas du siècle s'abat sur le Québec, privant 3,5 millions de gens d'électricité et faisant 25 victimes.
1998 Début mai, une coulée de boue causée par une forte pluie ravage la ville de Sarno, en Italie, tuant au moins 135 personnes. La « marée noire » de boue entraîne des arbres et des voitures, bloque les routes, détruit des maisons et fait plus de 2 000 sans-abri.
1998 En mai et au début de juin, une vague de chaleur tue au moins 2 500 personnes en Inde.
1998 De juin à août, la crue de la rivière Yangtze en Chine touche environ 220 millions de personnes, faisant 3 656 victimes.
1998 En septembre et en octobre, la crue du Nil, au Soudan, détruit plus de 120 000 habitations faisant 20 000 sans-abri et 88 victimes.
1998 En octobre, le cyclone Mitch dévaste l'Amérique centrale avec des vents de 240 km/h, causant de gigantesques inondations et des coulées de boue. Plus de 1,5 million de personnes se trouve sans abri. La catastrophe fait 8 600 victimes et 12 000 disparus.
1999 En décembre, des inondations et des coulées de boues, entraînées par des pluies torrentielles font au moins 10 000 victimes, au Venezuela. Le gouvernement estime qu'il s'agit là de la pire catastrophe naturelle du siècle.
1999 Les 25 et 26 décembre, 2 tempêtes très violentes traversent l'Europe, faisant une dizaine de victimes et causant d'énormes dégâts aux réseaux d'électricité et de téléphone et dans les forêts. De très nombreux bâtiments sont endommagés.
2000 Le 14 février, juste après minuit, des tornades balaient la Géorgie, États-Unis, tuant 18 personnes et en blessant environ 100.
2000 En février, des pluies torrentielles dans le sud de l'Afrique entraînent la pire inondation connue des 50 dernières années au Mozambique. Plus d'un million de personnes doivent quitter leurs maisons.
2001 Le 26 janvier, un tremblement de terre dans le Gujarat, d'une magnitude de 7,7, fait environ 15 500 disparus en Inde et au Pakistan.
2001 En novembre, après des mois de sécheresse, des inondations ont tué 751 personnes à Alger. Il y a eu des milliers de blessés et plus de 40 000 sans-abri.
2002 Le 17 janvier, l'éruption du Nyiragongo en République démocratique du Congo provoque une coulée de lave qui ravage la ville de Goma et les villages alentour. 250000 personnes doivent fuir et 50 périssent dans l'explosion d'une station essence.
2002 En septembre, l'effondrement d'un glacier en Russie endommage la vallée de Koban, et recouvre tout un village par une coulée de plusieurs millions de mètres cubes.
2003 L'été voit une vague de chaleur et de sécheresse en Europe qui entraîne un épisode caniculaire remarquable. Les victimes, que l'on estime à 27 000 (dont environ 15 000 en France) sont principalement des personnes âgées.
2004 Dans les Caraïbes, la saison des cyclones (juillet à octobre) est d'une violence exceptionnelle. C'est la plus meurtrière de ces 30 dernières années, provoquant désastres urbains, inondations et déforestations.
2004 Le 26 décembre, un tsunami d'une force exceptionnelle ravage l'Asie du Sud-Est, provoquant la mort de plus de 300 000 individus.

EN SAVOIR PLUS SUR NOTRE PLANÈTE

http://www.ggl.ulaval.ca/personnel/bourque/intro.pt/planete_terre. html
Proposé par l'université Laval au Canada, ce site propose un cours scientifique complet en français sur la Terre et son histoire.
http ://www.haplosciences.com
Site de vulgarisation des sciences et en particulier des sciences de la Terre, destiné aux enfants et aux enseignants. De nombreux liens vers d'autres sites.
http://connexion-lanaudiere.qc.ca/geologie/rub1/
Pour initier les enfants à la géologie et aux sciences de la Terre.
http://volcano.und.nodak.edu/
Pour suivre les dernières éruptions volcaniques et voir des photos de volcans du monde entier, consultez ce site en anglais richement illustré et destiné aux enfants.
http://www.prevention2000.org
Le portail éducatif francophone sur les risques naturels.

FOSSILES D'AMMONITES EN FOND

PARTIE VI
LA MACHINE DU TEMPS

Michael Allaby

Une planète agitée

Les hommes sont soumis aux caprices du temps qu'il fait de bien des manières. Les agriculteurs ont besoin de la pluie pour leurs récoltes, les marins comptent sur le vent pour gonfler leurs voiles, et les touristes présument que les jours ensoleillés font partie de la norme. Cependant, le temps qu'il fait sur la Terre n'est rien moins que fiable. L'atmosphère de notre planète est en permanence agitée, un brassage de gaz et d'eau étant sans cesse entretenu par l'énergie solaire. Parfois cette énergie se déchaîne avec une sauvagerie soudaine et imprévisible : des tornades font voler des voitures et des ouragans de force 5 transforment des villes en champs de ruines. Grâce aux météorologues, nous pouvons prévoir de mieux en mieux les catastrophes à venir. Mais les caprices du temps restent la force naturelle la plus dangereuse qui menace notre planète.

La planète bleue
Les trois quarts de la surface de la Terre sont recouverts d'eau. Réchauffée par le Soleil, l'eau s'évapore et remplit l'air de vapeur invisible. En se refroidissant, celle-ci se transforme en nuages et retombe sur la Terre sous forme de pluie ou de neige. Sans ce recyclage permanent de l'eau, il n'y aurait jamais eu de vie sur la Terre. L'eau n'est pas que source de vie, elle est aussi responsable de terribles catastrophes comme les inondations et la grêle.

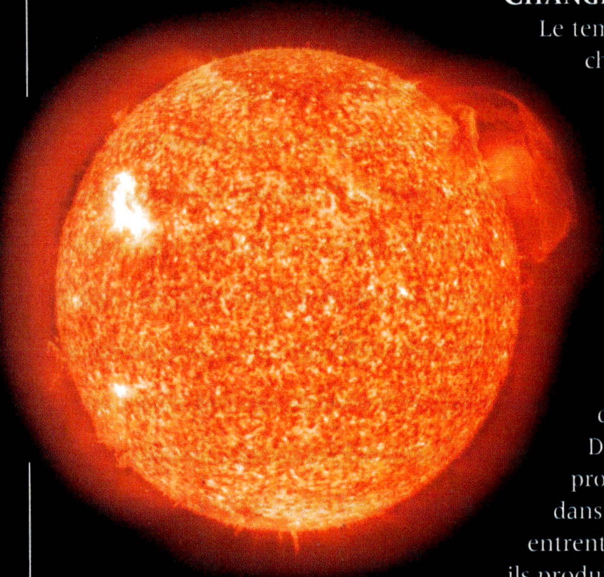

Changements de temps
Le temps varie parce que le Soleil chauffe la Terre de façon irrégulière. Les régions tropicales reçoivent plus de chaleur que les pôles, et ce déséquilibre fait que l'air et les nuages de l'atmosphère de la Terre sont sans cesse en mouvement. L'atmosphère solaire est aussi secouée par de violents phénomènes. D'énormes éruptions projettent des gaz brûlants dans l'espace. Quand ces gaz entrent en collision avec la Terre, ils produisent les fameuses aurores boréales ou australes.

Terre sauvage
Les nuages d'orage entraînent les perturbations les plus violentes. Un petit orage peut tuer d'un coup de foudre bien dirigé. Certains nuages de gros orages bombardent la Terre d'énormes tornades de grêle et de trombes d'eau féroces qui aspirent tout sur leur passage. Des colonnes d'eau peuvent se former, comme celle-ci qui s'est produite en Floride. Mais les dégâts records sont causés par les cyclones, qui tuent des centaines de personnes chaque année.

Trop de bonnes choses

Sans pluie, les hommes mourraient de faim. Elle est nécessaire aux cultures, en particulier à celle du riz qui constitue la nourriture de base de plus de la moitié de l'humanité. Le riz pousse dans des champs inondés, on ne peut donc le cultiver que dans les régions qui reçoivent beaucoup de pluie. En Inde et au Népal, la mousson rend possible la culture du riz durant l'été, tandis que dans les régions tropicales, il se cultive toute l'année. Quand des pluies abondantes sont trop fréquentes, elles entraînent des inondations qui tuent et ravagent plus qu'aucune autre manifestation de mauvais temps.

INONDATION DE MOUSSON À CALCUTTA, EN INDE

Les rizières sont des champs que les cultivateurs inondent afin d'y cultiver le riz. On sème les grains dans la boue, puis, quand la récolte est mûre, on draine le champ et on cueille le riz.

RIZIÈRE EN CHINE

Terre desséchée

Parfois, dans les régions humides, la pluie ne tombe pas durant de longues périodes, entraînant une sécheresse aussi dangereuse que des pluies trop abondantes. Un sol fertile se transforme en poussière, privant la terre de ses substances nutritives. Il peut aussi se fissurer. La sécheresse entraîne la famine dont peut résulter la mort de millions de personnes.

La vie dans la glace

La Terre est la planète des extrêmes. Les déserts brûlent sous le Soleil tropical, tandis que les régions polaires gèlent sous une couche de glace. Le froid va de pair avec avalanches, glace, baisses de température. Il peut aussi entraîner des nuages étranges, ainsi que de spectaculaires arcs de glace dus à la réflexion de la lumière sur des cristaux de glace.

Vue de l'espace, la Terre est enveloppée en permanence de nuages tourbillonnants.

L'ATMOSPHÈRE

VUE DE L'ESPACE, LA TERRE EST ENTOURÉE d'une brume bleue. C'est l'atmosphère, une couverture gazeuse retenue par la gravité, qui enveloppe notre planète et y rend la vie possible. L'atmosphère est étonnamment mince. Si vous pouviez la parcourir en voiture, il ne vous faudrait que 10 minutes pour traverser la couche inférieure, la troposphère, siège des phénomènes météorologiques, et approximativement 3 heures pour atteindre l'espace. À cause de la gravité, la troposphère est la couche la plus dense de l'atmosphère ; elle contient 80 % de l'air et presque toute l'humidité. Réchauffée par le Soleil et agitée par la rotation de la Terre, la troposphère est une masse de nuages tourbillonnante. L'air se raréfie à mesure qu'on s'élève dans l'atmosphère et celle-ci finit par se perdre graduellement dans le vide de l'espace.

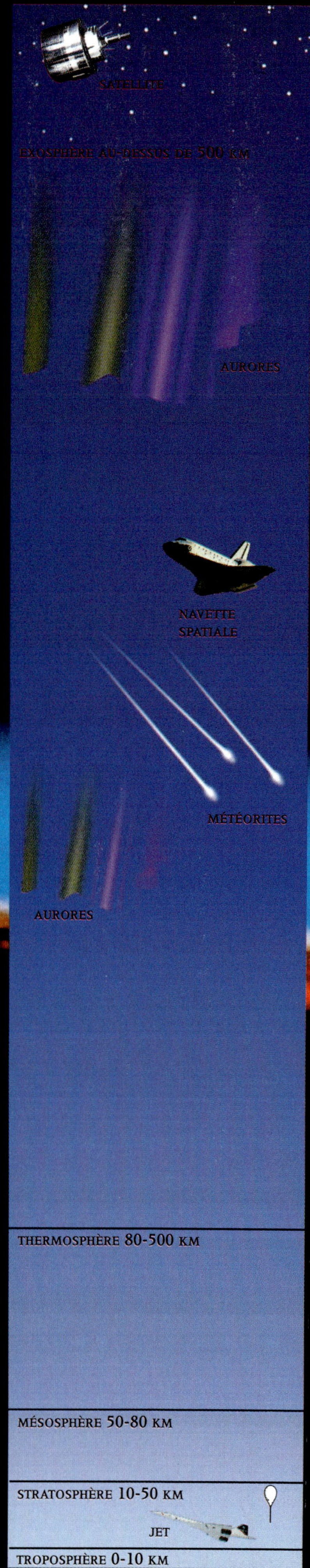

LES COUCHES DE L'ATMOSPHÈRE
Les scientifiques divisent l'atmosphère en différentes couches selon leur température. La température diminue à mesure qu'on s'élève dans la troposphère, mais remonte dans la couche suivante, la stratosphère. La limite entre ces 2 couches s'appelle la tropopause. Au niveau de la tropopause, l'air est froid et sec ; il n'y a presque pas d'humidité, et donc un temps particulièrement calme.

AU-DESSUS DES NUAGES
Les nuages se forment dans la troposphère. Seuls les plus gros nuages d'orage peuvent passer dans la stratosphère. Les avions volent dans la haute troposphère ou dans la basse stratosphère : ils traversent donc parfois d'épais bancs de nuages pour atteindre leur altitude de croisière. Lorsqu'ils émergent de ces couches de nuages, les passagers peuvent admirer de magnifiques spectacles.

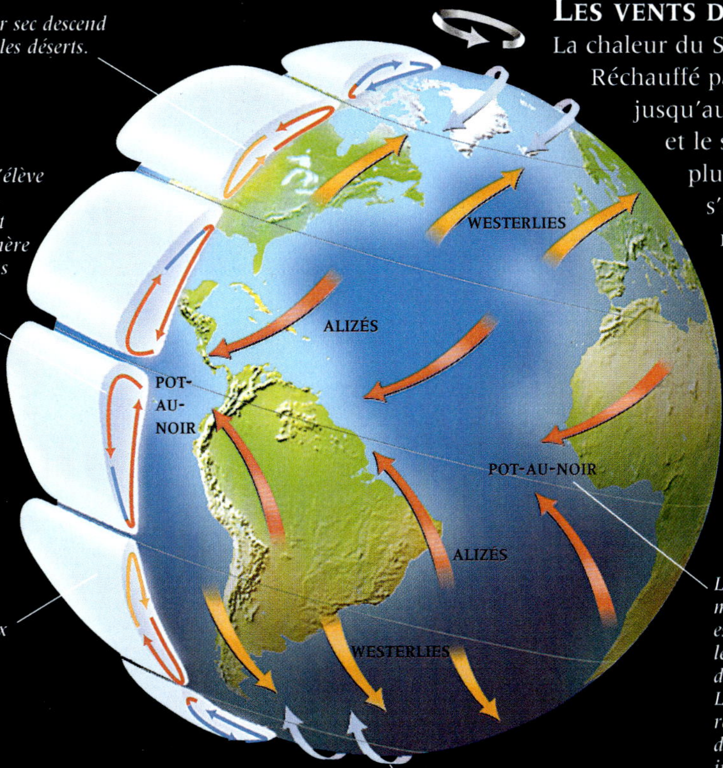

Les vents du globe

La chaleur du Soleil et la rotation de la Terre engendrent les vents. Réchauffé par la lumière tropicale du Soleil, l'air de l'équateur monte jusqu'au sommet de la troposphère puis s'étend vers le nord et le sud, perdant la plus grande partie de son humidité en pluies tropicales. Vers le nord et vers le sud, l'air devenu sec s'écoule, créant les conditions du désert. Un peu de cet air retourne vers l'équateur en alizés (flèches rouges), dérivés vers l'ouest par la rotation de la Terre. Le reste se dirige vers les pôles, formant les vents d'ouest ou westerlies (flèches orange) et rencontre de l'air polaire froid (flèches bleues). À la rencontre des 2 masses, l'air le plus chaud regagne la troposphère.

Traversée de l'Atlantique

Les alizés sont si sûrs qu'autrefois les explorateurs les ont utilisés pour atteindre les Amériques. Le Génois Christophe Colomb traversa l'Atlantique pour la première fois en 1492, porté par les alizés, et revint grâce aux westerlies (vents d'ouest).

Courants-jets

Durant la Seconde Guerre mondiale, les équipages qui survolaient le Pacifique Nord constatèrent qu'ils allaient plus vite quand ils se dirigeaient vers l'est que lorsqu'ils allaient vers l'ouest. Les scientifiques découvrirent que des vents violents se développaient à haute altitude en raison de fortes différences de température et de pression. Ce sont les courants-jets. Il en existe 2 dans chaque hémisphère, au sommet de la troposphère. Les pilotes d'avion les empruntent afin de diminuer le temps de vol entre les États-Unis et l'Europe.

NUAGES DE COURANT-JET AU-DESSUS DE L'ÉGYPTE

LES MÉCANISMES DE LA MÉTÉO

L'AIR ET L'EAU DE LA TERRE TRAVAILLENT ensemble comme une gigantesque machine actionnée par la chaleur du Soleil. Le Soleil chauffe la Terre irrégulièrement : intensément les régions équatoriales, très faiblement les régions polaires. L'air et l'eau répartissent cette chaleur. La chaleur est entraînée vers les pôles par les courants océaniques et les vents planétaires. Le mélange constant, entretenu par la rotation de la planète, apporte également de l'eau et de l'air froid vers l'équateur, où ils se réchauffent. Cette machine à faire le temps nous donne le vent, la pluie, la neige, la brume ou le brouillard. Ces phénomènes météorologiques s'expliquent par quelques principes de physique simples.

FLOTTER DANS L'AIR

Quand l'air se réchauffe, il se dilate, devient plus léger et monte. Ce processus, appelé convection, permet aux montgolfières de flotter. Un brûleur chauffe l'air de la montgolfière, le rendant plus léger que l'air ambiant : elle peut donc s'élever. L'air circule en permanence entre les régions plus hautes et plus froides de notre atmosphère, et les régions plus basses et plus chaudes. L'air chaud qui monte se refroidit. L'air froid ainsi obtenu est plus lourd que l'air chaud : il retombe donc vers le sol.

Lorsque vous respirez par temps froid, la vapeur d'eau contenue dans votre souffle se condense en petites gouttelettes. Brouillard et nuages se forment de la même façon.

Le brûleur situé sous cette montgolfière chauffe l'air qu'elle contient. L'air devient plus chaud, donc plus léger : il s'élève en l'entraînant dans les airs.

L'EAU INVISIBLE

L'eau chauffée s'évapore : elle se transforme en un gaz invisible, ou vapeur, qui se mélange à l'air. La quantité de vapeur d'eau que peut contenir l'air dépend de sa température : l'air chaud en contient beaucoup, l'air froid en contient peu. Quand de l'air chaud se refroidit, sa vapeur d'eau se retransforme en eau liquide : ce processus s'appelle la condensation. C'est la condensation qui dépose de la buée sur les vitres d'une voiture ; et nous faisons également de la buée quand nous respirons par un jour de grand froid. Ce même processus est responsable de la formation du brouillard durant les nuits fraîches, et de celle de nuages quand de l'air chaud s'élève et se refroidit.

HAUTE PRESSION

L'air est très léger mais il a cependant un poids. Celui de l'air en un lieu donné s'appelle la pression atmosphérique. Quand l'air est froid, il descend lentement en compressant l'air qui est en dessous de lui, ce qui augmente la pression. Bien que dues à de l'air froid, les hautes pressions sont accompagnées d'un beau temps ensoleillé, car l'air qui descend empêche la formation de nuages et dégage le ciel.

Elle est due à une chute d'air froid. La rotation de la Terre fait tourner l'air qui descend autour du centre de haute pression. L'air s'écoule dans le sens des aiguilles d'une montre dans l'hémisphère Nord, inversement dans l'hémisphère Sud.

BASSE PRESSION

Quand de l'air chaud s'élève du sol, il crée une zone de basse pression en dessous de lui, entraînant en général le mauvais temps. Tandis que l'air qui monte se refroidit, sa vapeur d'eau se transforme en nuages, amenant parfois la pluie, la neige ou les orages. Au même moment, de l'air descend vers le sol pour prendre la place de l'air chaud qui monte, ce qui crée du vent. Le temps est plus variable durant les périodes de basse pression.

Elle est due à une montée d'air chaud. L'air circule dans le sens inverse des aiguilles d'une montre dans l'hémisphère Nord, dans l'autre sens dans l'hémisphère Sud. Quand il a terminé son ascension, l'air s'écoule et est entraîné au loin.

SYSTÈME DÉPRESSIONNAIRE
Un tel système se forme quand 2 masses d'air de température différente entrent en contact. Le front froid se déplace généralement plus vite que le front chaud et peut le dépasser, soulevant tout l'air chaud du sol. Quand cela se produit, on dit que le front est occlus. Celui-ci coupe l'apport d'air chaud, le vent tombe et la pluie cesse.

LES FRONTS

Quand une masse d'air froid venue des pôles entre en contact avec de l'air chaud venu des tropiques, les 2 masses ne se mélangent pas bien. Une zone de transition, appelée front, se forme entre elles deux. L'air froid, plus lourd, se glisse sous la masse d'air chaud, la poussant vers le haut avec formation de nuages. Si l'air se déplace plus vite d'un côté du front, cela entraîne la formation d'une zone de basse pression appelée dépression. Les dépressions produisent des tourbillons de nuages que l'on voit très nettement sur les photos prises à partir de satellites.

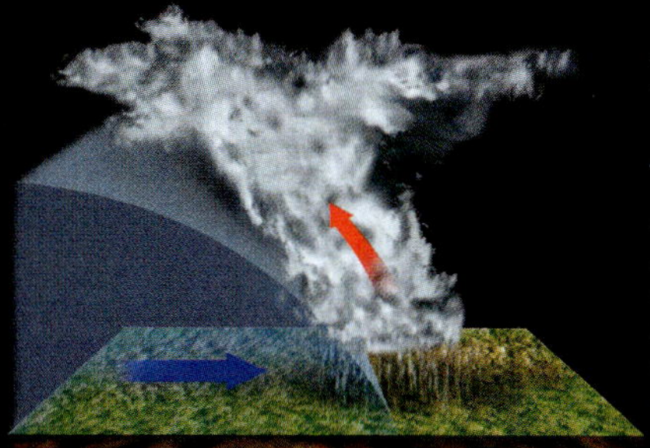

FRONT FROID

Dans un front froid, l'air froid s'engouffre sous l'air chaud qu'il fait monter rapidement. Cela entraîne souvent la formation d'énormes nuages avec des averses et des orages.

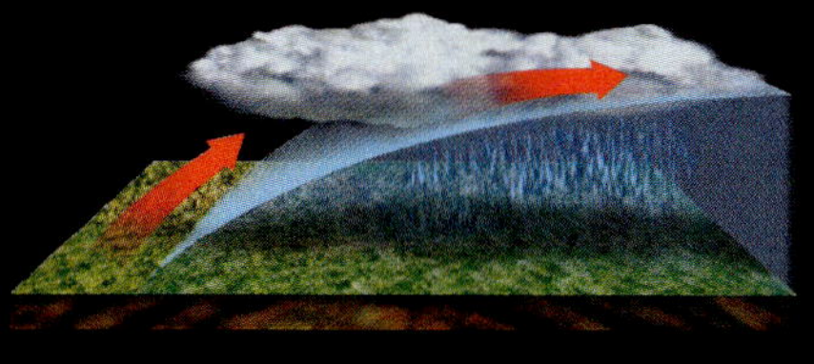

FRONT CHAUD

Dans un front chaud, l'air chaud s'élève doucement au-dessus de l'air froid, entraînant la formation de couches de nuages et la chute de pluie fine ou crachin.

Climats et saisons

Si vous alliez du pôle Nord à l'équateur, vous découvririez qu'il existe différents types de climats tout autour de la Terre. Au pôle Nord, le Soleil est toujours bas dans le ciel (sauf en hiver, où il ne se lève jamais), et le temps est froid et clair. À mesure qu'on se dirige vers le sud, le Soleil monte dans le ciel et le temps se réchauffe. À l'équateur, le Soleil est juste au-dessus de votre tête à midi, et le temps est chaud et humide. L'air chaud emmagasine beaucoup d'humidité venue des océans, ce qui entraîne des pluies fréquentes. Le temps dépend aussi de l'époque de l'année. Vers les pôles, il existe des saisons chaudes et des saisons froides, tandis que près de l'équateur, il fait chaud toute l'année, mais les saisons sont humides ou sèches.

Bien que les pôles jouissent de plusieurs heures de lumière chaque jour en été, les rayons du Soleil sont faibles car ils tombent obliquement sur la Terre, comme ceux d'une lampe torche inclinée. Le climat est donc toujours froid.

Les courants océaniques de surface sont représentés ici en bleu (eau froide) et en rouge (eau chaude). En plus de ces courants de surface, il existe un courant froid très profond, qui prend à peu près mille ans pour aller du Groenland à l'Australie et en revenir.

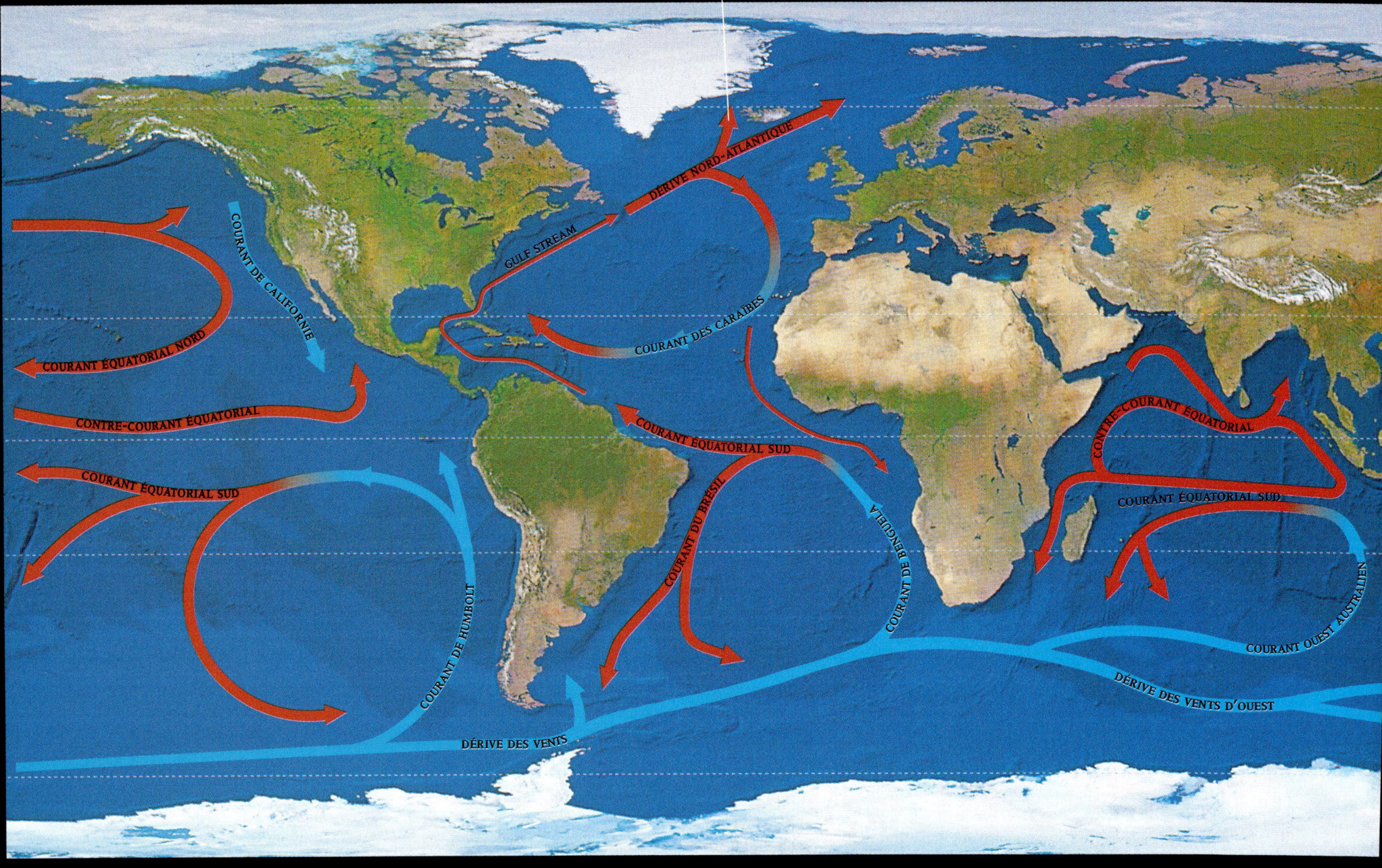

Le temps et la mer

Les océans ont une très grande influence sur le temps qu'il fait. L'eau se comporte comme une réserve de chaleur : elle absorbe la chaleur du Soleil près de l'équateur et la transporte vers les pôles grâce aux courants océaniques qui sont poussés par les vents. Par exemple, le Gulf Stream, qui transporte des eaux chaudes des Caraïbes vers l'Europe de l'Ouest, rend les hivers de Bretagne, en France, très doux. L'air chaud et humide, associé au Gulf Stream, augmente les chutes de pluie, rendant les étés de cette région souvent couverts. Dans chaque océan, les courants forment un immense cercle, l'eau froide longeant en général les côtes ouest des continents et l'eau chaude longeant les côtes est.

Climats

Les différents types de temps qu'une région rencontre tout au long d'une année constituent son climat. Les pôles ont les climats les plus froids, les déserts les plus secs, et les régions équatoriales les plus humides. C'est là que se développent les forêts tropicales dans une ambiance toujours chaude et humide. L'Europe et l'Amérique du Nord jouissent d'un climat tempéré, avec saisons chaudes et saisons froides. Le climat d'une région ne dépend pas seulement de sa situation par rapport à l'équateur, mais aussi de la proximité de la mer. L'Asie centrale possède un climat très sec car elle est éloignée de la mer.

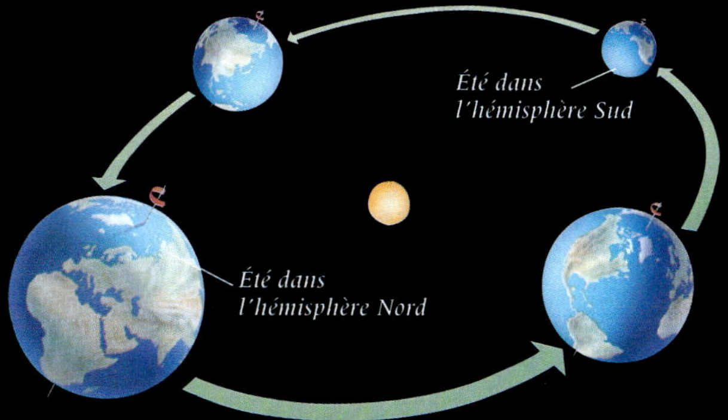

Tourné vers le Soleil

L'axe de rotation de la Terre est incliné par rapport au plan dans lequel elle se déplace. C'est pourquoi les pôles sont alternativement dirigés vers le Soleil, entraînant les saisons. En juin, c'est l'hémisphère Nord qui reçoit le plus de lumière du Soleil : l'été règne sur l'Europe, l'Asie et l'Amérique du Nord. En décembre, c'est l'été dans l'hémisphère Sud. L'équateur reçoit toujours beaucoup de lumière du Soleil, le temps y est chaud et ensoleillé toute l'année.

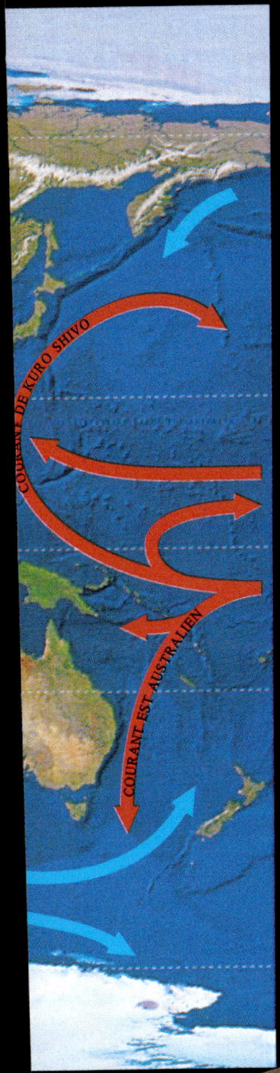

Les régions au climat tempéré d'Europe ont un temps doux avec des saisons chaudes et froides.

Les régions à climat équatorial comme la forêt amazonienne sont chaudes et pluvieuses toute l'année.

Les déserts naissent dans les régions où il ne pleut pas. Il y fait chaud comme au Sahara, ou froid comme au Gobi.

BRUME, BROUILLARD, ROSÉE

VOUS ÊTES-VOUS DÉJÀ DEMANDÉ quel effet cela ferait de traverser un nuage ? Peut-être la chose vous est-elle déjà arrivée sans que vous vous en aperceviez, car la brume et le brouillard ne sont rien d'autre que des nuages formés au niveau du sol. Les soirs clairs, quand le sol refroidit rapidement, le brouillard le recouvre parfois en une couche dense qui peut atteindre votre taille. Marcher dans ce brouillard est une curieuse expérience – vos pieds disparaissent tandis que le ciel est clair au-dessus de votre tête. La brume, le brouillard, les nuages et la rosée se forment quand il fait assez froid pour que la vapeur d'eau contenue dans l'air se condense en fines gouttelettes.

ROSÉE SUR UNE TOILE D'ARAIGNÉE

ROSÉE DU MATIN

Le matin, après une nuit froide et claire, le sol peut être recouvert de fines et brillantes gouttelettes d'eau, la rosée. Celle-ci se forme quand la température du sol baisse au point d'entraîner la condensation de la vapeur d'eau contenue dans une couche d'air basse. On appelle « point de rosée » la température à laquelle la vapeur d'eau se condense en gouttelettes.

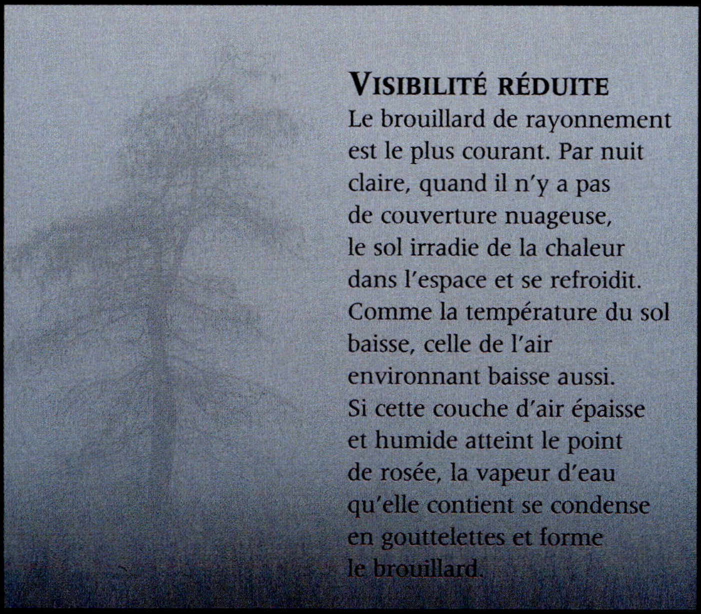

Visibilité réduite

Le brouillard de rayonnement est le plus courant. Par nuit claire, quand il n'y a pas de couverture nuageuse, le sol irradie de la chaleur dans l'espace et se refroidit. Comme la température du sol baisse, celle de l'air environnant baisse aussi. Si cette couche d'air épaisse et humide atteint le point de rosée, la vapeur d'eau qu'elle contient se condense en gouttelettes et forme le brouillard.

Aubes brumeuses

Les vallées boisées sont parfois, à l'aube, noyées de brume. Quand l'air froid descendant le long des pentes atteint les arbres, la vapeur d'eau qui les entoure se condense en nappes de nuages suspendues aux feuilles. La brume, faite de gouttelettes plus petites que celles du brouillard, est moins dense que ce dernier. Le soleil réchauffant le sol, les gouttelettes retournent à l'état de vapeur et la brume se dissipe.

Enveloppé de brouillard

Le brouillard se dissipe vite dès que le soleil apparaît. Parfois, les rayons du soleil traversent la couche de brouillard et réchauffent le sol qu'elle recouvre. La chaleur qui est ainsi dégagée fait évaporer la partie inférieure de la nappe, dégageant la visibilité au niveau du sol et laissant une fine couche de brume à une altitude un peu plus élevée. C'est ce que l'on appelle stratus bas ou brouillard.

BROUILLARD DANS LES ALPES FRANÇAISES

Dans les nuages

Un des sites les plus célèbres pour ses nappes de brouillard est le Golden Gate Bridge qui enjambe la baie de San Francisco. Durant presque tout le mois d'août, le pont est enveloppé de brouillard une grande partie de la journée. Ce phénomène est dû au courant de Californie, un courant froid qui descend le long de la côte ouest du Canada et des États-Unis en provenance de l'Arctique. Il entraîne sur son trajet une baisse de température qui, au contact de l'air chaud et humide de la baie, favorise la formation d'un brouillard dense qui a souvent beaucoup de peine à se dissiper.

Les nuages

Comment pourriez-vous rêver par un jour sans nuages ? Tout en contemplant leurs formes cotonneuses qui voguent dans le ciel, vous pensez peut-être à un voyage en montgolfière ou un saut en parachute. En réalité, les nuages sont comme le brouillard, gris et humides. Malgré leur infinie variété de formes, tous les nuages sont faits des mêmes composants – gouttes d'eau et cristaux de glace – si petits qu'ils flottent dans l'air comme des particules de poussière. Les gouttelettes des nuages sont fines comme des grains de farine : il en faudrait 4 pour couvrir la largeur d'un cheveu. Ce n'est que lorsque les gouttes d'eau ou les cristaux de glace se soudent entre eux qu'ils deviennent assez gros pour tomber sur terre en pluie ou en neige.

Quand l'air absorbe de la chaleur, il se dilate et devient plus léger, ce qui le fait monter (convection). Puis il refroidit et sa vapeur d'eau se condense en gouttelettes.

Quand de l'air en mouvement rencontre un relief, il monte. Il se refroidit et des nuages se forment au point de rosée.

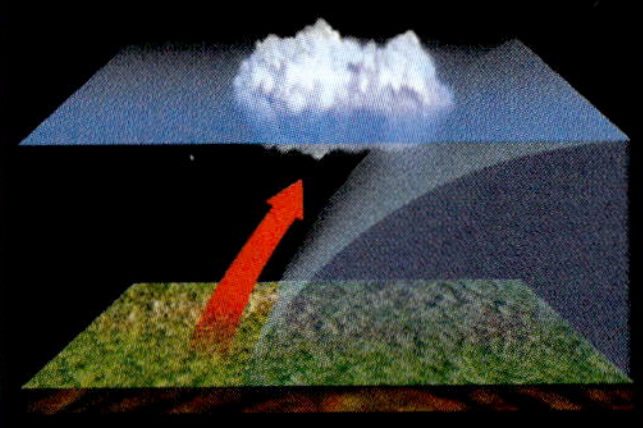

Quand une masse d'air froid et une masse d'air chaud entrent en contact, l'air chaud monte au-dessus de l'air froid, plus dense. Des nuages se forment quand l'air chaud refroidit.

Comment se forment les nuages

Des nuages se forment quand l'air chaud monte et se refroidit jusqu'au point de rosée. C'est la température à laquelle la vapeur d'eau de l'air, invisible, commence à se condenser en gouttelettes. L'air chaud monte grâce à l'un de ces procédés : par convection, lorsqu'il rencontre un obstacle physique comme une pente, ou encore lorsqu'il rencontre une masse d'air froid et qu'il se forme un front.

DIFFÉRENTS TYPES DE NUAGES

Bien que les nuages varient énormément d'un jour à l'autre, on peut les rattacher à 10 types principaux. La première classification du Français Jean-Baptiste Lamarck, en 1802, fut remplacée l'année suivante par celle du météorologue anglais Luke Howard. Elle distinguait les nuages en filaments ressemblant à des cheveux (cirrus), les nuages en dômes ou en boules (cumulus), les nuages en bancs ou en couches uniformes (stratus), et les nuages bas et gris (nimbus). Chacun de ces types comporte différentes variétés.

Certains cumulus en champignon montent jusqu'à une altitude de 10 km dans le ciel.

CIRRUS AU-DESSUS DE 5 000 M

Nuages séparés, en forme de filaments blancs ou de bandes étroites effilochées. On les appelle « queues de jument ».

CIRRO-CUMULUS AU-DESSUS DE 5 000 M

Bancs ou nappes de nuages blancs, hauts dans le ciel, faits de minuscules cristaux de glace. Ils prennent parfois un aspect écailleux et donnent un ciel pommelé.

ALTO-CUMULUS ENTRE 2 000 ET 5 000 M

Nuages de moyenne altitude en lamelles ou en rouleaux, blancs ou gris, ou les 2 à la fois. Ils forment parfois des bandes de nuages nettement séparées.

CUMULO-NIMBUS DE 600 À 20 000 M

Nuages entassés en forme de champignon, spécialement sous les tropiques. En dessous de ces nuages, le ciel est sombre. Ils sont annonciateurs de fortes précipitations et d'orage.

CUMULUS ENTRE 600 ET 1 200 M

Gros nuages à base horizontale, en forme de chou-fleur. Ces nuages de beau temps, au contour bien précis, sont fréquents en été. Ils peuvent se grouper et donner de grosses masses nuageuses.

STRATO-CUMULUS ENTRE 600 ET 1 800 M

Nuages bas, gris ou blancs, à l'aspect moelleux. Ils forment des masses arrondies en galets ou en rouleaux. Ils peuvent se réunir en une couche dense qui donnera du crachin.

MYSTÉRIEUX ET MERVEILLEUX NUAGES

AVEZ-VOUS DÉJÀ VU une soucoupe volante ou distingué un étrange visage dans les nuages ? Vous avez peut-être aussi été effrayé par des éclats de couleur ou par des dessins rougeoyants dans un ciel de nuit. De la littérature classique aux faits divers, bien des gens ont raconté de fabuleuses visions dans le ciel. Il s'agit parfois de nuages formés dans des conditions naturelles mais inhabituelles, comme lorsque de l'air est poussé au-dessus d'une vaste chaîne de montagnes. Parfois, aussi, ces curieux phénomènes ne sont que les traces laissées par des objets créés par les hommes – avions ou fusées spatiales.

CE N'EST PAS CE QUE VOUS CROYEZ
Les nuages lenticulaires ont été bien souvent pris pour des ovnis. Ils se forment quand le vent souffle près de reliefs montagneux, provoquant des ondes sur le versant abrité. Ces nuages arrondis en forme de lentille ou d'amande restent immobiles même par grand vent.

CIEL PEINT
Une irisation se produit quand la lumière du Soleil ou de la Lune traverse des gouttes d'eau ou des cristaux de glace d'un nuage : elle se sépare alors en une gamme de délicates couleurs. Ces couleurs dépendent de la taille des gouttelettes et de l'angle où se place l'observateur. Ici, le Soleil est au-dessus du nuage, à la limite de la photo.

Traînées flamboyantes

Des avions volant à très haute altitude peuvent laisser derrière leurs réacteurs de longues traînées de vapeur d'eau. La partie la plus basse de la « traîne » représentée ci-dessus est rouge, en raison de la diffraction de la lumière sur des particules de poussière de l'air, retenues dans cette vapeur d'eau. Les vents disperseront progressivement la traîne.

Curiosité antarctique

Quand de l'air croise une chaîne de montagnes, telle les monts Transantarctiques représentés ici, il monte puis retombe, en suivant la forme du relief. Ces mouvements verticaux peuvent affecter toute la couche inférieure de l'atmosphère et produire des vents tourbillonnants. S'il en résulte la formation de nuages, ils s'étireront en formes bizarres, comme celui-ci qui ressemble à l'énorme oreille d'un homme !

Comme des vagues

Les nuages nocturnes lumineux semblent couverts de vagues, comme la surface de la mer. On ne les voit que très rarement, durant les nuits d'été, sous les hautes latitudes, quand le Soleil vient juste de disparaître à l'horizon. Ils se situent généralement à une altitude de 80 km et seraient composés de larges cristaux de glace.

Les coups de vent

L'air est sans cesse en mouvement : il plonge, s'élève, s'écoule des zones de haute pression aux zones de basse pression. Ces mouvements se traduisent en général par des vents et des brises, mais parfois la vitesse du vent s'accélère tellement que l'on parle de coups de vent. Les plus violents surviennent en mer, mais parfois ils exercent leurs pouvoirs destructeurs sur la Terre. Entre Noël 1999 et le 1er janvier 2000, des tempêtes ont ravagé la France, arrachant des arbres et les projetant comme s'il s'était agi d'allumettes. Des milliers d'arbres de Paris, déracinés, jonchèrent les rues. Des toits furent emportés, des feux de signalisation tordus, des morceaux de verre éparpillés. Il y eut plus de 120 victimes en France et en Belgique.

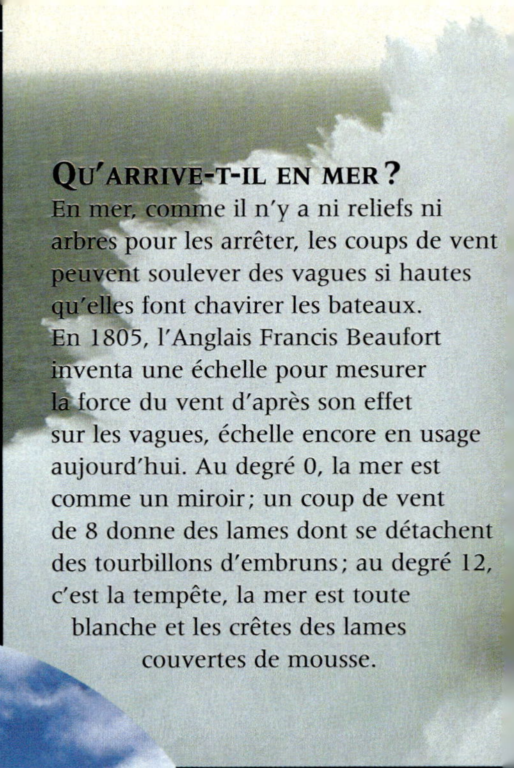

Qu'arrive-t-il en mer ?

En mer, comme il n'y a ni reliefs ni arbres pour les arrêter, les coups de vent peuvent soulever des vagues si hautes qu'elles font chavirer les bateaux. En 1805, l'Anglais Francis Beaufort inventa une échelle pour mesurer la force du vent d'après son effet sur les vagues, échelle encore en usage aujourd'hui. Au degré 0, la mer est comme un miroir ; un coup de vent de 8 donne des lames dont se détachent des tourbillons d'embruns ; au degré 12, c'est la tempête, la mer est toute blanche et les crêtes des lames couvertes de mousse.

Orages tropicaux

Sous les tropiques, la chaleur du Soleil réchauffe l'air en mouvement, ce qui peut produire des vents très violents. L'air chaud et humide s'élevant de la mer crée des masses nuageuses en colonne, beaucoup plus impressionnantes que celles des pays tempérés. Les orages qui en résultent apportent des vents féroces qui courbent les arbres et soulèvent d'énormes vagues qui viennent s'abattre sur la côte. En quelques minutes, une paisible plage se transforme en chaos, arrosée de pluies torrentielles et battue de vents enragés.

Tout de travers

Dans les régions où le vent souffle toujours dans la même direction, les arbres semblent tout courbés. En effet, le vent dessèche et tue les bourgeons, les jeunes pousses et les feuilles sur le côté exposé. Mais de l'autre côté, l'arbre est à l'abri et sa croissance est normale.

Soulevées par des vents d'orage, des vagues géantes martèlent le phare de La Jument, situé à l'extrémité de la Bretagne, en France.

Les palmiers sont capables de supporter des vents violents.

Le sable transporté par le vent finira par user cette colonne et faire tomber la tête du rocher.

SCULPTURES DE SABLE

La formidable force du vent n'est nulle part plus visible que dans les déserts, où le sable, soulevé par le vent, s'attaque à tout ce qu'il rencontre, y compris les rochers qu'il change en de surprenantes sculptures. Comme l'érosion par le sable se fait surtout au niveau du sol, les roches se transforment en masses perchées sur des colonnes étroites. Quand les roches sont formées de couches horizontales, les couches les plus dures protègent les plus tendres situées plus bas. Cela conduit à la formation de hauts plateaux, ou mesas, érodés seulement sur les côtés.

LA PLUIE

NOUS SOMMES ENTOURÉS D'EAU. Les trois quarts de notre planète en sont recouverts; l'atmosphère la brasse et la recycle en permanence. Chaque jour, plus de 300 milliards de tonnes d'eau tombent sur la Terre sous forme de pluie. Si vous tentiez de boire cette immense quantité d'eau, il vous faudrait 10 millions d'années pour y parvenir, à la cadence de un litre à la seconde. Ce colossal volume d'eau n'est pas également réparti sur tous les continents. La plus grande quantité tombe aux tropiques où elle fait vivre le monde si varié de la forêt tropicale. Sur l'île de Kauai à Hawaï, par exemple, il pleut environ 350 jours par an. À l'opposé, les déserts manquent terriblement d'eau. La région la plus sèche de notre planète est la ville d'Arica dans l'Atacama, au Chili, qui ne reçoit que 0,1 mm d'eau par an.

Dans un nuage, la vapeur d'eau se condense en gouttes minuscules et en cristaux de glace. Ces constituants se souderont jusqu'à devenir assez lourds pour tomber.

DES TROMBES D'EAU

Un gros cumulo-nimbus peut provoquer un fort orage avec une chute de pluie suffisante pour recouvrir une grande ville d'une couche d'eau atteignant la cheville des habitants. La pluie peut continuer à tomber même s'il n'y a plus de nuage. Le nuage disparaît quand les courants d'air descendants sont plus forts que les courants ascendants. Le nuage laisse alors tomber toute son eau d'un seul coup, en une grosse averse.

Les gouttes d'eau

Les gouttes sont de tailles très différentes. Les plus petites, celles de la brume, sont si minuscules et si légères qu'elles flottent dans l'air. Elles sont semblables à celles des nuages. Dans un nuage, elles se réunissent, comme sur une fenêtre humide, jusqu'à ce qu'elles soient assez lourdes pour tomber. Les gouttes de crachin sont les plus petites qui puissent tomber. Il faut plus de 3 000 gouttelettes de nuages pour faire une goutte de crachin. La plus grosse goutte, celle de pluie, en contient presque 2 millions.

Pluie et animaux

« Il fait un temps de chien » est une expression qui signifie qu'il pleut très fort. Des animaux, comme les grenouilles, sont bien connus pour sortir sous la pluie battante. Ces amphibiens peuvent être aspirés de leur mare par des tornades et rejetés plus loin avec la pluie qui continue à tomber.

Ce paysage d'Afrique de l'Est est desséché, mais les plantes ne sont pas mortes : elles attendent le retour des pluies d'été pour reprendre leur croissance.

La force de la vie

Dans certaines parties du monde, il ne pleut qu'à une saison précise. La pluie s'abat sur les riches plaines d'Afrique de l'Est en été, mais durant le reste de l'année, les plantes sèchent et l'herbe disparaît. La terre se craquelle et les arbres semblent mourir. De grands troupeaux de zèbres et d'animaux sauvages migrent vers l'ouest, en quête d'eau. Quand les pluies sont de retour, l'herbe réapparaît, les graines germent et les animaux reviennent.

Quand la pluie est de retour, les graines germent, l'herbe réapparaît et les arbres se couvrent de feuilles. Les plantes doivent produire de nouvelles graines avant que les pluies ne s'arrêtent et que le sol ne se dessèche.

NUAGES D'ORAGE

LES ÉNORMES NUAGES qui annoncent un orage sont magnifiques à voir, avec leur colonne grise et leur sommet en volutes. Les orages sont le résultat d'un violent mélange d'air, de vapeur et de gouttelettes d'eau, ainsi que de cristaux de glace, à l'intérieur des cumulo-nimbus, les plus gros nuages de la Terre. Un seul cumulo-nimbus libère autant d'énergie que l'explosion d'une bombe atomique. En plus du tonnerre et des éclairs, les nuages d'orage apportent de fortes chutes de pluie ou de neige, et de violents et imprévisibles coups de vents.

« MAMMATUS » TOMBANT DU CIEL
Ces formations nuageuses spectaculaires sont appelées « mammatus » (du latin *mamma*, mamelle). Elles naissent de courants descendants dans l'enclume d'un nuage. Quand elles apparaissent, il est prudent de se mettre à l'abri, car elles annoncent un violent orage avec coup de vent, pluies torrentielles et risque de tornade.

NAISSANCE D'UN NUAGE D'ORAGE
Les nuages d'orage se forment lorsque de l'air chaud et humide s'élève puis se refroidit, entraînant la condensation de sa vapeur d'eau en gouttelettes. La condensation libère de la chaleur, ce qui fait encore monter l'air et grossir le nuage. Un nuage peut grossir jusqu'à ce qu'il atteigne le sommet de la troposphère où la température de l'air se stabilise, stoppant son ascension. Durant une heure environ, le nuage libère pluie, neige ou grêle. Ne contenant plus d'humidité, il disparaît.

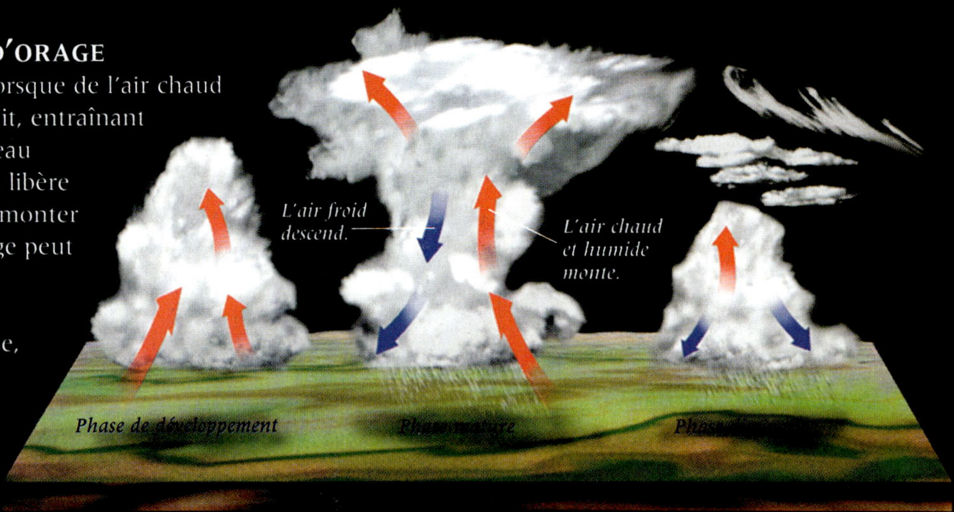

La forme en enclume est en général une indication précieuse sur le développement d'un orage, tandis que l'extrémité de la traîne s'étend dans le sens des vents dominants.

MENACE TROPICALE
Les cumulo-nimbus se forment essentiellement dans l'air chaud et humide des tropiques, comme ici, au Zaïre. L'air contenu dans ces géants turbulents monte et descend dans des courants circulant à 50 km/h ou plus. Les courants ascendants peuvent créer des nuages hauts de 11 km – assez hauts pour atteindre la stratosphère. Le sommet, fait de cristaux de glace, est modelé par le vent en forme d'énorme enclume.

EN ALERTE
Les nuages d'orage peuvent être visibles jusqu'à 320 km à la ronde, particulièrement dans les régions plates, comme ici, en Arizona, aux États-Unis. Les pilotes d'avion évitent soigneusement ces nuages, car ils peuvent être extrêmement dangereux. Si un avion est pris dans l'un d'eux, des vents violents risquent de le secouer au point de le rendre incontrôlable.

La foudre

Vous savez qu'elle va tomber. Le ciel est noir. Les chats et les chiens se comportent bizarrement. L'orage est juste au-dessus de vous, spectacle somptueux mais terrifiant de lumière aveuglante, de bruits assourdissants et de trombes de pluie. Un orage d'été produit autant d'énergie que l'explosion de 12 000 tonnes de dynamite. La plupart de cette énergie est libérée sous forme d'éclairs. La foudre chauffe l'air à 30 000 °C – température 5 fois plus élevée que celle de la surface du Soleil –, elle tue de 20 à 40 personnes et allume 15 000 incendies chaque année en France. Tandis que vous lisez ces lignes, 2 000 orages éclatent autour du monde, donnant 100 éclairs à la seconde, soit plus de 8 millions par jour.

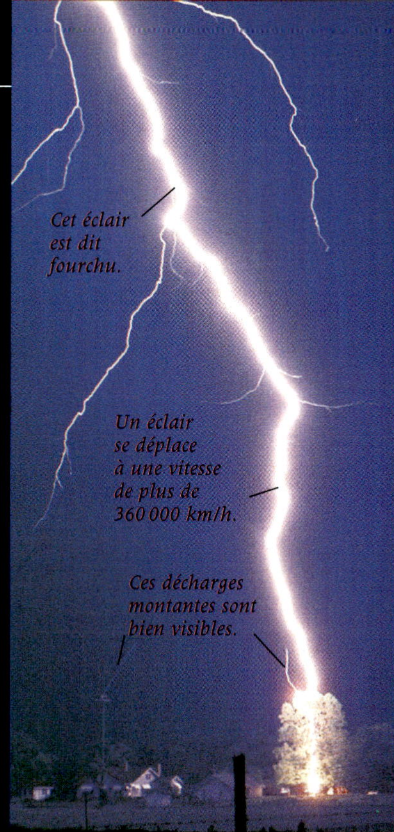

Une décharge massive

Cette incroyable photo d'un éclair heurtant un arbre a saisi un phénomène très rare : 2 décharges de foudre montantes. Les éclairs du nuage au sol se produisent quand la décharge passe de la base du nuage, chargé négativement, à la Terre, chargée positivement. Un court-circuit d'une fraction de seconde déclenche une décharge massive d'électricité qui réchauffe si rapidement l'air qu'il explose en donnant le bruit du tonnerre.

Comment se forme la foudre

À l'intérieur d'un cumulo-nimbus, de violents courants d'air écrasent les cristaux de glace les uns contre les autres, faisant naître de l'électricité statique. La base du nuage se charge négativement, tandis que le sol et le sommet du nuage sont chargés positivement. Ces charges augmentent jusqu'à ce qu'un courant s'établisse entre elles, d'abord entre différentes parties du nuage, puis du nuage à la Terre.

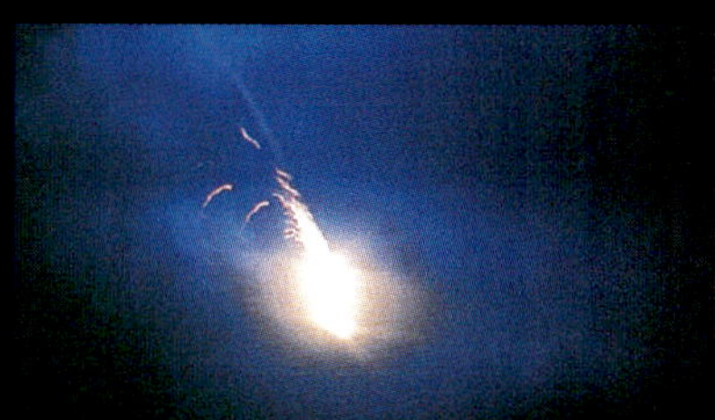

Des boules de feu

Les éclairs en boules constituent un phénomène mystérieux. Ils apparaissent par temps d'orage, venant de nulle part. Leur taille va de celle d'une balle de golf à celle d'un ballon de plage. Brillant d'un éclat jaunâtre et ne durant que quelques secondes, ils se déplacent de manière aléatoire au ras du sol.

Devenu pierre

La foudre frappe le sol avec une telle énergie qu'elle le chauffe à une température pouvant atteindre 1 800 °C en moins de 1/100 000ᵉ de seconde. Quand la foudre pénètre dans un sol sec et sablonneux, la chaleur fait fondre le sol en lui donnant la forme du parcours de l'électricité. C'est ce qu'on appelle une fulgurite.

La lumière se déplace plus vite que le son. Vous pouvez donc dire à quelle distance se trouve un orage en comptant le temps qui s'écoule entre l'éclair et le coup de tonnerre. Un espace de 3 secondes indique que l'orage est à 1 km.

ÉCLAIR DE NUAGE À NUAGE

Les éclairs ne se produisent pas seulement entre nuage et sol, mais également entre des zones positives et des zones négatives d'un même nuage ou de 2 nuages différents, ou encore entre nuage et air. Cet éclair entre des nuages est bien visible dans le ciel nocturne de l'Arizona, aux États-Unis. Chaque éclair dure environ un cinquième de seconde et peut avoir jusqu'à 5 km de long. Si l'éclair est caché par un nuage, ce nuage semble briller : on parle d'éclair en nappe.

LES TORNADES

DEPUIS LE MAGICIEN D'OZ jusqu'aux Simpson, les tornades ont joué un très grand rôle dans les contes et les histoires. Mais la puissance terrifiante des tornades n'est pas une légende, c'est la plus formidable concentration d'énergie que l'atmosphère puisse produire. Une tornade peut aspirer une maison et la faire éclater en morceaux, elle peut soulever un train de ses rails et arracher un enfant des bras de ses parents. Les tornades sont bien connues en Amérique du Nord, mais aucune région du monde n'est épargnée.

Un entonnoir descendant est visible à la base d'un nuage d'orage supercellulaire.

En touchant terre, l'entonnoir devient une tornade et aspire ce qu'il rencontre.

NAISSANCE D'UNE TORNADE

Les tornades prennent naissance dans de gros nuages d'orage appelés supercellulaires. Ceux-ci sont chauffés par l'air chaud de la base du nuage qui monte grâce à de puissants courants d'air. Comme l'eau qui s'écoule en tournant dans une vidange, ces courants d'air chauds s'enroulent en montant. Si le mouvement devient assez fort, l'air tournant s'étend sous la base du nuage et forme un entonnoir. Il est prudent de se mettre à l'abri quand on en aperçoit un, car au moment où il touche le sol, il se transforme en véritable tornade.

D'ÉNORMES ASPIRATEURS
Les tornades sont comme d'énormes aspirateurs qui avalent tout ce qu'ils rencontrent, y compris les voitures, les animaux et les hommes. Portes et fenêtres sont arrachées ; une véritable tornade peut déchiqueter une maison et disperser les morceaux dans toutes les directions, formant un nuage de dangereux projectiles. Une tornade est d'abord un nuage blanc ou gris, mais la poussière et les débris aspirés vers le vortex (intérieur de la tornade) le rendent rapidement noir comme celui-ci.

TORNADE EN CORDE
À la base, une tornade peut ne mesurer que 100 m de diamètre, tandis qu'une autre peut atteindre 1,5 km. Les tornades naissent au hasard mais sont toujours liées à un nuage d'orage. Leur durée de vie varie de quelques minutes à une heure. Celle-ci, inclinée à l'horizontale, est prête à disparaître.

TORNADE ÉPAISSE
Plus la base d'une tornade est large, plus elle sera dévastatrice. Une tornade géante peut engendrer des vents de plus de 400 km/h, car l'air accélère quand il pénètre dans le vortex (intérieur de la tornade). Plus l'air a de distance à parcourir pour atteindre le centre de la tornade, plus il va vite.

EAU SAUVAGE
Une tornade qui naît sur l'eau s'appelle une trombe. Bien que ressemblant à un geyser, une trombe est assez proche d'un nuage. Elle peut soulever une grande quantité d'embruns. Celle-ci, née au large des côtes d'Espagne, a tué 6 personnes en lançant des tonnes d'eau sur une jetée.

CHASSER LES TORNADES

EN AVRIL 1974, UNE CLASSE d'un collège de l'Ohio s'abrita dans un corridor, au rez-de-chaussée d'un bâtiment, lors d'une tornade qui s'abattit sur son école. Quelques secondes plus tard, la tornade était passée et le calme revenu. Les élèves sortirent avec prudence pour inspecter les dégâts. Tous les étages supérieurs de l'école avaient disparu et le bus scolaire gisait dans le hall, comme tombé du ciel. Les élèves avaient survécu à une redoutable épreuve – mais de justesse. De telles situations confirment la nécessité de mieux comprendre les tornades et leurs caprices, afin que les éventuelles victimes soient averties avant la survenue d'un désastre.

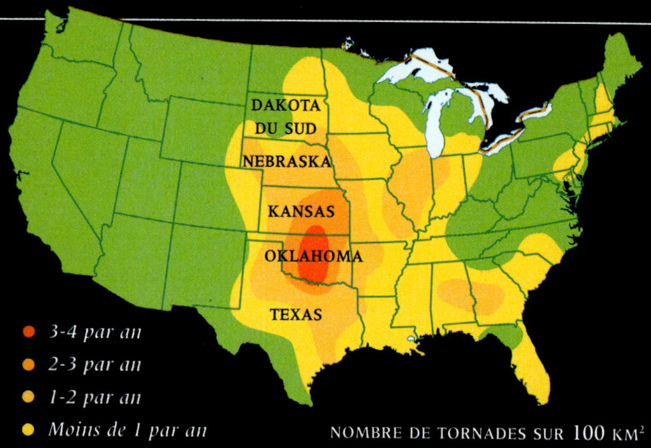

NOMBRE DE TORNADES SUR 100 KM²

PASSAGE DE TORNADES

Les tornades sont plus fréquentes aux États-Unis que n'importe où ailleurs dans le monde. Au printemps et au début de l'été, le Nebraska, le Kansas, l'Oklahoma, le Texas et le Dakota du Sud sont régulièrement frappés par des tornades qui traversent ces États.

Une chasse fructueuse : un chasseur de tornades prend une vue rapprochée de sa proie.

ANTENNE RADAR SUR UN CAMION DE CHASSEUR DE TORNADES

CHASSEURS DE TORNADES

Certains scientifiques prennent des risques insensés pour étudier les tornades. Leurs travaux permettent aux journalistes d'annoncer aux habitants d'une région que celle-ci est éventuellement menacée. La chasse à la tornade peut aussi être un passe-temps exaltant. Les passionnés risquent de se faire prendre dans une tornade, mais aussi de recevoir d'énormes grêlons, pour le simple plaisir d'observer.

VU DE PRÈS

Les tornades sont difficiles à étudier directement car elles détruisent les instruments météorologiques. Cependant, un radar de Doppler permet aux scientifiques d'observer l'intérieur d'un nuage d'orage et d'y détecter un vortex en développement. Certaines personnes disent avoir observé à l'œil nu l'intérieur d'une tornade. En 1928, un fermier du Kansas, Will Keller, courait vers son cellier quand une tornade passa au-dessus de lui. Il regarda dans l'entonnoir et y vit des éclairs qui dansaient et de petits entonnoirs qui se formaient et disparaissaient sur les côtés.

TOUT EST DÉTRUIT SUR SON PASSAGE

Quand une forte tornade s'abat sur une ville, elle sème la désolation derrière elle, mais ne détruit que ce qu'elle touche durant sa vie imprévisible et brève. Elle peut démolir une maison et laisser intacte celle d'à côté. Parfois, de grosses tornades en engendrent de plus petites. À leur tour, elles peuvent détruire la moitié d'une maison sans toucher à l'autre moitié, puis disparaître aussi rapidement qu'elles sont venues. Dans les régions découvertes, ces petites tornades peuvent soulever des portions de sol sec, laissant derrière elles des trous, sortes de cicatrices que les gens prenaient, autrefois, pour des empreintes de pas de géants ! Certaines personnes croient aussi que les traces circulaires laissées par ces tornades dans les champs seraient la marque d'extraterrestres !

Un spectacle, des sons, des odeurs…

À l'approche d'une tornade, le rugissement du vent s'amplifie jusqu'à devenir plus fort que le bruit d'un avion à réaction au décollage. Puis on entend le vacarme des débris qui s'écrasent sur les bâtiments encore debout. Des fragments de bois et de métal sont projetés dans l'air comme des missiles. Il peut aussi se produire des effets insolites, tels des couteaux enfoncés dans des troncs d'arbres ou des maisons soulevées de leurs fondations, tournées de 90° et remises sur place. Au milieu de ce tumulte, il se dégage une forte odeur de soufre, comme de la nourriture pourrie, et parfois aussi une odeur suffocante et piquante produite par des éclairs qui éclatent dans l'entonnoir.

Les ouragans

Les portes étaient fermées, les fenêtres bloquées, les habitants calfeutrés chez eux. Un journaliste téléphona son article sur le continent : « Les containers des bateaux volent comme s'il s'agissait de jouets », puis la ligne fut coupée. C'était le 19 novembre 1999, l'ouragan Lenny traversait Saint-Martin, une île des Caraïbes. Il balayait les plages, inondait les hôtels, emportait les toits et transformait les routes en torrents. Cependant, Lenny ne fut rangé qu'en classe 4 sur l'échelle des cyclones tropicaux qui en comporte 5. Heureusement, les cyclones (ou ouragans) de classe 5 sont rares. Mais tous sont terrifiants. Ce sont les orages les plus violents et les plus destructeurs dont notre planète puisse être le théâtre.

Qu'est-ce qu'un ouragan ?
L'ouragan Fran, qui évita la Floride en 1996, était un ouragan typique. Les ouragans se forment à partir de petits orages au-dessus des océans tropicaux. Alimentés par l'air humide s'élevant de l'océan chaud, et tournant à cause de la rotation de la Terre, ils deviennent d'énormes masses nuageuses tourbillonnantes tandis qu'ils dérivent vers l'ouest. La partie la plus dangereuse d'un ouragan est son centre, où le vent est si féroce qu'il peut écraser les maisons. Mais la plupart des dommages infligés par un ouragan sont dûs aux inondations générées par des pluies torrentielles et des vagues géantes qui ravagent les côtes.

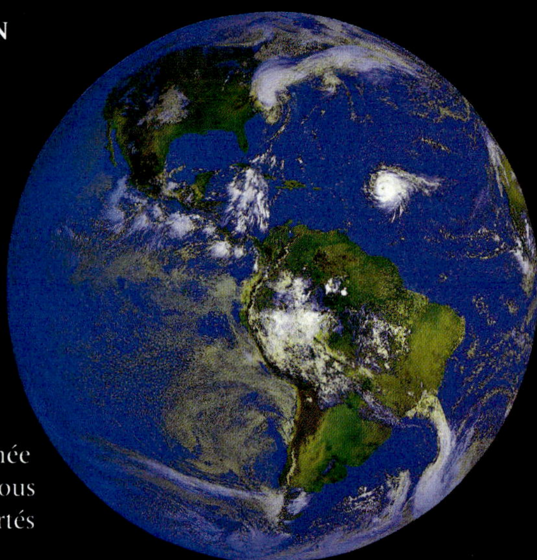

Double perturbation
Cette image satellite, datant de septembre 1999, montre 2 ouragans : Floyd mourant au-dessus de New York, et Gert, nouvellement formé, dans l'Atlantique. Appelés aussi typhons ou cyclones tropicaux, les ouragans se forment au-dessus des mers tropicales chaudes, à la fin de l'été. Il s'en produit une quarantaine chaque année autour du monde. Presque tous se déplacent vers l'ouest, portés par les vents dominants.

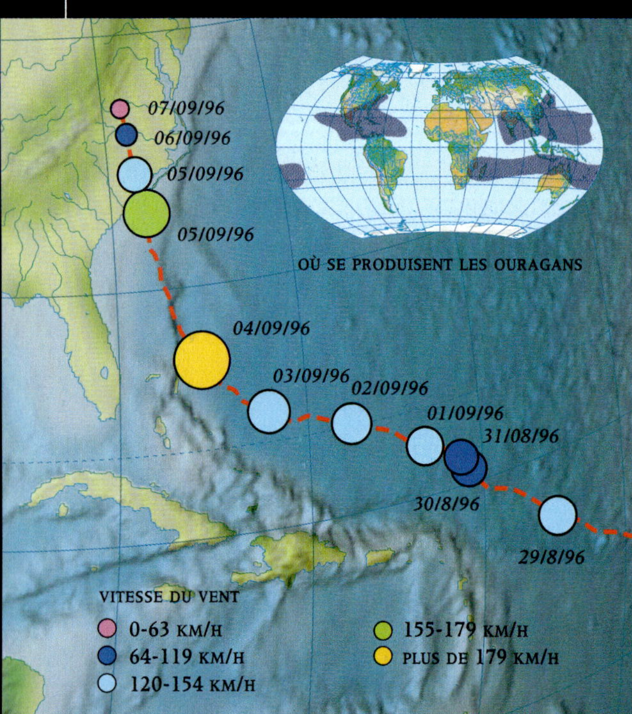

Suivre Fran
Grâce aux satellites météorologiques, les scientifiques peuvent repérer les ouragans et tenter de prévoir où ils vont toucher la terre. L'ouragan Fran prit naissance près des côtes africaines et dériva vers l'ouest jusqu'aux Caraïbes, grossissant à mesure qu'il approchait de la Floride. Puis il vira vers le nord, atteignant finalement la Caroline du Nord. Quand les ouragans touchent la terre, ils ne sont plus alimentés par la chaleur de l'océan et perdent rapidement leur force.

Les vents les plus redoutables d'un cyclone sont situés dans la muraille de l'œil, masse nuageuse entourant un trou central, l'œil. La vitesse du vent peut atteindre plus de 240 km/h. Mais quand l'œil se trouve juste au-dessus de vous, le ciel s'éclaire et les vents se transforment en une agréable brise.

L'ARRIVÉE SUR LES CÔTES

Un samedi matin, les habitants de Floride apprirent qu'un orage se levait au-dessus des Caraïbes. Ils n'en furent pas effrayés, car il était faible et ne se dirigeait pas vers leur région. Mais dans l'après-midi, l'orage était devenu un monstre. Le cyclone Andrew toucha la Floride juste après 5 heures, le samedi 24 août 1992 : c'était le deuxième cyclone de classe 5 du siècle à toucher les États-Unis. Quand il quitta la Floride, 4 heures plus tard, il avait fait plus de 20 milliards d'euros de dégâts.

DES BATEAUX HORS DE L'EAU

Le cyclone Andrew arracha les bateaux de leurs mouillages, les écrasa les uns contre les autres, les transformant en misérables épaves. Quand le gros de l'orage arriva, il emporta les bateaux qu'il rejeta loin dans les terres. Quinze mille bateaux furent ainsi détruits en quelques minutes.

AU CŒUR DU CYCLONE

La plupart des gens qui meurent dans un cyclone sont tués par la mer. L'œil, zone de basse pression, aspire l'eau de la mer jusqu'à une hauteur pouvant atteindre 6 m. En même temps, des vents violents soulèvent des vagues aussi hautes que des maisons. Le niveau de l'eau et les vagues énormes se combinent dans un cyclone à maturité : des murailles d'eau de mer inondent la terre sur des kilomètres, balayant tout sur leur passage.

Le niveau de la mer s'élève sous un cyclone en raison des basses pressions qui règnent à l'intérieur de l'œil.

Un cyclone peut inonder la terre sur des kilomètres.

ÉVACUATION MASSIVE

La télévision et la radio diffusèrent des flashes annonçant l'approche d'Andrew et invitant les habitants à se mettre d'urgence à l'abri. Plus d'un million de personnes s'enfuirent en voiture vers le nord. Ceux qui restèrent se réfugièrent dans des abris publics ou des caves où étaient stockées des provisions et de l'eau pour une quinzaine de jours – précaution essentielle quand on doit survivre dans un pays dévasté par le passage d'un ouragan.

Après le cauchemar

Les vents furieux de l'œil d'Andrew laissèrent derrière eux une zone dévastée de 40 km de large dans les faubourgs de Miami. Les habitants se terraient dans les caves, les cages d'escalier ou sous les tables tandis que les vents hurlants arrachaient toits et fenêtres. Les caravanes furent réduites en milliers d'éclats. Andrew démolit plus de 25 000 maisons et en endommagea plus de 100 000 : ce fut la catastrophe naturelle la plus coûteuse de toute l'histoire des États-Unis. Cependant, grâce aux informations bien diffusées, on ne déplora que 65 victimes, mais 25 000 rescapés quittèrent définitivement la Floride.

À travers l'océan

Les cyclones s'épuisent vite quand ils quittent les eaux tropicales. Mais en octobre 1987, l'impossible se produisit : le cyclone Floyd, le dernier de la saison, traversa l'Atlantique et toucha l'Angleterre au milieu de la nuit. Bien qu'à peine de classe 1, Floyd fut assez puissant pour déraciner 19 millions d'arbres et causer plus de 2 milliards d'euros de dégâts. À l'aube, 19 personnes trouvèrent la mort.

Les inondations

Les inondations tuent plus de monde et causent plus de dégâts matériels qu'aucun autre phénomène naturel. Les montées des eaux subites sont les plus terrifiantes car elles sont soudaines et violentes. Un mur d'eau déferle dans un terrible fracas le long d'une vallée, avec assez de force pour balayer arbres et maisons, et arracher d'énormes rochers des pentes. Mais les inondations les plus dévastatrices sont dues aux crues éclairs qui transforment des terres sèches en un immense lac, laissant des milliers de personnes abandonnées et sans abri.

L'inondation du Mississippi recouvrit des milliers d'habitations. De nombreuses personnes durent attendre sur les toits ou juchés dans des arbres l'arrivée des secours (voir aussi p. 364-365).

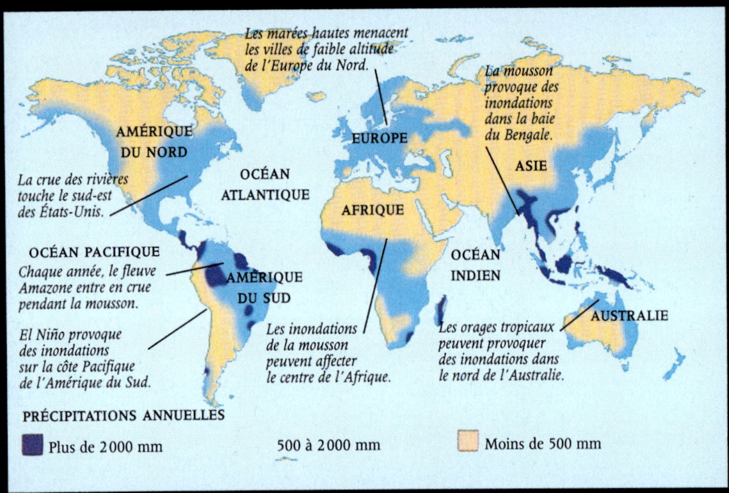

Zones à risque

Certaines régions du monde sont plus exposées que d'autres aux inondations. Les zones tropicales sont touchées par les pluies de la mousson et les orages tropicaux. Les terres intérieures et les plaines fluviales restent des régions à grand risque, surtout si le niveau des eaux monte. Orages, marées hautes ou tsunamis menacent les basses zones côtières. Quant aux estuaires, situés entre terre et mer, ils sont les plus susceptibles d'être inondés.

Cyclone et inondations

Le cyclone Mitch toucha le Honduras en octobre 1998. près de 900 mm de pluie tombèrent en 5 jours, dont la plus grande quantité en seulement 41 heures. La pluie entraîna des inondations et des coulées de boue qui tuèrent près de 11 000 personnes. Ce fut le cyclone le plus meurtrier depuis 200 ans. Certaines furent enterrées vivantes sous la boue, d'autres entraînées vers la mer et noyées. Routes et ponts furent détruits, entravant les secours. Les eaux d'égouts se mélangeant à l'eau potable, les épidémies se propagèrent.

LE DÉLUGE

L'été en Inde est la saison des moussons. Les vents du sud-ouest apportent des nuages énormes qui arrosent le pays de pluie, durant des semaines et des semaines. La pluie nourrit les terres sèches, mais peut aussi entraîner de graves inondations. En 1997, plus de 950 personnes furent tuées par la mousson en Inde, et plus de 250 000 furent chassées de chez elles au Bangladesh.

Les pluies de mousson ont transformé ce fleuve de Goa, en Inde, en un torrent déchaîné, alimenté par des chutes de pluies exceptionnelles.

LE GRAND FROID

L'ORAGE GLACIAL QUI TOUCHA LE CANADA et surtout le Québec en 1998 fut l'un des plus terribles jamais connu. Durant 5 jours, des pluies givrantes recouvrirent les lignes électriques de tant de glace que 1 300 pylônes tombèrent, privant de courant 3,5 millions de personnes. Plus de 10 000 soldats furent mobilisés pour faire face au chaos. Les pluies givrantes ne sont pas la seule calamité qui survienne par grand froid. La température peut tomber à -50 °C. Le vent rend ce froid plus dangereux encore, car il est capable de tout geler en quelques minutes d'exposition.

LE GIVRE BORDANT

Ce givre se forme quand des petites gouttes très froides, de brouillard ou de nuage, rencontrent des objets solides : elles gèlent immédiatement. Elles s'accumulent sur le côté des objets exposé au vent, ce qui forme une croûte blanche solide. Ce givre est lourd et peut entraîner de sérieux dommages si on le laisse se former

PLUIES VERGLAÇANTES

Une chute de pluie verglaçante peut tout recouvrir d'une couche de glace transparente. Ces pluies sont faites de grosses gouttes refroidies en dessous de 0 °C, mais toujours liquides. En touchant des surfaces froides, elles se répandent et se transforment en glace. Le poids de cette glace peut casser des branches et rompre des lignes électriques.

TOUT BRILLANT

Après une claire nuit d'hiver, un matin ensoleillé révèle parfois un paysage scintillant, couvert de givre craquant. Connu sous le nom de gelée blanche, il est fait d'innombrables petits cristaux de glace organisés en merveilleux dessins.

La gelée blanche se forme quand la vapeur d'eau de l'air se transforme directement en glace sur les surfaces froides, sans passer par la phase liquide.

FENÊTRES GIVRÉES

Des cristaux de givre en forme de fougère apparaissent parfois à l'intérieur des fenêtres en hiver. La vapeur d'eau se condense en petites gouttes sur la vitre. Quand celles-ci descendent au-dessous du point de congélation, des cristaux de glace se forment, débutant une réaction en chaîne dans laquelle l'eau gèle au niveau des pointes des cristaux, ce qui les fait grossir.

POIGNARDS DE GLACE

Le soleil d'hiver est parfois assez chaud pour faire fondre la surface de la neige ou de la glace, alors que la température à l'ombre reste en dessous de 0 °C. L'eau de fonte s'écoulant dans une zone d'ombre va regeler et, alors qu'elle s'égoutte d'un support, elle va former une petite « stalactite ». Celle-ci grossit à mesure que de l'eau s'écoule sur elle et gèle.

CHUTES D'EAU GELÉES

Durant les hivers très froids, les chutes d'eau peuvent geler. Aux chutes du Niagara, l'écume formée sur les côtés se transforme en glace. De gros blocs de glace, transportés par le courant, s'empilent dans le bassin et finissent par former un pont à travers la rivière. Jusqu'au début du XXe siècle, on permettait aux visiteurs de s'aventurer sur ce pont afin d'admirer le spectacle. Mais, en 1912, la glace s'est rompue, entraînant la mort de 3 personnes. Depuis lors, l'accès en est interdit.

LA NEIGE

PENDANT L'HIVER, LA NEIGE peut transformer le paysage en un monde merveilleux, mais elle peut aussi être mortelle. Dans l'après-midi du 23 février 1999, une plaque de neige d'environ 170 000 tonnes se détacha du flanc d'une montagne, en Autriche, et glissa vers le village de Galtür. En moins d'une minute, une gigantesque avalanche balaya le village et détruisit tout sur son passage, faisant plus de 30 victimes, ensevelies sous une couche de neige de 10 m d'épaisseur. La neige peut aussi entraîner de la « poudrerie », nuages de neige aveuglants qui réduisent la visibilité à moins de 1 m, jetant les voitures dans les fossés et empêchant les piétons de trouver leur chemin.

Les flocons de neige peuvent prendre d'innombrables formes plus ou moins étranges, mais possèdent en général 6 côtés. On n'en a jamais trouvé 2 identiques.

FLOCONS DE NEIGE

La neige se forme quand de minuscules cristaux de glace s'agglomèrent dans un nuage pour former des flocons. Quand leur taille devient suffisante, ils s'accumulent dans la partie basse du nuage et tombent sur le sol, emprisonnant l'air entre les cristaux. La neige est constituée principalement d'air. Les plus gros flocons jamais vus ont été observés au Montana, États-Unis, en janvier 1887. Ils mesuraient 38 cm de large et 20 cm d'épaisseur. Sous les tropiques, des pluies commencent sous forme de neige qui fond avant de toucher le sol.

AVALANCHES

Les avalanches surviennent quand de la neige lourde tombe sur des couches instables, posées sur les flancs des montagnes. La plus légère vibration peut alors la déstabiliser – même un simple cri. La neige commence à glisser, et forme bientôt un mur grondant et terrifiant qui dévale la pente. Les grandes avalanches arrachent la terre et les roches, mais créent aussi un vent violent devant le front de neige. Ce vent peut déraciner les arbres et arracher les toits. Les avalanches sont extrêmement dangereuses : une personne emportée par l'une d'entre elles n'a que 5 % de chance de survivre.

Le blizzard
Le blizzard est un vent violent, accompagné de chutes de neige, qui frappe le sol comme un fouet. De terribles blizzards touchent l'Amérique du Nord chaque hiver.
Un des pires eut lieu en 1888 : 9 m de neige recouvrirent la ville de New York, faisant 400 victimes.
En janvier 1996, en raison de fortes chutes de neige, on vit des New-Yorkais chausser leurs skis sur Times Square pour se rendre à leur bureau !

BLIZZARD À TIMES SQUARE, NEW YORK

La poudreuse à la folie !
Pour les enthousiastes des sports d'hiver, rien ne peut surpasser l'extraordinaire sensation de vitesse que donne une descente dans la « poudreuse », la neige la plus « sèche ». Ceux qui la pratiquent assurent qu'y skier est comme flotter sur un coussin d'air. Les amateurs de snowboard laissent derrière eux d'immenses nuages. Et tomber dans une neige si douce revient à s'affaler sur un matelas.

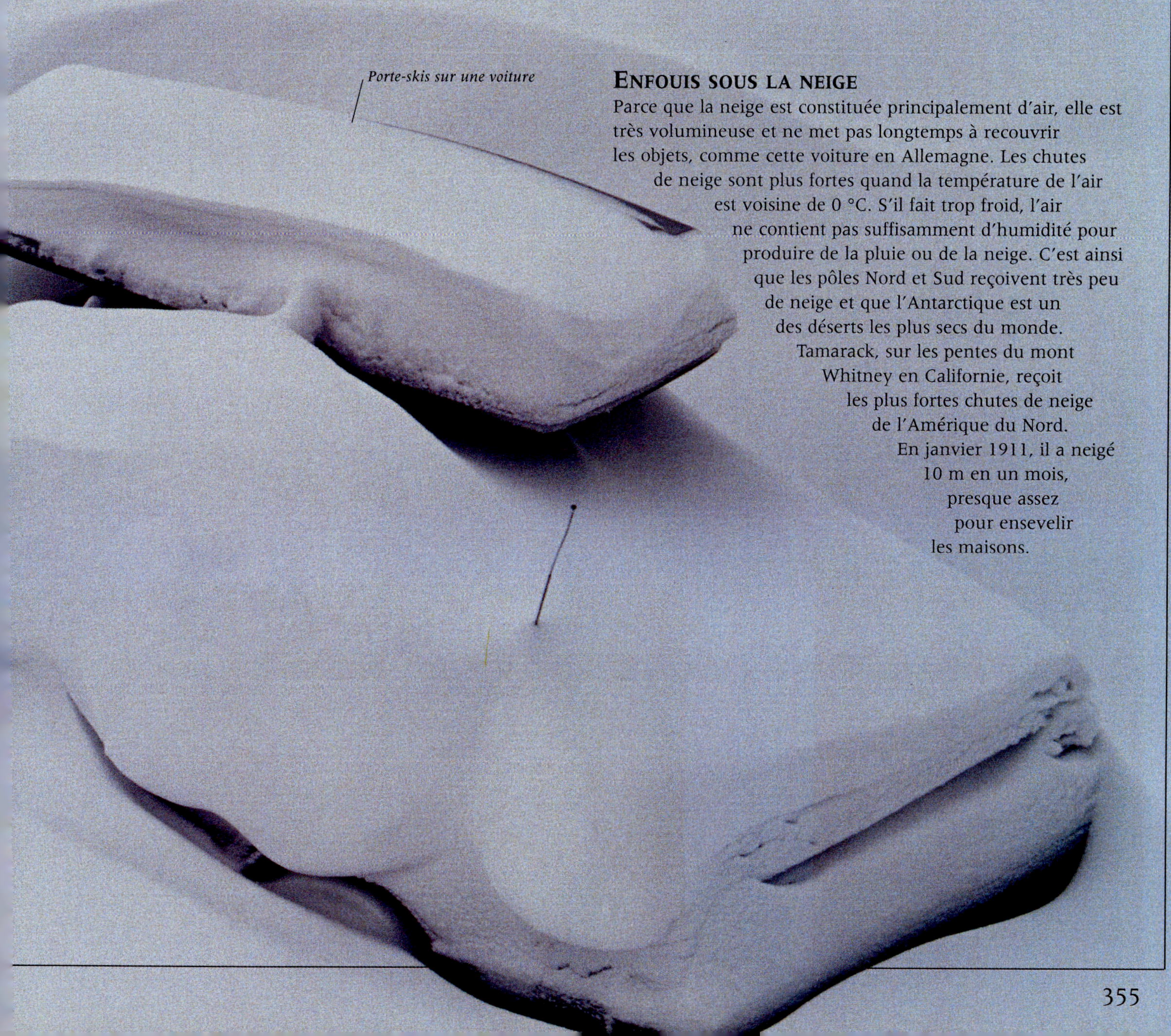

Enfouis sous la neige
Parce que la neige est constituée principalement d'air, elle est très volumineuse et ne met pas longtemps à recouvrir les objets, comme cette voiture en Allemagne. Les chutes de neige sont plus fortes quand la température de l'air est voisine de 0 °C. S'il fait trop froid, l'air ne contient pas suffisamment d'humidité pour produire de la pluie ou de la neige. C'est ainsi que les pôles Nord et Sud reçoivent très peu de neige et que l'Antarctique est un des déserts les plus secs du monde. Tamarack, sur les pentes du mont Whitney en Californie, reçoit les plus fortes chutes de neige de l'Amérique du Nord. En janvier 1911, il a neigé 10 m en un mois, presque assez pour ensevelir les maisons.

LA GRÊLE

IMAGINEZ-VOUS MARCHANT AU MILIEU des grandes plaines à blé du centre des États-Unis, à la fin d'une chaude et tranquille journée d'été. En levant les yeux, vous remarquez un grand nuage, sans forme définie, qui cache le Soleil et étend son ombre sur les champs. Tout à coup, quelque chose de douloureux frappe votre tête. Bientôt des morceaux de glace commencent à dégringoler tout autour de vous, criblant les récoltes et tombant d'une façon si dense que vous pouvez à peine voir devant vous. À près de 160 km/h, des grêlons énormes comme des balles de golf – assez gros pour détruire les récoltes, blesser ou même tuer – labourent le sol. C'est exactement ce qui est arrivé à Coffeyville au Kansas, États-Unis, le 3 septembre 1970, quand une violente tempête de grêle s'abattit sur la région, causant d'immenses dégâts aux récoltes et aux installations agricoles.

AU-DESSUS DES PLAINES
Les grêlons se forment dans de gros nuages, les cumulo-nimbus, où la température est souvent en dessous du point de congélation et où les courants d'air sont très violents. Les tempêtes de grêle peuvent survenir n'importe où, mais elles sont plus fréquentes et plus violentes dans les grandes plaines du centre de l'Amérique du Nord. Cette photographie, prise dans le désert du Nevada, montre un cumulo-nimbus et une tempête de grêle clairement visible au-dessous de lui.

Ce pare-brise a été cassé par un énorme grêlon.

LES RAVAGES DE LA GRÊLE
Les grêlons géants détériorent les routes, cassent les pare-brise, défoncent les toits des voitures et peuvent blesser ceux qui sont surpris en terrain découvert. Sur cette photo prise de la voiture d'un chasseur de tornade, on peut voir une violente tempête de grêle du côté de Shamrock, au Texas. Le cumulo-nimbus qui produit les tempêtes de grêle peut aussi engendrer des tornades.

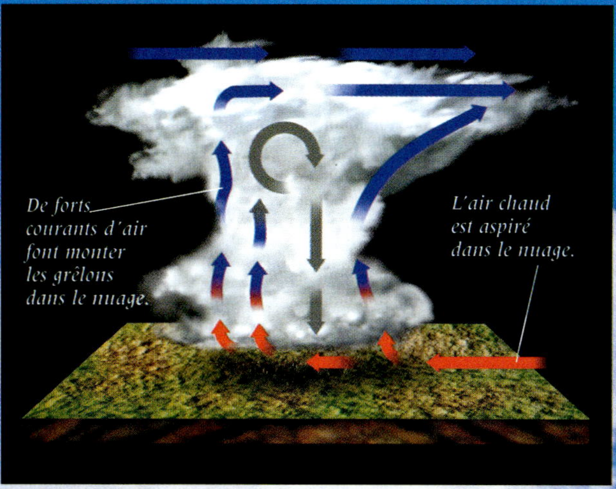

Comment se forme la grêle

Les grêlons se forment quand les cristaux de glace sont dispersés dans les violents courants ascendants et glacés qui règnent dans les nuages d'orage. Quand ces courants s'affaiblissent ou que les grêlons deviennent trop lourds pour être entraînés vers le haut, l'averse de grêle se produit.

Couches de glace

COUPE D'UN GRÊLON GÉANT

Couche après couche

Quand un petit grêlon circule dans un nuage, il se recouvre de givre au fur et à mesure qu'il gagne le sommet du nuage. Ce givre se transforme en glace claire quand il tombe dans de l'air plus chaud. Ce phénomène se répète, couvrant ainsi le grêlon de couches successives qui augmentent sa taille. Plus le nuage est agité, plus les grêlons grossissent.

Les gros grêlons ont souvent des formes irrégulières.

TAILLE RÉELLE

Les grêlons records

Dans de rares cas, les grêlons atteignent des tailles gigantesques comme celui-ci, le plus gros grêlon authentifié du monde. Pesant 0,77 kg, il est tombé sur Coffeyville, le 3 septembre 1970. On signale un grêlon encore plus gros, d'un poids de 1,02 kg, qui serait tombé au Bangladesh le 14 avril 1986, pendant une tornade de grêle qui tua 92 personnes. Mais le pire est arrivé en Inde, le 30 avril 1888 : des grêlons de la taille d'un pamplemousse tuèrent 246 personnes, certaines ayant été totalement recouvertes par la grêle.

LA SÉCHERESSE

CELA SEMBLE STUPIDE DE RESTER à l'intérieur quand le Soleil brille et que le ciel est bleu. Nous pensons habituellement qu'un temps chaud est agréable, mais si des températures caniculaires frappent sans qu'on les ait prévues ou se maintiennent plus longtemps que d'habitude, les effets peuvent être désastreux. Une vague de chaleur risque de détruire les récoltes, assécher les réservoirs, déformer les routes et créer les conditions parfaites pour des incendies de forêt. Et un temps chaud peut tuer. Le corps humain se défend contre la chaleur en transpirant. Mais si le temps est trop chaud ou l'air trop humide pour que la sueur s'évapore, un coup de chaleur peut entraîner rapidement vertiges, évanouissement, coma et mort.

ÉTÉ MORTEL
Des baigneurs se ruent sur les plages quand s'abat une vague de chaleur, tandis que d'autres restent à l'ombre ou actionnent l'air conditionné – un luxe qui peut sauver des vies. En effet, le nombre de décès croît rapidement dans les villes lorsque la température du jour dépasse 35 °C, et plus encore s'il fait très chaud la nuit. Les jeunes enfants et les vieillards sont les premiers touchés, mais les coups de chaleur peuvent affecter n'importe qui. En juillet 1996, une vague de chaleur a fait 1 000 victimes aux États-Unis.

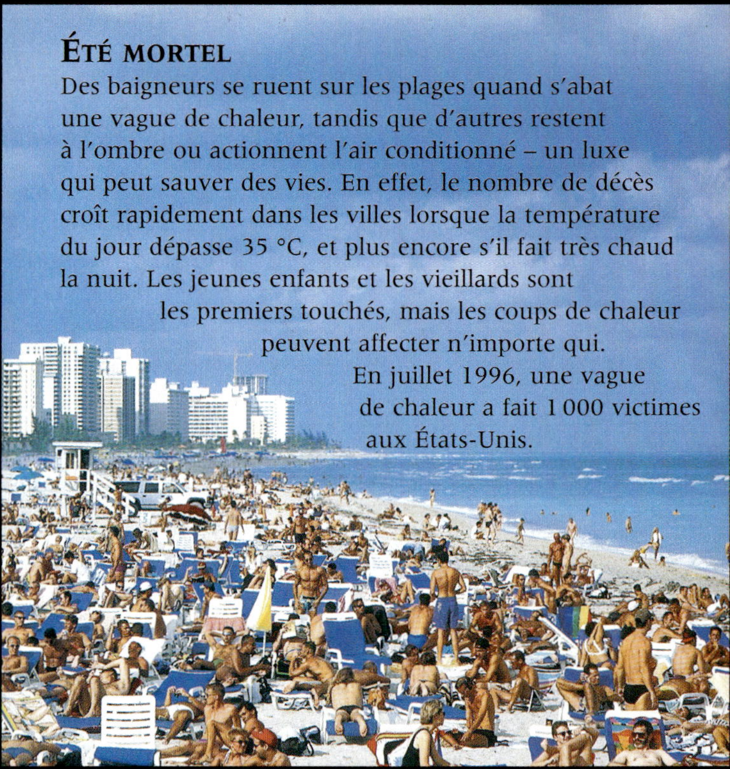

LE JEU DES MIRAGES
L'extrême chaleur peut produire des illusions d'optique appelées mirages. Ce camion semble avancer dans de l'eau peu profonde, mais ce n'est qu'une illusion. Au niveau du sol, l'air est beaucoup plus chaud que celui qui se trouve juste au-dessus, et la lumière est déviée lorsqu'elle passe de l'un à l'autre. Cela crée une réflexion miroitante qui ressemble à de l'eau.

UNE DUNE QUI BOUGE
Un temps chaud et sec prolongé peut faire avancer les limites du désert, ensevelissant sur son passage fermes et villes sous des dunes géantes. C'est ce qui arrive au Niger, où l'on a planté du millet pour tenter d'arrêter les coulées du sable. Celui-ci se trouve fixé par les racines des plantes qui le stabilisent. Quant aux feuilles, elles agissent comme coupe-vent, empêchant que le sable et le sol ne soient emportés.

POISSONS-CHATS DANS UNE RIVIÈRE ASSÉCHÉE, EN TANZANIE

ENTERRÉS VIVANTS

Dans beaucoup de pays tropicaux, il y a chaque année une saison sèche, et la nature doit s'adapter pour faire face aux brusques changements qu'elle apporte. Les habitants des rivières, notamment, utilisent d'ingénieuses méthodes pour survivre. Certains poissons-chats peuvent avaler de l'air, ce qui leur permet d'attendre dans de la boue peu profonde le retour de l'eau vive. D'autres poissons, les dipneustes, possèdent une extraordinaire défense. Quand leurs rivières s'assèchent, ils s'entourent d'une enveloppe de boue comportant de minuscules trous par lesquels ils peuvent respirer. La boue durcit, et leur rythme cardiaque diminue. Ils restent ainsi enterrés jusqu'au retour de la pluie qui les libérera.

Ces 2 élands sont morts pendant une période de sécheresse, en Afrique ; sans doute de faim.

ÉCHERESSE

a sécheresse s'installe uand un temps chaud rappe durablement une égion, la privant de la pluie écessaire à la vie. Cette situation peut urer des mois, voire des années, et entraîner es résultats catastrophiques. D'abord, les plantes neurent et les récoltes diminuent. Puis les animaux n'ont lus rien à manger. Quand les réserves de nourriture s'épuisent, c'est au tour e la population d'être touchée par la famine. Le Sahel, région d'Afrique située u sud du Sahara, en fut victime entre 1960 et 1980. Plus de 100 000 personnes sont nortes de la famine, ainsi que 4 millions d'animaux.

LES INCENDIES NATURELS

CELA COMMENCE PAR UNE ODEUR DE FUMÉE et un grondement lointain. Des flammes apparaissent soudain au sommet d'un arbre, puis d'un autre, et encore d'un autre. Dès que le haut des arbres commence à brûler, le feu avance par bonds, dégageant une intense chaleur et des nuages de fumée dense et suffocante. Des braises incandescentes volent au-dessus de la forêt et retombent au hasard, mettant le feu à de nouveaux arbres en avant du front principal. L'air froid vient remplacer l'air chaud qui s'élève, créant des coups de vent et des bouffées de flammes qui alimentent la fournaise, pratiquement impossible à éteindre. Ce type d'incendie se déclare spontanément, par temps chaud et sec, ou lorsque la végétation desséchée est touchée par la foudre. Dans certains cas, ces incendies peuvent être dus à une intervention humaine, soit accidentelle, soit intentionnelle, prairies et friches étant souvent incendiées délibérément pour enrichir le sol.

UNE EFFRAYANTE FOURNAISE

En Australie, on compte environ 15 000 feux de brousse chaque année. La brousse, formée d'arbres, de buissons et d'herbes, devient extrêmement sèche sous le climat australien chaud et aride, et peut s'enflammer avec la plus petite étincelle. Le pire des incendies de ces dernières années démarra simultanément en plusieurs points, le 16 février 1983. Poussées par un vent violent, les cendres s'étendirent à une vitesse terrifiante à travers les forêts et les prairies. La température était telle que les arbres s'enflammaient en avant de la ligne de feu. L'incendie fit 72 victimes et 8 500 sans-abri.

POUSSER SUR LES CENDRES

Les cendres contiennent de riches nutriments. Des plantes, comme ces banksias de la brousse australienne, repoussent après avoir été brûlées. Certains végétaux ont besoin des incendies pour éliminer leurs concurrents. En Australie, certains arbres ne délivrent leurs graines qu'après avoir été brûlés, et leurs nouveaux plants se développent dans la cendre. D'autres arbres brûlent facilement, mais des rejetons apparaissent sur leurs racines ou leurs graines. Les séquoias résistent grâce à leur écorce épaisse et spongieuse qui ne brûle pas.

Destruction massive

En 1997, l'Indonésie fut dévastée par d'immenses incendies de forêt. À l'origine de cette catastrophe, El Niño, un phénomène naturel périodique modifiant la météorologie et le régime des vents dans l'océan Pacifique. Une grave sécheresse avait touché le pays. Lorsque les agriculteurs pratiquèrent leurs brûlis saisonniers, le feu échappa à tout contrôle. La forêt continua de brûler en 1998, couvrant d'un voile de fumée toute l'Asie du Sud-Est. Les écoles et les bureaux durent fermer, et, le 26 septembre 1997, un avion de ligne perdu dans la fumée s'écrasa, faisant 234 victimes. Finalement, la progression du feu fut arrêtée par l'arrivée de la saison des pluies.

La Californie en feu

Les feux de forêt posent un problème angoissant aux zones urbaines. À la fin de 1993, des incendies touchèrent de vastes étendues de la Californie du Sud, faisant 3 victimes et 25 000 sans-abri. Les flammes, poussées par des vents supérieurs à 113 km/h, brûlèrent une végétation qui avait résisté à plus de 6 années de sécheresse. De nombreuses maisons furent détruites avant que le feu ne soit maîtrisé aux portes de Los Angeles.

LES TEMPÊTES DE POUSSIÈRE

LES SIGNES ANNONCIATEURS D'UNE TEMPÊTE de poussière sont la chaleur, le vent sec rugissant le long des rues et les grains de sable piquant les yeux. Puis vient le haut mur de poussière, si haut qu'il monte dans le ciel et pénètre dans les nuages. Il cache alors le Soleil, produisant une étrange lumière jaune autour des objets. Les passants se couvrent le visage et se précipitent dans les maisons, mais personne ne peut échapper au fléau. Fermer les portes et les fenêtres peut protéger, mais la poussière est si fine qu'elle pénètre partout. Elle se dépose sur la nourriture, dans les yeux, les oreilles et la bouche. On en retrouve même entre les pages des livres. Dehors, le nuage réduit la visibilité à quelques mètres, rendant presque impossible à quiconque de se repérer.

LE « DUST BOWL »

Pendant les années 1930, le Middle West, en Amérique du Nord souffrit d'une sécheresse dévastatrice qui transforma des millions d'hectares de terres agricoles en un désert desséché appelé le « Dust Bowl » (le Bol de poussière). Le sol fertile, transformé en poussière, fut balayé par des vents violents, formant des nuages suffocants qui tuèrent canards et oies en plein ciel. La poussière atteignit des bateaux à 480 km au large, et couvrait la table du Président, à la Maison-Blanche, aussi vite qu'on l'essuyait. Un nuage de poussière de 5 km de haut s'étendit du Canada au Texas, et du Montana à l'Ohio.

UNE VUE DE L'ESPACE

Cette photo, prise d'une navette spatiale, montre une gigantesque tempête de poussière au-dessus du Sahara, en Afrique. De petits nuages blancs se forment devant la ligne de front de la tempête, là où l'air chaud chargé de poussière s'élève et se refroidit. De telles tempêtes peuvent entraîner des poussières si haut que le vent les porte d'Afrique en Amérique.

TROMBES DE POUSSIÈRE

Les trombes de poussière sont des tourbillons de sable et de poussière qui s'élèvent à 2 km d'altitude avec des vents assez forts pour abattre des bâtiments légers. Elles se créent là où le sol est plus chaud que son environnement. L'air chaud, qui s'élève rapidement du sol, est remplacé par l'air environnant, ce qui crée un tourbillon qui entraîne la poussière du centre vers le haut.

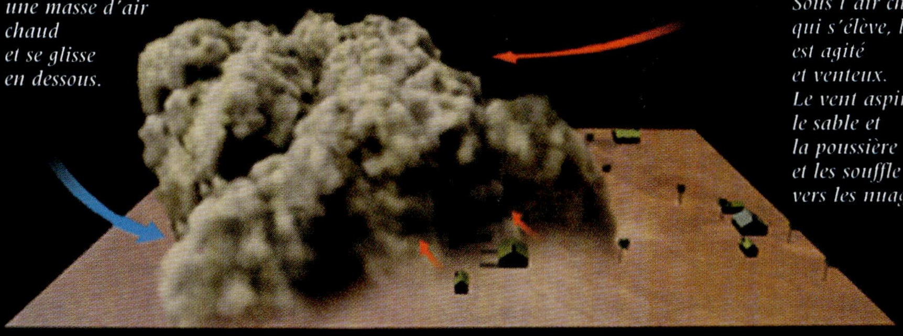

Comment se forme une tempête de poussière

Dans les déserts, une légère brise peut soulever la poussière et l'emporter. Les grains de sable, plus lourds, demandent un vent plus fort pour être déplacés. Pour produire de violentes tempêtes de sable ou de poussière, il faut que de l'air froid se glisse sous une masse d'air chaud et la force à s'élever. L'air environnant se précipite alors pour le remplacer, soufflant la poussière et le sable du sol. L'air chaud qui s'élève emporte le nuage de débris.

Le « docteur » du Sahara

L'harmattan est un vent chaud et sec qui traverse le Sahara, absorbant la chaleur du sable surchauffé. Il peut fendre le bois, durcir le cuir et dessécher la terre agricole. Il peut aussi soulever des nuages de poussière haut dans le ciel, qu'il ira déposer plus loin. Malgré cela, les habitants du Sahara l'appellent le « docteur », car il apporte un peu de fraîcheur.

SPECTACLES DE LUMIÈRE

LE CIEL EST COMME UNE VASTE SCÈNE où sont présentés de superbes spectacles lumineux. Le projecteur qui illumine cette scène est le Soleil dont la lumière blanche baigne notre planète. En réalité, cette lumière est un mélange de couleurs. Quand la lumière du Soleil touche l'atmosphère, les couleurs sont dispersées dans différentes directions par l'air, les poussières, les gouttelettes d'eau ou les cristaux de glace, parfois avec d'étonnants effets. Le plus beau est l'arc-en-ciel, qui se produit lorsque la lumière du Soleil traverse un rideau de pluie. Ce n'est pas un objet réel, mais un jeu de lumière.

Le ciel au-dessous d'un arc-en-ciel est souvent plus brillant qu'au-dessus, parce que les gouttes de pluie réfléchissent la lumière qui les traverse.

VOIR UN ARC-EN-CIEL

Le meilleur moment pour observer un arc-en-ciel est le matin ou en fin d'après-midi, quand le Soleil brille mais que la pluie tombe dans le lointain. En vous tenant dos au Soleil et en regardant la pluie, vous avez de bonnes chances d'en voir un. Plus le Soleil est bas, plus l'arc est large. Vous pouvez créer un arc-en-ciel avec un tuyau d'arrosage un jour ensoleillé, en tournant le dos au Soleil et en regardant à travers le jet d'eau. Si vous avez la chance d'observer un arc-en-ciel d'un avion, vous ne verrez pas un arc mais des cercles entiers de couleurs.

POURQUOI CES COULEURS ?

Quand la lumière traverse des gouttes d'eau, son trajet est courbé. Mais chacune des couleurs qui la composent n'est pas déviée de la même façon, ce qui fait que la goutte agit comme un séparateur de couleurs. Et quand les rayons lumineux sortent de la goutte, ils sont à nouveau déviés, ce qui augmente le phénomène. Le rouge apparaît toujours en haut de l'arc-en-ciel, suivi de l'orange, du jaune, du vert, du bleu, de l'indigo et du violet.

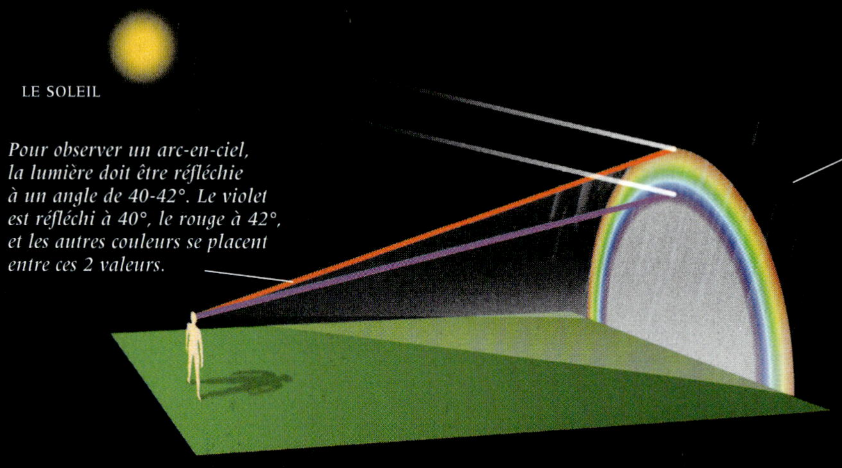

Pour observer un arc-en-ciel, la lumière doit être réfléchie à un angle de 40-42°. Le violet est réfléchi à 40°, le rouge à 42°, et les autres couleurs se placent entre ces 2 valeurs.

Plus les gouttes d'eau sont grosses, plus l'arc est brillant et plus les couleurs sont distinctes.

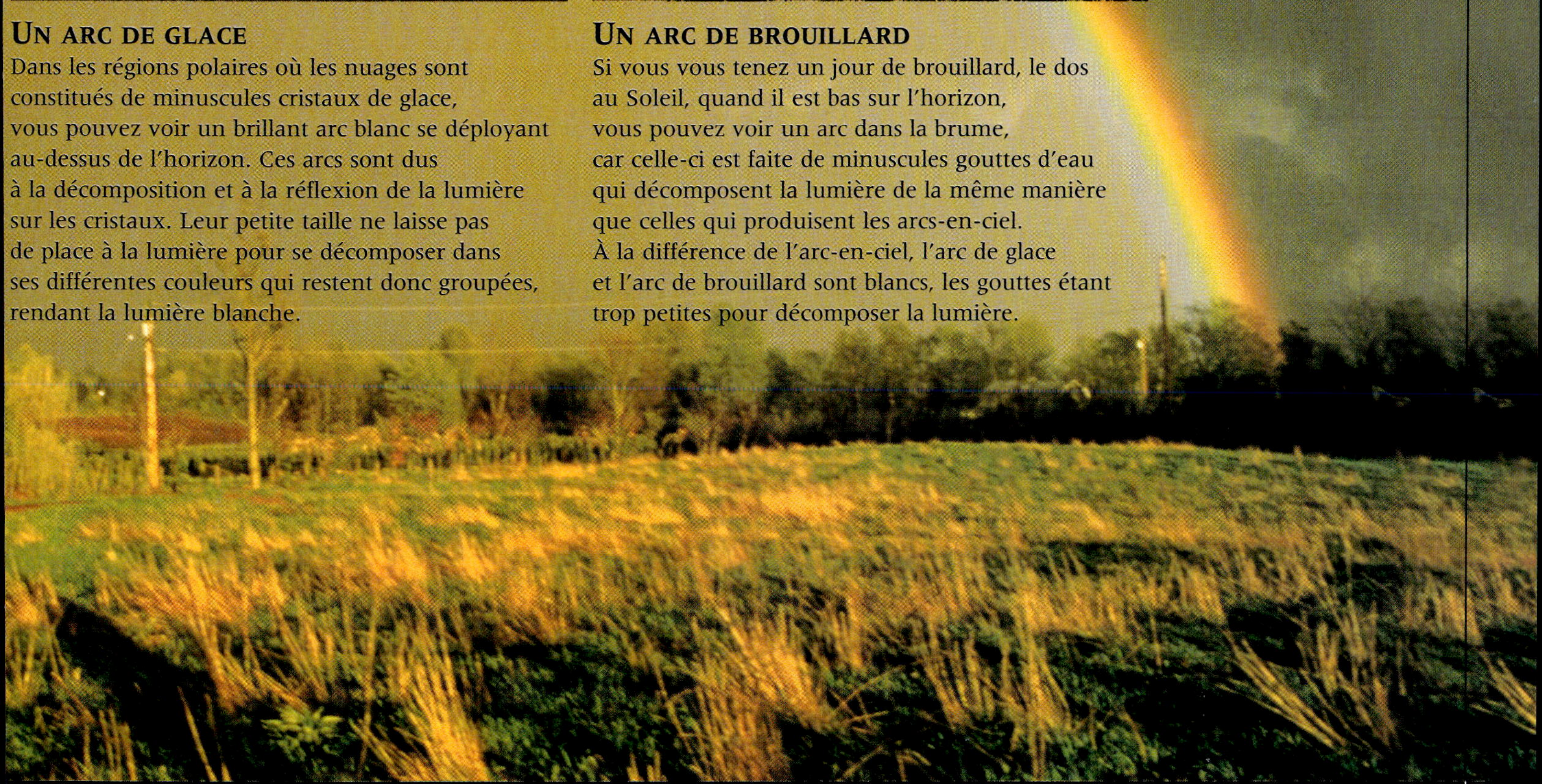

Parfois, un second arc, plus ténu, accompagne l'arc-en-ciel principal. Il est toujours un peu plus haut que ce dernier, et les couleurs apparaissent dans l'ordre inverse, le rouge en bas. Ce second arc est dû à une double réflexion de la lumière sur l'arrière de chaque goutte. Une partie de la lumière étant absorbée à chaque réflexion, le second arc n'est pas aussi brillant que le principal.

UN ARC DE GLACE

Dans les régions polaires où les nuages sont constitués de minuscules cristaux de glace, vous pouvez voir un brillant arc blanc se déployant au-dessus de l'horizon. Ces arcs sont dus à la décomposition et à la réflexion de la lumière sur les cristaux. Leur petite taille ne laisse pas de place à la lumière pour se décomposer dans ses différentes couleurs qui restent donc groupées, rendant la lumière blanche.

UN ARC DE BROUILLARD

Si vous vous tenez un jour de brouillard, le dos au Soleil, quand il est bas sur l'horizon, vous pouvez voir un arc dans la brume, car celle-ci est faite de minuscules gouttes d'eau qui décomposent la lumière de la même manière que celles qui produisent les arcs-en-ciel. À la différence de l'arc-en-ciel, l'arc de glace et l'arc de brouillard sont blancs, les gouttes étant trop petites pour décomposer la lumière.

LA COURONNE SOLAIRE

On appelle couronne solaire une série d'anneaux colorés et flous qui apparaissent autour du Soleil. Cela se produit quand le Soleil est voilé par une mince couche de nuages. Avant que la lumière atteigne vos yeux, elle traverse les gouttelettes du nuage. De la même façon que les gouttes d'eau décomposent la lumière pour créer un arc-en-ciel, celles du nuage le font pour créer la couronne solaire.

LA COURONNE LUNAIRE

Parfois, la nuit, un léger voile de nuage cache partiellement la Lune, créant autour de notre satellite un large disque brillant, connu sous le nom de couronne lunaire. Cela se produit lorsque la lumière du Soleil, réfléchie sur la Lune, passe à travers les minuscules gouttes d'eau ou les cristaux de glace du voile nuageux, donnant cette lumière blanche caractéristique.

MERVEILLES SOLAIRES

LES ARCS-EN-CIEL NE SONT PAS LES SEULS effets lumineux merveilleux que nous offrent le Soleil et le ciel. D'autres phénomènes étranges aux brillantes couleurs – depuis les rideaux verts, ondulés, qui illuminent la totalité du ciel, aux apparitions fantomatiques de halos rougeoyants – peuvent être observés si vous vous trouvez au bon endroit, au bon moment. Cela vous arrivera en Alaska, au sommet d'une très haute montagne, ou au cours d'une mission à bord d'une navette spatiale. Si vous avez assez de chance pour admirer ces extraordinaires spectacles – et soyez attentif, car certains d'entre eux ne durent que quelques secondes – vous vous en souviendrez toute votre vie.

RIDEAUX DE LUMIÈRE
Les aurores (souvent qualifiées de boréales ou de polaires) ressemblent à un énorme rideau vert, parfois teinté de rose et de bleu. Elles ondulent doucement dans le ciel au-dessus de l'Arctique et de l'Antarctique, et peuvent être aussi lumineuses qu'un clair de lune. Elles sont causées par le « vent solaire », un courant invisible de particules chargées électriquement projeté dans l'espace par les tempêtes solaires. Le vent solaire se déplace à 3 millions de km/h. Quand les particules arrivent à environ 64 000 km de la Terre, elles sont captées par le champ magnétique de cette dernière. Ce champ magnétique répartit ces particules autour de la Terre, certaines d'entre elles étant attirées par les pôles magnétiques Nord et Sud. Très haut au-dessus des pôles, les particules chargées pénètrent dans l'atmosphère et entrent en collision avec les molécules d'air qui absorbent l'énergie électrique et la libèrent immédiatement sous forme d'énergie lumineuse. Les molécules d'oxygène émettent une lumière blanc verdâtre, celles d'azote une lumière rose et bleu.

SPECTACLE COSMIQUE
La meilleure façon d'observer une aurore est de la traverser à bord d'une navette spatiale ! Vue de l'espace, l'aurore forme de spectaculaires rideaux de lumière dansant haut dans le ciel. Elle semble irradier de l'espace mais en fait, c'est le contraire : le vent solaire entre en collision avec les molécules d'air de la plus haute couche de l'atmosphère et continue son chemin vers le bas.

L'annonce du beau temps ?

Au début et à la fin d'une journée nuageuse, on peut souvent observer les rayons du Soleil qui percent derrière les nuages. On appelle ce phénomène « rayons crépusculaires ». Ces rayons rougeoyants sont dus au fait que la lumière du Soleil passant à travers les trous des nuages éclaire des particules de poussière et des gouttelettes d'eau qui se trouvent dans la basse atmosphère. Certains pensent que ce phénomène annonce une belle journée. Mais, hélas ! il n'y a aucun lien entre ces phénomènes lumineux et la prévision du temps.

Un spectre effrayant

Si vous êtes bien placé entre le Soleil et un nuage, vous pouvez voir votre ombre se projeter sur ce dernier. Ce phénomène rare appelé « spectre » peut s'observer d'un avion ou du sommet d'une montagne. Il apparaît énorme et terrifiant parce qu'il semble plus loin qu'il n'est en réalité. Quelquefois, un anneau rougeoyant, appelé gloire, l'entoure. Si le spectre est l'ombre d'une personne, la gloire apparaît autour de la tête comme un halo.

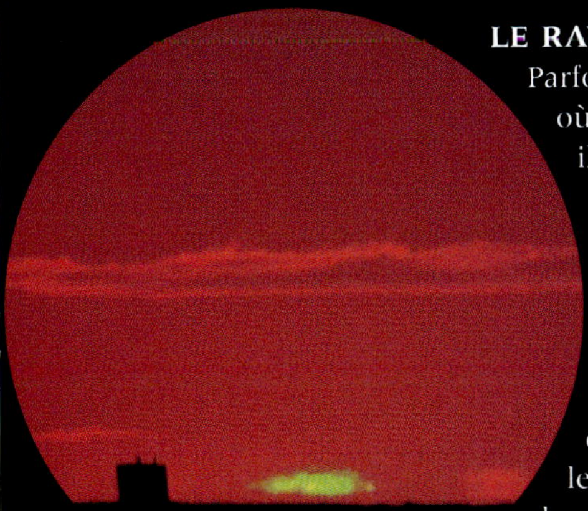

Le rayon vert

Parfois, au moment où le Soleil se couche, il lance un éclat vert. Ce phénomène est dû au fait que la lumière du Soleil couchant est décomposée par l'atmosphère terrestre. Quand le Soleil descend sous l'horizon, le rouge disparaît le premier, suivi des autres couleurs. Le vert est le dernier à jeter un bref éclat.

Les piliers solaires

Un puits vertical de lumière peut apparaître au-dessus du Soleil (et occasionnellement en dessous) quand ses rayons sont réfléchis sur de minuscules cristaux de glace qui descendent lentement dans l'atmosphère. C'est juste après l'aube ou avant le coucher du Soleil que ce phénomène est le plus apparent.

Le parhélie

Le parhélie se présente sous la forme d'un brillant rayon de lumière qui apparaît dans le ciel sur un côté du Soleil. Cet étrange phénomène est dû à la présence de cristaux de glace qui courbent la lumière solaire, donnant l'illusion d'un second Soleil. On peut observer parfois 2 parhélies, un de chaque côté du Soleil, qui peuvent se rejoindre pour former un arc de lumière appelé cercle parhélique. Les parhélies sont souvent colorés, rouges près du Soleil avec une queue blanche à l'opposé. Un effet semblable peut se voir la nuit. On l'appelle parasélène.

EL NIÑO

JANVIER EST ORDINAIREMENT SEC AU PÉROU, mais en 1998, de violentes tempêtes frappèrent la côte, apportant des averses torrentielles, même là où il ne pleuvait que rarement. Des inondations chassèrent 22 000 personnes de leurs maisons et des coulées de boue engloutirent des villages entiers, faisant 300 victimes. À des milliers de kilomètres au nord, des tempêtes ravagèrent la Floride et la Californie, entraînant des inondations, des glissements de terrain et des tornades. L'Australie et la Papouasie-Nouvelle-Guinée furent, elles, en proie à la sécheresse à l'époque de la saison des pluies. À l'origine de tous ces événements, El Niño, un courant océanique qui avait plongé dans le chaos tout le système météorologique.

L'ENFANT JÉSUS

Tous les 5 à 7 ans, les vents dominants changent de direction au-dessus du Pacifique, poussant les courants chauds à l'est, vers l'Amérique du Sud. La chaleur de la mer rend l'air plus humide, ce qui cause pluies et tornades. En même temps, les pays à l'ouest du Pacifique, privés du courant océanique chaud, subissent un temps très sec. On appelle ce phénomène El Niño, nom de l'Enfant Jésus en espagnol, parce qu'il se produit en général à Noël.

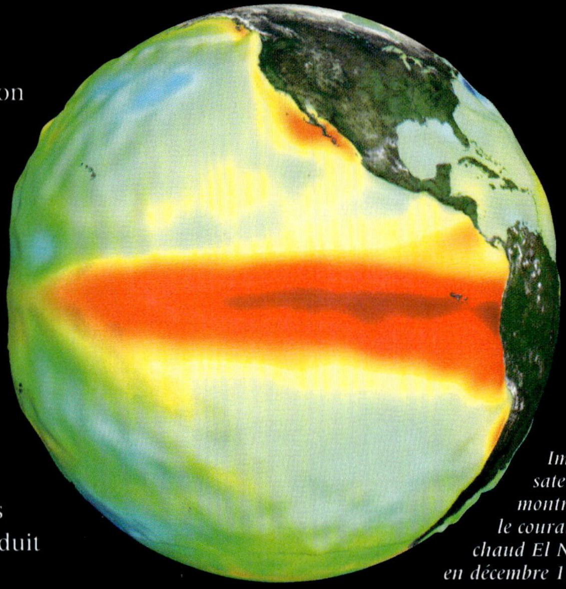

Image satellite montrant le courant chaud El Niño, en décembre 1997.

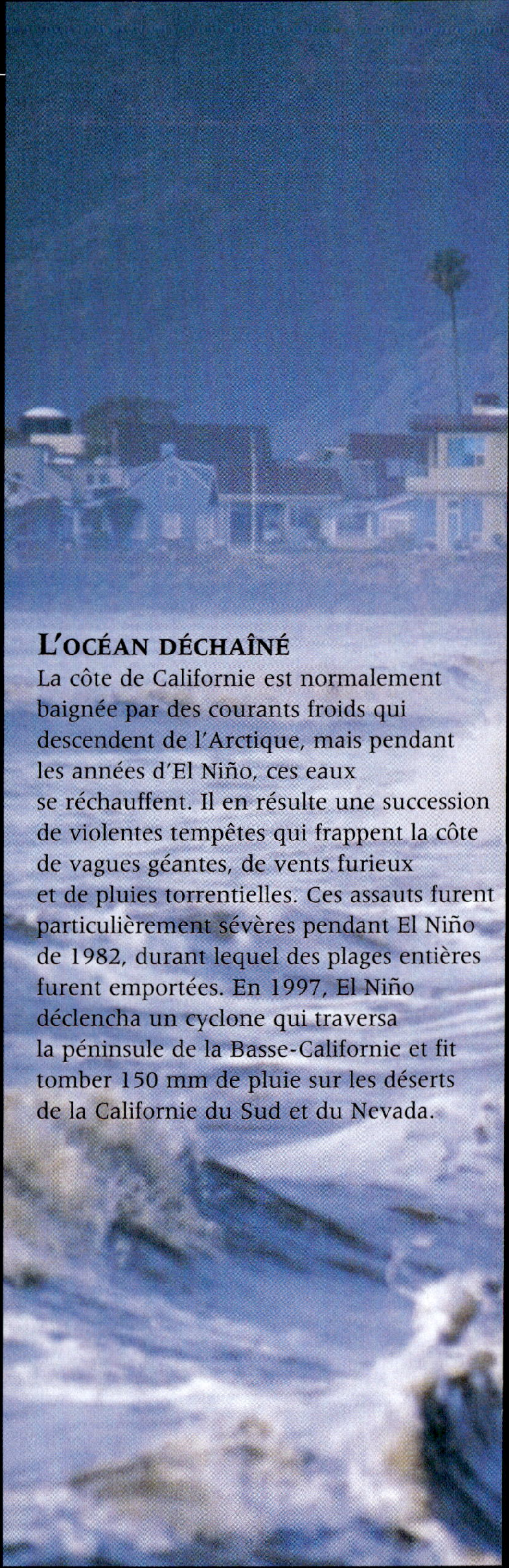

L'OCÉAN DÉCHAÎNÉ

La côte de Californie est normalement baignée par des courants froids qui descendent de l'Arctique, mais pendant les années d'El Niño, ces eaux se réchauffent. Il en résulte une succession de violentes tempêtes qui frappent la côte de vagues géantes, de vents furieux et de pluies torrentielles. Ces assauts furent particulièrement sévères pendant El Niño de 1982, durant lequel des plages entières furent emportées. En 1997, El Niño déclencha un cyclone qui traversa la péninsule de la Basse-Californie et fit tomber 150 mm de pluie sur les déserts de la Californie du Sud et du Nevada.

DES INONDATIONS EXCEPTIONNELLES

L'eau atteignit le niveau des toits dans la ville d'Eldorado au Brésil, après la crue de la rivière Ribeira, en 1997. La plupart des habitants durent abandonner leurs maisons. En 1997-1998, El Niño causa aussi des inondations aux États-Unis, dans les États de Washington, de l'Idaho, du Nevada, de l'Oregon et de la Californie, faisant au moins 125 000 sans-abri. Des 30 El Niños observés au XXe siècle, celui-ci fut le plus violent. Ce fut aussi le plus coûteux de l'histoire, les dégâts causés ayant été estimés à plus de 15 milliards d'euros.

Coulées de boue !

Quand de fortes pluies prolongées imprègnent le sol, la terre se transforme en boue épaisse. Petit à petit, sur les pentes sans arbres, cette boue gonflée d'eau cède à la gravité et descend le long des reliefs, emportant tout avec elle – routes et maisons comprises. Les coulées de boue peuvent charrier des milliers de tonnes de terre par seconde, et avoir assez de force pour tout écraser sur leur passage. En 1997-1998 en Amérique du Sud, celles entraînées par El Niño furent les pires en raison de la déforestation de la région.

LES ÉRUPTIONS VOLCANIQUES

EN 1815, DANS UN GRONDEMENT ENTENDU à des centaines de kilomètres de là, le mont Tambora, en Indonésie, explosa. L'éruption – la plus violente dont on se souvienne – pulvérisa le tiers supérieur de la montagne, envoya dans l'atmosphère quelque 145 km^3 de roches de poussières et de cendres, produisant un nuage de débris si gigantesque que de la matière fut projetée jusqu'à la stratosphère. De semblables éruptions volcaniques telles celle de Tambora peuvent avoir des effets importants sur la météorologie de la planète. Elles peuvent aussi bien créer des raz-de-marée catastrophiques et des glissements de terrain, que lancer tellement de poussière dans la haute atmosphère que le ciel s'obscurcit partout dans le monde, privant le sol de la lumière nécessaire à la vie. On surnomma 1816 « l'année sans été ». Alors qu'une grande partie des États-Unis et du Canada souffrit du gel et de la neige en plein été, l'Europe de l'Ouest subit des conditions météorologiques qui entraînèrent la famine.

LE MONT SAINT HELENS

Au printemps 1980, la partie nord du mont Saint Helens, aux États-Unis, commença à gonfler d'une façon inquiétante sous la pression interne du volcan. Le 18 mai, l'inévitable se produisit. Le versant nord s'effondra, libérant un jet de gaz à haute température qui projeta des roches et des cendres sur les flancs de la montagne, déracinant 10 millions d'arbres et produisant un colossal nuage de débris. Survint ensuite une éruption verticale qui détruisit le sommet de la montagne et envoya des cendres et du gaz à une hauteur de 19 km. Portées par des vents d'altitude, les cendres du mont Saint Helens firent le tour de la planète, entraînant des ciels voilés, d'étonnants crépuscules rouges, et une brève baisse des températures dans le monde entier.

L'éruption du mont Saint Helens souffla 400 m du sommet de la montagne et projeta un demi-kilomètre cube de débris dans l'atmosphère.

Le mont Pinatubo

Quand le mont Pinatubo explosa aux Philippines en 1991, un torrent de cendres incandescentes brûla les régions avoisinantes sur des kilomètres. Des nuages de débris de 40 km de haut obscurcirent le ciel et couvrirent de cendres d'immenses étendues. La pluie transforma la cendre en une boue dont les coulées détruisirent des milliers d'habitations. Cette éruption, qui fit près de 800 victimes, fut la plus violente du XXe siècle.

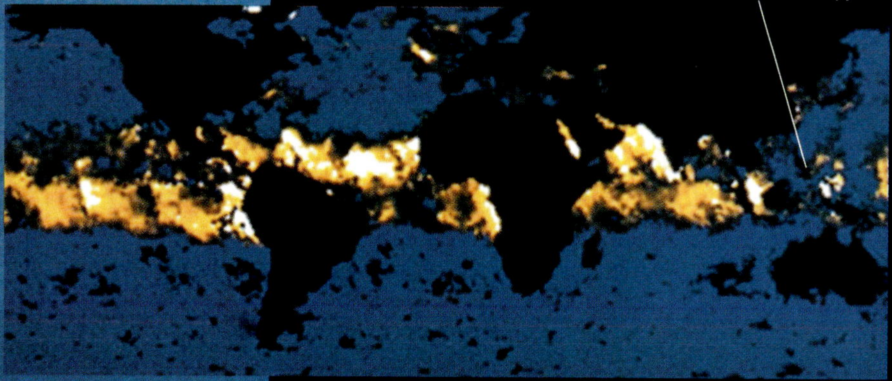

IMAGE SATELLITE DU NUAGE VOLCANIQUE ÉMIS PAR L'ÉRUPTION DU MONT PINATUBO

Refroidissement global

Outre les nuages de cendres et les roches en fusion, le mont Pinatubo rejeta une masse de poussières et de gaz dans la stratosphère. Plus de 15 millions de tonnes de dioxyde de soufre formèrent des nuages de minuscules gouttelettes d'acide sulfurique, qui se répandirent autour du monde et persistèrent près de 18 mois. Ces nuages bloquèrent les rayons du Soleil, abaissant les températures moyennes d'environ 0,5 °C.

Les crépuscules volcaniques

Les volcans peuvent produire des crépuscules extraordinaires. De minuscules particules de cendres volcaniques absorbent toutes les couleurs du spectre solaire, à l'exception du rouge et de l'orange. Le spectacle survient quand le Soleil est bas sur l'horizon et que la lumière traverse les poussières de l'air. On l'a observé pendant des mois après l'éruption du mont Saint Helens, jusqu'à la disparition des cendres.

LES PRÉVISIONS MÉTÉOROLOGIQUES

LES PROGRAMMES DE TÉLÉVISION qui nous indiquent le temps qu'il va faire sont préparés par des équipes de météorologistes qui analysent avec d'énormes calculateurs les données fournies par d'innombrables instruments de mesure, installés dans le monde entier. Les premières prévisions météorologiques ont été données en 1869 aux États-Unis. Elles étaient établies à partir d'informations transmises par le télégraphe à un bureau central, les calculs étant faits à la main. Aujourd'hui, il existe un réseau mondial de stations d'observation, sur terre comme sur mer, les satellites surveillant en permanence chaque région de la planète. La transmission des données se fait par radio et par Internet.

LES STATIONS MÉTÉOROLOGIQUES

Il existe environ 10 000 stations météorologiques comme celle-ci dans le monde, soit sur la terre ferme, soit sur des navires ancrés en pleine mer. Quatre fois par jour, elles envoient leurs observations à un bureau central, donnant des détails sur le type des nuages, la force et la vitesse du vent, la température, la pression, etc.

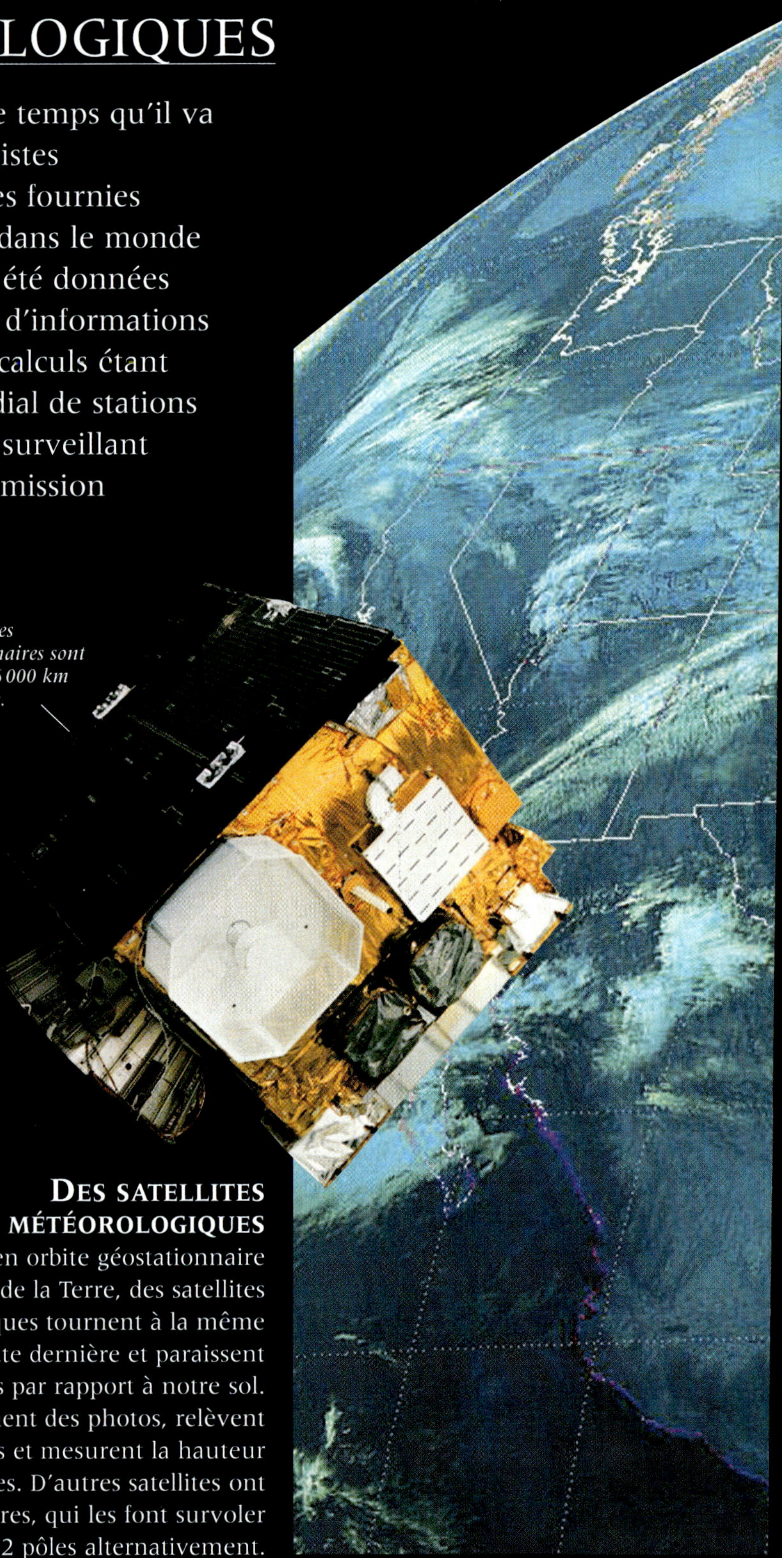

Les satellites géostationnaires sont placés à 36 000 km de la Terre.

DES SATELLITES MÉTÉOROLOGIQUES

Placés en orbite géostationnaire à 36 000 km de la Terre, des satellites météorologiques tournent à la même vitesse que cette dernière et paraissent donc immobiles par rapport à notre sol. Ils prennent des photos, relèvent les températures et mesurent la hauteur des vagues. D'autres satellites ont des orbites polaires, qui les font survoler les 2 pôles alternativement.

LES BALLONS-SONDES

Dans de nombreuses stations météo, des ballons-sondes sont lancés chaque jour à midi et à minuit GMT. Ils s'élèvent de 20 à 30 km, puis éclatent. Leur trajectoire donne la vitesse et la direction du vent. Ils emportent un ensemble d'instruments qui mesurent la température, la pression et l'hygrométrie. Les données ainsi relevées sont envoyées par radio au sol. Quand le ballon éclate, les instruments redescendent, accrochés à un parachute.

DES DÉVOREURS DE CHIFFRES

Les données des satellites et des stations météorologiques sont envoyées dans de puissants ordinateurs. Ceux-ci effectuent des millions de calculs pour prévoir l'évolution du temps. C'est un immense progrès comparé aux calculs faits à la main, mais la météorologie est si compliquée qu'on ne peut prévoir le temps plus de quelques jours à l'avance.

DES ESPIONS DANS LE CIEL

Voici l'Amérique du Nord telle que la voyait un satellite géostationnaire le 10 février 2000. Les masses de nuages tourbillonnants sont des zones où pouvaient se déployer des tempêtes et de la pluie. Lorsque l'on distingue clairement les côtes ou l'intérieur des terres, comme en Floride, c'est que le temps est beau. Les satellites météorologiques transmettent leurs mesures aux stations au sol toutes les 30 minutes. Les photos sont chargées sur Internet ce qui permet à chaque habitant de la Terre d'avoir la vision la plus récente de la météorologie de son continent.

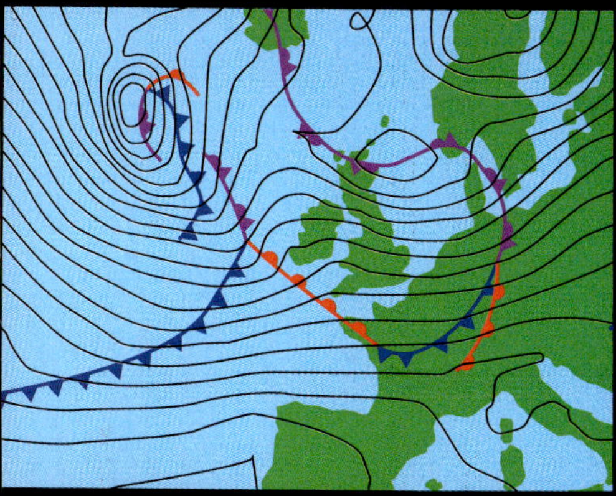

LES CARTES MÉTÉO

Sur des cartes spéciales, les lignes noires relient les points de même pression atmosphérique ; les cercles noirs indiquent la pression haute ou basse ; les triangles bleus, les fronts froids ; les demi-cercles rouges, les fronts chauds ; le mélange de triangles et de demi-cercles, les fronts occlus.

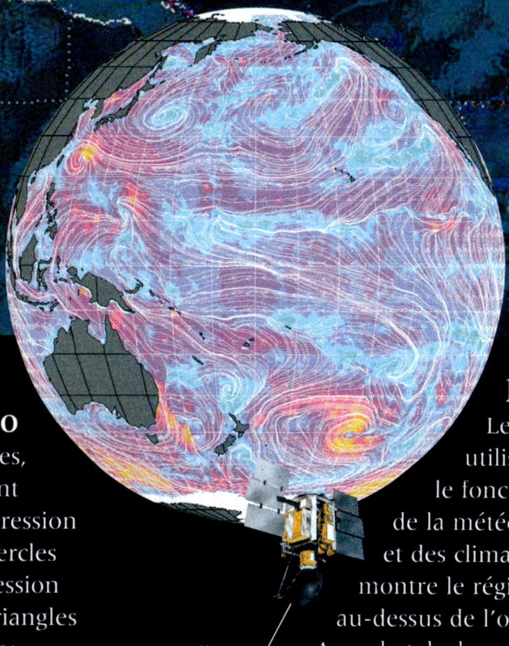

Le satellite Quicksat *mesure la vitesse des vents.*

LA RECHERCHE

Les satellites sont aussi utilisés pour étudier le fonctionnement de la météorologie et des climats. Cette image montre le régime des vents au-dessus de l'océan Pacifique. Avec de tels documents, on essaie de prévoir les mouvements des ouragans et des icebergs. Les navigateurs et les habitants des côtes menacées peuvent ainsi se protéger à temps.

LA POLLUTION

En décembre 1952, pendant 4 jours, une atmosphère toxique, composée de brouillard mélangé aux fumées et aux suies rejetées par des milliers de chaudières à charbon et de trains à vapeur, s'abattit sur Londres. La visibilité était réduite à quelques mètres, on dut allumer les réverbères au milieu de la journée, et les autobus furent forcés d'avancer au pas. Les piétons, dans les rues, furent incommodés et eurent du mal à respirer. On dénombra près de 4 000 victimes, empoisonnées par l'air ambiant. Ce type de brouillard dense et toxique était assez commun dans les villes industrielles. Depuis lors, dans l'intérêt général, des lois ont été votées pour assainir l'air urbain. Mais les véhicules et les déchets industriels continuent de polluer l'atmosphère.

Les pluies acides

Cette forêt de conifères a été victime de pluies acides. Celles-ci se forment lorsque les oxydes de soufre et d'azote, rejetés par les usines et les véhicules, s'associent avec la vapeur d'eau des nuages sous l'action du Soleil pour créer de l'acide sulfurique et de l'acide nitrique. Ces pluies contaminent l'eau nécessaire à la croissance des végétaux et détruisent ainsi forêts et récoltes. Elles peuvent tuer des poissons et des animaux aquatiques. Ce problème est grave en Amérique du Nord et en Europe du Nord-Ouest.

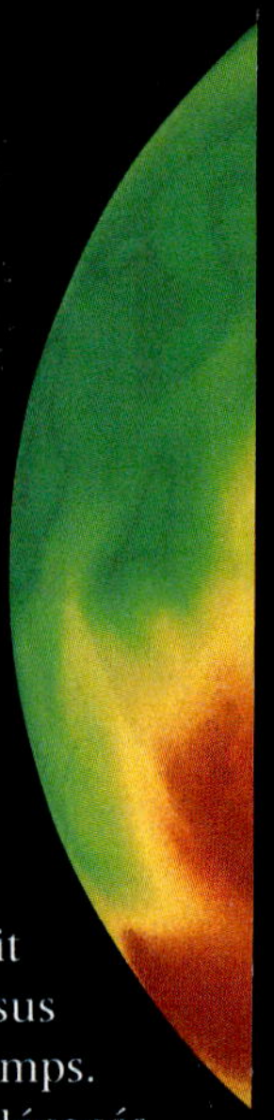

Le trou de l'ozone

Entre 25 et 50 km d'altitude, il existe dans l'atmosphère une fine couche d'un gaz appelé ozone. Cet ozone protège la vie sur Terre contre les radiations ultraviolettes solaires. Dans les années 1980, des chercheurs découvrirent que cette couche présentait un trou qui se développait au-dessus de l'Antarctique, chaque année au printemps. Ce trou est dû aux produits chimiques dégagés par les bombes aérosols, les réfrigérateurs et les climatisations, qui détruisent l'ozone quand il fait froid et beau.

LA POLLUTION À MEXICO

La ville de Mexico est sujette à une forme extrême de brouillard photochimique. Il apparaît lorsque les gaz rejetés par les automobiles réagissent avec un fort ensoleillement pour produire des substances qui réduisent la visibilité et entraînent chez les passants des difficultés respiratoires. Ce brouillard est particulièrement néfaste, car la ville est entourée d'un anneau de montagnes qui bloque l'évacuation de l'air pollué.

LE RÉCHAUFFEMENT GLOBAL

En 2025, il y aura plus d'un milliard de voitures sur la Terre, chacune rejetant de l'oxyde de carbone et d'autres gaz polluants. Les scientifiques craignent que le niveau d'oxyde de carbone dans l'atmosphère piège la chaleur du Soleil et entraîne un réchauffement progressif de la Terre. On pourrait ainsi assister à des changements climatiques graves – davantage de pluies et de tempêtes d'un côté de la planète, et des sécheresses ailleurs – associés au bouleversement des courants océaniques. Et si le Gulf Stream changeait de trajet, l'Europe du Nord-Ouest se refroidirait.

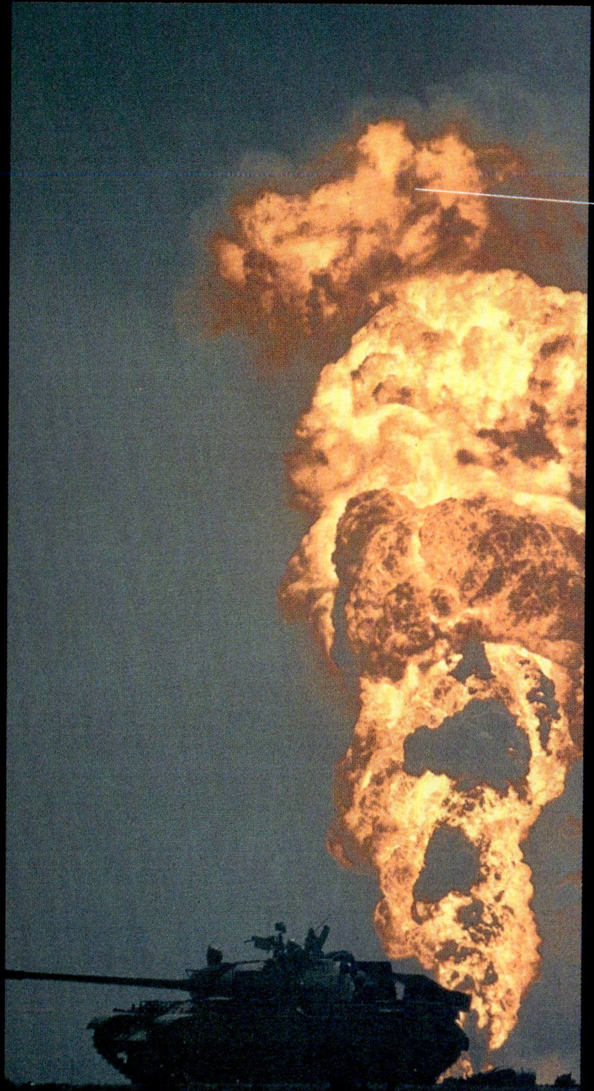

Colonne tourbillonnante de flammes et de fumées au-dessus d'un puits de pétrole en feu, au Koweït

LA GUERRE DU GOLFE

En 1990, pendant la guerre du Golfe entre les forces des Nations unies et l'Iraq, des raffineries et des dépôts de pétrole situés au nord du golfe Persique furent incendiés. La fumée noire ainsi dégagée fut observée par des satellites, de même que son ombre portée sur la surface de la Terre. La fumée une fois dissipée, et malgré les craintes, on ne releva pas d'effets durables sur le climat.

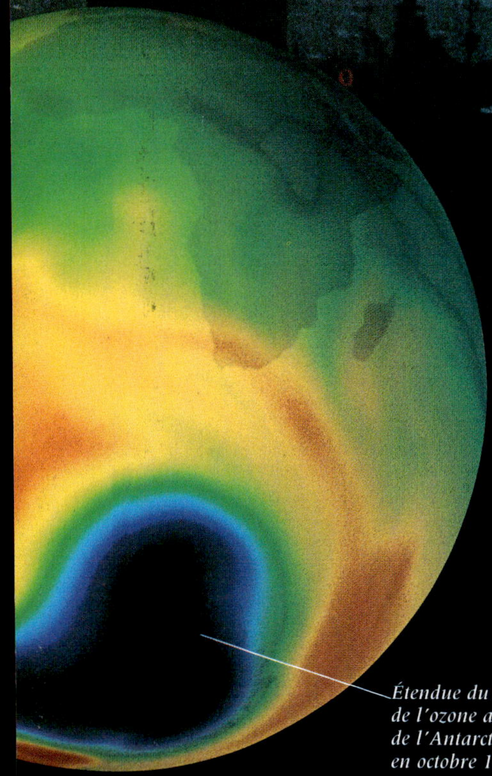

Étendue du trou de l'ozone au-dessus de l'Antarctique, en octobre 1995 (printemps)

MAÎTRISER LES ÉLÉMENTS

CHAQUE JOUR, LE SOLEIL ENVOIE SUR LA TERRE 20 fois plus d'énergie que ce que consomment tous les habitants de la planète en un an. La plus grande partie de cette énergie est absorbée et libérée par l'atmosphère. Une averse, par exemple, libère autant d'énergie que ce qu'en consomme l'éclairage de New York en une nuit. Si les scientifiques pouvaient récupérer une partie de cette gigantesque source, ils pourraient répondre à tous les besoins énergétiques de l'humanité. Pensez aux économies de charbon, pétrole, gaz, combustible nucléaire qu'il serait possible de faire si nous pouvions maîtriser cette énergie. Mais la réalisation de ce rêve n'est pas pour demain.

L'ÉNERGIE SOLAIRE
Le problème, pour récupérer l'énergie solaire, c'est qu'elle est répartie sur de vastes étendues. Les centrales solaires sont donc obligées d'utiliser des milliers de miroirs de grande taille pour capter et concentrer le plus de rayonnement solaire possible. Cette centrale solaire, située dans le désert Mojave en Californie, n'est qu'une partie d'une vaste installation composée d'un total de 650 000 miroirs. Le climat désertique est idéal pour les centrales solaires car les ciels nuageux rendent ces installations moins performantes.

Les éoliennes

Ces éoliennes, installées en Californie, transforment l'énergie du vent en électricité. Elles doivent avoir une certaine distance entre elles pour faire tourner leurs turbines. Il faut en installer environ 3 000 pour produire autant d'énergie qu'une centrale électrique classique. On les trouve dans des sites exposés, tels les sommets des collines ou les côtes. Si les éoliennes n'entraînent aucune pollution, beaucoup pensent qu'elles dénaturent le paysage.

Jouer avec le vent

Le vent ne sert pas seulement l'industrie. Il peut aussi être source de plaisir. Ces magnifiques cerfs-volants ne peuvent évoluer sans la présence du vent. Les planches à voile, les bateaux de plaisance, les montgolfières, les parapentes, tous ont besoin du vent. Les surfeurs eux-mêmes lui en sont redevables, car sans lui, il n'y aurait pas de vagues.

Chaque miroir est commandé par un ordinateur qui lui fait suivre le mouvement du Soleil dans le ciel. L'énergie captée chauffe des tubes remplis d'huile qui sont utilisés pour produire de la vapeur d'eau. Celle-ci alimente une turbine qui entraîne un générateur d'électricité.

Se chauffer au soleil

Ces miroirs solaires sont appelés héliostats. Ils concentrent la lumière du Soleil sur une cible qui devient alors extrêmement chaude. Ils sont très coûteux à construire, aussi ne les rencontre-t-on que dans les sites où le Soleil est garanti. En outre, ils ne produisent que très peu d'énergie. Dans les pays chauds, on installe sur les toits des maisons des dispositifs pour produire de l'eau chaude. Ils sont constitués de tuyaux peints en noir pour mieux absorber la chaleur qui chauffe l'eau qui y circule. Ces tuyaux traversent un réservoir plein d'eau et la chauffent à leur tour.

L'énergie végétale

Le Soleil et la pluie sont indispensables pour la croissance des récoltes. Mais les végétaux peuvent être utilisés pour fabriquer des produits de remplacement du pétrole. Et c'est peut-être la façon la plus efficace d'utiliser l'énergie solaire. Dans certains pays, le sucre extrait du maïs, de la betterave ou de la pomme de terre est transformé en alcool par fermentation. Cet alcool est utilisé comme carburant dans des voitures adaptées. Des plantes à croissance rapide, comme le saule, sont aussi utilisées pour alimenter des centrales.

CHRONOLOGIE DE LA TERRE

-13 milliards d'années
Le Big Bang crée l'Univers.
-4,6 milliards d'années
Formation de la Terre.
-4,5 milliards d'années
La Terre entre en collision avec un objet de la taille de Mars.
-4 milliards d'années La Terre a refroidi : le centre, le manteau et la croûte se sont formés.
-3,5 milliards d'années
Les premières formes de vie se fossilisent dans la roche.
-2,9 milliards d'années
Les premiers micro-organismes photosynthétiques apparaissent (ils captent la lumière du Soleil pour se nourrir et rejettent de l'oxygène).
-2,5 milliards d'années Le niveau d'oxygène dans l'atmosphère s'élève.
-2 milliards d'années
Un seul gigantesque continent primitif se forme.
-700 millions d'années Les premiers organismes multicellulaires vivants se fossilisent dans la roche.
-570 millions d'années
Le gigantesque continent primitif se fragmente. La faune aquatique multicellulaire devient abondante et se diversifie.
-500 millions d'années
Des poissons primitifs sont sauvegardés à l'état de fossiles.
-450 millions d'années
La formation des chaînes de montagnes calédoniennes s'amorce à l'emplacement actuel de l'Écosse, de la Norvège et de l'est des États-Unis.
-350 millions d'années
Des fougères, des lycopodes et des prêles de tailles gigantesques apparaissent. Leur décomposition a constitué les principaux gisements de charbon. Des reptiles primitifs apparaissent.
-320 millions d'années
Apparition des premiers insectes volants.
-290 millions d'années
Un nouveau supercontinent, la Pangée, se forme.
-225 millions d'années La Pangée commence à se fragmenter et forme la Laurasie et le Gondwana. Les dinosaures apparaissent.
-140 millions d'années
Des plantes à fleurs primitives apparaissent.
-65 millions d'années
Les dinosaures s'éteignent, sans doute à la suite de l'impact d'une météorite et du changement climatique qui en résulte.
-55 millions d'années
Le sous-continent indien entre en collision avec l'Asie.
-3 millions d'années
Des outils en pierre sont utilisés par des êtres de type humain.
-2 millions d'années La dernière grande période glaciaire commence.
-15 000 ans La période interglaciaire actuelle s'amorce.
1850 Les niveaux de dioxyde de carbone dans l'atmosphère se mettent à augmenter de façon sensible en raison de la pollution de l'air.
1990-2000 Plus chaude décennie jamais enregistrée.

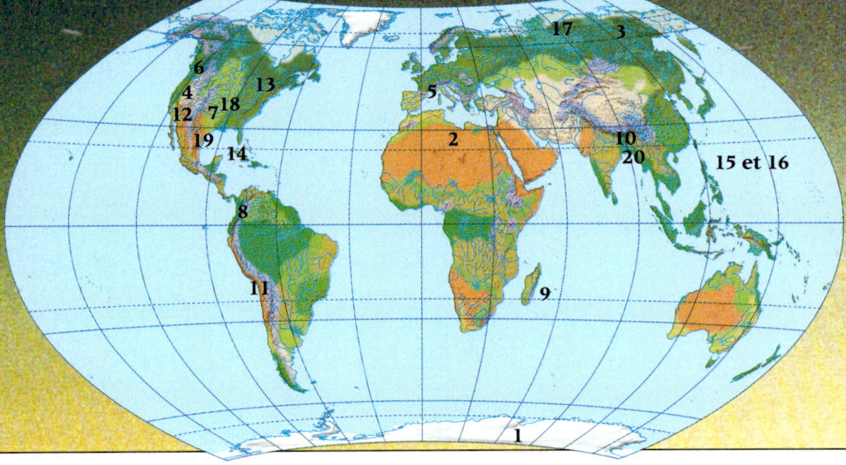

CARTE DES RECORDS NATURELS

1. Site le plus froid
La station Vostok, Antarctique. Le 21 juillet 1983, la température est descendue à -89,2 °C.
2. Site le plus chaud
El Azizia, Libye. Le 13 septembre 1922, la température a atteint 57,8 °C.
3. Les plus grands extrêmes
Verkhoyansk, Sibérie. La plus basse température a atteint -68 °C, et la plus haute 37 °C.
4. La plus forte tempête de neige
Mont Shasta Ski Bowl, Californie, États-Unis. Une tempête qui a sévi du 13 au 19 décembre 1955 a déposé 480 cm de neige.
5. Le jour le plus neigeux
Bessans, France. 173 cm de neige sont tombés en 19 heures les 5 et 6 avril 1969.
6. Le site le plus enneigé
Mont Baker, État de Washington, États-Unis, qui a reçu 29 m de neige durant l'hiver 1998-1999.
7. Les plus gros grêlons
Les plus gros grêlons connus sont tombés à Coffeyville, Kansas, États-Unis, le 3 septembre 1970. Ils mesuraient 14,4 cm de diamètre et pesaient 0,77 kg. On a aussi signalé des grêlons de 1 kg (le poids d'un paquet de sucre) tombés à Gopalganji au Bangladesh, le 14 avril 1986.
8. Le site le plus pluvieux
Lloro, Colombie, a reçu 1 330 cm de pluie par an pendant 29 ans.
9. Le jour le plus pluvieux
Les 15 et 16 mars 1952, il est tombé 187 cm de pluie sur l'île de la Réunion dans l'océan Indien.
10. L'année la plus humide
Entre août 1860 et juillet 1861, Cherrapunji, Inde, a reçu approximativement 26 m de pluie.
11. Le site le plus sec
Arica, dans le désert d'Atacama au Chili, a reçu en moyenne moins de 0,75 mm de pluie par an pendant 59 ans.
12. La sécheresse la plus longue
Le sud-ouest de l'Amérique du Nord a supporté une sécheresse qui a duré 59 ans de 1246 à 1305. La phase la plus sèche s'est située de 1276 à 1299.
13. La plus forte rafale de vent
372 km/h au mont Washington, New Hampshire, États-Unis, le 12 avril 1934. Le vent des tornades peut être plus rapide.
14. Le tsunami le plus violent
Le tsunami du 26 décembre 2004, dans le Sud-Est asiatique, a déferlé à une vitesse allant de 500 à 800 km/h.
15. L'ouragan le plus terrible
Le typhon Tip, dans le nord-ouest du Pacifique, le 12 octobre 1979, a eu des vents continus de 305 km/h.
16. La plus basse pression
La pression dans l'œil du typhon Tip était de 870 millibars.
17. La plus haute pression
Une pression de 1 083,8 millibars a été relevée à Agata, en Sibérie, le 31 décembre 1968.
18. La tornade la plus grave
En mars 1925, une suite de 7 tornades (la tornade des Trois États) a traversé le Missouri, l'Illinois et l'Indiana, États-Unis, se déplaçant sur 703 km et faisant 689 victimes.
19. Le pire ouragan américain
À Galveston, Texas, le 8 septembre 1900, un ouragan a tué 6 000 personnes, blessé plus de 5 000, et détruit la moitié des bâtiments.
20. Le pire des cyclones
En novembre 1970 un cyclone venant du golfe du Bengale a traversé le Bangladesh, causant des inondations faisant près de 500 000 victimes.

GLOSSAIRE

Argile Sédiment formé de très fines particules composées de minéraux argileux.
Astéroïde Petit objet rocheux, tournant autour du Soleil, à l'origine de la formation du système solaire.
Atmosphère Enveloppe d'air entourant la Terre.
Atoll Récif corallien des mers chaudes en forme d'anneaux.
Calcaire Roche sédimentaire composée essentiellement de carbonate de calcium (calcite).
Climat Conditions météorologiques d'une zone particulière dont la moyenne a été réalisée sur 30 ans ou plus.
Comète Masse de glace et de roche se déplaçant dans l'espace. La lumière du Soleil fait fondre une partie de la glace, ce qui produit la queue de la comète.
Couche d'ozone Couche de gaz dérivé de l'oxygène qui se forme dans l'atmosphère de la Terre et nous protège des rayons ultraviolets émis par le Soleil.
Craie Roche calcaire tendre composée essentiellement de squelettes d'algues microscopiques appelées coccolithophoridés.
Cristallisation Phénomène par lequel un corps passe à l'état de cristaux.
Croûte Couche externe rocheuse de la Terre, variant entre 5 et 80 km d'épaisseur.
Cycle rocheux Cycle englobant la création et la transformation des roches (magmatiques, métamorphiques et sédimentaires).
Dorsale médio-atlantique Dorsale en zigzag sur le plancher océanique, à la limite de 2 plaques tectoniques divergentes.
Effet de serre Processus selon lequel certains gaz, présents dans l'atmosphère, emprisonnent la chaleur du Soleil à la surface de la Terre.
Épicentre Emplacement, à la surface de la Terre, situé directement au-dessus du centre d'un tremblement de terre.
Érosion Processus selon lequel la roche ou le sol sont arrachés et transportés par des agents tels que les glaciers, les rivières, le vent et les vagues.
Faille Fissure formée dans la croûte terrestre par le glissement des plaques tectoniques les unes contre les autres.
Fosse Profonde dépression créée dans le plancher océanique par une plaque tectonique qui s'est enfoncée sous une autre.
Fossile Reste d'un organisme végétal ou animal qui vivait il y a des millions d'années.
Fumeur noir Source hydrothermale des fonds océaniques en forme de cheminée et formée de minéraux.
Géologue Scientifique qui étudie la surface de la Terre et les roches et les processus selon lesquels elles ont été créées, transformées ou détruites.
Glacier Masse de glace et de neige qui s'écoule lentement.
Guyot Île volcanique conique qui a subi l'érosion et a été engloutie sous les vagues, produisant un relief sous-marin à sommet plat.
Lave Roche chaude en fusion qui émerge des volcans.
Magma Roche chaude en fusion s ous la surface de la Terre.
Manteau Couche intérieure de la Terre entre la fine croûte externe et le noyau.
Météo Conditions atmosphériques journalières sur une zone géographique précise.
Météorite Fragment rocheux provenant de l'espace et qui tombe sur la Terre ou sur un astre quelconque.
Minéral Substance cristalline, constituant de l'écorce terrestre.
Moraine Débris déposés par un glacier, en particulier du sable et des graviers.
Noyau Centre de la Terre, dense, extrêmement chaud, et riche en fer.
Pangée Supercontinent qui existait il y a 225 millions d'années et s'est fragmenté, formant 2 continents: la Laurasie et le Gondwana. Ceux-ci se sont divisés à leur tour pour former les continents actuels.
Période glaciaire Période froide au cours de l'histoire géologique de la Terre. Une période glaciaire est constituée de périodes très froides (pléniglaciaires), marquées par l'avancée des glaciers et des nappes glaciaires.
Plaine abyssale Étendue large et plate au fond d'un bassin océanique.
Planète Large masse qui gravite autour d'une étoile. Dans notre système solaire, 9 planètes (dont la Terre) gravitent autour du Soleil.
Plaque tectonique L'une des 21 masses rocheuses qui forment la croûte terrestre, se déplaçant lentement sur la surface de la Terre.
Pluie acide Pluie rendue plus acide en raison de certains types de pollution.
Point chaud Emplacement dans le manteau terrestre, loin des limites des plaques, où des roches chaudes s'élèvent vers la base de la croûte créant un volcanisme en surface.
Pyroclastique Qualifie les matériaux et les roches rejetés par les volcans quand ils explosent: cendres, coulées, bombes, lapilli.
Réchauffement de la planète Hausse graduelle de la température moyenne de la Terre.
Roche Large masse solide exposée à la surface de la Terre et composée d'un ou de plusieurs minéraux.
Roche magmatique ou roche ignée Toute roche formée à partir de la cristallisation d'un magma.
Roche métamorphique Roche résultant de l'altération de la roche solide existante sous l'effet de la chaleur ou de la pression.
Roche sédimentaire Roche constituée de sédiments.
Sédiment Débris non consolidé s'accumulant à la surface de la Terre du fait du processus de l'érosion.
Sismographe Instrument qui détecte et enregistre les vibrations du sol tels que ceux produits par les ondes de choc d'un tremblement de terre.
Stalactite Structure ressemblant à un glaçon, qui pend du plafond, et composée en large partie de carbonate de calcium (calcite).
Stalagmite Structure ressemblant à une bougie, qui s'élève du sol, et composée en large partie de carbonate de calcium (calcite).
Strate Couche de roche sédimentaire.
Subduction Phénomène selon lequel une plaque tectonique s'enfonce sous une autre.
Système solaire Le Soleil, les astres et les matières qui gravitent autour de lui, c'est-à-dire planètes, lunes et astéroïdes.
Tectonique des plaques Théorie selon laquelle la croûte est constituée de plaques qui se déplacent les unes par rapport aux autres.
Tremblement de terre Secousse de la croûte terrestre provoquée, par exemple, par le glissement des plaques tectoniques ou par une montée de magma à la surface de la Terre.
Tsunami Gigantesque vague maritime qui traverse l'océan à la suite d'un tremblement de terre, d'une éruption volcanique ou d'un impact de force considérable.
Volcan Ouverture dans la croûte terrestre par laquelle s'écoule la lave.

EN SAVOIR PLUS SUR LA MACHINE DU TEMPS

http://fr.weather.yahoo.com
Prévisions météorologiques pour le monde entier.

www.la-terre.net
Un site de vulgarisation sur la Terre et ses phénomènes naturels, très complet.

www.notre-planete.info/
L'actualité de notre planète, des photographies, des cartes et des dossiers sur l'environnement.

http://www.cgq-qgc.ca/tous/terre
Une introduction aux sciences de la Terre. Vous y trouverez une série de thèmes bien expliqués et bien détaillés.

http://galiléo.cyberscol.qc.ca/intermet/
Un site très bien conçu pour s'initier de façon ludique, mais sérieuse, à la météorologie.

LA TERRE EN CHIFFRES

- La distance moyenne de la Terre au Soleil est de 149 600 000 km.
- La Terre n'est pas exactement ronde, mais légèrement renflée à l'équateur, où elle mesure 40 024 km de circonférence. Le diamètre de la Terre est de 12 715 km aux pôles et de 43 km de plus à l'équateur.
- La température au centre de la Terre atteint sans doute 5 000 °C environ et la pression près de 3,5 millions d'atmosphères.
- La Terre pèse environ 5 976 milliards de milliards de tonnes.

PARTIE VII

À LA CONQUÊTE DE L'ESPACE

Peter Bond

LE NEZ DANS LES ÉTOILES

Les étoiles fascinent l'Homme depuis des milliers d'années, mais les astronomes n'ont commencé à découvrir à quoi ressemblait vraiment l'Univers que lorsque les télescopes ont été inventés. Notre planète mère, la Terre, n'est rien d'autre qu'un minuscule grain de poussière flottant dans un gigantesque vide appelé espace. Les étoiles qui nous entourent nous font paraître l'espace comme s'il était surpeuplé, cependant, elles sont à une incroyable distance de nous et l'une de l'autre. En général, l'espace est aussi vide qu'il est grand, et beaucoup trop grand pour se l'imaginer. Il faudrait même plus d'un million d'années pour atteindre l'étoile la plus proche, à la vitesse d'un Concorde. Dans l'espace, les distances sont si grandes que les astronomes les mesurent en années-lumière. Une année-lumière est la distance que parcourt la lumière pendant une année, soit 10 mille milliards de kilomètres. Grâce aux télescopes modernes, les astronomes peuvent voir aujourd'hui des étoiles et des galaxies à des millions d'années-lumière.

L'ASTRONOMIE D'AUJOURD'HUI
Les astrong
qu'à regarder les étoiles avec leurs télescopes. Dans un observatoire moderne, toutes les données enregistrées par le télescope sont introduites dans un ordinateur, lequel les traite alors pour produire des images qui mettront en lumière des points particuliers. Les images digitales peuvent être téléchargées sur Internet afin que les astronomes du monde entier puissent les voir.

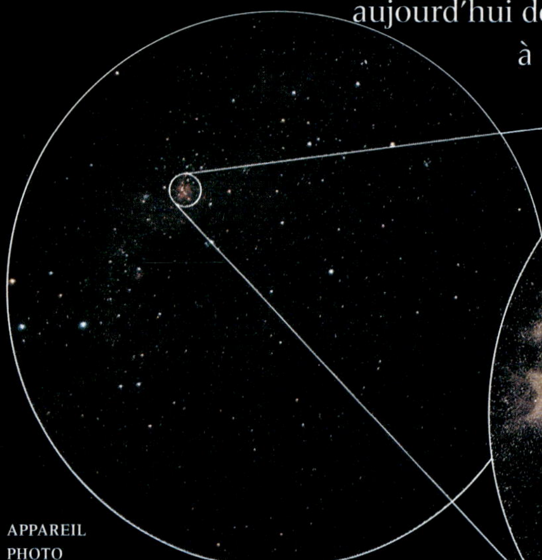

APPAREIL PHOTO STANDARD

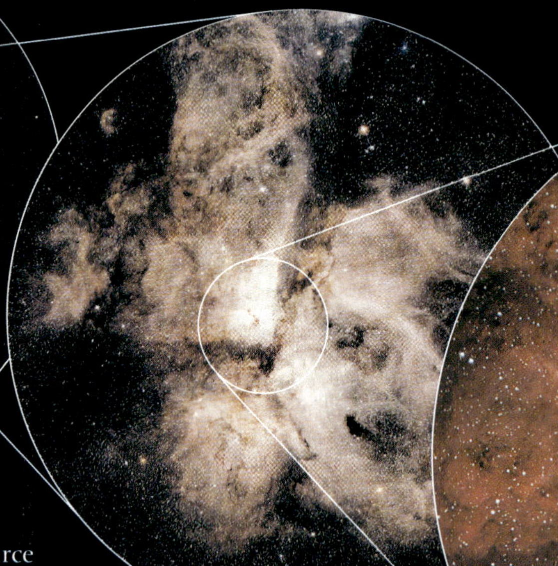

TÉLESCOPE BRITANNIQUE SCHMIDT

TÉLESCOPE ANGLO-AUSTRALIEN

GROS PLAN
Étoiles et galaxies semblent minuscules parce qu'elles sont très éloignées. La nébuleuse Carinæ est un colossal nuage de poussières qui ressemble à une minuscule tache rouge depuis la Terre. À peine visible à l'œil nu à partir de l'hémisphère Sud, les astronomes peuvent étudier ses moindres détails avec de puissants télescopes. Profondément enfouie au centre de la nébuleuse, se trouve une étoile du nom d'Eta Carinæ qui se désintègre (voir p. 42). Il faut 8 000 ans pour que la lumière de la nébuleuse Carinæ nous parvienne ; les images ci-contre nous la montrent telle qu'elle était il y a 8 000 ans.

TÉLESCOPE STANDARD

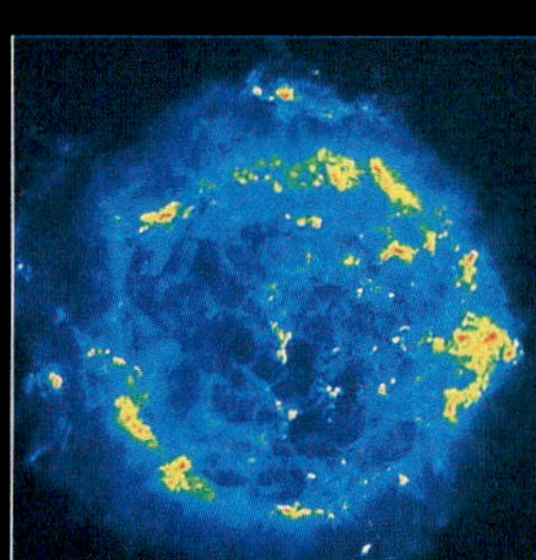

RADIOTÉLESCOPE

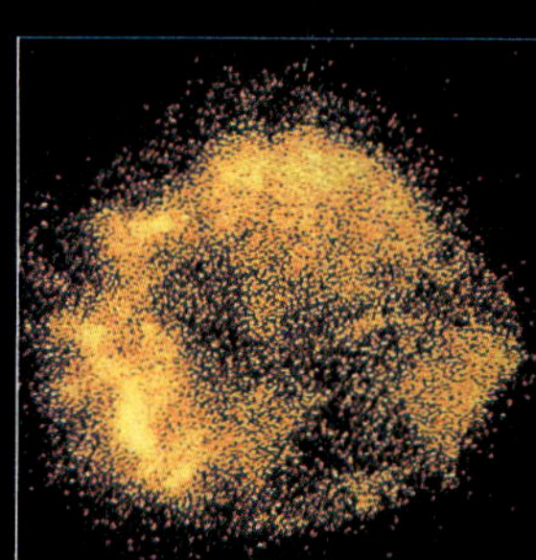

TÉLESCOPE À RAYONS X

VOIR L'INVISIBLE
Comme Superman, les astronomes utilisent les rayons X pour voir ce qui est invisible à l'œil humain. Les 3 images de gauche montrent les débris d'une étoile qui a explosé en 1660. Le télescope ordinaire nous révèle un échantillon vide du ciel, mais avec les radiotélescopes et télescopes à rayons X nous découvrons un nuage de débris de plusieurs milliards de kilomètres. Des gaz brûlants sont projetés dans l'espace à plus de 6 000 km à la seconde.

La vue de *Hubble*

L'atmosphère de la Terre déforme la lumière des étoiles, d'où la difficulté de les voir clairement. Le télescope spatial *Hubble* contourne ce problème parce qu'il navigue dans l'espace à 595 km au-dessus de la Terre, hors de l'atmosphère. *Hubble* est de la taille d'un bus ; il évolue sur une orbite terrestre à 28 000 km/h. Il peut voir des galaxies situées à des milliards d'années-lumière, et il les voit comme elles étaient il y a des milliards d'années.

L'union fait la force

Parfois, plusieurs télescopes sont combinés pour donner une meilleure vue d'un pâle objet. La batterie ci-dessus, au Nouveau-Mexique (É.-U.), se compose de 27 énormes antennes paraboliques qui détectent les ondes radio. Un ordinateur rassemble toutes les données pour n'en faire qu'une seule image. Ces paraboles concaves fonctionnent en renvoyant les ondes radio vers un détecteur central. Les télescopes qui détectent la lumière fonctionnent de la même manière, mais ils sont équipés de miroirs paraboliques qui réfléchissent la lumière.

Les jumeaux célestes

Les télescopes jumeaux *Keck*, à Hawaï, sont les plus grands télescopes détecteurs de lumière du monde. Ils sont situés au sommet d'un volcan éteint, loin des lumières de la ville. À cet endroit, l'atmosphère raréfiée et claire est idéale pour observer la faible luminosité des galaxies. À l'intérieur des télescopes *Keck*, les miroirs sont faits de sections séparées qui peuvent changer de position, permettant ainsi aux astronomes de changer la forme et la taille du miroir pour obtenir une meilleure vue.

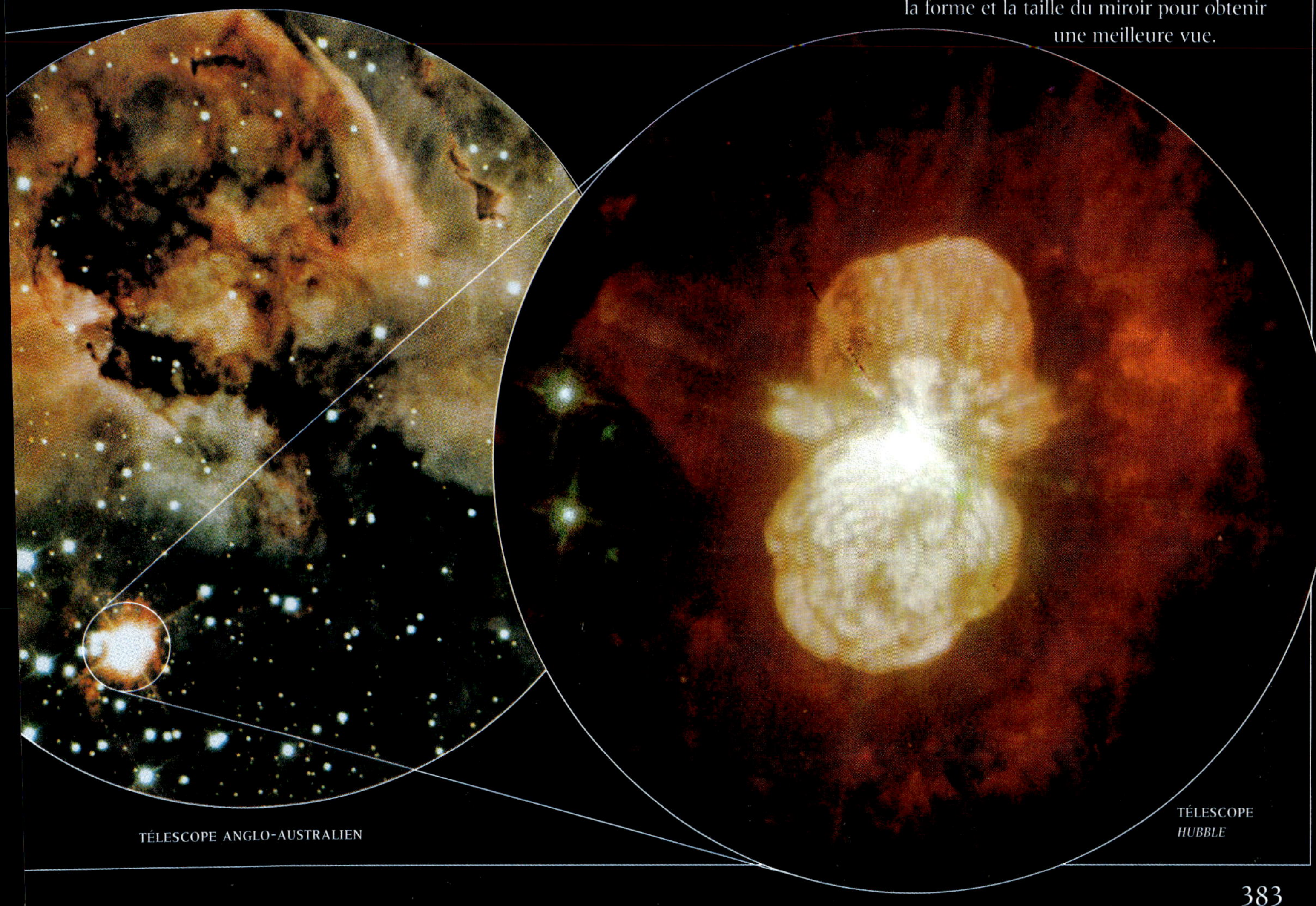

Télescope anglo-australien

Télescope *Hubble*

LE SYSTÈME SOLAIRE

LE SYSTÈME SOLAIRE EST NOTRE VOISIN le plus proche dans l'espace. Étoile centrale de ce système, le Soleil représente 99,9 % de sa masse totale. La force de gravité du Soleil attire tout ce qui gravite dans son environnement, y compris 9 planètes et leurs 63 satellites. Les planètes évoluent autour du Soleil en suivant des trajectoires appelées orbites, tout en tournant sur elles-mêmes (sur leur axe de révolution) pendant leur déplacement. Les 4 planètes intérieures sont des globes de roches et de métaux. Les planètes extérieures sont d'immenses globes de gaz ou de liquide, sauf la glaciale Pluton la plus éloignée, qui se trouve à 6 milliards de km du Soleil. L'étoile la plus proche est encore 7 000 fois plus lointaine.

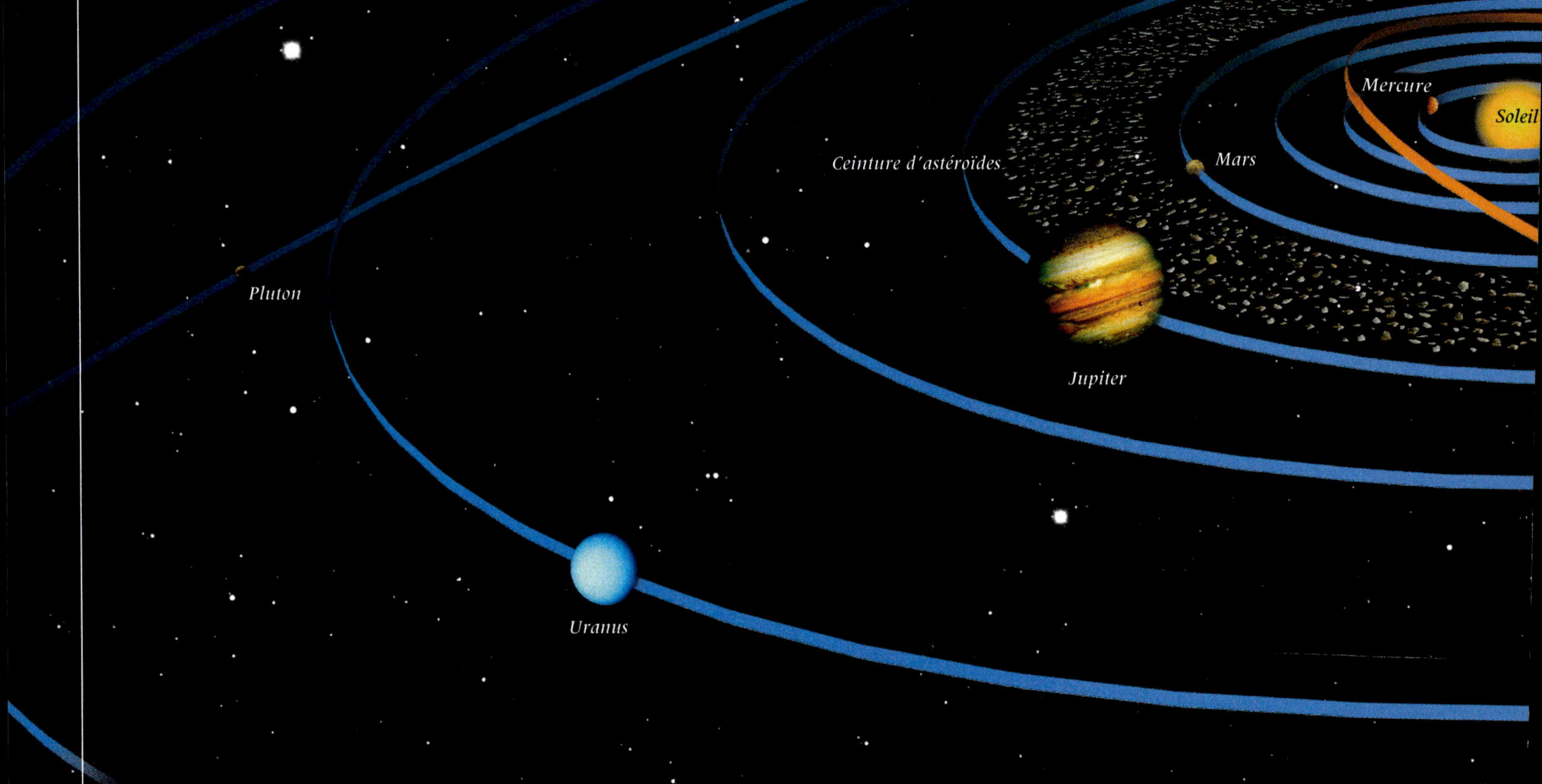

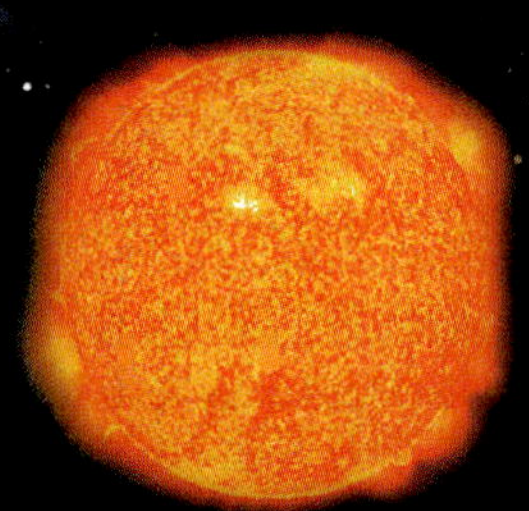

SOLEIL
Le Soleil est une immense boule de gaz lumineux en rotation, il est plus d'un million de fois plus grand que la Terre. Il tire son énergie des réactions nucléaires qui se produisent dans son noyau, à des températures atteignant 15 millions de degrés.

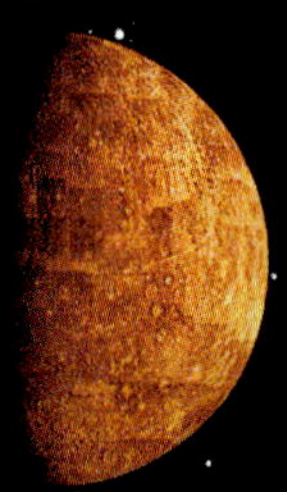

MERCURE
Cette petite planète, la plus proche du Soleil est recouverte de cratères. Pendant la journée, il y fait une chaleur étouffante de 430 °C à sa surface, alors que la température chute à – 170 °C la nuit. Une année sur Mercure correspond à 88 jours terrestres.

VÉNUS
Vénus est l'affreuse sœur de la Terre. Sa taille et sa structure sont identiques à celles de la Terre, mais l'air y est empoisonné ; sa surface beaucoup trop chaude y interdit toute forme de vie. La révolution de Vénus est si lente que son jour est plus long que son année.

LA TERRE
Notre planète est le seul endroit connu dans l'Univers où on y trouve de la vie. Ses océans recouvrent les deux tiers de sa surface. Des nuages blancs remplis d'eau tourbillonnent dans l'atmosphère. La Terre n'a qu'une lune.

MARS
On a cru qu'il pouvait y avoir de la vie sur Mars. Comme sur Terre, on y trouve des montagnes, des canyons, des pôles gelés et une atmosphère. Toutefois, sa surface n'est qu'un déser aride. Mars est environ 2 fo moins large que la Terre et possède 2 satellites.

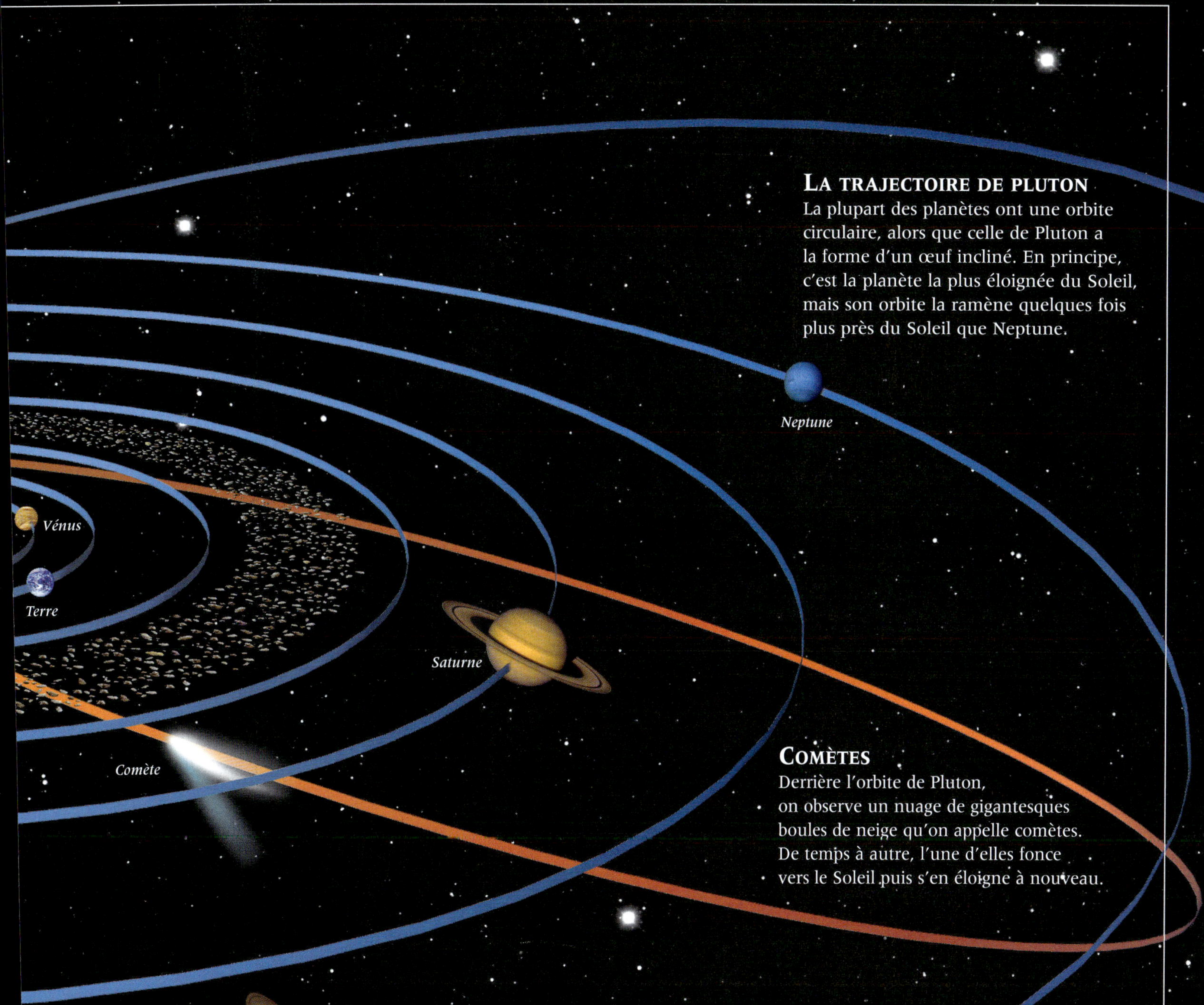

La trajectoire de Pluton

La plupart des planètes ont une orbite circulaire, alors que celle de Pluton a la forme d'un œuf incliné. En principe, c'est la planète la plus éloignée du Soleil, mais son orbite la ramène quelques fois plus près du Soleil que Neptune.

Comètes

Derrière l'orbite de Pluton, on observe un nuage de gigantesques boules de neige qu'on appelle comètes. De temps à autre, l'une d'elles fonce vers le Soleil puis s'en éloigne à nouveau.

Jupiter

C'est la plus grosse planète du système solaire ; elle est plus lourde que toutes les autres planètes réunies. C'est un immense globe de liquides et de gaz entouré de bandes nuageuses circulaires. Jupiter possède 16 satellites dont 4 qui sont plus grands que Pluton.

Saturne

Si nous pouvions mettre les 9 planètes dans un immense seau d'eau, seule Saturne flotterait. Presque aussi grande que Jupiter, mais beaucoup plus légère, ses anneaux sont faits de millions de particules scintillantes de glace. Saturne possède aussi 18 satellites glacés.

Uranus

Avec sa surface bleue uniforme, Uranus ressemble à une boule de billard. Quatre fois plus grande que la Terre, elle est 20 fois plus éloignée du Soleil et possède 15 satellites. Celui qui a découvert Uranus aurait bien voulu l'appeler *Étoile de George*.

Neptune

Les vents de Neptune sont les plus rapides du système solaire : ils déferlent sur la planète à plus de 2 000 km/h. Ses violentes tempêtes ressemblent à des taches très sombres. Neptune ressemble à Uranus et possède 8 satellites.

Pluton

La mystérieuse Pluton est trop petite et lointaine pour être bien distinguée. Les rayons solaires lui parviennent si faiblement que son air gèle en hiver. Son année équivaut à 248 années sur Terre – une personne qui y naîtrait ne vivrait pas une seule année. Pluton n'a qu'un seul satellite.

LE SOLEIL

NOTRE SOLEIL EST UNE SIMPLE ÉTOILE. Comme n'importe quelle autre étoile, c'est une gigantesque boule d'hydrogène brillante. La source de son énergie provient d'un noyau central où la température culmine à 15 millions de degrés. Une tête d'épingle de cette chaleur brûlerait dans un rayon de 100 km. Son noyau ressemble à une bombe nucléaire qui exploserait continuellement, mais plus grande, transformant au rythme de 4 millions de tonnes d'hydrogène par seconde en pure chaleur et lumière. Le gaz autour du noyau absorbe cette énergie qui déborde de la surface en fusion, là où lumière et chaleur rayonnent dans l'espace.

LES TACHES SOLAIRES

Des taches sombres vont et viennent continuellement à la surface du Soleil. Ces taches solaires sont foncées parce qu'elles sont plus froides de quelques milliers de degrés que les gaz qui les entourent. En étudiant les mouvements de ces taches solaires, les astronomes concluent que l'axe équatorial du Soleil tournait plus vite que ses pôles.

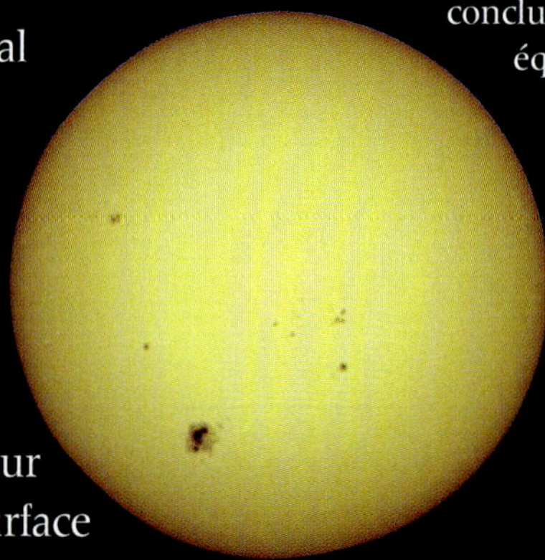

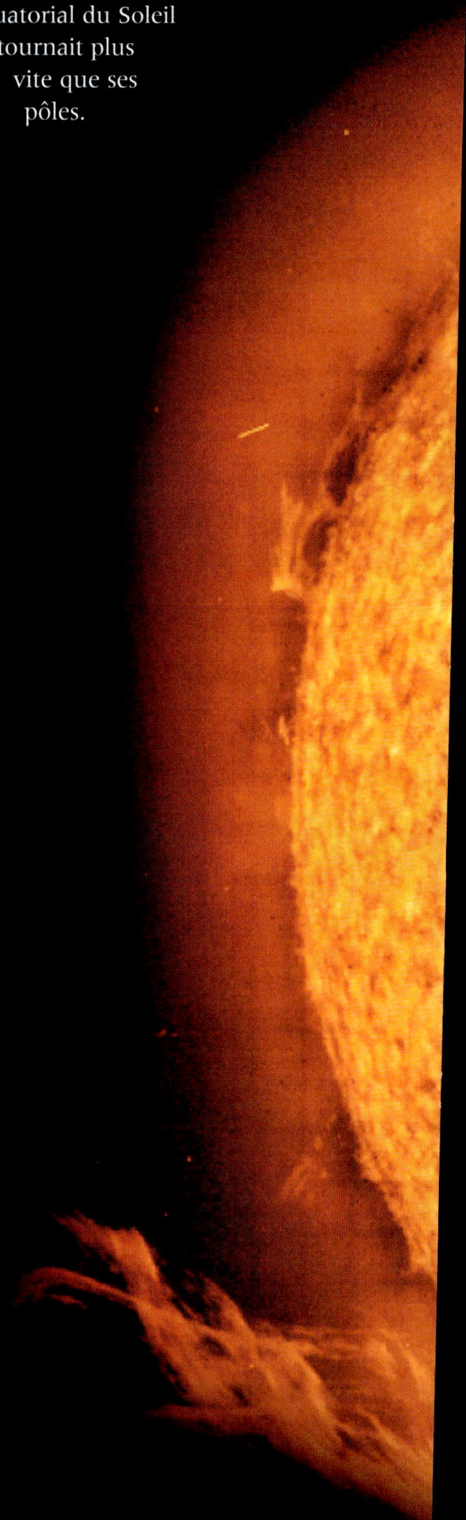

Une éruption de gaz incandescents (plasma) s'échappant du champ magnétique solaire.

LA COURONNE

La couronne est la mince atmosphère du Soleil ; elle s'étend à des millions de kilomètres dans l'espace. La surface du Soleil est un million de fois plus brillante que la couronne, qui est plus chaude de plusieurs millions de degrés. Personne ne sait pourquoi. Les gaz s'échappent de ces trous qui apparaissent dans la couronne et fusent dans l'espace à plus de 3 millions de km/h.

Vue en couleurs de la couronne du Soleil

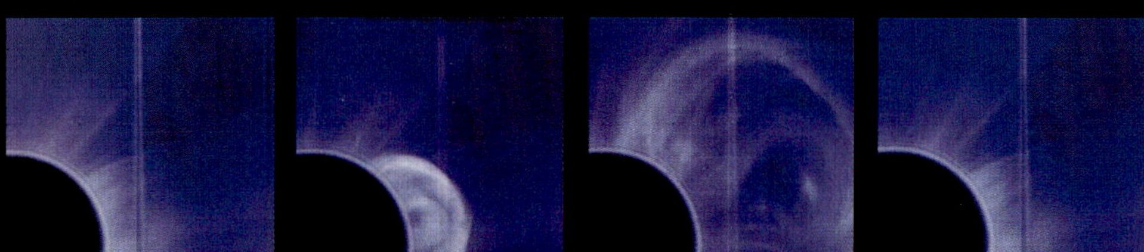

TEMPÊTES SOLAIRES

Les scientifiques ont appelé plasma les gaz provenant du Soleil. Lors d'une tempête, de gigantesques bulles de plasma sont éjectées hors de la couronne. Ci-dessus, les photographies mettent en évidence une bulle éclatant en quelques minutes. Parfois, les ondes des rafales d'une tempête solaire se dirigent directement vers la Terre. Notre atmosphère nous protège des pires effets de ces phénomènes bien que certaines tempêtes solaires puissent détruire les satellites ou surcharger les lignes électriques, provoquant des coupures de courant.

ARCHES DE FEU

D'énormes arches de plasma jaillissent à des centaines de milliers de kilomètres du Soleil et finissent ainsi suspendues dans l'espace, pendant plusieurs mois. L'arche la plus grosse jamais enregistrée avait une dimension supérieure à la distance de la Terre à la Lune. Ces arches, aussi appelées protubérances solaires, suivent le champ magnétique du Soleil ; elles dérivent parfois et propagent des millions de tonnes de plasma dans l'espace.

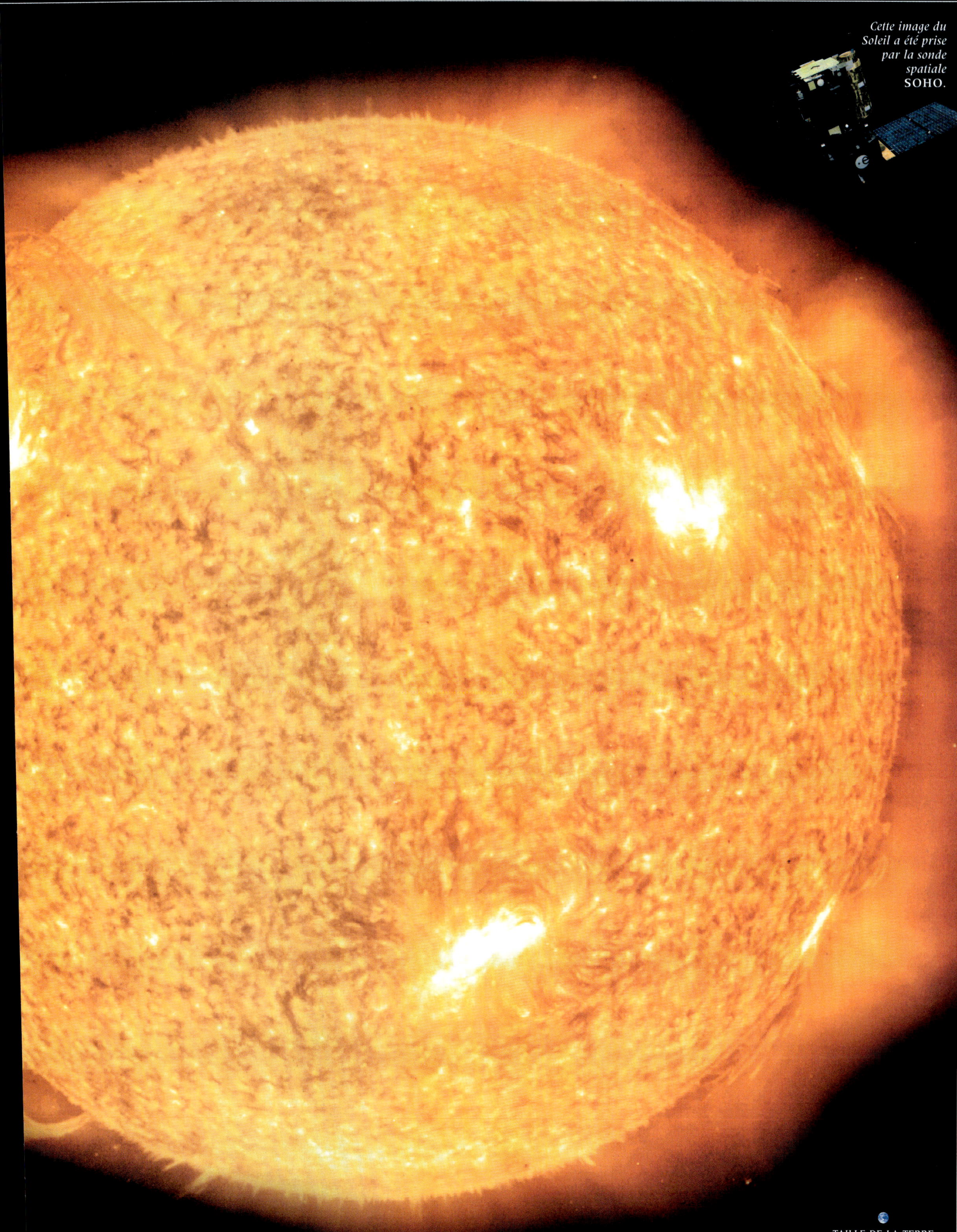

Cette image du Soleil a été prise par la sonde spatiale **SOHO**.

TAILLE DE LA TERRE PAR RAPPORT À CELLE DU SOLEIL

LES ÉCLIPSES

L'ÉCLIPSE TOTALE DU SOLEIL est un événement spectaculaire. En quelques minutes, le jour cède la place à la nuit : le ciel s'assombrit, les étoiles et les planètes apparaissent, les lumières de la ville s'allument et les oiseaux se taisent. Ce phénomène est l'un des plus dramatiques que la nature nous donne à voir. L'éclipse se produit lorsque la lumière du Soleil ou de la Lune n'est plus réfléchie pendant un laps de temps. Les éclipses de Lune arrivent assez fréquemment. Sur d'autres planètes, des éclipses existent aussi, il en est ainsi lorsque les satellites de Jupiter entrent dans l'ombre de la planète. Ces phénomènes peuvent seulement s'observer au moyen d'un télescope. Lorsqu'on regarde une éclipse de Soleil, il est primordial de se rappeler qu'on ne doit jamais fixer le Soleil sans protection adéquate.

Le Soleil diffuse sa lumière en direction de la Lune et de la Terre, (l'échelle n'est pas respectée).

La Lune se place entre le Soleil et la Terre.

La surface ombrée de la Lune produit une éclipse totale de Soleil.

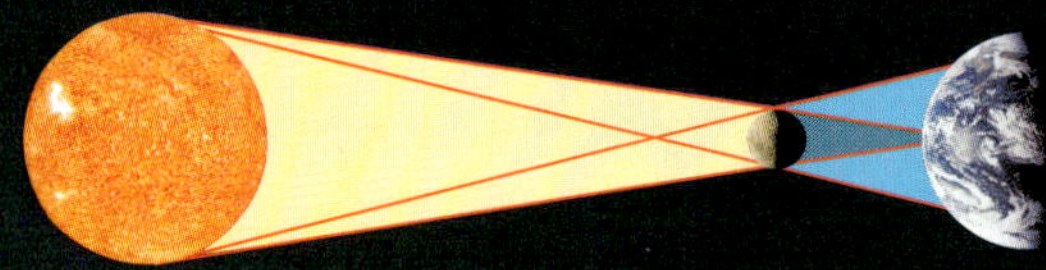

L'ÉCLIPSE DE SOLEIL

Lors d'une éclipse solaire, la Lune se place en face du Soleil ; en quelques minutes, celui-ci disparaît pendant que l'ombre de la Lune traverse rapidement la surface de la Terre. Toute personne qui se trouve à l'intérieur de cette zone d'ombre voit une éclipse totale ; à l'inverse, on voit une éclipse partielle lorsqu'on se trouve à l'extérieur de cette zone.

LA TOTALITÉ

Lors d'une éclipse solaire, on appelle obscurité totale la phase pendant laquelle la Lune cache complètement le Soleil (ci-dessous). Elle peut durer un peu plus de 8 minutes. Pendant cette phase, la mince atmosphère du Soleil (la couronne) prend l'apparence de flèches lumineuses nacrées irradiant autour d'un cercle obscur.

LES ÉTAPES D'UNE ÉCLIPSE DE SOLEIL

Dès le premier contact, il faut environ une heure à la Lune pour masquer complètement le Soleil.

Une bague diamantée

Juste avant l'éclipse totale, le dernier rayon de Soleil passe à travers les vallées de la Lune. À ce moment-là, un point lumineux apparaît sur le bord de la Lune, produisant pendant quelques secondes une sensation stupéfiante appelée bague de diamant. L'image ci-dessous nous montre des flammèches de gaz incandescents (rouges) jaillissant hors de la surface du soleil.

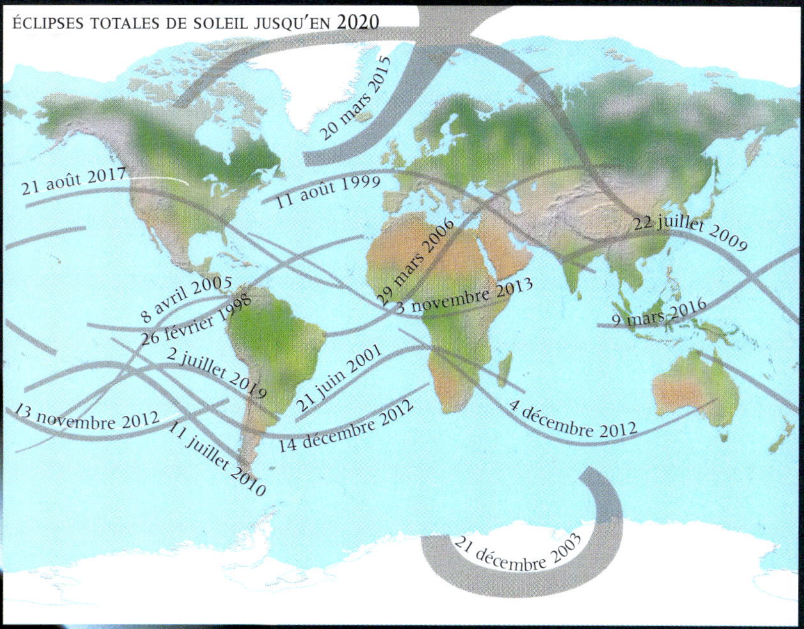

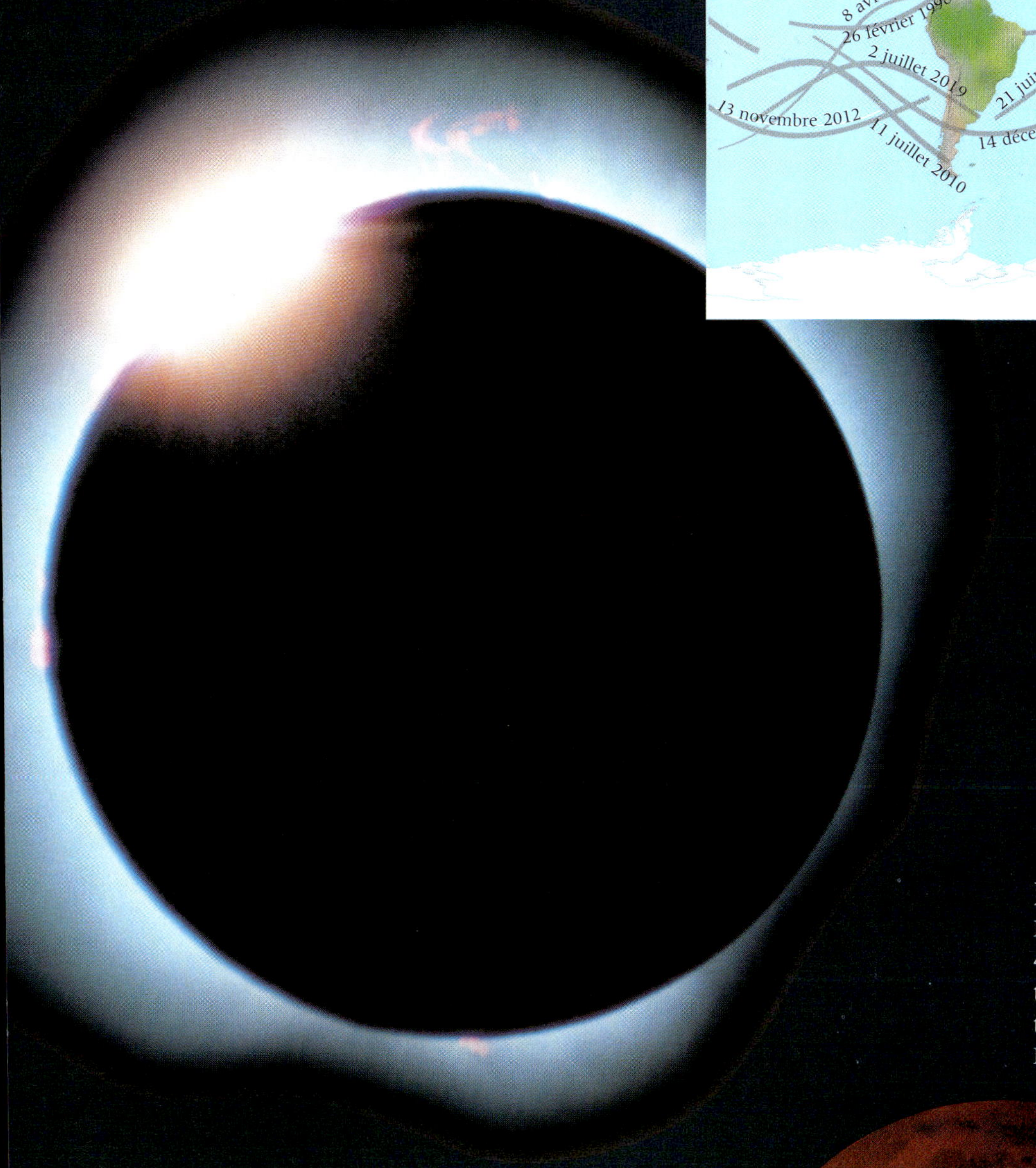

Dans l'ombre de la Lune

Il y a au moins 2 éclipses de Soleil chaque année, mais la plupart sont partielles (la Lune masque seulement une partie du Soleil). Une éclipse totale de Soleil se produit quelque part dans le monde tous les 18 mois environ, souvent au-dessus des océans ou à des endroits faiblement peuplés. Bien que l'ombre de la Lune recouvre la Terre sur des milliers de kilomètres, la largeur du faisceau ainsi projeté est souvent inférieure à 100 km. Une éclipse totale de Lune se produit au même endroit tous les 330 ans.

La face obscure

Lors d'une éclipse de Lune, il faut jusqu'à 4 heures à l'ombre de la Terre pour traverser la face de la Lune. L'éclipse totale peut durer plus d'une heure. L'atmosphère de la Terre réfléchit un peu de lumière sur la Lune et lui donne une teinte rouge. Il peut y avoir 3 éclipses de Lune en une année et aucune l'année suivante. On peut voir une éclipse de Lune à partir de n'importe quel endroit sur Terre, à l'intérieur de la zone d'ombre.

Le Soleil diffuse ses rayons vers la Terre (l'échelle n'est pas respectée).

La moitié de la Terre est dans la lumière du jour. L'autre moitié est dans l'ombre.

Lorsque la Lune entre dans l'ombre de la Terre, il se produit une éclipse de Lune.

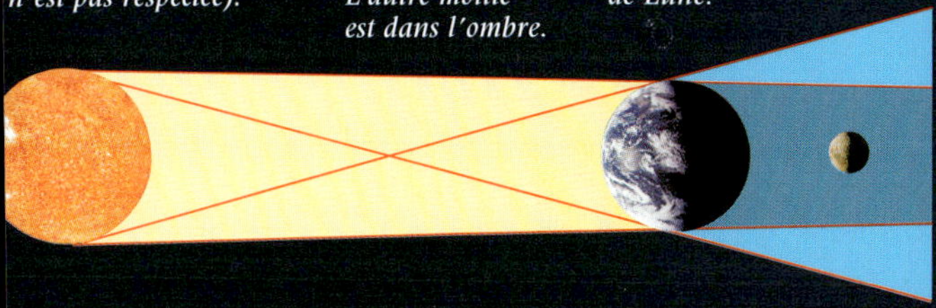

L'éclipse de Lune

Parfois, la Lune passe dans l'ombre de la Terre. Cela se produit lorsque la Lune est pleine. Il n'y a pas toujours une éclipse de Lune chaque fois que la Lune est pleine, parce que l'orbite de la Lune est inclinée et qu'elle manque ainsi souvent l'ombre de la Terre.

Lors d'une éclipse de Lune, la Lune devient progressivement plus sombre. Souvent, elle prend une couleur rousse.

MERCURE

PLANÈTE LA PLUS PROCHE DU SOLEIL, Mercure est brûlante le jour mais glaciale la nuit. Atterrir sur le côté jour de Mercure ferait apparaître le Soleil deux fois et demi plus gros qu'il ne l'est depuis la Terre. Le ciel serait noir, parce que Mercure n'a pas d'atmosphère. La planète Terre serait une énorme étoile bleutée. La force de gravité du Soleil oblige Mercure à évoluer autour de lui selon une orbite de forme ovale, alors qu'elle tourne lentement autour d'elle-même. La surface de Mercure témoigne d'une violente histoire. D'innombrables comètes et météorites ont bombardé la planète, la couvrant de cratères. Il y a même des cratères qui se sont formés dans des cratères, eux-mêmes se trouvant à l'intérieur d'autres cratères…

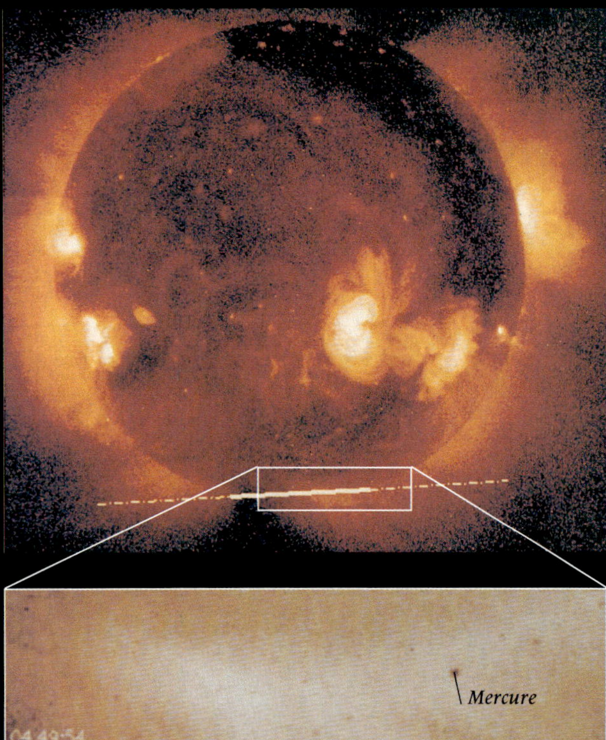

PRISE DANS LA LUMIÈRE

Dans le ciel, Mercure est toujours proche du Soleil ; elle est donc très difficile à voir à l'œil nu, parce qu'elle est noyée dans la lumière du Soleil. Les astronomes peuvent la voir plus clairement avec de puissants télescopes. Les images ci-dessus ont été prises avec un télescope à rayons X capable de détecter ces rayons à la place de la lumière normale. Elles nous montrent Mercure, minuscule point sombre passant devant la gigantesque face du Soleil.

TAILLE DE MERCURE COMPARÉE À CELLE DE LA TERRE

Le plus gros cratère de Mercure est un monstre de 1 300 km de diamètre. Une partie de cette vaste cicatrice est visible sur le côté gauche de l'image. La moitié du cratère est dans l'ombre.

MARINER 10

L'unique sonde spatiale qui ait approché Mercure est *Mariner 10*. Elle arriva en 1974 et survola 3 fois la planète avant de tomber, à court d'énergie. Malheureusement, à chaque passage *Mariner 10* ne put voir que la même face de Mercure : ainsi, une grande partie de la planète reste encore un mystère.

Anniversaire

Mercure accomplit son orbite autour du Soleil en 88 jours terrestres, elle a donc l'année la plus courte du système solaire. Par contre, son jour (d'un lever de soleil à l'autre) est 2 fois plus long. Ainsi, si vous étiez né sur Mercure, vous vieilliriez de 2 ans chaque jour. Un jour aussi long, combiné avec l'orbite ovale de Mercure, engendre d'autres curieux effets. À quelques endroits dla planète, on pourrait voir le Soleil se lever puis plonger sous l'horizon avant de se lever une seconde fois.

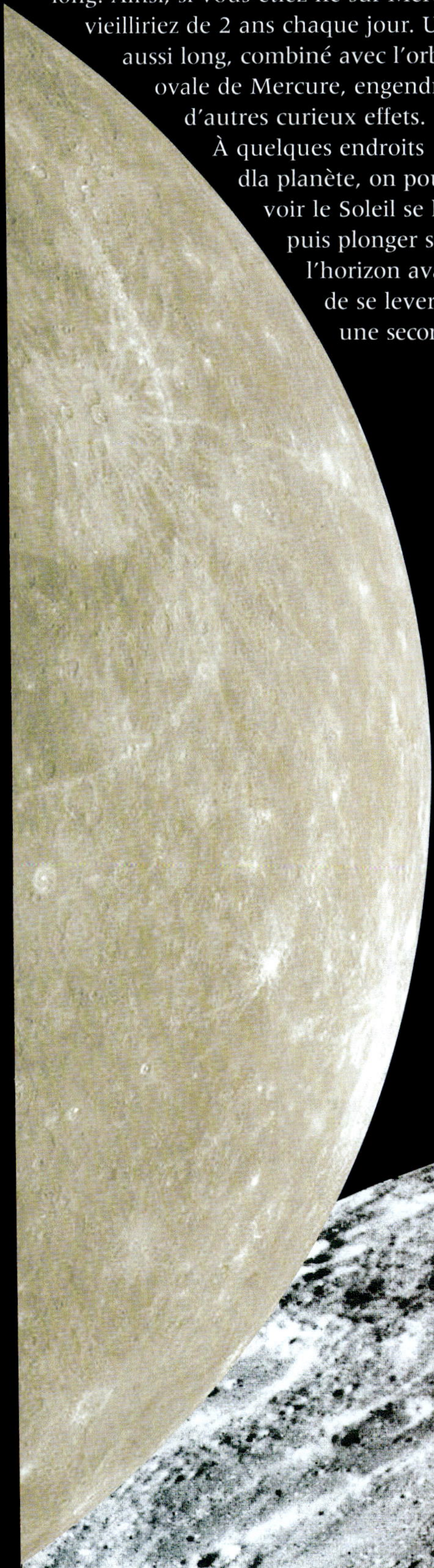

Lieux chauds

À cause de la promiscuité du Soleil, Mercure est beaucoup plus chaude que la Terre. Cette image des chaleurs nous montre la température à la surface de Mercure. L'endroit le plus chaud (rouge) est la région qui se trouve aux environs de l'équateur, pendant le jour. Les températures peuvent atteindre 430 °C (plus chaud qu'un four). Pendant la nuit, la température chute à -170 °C parce qu'il n'y a pas d'atmosphère pour retenir la chaleur.

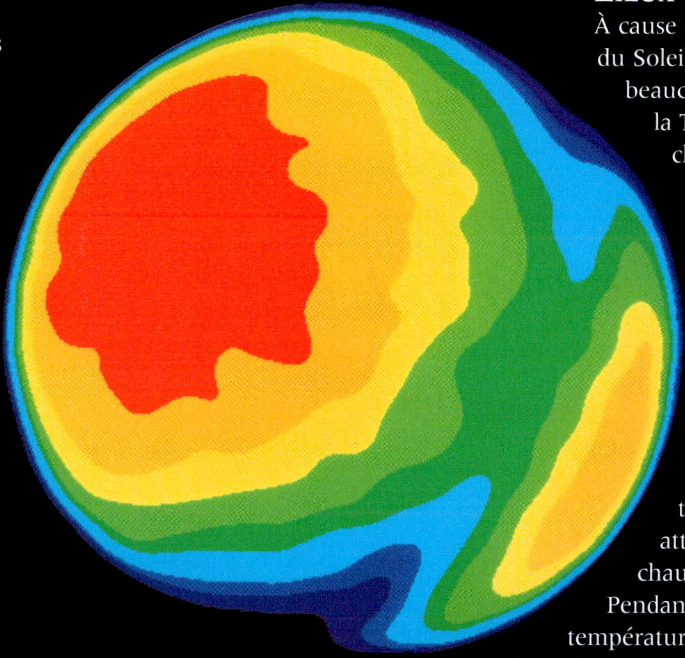

La plupart des caractéristiques de Mercure portent le nom d'un artiste : par exemple, le cratère de Mozart dans la région de Beethoven.

Aspect lunaire

De près, Mercure ressemble beaucoup à notre Lune, sans atmosphère et criblée de cratères. Dans l'image ci-dessous, d'immenses falaises parcourent la surface de la planète sur plusieurs centaines de kilomètres, à divers endroits. Elles ont été formées lorsque la planète, encore jeune, s'est refroidie puis contractée, ridant ainsi sa surface. Le noyau de Mercure est une gigantesque boule de fer qui représente 80% de la masse de la planète. Ce vaste noyau en fer en fait l'une des planètes les plus denses.

Sur Mercure, certains cratères ont des crêtes en leur centre. Elles ont été formées lorsque le sol est retombé après un bombardement d'astéroïde.

VÉNUS

CERTAINS ASTRONOMES AIMENT À DIRE que Vénus est la planète qui ressemble le plus à l'enfer dans notre système solaire. Des nuages d'acide recouvrent sa surface, où la température est assez élevée pour fondre du plomb. L'atmosphère y est si dense qu'elle écraserait un être humain en quelques secondes. Vénus tourne sur elle-même dans le sens opposé à celui de la Terre : ainsi le Soleil se lève à l'ouest et se couche à l'est. Sa révolution est si lente qu'il lui faut 243 jours terrestres pour accomplir une rotation complète ; son jour est donc plus grand que son année (225 jours terrestres).

De profondes vallées circulaires ont été formées lorsque la croûte s'est craquelée.

Ces zones bleues sont des plaines recouvertes par de vastes coulées de lave.

Cette photographie a été prise par la sonde spatiale Pioneer, en orbite sur Vénus en 1979.

DES TOURBILLONS DE NUAGES

Sur Vénus, les nuages sont si épais que la lumière du Soleil ne peut pas atteindre directement sa surface. Toute la lumière reflétée par ces nuages fait de Vénus la deuxième planète la plus brillante dans notre ciel, après la Lune. Les nuages vénusiens sont composés d'acide sulfurique. Même si des astronautes pouvaient survivre à l'écrasement sur Vénus et à sa chaleur ; ils mourraient rapidement, brûlés par l'acide. Des vents en fureur soufflent les masses gazeuses, leur faisant faire un tour complet de Vénus en 4 jours et créant des tourbillons noirs à l'échelle de la planète.

UNE TERRE DE LAVE

Les scientifiques ont utilisé des informations radar pour reconstruire ce panorama par ordinateur. Le pic central s'appelle *Maat Mons*, c'est le plus grand volcan sur Vénus. Il est situé sur un aride désert de lave. Comme la plupart des caractéristiques de Vénus, elle a été baptisée du nom d'une femme, en l'occurrence Maât, déesse égyptienne de la Vérité et de la Justice. On ignore si ce volcan est actif.

TAILLE DE VÉNUS COMPARÉE À CELLE DE LA TERRE

Le volcan géant Maat Mons *se trouve au milieu d'une région montagneuse.*

Sous les nuages

Cette carte radar en couleurs irréelles nous montre la surface de Vénus dépouillée de ses nuages. La lave solidifiée recouvre environ 85 % de la planète. Les zones en bleu nous montrent les endroits où les coulées de lave se sont étendues pour former de vastes plaines qui seraient des océans si Vénus avait de l'eau. Les régions montagneuses, en blanc, équivalentes aux continents terrestres, sont un fouillis de montagnes, volcans et crêtes, creusés par de profondes vallées.

Atterrissage sur Vénus

En mars 1982, la sonde russe *Venera 13* fut parachutée sur Vénus et photographia sa surface. Les images révélèrent un désert orangé jonché de pierres brisées, probablement les restes d'une ancienne coulée de lave. La luminosité était comparable à celle d'un jour nuageux sur Terre. Cette image montre aussi l'étui éjecté de l'appareil photo (à gauche), un échantillon de couleurs, et la plate-forme d'atterrissage en métal. Le vaisseau ne survécut que 127 minutes avant d'être détruit par la pression atmosphérique fatale de Vénus.

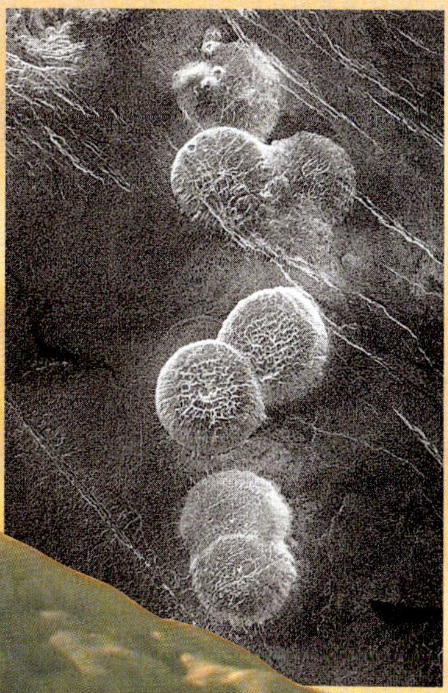

Dômes en forme de crêpe

Toutes sortes d'étranges structures volcaniques existent sur Vénus, comme ces 7 dômes de pierres qui se chevauchent. Chacun d'eux a un diamètre de 25 km et une hauteur de 750 m. Appelés «dômes de crêpe», ce sont probablement de petits volcans faits de lave épaisse et collante solidifiée sur place. Lorsque la lave s'est refroidie, les dômes se sont contractés et leur sommet se serait fissuré.

Le volcan Maat Mons *culmine à environ 8 000 m d'altitude.*

Sur la surface de Vénus, il fait une température brûlante de 482 °C.

LA TERRE

LA PLANÈTE TERRE, TROISIÈME «CAILLOU» DEPUIS LE SOLEIL, est unique par ses particularités. C'est la seule planète connue des scientifiques qui peut entretenir la vie, grâce à l'eau de ses océans et à l'oxygène contenu dans son atmosphère. À l'opposé de Mercure, intensément brûlante, et Neptune, extrêmement glaciale, la Terre est située à une distance idéale du Soleil. Pour sa taille, la Terre est très lourde à cause d'une grande quantité de fer qui constitue son noyau. Le mouvement de brassage du fer liquide engendre un puissant champ magnétique, lequel forme un bouclier qui protège la Terre des dangereuses particules solaires. L'atmosphère terrestre fonctionne aussi comme écran contre les mortelles radiations du Soleil.

L'ATMOSPHÈRE TERRESTRE

Les eaux recouvrent environ 70% de la surface terrestre ; elles parcourent ainsi une température modérée et libèrent de la vapeur d'eau dans l'atmosphère. Le mélange de vapeur d'eau et d'autres gaz qui enveloppent la Terre forme notre atmosphère. Des tourbillons de nuages blancs, soufflés par le vent, se déplacent constamment.

AGITATION

La Terre n'est pas une boule solide. Elle est faite de différentes couches. Sa surface est une mince coquille de roche solide, la croûte, qui forme les continents et le fond des océans. La chaleur dégagée par son noyau vers la surface repousse des sections de la croûte, (appelées plaques tectoniques) ; ce phénomène modifie ou crée la plupart des caractéristiques naturelles de la Terre.

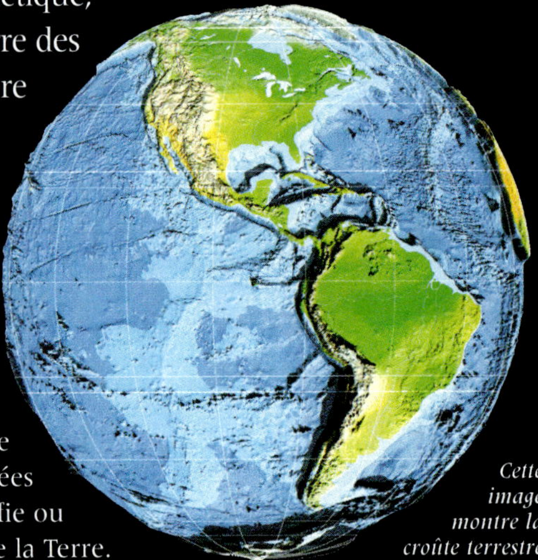

Cette image montre la croûte terrestre vidée de ses océans.

Depuis l'espace, les continents apparaissent sombres, verts ou bruns, et les océans bleus. Sur cette image, la plupart du Moyen-Orient est sans nuages ; les déserts de l'Afrique du Nord et de la péninsule Arabique sont clairement visibles.

Une planète gorgée d'eau

Sur Terre, l'eau prend différentes formes : liquide (pluies, lacs, rivières et océans), gazeuse (vapeur d'eau invisible) et solide (glace). L'eau ne rend pas seulement possible la vie sur Terre, mais elle en a façonné aussi les paysages. Cette photo nous montre le réseau de canaux du Gange qui affluent dans le golfe du Bengale. La plaine s'est formée avec les sédiments de la rivière, déposés depuis des millénaires.

Le delta du Gange vu depuis la navette spatiale.

Les chaînes de montagnes

Les grandes chaînes de montagnes ont généralement été formées par la rencontre de 2 plaques tectoniques : en se heurtant l'une d'elles a été forcée de s'élever pour former de hautes cimes. Dans la chaîne de l'Himalaya, le mont Everest, vu ici depuis la navette spatiale, est le plus haut sommet au-dessus du niveau de la mer. Toutefois l'île volcanique Mauna Loa à Hawaï, est la montagne la plus haute de la Terre, si on la mesure de sa base au fond de l'océan, à son point culminant.

Le mont Everest se trouve à la frontière de la Chine et du Népal.

Parc national de Yosemite (États-Unis)

Volcans et tremblements de terre

Vivre dans une zone de plaques tectoniques peut être dangereux. La plupart des tremblements de terre se produisent lorsque des plaques entrent en collision ou glissent l'une sur l'autre. Dans certaines villes comme San Francisco, les grands tremblements de terre ont produit plus d'énergie qu'une bombe atomique. Les volcans sont en éruption lorsque la roche en fusion remonte à la surface, répandant lave et cendres sur d'immenses étendues. Ci-dessous, le volcan russe Klioutchevskaïa vomit un nuage de cendres brunes.

La vie à profusion

La vie existe presque partout sur Terre, des plus hautes montagnes aux plus profondes cavernes souterraines. On ne sait pas combien d'espèces vivantes peuplent la Terre, mais il y a en a des millions. La première forme de vie primitive est apparue dans les océans il y a environ 3,8 milliards d'années. Les animaux ont commencé à évoluer depuis 600 millions d'années environ, tandis que l'être humain actuel a fait son apparition il n'y a que 100 000 ans.

Cette vue de la Terre a été prise par Apollo *17 lors de son voyage vers la Lune.*

Éruption volcanique, vue depuis la navette spatiale.

LA LUNE

NOTRE PLUS PROCHE VOISIN dans l'espace, la Lune, gravite autour de la Terre depuis près de 4,5 milliards d'années. Selon une théorie, un gros objet de matière provenant de Mars se serait écrasé sur la jeune Terre, dispersant un immense nuage de matière dans l'espace, lequel se serait condensé ensuite pour former la Lune. Comme la Lune est plus petite que la Terre, sa force de gravité est plus faible et ne lui permet pas de retenir de l'air ou de l'eau. Sans atmosphère pour la protéger, la Lune est ainsi heurtée par toutes sortes d'objets planétaires qui en laissent de profondes traces sur sa surface. Sur la Lune, les zones sombres s'appellent *maria* ou mers ; elles ont été modelées par des impacts météoriques d'une force inouïe, faisant jaillir de la lave qui se solidifia au fond du cratère.

LEVER DE TERRE

Les astronautes d'*Apollo 8* furent les premiers humains à voir la Terre se lever et se coucher lorsqu'ils étaient en orbite sur la Lune, en décembre 1968. Ils décrivirent la Terre bleu et blanc comme une oasis dans l'espace, en comparaison de la surface grise et aride de la Lune. On peut nettement voir les océans sur cette image.

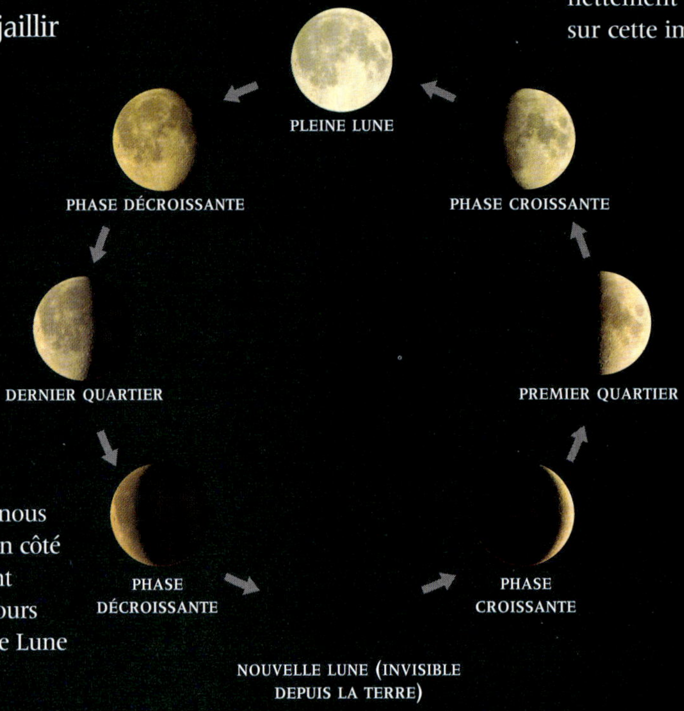

PHASES DE LA LUNE

D'elle-même, la Lune ne diffuse aucune lumière. Si nous pouvons la voir, c'est uniquement parce qu'elle agit comme un immense miroir en reflétant la lumière du Soleil. Comme la Lune tourne autour de la Terre, elle semble prendre des formes différentes, parce que nous apercevons certaines parties de son côté ensoleillé. Ces diverses formes sont appelées des phases. Il faut 29,5 jours à la Lune pour passer d'une pleine Lune à la suivante.

CRATÈRES

La surface de la Lune est modelée de cratères dont les dimensions varient des plus petites dépressions à d'immenses bassins d'un diamètre supérieur à 200 km. Les cratères sont en général de forme circulaire, bordés de grandes parois créées par les débris éjectés lors des impacts. La plupart d'entre eux ont un piton central, là où la croûte a rebondi après la collision. Les jeunes cratères ont des « rayons » de matières éjectées qui ont été pulvérisées en filets lumineux.

TERRE

Dans ce graphique, la dimension de la Terre et de la Lune, ainsi que la distance qui les sépare, sont représentées à l'échelle.

La distance de la Terre à la Lune est de 384 400 km.

Les ressources de la Lune

En plus de métaux comme le titane, le fer et le magnésium, la Lune contient un gaz rare, l'hélium-3, qui pourrait peut-être pallier le manque d'énergie sur Terre. Cette image en couleurs irréelles, prise par la sonde *Galileo*, nous indique, en bleu, la richesse du gisement de titane de la mer de la Tranquillité. La plupart des régions montagneuses (en orange-rouge) indiquent une faible teneur en titane et en fer.

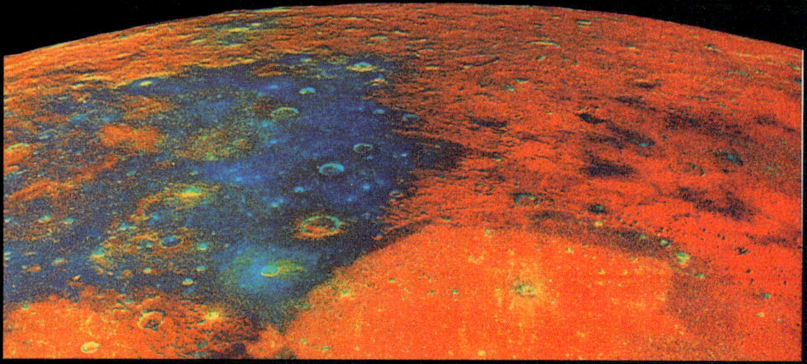

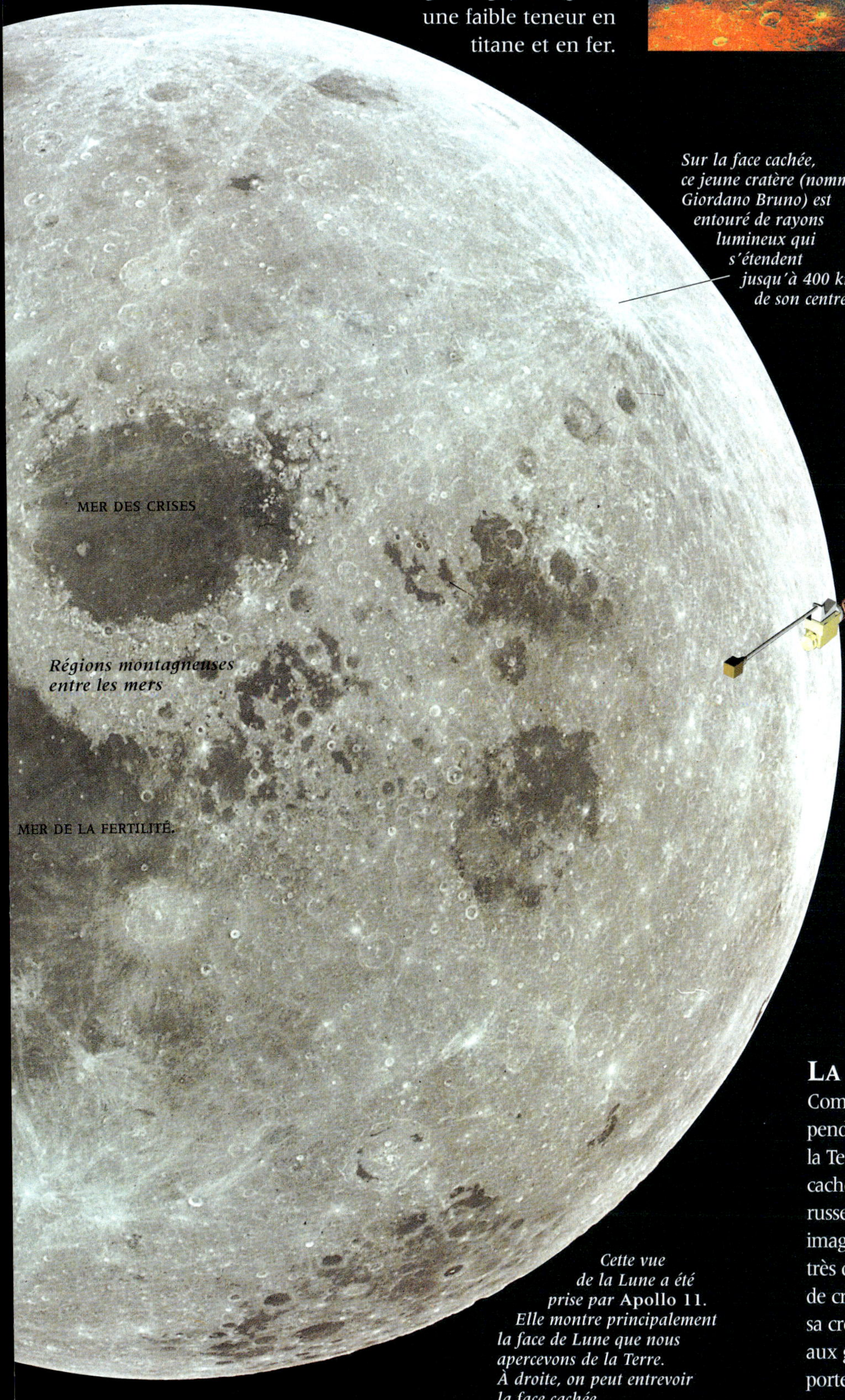

Sur la face cachée, ce jeune cratère (nommé Giordano Bruno) est entouré de rayons lumineux qui s'étendent jusqu'à 400 km de son centre.

Cette vue de la Lune a été prise par Apollo 11. *Elle montre principalement la face de Lune que nous apercevons de la Terre. À droite, on peut entrevoir la face cachée.*

Lunar Prospector

En 1998, la sonde spatiale *Lunar Prospector*, s'est mise en orbite autour de la Lune. Elle découvrit de vastes dépôts de glace près des pôles, provenant vraisemblablement de comètes qui se seraient écrasées sur la Lune. La glace reste toujours gelée, parce que le fond des grands cratères situés près des pôles, est toujours dans l'obscurité la plus froide.

La face cachée

Comme la Lune tourne sur elle-même une seule fois pendant qu'elle se déplace sur son orbite autour de la Terre, nous apercevons toujours la même face. La face cachée resta un mystère jusqu'à ce que la sonde spatiale russe *Luna 3* passe derrière la Lune et envoie les premières images de cette face cachée en 1959. D'une apparence très différente de celle de la face visible, elle montre plus de cratères mais moins de mers sombres, parce que sa croûte est plus épaisse et qu'elle peut mieux résister aux grands bombardements. Beaucoup de ces cratères portent le nom d'un scientifique, comme celui de Fleming.

LUNE

Il a fallu 3 jours à Apollo 11 *pour atteindre la Lune à la vitesse de 38 916 km/h.*

Les vaisseaux spatiaux échappent à la gravité terrestre à 62 550 km et sont attirés par la Lune.

On a marché sur la Lune

En 1961, le président John F. Kennedy annonçait que les États-Unis d'Amérique enverraient un homme sur la Lune avant la fin de la décennie. La promesse devint réalité le 20 juillet 1969. Plus de 500 millions de téléspectateurs regardèrent avec stupéfaction à la télévision Neil Armstrong qui foulait le sol de la Lune pour la première fois. De 1969 à 1972, *Apollo 11* puis 5 autres missions successives, envoyèrent 12 hommes sur la Lune. Le seul voyage annulé, à cause d'une dramatique explosion qui aurait pu être fatale, fut celui d'*Apollo 13*. À l'extérieur de leur vaisseau pendant une durée totale de 80 heures, les astronautes ont ramassé des échantillons de roches, pris des photographies et fait des expériences afin d'en savoir plus sur la surface et le sous-sol de la Lune.

Sans vent ni pluie pour les effacer, les empreintes des astronautes resteront sur la Lune des millions d'années.

Module lunaire

«L'*Aigle* a aluni» s'exclamèrent les astronautes lorsque le module lunaire (ML) toucha le sol pour la première fois. Après 3 jours sur la Lune, l'*Aigle* ramena Buzz Aldrin et Neil Armstrong au module de commande en orbite (MC). Le module lunaire servit d'habitation aux astronautes ; ses pieds d'atterrissage ont été laissés sur place lors du décollage pour qu'il puisse s'arrimer au module de commande.

Sauter sur la Lune

Vivre dans un environnement ayant une force de gravitation aussi faible, est une étrange expérience. Sur la Terre, un astronaute avec son équipement spatial pèse environ 135 kg, alors que sur la Lune, il ne pèse que 23 kg. Sur cette image, John Young salue le drapeau américain en faisant de grands bonds sans faire d'effort. Il a fallu maintenir le drapeau avec une baguette, car aucun vent ne lui permettait de flotter. À l'arrière-plan, on peut voir le véhicule et le module lunaires.

*Les astronautes d'*Apollo 16 *explorèrent les régions montagneuses de la Lune avec leur Jeep lunaire.*

Quatre roues hors des sentiers battus

Au cours des 3 dernières sorties, les astronautes ont utilisé un véhicule lunaire ou *Lunar Rover*. Cette voiture électrique pliée dans une soute de rangement pendant le voyage, leur a permis d'aller explorer jusqu'à 26 km du module lunaire. Équipé de pneus pleins pour affronter des conditions de terrain extrêmes, le *Lunar Rover* avait une vitesse de pointe d'à peu près 18 km/h. L'arrière était muni d'une boîte à outils et de sacs pour transporter les échantillons.

Cette antenne parabolique transmit les images TV vers la Terre.

Caméra de télévision

Le Lunar Rover *se manœuvrait avec un petit manche à balai à la place du volant.*

MISSIONS LUNAIRES

Les astronautes espéraient que les missions d'*Apollo* résoudraient une grande partie des mystères de la Lune. Sur cette photo faite pendant la mission d'*Apollo 17*, en 1972, le scientifique de l'équipe étudie un énorme bloc qui a dévalé du versant d'une montagne. Des instruments ont été aussi installés pour mesurer les tremblements du sol lunaire et pour en savoir plus sur l'intérieur de la Lune. Après 6 missions, les astronautes ont rapporté 388 kg de roches et de sol à analyser. Une fois sur Terre, ces morceaux furent étudiés par des experts afin de reconstituer l'histoire de la Lune.

Roche lunaire composée de minéraux au microscope. La plupart de ces minéraux ont été formés par de la lave il y a des milliards d'années.

SURVIVRE DANS L'ESPACE

Chaque fois que les astronautes quittent la sécurité de leur vaisseau spatial, ils doivent revêtir les combinaisons spatiales qui les protègent des radiations et leur permettent de respirer. Sur la Lune, un astronaute porte des sous-vêtements composés d'un réseau de tubes dans lesquels circule de l'eau froide destinée à maintenir correcte la température du corps. Cette combinaison est aussi équipée d'un collecteur d'urine qui se vide depuis un trou situé sous un rabat de la jambe droite. Il faut 45 minutes pour revêtir cette combinaison avec une aide extérieure.

MARS

NOTRE VOISINE DANS LE SYSTÈME SOLAIRE fascine les astronomes depuis des centaines d'années. D'une certaine manière, Mars ressemble beaucoup à la Terre, avec une journée de 25 heures, des volcans, des vallées et des calottes de glace à ses pôles qui s'étendent ou diminuent en fonction des saisons. Il y a des milliards d'années, Mars avait une atmosphère qui aurait pu entretenir une forme de vie. L'érosion de vallées, devenues sèches et venteuses, indique que des rivières y ont coulé, il y a longtemps. Puis l'atmosphère s'est petit à petit échappée dans l'espace, provoquant ainsi le refroidissement de la planète. Aujourd'hui, Mars n'est plus qu'un désert gelé.

Au milieu de cette image, on peut voir un canyon géant, d'une longueur qui correspond à la distance entre Paris et Athènes.

Ces cercles noirs sont d'énormes volcans. Leurs cratères sont même visibles depuis l'espace.

Ces brumes blanches dans l'atmosphère de Mars sont faites de gaz carbonique et de glace.

MARS LA ROUGE

Par nuit claire, on peut facilement distinguer Mars : elle ressemble à une étoile d'un rouge brillant. À l'époque des Romains, cette couleur leur rappelait celle du sang versé dans les batailles ; pour cette raison, les Romains donnèrent à la planète le nom de leur dieu de la Guerre. En fait, l'oxyde de fer (rouille) des roches et poussières qui recouvrent sa surface donnent à Mars cette couleur rouge orangée. Plus récemment, les astronomes ont pris les zones sombres pour de la végétation, parce qu'elles changeaient avec les saisons ; en réalité, ces zones ne sont que des rochers dénudés et de la poussière soufflée par les vents.

Sur Mars, l'air épais forme un halo orange à l'horizon.

UN CIEL ROUGE CHAQUE JOUR

Mars possède une atmosphère très mince (100 fois plus mince que celle de la Terre) ; elle contient de fines particules de poussières qui donnent au ciel une couleur rouge orangée. De violentes tempêtes soulèvent parfois d'immenses nuages de poussières qui rendent invisible sa surface. Pendant ces tempêtes, la vitesse du vent peut atteindre 400 km/h. L'atmosphère se compose principalement de gaz carbonique, lequel est un poison pour les Terriens (il faudrait revêtir une combinaison spatiale pour pouvoir respirer).

TAILLE DE MARS COMPARÉE À CELLE DE LA TERRE

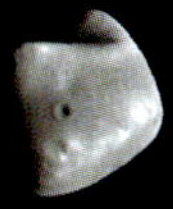

DEIMOS

PHOBOS

Les satellites de Mars

Mars possède 2 minuscules satellites, Deimos et Phobos. Ce sont peut-être des astéroïdes qui ont été piégés par la force de gravitation de la planète. Phobos ne mesure que 22 km de diamètre à l'endroit le plus large ; sa pesanteur est si faible, qu'un astronaute y serait 1000 fois plus léger que sur Terre : il aurait de sérieux problèmes pour rester sur le sol ! D'un diamètre de 8 km, Deimos est le plus petit satellite connu du système solaire.

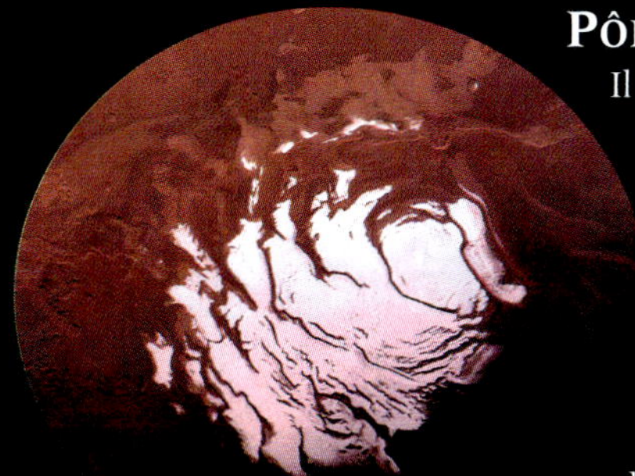

Pôles gelés

Il y a longtemps, Mars aurait été une planète tempérée ; mais aujourd'hui, elle est gelée ; sa température moyenne est de -63°C. Cette image montre le pôle Sud en été, recouverte d'une calotte de gaz carbonique gelé (glace sèche) ; d'un diamètre d'environ 400 km, elle s'étend en hiver alors que l'air gèle à sa surface. Le pôle Nord martien est recouvert de glace sèche et de glace d'eau.

Colossal canyon

La sombre barre qui traverse Mars est un canyon 4 fois plus profond et 10 fois plus long que le Grand Canyon du Colorado. L'image ci-dessus nous en montre une minuscule partie. De gigantesques falaises hautes de 6 000 mètres bordent le fond de la vallée. À certains endroits, les falaises se sont écroulées en d'immenses éboulements. De lents mouvements de la croûte de la planète, qui ont fissuré sa surface il y a des millions d'années, sont à l'origine de la formation de ce canyon appelé *Valles Marineris*.

Le mont Olympus

Le plus grand des immenses volcans connus par les scientifiques, le mont Olympus est situé sur Mars. Il est plus large que l'Angleterre et 3 fois plus haut que l'Everest. Le mont Olympus n'est plus en activité depuis des milliards d'années. Malgré sa taille impressionnante, ce ne devait probablement pas être un spectacle terrifiant lorsqu'il était actif. La lave se serait infiltrée pendant des milliers d'années, faisant ainsi de lui le champion des volcans !

Le mont Olympus est bordé par une falaise abrupte de 4 000 mètres de haut.

EXPLORER MARS

LES ASTRONOMES ONT LONGTEMPS RÊVÉ d'envoyer des gens sur Mars, mais jusqu'à maintenant, seules des sondes robotisées s'y sont déposées. Pour leur première mission, en 1976, 2 sondes *Viking* s'y sont posées avec succès. Plus récemment, la sonde *Pathfinder* y a effectué un dramatique atterrissage, en rebondissant plusieurs fois sur le sol dans son ballon gonflable. Grâce à de telles missions, les scientifiques en savent plus aujourd'hui, sur la planète rouge que sur toutes les autres planètes, excepté la Terre. Toutefois, un mystère subsiste : y a-t-il jamais eu de la vie sur Mars ?

À LA RECHERCHE DE LA VIE

Les 2 sondes *Viking* ont cherché des signes de vie sur Mars. Chaque robot était muni d'un bras avec une pelle pour prélever des échantillons du sol. Un laboratoire interne analysait ensuite la terre martienne dans le but de découvrir des indices chimiques attestant la présence d'organismes vivants. Les résultats furent décevants, aucun robot n'ayant pu prouver l'existence d'une forme de vie sur Mars.

LE ROBOT *VIKING* EN PÉRIODE D'ESSAI SUR TERRE

LE *VIKING* ENVAHISSEUR

Après leur long vol d'une année depuis la Terre, les *Viking* ont été parachutés sur Mars en 2 endroits soigneusement étudiés. Ils transmirent à la Terre les toutes premières images de la surface de Mars, révélant ainsi un paysage de poussières et de pierres éparpillées ainsi qu'un ciel de couleur orange. Les robots prirent environ 4 500 photos de la surface martienne et étudièrent les modifications climatiques en fonction des saisons. *Viking 1* a continué à fonctionner pendant plus de 6 ans.

PHOTO D'UN PAYSAGE MARTIEN PRISE PAR UNE SONDE *VIKING*

LES SOMMETS JUMEAUX

La sonde *Pathfinder* s'est posée en 1997, tout à côté des 2 collines surnommées « les sommets jumeaux ». La distance la séparant des collines n'était que de 1 km, elle était cependant encore trop grande pour que la Jeep de *Pathfinder* puisse y parvenir. Ces collines se révélèrent être un important point de repère permettant aux scientifiques de déterminer la position exacte de *Pathfinder* ; la plus haute des 2 collines s'élève à 46 m.

PAYSAGE MARTIEN

La sonde *Pathfinder* a utilisé un appareil photo rotatif pour prendre la photographie ci-dessous. Voici ce que vous auriez vu autour de vous si vous étiez sur Mars. Des pierres et de la poussière rouge composent le paysage aussi loin que l'œil puisse voir. Dans cette zone, les scientifiques pensent que les rochers y ont été déposés après une gigantesque inondation, il y a des millions d'années.

Un crépuscule bleuté

Sur Mars, le ciel est de couleur rouge orangée pendant la journée, à cause des poussières contenues dans l'atmosphère. Cependant, lorsque le Soleil se couche, toute la zone située autour du Soleil prend une teinte bleue. Le ciel reste donc lumineux pendant plus d'une heure après le coucher du Soleil, en raison de la forte concentration de poussières, très haut dans l'atmosphère martienne.

La Jeep martienne

La sonde *Pathfinder* emportait avec elle une Jeep télécommandée *Sojourner*. Elle explora la zone autour du site d'atterrissage en utilisant ses instruments de bord pour analyser la composition chimique des roches martiennes. Ses 6 roues indépendantes lui permettaient de franchir les obstacles sans se retourner. À Terre, les scientifiques utilisaient la caméra de *Pathfinder* pour la diriger, bien que *Sojourner* fût capable d'utiliser ses propres caméras pour trouver seule son chemin.

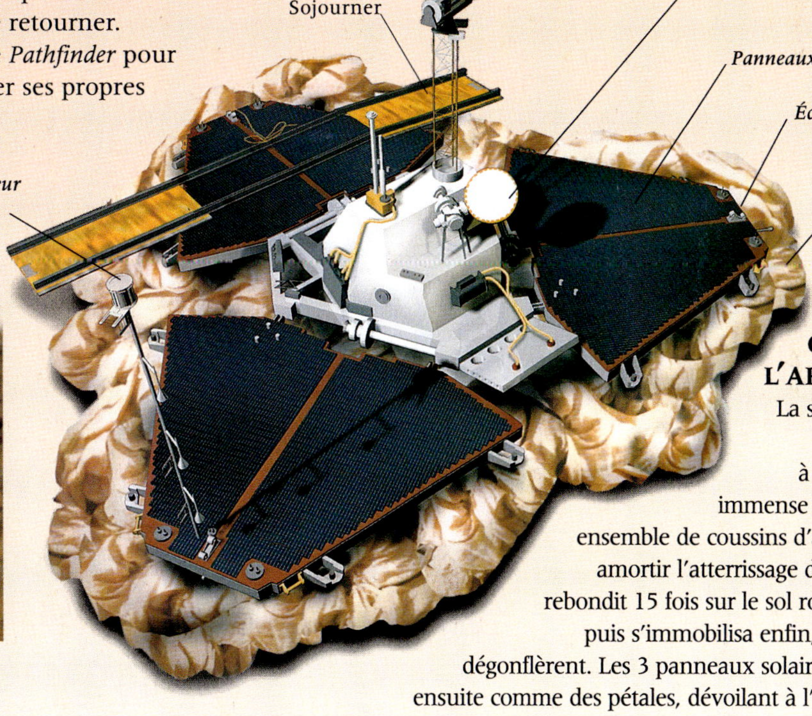

De la cabriole à l'arrêt total

La sonde *Pathfinder* fut parachutée à l'intérieur d'un immense ballon fait d'un ensemble de coussins d'air conçus pour amortir l'atterrissage de la sonde. Elle rebondit 15 fois sur le sol rocailleux, roula, puis s'immobilisa enfin, ses coussins se dégonflèrent. Les 3 panneaux solaires se déplièrent ensuite comme des pétales, dévoilant à l'étrange monde martien les instruments de la sonde et la Jeep *Sojourner*.

JUPITER

JUPITER EST DE LOIN LA PLUS GRANDE PLANÈTE du système solaire : elle pourrait contenir plus de 1300 planètes comme la Terre. Les scientifiques l'appellent volontiers «le gaz géant», parce qu'elle est en grande partie constituée d'hydrogène. En raison de la rotation rapide de la planète (10 heures lui suffisent pour faire un tour complet), les couches d'hydrogène se répandent à sa surface en de larges bandes de nuages tourbillonnants. Il n'y a rien de solide sous ces nuages. Les gaz se fondent en un brûlant océan d'hydrogène liquide. Encore plus en profondeur, l'hydrogène prend la forme d'un métal en fusion. Les scientifiques pensent que son noyau moelleux est une boule en fusion 6 fois plus chaude que la surface du Soleil.

SONDE SUICIDE

En décembre 1995, le satellite *Galileo* largua une petite sonde sur Jupiter, qui s'enfonça dans son atmosphère à la vitesse de 170 000 km/h. En l'espace de 2 minutes, elle fut suffisamment ralentie pour permettre l'ouverture de son parachute. Pendant une heure, la sonde analysa la composition chimique des nuages tout en envoyant des signaux radio au satellite en orbite. Ensuite, alors que la sonde continuait de s'enfoncer, elle fut fondue et broyée par l'atmosphère brûlante.

Dans la Grande Tache Rouge, les tourbillons atteignent la vitesse de 400 km/h.

LA GRANDE TACHE ROUGE

C'est le plus connu des traits particuliers de Jupiter, un système nuageux géant qui souffle sans s'arrêter depuis 300 ans au minimum. D'un diamètre de 25 000 km, sa taille équivaut à 2 fois celle de la Terre. En contournant ce cyclone, des vents turbulents provoquent des ondulations dans les nuages. Cette tache tourne dans le sens inverse des aiguilles d'une montre. Il lui faut environ 12 jours pour faire un tour complet. Sa couleur rouge provient probablement des particules chimiques du phosphore.

TAILLE DE LA TERRE COMPARÉE À CELLE DE JUPITER ET DE SES SATELLITES

CALLISTO GANYMÈDE EUROPE

Cette image, prise par le télescope **Hubble**, montre la planète Jupiter entourée d'un mince anneau (ci-dessous). La tache rouge qui brille dans l'anneau est un petit satellite du nom de **Metis**.

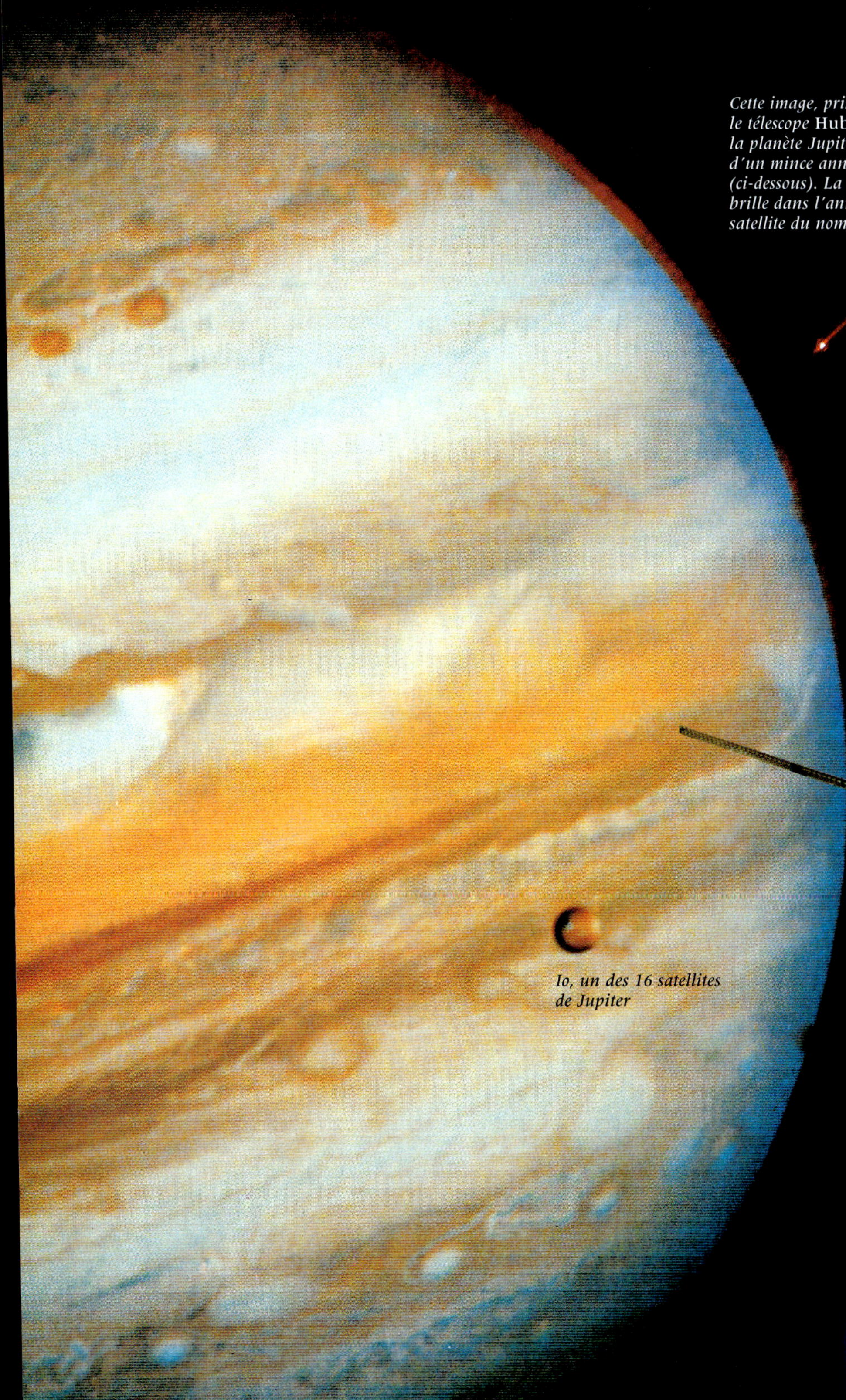

Io, un des 16 satellites de Jupiter

Bague de fumée

La sonde *Voyager 1* a découvert un mince anneau qui entoure l'équateur de Jupiter. Il s'étend dans l'espace sur des milliers de kilomètres, mais sa largeur n'excède vraisemblablement pas le kilomètre. Il est composé de microscopiques particules de poussières qui ressemblent à de la fumée noire. Certains scientifiques pensent que ces poussières peuvent provenir des débris d'une météorite qui serait entrée en collision avec un satellite de Jupiter.

Les 2 sondes **Voyager** *ont survolé Jupiter en 1979. Elles prirent plus de 33 000 clichés de la planète et de ses satellites.*

Des pôles flamboyants

Si on pouvait s'installer sur les nuages de Jupiter, on pourrait voir de nuit un remarquable spectacle de lumières. Des éclairs 10 000 fois plus puissants que ceux de la Terre et de lumineuses aurores illuminent les pôles. Les aurores polaires doivent leur luminosité aux particules chargées d'électricité qui sont éjectées des volcans de Io, l'un des 16 satellites de Jupiter. Ces particules sont absorbées par l'intense champ magnétique émis par les pôles de Jupiter.

IO

Les aurores polaires de Jupiter (photographiées ici en lumière ultraviolette par le télescope **Hubble***) ont l'apparence d'ovales éblouissants.*

LES SATELLITES DE JUPITER

L'ÉNORME FORCE DE GRAVITÉ DE JUPITER maintient dans son orbite 16 satellites. Quelques-uns d'entre eux sont même plus grands que des planètes, mais les astronomes les ont appelés satellites parce qu'ils sont en orbite autour de Jupiter et non du Soleil. Par nuit claire, on peut facilement distinguer, avec une bonne paire de jumelles, les 4 plus gros satellites de Jupiter : Ganymède, Callisto, Io et Europe. Les 12 autres satellites ressemblent plus à des astéroïdes qu'à des planètes. Ils sont petits, en forme de grosse pierre et criblés de cratères. Amalthée est le plus grand des petits satellites avec un diamètre de 270 km à l'endroit le plus large. Le petit dernier de la famille s'appelle Léda : il ne fait que 16 km de diamètre.

LE ROI DES SATELLITES

Ganymède est le plus grand satellite du système solaire, plus grand encore que les planètes Pluton et Mercure. C'est un mélange de roches et de glace avec des cratères blancs, là où des météorites ont fracassé le sous-sol glacé. Les zones sombres sont les plus anciennes, et n'ont pas changé depuis des milliards d'années. Les zones pâles sont plus lisses et ont probablement été remplies par des flots de glace.

La sonde **Galileo** *en orbite autour de Jupiter étudie ses satellites depuis 1995.*

LES CICATRICES

Callisto est le monde le plus ravagé du système solaire. Il y a des milliards d'années, des milliers de météorites ont mitraillé la surface de cette lune, la laissant couverte de cratères. Depuis lors, elle n'a pratiquement pas changé d'apparence. Ci-dessous, près du sommet de l'image, la zone lumineuse nous montre le plus grand cratère. Du nom de Walhalla, il est le résultat d'un impact météoritique qui devait être colossal, car son onde de choc a laissé des cercles concentriques dans un rayon de 3 000 km.

Callisto est un mélange de glace et de roches. Sa température varie de -118 °C le jour à -193 °C la nuit.

Des lacs de soufre de toutes les couleurs donnent à Io l'apparence d'une pizza géante.

Ce volcan (à gauche) crache de la matière à 300 km dans l'espace.

Io, sens dessus dessous

Io est le plus étrange des satellites de Jupiter. Il a tant de volcans que sa surface est constamment bouleversée. Les volcans crachent leur lave sulfureuse et des geysers de gaz à des centaines de kilomètres dans l'espace. Gaz et lave se solidifient sur sa surface gelée et forment des taches orange et jaunes. Cette profusion de volcans est le résultat d'une guerre que se livrent les forces gravitationnelles de Jupiter et d'Europe. À mesure que Io se contracte puis s'étire, son noyau intérieur devient extrêmement chaud.

Mer de glace

Un vaste océan de glace recouvre complètement le satellite Europe. Sa blancheur devient éclatante lorsqu'elle est illuminée par les rayons du Soleil. Il lui reste si peu de cratères qu'en surface la glace est omniprésente et a rempli la plupart d'entre eux. Plusieurs endroits d'Europe font penser aux banquises flottantes de l'océan Arctique. Cette similarité fait croire aux astronomes qu'il pourrait y avoir un océan de neige fondante ou d'eau sous la croûte d'Europe, ainsi que d'étranges formes de vie cachées dans ses eaux.

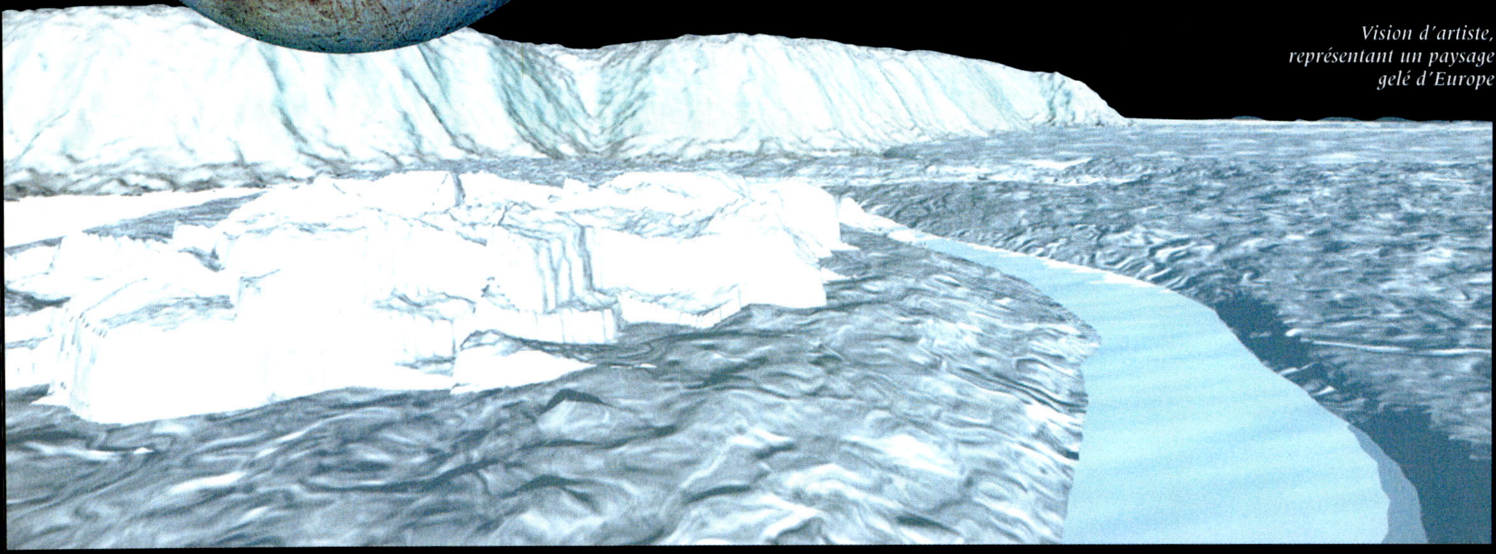

Vision d'artiste, représentant un paysage gelé d'Europe

SATURNE

SATURNE EST LA PLUS CONNUE des planètes : ses anneaux sont les plus grands et les plus spectaculaires du système solaire… et elle détient encore bien d'autres records. Sa rotation est si rapide qu'elle présente un renflement au niveau de l'équateur, faisant d'elle la planète la plus plate. Elle possède également le plus de satellites : les astronomes en ont déjà trouvé 18, mais il en existe probablement encore d'autres. Les anneaux de Saturne sont peut-être faits de débris d'un satellite gelé pulvérisé par une comète. Saturne est aussi la planète la moins dense : si nous pouvions mettre toutes les planètes dans un immense seau d'eau, elle serait la seule à flotter.

DIMENSION DE SATURNE COMPARÉE À CELLE DE LA TERRE

Saturne rapetisse ses satellites. Sur cette image, Téthys (ci-dessus) et Dioné (ci-dessous) ressemblent à de pâles taches. Le point noir sur Saturne est l'ombre de Téthys.

LUEURS POLAIRES

Saturne est entourée d'un immense champ magnétique qui forme une bulle invisible autour d'elle. Normalement, cette bulle protège la planète des vents solaires (un flot de particules chargées d'électricité en provenance du Soleil à plus de 3 millions de km/h). Toutefois, bien que quelques particules soient englouties dans les pôles magnétiques de la planète, lorsqu'elles se fracassent sur la couche supérieure de l'atmosphère, elles produisent des anneaux lumineux qu'on appelle aurores.

PLAN DE COUPE D'UN ANNEAU

Les anneaux de Saturne sont constitués d'une myriade de morceaux de glace scintillants, allant de la taille d'un grain de sable à celle d'une maison. Ces anneaux sont si épais et lumineux qu'on peut les apercevoir depuis la Terre avec un petit télescope. Personne ne sait comment ils se sont formés. Ce sont peut-être des débris d'un satellite pulvérisé par une comète ou les restes d'un satellite déchiqueté par la gravité de Saturne. Sur cette image en couleurs irréelles, on peut voir que les anneaux sont divisés en centaines d'annelets. La force de gravité des satellites a attiré la matière, entraînant la formation des interstices entre les anneaux.

Atterrissage sur Titan

En janvier 2005, la sonde spatiale *Huygens* s'est posée sur Titan, le plus grand satellite de Saturne. Titan est le seul satellite du système solaire qui possède une atmosphère intéressante. Ses nuages brumeux étant trop denses pour pouvoir les percer, tout ce qu'ils cachent en dessous est un mystère. Les scientifiques pensent que l'atmosphère de Titan ressemble à celle qui a existé sur la Terre, il y a des millions d'années. Ce satellite insolite a livré des informations essentielles aux chercheurs, leur permettant d'approfondir leurs travaux sur l'origine de la vie.

ILLUSTRATION ARTISTIQUE REPRÉSENTANT L'ATTERRISSAGE D'UNE SONDE SUR TITAN

Saturne est un immense globe de liquide et de gaz. C'est la planète la plus grande après Jupiter.

Les anneaux de Saturne ont 100 000 km de diamètre, mais moins de 1 km d'épaisseur. Une crêpe faite avec les mêmes proportions aurait une largeur de 500 mètres.

Minisatellite

À part Titan, les satellites de Saturne sont très petits. Encelade ne fait que 500 km de large et pourrait aisément loger dans la France. Sa surface gelée est recouverte de glace, mais l'intérieur est tempéré et contient probablement de l'eau. Les stries sur sa face ont été produites par des eaux qui auraient afflué à sa surface avant de geler. Encelade pourrait avoir « des volcans de glace » qui cracheraient de la neige lors des éruptions.

Coup d'œil sur Rhéa

Deuxième plus grand satellite de Saturne, Rhéa arbore les cicatrices des nombreuses collisions de météorites et comètes. Cette illustration d'artiste représente 2 des plus larges cratères sur la surface gelée de Rhéa. Le grand cratère Izanagi mesure 230 km de large. Saturne domine l'horizon, alors que le faible Soleil est éloigné et semble tout petit. Vus horizontalement, les anneaux de Saturne paraissent avoir l'épaisseur d'une feuille de papier.

URANUS

TERNE ET SANS CARACTÈRE, telle est la description que font de cette planète beaucoup d'astronomes. Même la sonde *Voyager 2* en 1986 ne vit absolument rien sur sa surface, excepté quelques minces nuages. Les astronomes ont catalogué Uranus comme un géant gazeux, alors qu'elle est principalement constituée d'un magma d'eau chaude et de matières chimiques que recouvre une mince couche de gaz. Uranus fut découverte en 1781 par William Herschel, un Allemand, professeur de musique et astronome amateur qui s'était établi en Angleterre. Herschel aurait bien voulu baptiser *Étoile de George*, en l'honneur du roi d'Angleterre George III, mais son nom a été changé plus tard pour celui d'Uranus, le dieu du Ciel dans la mythologie grecque.

DIMENSION D'URANUS COMPARÉE À CELLE DE LA TERRE

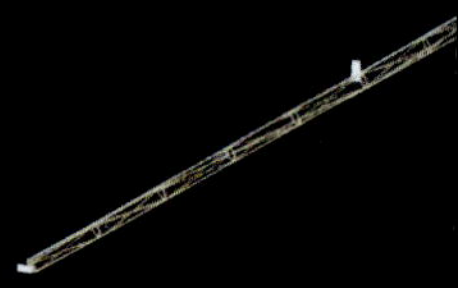

FURIEUSE MIRANDA

Le plus étrange des satellites d'Uranus est sans aucun doute Miranda. La surface de cette bizarrerie géologique est si chaotique que les scientifiques pensent qu'il a peut-être éclaté en plusieurs morceaux lors d'un impact, et qu'ensuite la force de gravité l'aurait ressoudé. Certaines parties du noyau de Miranda se trouvent maintenant à sa surface, alors que des zones de sa surface semblent avoir été enterrées. Miranda incarne le nom d'un personnage de *La Tempête*, une pièce de Shakespeare.

SENS DESSUS DESSOUS

La rotation d'Uranus est si inclinée qu'elle roule le long de son orbite, plutôt que de tourner transversalement. Satellites et anneaux évoluent autour d'elle comme une grande roue. Les pôles d'Uranus sont dirigés vers le Soleil, qui provoquent d'étranges saisons. Chaque pôle est continuellement exposé pendant 21 ans au Soleil l'été, et dans l'obscurité de l'hiver pendant encore 21 ans... Il est possible que l'inclinaison d'Uranus ait été modifiée par une violente collision, il y a des milliards d'années.

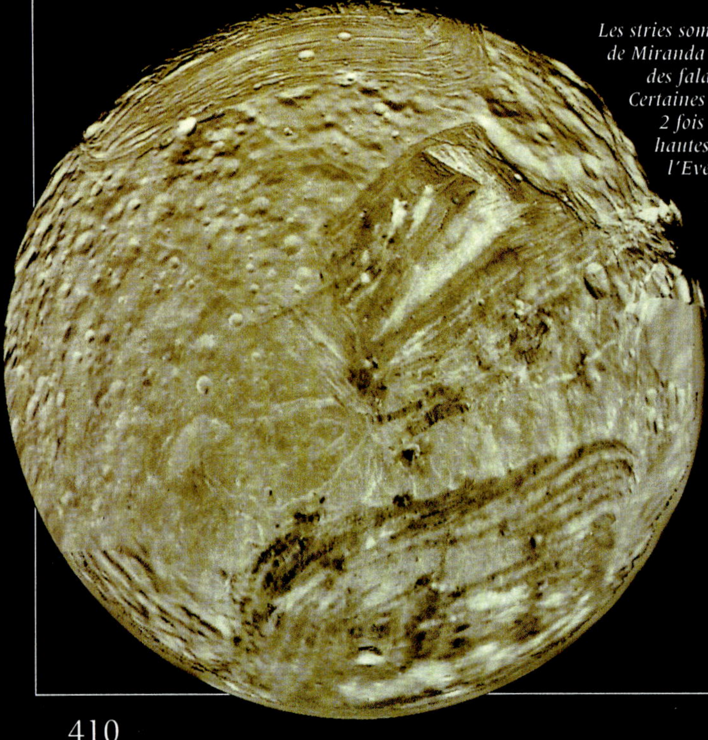

Les stries sombres de Miranda sont des falaises. Certaines sont 2 fois plus hautes que l'Everest.

LES ANNEAUX D'URANUS

Avant 1977, personne ne connaissait l'existence des anneaux d'Uranus, lorsque des astronomes aperçurent une étoile clignoter mystérieusement alors que la planète passait devant elle. Ce clignotement était dû aux anneaux d'Uranus qui bloquaient la lumière de cette étoile. Neuf ans plus tard, la sonde *Voyager* put voir ces anneaux de plus près, lorsqu'elle visita Uranus. La sonde fit cette image en couleurs irréelles (à droite), d'une coupe faite dans le système d'anneaux. Les anneaux paraissent ici de couleur blanche ou pâle, alors qu'en réalité ils sont aussi noirs que du charbon.

Il a fallu huit ans et demi à la sonde Voyager *pour atteindre Uranus. Elle utilisa ensuite la gravité d'Uranus pour se lancer vers son étape finale : Neptune.*

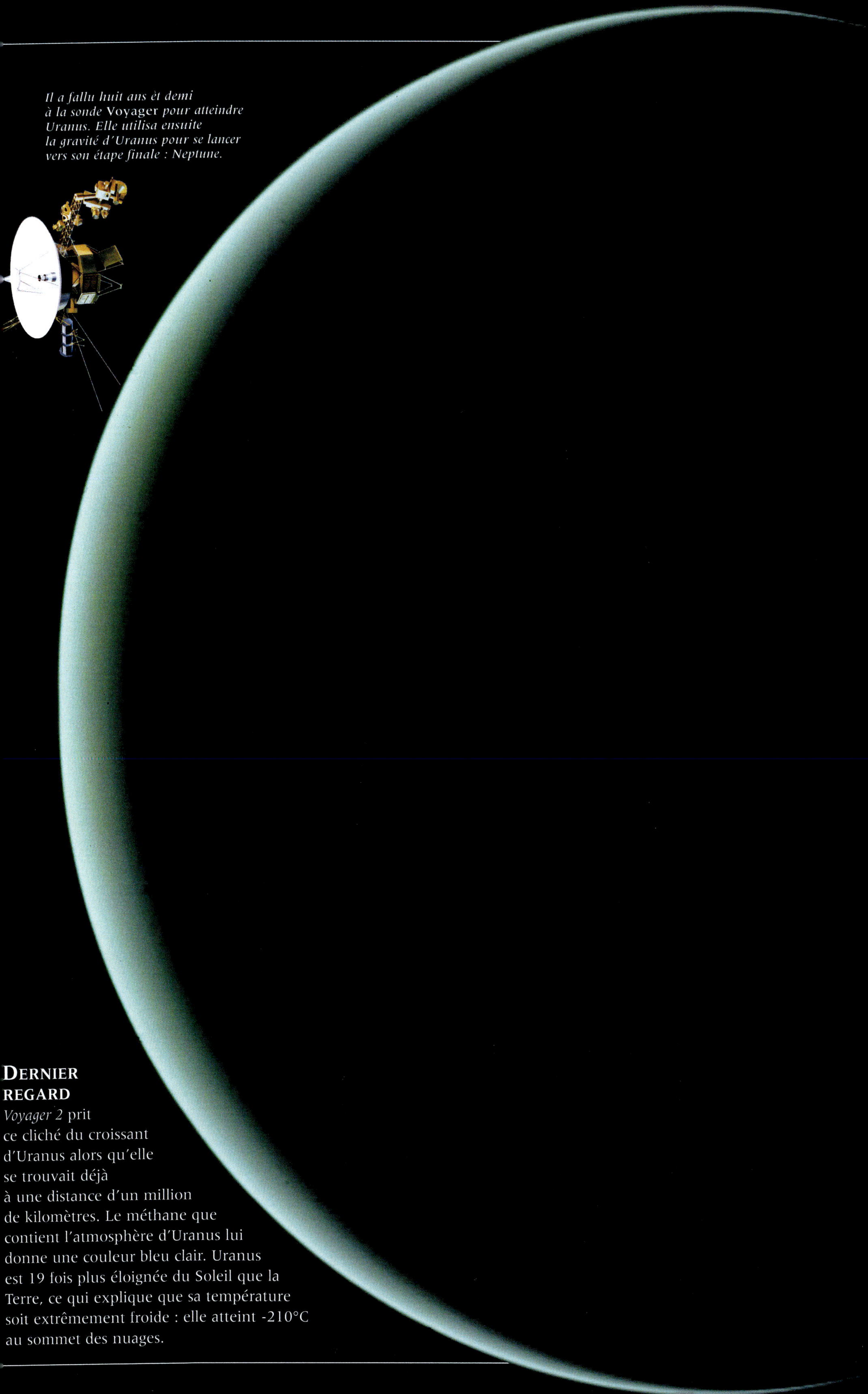

DERNIER REGARD

Voyager 2 prit ce cliché du croissant d'Uranus alors qu'elle se trouvait déjà à une distance d'un million de kilomètres. Le méthane que contient l'atmosphère d'Uranus lui donne une couleur bleu clair. Uranus est 19 fois plus éloignée du Soleil que la Terre, ce qui explique que sa température soit extrêmement froide : elle atteint -210°C au sommet des nuages.

NEPTUNE

NEPTUNE EST SITUÉE AUX CONFINS DU SYSTÈME SOLAIRE. Froide et sombre, elle est si lointaine qu'il faudrait plus de 200 ans pour l'atteindre à la vitesse d'un Concorde. Les astronomes ne connaissaient presque rien de cette planète jusqu'à ce que *Voyager 2* la visite en 1989. Ils furent très surpris lorsque *Voyager* transmit ses images à la Terre. Malgré une apparence tranquille, Neptune a le climat le plus violent du système solaire, avec des tempêtes de la taille de la Terre et des vents glacés 10 fois plus rapides qu'un ouragan.

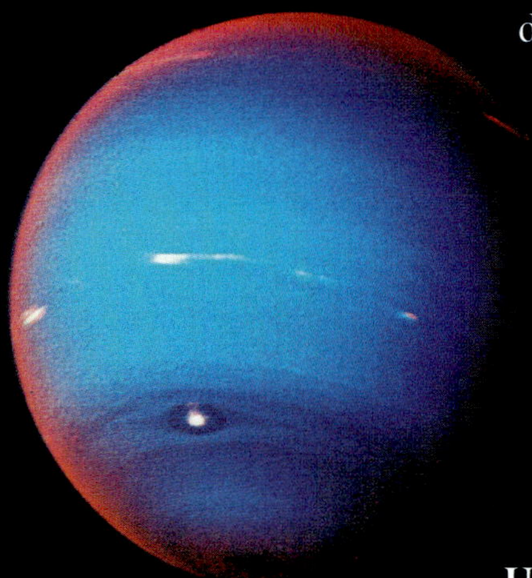

DIMENSION DE NEPTUNE COMPARÉE À CELLE DE LA TERRE

UNE IMMENSE POCHE DE GAZ

Neptune est un immense globe de liquide et de gaz. En profondeur, son noyau rocheux extrêmement chaud se fond dans un vaste océan d'eau et de matières chimiques qui constituent ensemble l'essentiel de cette planète. La surface de cet océan se désagrège graduellement dans l'atmosphère de Neptune, composée d'un mélange d'hydrogène et d'hélium. La couleur bleue est le signe d'une faible quantité de méthane. L'atmosphère supérieure de Neptune baigne dans une brume de matières chimiques organiques complexes (en rouge dans l'image ci-dessus).

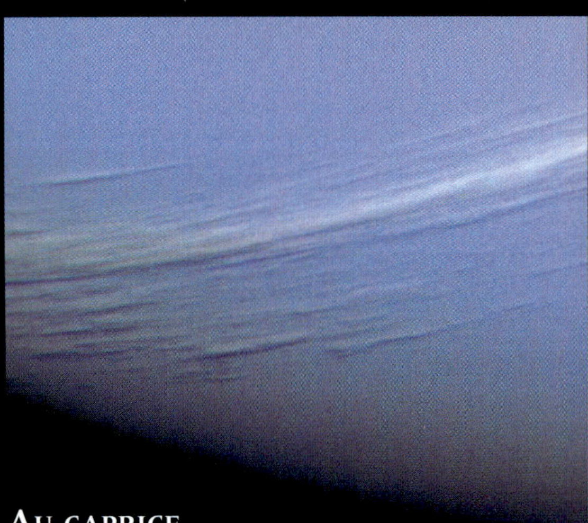

AU CAPRICE DES VENTS

L'apparence de Neptune se modifie continuellement. Des tempêtes géantes vont et viennent et circulent autour de la planète, poussées par des vents en fureur. Ces vents, parmi les plus rapides du système solaire, peuvent atteindre la vitesse de 2 000 km/h ; ils balayent des nuages de méthane gelé en longues traînées blanches. Dans l'image ci-dessus, les nuages ont projeté leurs ombres sur l'enveloppe nuageuse principale, 50 km plus bas.

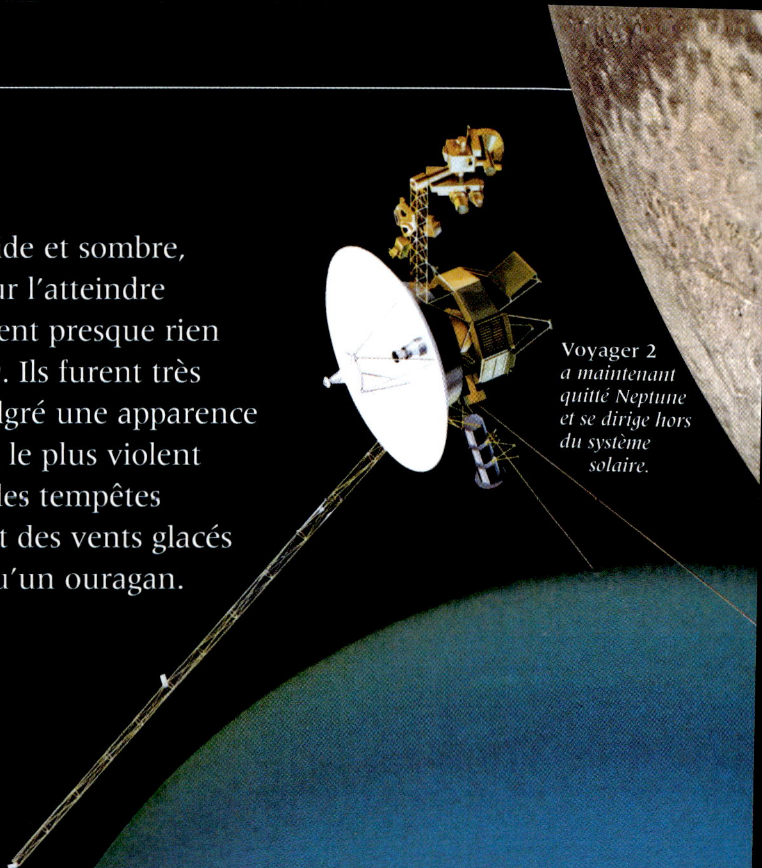

Voyager 2 *a maintenant quitté Neptune et se dirige hors du système solaire.*

Cette zone sombre est une tempête plus grande que la Terre. Elle disparut après que Voyager *eut pris cette photo.*

La température à la surface des nuages de Neptune est de -220 °C, alors qu'elle est d'environ 7 000 °C au noyau de la planète (il y fait plus chaud qu'à la surface du Soleil).

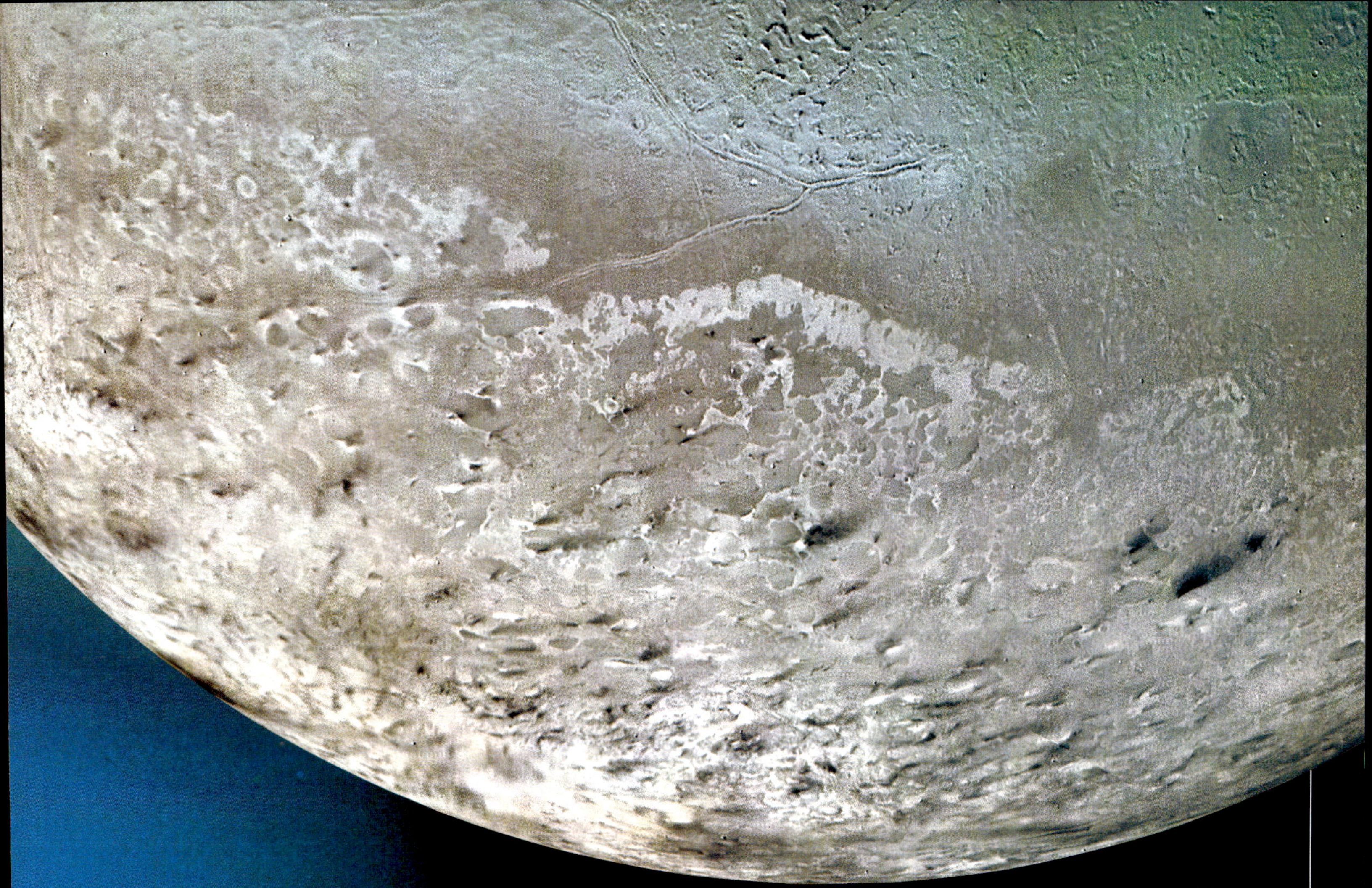

Les taches noires, près du pôle sud de Triton (au-dessus), sont formées par les vents qui soufflent poussières et gaz des geysers en éruption.

Triton

C'est l'endroit le plus froid du système solaire. Triton est le plus grand des 8 satellites de Neptune. À sa surface, la température y est de -235 °C, soit 38 °C de plus que le zéro absolu, la température la plus basse possible. Il y fait si froid que son atmosphère épaisse a gelé sur ses pôles. Malgré cette extrême froideur, Triton possède d'immenses geysers d'où jaillissent de l'azote (gaz) et de la poussière à plus de 8 km de haut. En retombant, la poussière est soufflée à la surface et forme des traînées noires de suie. Le diamètre de Triton correspond environ aux deux tiers de celui de la Lune.

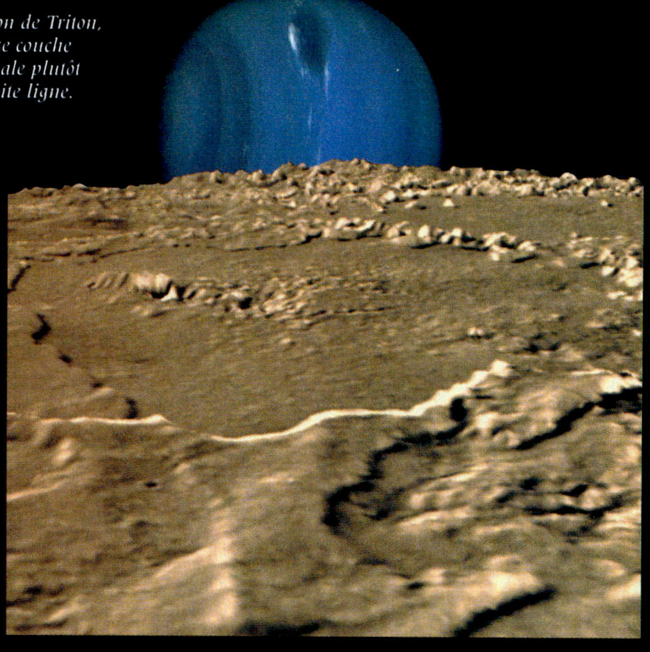

À l'horizon de Triton, Neptune se couche en diagonale plutôt qu'en droite ligne.

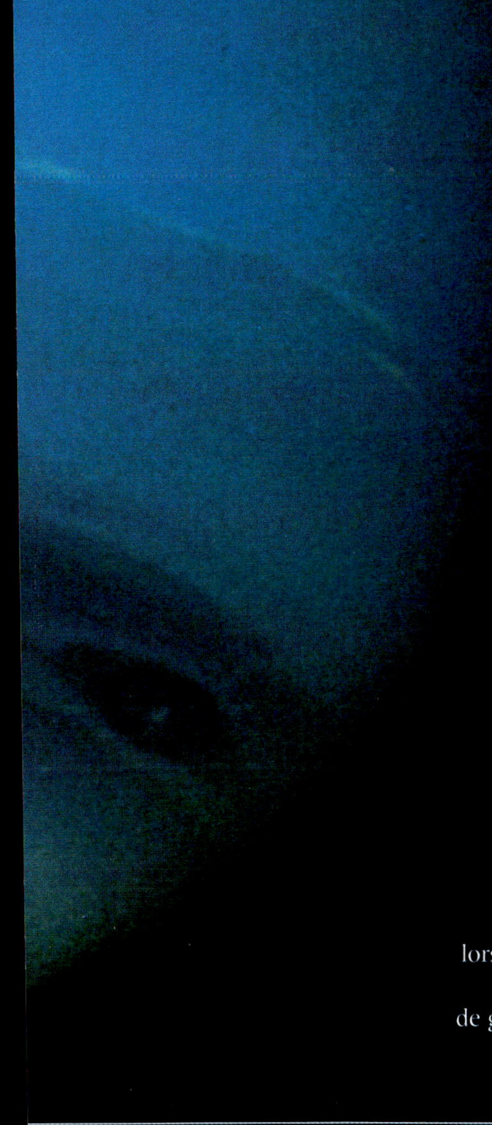

Le relief de Triton

Les scientifiques ont utilisé les données de la sonde *Voyager* pour élaborer cette image en 3 dimensions de la surface de Triton. La zone plate du milieu est un lac de glace de 200 km de large. Il s'est formé lorsque de l'eau, provenant du noyau de Triton, a émergé d'un volcan de glace pour ensuite geler en surface. Sur ce satellite, l'eau ressemble à de la lave terrienne.

PLUTON ET CHARON

DIMENSIONS DE PLUTON ET DE CHARON COMPARÉES À CELLE DE LA TERRE

LA MYSTÉRIEUSE PLUTON EST LA PLUS PETITE et la plus lointaine des planètes. Encore plus petite que notre Lune et 12 000 fois plus éloignée, il est presque impossible de la voir. Tenter de le faire depuis la Terre est aussi difficile que de distinguer un timbre-poste à une distance de 65 km. Cependant, les astronomes ont réussi à faire de remarquables découvertes sur Pluton et son satellite Charon. Ainsi ce couple forme un double système planétaire : Charon n'est pas en orbite autour de Pluton, car chacun d'eux tourne autour de l'autre. L'année de Pluton est la plus longue du système solaire, car il lui faut 248 années terrestres pour accomplir sa rotation autour du Soleil. Elle n'a donc pas encore accompli la moitié de son orbite depuis qu'elle a été découverte, en 1930.

OMBRES GRISES

Pluton est la seule planète qui n'a pas encore été visitée par une sonde spatiale ; pour cette raison, les astronomes n'ont pas d'images précises de sa surface. Les meilleures photos sont ces images grises de Pluton et Charon, prises par le télescope spatial *Hubble*. Elles nous dévoilent de mystérieuses zones sombres et brillantes sur ces 2 mondes. Les zones lumineuses sur les pôles peuvent être des calottes de glace.

Ces étranges zones noires et pâles sur Pluton et Charon sont peut-être dues à de la glace ou à des cratères.

UN MONDE NÉBULEUX

Si des astronautes s'aventuraient sur Pluton, ils devraient continuellement se servir de torches électriques, parce qu'il y fait toujours noir, même au milieu de la journée. Le Soleil est si éloigné de cette planète qu'elle ne reçoit que très peu de chaleur. Sa surface est un congélateur géant à -230 °C. En hiver, l'atmosphère dense de Pluton gèle sur son sol. D'un lever du soleil à l'autre, une journée dure 153 heures.

Pluton

La plupart des planètes extérieures au système solaire sont composées de gaz et de liquide, mais Pluton est une exception. C'est une solide boule de roche et de glace avec une très faible atmosphère. L'orbite exceptionnelle de Pluton, en forme d'ovale, en fait la planète la plus éloignée du Soleil. Son hiver dure 200 ans, même si pendant son court été elle se rapproche plus du Soleil que Neptune.

Avec une taille supérieure à la moitié de Pluton, Charon est, en proportion le plus gros satellite (du système solaire) par rapport à sa planète.

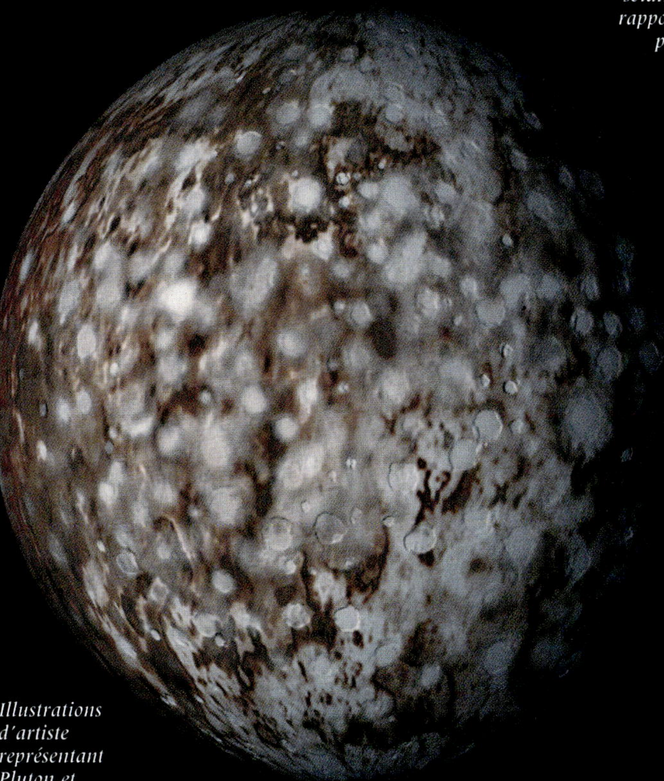

Illustrations d'artiste représentant Pluton et Charon

Charon

Différente de Pluton, Charon a une légère teinte bleuâtre, un indice probable d'eau glacée à sa surface. Cette particularité laisse penser que ces 2 mondes auraient été formés à des endroits différents et qu'ils se seraient ensuite réunis quelque part. Pluton et Charon ont leurs faces dressées l'une contre l'autre ; ainsi un visiteur sur Pluton verrait Charon continuellement fixé au même endroit dans le ciel. Il paraîtrait aussi énorme, car ce satellite est si proche de Pluton qu'il semblerait 6 fois plus gros que notre Lune vue depuis la Terre.

Le champ de gravité de Pluton est si faible qu'un astronaute de 83 kg ne pèserait que 3 kg.

Au-delà de pluton

Pluton est la planète la plus éloignée du système solaire, mais celui-ci est loin d'être vide après elle. Les astronomes ont récemment découvert d'étranges objets glacés cachés aux confins de notre système. Sur les clichés de gauche, on peut distinguer l'un d'entre eux se mouvant en direction d'une étoile lointaine. Appelés objets de Kuiper, ils ne font que quelques centaines de kilomètres de diamètre et pourraient bien se transformer en comètes s'ils se rapprochaient trop du Soleil. Pluton et Charon pourraient aussi être des objets de Kuiper, plus grands que les millions d'autres qui peuplent les confins du système solaire.

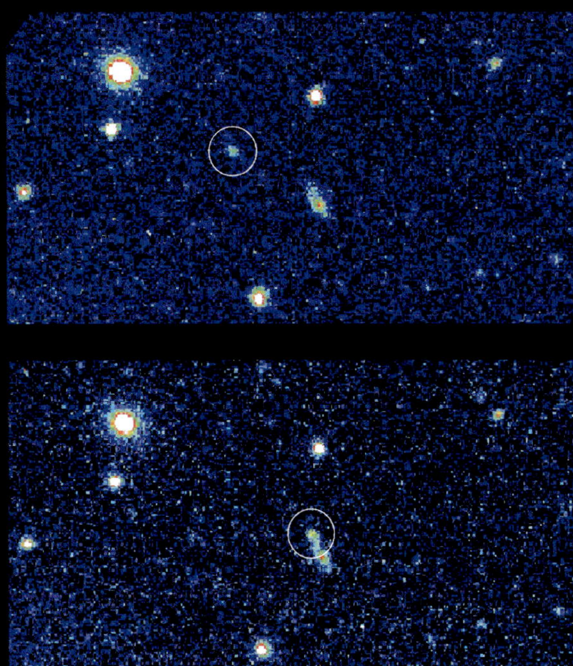

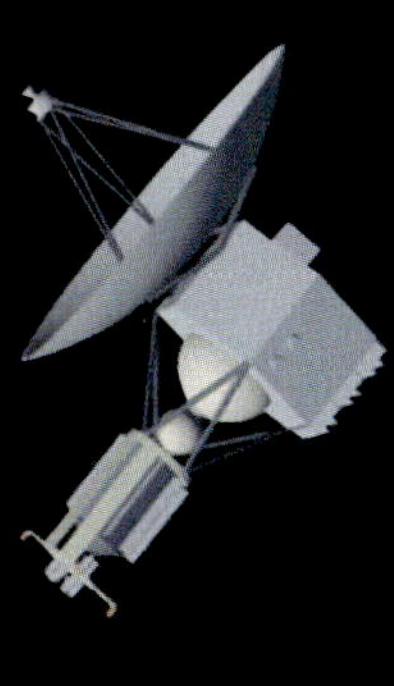

La NASA prévoit d'envoyer une sonde spatiale vers Pluton au mois de janvier 2006. Du nom de Pluto-Kuiper Belt, *elle arriverait à destination avant 2020.*

COMÈTES ET ASTÉROÏDES

LES ENRAGÉS DES NUITS À LA BELLE ÉTOILE connaissent bien ce phénomène : de temps à autre, de nouveaux objets apparaissent dans l'univers interstellaire. Ces nouveaux venus sont des morceaux de débris variant de la taille d'un grain de sable à celle d'un gros bloc de roche de plusieurs centaines de kilomètres de large. Les plus spectaculaires sont les comètes, grosses boules de glace à la chevelure lumineuse qui s'étire sur des millions de kilomètres. Ses plus gros morceaux, d'énormes blocs de roche, sont des astéroïdes. La plupart d'entre eux évoluent dans une zone située entre les orbites de Mars et Jupiter, appelée la ceinture d'astéroïdes. De temps à autre, un astéroïde ou une comète se perdent et finissent leur course en s'écrasant sur une planète, avec des résultats généralement catastrophiques.

La chevelure d'une comète s'étire en une queue bleue faite de gaz et une queue jaune ou blanche faite de poussières.

LES COMÈTES

Les comètes ont une orbite ovale qui les fait plonger vers le Soleil puis s'en éloigner. Lorsqu'une comète s'approche du Soleil, sa surface s'évapore et libère gaz et poussières. L'énergie du soleil souffle le gaz et les poussières en 2 immenses queues, lesquelles s'étirent toujours dans la direction opposée à celle du Soleil, quelle que soit la direction de la comète. Les grandes comètes sont spectaculaires lorsqu'elles passent près de la Terre. En 1997, des millions de gens ont pu observer la brillante comète de Hale-Bopp (ci-dessus). Elle repassera encore devant la Terre au 44e siècle.

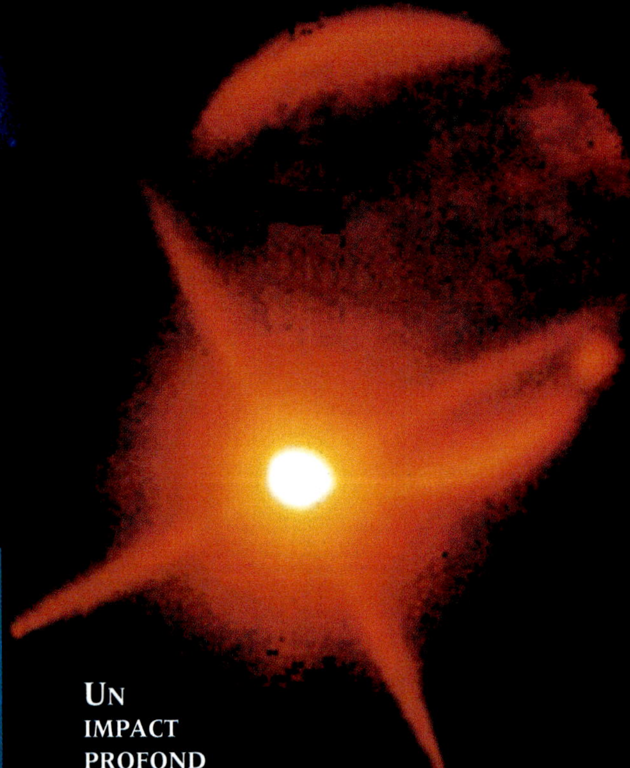

UN IMPACT PROFOND

Cette photo représente une boule de feu plus grande que la Terre, explosant sur Jupiter, en 1992, lorsque la comète Shoemaker-Levy 9 (SL9) s'écrasa sur Jupiter à plus de 200 000 km/h. SL9 a été fracturée en un cordon d'une vingtaine de fragments par la gravité massive de Jupiter. Chaque fois qu'un fragment heurte Jupiter, il projette une nouvelle boule de feu.

LA COMÈTE DE HALLEY

C'est la plus célèbre des comètes, qui revient vers la Terre tous les 76 ans. En l'an 1066, son passage fut représenté sur une broderie française dite la *Tapisserie de Bayeux*. En 1986, la petite sonde spatiale *Giotto* s'est rapprochée de Halley et photographia son noyau, un bloc de glace de 16 km de long. Des jets de gaz et de poussières jaillissent hors du noyau et s'étendent dans l'espace, formant ainsi un gros nuage blanc appelé la chevelure.

LES MÉTÉORITES

On a donné le nom de météorites aux débris de l'espace qui heurtent le sol. De mémoire d'homme, personne n'a été écrasé par une météorite, bien qu'un chien ait été tué en Égypte en 1911. Le cratère Barringer, en Arizona (États-Unis), est vieux de 50 000 ans, lorsqu'un bloc de 10 000 tonnes rempli de fer heurta la Terre. Il est très rare que quelque chose de plus gros heurte la Terre. Beaucoup d'astronomes pensent que la disparition des dinosaures est due à une comète de 10 km de diamètre qui se serait écrasée en Amérique centrale, il y a 65 millions d'années.

Le cratère Barringer, en Arizona (États-Unis), a un diamètre de 1,2 km.

LES ÉTOILES FILANTES

La Terre grossit chaque jour de 550 tonnes, grâce aux poussières de l'espace. Ces particules de poussières, ou météores pénètrent dans l'atmosphère terrestre à des vitesses terrifiantes. Elles deviennent incandescentes et se désagrègent au contact de l'air en produisant souvent de spectaculaires traînées de lumières. On appelle ce phénomène une étoile filante, qu'on peut observer par n'importe quelle nuit étoilée ; le meilleur moment pour voir une étoile filante est lors des pluies de météores qui tombent chaque année (voir aussi p. 440).

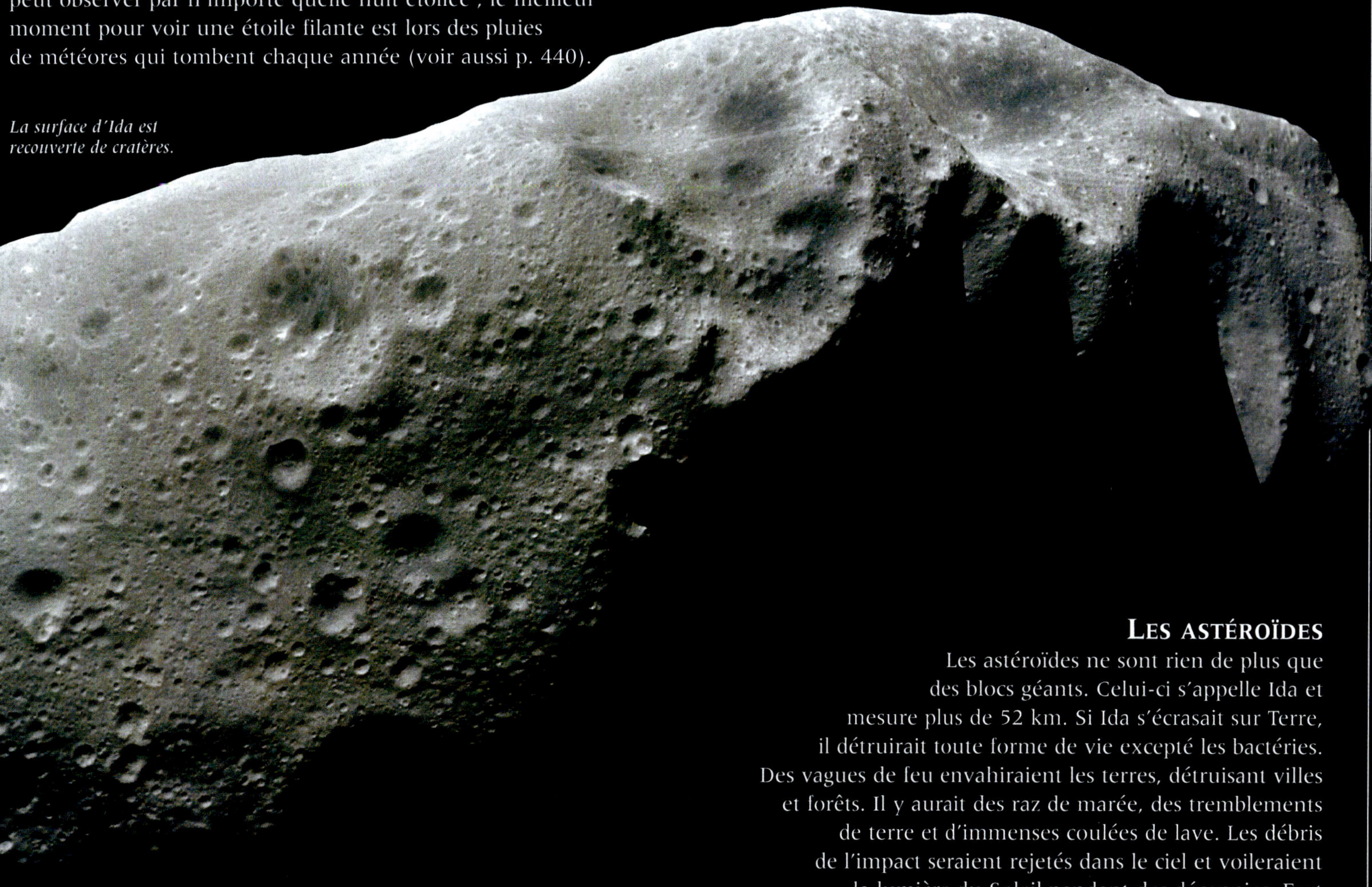

La surface d'Ida est recouverte de cratères.

LES ASTÉROÏDES

Les astéroïdes ne sont rien de plus que des blocs géants. Celui-ci s'appelle Ida et mesure plus de 52 km. Si Ida s'écrasait sur Terre, il détruirait toute forme de vie excepté les bactéries. Des vagues de feu envahiraient les terres, détruisant villes et forêts. Il y aurait des raz de marée, des tremblements de terre et d'immenses coulées de lave. Les débris de l'impact seraient rejetés dans le ciel et voileraient la lumière du Soleil pendant des décennies. Fort heureusement, Ida ne fait pas route vers nous, il reste tranquillement dans sa ceinture d'astéroïdes, à 290 millions de kilomètres de la Terre.

Ida est si grand (ci-dessus) qu'il possède même un minuscule satellite Dactyle (à droite).

NAISSANCE D'UNE ÉTOILE

UNE ÉTOILE EST UNE IMMENSE ET LUMINEUSE BOULE d'hydrogène, alimentée par les réactions nucléaires de son noyau. Des étoiles naissent et meurent continuellement dans l'Univers. Une étoile naît à l'intérieur d'un immense nuage de gaz qu'on appelle une nébuleuse. Le gaz d'une nébuleuse est environ 25 millions de milliards de fois plus épais que l'air terrestre. Cependant, sa faible gravité est à peine suffisante pour permettre aux fractions de la nébuleuse de se contracter sous la forme de grosses taches. Au fur et à mesure qu'elles se contractent, la température augmente ; elles deviennent parfois si chaudes et si denses qu'elles engendrent des réactions nucléaires internes, et se transforment en étoiles. La chaleur et la lumière d'une nouvelle étoile peuvent faire briller les nébuleuses de différentes couleurs.

APPARITION D'UNE NÉBULEUSE

Cette partie inférieure de la nébuleuse du Trèfle est rouge parce que de nouvelles étoiles à l'intérieur d'elle brûlent le gaz qui s'illumine. Les zones bleues sont de vastes nuages de matières interstellaires illuminés par les étoiles environnantes.

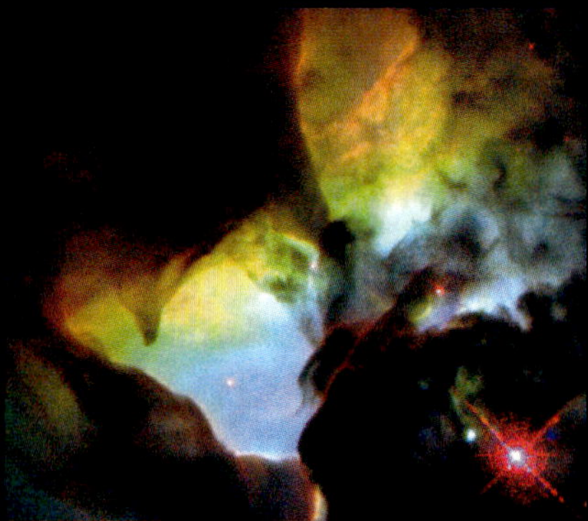

La nébuleuse du Lagon se trouve à 5 000 années-lumière. Nous la voyons donc comme elle était à l'époque où les pyramides d'Égypte n'étaient pas encore construites. Ce gros plan nous montre une nouvelle étoile (rouge). Ses radiations repoussent les nuages en créant d'étranges formes.

Les nébuleuses ne sont pas toutes colorées. La Tête de Cheval, (ici au centre à droite) est une nébuleuse composée d'un nuage de gaz dense qui côtoie une nébuleuse rouge située derrière elle. Elle est probablement à deux doigts de se contracter pour former de nouvelles étoiles. La « tête » n'est que la portion supérieure d'un immense nuage noir vu ici en partie, au bas à droite de l'image.

Les sept sœurs

La plupart des étoiles naissent en grappes. Il est possible que les étoiles se séparent peu à peu pendant des millions d'années et deviennent solitaires comme notre Soleil. L'amas des Pléiades est formé par de massives étoiles blanches et brûlantes qui naquirent il y a quelque 50 millions d'années. Elles sont si jeunes qu'elles n'existaient même pas lorsque les dinosaures peuplaient la Terre. Les Pléiades s'appellent aussi les Sept Sœurs, parce que 7 d'entre elles sont visibles à l'œil nu. Malgré son nom, il y a plus de 500 étoiles dans cet amas. La brume bleue qui les entoure est un nuage de poussières interstellaires.

Nurseries stellaires

Ces 3 gigantesques colonnes d'hydrogène colossales sont des nurseries stellaires. À l'intérieur du petit doigt, au sommet de la plus grande colonne, l'hydrogène en contraction est en train de se métamorphoser en étoile. Notre système solaire entrerait aisément dans l'un de ces doigts. Les colonnes de gaz s'étendent sur 7 000 années-lumière au centre de la nébuleuse de l'Aigle. Chauffée par les proches étoiles, la surface des colonnes s'évapore en produisant des masses gazeuses fantomatiques. Il arrive que de nouvelles étoiles émergent de leur cocon gazeux et commencent à briller.

La plus grande de ces colonnes de gaz mesure environ 10 000 milliards de kilomètres. À l'intérieur, de nouvelles étoiles sont en formation, cachées par les masses gazeuses.

MORT D'UNE ÉTOILE

APRÈS AVOIR BRILLÉ PENDANT DES MILLIONS OU DES MILLIARDS d'années, les étoiles se trouvent à court d'énergie et meurent. Les plus grandes étoiles ont une vie courte et une mort violente. Lorsqu'elles vieillissent, elles se dilatent démesurément et deviennent des géantes rouges. Finalement, elles s'autodétruisent dans une explosion plus brillante qu'un million de soleils. Les étoiles plus petites engendrent des étoiles appelées les géantes rouges quand elles vieillissent, mais elles vivent beaucoup plus longtemps et meurent tranquillement. Leurs vestiges sont parmi les plus belles choses de l'Univers. Il arrive aussi que les débris d'une étoile morte se recyclent pour créer une nouvelle étoile.

La nébuleuse du Sablier est un immense nuage fait d'étoiles mourantes qui se dissipent dans l'espace. Le point blanc dans « l'œil » est le cœur effondré de l'étoile.

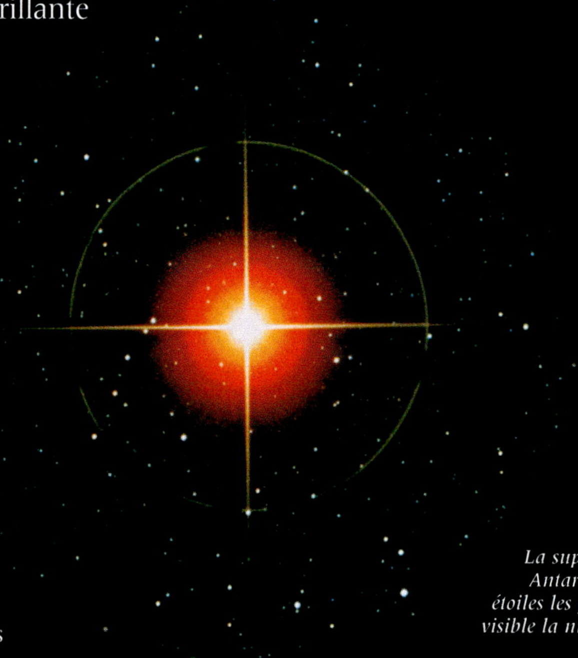

La supergéante rouge Antares est l'une des étoiles les plus brillantes, visible la nuit dans le ciel.

LA RETRAITE D'UNE SUPERÉTOILE

Antares, supergéante rouge, est une étoile massive approchant du terme de sa vie. Sa taille a grossi et elle mesure environ un milliard de kilomètres de large, soit 700 fois plus que le Soleil. S'il faisait cette taille, le Soleil aurait englouti toutes les planètes, y compris la Terre, jusqu'à Mars. Lorsque Antares n'aura plus d'énergie, elle explosera en une supernova.

DANS CETTE GALAXIE LOINTAINE, CETTE ÉTOILE EST SUR LE POINT DE MOURIR.

ELLE EXPLOSE EN UNE BRILLANTE SUPERNOVA.

L'étoile mourante Eta Carinæ fait jaillir dans l'espace gaz et poussières à plus de 2 millions de km/h.

Eta Carinæ est la seule étoile connue qui émet un rayon laser naturel.

LA SUPERNOVA

Lorsqu'une supergéante rouge est à court d'énergie, son noyau se transforme en fer. Sans énergie pour garder cette forme, il s'effondre en quelques secondes sous l'effet de sa propre gravitation. Cet effondrement libère des rafales d'ondes dans les couches extérieures de l'étoile, provoquant une explosion qu'on appelle supernova. Ce phénomène est très rare et ne dure que quelques mois. Dans les plus grandes supernovae, le cœur effondré s'écrase sur lui-même et se transforme en trou noir.

EN SURSIS

La massive Eta Carinæ est l'une des étoiles les plus étranges que connaissent les scientifiques. Des explosions la détruisent complètement et éjectent gaz et poussières dans un nuage de débris plus grand que le système solaire. Il y a environ 150 ans, une violente éruption fit d'Eta Carinæ la seconde étoile la plus brillante dans le ciel. Aujourd'hui, il est impossible de la voir à l'œil nu. Eta Carinæ s'autodétruira probablement en explosant en supernova, mais nous ignorons quand : peut-être demain, peut-être dans un million d'années.

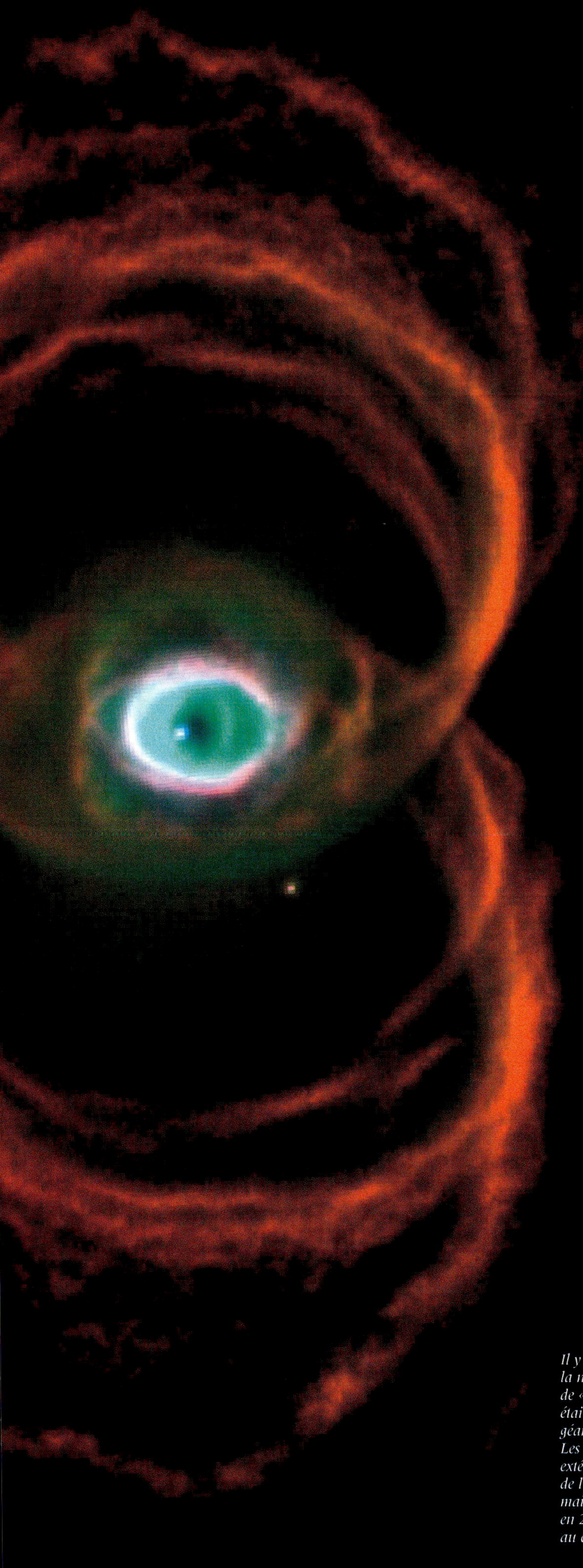

LES ÉTOILES FANTÔMES

Ces formes fantomatiques sont des nuages d'éléments brillants laissés par des étoiles mortes. Les astronomes les appellent nébuleuses annulaires. Dans leur centre, tout ce qui reste du noyau originel est une minuscule étoile qu'on appelle naine blanche, qui pâlit et se refroidit. Les naines blanches sont très denses. L'équivalent d'une cuiller à café pèse une demi-tonne. La lumière émise par une naine blanche fait briller gaz et poussières autour d'elle. Notre Soleil engendrera aussi sa nébuleuse annulaire dans environ 5 milliards d'années. Il se transformera auparavant en une géante rouge et avalera la Terre.

Cette nébuleuse s'est formée lorsqu'une géante rouge mourante a projeté ses couches extérieures en 2 ailes massives.

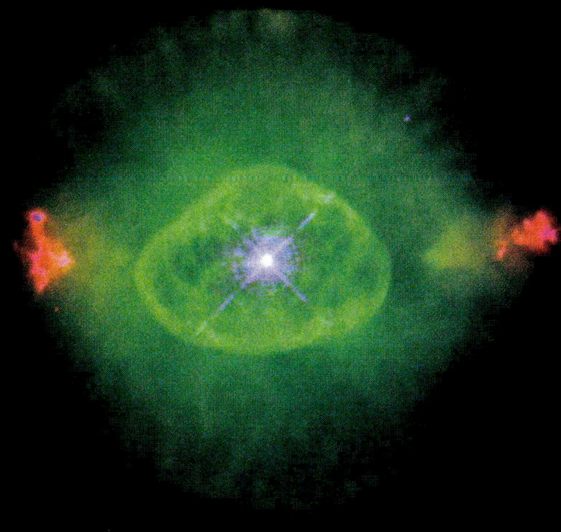

Deux bulles de gaz en expansion se sont formées autour de cette naine blanche.

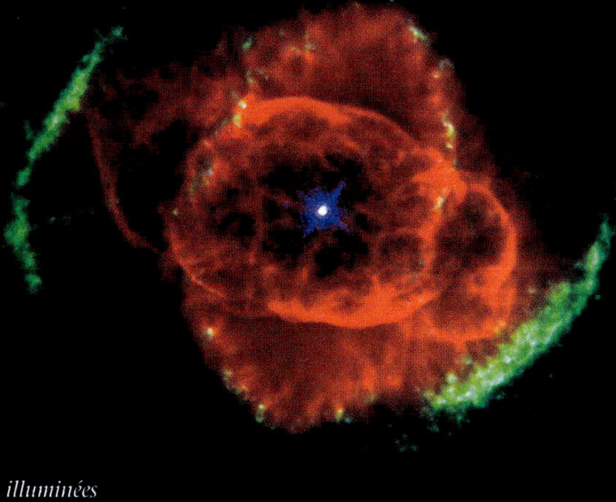

Il y a 1 000 ans, la nébuleuse de « l'Œil de Chat » était une géante rouge. Les couches extérieures de l'étoile se sont maintenant séparées en 2 coquilles de gaz, illuminées au centre par une naine blanche.

LA VOIE LACTÉE

NOTRE SOLEIL APPARTIENT À UN GIGANTESQUE tourbillon d'étoiles qu'on appelle la Voie lactée. On a donné le nom de galaxie aux immenses regroupements d'étoiles, et comme toutes les galaxies, la Voie lactée est incroyablement vaste. Elle contient 200 milliards d'étoiles. Il faudrait 6 000 ans à une personne pour les compter à la vitesse d'une par seconde, alors que la Voie lactée est pratiquement vide. Si nous faisions une maquette de la Voie lactée à l'échelle, avec un grain de sable représentant chaque étoile, la plus proche serait encore à 6 km du Soleil et la maquette entière s'étendrait sur un tiers de la distance vers la Lune. Avec un vaisseau spatial, des millions d'années seraient nécessaires pour traverser la Voie lactée.

LE CŒUR DE LA GALAXIE
Cette image prise par le télescope spatial *Hubble* montre les étoiles entourant le noyau de la Voie lactée, elles ont des couleurs différentes selon leur âge et leur taille. Les jeunes étoiles brûlantes sont souvent bleues, alors que les vieilles grandes étoiles sont rouges. Les astronomes pensent qu'un gigantesque trou noir se trouve exactement au centre de notre galaxie.

TOURBILLON COSMIQUE
Comme tout ce qu'il y a dans l'espace, la Voie lactée décrit un lent mouvement de spirale tout en tournant sur elle-même. Si nous pouvions voir la Voie lactée de l'extérieur, elle ressemblerait à la galaxie dans l'image ci-dessus. Notre système solaire se trouve à mi-chemin d'un bras spiralé ; son orbite autour du centre de la galaxie dure 220 millions d'années. Comme la Voie lactée est plate, nous n'en voyons que la tranche depuis la Terre, qui ressemble à une bande d'étoiles à travers le ciel.

Vue de côté la Voie lactée est plate avec un large renflement central.

BOULES D'ÉTOILES
Les plus vielles étoiles de la Voie lactée sont groupées en boules géantes qu'on appelle bouquet globulaire. Ci-dessus, l'amas Omega Centauri est une boule de plusieurs millions d'étoiles. Elle contient des étoiles aussi vieilles que la Voie lactée elle-même. Les amas globulaires orbitent le noyau de la galaxie dans le même sens que les satellites autour de la Terre.

Par une nuit sans lune, on peut voir le disque principal de la Voie lactée sous la forme d'une très faible bande brillante dans le ciel. Toute étoile visible à l'œil nu se trouve dans la Voie lactée.

Poussières spatiales

Des nuages de gaz et de poussière 1 000 fois plus grands que notre système solaire s'imbriquent avec les étoiles de la Voie lactée. Beaucoup d'entre eux sont ornés d'une étoile qui fait briller les nuages de gaz et de poussières rendant ainsi les images les plus colorées de la galaxie. Les nuages multicolores, sur l'image ci-contre, sont proches d'Antares (en jaune, en bas à gauche), une étoile voisine de notre Soleil.

Voisinage galactique

La galaxie d'Andromède est l'objet le plus éloigné qui puisse être perçu à l'œil nu. Elle est l'une des galaxies les plus proches de la Voie lactée. Sa lumière met 2 millions d'années pour nous atteindre : nous la voyons donc telle qu'elle était avant que les humains ne peuplent la Terre. C'est une galaxie en forme de spirale, mais elle semble plate parce qu'elle est vue sous un certain angle. Les 2 objets brillants dans cette image sont des « galaxies naines » plus petites.

LES GALAXIES

PRESQUE TOUT CE QUI EXISTE DANS L'UNIVERS est concentré en galaxies. Une galaxie est une gigantesque masse d'étoiles retenues ensemble par leur force de gravitation. La plus grande galaxie contient des milliards d'étoiles ; la plus petite n'en a que quelques millions, et pourtant, même les petites galaxies sont si grandes que la lumière met des milliers d'années pour les traverser. Malgré toute cette matière composant les galaxies, ces dernières sont presque vides, avec de grandes distances entre 2 étoiles. Le Soleil et toutes les étoiles visibles à l'œil nu n'appartiennent qu'à une seule galaxie, la Voie lactée. Au-delà, des milliards d'autres galaxies s'étendent dans l'espace, aussi loin que les astronomes puissent les voir.

LES GALAXIES ELLIPTIQUES
La plupart des galaxies ont la forme elliptique d'un œuf. Ces galaxies sont faites d'une multitude de vieilles étoiles rouges qui se sont toutes formées au même moment ; elles n'ont plus assez de gaz pour donner naissance à de nouvelles étoiles. La galaxie elliptique M87 (à gauche) est la plus grande des galaxies connues. Elle contient 3 000 milliards d'étoiles, soit 15 fois autant que notre Voie lactée. Caché dans son centre, se trouve un immense trou noir.

LES GALAXIES IRRÉGULIÈRES
On appelle irrégulières les galaxies qui n'ont pas de forme reconnaissable. Elles sont souvent petites, avec une quantité de nouvelles étoiles et des nuages de gaz lumineux qui contiennent des étoiles en formation. Le Grand Nuage de Magellan en est l'exemple typique (à droite). Située à 160 000 années-lumière, c'est l'une des galaxies les plus proches : on peut la voir à l'œil nu sous l'apparence d'une tache pâle. Elle n'a que 10 milliards d'étoiles, alors que la Voie lactée en a 20 fois plus. Elle est retenue par la force gravitationnelle de la Voie lactée et orbite autour d'elle en 6 milliards d'années. Il se peut que le Grand Nuage de Magellan soit une fois déchiré par la gravité de la Voie lactée et alors les 2 galaxies fusionneraient.

Les galaxies contiennent souvent des nuages de gaz colorés, comme la nébuleuse de la Tarentule rose (en bas à gauche).

La galaxie de Sombrero a un diamètre de 100 000 années-lumière et contient 1 300 milliards d'étoiles.

Le chapeau mexicain

La galaxie du Sombrero est en réalité une galaxie spirale ; elle ressemble à un chapeau mexicain vu de profil. Le bord sombre est une ligne de poussières qui capture la lumière derrière elle. La galaxie du Sombrero est inhabituelle. Ses bras spiralés sont très difficiles à voir à cause de l'immensité et de la luminosité de son noyau central.

Les galaxies spirales

Les galaxies les plus spectaculaires ont la forme d'une spirale. Elles tournoient comme des tourbillons géants, étendant leurs étoiles sur de longs et gracieux bras. Les plus vieilles étoiles se trouvent dans le noyau central, alors que les bras spiralés contiennent les plus jeunes, des nébuleuses roses, ainsi que des bandes sombres de gaz et de poussières. Ces galaxies spirales ressemblent à un disque plat vu de profil. La Voie lactée est une galaxie spirale.

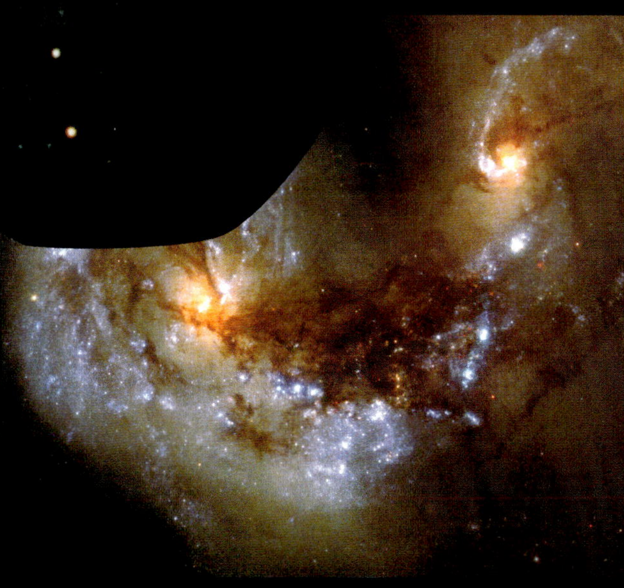

Collision cosmique

La plupart des galaxies sont incroyablement éloignées les unes des autres, mais certaines sont suffisamment proches pour entrer en collision. Sur cette image, 2 galaxies spirales se télescopent. Leur noyau central est en orange. Bien que les nuages de poussière se percutent, les étoiles individuelles échappent à la collision. Les amas de nouvelles étoiles sont en bleu. Les zones sombres sont des nuages de poussière.

L'UNIVERS

L'UNIVERS REGROUPE TOUT : planètes, étoiles, galaxies, espace et même le temps. On ne connaît toujours pas sa grandeur, qui pourrait même être infinie. Les astronomes ont découvert que toutes les galaxies de l'Univers s'éloignent les unes des autres, ce qui signifierait que l'Univers est en expansion. Mais il ne s'étend pas «dans» le néant, car il n'y a pas d'espace hors de lui et il n'a pas de limites. La forme de l'Univers est un mystère : elle pourrait être incurvée. Ainsi si on pouvait voyager assez longtemps en ligne droite, on finirait par revenir à son point de départ. Par bien des aspects, l'Univers est trop étrange pour être compris.

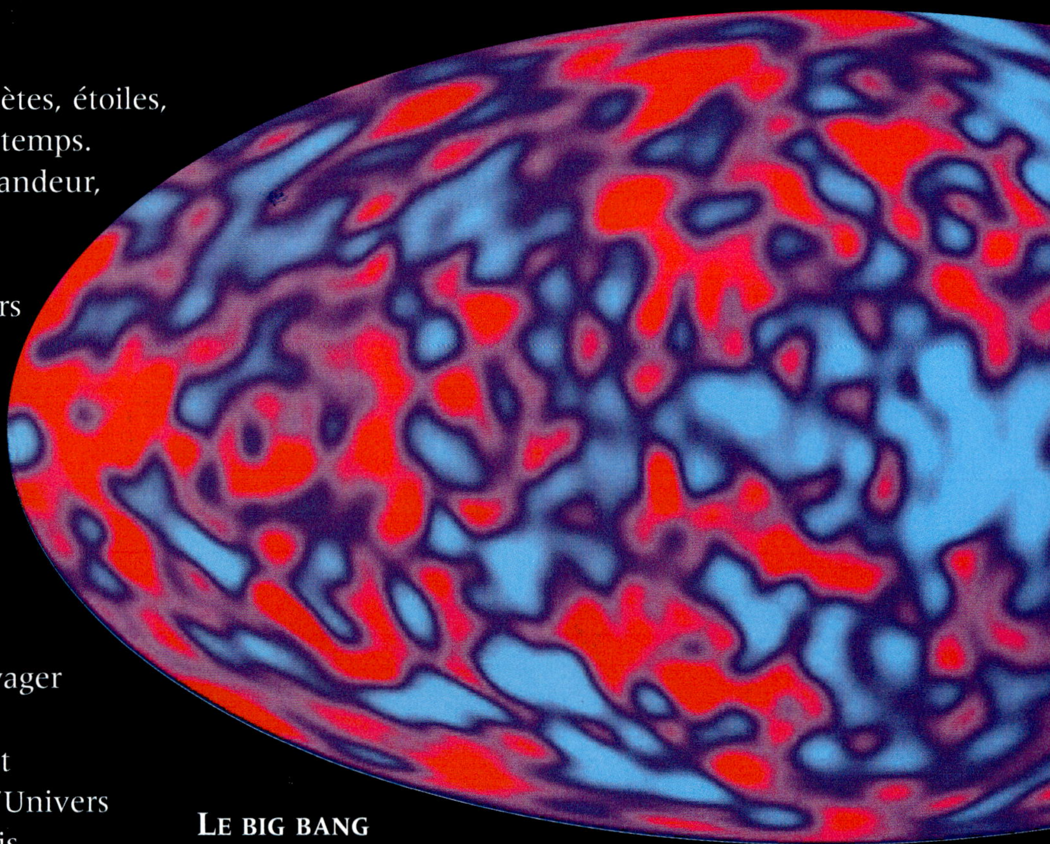

Image ondulatoire des ondes radio provenant de toutes les directions dans l'espace. Les scientifiques pensent que ce serait la lumière résultant du Big Bang.

LE BIG BANG

L'Univers aurait surgi du néant il y a environ 13 milliards d'années. Les scientifiques appellent ce violent commencement le Big Bang. On ignore son origine. Le temps lui-même commence avec le Big Bang ; ainsi, se demander ce qu'il y avait n'a aucun sens. En moins d'une seconde, l'Univers est passé de l'infiniment petit (moins d'un atome) à une immensité de plus de 20 000 années-lumière. Toujours en expansion, il se peut qu'il continue à grossir à l'infini.

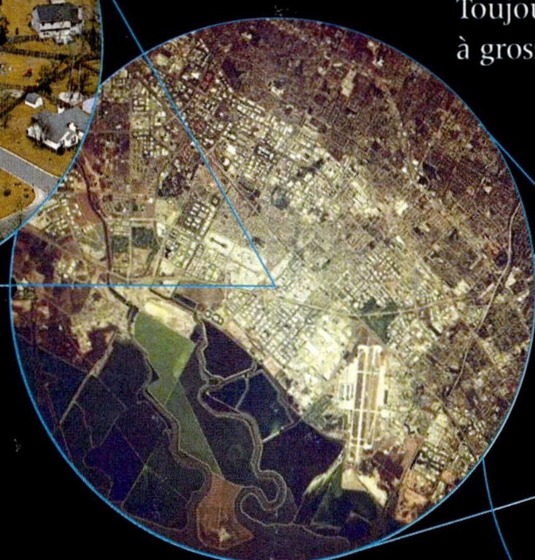

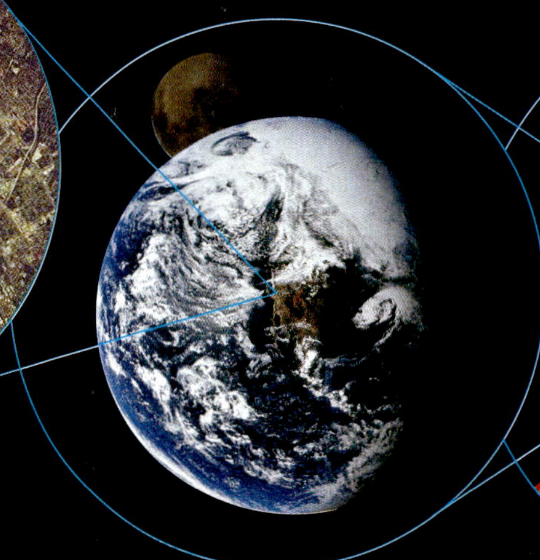

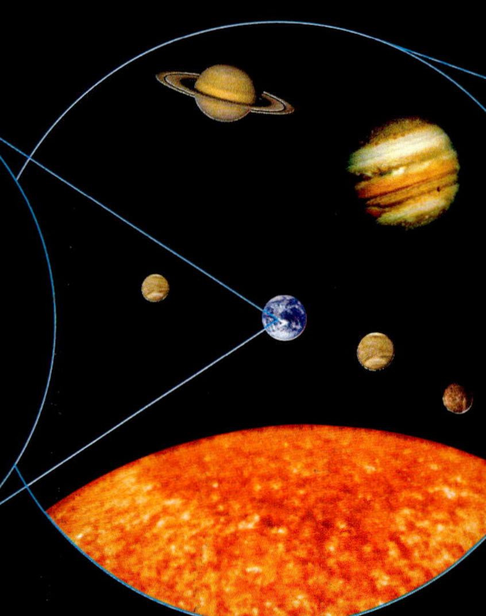

NOTRE LOCALISATION PAR RAPPORT À L'UNIVERS

Les distances sur Terre sont minuscules en comparaison de l'échelle gigantesque de l'Univers. Imaginez-vous que vous quittiez votre habitation à bord d'une navette spatiale pour faire un voyage dans l'Univers. En quelques secondes, tout votre voisinage commence à diminuer sous vos yeux…

LA VILLE

Quelques minutes plus tard, votre ville est visible en miniature. Vous ne pouvez plus séparer les bâtiments, bien que vous arriviez encore à reconnaître la piste d'atterrissage d'un aéroport ou la campagne avec sa mosaïque de champs.

LA TERRE

Quarante heures après le décollage, la Terre et la Lune sont en vue. Des nuages blancs recouvrent la Terre et rendent les continents difficilement reconnaissables. Il n'y a plus aucun signe de vie évident.

LE SYSTÈME SOLAIRE

Vingt-sept ans plus tard, vous atteignez les limites du système solaire. Pendant votre voyage vous serez passé devant Mars, Jupiter, Saturne, Uranus et Neptune. Notre étoile locale, le Soleil, reste toujours bien visible.

Cette image prise par le télescope spatial **Hubble** a été faite en agrandissant un minuscule point dans le ciel. Presque chaque tache ou point est une galaxie entière. La plus éloignée se trouve à 12 milliards d'années-lumière, ce qui nous fait reculer de 12 milliards d'années dans le temps lorsque nous la regardons. L'Univers a le même aspect dans n'importe quelle direction.

LES ÉTOILES

Il faudra 500 ans pour atteindre la plus proche étoile du Soleil. Maintenant, le Soleil a diminué en une minuscule tache blanche, comme n'importe quelle autre étoile. En continuant, on aperçoit des nébuleuses multicolores dans lesquelles de nouvelles étoiles sont en train de naître. Les nouvelles étoiles bleuâtres brillent et dégagent une intense chaleur.

LA VOIE LACTÉE

Le Soleil fait partie des 200 milliards d'étoiles qui forment notre propre galaxie, la Voie lactée. Alors que vous la quittez, sa gigantesque spirale devient visible. En continuant le voyage pendant un milliard d'années, votre navette finit par atteindre la galaxie voisine, Andromède. De là, la Voie lactée n'est plus qu'une minuscule tache dans le ciel. Quant au Soleil, il a disparu depuis longtemps.

L'UNIVERS

La Voie lactée fait partie des centaines de milliards de galaxies de l'Univers. Ces galaxies sont réunies en d'énormes amas, lesquels sont eux-mêmes rassemblés en superamas. Entre 2 superamas se trouve un vide immense. Votre navette ne pourra jamais atteindre les galaxies suivantes, car elles s'éloignent plus vite que vous. Vous devriez utiliser une machine temporelle pour les atteindre.

LES FUSÉES

UN VAISSEAU SPATIAL A BESOIN DE L'ÉNERGIE PUISSANTE d'une fusée pour être lancé dans l'espace. Les fusées fonctionnent en brûlant du carburant ; elles utilisent la forte expulsion des gaz d'échappement pour atteindre la vitesse et la hauteur nécessaires. La façon la plus efficace pour exécuter un lancement consiste à utiliser une fusée divisée en différents étages, généralement au nombre de 3, disposés l'un sur l'autre. Le premier étage est utilisé pour atteindre la haute atmosphère, puis il se détache lorsqu'il est vide et retombe sur la Terre. Le deuxième étage, plus léger, propulse le vaisseau encore plus vite et plus loin puis se sépare comme le premier. L'étage final met le vaisseau sur orbite ou plus loin s'il le faut.

VOSTOK 1

Le 12 avril 1961, l'astronaute soviétique Iouri Gagarine entra dans l'histoire lorsqu'il devint la première personne à être allée dans l'espace. La fusée *Vostok I*, qui plaça sa capsule sur orbite, était la version modifiée d'un satellite militaire. Son concept fut gardé secret pendant des années. Gagarine accomplit avec succès une orbite autour de la Terre en 108 minutes, puis s'éjecta à une altitude de 6 100 m et atterrit dans un champ russe.

SOYOUZ

Aujourd'hui les cosmonautes russes naviguent dans l'espace à bord de la capsule d'une fusée *Soyouz*, une version moderne du *Vostok I* de Gagarine. *Soyouz* possède 4 propulseurs coniques à sa base pour ajouter de la poussée. L'équipage de la capsule se trouve juste en dessous de la section blanche, vue ici sur la photo. Au sommet, une petite fusée d'urgence peut libérer les cosmonautes au cas où le lancement éprouverait des problèmes. *Soyouz* est principalement utilisée pour transporter du matériel et un équipage de la Terre aux stations spatiales comme *Mir*.

LA FUSÉE POUR LA LUNE

Les flammes du lancement d'*Apollo* embrasèrent le ciel nocturne. Pour échapper à l'attraction terrestre et atteindre la Lune, sa fusée *Saturne 5* devait atteindre la vitesse de 40 000 km/h, appelée aussi vitesse de libération. La fusée la plus puissante du monde dévorait 13 tonnes de carburant à la seconde et était aussi haute qu'une tour de 32 étages. Elle a été utilisée pour la dernière fois en 1973.

Amerrissage

Revenir sur Terre est une affaire périlleuse. Lorsque le module de commande *Apollo*, retourna sur Terre, sa vitesse était très rapide : aucun être humain ne l'avait jamais atteinte auparavant. Au moment où il entra dans l'atmosphère terrestre, il commença à brûler comme une étoile filante. La cabine (unique partie d'*Apollo* pour le retour) était si lourde qu'il lui fallut 3 parachutes pour ralentir sa chute avant qu'elle plonge dans les eaux.

Sitôt après l'impact, des ballons gonflables la redressèrent pour l'empêcher de couler. Les astronautes furent emportés en lieu sûr et un hélicoptère ramena la cabine carbonisée sur un navire en attente.

Ariane

Les fusées européennes *Ariane* sont utilisées pour mettre sur orbite des satellites de communication ou des sondes spatiales. La cargaison s'appelle une charge utile. *Ariane 5*, la dernière de ces fusées, a son corps central flanqué de 2 gros propulseurs d'appoint équipés de parachutes pour ralentir leur descente dans les océans.

Excepté la charge utile, tout retombera sur la Terre ou brûlera dans l'atmosphère. Ces fusées décollent depuis la Guyane française, en Amérique du Sud.

Les fusées du futur

Des avions spatiaux, et non des fusées, seront la prochaine génération de lanceurs. Ils utiliseront leurs propres moteurs pour échapper à l'attraction terrestre : ils seront donc complètement réutilisables et bien meilleurs. Un de ces concepts d'avions spatiaux s'appelle *VentureStar*. Il décollera en position verticale et atterrira sur le ventre sur une piste d'atterrissage. *VentureStar* pourra emporter équipage et cargaison vers la *Station spatiale internationale* quand elle sera terminée au XXIe siècle.

La navette spatiale

La navette spatiale est une réalisation remarquable d'ingéniosité. C'est le seul vaisseau spatial qui peut aller dans l'espace, survivre au retour sur Terre et repartir à nouveau dans l'espace. La partie réutilisable de la navette s'appelle l'orbiteur. La navette entière pèse environ 2 000 tonnes, quand l'orbiteur est rattaché à son réservoir externe de carburant (orange) et à ses 2 propulseurs. Il lui faut le plus grand véhicule terrestre du monde pour le conduire à sa base de lancement, à cap Canaveral, en Floride (États-Unis). Pendant une mission moyenne de 10 jours, l'orbiteur tourne environ 160 fois autour de la Terre.

Pour entrer dans la Navette, les techniciens et l'équipage passent par la tour de décollage puis par une passerelle

Sur orbite

Il ne faut que huit minutes et demi à la navette pour atteindre l'espace. Pendant son accélération en direction de son orbite, l'équipage se sent 3 fois plus lourd que la normale. Dès que les propulseurs et le réservoir principal se séparent, les moteurs centraux de l'orbiteur finissent la mise sur orbite. Lorsque l'orbiteur atteint une altitude proche de 320 km, sa vitesse moyenne est de 28 800 km/h.

Mise à feu

Un panache de flammes jaillit des propulseurs pendan que la navette s'écarte de sa tour. Comme des feux d'artifice géants, lorsque les propulseurs ont amorcé l mise à feu, ils ne peuvent plus s'arrêter avant d'arrive à court de carburant. Les 3 moteurs principaux utilisent le carburant de l'immense réservoir orange. Durant leurs 8 minutes de vie, ils consument 700 tonnes de carburant et produisent assez d'énergie pour éclairer l'État de New York.

Autocombustion

Le réservoir principal (orange) est la plus grande partie de la navette ; il est aussi grand qu'un bâtiment de 15 étages. Avant de se mettre sur orbite, la navette libère ce réservoir qui se désintègre pendant son retour dans l'atmosphère. Les propulseurs retombent également peu de temps après le décollage. Ils sont récupérés dans l'océan et réutilisés pour une future mission.

Le désastre de *Challenger*

Le 28 janvier 1986, *Challenger* explosa 73 secondes après son départ. Sept astronautes trouvèrent la mort lors de cette 25e mission de la navette. Des gaz incandescents qui s'étaient échappés d'un propulseur furent à l'origine de cet accident. Ils consumèrent le réservoir principal et mirent le feu au combustible. Après l'explosion, les débris de la navette retombèrent dans la mer.

Contrôle de la mission

Le centre de contrôle de Houston, au Texas, prend en charge la mission de la navette dès que celle-ci a quitté sa base de cap Canaveral. Lors d'une mission, le centre de contrôle est en opération 24 heures sur 24. Les contrôleurs de vol travaillent en 3 équipes de 8 heures. Environ 20 contrôleurs de vol par équipe étudient soigneusement les informations de la navette sur l'écran de leurs ordinateurs. Une grande carte du monde affiche en direct la position de la navette, pendant qu'un écran vidéo montre les dernières informations télévisées.

L'orbiteur avec les portes de la soute à charge utile ouvertes

Le garage de l'espace

La soute à charge utile de la navette peut accueillir des satellites, des instruments expérimentaux et des laboratoires. Dans quelques missions particulières, une cabine spéciale a été aménagée dans cette soute ; elle était reliée par un sas aux aires de repos de l'équipage à l'avant de l'orbiteur. Sur cette image, 2 astronautes en train de mettre en service le télescope spatial *Hubble*. Ils se trouvent au bout d'un bras télécommandé rattaché à la soute.

Pendant leur travail, les astronautes pouvaient voir la côte de la Floride (États-Unis), loin au-dessous.

L'anatomie de la navette spatiale

La majorité du volume de l'orbiteur est occupée par la soute à charge utile. Cinq voitures, pare-chocs contre pare-chocs, pourraient y entrer. L'équipage, jusqu'à 8 personnes, est confiné dans la section de travail et d'habitation à l'avant de l'orbiteur. Cette section frontale se divise en 2 cabines : en haut, le poste de pilotage où le commandant et le pilote contrôlent l'orbiteur ; et en bas, les aires de repos où les membres de l'équipage dorment, mangent, se lavent et font leurs exercices.

Aussitôt après l'atterrissage à 320 km/h, un parachute s'ouvre pour ralentir l'orbiteur.

Descente en planeur

Lorsqu'il retourne vers la Terre, l'orbiteur devient le plus gros planeur du monde. La friction de l'air le ralentit considérablement pendant qu'il pénètre dans l'atmosphère ; des tuiles réfractaires spéciales le protègent des températures brûlantes. Cinq ordinateurs contrôlent l'orbiteur pendant ce retour dans l'atmosphère, puis le commandant prend les commandes pour poser l'orbiteur. S'il devait manquer la piste d'atterrissage, il ne pourrait pas redécoller et recommencer. Lorsque l'orbiteur se pose en Californie, il doit être ramené en Floride sur le dos d'un jumbo-jet spécialement conçu.

LA VIE DANS L'ESPACE

VIVRE EN APESANTEUR DANS L'ESPACE est la chose la plus étrange. Ce qui était impossible à faire sur Terre devient soudainement facile. Les astronautes peuvent sans effort faire des sauts périlleux tout en restant en l'air. Ils peuvent même soulever de lourds satellites au-dessus de leur tête. Mais l'absence de gravité peut aussi rendre leur vie difficile. Lorsqu'un membre d'équipage veut se raser, il doit évacuer ses résidus sous vide avant qu'ils flottent dans l'air. Pour rester sur place, les astronautes doivent fixer leurs pieds ; ils doivent également modifier leur façon de manger, boire, dormir et aller aux toilettes. Au début, beaucoup d'entre eux souffrent du mal de l'espace, mais leur corps s'adapte après quelques jours.

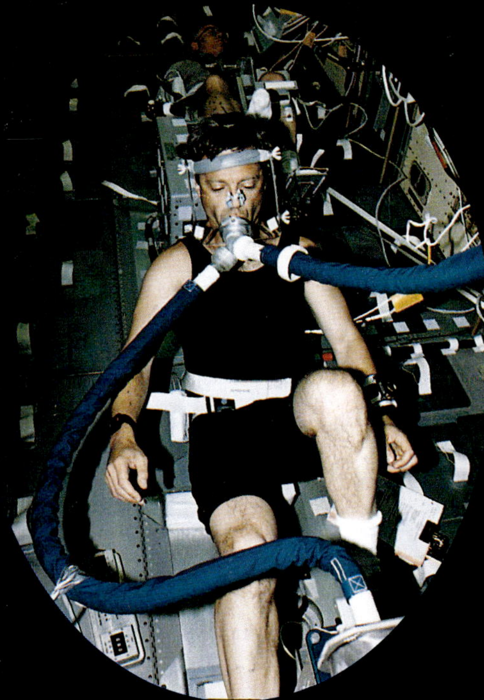

GARDER LA FORME

Sans force de gravité à combattre, les muscles et les os s'affaiblissent. Les astronautes doivent y remédier en faisant chaque jour un peu de sport. Ils peuvent marcher sur un tapis roulant, utiliser une machine à ramer et pédaler sur un vélo d'exercice (ci-dessus). Durant leur séjour dans l'espace, la plupart des astronautes grandissent de 5 cm, car en apesanteur, leur colonne vertébrale s'étire.

DORMIR CONTRE UN MUR

Il n'y a pas ni haut ni bas dans l'espace : les astronautes peuvent ainsi dormir contre un mur ou au plafond. Certains utilisent une couchette alors que d'autres attachent leur sac de couchage contre un mur (à droite), pour éviter qu'il ne s'éloigne. Comme, il n'y a ni jour ni nuit dans l'espace, les astronautes doivent porter des masques sur leurs yeux.

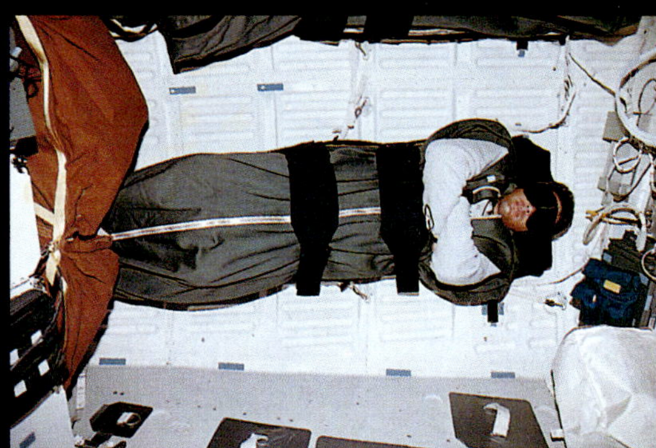

BOISSONS

FRUITS ET NOIX

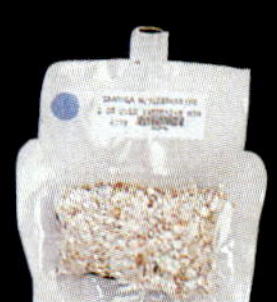
CÉRÉALES

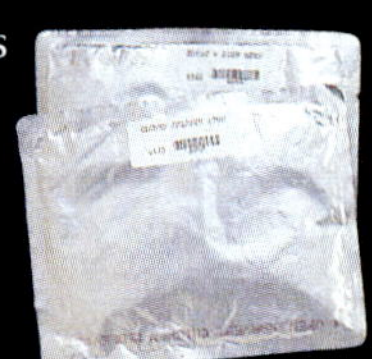
RAGOÛTS DE BŒUF DE DIFFÉRENTES SAVEURS

LE REPAS

Les membres d'équipage mangent 3 repas par jour. Ils peuvent choisir plus de 70 repas chauds et froids et plusieurs types de boissons. La nourriture de chaque personne est signalée par une marque de couleur. Beaucoup d'aliments, comme les saucisses, sont identiques à ceux qu'on trouve dans les supermarchés ; d'autres doivent être mélangés avec de l'eau chaude. Des collations et douceurs sont également disponibles. Tous les menus ont été planifiés avant la mission.

Paille pour boire

Lorsqu'une boisson s'échappe de son contenant, elle flotte comme une grosse bulle.

Dans la navette spatiale, les astronautes sont habillés normalement.

FLOTTER LIBREMENT

Aux heures des repas, les membres de l'équipage peuvent se réunir dans la cabine centrale (ci-dessus). S'il est difficile de rester en place, les astronautes aiment bien manger dans n'importe quelle position. Les sachets d nourriture sont fixés pour les empêcher de flotter. Comme les liquides ne peuvent pas êt contenus dans un verre, ils o été enfermés dans des sacs en plastique munis de paille.

Travailler dans l'espace

Les astronautes doivent être capables de prêter assistance à un satellite lorsqu'il tombe en panne. Sur cette image, un astronaute est en train de ramener un satellite de communication qui s'était égaré sur une mauvaise orbite ; sur la Terre, ce satellite aurait pesé plusieurs tonnes. Plus tard, il fut ramené sur Terre pour être réparé.

Une promenade spatiale

On appelle promenade spatiale une sortie hors d'un vaisseau spatial. À cette occasion, l'astronaute doit vêtir sa combinaison spatiale pour se protéger du manque d'air et du vide de l'espace. Sans cette protection, son sang se mettrait à bouillir et il mourrait en quelques secondes. Les combinaisons spatiales ressemblent à de minivaisseaux spatiaux : ils ont leur propre énergie, oxygène et système de refroidissement. Les astronautes de la navette peuvent également porter un sac dorsal spécial qui leur permet de se mouvoir librement aux alentours.

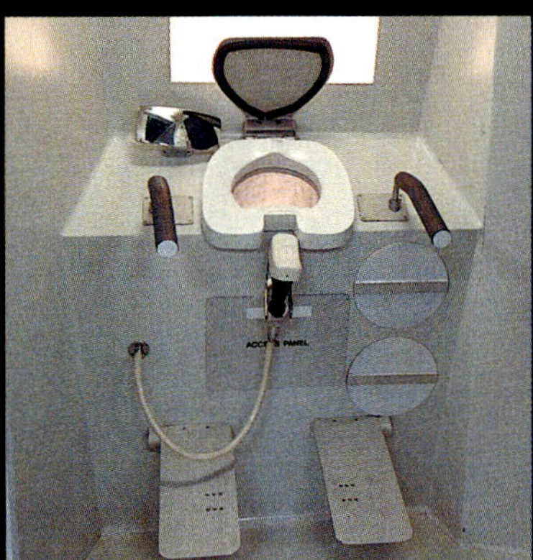

Toilettes avec aspiration

Dans l'espace, les toilettes fonctionnent comme des aspirateurs. Le courant d'air aspire les déchets dans un récipient. Sur la station spatiale *Mir*, les déchets liquides sont recyclés en eau potable. Au début des missions spatiales, les astronautes utilisaient des sacs à déchets ou portaient des couches-culottes.

STATIONS SPATIALES

LES ASTRONAUTES PEUVENT RESTER DES MOIS, voire des années dans l'espace, grâce aux stations spatiales. À l'intérieur d'une station spatiale le climat est soigneusement contrôlé ; l'air vicié et les eaux usées sont constamment recyclés. D'immenses panneaux solaires fournissent sans discontinuer l'énergie nécessaire. Le record du plus long séjour dans l'espace est détenu par le docteur russe Valeri Poliakoff, qui passa 438 jours à bord de la station *Mir*. Grâce à Poliakoff et aux autres vétérans des stations spatiales, les scientifiques ont acquis beaucoup de connaissances au sujet des effets de l'apesanteur sur le corps humain. Ces connaissances seront vitales pour d'éventuelles prochaines expéditions vers d'autres planètes.

SKYLAB

La station spatiale américaine *Skylab*, qu'on peut voir sur cette image au-dessus de la forêt amazonienne, a été construite avec des fragments du vaisseau spatial *Apollo* qui avait été en mission sur la Lune. La zone d'habitation a été faite avec la partie supérieure d'une fusée *Saturne*. Neuf astronautes vécurent à bord du *Skylab* entre 1973 et 1974. Ils y ont effectué une centaine d'expériences. La station spatiale fut ensuite abandonnée ; elle se désintégra lorsqu'elle retomba dans l'atmosphère, en 1979.

MIR

La station spatiale russe *Mir* est en orbite depuis 1986. Elle a été construite dans l'espace en assemblant, l'une après l'autre, différentes sections appelées modules. *Mir* a eu une histoire tourmentée. Il y eut 2 incendies à bord, et l'un des modules fut endommagé par une collision avec un vaisseau de ravitaillement. La station arrive maintenant au bout de sa vie. Il est possible qu'elle soit abandonnée par son équipage et qu'elle se désintégrera lors de son retour vers la Terre.

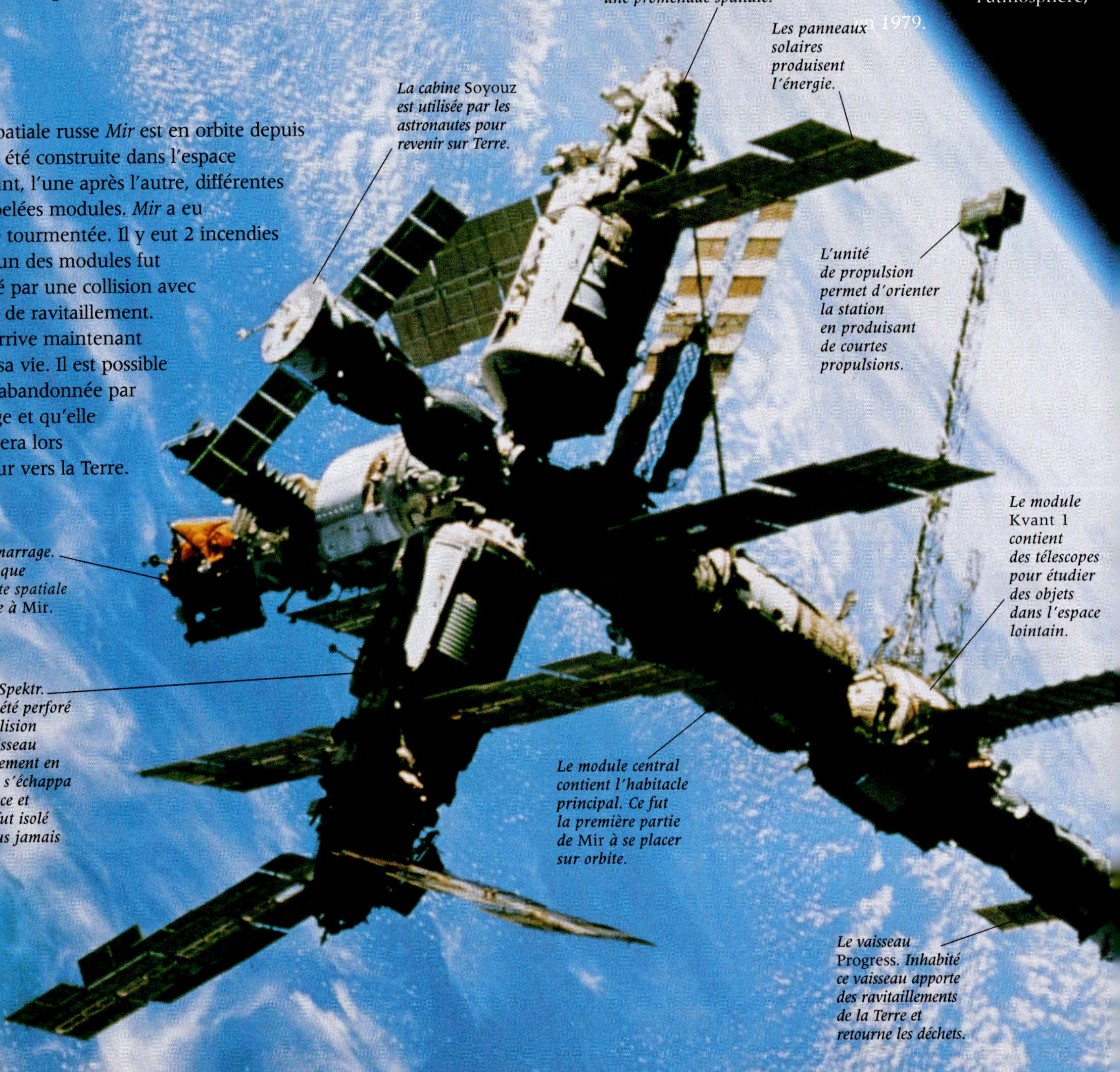

L'amarrage
de la navette spatiale
Atlantis à Mir en 1995

QUAND L'EST RENCONTRE L'OUEST

En signe d'amitié avec la Russie, les navettes spatiales américaines commencèrent à rendre visite à *Mir* dès 1995. Pour réduire les risques d'une collision désastreuse pendant l'amarrage, la navette devait ralentir à la vitesse relative de 0,1 km/h. Les astronautes traversèrent un sas pour rendre visite aux cosmonautes de *Mir*. Chaque nouvelle visite de la navette apporta du ravitaillement frais et de nouvelles expériences à l'équipage soviétique.

Sept astronautes et 3 cosmonautes (astronautes russes) amicalement réunis lors d'une visite de la navette à Mir.

L'INTÉRIEUR DE *MIR*

À bord de *Mir*, la place est limitée et il y a beaucoup de fouillis. Pour les cosmonautes, il est très difficile d'y rester propres, aussi l'air est-il nauséabond. Presque toute la surface du module central (à droite) est recouverte d'équipements et des câbles enchevêtrés flottent dans l'air. Bien qu'il n'y ait ni bas ni haut dans l'espace, certaines cabines ont un « plancher » et un « plafond » pour que l'équipage puisse se sentir chez lui. Deux des membres de l'équipage ont une cabine privée avec hublot et sacs de couchage. Les autres dorment dans le module principal.

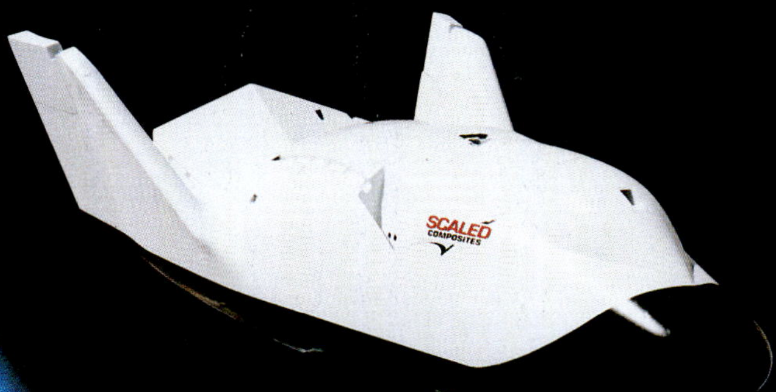

LA *STATION SPATIALE INTERNATIONALE*

Plusieurs pays du monde coopèrent pour construire la plus grande station spatiale du monde. Il faudra environ 6 ans pour achever sa construction, estimée à 40 milliards de dollars. Deux fois plus grande qu'un terrain de football, elle sera « l'étoile » la plus brillante de notre ciel. Le premier module a été lancé le 20 novembre 1998. Les pièces suivantes seront acheminées au cours de 44 vols supplémentaires.

LA NACELLE DE SECOURS

La vie dans l'espace est dangereuse. La Station spatiale internationale aura donc sa nacelle de secours pour ramener à Terre, en cas d'urgence, les 7 membres d'équipage. Cette nacelle ressemblera à une navette et volera sans pilote. Après avoir pénétré dans l'atmosphère, elle se parachutera au sol et glissera jusqu'à l'arrêt définitif.

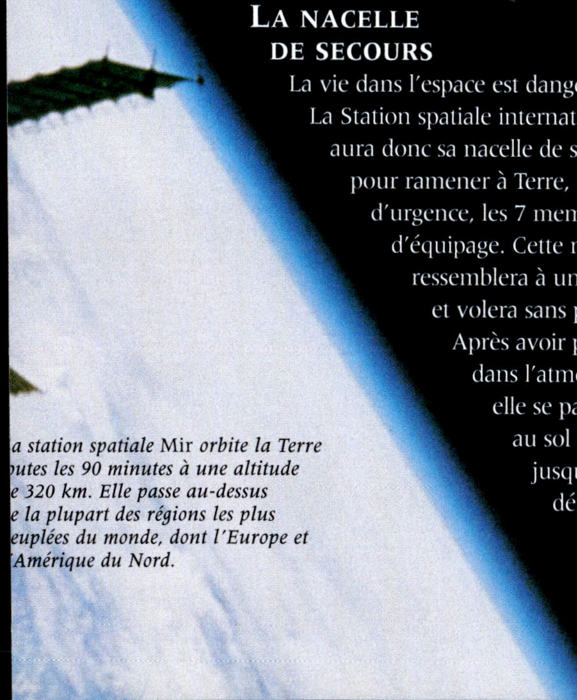

a station spatiale Mir *orbite la Terre utes les 90 minutes à une altitude e 320 km. Elle passe au-dessus e la plupart des régions les plus euplées du monde, dont l'Europe et Amérique du Nord.*

LES SATELLITES

UN SATELLITE EST TOUT ce qui tourne autour d'une planète. La Lune, par exemple est un satellite naturel. Autour de la Terre circulent 500 satellites artificiels qui effectuent tout un lot de tâches automatiques, de l'analyse du temps jusqu'à la retransmission de programmes TV. Les satellites sont transportés dans l'espace par des fusées ou par la navette spatiale. Ils sont largués à une altitude appropriée qui leur permet de rester sur orbite. Ils sont habituellement alimentés en énergie par de grands panneaux solaires qui captent l'intense lumière du Soleil. La plupart des satellites orbitent la Terre à la même vitesse qu'elle, ce qui leur permet de rester toujours au-dessus d'un même endroit avec exactitude.

LES ESPIONS DU CIEL

Les satellites les plus évolués sont utilisés pour l'espionnage. Certains ont des télescopes si puissants qu'ils sont capables de lire les gros titres d'un journal depuis l'espace. Sur cette image, un satellite espion américain est mis sur orbite par la navette spatiale ; ce satellite, conçu pour donner l'alerte en cas d'une attaque de missiles, détecte la chaleur dégagée par leurs propulseurs.

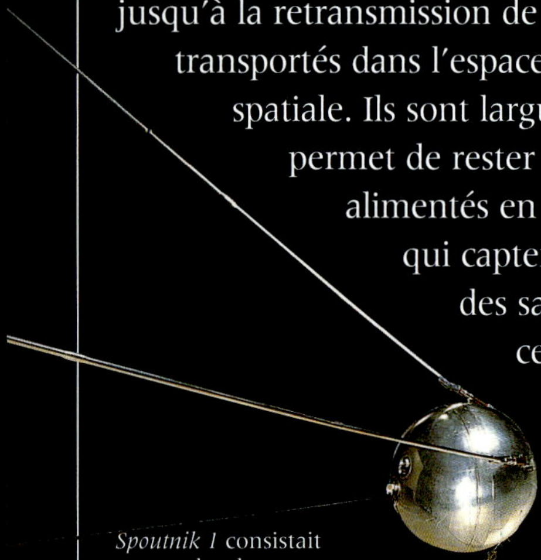

Spoutnik 1 consistait en une boule de métal de 58 cm de diamètre avec 4 antennes. Il y avait un transmetteur radio à l'intérieur.

SPOUTNIK

En octobre 1957, le monde fut étonné lorsque l'Union soviétique envoya dans l'espace le tout premier satellite. *Spoutnik 1* faisait rapidement le tour de la Terre toutes les 96 minutes, émettant son «bip bip» comme signal radio. Partout dans le monde, les gens essayèrent de le voir pendant la nuit. Après 92 jours, il retomba sur Terre et se désintégra. Un peu plus tard, les Soviétiques lancèrent *Spoutnik 2* qui avait à son bord une chienne, Laïka, qui mourut pendant le vol.

OBSERVATION DU TEMPS

Les satellites météorologiques observent les modifications des courants nuageux. Les images qu'ils renvoient aident les scientifiques à prévoir le temps des jours, voire des semaines à l'avance. Ces prévisions peuvent sauver des vies dans les zones sensibles aux ouragans, comme les Caraïbes. Sur l'image satellite ci-dessus, on voit l'ouragan Fran se diriger vers les côtes de l'Amérique du Nord en 1996. La Floride se trouve sur la gauche. Fran a frappé la Caroline du Nord et dévasté plus de 30 000 habitations.

DE L'UTILITÉ DES SATELLITES

Lorsque vous téléphonez à quelqu'un qui se trouve à l'autre bout du monde, votre voix est transmise à la vitesse de la lumière par un réseau de satellites de communications ; ces satellites retransmettent aussi en direct les émissions de TV. Un seul satellite est capable de transmettre en même temps 40 000 conversations téléphoniques et plusieurs chaînes de TV.

Les satellites de communications sont environ 3 fois plus grands qu'une voiture. Ils restent en permanence au même endroit au-dessus de la Terre.

Cartographier la Terre

Certains satellites sont spécialisés dans la photographie topographique. Leurs images sont utilisées dans différentes applications, comme l'établissement de cartes, la recherche de métaux précieux, la surveillance des récoltes et l'étude des catastrophes naturelles telles que les crues et les feux de forêts. L'image satellite (à droite) nous montre la baie de San Francisco, en Amérique du Nord. La ville est située à l'extrémité de la baie. Le pont du Golden Gate se trouve juste au nord de la ville, alors que l'île d'Alcatraz, réputée pour sa célèbre prison, est au nord-est.

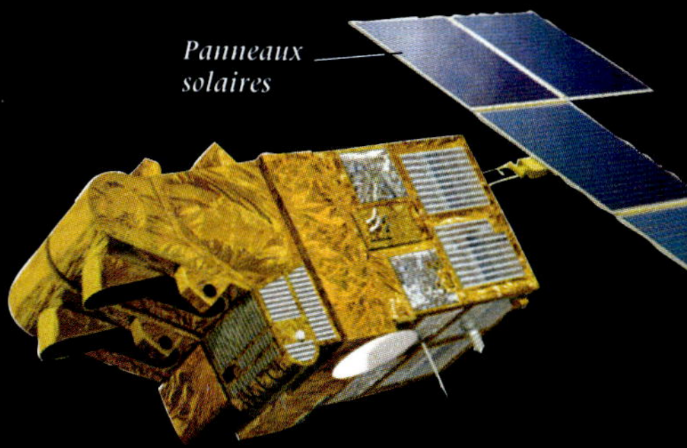

Autour du monde en 26 jours

Le satellite *SPOT* (ci-dessus) tourne autour de la Terre de pôle à pôle en photographiant tout ce qui se trouve en dessous. Grâce à la rotation de la Terre, *SPOT* passe au-dessus d'endroits différents à chaque orbite successive. Ainsi, tous les 26 jours, il photographie la surface entière de notre planète. Son télescope n'est pas aussi puissant que celui d'un satellite espion, car il ne peut voir que les pyramides d'Égypte.

Les satellites renvoient leurs images à la Terre par un flot de données électroniques, que des ordinateurs traitent pour mettre en valeur certaines caractéristiques. Par exemple, l'image ci-dessus a été traitée pour paraître naturelle, alors que celle de gauche a été traitée pour faire ressortir la végétation (zones rouges).

Y A-T-IL DE LA VIE AILLEURS ?

À CE JOUR, LE SEUL ENDROIT CONNU dans l'Univers qui peut accueillir la vie semble être la Terre. Cependant, il y a dans notre galaxie des milliards de planètes que nous ne pouvons voir, et des milliards de galaxies dans l'Univers. C'est pourquoi beaucoup d'astronomes pensent qu'il est peu probable que la Terre soit la seule planète où la vie existe. Il y a même une faible possibilité de vie ailleurs, dans notre système solaire, par exemple sous la surface gelée d'Europe, le satellite de Jupiter. Que nous découvrions une forme de vie intelligente est toutefois une autre affaire. Si des civilisations extraterrestres existent, elles sont probablement beaucoup trop éloignées pour les visiter.

MICROBES MARTIENS ?

En 1996, les scientifiques de la NASA étonnèrent le monde entier avec une remarquable découverte. Ils avaient trouvé ce qui pourrait ressembler aux vestiges d'une minuscule forme de vie sur une météorite en provenance de Mars : une structure en forme de vers, 100 fois plus minces qu'un cheveu. Cependant, après des recherches plus rigoureuses, beaucoup de scientifiques ont décidé que ces «fossiles» faisaient partie de la structure de cette roche.

À L'ÉCOUTE DES EXTRATERRESTRES

Si des civilisations extraterrestres existent, elles utilisent peut-être des ondes radio pour communique ou pour émettre des programmes de radio et de télévision. Si tel est le cas, nous pourrions peut-êtr les intercepter. Les astronomes qui participent au programme SETI (Recherche pour une intelligenc extraterrestre) utilisent de puissants radiotélescopes qui balayent l'espace à la recherche de signaux des civilisations extraterrestres. Mis à part quelques fausses alertes, les astronomes du programme SETI n'ont absolument rien trouvé. En contrepartie nos propres ondes de radio et de TV qui sont diffusée dans l'espace pourront peut-être un jour révéler notre présence.

LE RADIOTÉLESCOPE D'ARECIBO

Si des extraterrestres rencontrent une sonde spatiale Pioneer *ou* Voyager, *ils découvriront ces messages de la Terre. Mais pourront-ils les comprendre ?*

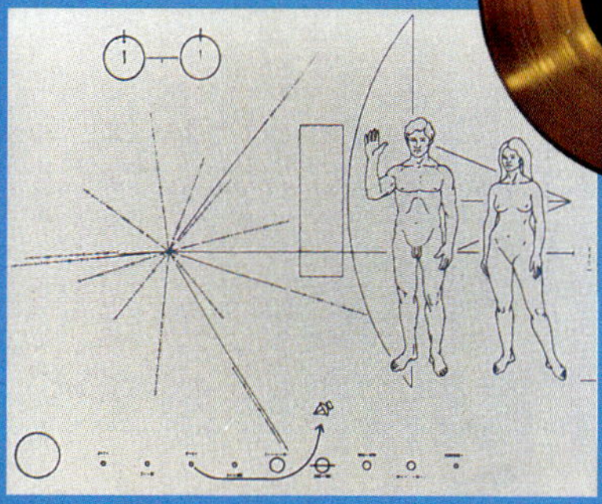

Disques d'or

Les sondes spatiales *Voyager* emportent avec elles des disques fabriqués à l'ancienne avec des enregistrements de divers bruits de la Terre, de la musique de Beethoven aux salutations en 46 langues différentes. Plus de 100 photos sont encodées sur les disques. Chaque sonde est également munie d'une pointe de lecture pour pouvoir écouter les disques.

Concept pour un futur télescope de l'espace

Recherche de mondes extraterrestres

Il y a peut-être des milliards de planètes dans notre galaxie où la vie pourrait exister, mais les télescopes modernes ne sont pas encore assez puissants pour les observer. Pour explorer d'autres mondes au-delà du système solaire, les astronomes espèrent construire de nouveaux télescopes qui fonctionneraient depuis l'espace, en orbite autour de la Terre, de la même manière que *Hubble*.

Un message dans une bouteille

Alors que vous lisez ce livre, 4 sondes spatiales se dirigent hors de notre système solaire dans l'espace interstellaire. Chacune d'entre elles porte un message pour le cas où des extraterrestres le trouveraient. Les 2 sondes *Pioneer* ont des plaques de métal gravées sur lesquelles sont représentés une femme et un homme, ainsi que la position de la Terre dans le système solaire. Les 2 sondes *Voyager* ont des disques plaqués or pour les protéger des poussières spatiales.

Les nombres de 1 à 10 en code binaire

Symboles représentant les composants chimiques importants de la vie sur Terre

Double spirale de l'ADN, la molécule qui est à l'origine de la vie

Représentation d'un être humain

Position de la Terre dans le système solaire

Le télescope d'Arecibo, qui a envoyé le message

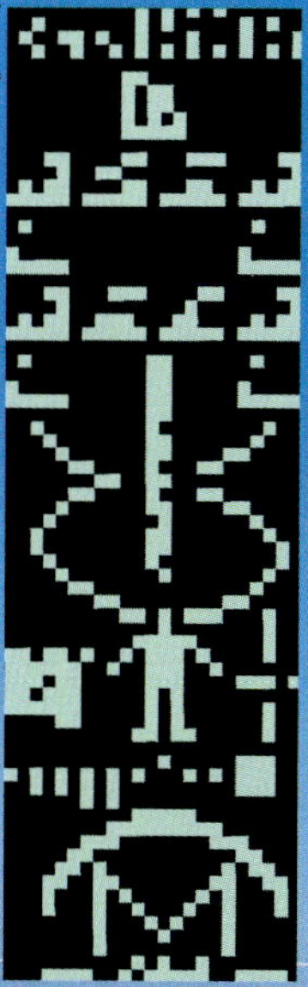

Le message d'Arecibo

En 1974, des scientifiques utilisèrent le radiotélescope d'Arecibo (ci-dessous) pour envoyer un message radio dans l'espace, dans l'espoir que des civilisations extraterrestres le détectent. Le message transpose la vie sur Terre en images simples (à gauche). Il a été envoyé en direction de M13, un amas d'un demi-million d'étoiles. Malheureusement, M13 est si éloigné que nous devrons attendre au minimum 48 000 ans pour la réponse, si jamais elle venait.

Le bouquet d'étoiles M13

Arecibo

C'est le télescope qui a l'antenne parabolique la plus grande du monde. Avec ses 305 mètres de diamètre, elle est installée dans une cuvette naturelle dans les collines de Porto Rico. Le disque incurvé reflète les ondes radio sur un détecteur-transmetteur suspendu dans les airs. Ce détecteur transmetteur peut se déplacer pour permettre au télescope de viser dans différentes directions.

FAITS ET CHIFFRES

SYSTÈME SOLAIRE

	Soleil	Mercure	Vénus	Terre	Mars	Jupiter	Saturne	Uranus	Neptune	Pluton
Diamètre (km)	1 392 000	4 878	12 103	12 756	6 786	142 984	120 536	51 118	49 528	2 274
Masse (Terre 1)	332 946	0,05	0,82	1	0,11	318	95,18	14,5	17,14	0,002
Gravité à la surface (Terre 1)	27,9	0,38	0,91	1	0,38	2, 36	0,92	0,89	1,12	0,07
Température moyenne à la surface (°C)	5 500	179	482	15	-63	-121	-180	-193	– 200	– 230
Longueur du jour (révolution en heures)	610-864	1 408	5 832	24	25	10	10	18	19	153
Longueur de l'année (jours terrestres)	–	88	225	365	687	4,333	10 760	30 685	60 190	90 800
Distance du Soleil (million de km)	–	58	108	150	228	778	1 427	2 871	4 498	5 906
Vitesse de rotation autour du Soleil	–	172 332	126 072	107 244	86 868	47 016	34 812	24 516	19 548	17 064
Nombre d'anneaux	0	0	0	0	0	3	7	10	6	0
Nombre de satellites connus	–	0	0	1	2	16	18	17	8	1

ÉCLIPSES TOTALES DE SOLEIL DE 2000 À 2010*

Date	Visibles depuis
21 juin 2001	Océan Indien, Afrique du Sud, Atlantique Sud
4 décembre 2002	Australie, océan Indien, Afrique du Sud
23 novembre 2003	Océan Indien, Antarctique
8 avril 2005	Amérique centrale
29 mars 2006	Asie centrale, Afrique
1 août 2008	Chine, Russie, Groenland
22 juillet 2009	Pacifique, Chine, Inde
11 juillet 2010	Amérique du Sud, Pacifique

*Voir aussi carte de la page 389

ÉCLIPSES TOTALES DE LUNE DE 2000 À 2010

Date	Visibles depuis
21 janvier 2000	Amérique centrale, du Nord et du Sud, ouest de l'Europe et de l'Afrique
16 juillet 2000	Pacifique, Australie, sud-est de l'Asie
9 janvier 2001	Afrique, Europe, Asie
16 mai 2003	Amérique du Sud, Antarctique
9 novembre 2003	Amérique du Sud, Europe, ouest de l'Afrique
4 mai 2004	Afrique, Moyen-Orient, Inde
28 octobre 2004	Amérique centrale, du Nord et du Sud, ouest de l'Europe et de l'Afrique
3 mars 2007	Afrique, Europe, Moyen-Orient
28 août 2007	Alaska, Amérique du Nord, Pacifique, est de l'Australie
21 février 2008	Amérique Nord et Sud, ouest de l'Europe et de l'Afrique
21 décembre 2010	Amérique du Nord, Pacifique

PLUIES ANNUELLES DE MÉTÉORES

Nom	Dates
Quadrantides	3-4 janvier
Lyrides	20-22 avril
Eta Aquarides	4-6 mai
Delta Aquarides Sud	28-29 juillet
Delta Aquarides Nord	6 août
Iota Aquarides Sud	6-7 août
Perséides	12 août
Iota Aquarides Nord	25-26 août
Orionides	21-22 octobre
Taurides	3-5 novembre
Léonides*	17-18 novembre
Géminides	13-14 décembre
Ursides	23 décembre

DISTANCES COMPARATIVES

Ces photographies sont représentées à l'échelle et illustrent les tailles relatives du Soleil et de ses 9 planètes. L'image orange en toile de fond représente le Soleil. La plus petite planète, Pluton, est réduite à la taille d'une tête d'épingle.

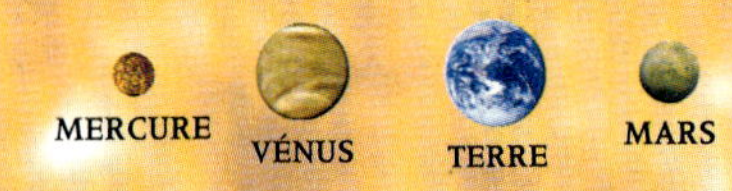

JUPITER

SATURNE

DISTANCES PAR RAPPORT AU SOLEIL

La ligne ci-dessous représente l'éloignement de chaque planète par rapport au Soleil. Mercure en est la plus proche. Pluton se trouve 100 fois plus loin.

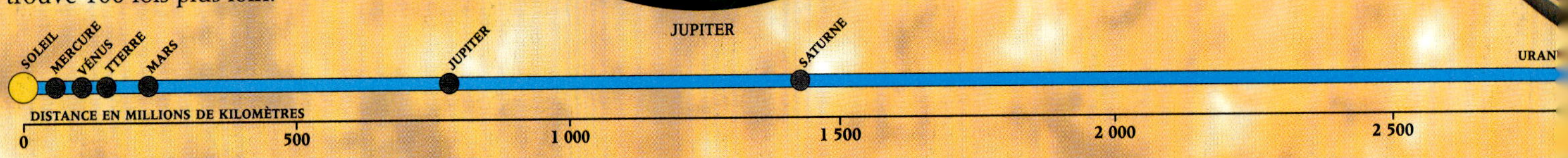

LES ÉTOILES LES PLUS PROCHES

Nom	Constellation	Distance (années-lumière)*
Soleil	–	0,000015
Proxima Centauri	du Centaure	4,2
Alpha Centauri A	du Centaure	4,3
Alpha Centauri B	du Centaure	4,3
Étoile de Barnard	Ophiuchus	5,9
Wolf 359	du Lion	7,6
Lalande 21185	de la Grande Ours	8,1
Sirius A	du Grand Chien	8,6
Sirius B	du Grand Chien	8,6
UV Ceti A	de la Baleine	8,9

LES ÉTOILES LES PLUS BRILLANTES DEPUIS LA TERRE

Nom	Constellation	Distance (années-lumière)*
Soleil	–	0,000015
Sirius A	du Grand Chien	8,6
Canopus	du Carène	313
Alpha Centauri A	du Centaure	4,3
Arcturus	du Bouvier	36
Vega	de la Lyre	25
Capella	du Cocher	42
Rigel	d'Orion	773
Procyon	du Petit Chien	11
Achernar	de la Rivière Eridan	144
Betelgeuse	d'Orio	427

* Une année-lumière = 9,46 millions de millions de kilomètres soit environ 10 mille milliards de kilomètres

L'EXPLORATION SPATIALE PAR ÉTAPES

4 OCTOBRE 1957 – Lancement de *Spoutnik 1*, premier satellite artificiel du monde.

3 NOVEMBRE 1957 – La chienne soviétique Laïka devient la première créature vivante dans l'espace.

LAÏKA

31 JANVIER 1958 – Lancement d'*Explorer 1*, premier satellite américain.

10 OCTOBRE 1959 – Le satellite soviétique *Luna 3* renvoie les premières images de la face cachée de la Lune.

12 AVRIL 1961 – Youri Gagarine, premier cosmonaute à voler dans l'espace.

5 MAI 1961 – Alan Shepard, premier astronaute américain à voler dans l'espace.

20 FÉVRIER 1962 – John Glenn devient premier astronaute américain en orbite sur la Terre.

JOHN GLENN

10 JUILLET 1962 – Lancement de *Telestar 1*, premier satellite commercial de communications.

16 JUIN 1963 – La cosmonaute soviétique Valentina Terechkova est la première femme dans l'espace.

18 MARS 1965 – Première promenade spatiale pour le cosmonaute soviétique Alexis Leonoff

15 JUILLET 1965 – La sonde spatiale américaine *Mariner 4* achève avec succès son survol de Mars

3 FÉVRIER 1966 – *Luna 9* est le premier vaisseau spatial soviétique à se poser sur la Lune

27 JANVIER 1967 – Trois astronautes américains trouvent la mort lors d'un incendie sur l'aire de lancement d'*Apollo 1*.

24 AVRIL 1967 – Premier décès dans l'espace. Le Soviétique Vladimir Komaroff trouve la mort pendant son retour sur Terre, lorsque le parachute de sa capsule s'emmêle.

18 OCTOBRE 1967 – *Venera 4* est la première sonde soviétique à se poser sur Vénus.

24 DÉCEMBRE 1968 – *Apollo 8* est le premier vaisseau en orbite sur la Lune avec des astronautes à bord.

20 JUILLET 1969 – Neil Armstrong devient la première personne à marcher sur la Lune.

17 NOVEMBRE 1970 – Le véhicule lunaire russe *Lunokhod 1* est le premier à rouler sur la Lune.

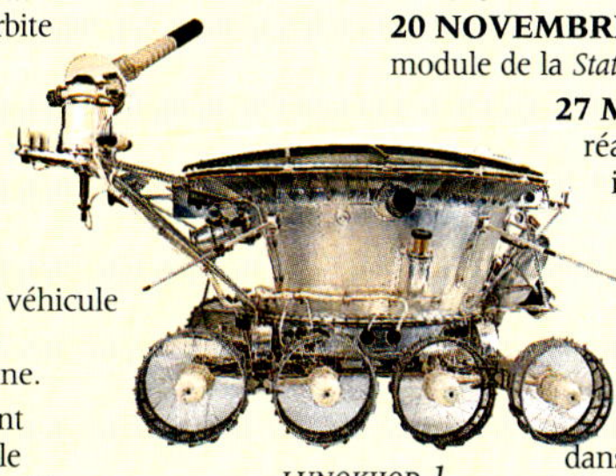

LUNOKHOD 1

19 AVRIL 1971 – Lancement de la première station spatiale du monde, la soviétique *Salyut 1*.

29 JUIN 1971 – Trois Russes trouvent la mort lorsque, au retour, leur capsule *Soyouz 11* entre dans l'atmosphère.

19 DÉCEMBRE 1972 – Amerrissage d'*Apollo 17*, la dernière mission qui a emmené des astronautes sur la Lune.

5 DÉCEMBRE 1973 – La sonde spatiale américaine *Pioneer 10* fait le premier survol de Jupiter.

29 MARS 1974 – La sonde spatiale américaine *Mariner 10* fait le premier survol de Mercure.

17 JUILLET 1975 – Pour la première fois, 2 vaisseaux spatiaux russes et américains (*Soyouz* et *Apollo*) s'arriment, permettant aux astronautes de se serrer la main.

20 JUILLET 1976 – Première sonde spatiale américaine *Viking 1* à se poser avec succès sur Mars.

1ER SEPT. 1979 – La sonde spatiale américaine *Pioneer 10* fait le premier survol de Saturne.

12 AVRIL 1981 – Lancement de *Columbia*, la première navette spatiale américaine.

24 JANVIER 1986 – La sonde spatiale américaine *Voyager 2* survole Uranus.

COLUMBIA

20 FÉVRIER 1986 – Lancement de la station spatiale soviétique *Mir*.

14 MARS 1986 – Le satellite *Giotto* se rapproche de la comète de Halley.

25 AOÛT 1989 – La sonde spatiale américaine *Voyager 2* survole Neptune.

24 AVRIL 1990 – Lancement du télescope spatial *Hubble* depuis la navette spatiale *Discovery*.

22 MARS 1995 – Retour du cosmonaute Valeri Poliakoff, après un séjour record de 438 jours dans l'espace.

29 OCTOBRE 1998 – À 77 ans, l'astronaute américain John Glenn devient la plus vieille personne à voyager dans l'espace.

20 NOVEMBRE 1998 – Lancement du premier module de la *Station spatiale internationale*.

27 MAI 1999 – Mission STS-96, pour réapprovisionner la Station spatiale internationale, avec Julie Payette première Canadienne à aller dans l'espace.

27 MAI 2001 – Destruction de la station *Mir*.

16 JANVIER 2003 – Sept astronautes ont péri dans la désintégration de la navette *Columbia*.

SITES INTERNET SUR L'ESPACE

http://perso.wanadoo.fr/philippe.boeuf/robert
Un site où l'on se pose beaucoup de questions et où l'on y répond.

http://space.jpl.nasa.gov/
Un site de simulation pour observer la Terre à partir d'une autre planète ou d'un satellite...

www.cnes.fr
Le site du Centre national d'études spatiales.

http://expositions.bnf.fr/ciel
Exposition virtuelle de la Bibliothèque nationale de France sur la perception humaine de l'espace terrestre et astronomique à travers l'histoire

http://tfo.org/jeux/mega/astro.html
Un site pour apprendre et tout connaître sur le monde de l'astronomie en s'amusant.

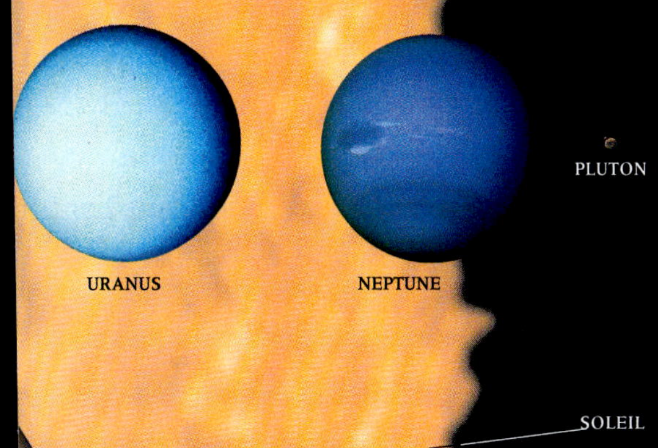

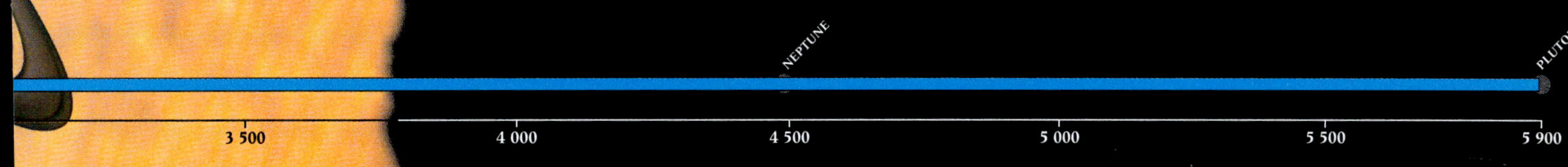

INDEX

REMERCIEMENTS ET CRÉDITS PHOTOGRAPHIQUES

Dorling Kindersley tient à remercier pour leur aide dans la réalisation de cet ouvrage : Kate Bradshaw, Simon Holland, Caroline Bingham, Lisa Magloff, Fran Jones, Amanda Rayner, Caroline Greene, Selina Wood, Eun-A Goh et Sue Leonard pour l'assistance éditoriale ; Andrew O'Brien, Dawn Davies-Cook, Janet Allis, Abbie Collinson, Lisa Lanzarini, Carole Oliver, Robert Perry Joanna Pocock et Lester Cheeseman pour la maquette ; Robin Hunter pour son ingéniosité à l'ordinateur ; Karl Stange, Sarah Mills et Gemma Woodward pour la recherche iconographique ainsi que Lynn Bresler, Gary Ombler, Diane Legrande, Mark Gleed, John Bell & Croyden et aussi Kitty, Jo, Lucy, Fran, Marcus, Robin.

Remerciements particuliers à Gheryl Gundy du Space Telescope Science Institute de Baltimore, et à Debbie Dodds, du Johnson Space Flight Center, l'observatoire du mont Washington, pour leur illustration du givre ; Bedrock Studios Ltd et Firelight Productions pour les infographies ; the Sea Shepherd Organisation pour l'illustration de TED page 253 ; et le chasseur de tornade Ian Wittmeyer pour les risques qu'il a pris.

Dorling Kindersley remercie également les personnes et institutions suivantes qui lui ont permis de reproduire leurs photographies.

(a = au-dessus ; b = en bas ; c = au centre ; g = à gauche ; d = à droite ; h = en haut)

3B Scientific : 60bg. **AA** : Zig Leszczynski 83hd ; Patti Murray 106hd ; Kathie Atkinson 77cd ; 122bg ; David W. Breed 90ca ; Clive Bromhall 79cd ; David Cayless 111c ; Waina Cheng 116bg ; David Haring 80hd ; Chris Knights 106ca, 106cad ; Lon E. Lauber 126cg. **Agence France Presse** : 225bd. **Agence spatiale européenne** : 429cd ; NASA 409hd. **AKG Londres** : 285bfg. **alamy.com** : Bryan & Cherry Alexander Photography 101hd ; 111hg ; 124c ; Noella Ballenger 102cd ; Steve Bloom Images 71, 73ca ; 84bg ; 88c ; 91c ; 100bg ; 102cg ; 121cg ; Bruce Coleman Brakefield 113bg ; Mike Hill 106hd ; ImageState 118bc ; ImageState/D. Robert Franz 85bd ; ImageState/Mike Hill 75b ; ImageState/Jan Tove Johansson 122d ; Leo Keeler 98cdb ; Photos for Africa/Johan Jooste 91bd ; Pictures Colour Library 89bd ; Malie Rich-Griffith 75c ; Royal Geographical Society/Martha Holmes 74c ; Stock Connection Inc./John W. Warden 99bd ; Worldwide Picture Library 125c ; Christopher Gomersall 139c ; David Tipling/Image State 182-183h ; Dennis Kunkel/Phototake Inc 136c ; Jan Baks 138h ; John Pickles 155hg ; Mike Lane 162bd, 175cc ; Sami Sarkis 152-153 ; Steve Allen 143bga ; Steve Bloom Images 134-135, 158-159, 169cg ; Steve Bloom Photos 149. **Ardea Londres Ltd** : Ian Beames 109hg ; J. Cancalosi 106bg ; Jean-Paul Ferrero 75cd ; M. W. Gillam 123hg ; Pascal Goetgheluck 104b ; Francois Gohier 120c ; Nick Gordon 115cd ; Clem Haagner 115hg ; Chris Harvey 76c, 167cd ; Masahiro Iijina 125bd ; Pat Morris 75hd ; D. Parer & E. Parer-Cook 121hd, 164bg ; Jagdeep Rajput 127bd ; Wolshead/Ben Osborne 125hd ; Andrey Zvoznikov 134-135 ; Eric Dragesco 134-135 ; Ingrid van den Berg 134-135 ; J. A. Bailey 134-135 ; John Daniels 134-135 ; Roberto Bunge 134-135 ; B.L. Sage 169hd ; Hans & Judy Beste 169c ; Hans Beste 169cd ; 166bg ; Bob Gibbons 189bg ; Brian Bevan 134-135, 136-137 ; Jean-Paul Ferrero hg 167 ; Chris Knights 106cg, 175bg, 176c, 173hg. **Bruce Coleman Inc** : Norman Tomalin 164c ; Don Hadden 188bg ; Jack A. Bailey 188bd ; E. Mickleburgh 138cg ; M. Watson 137ca ; P. Green 137bg ; Graham Robertson 183cd ; J. Cancalosi 163cd ; Kenneth W. Fink 163bd ; J. Cancalosi 142hg, 160cd, 190g ; J. Swedberg 144 ; John Daniels 139bd, 148bg, 162c ; J. B. & S. Bottomley 162cd ; J. S. 141 ; Dunning 141bg ; Jean-Michel Labat 159bd ; T. Smith 139hg ; John De Meester 174c ; Kenneth W. Fink 191hdb ; M. Watson 156bd ; Peter Steyn 144-145 ; Francois Gohier 137bd, 198-199 ; 230c ; Adrian Warren 226cgb ; Jean-Paul Ferrero 360bd. **Art Directors & Trip** : H. Rogers 45cd. **Associated Press Ap** : Agencia Estado 368bg. **Auscape** : 170bga. **Bridgeman Art Library, Londres/New York** : 323cd. **British Airways** : 322bd. **British Museum** : 242bc. **Bruce Coleman Inc** : Wolfgang Bayer 129hd. **Bruce Coleman Ltd** : 123bg, 304-305, 333cda ; Johnny Johnson 108bg, 119bd ; Luiz Claudio Marigo 128bd ; Rinie Van Meurs 121bd ; Kim Taylor 116hg, 181 ; Jim Watt 118bg ; Jorg & Petra Wegner 98bg, 162cg ; Christer Fredriksson 177hd ; Gerald S. Cubitt 158bd ; Gunter Ziesler 159hd ; Jane Burton 173hd ; Tero Niemi 165c ; Tom Schandy 182g ; Pacific Stock 247bc ; Jeff Foott 333hd ; Thomas Buchholz 377hd ; Tore Hagman 332-333 ; Astrofoto 258bg ; 259cd ; Atlantide Snc. 299bg ; Davis Hugues 292-293 ; Derk Croucher 283hg ; Granville Harris 283c ; Hans Reinhard 287bg ; Jules Cowan 282-283c ; 297cd. **Caltech** : Observatoire Palomar 382bg. **Calvin J. Hamilton** : 390c. **COBE Project** : 422bg ; 426hd. **GSFC** : 436cd. **CSFC/TRACE** : 386cg. **Camera Press** : Hoflinger 343bd. **Chris Bonington Picture Library** : Doug Scott 271bd. **Chris et Helen Pellant** : 271cg. **Chris Gomersall Photography** : 324bg ; 203hg ; 209hd. **Colorific !** : Alon Reininger/Contact 369bg ; Michael Melford 372bc ; Raghub/R. Singh 322hg ; Rich Frishman/Picture Group 372cg. **Philippe Hays** : 305hg. **Coral Planet Photography** : Zafer Kizilkaya 247ca. **Corbis UK Ltd** : Galen Rowell 34h, 314cg ; Olivier Prevosto 13hg ; Denoyer-Geppert Int 24bg ; 42bg ; Yann Arthus-Bertrand 89hg ; 89hc ; 89hd ; Tom Brakefield 83cg ; 105bd ; 114c ; 128bg ; W. Perry Conway 96cg, 173cdb, 181cg ; Cordaiy Photo Library/John Farmer 97b ; Rose Hartman 108c ; Gallo Images 96bg ; Nigel J. Dennis 100cg ; Clem Haagner 81c ; Martin Harvey 123bc ; Renee Lynn 84bd ; Gunter Marx Photography 98bd, 296cg ; Joe McDonald 73hd, 129c, 147hd, 153hgb, 187bg ; Kevin Schafer 81bd ; Ariel Skelley 72cg ; Paul A. Souders 110hd ; Jim Zuckerman 90g ; D. Robert & Lorri Franz 104hd, 153hgb ; Peter Johnson 153hd ; D. Robert 143dc ; Kennan Ward 147bd ; Jonathan Blair 188-189 ; Keven Schafer 152c ; Kevin Fleming 158c ; Steve Kaufman 169hg ; Tony Arruza 202cgb ; Lloyd Cluff 224bc ; Amos Nachoum 195, 216bc ; NASA/Corbis 209cd ; Robert Pickett 203hd ; Rick Price 228cg, 228cgb ; Paul A. Souders 226-227 ; Ralph White 221cd ; Lawson Wood 203cdb ; 362bg ; Bettmann/CORBIS 353bd ; 263c ; 277c ; 277h ; Annie Griffiths Belt 284-285 ; Charles Mauzy 286cd ; Charles O'Rear 2hg ; 274cg ; Craig Lovell 274d ; Dan Guravich 286bd ; Dave G, Houser 309hd ; David Muench 283cdb ; 284bd ; Eric et David Hosking 285hd ; Eye Ubiquitous 296hd ; Gary Braasch 267h ; Historical Picture Archive 277b ; Jeremy Horner 292cg ; Jim Sugar 306-307 ; Lowell Georgia 306c, 402c ; Marc Muench 261bc ; Michael S. Yamashita 265h ; 302cdb ; Owen Franken 275bd ; PH3 James Collins 307cd ; Philip J. Corwin 267bg ; Ralph White 278hd ; Robert Estall 306cg ; Roger Ressmeyer 264cg ; 265cd ; 267cd ; 268cg ; Stephanie Maze 298bg ; Tom Bean 288-289 ; Wild Country 270-271 ; NASA 433c. **Courtesy of SOHO/EIT Consortium** : 426cd ; 440. **David Doubilet** : 232-233. **DK** : Harry Taylor/Natural History Museum 168bc ; 168bcg, 169cda ; Natural History Museum 166hg, 168bd ; 168bcg ; 168bcd ; Jerry Young 169bd. **Dr Alan Fitzsimmons, Iwan Williams, Donal O'Ceallaigh** : 415bcd. **Dr Frances Dipper** : 199cgb ; 213hd ; 214cda ; 242bg ; 207hc ; 226cda (œufs de tortue). **Dr Mike Musyl** : 248bd ; 249bg ; 249bc. **Ecoscene** : 337bd ; Christine Osborne 245bg ; Sally Morgan 337c. **Educational and Scientific Products Limited** : 16b. **Environmental Images** : Steve morgan 299hd. **ESA/NASA** : 384bg ; 387c. **FLPA** : R. Tidman 147hg ; Mark Newman 147bd ; A. R. Hamblin 171cg ; B.R. Young 148bd ; Peter Davey 148cg ; D. Kinzler 179bd ; David Hoskings 146hg, 153hg, 170bd ; P. Perry 170h ; F. De Noover/Foto Natura Stock 190hd ; Foto Natura Stock 176h ; William S. Clark 176bg. **Frans Lanting/Minden Pictures** : 134-135 ; 158bg ; 168bg ; Tui De Roy/Minden Pictures 168bda, 185hd ; Gerard Laci 161bd ; L. Lee Rue 173cd ; S. McCutcheon 173cd ; Winfried Wisniewski 173cb ; Minden Pictures 149bg, 150, 151cd, 180cg, 182-183b ; Neil Bowman 151hd, 160cg ; Silvestris 151cg ; Richard Brooks 177cd ; S. & D. & K. Maslowski 178bd ; Terry Andrewartha 183h. **FLPA – Images of nature** : Lynwood Chase 129bd ; Michael Guinton 97cg, 97c, 97cd ; Frans Lanting 105hd ; S. Jonasson 224c, 279h ; M. Jones/Minden Pictures 237cd ; Minden Pictures 200-201 ; Silvestris Fotoservice 201hc ; Skylight/FLPA 200cgb ; 200cb ; Winifried Wisniewski 244cga, 359 image principale ; C Carvalho 365cga ; Catherine Y. M. Mullen 352-353 ; D. Hoadley page de titre ; Robin Chittenden 322cdb ; Tom & Pam Gardner 358cd. **Fortean Picture Library** : Werner Burger 340bd. **Frank Spooner Pictures** : 371cd ; Carlos Angel 351cd ; L. Mayer/Liaison 350hd ; Noel Quidu 350b ; Patrick Aventurier 372cgb ; Kaku Kurita 269cg. **Galaxy Picture Library** : Gordon Garrad 382cg. **Getty Images** : 92bd ; Thea Allats 116d ; Daniel J. Cox 95hd ; 123hd ; Tim Davis 84hg ; John Dawner 127hd ;

Natalie Forbes 99c ; G. K. & Vikki Hart 86b ; Gail Shumway 160-161 ; John Giustina 155c, 159bg ; John Warden 178-179 ; Joseph Van Os 192-193. **National Geographic** : Skip Brown 76hd ; Chris Johns 86hg ; Beverly Joubert 94bd ; Bates Littlehales 109cd ; Mitch Reardon 88hd ; Kevin Schafer 95c ; Anup Shah 94bg ; Manaj Shah 84hd ; 84b ; Taxi 78d ; Joseph Van Os 110c ; Art Wolfe 94hd ; Andy Caulfield 191hg ; Benelux Press 142bg, 171 ; Paul Chesley 273hg. **Gettyone Stone** : 65hg ; Paul Dance 44hg ; Ron Boardman 18-19 ; Spike Walker 50cg. **Heather Angel/Natural Visions** : 166-167 ; 184-185hd. **Hutchison Library** : Eames 271hd ; Robert Francis 257, 266. **Ian Wittmeyer** : 342cg ; 342bg ; 343hd ; 344cg. **Institut Stanford Lockheed/TRACE** : 386bg. **ISAS** : Y. Ogawara 390cg. **Jamstec** : 223hd. **Jet Propulsion Laboratory/Caltech** : 7hd, 384 toutes les images ; 385 toutes les images, 390bg, 391bd, 392h, 392g, 393d, 397dh, 400g, 400c, 401bd, 401hd, 401cd, 402b, 402hd, 403b, 403b, 404bg, 404hg, 404c, 405d, 405hd, 406hd, 406bg, 406bd, 407hd, 407g, 408c, 408bg, 408cg, 409d, 410bd, 410hd, 410bg, 411c, 411hg, 412c, 412hg, 412bg, 413bd, 414c, 414b, 415bg, 426cd, 440bg, 440bd, 440bc, 441bg ; Calvin J. Hamilton 400bg, 413hd ; David Seal 407b, 409bg ; Lockheed Martin 429bd. **Johnny Autry** : 340hd. **Johnson Space Flight Center** : 386c, 432c, 432hd. ***Jules' Undersea Lodge*** : 241bd. **Julian Cotton Photolibrary** : Jason Hawkes Aerial Collection 426g. NASA 381, 383, 388hg, 388hd, 388cdb, 390c, 394ca, 394b, 396hd, 396bg, 399g, 412ca, 417bd, 426cg, 426c, 429hg, 429cga, 430bg, 430c, 430cd, 431bd, 431c, 431hg, 432b, 432hd, 433hc, 433bg, 435cg, 435hd, 435cd, 436cg, 436hd, 438ca, 439ag, 439c, 439d, 439hd, 439 hg, 441c. **Kennedy Space Flight Center** : 396bg, 396c, 398c, 398hg, 441d. **Laboratory for Atmospheres/GSFC** : 436cd. **Lockheed** : 431hd. **Magnum** : Steve McCurry 351g, 358b ; **Gene Moore** : 356bg. **Masterfile UK** : Greg Stott 154-155, 191bc ; Scott Tysick 140-141 ; Tim Fitzharris 175bd. **Minden Pictures** : Mitsuaki Iwago 77bd ; 79bd ; Frans Lanting 87bd, 115bd ; S. Maslowski 75hg ; T. De Roy 93hd ; Mark Newman 79hd ; Eddie Schuiling 77c ; Silvestris fotoservice 122cg. **Mount Washington Observatory** : 352bg. **Musée d'histoire naturelle de Londres** : 395g. **Museo Archelogico Nazionale di Napoli** : 267cg. **NASA** : 322cda, 338bg, 346cg, 346-347, 368c, 372-373, 373bd, 315bd. **N.H.P.A.** : 73c ; B. & C. Alexander 92c ; Anthony Bannister 111bg ; Joe Blossom 128hg ; Stephen Dalton 126d, 137h, 140bg, 175hd ; Manfred Danegger 109bd, 139caa, 177hg ; Nigel J. Dennis 102b, 146hg ; Martin Harvey 72hd,188hg ; Daniel Heuclin 75cd, 308hd ; Rich Kirchner 101c, 180bd ; T. Kitchin & V. Hurst 98cg, 126bg ; David & Irene Myers 121cd ; Steve Robinson 111bd ; Andy Rouse 129g ; Kevin Schafer 109hd ; James Warwick 73cda ; Dave Watts 83hg, 163hd, 128c ; Alan Williams 139ca, 208cga ; Andy Rouse 150bg ; B. & C. Alexander 182h ; Bill Coster 151bg, 151bcg, 151bcd ; Eric Soder 140hg, 176-177 ; Kevin Schafer 140hd ; Bernard 157bd ; Laurie Campbell 157hg, 245cb, 279bg ; Haroldo Palo Jr 162bc ; Jean-Louis Le Moigne 134-135bg ; Roger Tidman 156c ; Agence Nature 213bc ; Trevor Macdonald 199bg, 308bg ; B. Jones & M. Shimlock 210-211, 243, 244-245, 299bd ; Norbert Wu 220cg ; 228-229 ; 228-229hc ; 229cda ; 253cgb ; A. N/T 294cg ; Alberto Nardi 311bg ; David Woodfall 305hd ; R. Sorensen & J. Olsen 311c ; Rod Planck 293hg. **National Geographic Image Collection** : Beverly Joubert 191 ; Don Foley 403cd. **National Maritime Museum** : 242cg. **National Medical Slide Bank** : 28c. **Natural History Museum** : 229cdb ; 298c. **Nature Picture Library** : Juan Manuel Borrero 112bg ; Wendy Darke 119d ; Bruce Davidson 85c ; John Downer 80c, 115hd, 126cd, 173bg, 187hg, 191cg ; Tony Heald 93bd ; Brian Lightfoot 105hc ; Dietmar Nill 117hd, 180cd ; Mark Payne-Gill 115cg ; T. J. Rich 97ca ; Jeff Rotman 86d ; Anup Shah 83bd, 85bg, 87cd, 92bc, 208bg ; John Waters 107g ; Mike Wilkes 107hd ; Doug Allan 229cd ; Nigel Bean 227hc ; Bristol City Museum 189bd, 226cga ; Dan Burton 206cgb, 232hd ; Sue Daly 207bd ; Georgette Douwma 210cb, 236-237, 237cdb, 240-241 ; Florian Graner 210bg ; Jurgen Freud 201hd, 207cd, 208bd, 208-209, 224cgb, 226ca ; Tim Martin 231cga, 231cda ; Pete Oxford 224-225, 227hd ; Constantinos Petrinos 236hd ; Michael Pitts 242cda ; Jeff Rotman 212hd ; Peter Scoones 237cda ; David Shale 217hd, 218c, 218cgb ; Sinclair Stammers 218bd, 231cda ; Tom Vezo 155cd, 180bg, 226ca ; Andrew Cooper 167c ; John Cancalosi 167cg ; Pete Oxford 167bd ; William Osborn 167bd ; Angelo Gandolfi 147cb ; David Tipling 147c ; Ashok Jain 162cda ; Neil Lucas 162hg ; Barrie Britton 152hg ; Bengt Lundberg 156bg ; Bernard Castelein 156hg ; Brian Lightfoot 177bd ; David Kjaer 177cg ; Colin Seddon 173bd ; Jeff Foott 140 bd, 172g, 173cg ;Dave Watts 156-157 ; Ingo Arnott 180h ; George McCarthy 160hg ; Mike Wilkes 160hg ; Hanne & Jens Eriksen 157bg, 165bd ; Phil 165hd ; Jim Clare 162-163hd ; Klaus Nigge 142-143. Nick Gordon 175hg ; Pete Oxford 143, 153bd ; Thomas D. Mangelsen 154h ; Staffan Widstrand 164-165hg ; Tony Heald 155hd, 184-185. **NOAA** : George E. Marshall Album 362-363. **NOAA/National Geoghysical Data Center** : 278cg. **Novosti Londres** : 428hg, 428bg, 441h. **NSSDC/GSFC/NASA** : 393hd, 394hd, 395hc, 395hd, 395bd, 397cda, 398hd, 399c, 399hg, 39b, 434hg, 435bd ; Michael Tuttle 398b. **Observatoire anglo-australien** : 382d, 383bg, 420g, 420bg, 424c, 424cg, 425hd ; David Malin 418cg, 422cd, 422g, 427c. **Observatoire royal d'Edinburgh** : 382c, 420hc ; David Malin 418bg, 418c, 423bg, 424b. **Oceanworks International Corporation** : 241hc. **Okapia** : B. Grizmek 83bd ; J. L. Klein & M. L. Hubert 107bd ; Herbert Schwind 111bc ; Stan Osolinski 113g ; Mike Powles 73hg ; Alan Root 78bg ; SAL/Mike Price 124bg ; Keren Su 99cd ; Steve Turner 123bd. **Oxford Scientific Films** : 146-147 ; G. W. Willis 51cd, 87cd, 89cd, 117cg ; Alain Christof 187cd ; Juan M. Renjifo/AA 187cg ; Alan Root/SAL 191hc ; Colin Milkins 175cg ; Daniel Cox 185bd ; Robin Bush 185cd ; Eric Woods 145 ; Hans Reinhard/OKAPIA 188cd ; Ian Wyllie/SAL 148cd ; Scott Camazine 148hd ; Miriam Austerman 151bd ; Peter Hawkey/SAL 179hd ; Richard & Julia Kemp/SAL 155bd ; Robert Tyrrell 141h ; Roland Mayr 174 ; Tui De Roy 186-187 ; William Gray 152bg, 252ca ; Doug Allan 216cg ; Ken Smith Laboratory/Scripps Inst. of Oceanography 223bc ; Alastair Shay 325ca ; Bob Campbell, Survival Anglia 363bd ; Daniel Valfa 329cd ; David M. Dennis 367hd ; Ian West 327c : Joan Rot 359hg ; John Brown 329hd ; Martyn Chillmaid 338hd ; Muzz Murray 325hc ; NASA 320-321 ; Richard Kolar/Earth Sciences 352bd ; Stan Osolinski 329hg ; Warren Faldley 334b ; 343cd ; 356cb ; 368-369 ; Alan Root 295bg ; Andrea Ghisotti 260bd ; Caroline Brett 295bd ; Colin Monteath 288cg ; David B. Fleetham 269c ; Doug Allan 294-295 ; Kent Wood 301h ; Kynan Bazley/Hedgehog House 290-291 ; NASA 278bd ; Warren Faidley 300b. **PA Photos** : EPA European Press Agency 272-273 ; 273hd. **Pacific Tsunami Museum** : Cecilio Licos 201cd. **Palm Beach Post** : C. J. Walker 348b. **Panos Pictures** : Dominic Harcourt-Webster 362bd. **Phil Rosenberg** : 242hd. **Planet Earth Pictures** : Adam Jones 333cd ; Howard Platt 332-333 ; Jean Guichard 334h ; Steve Bloom 340cg ; 383hd ; 389bd ; 432d ; B. Sidney 388hd ; 389bg. **Powerstock** : 87hd ; 145h ; Mirko Stelzner 81hd. **Powerstock Photolibrary/Zefa** : 358hd ; 371cdb. **Rex Features** : 371hg ; 285bd ; 290c ; 294bc ; 301cd ; 301bg ; 303 ; Sipa 344bg ; M. Leon/Medianews 291cd ; Niko/Coret/Sipa Press 290cg ; Oshihara 275h. **Robert Harding Picture Library** : 25cd, 290bc ; CNRI/Phototake NYC 16-17 ; Michael Agliolo/Int'l Stock 50-51 ; Phototake 62hg ; R. Francis 33bd ; Dr A. C. Waltham 291bd ; E. Simanor 293bd ; Gavin Hellier 288bc ; Gene Moore 301bd ; Nigel Gomm 284cg ; Simon Harris 293hd ; Tomlinson 265bg. **Royal College of Surgeons** : 56-57. **San Francisco Public Library** : 274bg. **Science Museum** : 275bg. **Science Photo Library :** 16c, 17cd, 35cd, 49hd ; Adam Hart-Davis 21bc ; Alfred Pasieka 11hd, 25hg, 48-49, 56cg, 59hd, 64-65, 67ch, 68-69 ; Andrew Syred 12cg, 13hd, 17c, 36-37, 232bg, 281bd ; Astrid & Hanns-Frieder Michler 21cdh, 31c, 60-61b ; Biophoto Associates 16-17, 49bd, 55hc, 64b, 65bc, 65g ; Brad Nelson/Custom Medical Stock Photo 58c ; BSIP 54bg ; BSIP VEM 33cb, 38bc, 46ch ; Catherine Pouedras 16bg ; CNRI 17bd, 42cg, 43hd, 48bc, 50bc, 58-59, 60bd ; D. Phillips 61bd ; Daudier/Jerrican 22b ; David Scharf 13cd ; Department of Clinical Radiology, Salisbury District Hospital 17hd, 35hd, 57cd, 58cg, 58cgb ; Don Fawcett 21cd, 25hd ; Dr Gary Settles 49bc ; Dr G. Moscoso 63hg ; Dr G. Oran Bredberg 28-29h ; Dr K. F. R. Schiller 54hc ; Dr P. Marazzi 53hg ; Dr Yorgas Nikas 62bg ; Eye of Science 23hg, 41h, 54bd ; GCa/CNRI 22hd ; Geoff Tompkinson 19ch ; GJLP 23c ; GJLP/CNRI 19bd ; J. C. Revy 33hd, 45hd, 68 ; James King-Homes 64hd ; Jim Amos 13 ; John Bavosi 48cg ; Juergen Berger, Max-Planck Institute 44-45, 69, 281cd ; K. H. Kjeldsen 45bd ; Ken Edward 46b, 53b, Manfred Kage 51cg ; Matt Meadows, Peter Arnold Inc 30bc ; Mehau Kulyk 19c, 24hg, 27hd, 46hd ; National Cancer Institute 36-37 ; NIBSC 45cg ; Petit Format/Prof. E. Symonds 63hd ; Philippe Plailly 34cd, 25bc ; Prof. P. M. Motta, G. Macchiarelli, S. A. Nottola 60-61h, 67hd ; Prof. P. Motta/A. Caggiati/université La Sapienza, Rome 28bd ; Prof. P. Motta/Dept of Anatomy/ université La Sapienza, Rome 11bd, 16cdh, 15hg, 27cd, 31hd, 31b, 42hd, 42-43, 46cd, 46cg, 57hd, 57b, 61hg, 61hd ; Professeurs P.M. Motta & S. Makabe 62cd ; Professeurs P. M. Motta & A. Gaggiati 29bd ; Quest 11cd, 12-13b, 27cd, 32ch, 43hg, 53ch, 53cd, 55bg, 59bd ; Salisbury District Hospital 66-67b ; Scott Camazine 12hd, 32hg ; Secchi-Lecaque/Roussel-UCLAF 30cdb ; Stephen Gerard 14hg ; Wellcome Dept of Cognitive Neurology 23d ; Art Wolfe 113hd ; B. & C. Alexander 247hc ; Martin Bond 251bd ; Bernhard Edmater 250-251 ; European Space Agency 248ga, 325bg, 374,375b ; Graham Ewens 202cga ; Richard Folwell 241c ; Simon Fraser 47, 11d, 247bd, 263bg, 282bd, 286bg, 311bd ; Andrew J. Martinez 212bg ; Douglas Faulkner 210c, 248-249 ; Dr Ken Macdonald 197hd ; Fred McConnaughey 231ca ; B. Murion/Southampton Oceanography Centre 223bd ; Matthew Oldfield 199cdb, 216-217 ; NASA 251ca, 259bd, 264bd, 298-299, 313cd, 313bd, 322-323, 323bd, 361bg, 366cd, 428c, 434c, 436b ; NOAA 248c, 295hc, 297td ; Nancy Sefton 212-213 ; Jack Finch 366g ; David Parker 26hd, 26-27, 263h, 272h, 365ca, 438c ; David Weintraub 370-371 ; Earth Satellite Corporation 350cg ; Frank Zollo 333hg ; Fred K Smith 320bg ; George Post 332c, 356-357 ; Hank Morgan 376-377 ; Jerry Mason 360cg ; John Mead 333cdb, 376-377h ; Keith Kent 339, 341 ; Magrath/Folsom 332hd ; Michael Giannechi 367bd ; National Center for Atmospheric Research 357bg, 357bd ; Pekka Parviainen 260dd, 313h, 333bd, 353hg, 365bg, 367cd, 367g, 367h, 378-379 ; Peter Menzel 296-297, 340bg ; Tom van Sant 326cg ; W. Bacon 354bg ; A. Gragera, Latin Stock 312bg ; Bernard Edmaier 268-269, 268b, 35hg ; Celestial Image Co. 259hc ; David Hardy 304hc ; Doug Allan 287h ; Dr Karl Lounatmaa 315bg ; Dr Morley Read 310hd, 315hg ; Dr Peter Moore 289hd ; George Holton 297hg ; Institute of Oceanographic Sciences/NERC 280hd ; J. G. Golden 306bd ; J. G. Paren 287bd ; JISAS 261hd ; Julian Baum 260bd ; Mark Garlick 260-261c ; Martin Land 262bd ; Mehau Kulyk 258-259 ; MSSSO, ANU 313cb ; Novosti Press Agency 312hd ; Sinclair Stammers 282cg, 316-317 ; Tom McHugh 314hd ; UK Meteorigical Office 299hg ; William Ervin 310bc ; Agence SPOT 437cg ; David Nunuk 293c, 364-365, 383hg, 383c, 417hg ; David P. Anderson SMU/NASA 392b ; Dr Fred Espenak 389c, 427bg ; Earth Satellite Corp 437cd, 437hd ; Francis Gohier 39cd ; Frank Zullo 423 ; Jerry Schad 365bd, 416hg ; Michael J. Ledlow 391hd ; Rev. Ronald Royer 388b ; Observatoire de Siding Spring, Australie 416c ; Simon Fraser/Observatoire Mauna Loa 382hd ; Institution Smithsonian 382bc ; Stargazers Radio Télescope 438hd, Tony Hallas 423b. **Seapics. com** : 111hc ; Phillip Colla 120hd ; Mark Colin 222-223 ; Saul Gonor 221hd ; Richard Herrmann 254-255 ; Mako Hirose 248bg ; Steven Kazlowski 246bc ; Rudie Kuiter 218cg ; Doug Perrine 103hd, 211cd, 217bg, 230-231, 241cda, 252-253 ; Bruce Rasner 219 ; James D. Watt 222bg. **SOHO-EIT Consortium (ESA/NASA)** : 320cg. **Space Sciences Laboratory/Marshall Space Flight Center** : 386h. **Steve Bloom/stevebloom. com** : 90b, 96d, 97h. **Still Pictures** : Klein/Hubert 112hd ; Anne Piantanida 326-327 ; Carl R. Sang II 328hc ; Denis Bringard 327bd, 327cd, 327cdb, 327cdb ; Fred Bruemmer 334c ; John Kiefler 377bd ; Julio Etchart 321cda, 374-375 ; M. G. C. Denis-Huot 335 ; Luiz C Marigo 327cb. Kelvin Aitken 213bg ; Fred Bavendam 196-197 ; Thomas Raupach 252bc ; Norbert Wu 244cb ; Adrian Arbib 304bg ; Dahlqist-UNEP 307bg ; Daniel Dancer 309b ; DERA 300cd ; G. Griffiths – Christian Aid 302-303c, 314bd ; Julio Etchart/Reportage 308cd ; Mark Edwards 309hg, 315cd ; Patrick Bertrand 311hg ; Roland Seitre 310bg. **Stock Shot** : Tony Harrington 355hd. **STScI/AURA/NASA** : 422cda ; A. Stern (Southwest Research Institute), M. Buie Lowell Observatory, ESA 414c ; B. Balick (université de Washington), G. Mellema (université de Stockholm) 421hd ; Brad Withmore, STScI 425bd ; E. Karkoschka, université de l'Arizona 410c ; Hubble Heritage Team, J. Trauger (JPL) et collaborateurs 421c ; B. Balick, J. Alexander (université de Washington) 421cd ; J. Harrington, K. Borkowski (université du Maryland) 421bd ; J. Hester, P. Scowen (université de l'État de l'Arizona) 418c ; J. Morse (Université du Colorado) 420bc ; John Clarke, université du Michigan 405bd ; John Morse (université du Colorado), NASA 383bd ; R. Williams, Le HDF Team 427hd ; Reta Beebe, université de l'État du Nouveau-Mexique 405hd. **Sue Scott** : 206cga. **Sygma** : 375bd ; Christian Simonpietri 361bd ; J. Reed 344cd. **Telegraph Colour Library** : 354-355. **Telegraph Colour Library/Getty Images** : Duncan Murrell 246-247. **The Alex Foundation** : 186b. **The Image Bank** : 65hd. **Images Colour Library** : 276-277. **ImageState/Pictor** : Natural selection Inc 112bd ; Joseph Devenney 306bg. **The Image Bank/Getty Images** : Steven Hunt 237hd. ***The Mary Rose* Trust** : 242cga, 242c. **The Stock Market** : 349h. **Tony Stone Images** : Alan R. Moller 342-343, 345 ; Cameron Davidson 348hd ; David R. Frazier 360-361 ; Ed Pritchard 328-329, 349bd ; Gary Holscher 353cd ; Gerben Oppermans 354hd ; Graeme Norways 333bd ; Jake Evans 355hg ; Johan Elzenga 379bd ; John Chard 326-327 ; Marc Muench 336-337 ; Nadia Mackensie 377c ; Oliver Strewe 374bg ; Paul Kenward 324 ; Theo Allots 321bd ; Wayne Eastep 322bg. **Topham Picturepoint** : Permdhai Vesmaporn 375hd. **Visuals Unlimited** : David Wrobel 220bg, 220-221, 221bd. **Weatherstock/ Warren Faldley** : 333cg. **Ian Wittmeyer** : 342cg, 342cgb, 343hd, 344ch. **Woodfall Wild Images** : Nigel Bean 227hg ; Inigo Everson 229bd ; Ted Mead 202-203 ; David Woodfall 202bg, 206-207, 302cg. **Woods Hole Oceanographic Institution** : 281cg. **Zefa Picture Library** : T. Allofs 118d, 162-163 ; H. Heintges 118bd ; K. Schafer 82c ; H. Reinhard 170bg ; Krahmer 138-139 ; Rauschenbach 162-163bg ; Winfried Wisniewski 172, 179bg, 183g, 337hd.

Photographies additives : Geoff Brightling, Geoff Dann, Philip Dowell, Jo Foord, Steve Gorton, Alistair Hughes, Dave King, Ray Moller, Susanna Price, Dave Rudkin, Colin Salmon, Mike Saunders, Tony Nandi.

 Achevé d'imprimer en France par Actis - Dépôt légal : 64484/11-2005 - Collection n°91 - Edition 02 : 16/9138/5